Roman Deininger
Uwe Ritzer
Die Spiele des Jahrhunderts

Roman Deininger
Uwe Ritzer

# DIE SPIELE DES JAHRHUNDERTS

Olympia 1972, der Terror
und das neue Deutschland

dtv

Für Irene und Rainer Deininger

Für Holly Victoria

2. Auflage
© 2021 dtv Verlagsgesellschaft mbH & Co. KG, München
Satz: Fotosatz Amann, Memmingen
Gesetzt aus der Minion Variable Concept
Druck und Bindung: CPI books GmbH, Leck
Printed in Germany · ISBN 978-3-423-28303-8

# INHALT

11  Prolog
**4. SEPTEMBER 1972 – DER LETZTE TAG DES GLÜCKS**

23  Kapitel 1
**HITLERS SPIELE – BERLIN 1936**
Brundage verpasst Olympia // Heinemann fliegt aus der Bierhalle // München wird Hauptstadt der Bewegung // Weimar schenkt Hitler eine Bühne // Riefenstahl vergöttlicht den arischen Menschen // die Nazis erfinden den Fackellauf // eine Jüdin als Alibi-Starterin // Hans-Jochen Vogel geht gern zur HJ // Willi Daume muss Basketball spielen // das Olympische Dorf ist eine Kaserne // Jesse Owens und sein deutscher Freund führen Hitler vor // die Weiße Rose rettet Münchens Ansehen // Diem schickt die Jungen in den Opfertod

67  Kapitel 2
**AUF DEN TRÜMMERN WÄCHST DIE HOFFNUNG – DIE NACHKRIEGSJAHRE**
München liegt in Schutt und Asche // ein U-Boot-Kommandant baut Schulen // Willi Daume wird Funktionär // der Kalte Krieg greift sich den Sport // BRD und DDR – zwei Länder teilen sich eine Flagge // Heinemann widerspricht Adenauer // Brundage führt einen Kreuzzug gegen den Kommerz // das Wunder von Bern // Otl Aicher und die Verrückten von Ulm // Ungarnaufstand und Suezkrise bedrohen Olympia // ein Doper stirbt vor Rom // die frühere »Hauptstadt der Bewegung« bewirbt sich um die Spiele

115 Kapitel 3
## »... DANN GEHT'S WUID AUF.« – MÜNCHEN ERHÄLT DIE SPIELE 1972

München spürt den Bauboom // Heinemann wird wieder Minister und dann Bundespräsident // Willy Brandt zieht ins Kanzleramt // das Fernsehen wird bunt // Münzen finanzieren Olympia // Aicher wählt seine Farben // Behnisch modelliert sein Stadion mit einem Damenstrumpf // Rassismus und Gewalt bedrohen Olympia // Heide Rosendahl hat viele Talente // Mark Spitz und Ulrike Meyfarth fallen auf // die DDR schießt sich auf München ein und die Stasi rüstet auf // die RAF lernt bei den Palästinensern das Töten // im jüdischen Altenheim verbrennen Menschen // ein Herr vom Verband spioniert im Eiskanal // ein Terror-Szenario, das keiner hören will


199 Kapitel 4
## FRÜHLINGSGEFÜHLE – DIE WELT LÄUFT SICH WARM

Heinrich Böll und der Terrorismus // das IOC statuiert ein Exempel // Brandt besucht Israel und Nixon China // der Club of Rome warnt vor dem Weltuntergang // Dietmar Hopp und seine Freunde gründen SAP // Willy Brandt übersteht ein Misstrauensvotum // Hostessen-Casting für Olympia // das IOC ignoriert die Palästinenser // BRD und DDR nähern sich an // deutsche Neonazis helfen den Palästinensern // Hans-Jochen Vogel wirft hin // München bekommt einen Tiger // Klaus Staeck und die documenta setzen Maßstäbe // Afrika droht mit einem Boykott der Spiele // die Hinweise auf einen Anschlag werden ignoriert // die Eröffnungsfeier darf an 1936 erinnern

**249** Kapitel 5
**»ICH BIN SO GLÜCKLICH, DASS DIE ANDEREN GEWONNEN HABEN.« – DIE HEITEREN SPIELE**
Olympia geht über Satelliten in die ganze Welt // Michael Graeter jagt die Reichen und Schönen // eine deutsche Schwimmhoffnung schlägt leck // Heide Rosendahl holt Gold // Teofilo Stevenson verdrischt alle // Mark Spitz steht unter Werbeverdacht // Olga Korbut verzaubert die Welt // das olympische Dorf wird zur Partymeile // Leni Riefenstahl lässt sich nicht stoppen // ein Olympiasieger verliert Gold wegen Dopings // USA und Sowjetunion duellieren sich // der König bandelt mit der Hostess an // Eckart Witzigmann kocht groß auf // Renate Stecher steigt zum Sprint-Star auf // Deutschland lernt McDonald's kennen // Klaus Wolfermanns Triumph krönt einen goldenen Sonntag // eine Schülerin springt am höchsten // die Terroristen bereiten sich vor

**335** Kapitel 6
**»SIE SIND ALLE TOT.« – DER 5. SEPTEMBER 1972**
Palästinenser überfallen das israelische Team // die ganze Welt schaut TV, die Geiselnehmer auch // der Krisenstab ist hilflos // der planlosen Polizei fehlen die Gewehre // fünf Scharfschützen für acht Terroristen // die Panzer stecken im Stau // beim Massaker von Fürstenfeldbruck sterben alle Geiseln

**373** Kapitel 7
**»THE GAMES MUST GO ON.« – DIE TAGE DANACH**
Die Welt ist entsetzt // Uli Hoeneß will nur noch weg // der Mossad-Chef kühlt das israelische Verhältnis zur BRD // Deutschland schafft ein Hockey-Wunder // bei der 4 x 100-Meter-Staffel der Frauen eskaliert das deutsche Duell // drei Sekunden können ewig dauern // der falsche Marathonsieger // BMW fährt elektrisch // der rumänische Volleyball-Star bleibt im Westen // Hans Günter Winkler holt sein fünftes Gold // ein Flugzeug nimmt Kurs auf das vollbesetzte Olympiastadion

**423** Kapitel 8
**»WAS BLEIBT?« – VERGESSEN IST NICHTS**
Renate Stecher ist im Osten ein Superstar // die Anti-Terroreinheit GSG 9 wird gegründet // Meyfarth drückt wieder die Schulbank // Mark Spitz kassiert als Werbestar und Schauspieler // der Bundestag untersucht das Attentat nur oberflächlich // rechtsextremer Helfer der palästinensischen Terroristen geht Polizei in München ins Netz // Heide Rosendahl ist Sportlerin des Jahres // Olympiaattentäter werden freigepresst // viele Deutsche machen mit bei »Willy wählen« // ein Orkan verwüstet Norddeutschland // der Literatur-Nobelpreis geht an Heinrich Böll // Bahr und Kohl sorgen für Entspannung

**451** Epilog
**»AN DIESER KATASTROPHE TRAGEN AUCH WIR
BIS HEUTE SCHWER.« – DIE 50 JAHRE DANACH**
Die Erinnerung martert eine Kanadierin // Doping wird zum großen Problem des Sports // Brundage heiratet eine Prinzessin und Schwedens König Carl-Gustaf seine Olympia-Hostess // Helmut Schmidt folgt auf Willy Brandt // die Spiele 1980 und 1984 stehen im Zeichen von Boykotts // ein Goldmedaillengewinner im Flüchtlingslager // die GSG 9 befreit die »Landshut« // Stelian Moculescus harter Weg nach oben // das Olympiaattentat wird 45 Jahre lang verdrängt

**505** Dank
**506** Bildnachweis
**507** Quellen und Literatur
**517** Personenregister

Prolog

## 4. SEPTEMBER 1972 –
## DER LETZTE TAG DES GLÜCKS

Verordnete Heiterkeit: Die olympischen Hostessen in ihren bayerischen Dirndln nachempfundenen Phantasie-Uniformen sollen den fröhlichen Charakter der Spiele 1972 verkörpern.

Der Star der Spiele: Mit sieben Goldmedaillen schwingt sich der US-Schwimmer Mark Spitz zum erfolgreichsten Olympioniken der Geschichte auf.

**Die Sensation:** Die deutsche Hochspringerin Ulrike Meyfarth ist erst 16 Jahre alt, als sie mit neuem Weltrekord die Goldmedaille gewinnt.

Trügerische Ausgelassenheit: Wenige Stunden vor der Katastrophe feiern israelische Teammitglieder nach einer »Anatevka«-Aufführung im Deutschen Theater mit Hauptdarsteller Shmuel Rodensky.

Nach dem Sprung lässt sich Ulrike Meyfarth von der Matte gleiten, federt über den Boden, das dunkle Haar wippt im Takt. Sie strahlt, wie nur ein 16 Jahre altes Mädchen strahlen kann, das gerade Olympiasiegerin geworden ist. 80 000 Menschen haben sich für sie erhoben, ein Orkan des Jubels fegt durch das Stadion. Das Mädchen Ulrike hält sich die Hände vor die Augen und zieht sie wieder weg, als wolle sie ganz sichergehen, dass das hier wahr ist und kein Traum.

Als der Hochsprungwettbewerb am frühen Nachmittag begann, war Ulrike Meyfarth eine Gymnasiastin aus Wesseling bei Köln, die dankbar sein durfte, bei den Spielen dabei zu sein. Jetzt, da gleißendes Flutlicht das Münchner Olympiastadion erfüllt, ist sie die Goldmedaillengewinnerin und Weltrekordlerin ihres Sports und der Liebling nicht nur der eigenen Nation. Wenn ein Moment die Spiele von München aufs Schönste verdichtet, dann ist es dieser: das pure, das unschuldige Glück. Man müsste ein Herz aus Stein haben, um sich nicht mit Ulrike Meyfarth zu freuen.

Der 4. September 1972 ist ein Tag für die Geschichtsbücher. In der Olympiaschwimmhalle gleich neben dem Stadion gewinnt der trotz Schnauzbarts unfassbar gutaussehende Mark Spitz seine siebte Goldmedaille in sieben Tagen. Der Amerikaner steigt auf zum bis dahin erfolgreichsten Athleten der olympischen Geschichte. Im Ostblock nimmt man das für heute gelassen zur Kenntnis, denn der sowjetische Wundersprinter Walerij Borsow, der »weiße Blitz aus Kiew«, fliegt nach den 100 Metern auch über die 200 Meter als Erster durchs Ziel. Die bundesdeutschen Zeitungen sind an diesem Montag voll von Fotos und Berichten über die große Windjammerparade tags zuvor in Kiel, wo die Segelwettbewerbe der Münchner Spiele stattfinden. Bundespräsident Gustav Heinemann, der nicht zu Gefühlsausbrüchen neigt, hat sich dort zu dem Satz hinreißen lassen: »So etwas Schönes habe ich noch nie gesehen.«

## 4. September 1972 – Der letzte Tag des Glücks

Die Jugend der Welt ist verliebt in München und seine Spiele. In die tänzerische Leichtigkeit dieser Tage, in die Begeisterung und die Fairness des Publikums, das auch Sportlern aus der DDR bereitwillig Beifall spendet, verliebt in die Wärme und die Neugier, mit der nur ein Millionendorf auf dem Sprung zur Weltstadt seinen Gästen begegnen kann. Verliebt in den freundlichen quergestreiften Dackel Waldi, das Maskottchen der Spiele, in die noch freundlicheren Hostessen in ihren Dirndln und in die Spielstraße im Olympiapark, auf der Künstler verrückte Sachen machen, als gehörten Sport und Kultur irgendwie zusammen. In das magisch geschwungene Glasdach des Olympiastadions und in das elegante Alltagsdesign Otl Aichers, das Hinweisschilder in Kunst verwandelt – Kunst in sanftem Himmelblau, Grün und Orange, doch niemals in Rot oder Schwarz, den Farben der Diktaturen dieses Jahrhunderts. »Es kommt weniger darauf an, zu erklären, dass es ein anderes Deutschland gibt, als es zu zeigen« ist die Leitlinie des Gestalters Aicher.

München 1972 sollte anders sein als Berlin 1936. Und es ist anders geworden, ganz anders. Nicht so formell, nicht so steif, nicht so dramatisch, nicht militärisch. Swing und Pop statt Marschmusik und Wagner. In Berlin prägten die Uniformen von Polizei, Wehrmacht und SS das Bild der Stadt, in München tragen die Sicherheitskräfte azurblaue Sakkos und nur sehr selten Waffen.

All die kühnen Hoffnungen der Organisatoren scheinen sich zu erfüllen. »Widerlegen wir die These«, hat Bundeskanzler Willy Brandt bei der Einweihung des Olympiaparks gesagt, »dass es den freundlichen Deutschen nur in Ausnahmefällen gebe.« Und so setzt sich alles zusammen zu einem Mosaik des neuen, lässigen Deutschland. Der Bundeskanzler selbst verkörpert diesen Zeitgeist, den Abschied von martialischem Auftreten, autoritärer Führung und bigotter Moral.

Vor den Augen der Welt tritt die Bundesrepublik in München aus dem langen Schatten der Nazizeit. Die Besucher sind überrascht, und wenn sie bei ihren deutschen Gastgebern überhaupt irgendetwas zu bemerken haben, dann höchstens, dass selbst der Frohsinn mit landestypischer Gründlichkeit organisiert ist. »Die erste Goldmedaille für die Deutschen!«, hat die Zeitung ›L'Aurore‹ aus Paris nach der Eröffnungsfeier gefordert. »Ja, sie würden sie verdienen, weil sie uns das wunderbarste Schauspiel gezeigt haben, von dem man träumen kann.« Und der ›Corriere della Sera‹ aus Mailand schrieb: »Hätte es noch eines Beweises bedurft, dass die Deutschen sich gewandelt haben, das Stadion in München hat ihn geliefert.«

In der Bundesrepublik riecht es 1972 nach Aufbruch, nach Freiheit und Abenteuer und für manche sogar ein ganz kleines bisschen nach Revolution. Der Aufbruch von 1967/68 lebt weiter in der bundesrepublikanischen Umwelt-, Friedens- und Frauenbewegung, aber grenzenlos übersteigert mündet er auch im mörderischen Terrorismus der Roten Armee-Fraktion. Deren Köpfe Andreas Baader und Ulrike Meinhof sind im Olympiasommer nach Bombenanschlägen und Schusswechseln in Haft, es herrscht seit wenigen Wochen Ruhe in Deutschland. Und noch weiß niemand, dass diese Ruhe trügerisch ist.

'72, das sind weite Schlaghosen und enge Hemden mit Riesenkrägen, das sind dicke Koteletten und wallende Locken, Blumenkleider und Lederwesten, Schlager und Disco. Wer bei der Bundespost einen Telefonanschluss bestellt, bekommt nicht mehr automatisch das graue Wählscheibentelefon geliefert. Man kann jetzt wählen zwischen Grün, Rot, Orange und Gelb. '72 ist ein Lebensgefühl, das sich in den »heiteren Spielen« Bahn bricht, die der deutsche Olympiachef Willi Daume, der Oberbürgermeister Hans-Jochen Vogel und Otl Aicher bis ins kleinste Detail geplant haben.

Beinahe ein Vierteljahrhundert hat es gedauert, bis die Bundesrepublik eine liberale Demokratie im umfassenden Sinne wurde – nicht nur rechtlich, sondern auch politisch und vor allem gesellschaftlich, ein Gemeinwesen, das sich den Geistern der Vergangenheit stellt und sein Grundgesetz als Antwort auf den Horror des Nationalsozialismus versteht. Knapp zwei Jahre vor den Spielen war Brandt im ehemaligen Warschauer Ghetto auf die Knie gesunken. Es war zugleich das Eingeständnis von Schuld und die Bitte um Vergebung, eine ikonische Geste von einem, der selbst nicht hätte knien müssen. Ende April 1972 hat Brandt im Bundestag ein Misstrauensvotum überstanden, es war ein großes Drama, aber auch die große Bestätigung, die der Kanzler für seinen Kurs brauchte.

Das gereifte, geläuterte Deutschland präsentiert sich nun auch in München der Welt, und nur die halsstarrigsten DDR-Funktionäre können diese Bundesrepublik noch mit voller Überzeugung als Hort von Faschismus, Kapitalismus und Reaktion geißeln. Die Deutschen aus dem

## 4. September 1972 – Der letzte Tag des Glücks

Osten haben selbst allen Grund zum Stolz: 1972 tritt die DDR erstmals mit eigener Hymne und unter eigener Fahne an. »Der Kapellmeister in München sollte unsere Hymne lieber gut einstudieren«, hat der Chefkommentator des DDR-Fernsehens, Karl-Eduard von Schnitzler, vorhergesagt, »denn er wird sie oft spielen müssen.« Und so ist es gekommen: Es regnet Goldmedaillen für die Ostdeutschen.

Auch in der DDR, in der Erich Honecker im Juni 1971 der Erste Sekretär des Zentralkomitees der SED geworden ist, spüren die Menschen Anfang der Siebziger einen Aufschwung, zumindest im Lebensstandard. Das ist die Ausgangslage, in der sich der Eiserne Vorhang zumindest ein ganz klein wenig bewegt. Der Moskauer und der Warschauer Vertrag sind im Juni 1972 in Kraft getreten, ebenso das Berlin-Abkommen, das Reisen und Telefonieren zwischen Ost und West erleichtert. Und am 16. August, eine gute Woche vor Eröffnung der Spiele, haben Bundesrepublik und DDR mit den Verhandlungen über einen Grundlagenvertrag begonnen.

Olympische Spiele sind immer ein Brennglas, durch das man die Welt betrachtet. Nirgendwo sind so viele Nationen auf so engem Raum versammelt, nirgendwo treten ihre Eigenschaften, die guten wie die schlechten, so unvermeidlich zutage. Deshalb ist Olympia 1972 nicht nur ein Wettstreit von Athleten, sondern bei aller Entspannung auch ein Wettkampf der Systeme. Die Spiele von München werden noch ein packendes deutsch-deutsches Staffelduell erleben und ein amerikanisch-sowjetisches Basketballfinale für die Ewigkeit.

In vielen Dingen sind die Spiele auch der Spiegel eines neuen Selbstbewusstseins. Die Leichtathletin Heide Rosendahl, die ihre Mitbürgerinnen und Mitbürger mit dem ersten Gold für die Bundesrepublik erlöste, ist eine junge Frau, die es sich erlaubt, älteren Fernsehmoderatoren zu widersprechen. Schwarze amerikanische Athleten demonstrieren in München gegen die anhaltende Diskriminierung zu Hause. Die jungen Nationen der Dritten Welt fordern ihren Platz auf der globalen Bühne des Sports. Im Olympiastadion hat der Ugander John Akii-Bua die Ehrenrunde erfunden, weil er nach seinem Sieg über 400 Meter Hürden einfach nicht aufhören wollte zu laufen.

1972 ist das Jahr, in dem sich überall kleine Fenster in die Zukunft öffnen. Im deutschen Fernsehen hat ›Raumschiff Enterprise‹ Premiere, der erste 8-Bit-Mikroprozessor wird vorgestellt, der erste Taschenrechner kommt auf den Markt. In München werden die alten Stoppuhren von der elektronischen Zeitmessung abgelöst; die akkreditierten Journalisten erhalten ihre Informationen aus einem Supercomputer. Über die Straßen von München rollt das erste Elektro-Auto von BMW, für die Spiele eigens entwickelt.

Olympia wird allmählich zum großen Geschäft und das Internationale Olympische Komitee (IOC) zur Geldmaschine. Werbung ist den Athletinnen und Athleten noch strikt verboten, doch Mark Spitz, der natürlich barfuß schwimmt, reckt nach einem seiner Siege seine Adidas-Schuhe in die Kameras, angeblich aus Versehen. Doping wächst zur Geißel des Sports heran, zum ersten Mal wird in München eine Goldmedaille deshalb aberkannt. Das Fernsehen wird unmittelbar und farbig, es ist, als hätte die Menschheit bislang salzig gegessen und bisse plötzlich in etwas unbeschreiblich Süßes. Satelliten senden Hunderte Stunden Live-Bilder in die entlegensten Winkel des Erdballs. Was immer bei den Spielen passiert: Es ist ein globales Ereignis.

Die Welt rückt näher zusammen. 1972 reist Richard Nixon als erster US-Präsident zum Staatsbesuch nach China. Der »Club of Rome« veröffentlicht seinen Bericht zu den »Grenzen des Wachstums«: Wenn der Planet überleben soll, sind Industrie- und Entwicklungsländer schicksalhaft aneinandergekettet. Kurz vor den Spielen ist die deutsche Erstausgabe des »Playboy« erschienen, und in der Olympiastadt München hat die erste deutsche Filiale einer US-Schnellrestaurantkette eröffnet. Sie nennt sich »McDonald's«. In Heidelberg und Hamburg verüben radikale Palästinenser Anschläge auf deutschem Boden. Kaum ein Einheimischer versteht, was das soll.

Es ist ein glorreicher Sommerabend an diesem 4. September, alles bunt, alles cool, so wie in eigentlich jedem Moment, seit am 26. August der Vorhang der Spiele von München aufging wie ein schimmernder Regenbogen. Die Leute sitzen auf den grünen Hängen des Olympiaparks und bewundern im Abendrot das Dach des Stadions. Von der Spielstraße dringt Musik herüber. Als Mark Spitz gegen 21 Uhr im noblen Restaurant »Käfer« in der Prinzregentenstraße auftaucht, stehen alle Gäste auf und spenden Applaus. Im »Hofbräuhaus« zieht der US-Ringer Chris Taylor alle Blicke auf sich, weil er – mit seinen vier Zentnern vermutlich der

## 4. September 1972 – Der letzte Tag des Glücks

schwerste Olympiateilnehmer – Brotzeitteller um Brotzeitteller verdrückt. Im Olympiapressezentrum hat sich eine Gruppe Kanadier versammelt, um allen Ernstes eine Eishockeyübertragung aus Toronto anzuschauen.

In der Oper gastiert die Mailänder Scala mit Verdis ›Aida‹. Placido Domingo singt vor der internationalen Prominenz wie dem britischen Premierminister Edward Heath. Der Applaus könnte ekstatischer nur sein, wenn Ulrike Meyfarth auf die Bühne käme. Nach der Aufführung lädt der italienische Botschafter Staatschefs und gekrönte Häupter zum Galaempfang. Die Party für die Schickeria schmeißt Johannes von Thurn und Taxis, der Fürst des deutschen Jetsets. Und Avery Brundage, der IOC-Präsident, ohne dessen ausnehmend gute Erinnerung an Berlin 1936 es München 1972 nicht gäbe, speist fürstlich im Hotel »Vier Jahreszeiten«.

Sechs Mitglieder der israelischen Olympiamannschaft sehen sich im »Deutschen Theater« ›Anatevka‹ an, das jüdische Musical über den Milchmann Tevje, der immer noch lachen kann, gleich welche Demütigung ihm das Leben zumutet. Tevjes Geschichte, angesiedelt im untergehenden russischen Zarenreich, hat zuerst den Broadway erobert und verzaubert nun in der Bundesrepublik genau wie in der DDR das Publikum. Das Lied »Wenn ich einmal reich wär'« singt fast der ganze Saal mit. Nach der Aufführung feiern die Israelis mit den Schauspielern. Der Ringer-Kampfrichter Yossef Gutfreund nimmt für ein Foto den Hauptdarsteller Shmuel Rodensky in den Arm, es wird ein sehr witziges Bild, weil Gutfreund einen Kopf größer und doppelt so breit ist wie Rodensky. Es wird schallend gelacht, auch hier pures Glück. Während sich die Israelis amüsieren, trifft sich in einer Gaststätte am Hauptbahnhof eine Gruppe junger Männer. Dann kommt die Nacht über München.

Kapitel 1

# HITLERS SPIELE – BERLIN 1936

Brundage verpasst Olympia // Heinemann fliegt aus der Bierhalle // München wird Hauptstadt der Bewegung // Weimar schenkt Hitler eine Bühne // Riefenstahl vergöttlicht den arischen Menschen // die Nazis erfinden den Fackellauf // eine Jüdin als Alibi-Starterin // Hans-Jochen Vogel geht gern zur HJ // Willi Daume muss Basketball spielen // das Olympische Dorf ist eine Kaserne // Jesse Owens und sein deutscher Freund führen Hitler vor // die Weiße Rose rettet Münchens Ansehen // Diem schickt die Jungen in den Opfertod

Lange fremdeln Adolf Hitler und die Nationalsozialisten mit Olympia. Dann aber erkennen sie das propagandistische Potenzial der Spiele und missbrauchen sie 1936 in Berlin schamlos für ihre Zwecke.

Zum Leidwesen der NS-Gastgeber wird der schwarze US-Sprinter Jesse Owens in Berlin zum Superstar. Filmemacherin Leni Riefenstahl visualisiert die Spiele als heroisches Epos im Sinne ihres Förderers Adolf Hitler.

Der Student Gustav Heinemann kommt im Frühjahr 1920 nicht freiwillig nach München. In Marburg ist es für ihn zu gefährlich geworden. Die junge Weimarer Republik hatte gerade ihre erste große Prüfung bestanden, den Kapp-Putsch im März. Aber die Erschütterungen hören nicht mehr auf. Heinemann, geboren 1899, Sohn Essener Großbürger, gehört an der Universität Marburg zu einem Häuflein republikanisch gesinnter Studenten. Als rechtsgerichtete Kommilitonen sie mit dem Tode bedrohen, beschließt er, das Sommersemester im sicheren München zu verbringen.

Für ihn ist die Verteidigung der ersten deutschen Demokratie auch eine familiäre Verpflichtung. In seinem Tagebuch notiert er, wie sehr ihn Briefe der Märzrevolutionäre von 1848 beeindruckt haben. Zu den Aufständischen hatten sein Urgroßvater und zwei seiner Brüder gehört. »Für Einheit und Freiheit, für Republik und Demokratie!«, schreibt Heinemann. »Ich werde an Euch denken!« Seinen zweiten Vornamen Walter trägt er nach seinem Urgroßonkel, der Teil der Badischen Revolution gewesen war.

Heinemann genießt jeden Tag seiner vier Monate in München, vielleicht ist es der Sommer seines Lebens. Immer wieder streift er durch die Gemäldesammlung der Pinakotheken, er ist fasziniert von der strahlenden Dramatik des Peter Paul Rubens. Im Theater sieht er Shakespeares ›Ein Sommernachtstraum‹ und ›Der Widerspenstigen Zähmung‹. An der Uni – er studiert Jura und Ökonomie – hört er kurz vor dessen Tod Vorlesungen bei Max Weber, den er für »die wunderbare Klarheit und Fülle der Gedanken« bewundert. »München! Herrliche Stadt!«, schwärmt Heinemann. »Hier hat der Reichtum vergangener Tage die Kunst großzügig auf die Straße getragen. Hier kann das Leben schön sein. Sorglos muss hier der Mensch sein und Geld haben.«

Genau diese unwiderstehliche Kunstmetropole an der Isar war es, über die Thomas Mann 1902 schrieb: »München leuchtete«. Doch 18 Jahre später hat die leuchtende Stadt ihren langen Weg in die Dämmerung schon angetreten. Gustav Heinemann hat noch ein weiteres Vorhaben für seinen Münchner Sommer. Es ist Reichstagswahlkampf, und er will sich einen Überblick über die Parteien verschaffen. Also zieht er von Kundgebung zu Kundgebung, von Bierkeller zu Bierkeller, von der USPD zur KPD, von der DDP zur DVP. Und am 19. Mai 1920 besucht er im »Hofbräuhaus« eine Veranstaltung der NSDAP.

Der Redner ist ein 31-jähriger Kriegsheimkehrer und vormaliger Kunstmaler, Adolf Hitler. Heinemann ist entsetzt von dem, was er hört. »Ich flog bald wieder raus, weil ich Zwischenrufe machte«, erinnert er sich später. Zwei kräftige Ordner werfen ihn aus dem Lokal. »Ein trauriges Bild der Geistesverfassung und politischen Unbildung unseres Volkes!«, schreibt er. »Ein nahezu uferloser Antisemitismus. An allem und jedem sind nur die Juden schuld.« Doch Gustav Walter Heinemann ist zuversichtlich, dass von der NSDAP keine große Gefahr ausgeht: »Die Partei wird an der inneren Inkonsequenz ihres Programmes scheitern.«

Chicago erlebt Anfang der Zwanzigerjahre einen nie dagewesenen Bauboom. Die Stadt wächst explosionsartig und mit ihr Avery Brundages Wohlstand. Der Emporkömmling hat eine Baufirma gegründet, die nun einen Wolkenkratzer nach dem anderen in den Himmel schiebt. Doch Brundages wahrer Ehrgeiz gilt dem Sport. Er mag kein großer Athlet gewesen sein, aber er hat sich geschworen, ein großer Funktionär zu werden. Zunächst steigt er zum Präsidenten des amerikanischen Leichtathletikverbands auf, und dann, 1928, zum Präsidenten des Nationalen Olympischen Komitees (NOK) der USA.

Avery Brundage wird viele Olympische Spiele erleben, fast ein halbes Jahrhundert lang wird er die olympische Bewegung prägen. 20 Jahre lang wird er, der Junge von der falschen Seite der Eisenbahnschienen in Chicago, der Herr der Ringe sein, wird seine Loge mit Staatspräsidenten und Königen teilen, nur zum Beispiel 1972 mit einem gewissen Gustav Heinemann. Aber die Olympischen Spiele, die Brundage niemals loslassen werden, sind die, die gar nicht stattgefunden haben.

Der junge Avery, geboren 1887, ist von Tanten und Onkeln großgezogen worden, nachdem der Vater die Mutter verlassen hatte. Der Sport war das Ventil seines Ehrgeizes, in der Werkstatt seiner Highschool schmiedete er selbst, was er an Geräten für die Leichtathletik brauchte. Den Hammer für den Hammerwurf zum Beispiel, eine Metallkugel an einem Stahldraht mit Griff. An der Universität von Illinois, wo er Bauingenieurswesen studierte, entwickelte er sich zu einem starken Mehrkämpfer, der drei US-Meisterschaften gewann.

1912 durfte Avery Brundage zu den Olympischen Spielen in Stockholm reisen, er wurde Sechster im Fünfkampf, 14. im Zehnkampf und 22. im Diskuswurf. Gold im Fünf- wie im Zehnkampf holte sein amerikanischer Teamkamerad Jim Thorpe, geboren als Wa-Tho-Huck im Indianer-Territorium. Einige Monate nach den Spielen wurden Thorpe die Medaillen aberkannt, weil er in einer halbprofessionellen Liga Baseball gespielt hatte. Olympioniken dürfen kein Geld mit dem Sport verdienen, weil das die Reinheit der Spiele verletzen würde – das ist das olympische Gesetz, das Avery Brundage in Stockholm verinnerlichte.

Beinahe der ganze Rest der Welt hatte weniger Verständnis für die Entscheidung gegen Thorpe, der aus allen Ergebnislisten getilgt wurde, als hätte es ihn nie gegeben. Der Schwede Hugo Wieslander, der auf den ersten Platz nachrückte, betonte zeitlebens, dass Thorpe ihn im fairen sportlichen Wettkampf besiegt hatte. Erst 70 Jahre später wird das IOC Jim Thorpe rehabilitieren – nachdem Avery Brundage, der Mann, der das immer verhindert hatte, gestorben ist. Über den IOC-Präsidenten Brundage wird man sagen, dass er einen Diskus dort hatte, wo bei anderen ein Herz schlägt.

Brundage ist ein Mann von Exzentrik und Härte, auch sich selbst gegenüber. In Chicago geht er noch als reicher Mann jeden Tag zu Fuß zur Arbeit, sieben Kilometer hin, sieben Kilometer zurück. Und jeden Tag um 15 Uhr isst er ein Spiegelei-Speck-Sandwich, dazu trinkt er ein Glas Milch. Seine Jobs in Sportverbänden macht er über Jahrzehnte unentgeltlich, aber dafür mürrisch und bis ins Lächerliche streng.

Mit besonders heiligem Ernst wacht Brundage über die Einhaltung der Amateurregeln im olympischen Sport. 1932, bei den Spielen von Los Angeles, reicht er als amtierender US-Olympia-Chef einen Essay im Literaturwettbewerb ein, Titel: ›Die Bedeutung des Amateursports‹. Zugleich gehört er zu den treibenden Kräften, die den Ausschluss des finnischen Wunderläufers Paavo Nurmi bewirken. Nurmis Sünde ist, dass er angeblich einmal zu hohe Reisekosten abgerechnet sowie im Parkhotel von Königsberg eine Tasse Kakao nicht selbst bezahlt hat. Brundage sagt: Nur die »mannhafte, dynamische Philosophie des Amateursports und sein Regelwerk von Fairness und Sportsgeist werden verhindern, dass wir eine weiche, richtungslose Ansammlung von faulen, Dollar-jagenden Vergnügungssuchern werden.«

Für den Zehnkämpfer Brundage wären die Spiele von Berlin 1916 die gewesen, bei denen er sich realistische Hoffnung auf eine Medaille hätte machen dürfen. Er war 28 Jahre alt, auf dem Höhepunkt seiner Leistungsfähigkeit, US-Meister im »All Around«, dem härtesten aller Mehrkämpfe, zehn Disziplinen an einem Tag. Doch die Spiele von Berlin sind Opfer des Ersten Weltkriegs. Die Händel der Politik, so sah Brundage das, hatten das Fest des Sports zerstört – und ihn und die anderen Athleten um die Chance ihres Lebens gebracht. Es ist eine persönliche Frustration, die später in eine beinahe besessene Überzeugung münden wird: dass die Spiele immer, immer weitergehen müssen.

Das München, das der junge Gustav Heinemann 1920 erlebt, sieht die letzten Tage der Schwabinger Boheme. Ende des 19. Jahrhunderts hat sich die Stadt mit ihrem Universitätsviertel zum freigeistigsten, aufregendsten Ort des Deutschen Reiches entwickelt, ganz anders als das verstockte kaiserliche Berlin. Literaten und Künstler, Revolutionäre und Träumer lebten und liebten, tranken und stritten in der Kneipe »Simplicissimus«, im »Café Stephanie« oder im »Schelling-Salon«. Thomas Mann beendete hier 1901 seine ›Buddenbrooks‹, in die Wohnung neben dem Expressionisten Wassily Kandinsky zog der Dichter Rainer Maria Rilke ein, und in der Kaiserstraße 53 saß ein Herr Mayer an seinem Pamphlet ›Was tun?‹, das die Gründung einer zentralisierten Arbeiterpartei zur Voraussetzung für die russische Revolution erklärte. Wladimir Iljitsch Uljanow hieß dieser Mayer tatsächlich, bis er sich einen neuen Namen gab: Lenin.

Schon der Erste Weltkrieg hatte dem fröhlichen Schwabinger Treiben zugesetzt, doch nach dem Krieg war München für kurze Zeit noch einmal die Herzkammer deutscher Utopie. Erst rief der Sozialist Kurt Eisner den Freistaat Bayern aus, im festen Glauben, dass dieses Bayern das

Modell für ein demokratisches, friedfertiges, besseres Deutschland sein würde. Am 21. Februar 1919 streckte ihn ein rechter Fanatiker mit zwei Schüssen in Rücken und Kopf nieder. Nach Eisners Tod proklamierten Schriftsteller wie Ernst Toller und Erich Mühsam die Räterepublik und ihr Ziel einer Gesellschaft der Gleichheit und Nächstenliebe. Es war ein noch viel verrückteres Wagnis, eine »Weltsekunde der Literatur an der Macht« (Volker Weidermann), ebenso blauäugig wie bewundernswert. Die Philosophenherrschaft zerbrach rasch – in einer nationalistischen Gegenrevolution, im blutigen Terror der Freikorps.

München, die Stadt, in der die Deutschen eine kurze Zeit die radikale Demokratie probten, wird Anfang der Zwanzigerjahre immer mehr zum Sammelbecken republikfeindlicher Kräfte. »Früher hatte die schöne, behagliche Stadt die besten Köpfe des Reiches angezogen«, schreibt der jüdische Schriftsteller Lion Feuchtwanger. »Wie kam es, dass die jetzt fort waren, dass an ihrer Stelle alles, was faul und schlecht war im Reich und sich anderswo nicht halten konnte, magisch angezogen nach München flüchtete?« Feuchtwanger geht, Rilke geht, Bertolt Brecht und Marieluise Fleißer gehen, Toller und Mühsam sitzen im Gefängnis. Stattdessen schwadronieren nun reaktionäre Autoren wie der Dramatiker Hanns Johst vom Nahen eines neuen Reichs. Als das neue Reich 1933 dann da ist, widmet Johst sein Stück ›Schlageter‹ Adolf Hitler, »in liebender Verehrung und unwandelbarer Treue«.

Der Österreicher Hitler war am 25. Mai 1913 aus der Wiener Obdachlosigkeit vor dem Militärdienst nach München geflohen, er war dort zunächst, was er schon in Wien gewesen war: ein strauchelnder Kunstmaler, der sich mit Ansichtskarten gerade so über Wasser hielt. Ein Deutschnationaler wie er hätte damals viel besser nach Berlin gepasst, und doch wurde das nähere München die Stadt, von der er später behauptete, an ihr hänge er mehr als an jedem anderen Flecken Erde. Nach dem Kriegsausbruch 1914 meldete er sich freiwillig zum Dienst in einem bayerischen Regiment. Als er 1918 zurückkehrte, dank des Wohlwollens eines jüdischen Leutnants mit dem Eisernen Kreuz dekoriert, war München der Ort, an dem er erstmals im Leben Anerkennung erfuhr.

Gewiss hätte Hitler im erschütterten Deutschland der Nachkriegszeit auch in anderen Städten zum Politiker werden können. Aber München bietet seinem brennenden Ehrgeiz, seiner eigentümlichen Redegabe und seiner hemmungslosen Hetze gegen die »Novemberverbrecher« und das »Weltjudentum« einen besonders fruchtbaren Boden. In den Münchner Bierkellern gehen Alkohol und Aggressivität eine unheilvolle Ehe ein, wie Heinemann bezeugen kann und wie es der amerikanische Schriftsteller Thomas Wolfe bei einem Oktoberfestbesuch 1927 beobachtet: Die Augen der Einheimischen an seinem Biertisch, schreibt Wolfe, eigentlich ein bekennender München-Liebhaber, »waren stumpf und benebelt vom Essen und vom Bier, und viele von ihnen starrten die Leute um sie herum in einer Art Betäubung an, als hätte man sie unter Drogen gesetzt«.

Ein Jahr später wird Wolfe auf der Wiesn in eine Schlägerei verwickelt, hinterher fehlen ihm ein paar Zähne, er hat Platzwunden und eine gebrochene Nase. »München hat mich fast umgebracht«, hält er in einem Brief fest, »doch binnen fünf Wochen hat es mich so viel über die Menschen gelehrt, wie die meisten Leute binnen fünf Jahren nicht lernen.« Bald explodiert die Inflation, und die Maß Bier im »Hofbräuhaus« kostet 266 Milliarden Mark. Und das München, das Thomas Wolfe einen »großen, ins Leben übersetzten Traum« nannte, ist die Stadt von Hakenkreuz und Lederhose.

1931 vergibt das IOC die Olympischen Spiele zum zweiten Mal nach Berlin – zwei Jahre, bevor die Nazis an die Macht kommen. Für Hitler, der es vom Wirtshausredner zum Reichskanzler gebracht hat, sind die Spiele also so etwas wie ein Erbstück des demokratischen Deutschland. Nun rechnen manche IOC-Mitglieder sogar damit, dass er auf die Ausrichtung verzichtet. Hat er nicht ein paar Jahre zuvor Olympia als »Komplott von Freimaurern und Juden« bezeichnet? Als geeignet, den gesunden deutschen Volkskörper krank zu machen? Der ›Völkische Beobachter‹, das in München erscheinende Kampfblatt der NSDAP, hat 1932 geschrieben: »Neger haben auf der Olympiade nichts zu suchen«, das IOC müsse handeln. Viele Beobachter können sich nicht vorstellen, dass die Nazis die Teilnahme schwarzer Athleten akzeptieren.

Doch Hitler und sein Propagandaminister Joseph Goebbels haben längst erkannt, welchen Wert diese Spiele für sie besitzen. »Im Jahre 1936 werden wir uns mit den Völkern der Erde messen und ihnen zeigen, welche Kräfte die Idee der deutschen Volksgemeinschaft auszulösen im

## Die Nazis planen ein schamloses Schauspiel

Stande ist«, verkündet Goebbels. Das Deutsche Reich ist in diesem Moment eine aufstrebende Nation, erpicht darauf, die vermeintliche Schmach des Versailler Vertrags zu tilgen. Schon im Frühjahr 1933 richtet Goebbels in seinem Ministerium einen »Olympia-Propagandaausschuss« ein, dazu ein »Amt für Sportwerbung«, das für die Produktion einschlägigen Werbematerials zuständig ist.

Schnell gibt es Plaketten und Flaggen, auf denen die olympischen Ringe mit Hakenkreuz und Reichsadler kombiniert sind. Die goldumrandeten Teller des Olympiageschirrservice zeigen das Motiv des offiziellen Plakats der Spiele: einen bekränzten, entschlossen in die Ferne blickenden Muskelarier, dazu das Brandenburger Tor mit Hakenkreuz-Standarte. »Olympia 1936 – eine nationale Aufgabe« ist das erste von insgesamt 26 Propagandaheften betitelt, die für nur zehn Pfennige zu haben sind und die Bevölkerung auf die Spiele einstimmen sollen. Das Regime scheut für seine nationale Aufgabe keine Kosten und Mühen. Im ganzen Land finden Olympiawerbewochen und Olympiaausstellungen statt. Lehrer bekommen Fortbildungen, um den rechten olympischen Geist in die Schulen zu tragen.

Generalstabsmäßig planen die Nazis, der Welt ein schamloses Schauspiel zu zeigen, eine Demonstration von Stärke und die Illusion von Friedfertigkeit. Die Bühne, die sie dafür errichten, ist die größte Sportanlage der Welt. Von Anfang an ist das Reichssportfeld mit dem Olympiastadion im Mittelpunkt auch als militärischer Aufmarschplatz vorgesehen. Die Bauten, in strengen Achsen angeordnet, nehmen die Gigantomanie des Nürnberger Reichsparteitagsgeländes vorweg. Das Stadion und die kleineren Arenen liegen architektonisch zwischen antikem Tempel und mittelalterlicher Burg. Die Deutschen inszenieren sich als Gralshüter der olympischen Idee über zwei Jahrtausende hinweg.

Wie nah Sport und Krieg für die Nationalsozialisten beieinanderliegen, zeigt sich in der Langemarckhalle unterhalb eines mächtigen Glockenturms. Die Halle – mehr ein Schrein, in dem auch vermeintlich blutgetränkte Erde ausgestellt wird – erinnert an Tausende deutsche Soldaten, die 1914 bei Langemarck in Flandern gefallen sind. Um deren angeblichen Heldentod und ihre Opferbereitschaft ist schon im Ersten Weltkrieg ein Mythos entstanden, an dem die Nazis nun dankbar weiterstricken. In Wahrheit lenkt die sorgsam gepflegte Legende vor allem davon ab, dass die deutschen Generäle damals junge Kriegsfreiwillige ohne ausreichende Ausbildung ins sichere Verderben schickten.

Die Bühne ist bereitet, aber noch steht nicht fest, ob Berlin wirklich die Jugend der Welt begrüßen darf. Im Ausland, vor allem in den USA, mehren sich die Stimmen, die einen Boykott der Spiele fordern. Die ›New York Times‹ spielt eine wichtige Rolle, auch der charismatische New Yorker Bürgermeister Fiorello LaGuardia. Hitlers Deutschland ist aus dem Völkerbund ausgetreten und hat vertragswidrig die Wehrpflicht wieder eingeführt; die »Nürnberger Gesetze« sind erlassen, jüdische Geschäfte werden geächtet, Bücher verbrannt, und Anfang März 1936, kurz nach den Winterspielen in Garmisch-Partenkirchen, marschiert die Wehrmacht ins entmilitarisierte Rheinland ein. In allen Teilen des Reiches errichten SA und SS Konzentrationslager. Der US-Botschafter in Berlin warnt, jüdische und schwarze US-Athleten könnten in Deutschland nicht sicher sein. Heinrich Mann, längst in Frankreich im Exil, schreibt in einem Boykottaufruf, Berlin sei »der ungeeignetste Ort auf diesem Planeten, um die Olympiade abzuhalten«.

Internationale Sportfunktionäre stören sich eher daran, dass in Deutschland die Autonomie des Sports aufgehoben wurde. Arbeitersportvereine und jüdische Vereine wurden verboten und aufgelöst, jüdische Sportlerinnen und Sportler aus anderen Klubs ausgeschlossen. 1934 wurde das Vereinswesen ganz dem Deutschen Reichsbund für Leibesübungen eingegliedert. Jugendsport, der ohnehin zunehmend zur Wehrerziehung wird, findet nur noch in der »Hitlerjugend« (HJ) und dem »Bund deutscher Mädel« (BDM) statt. Athleten haben sich nun mit »Kamerad« anzusprechen und mit »Heil Hitler« zu grüßen. »Der deutsche Sport ist für Arier da«, erklärt Reichssportführer Hans von Tschammer und Osten. Vor diesem Hintergrund spitzt sich die Boykottdiskussion auf die Frage zu, ob jüdische Sportler 1936 eine faire Chance erhalten würden, für Deutschland anzutreten. Auch kritische IOC-Mitglieder sorgen sich eher um die Einhaltung ihrer Olympischen Charta als wirklich um das Schicksal der Juden in Deutschland.

Das IOC ist in den Dreißigerjahren eine pseudo-elitäre Runde von Aristokraten und Industriellen, die bei jeder Gelegenheit ihre protzigen Amtsketten tragen. Dass der Antisemitismus unter den hohen Herren grassiert, belegt etwa ein Brief des IOC-Präsidenten Henri de Baillet-Latour an Avery Brundage. »Ich persönlich mag die Juden und ihren Einfluss nicht«, schreibt der Belgier. »Aber ich werde nicht zulassen, dass sie auf irgendeine Weise belästigt werden.« Also verlangt Baillet-Latour von Deutschland eine schriftliche Garantie, dass jüdische Sportler nicht diskriminiert werden.

Avery Brundage unternimmt 1934 eine offizielle Erkundungsmission nach Deutschland, wobei er seinen Bericht angeblich schon vor der Abreise fertig hatte. Er findet nichts dabei, sich ständig von deutschen Sportfunktionären begleiten und sich von ihnen den Dolmetscher stellen zu lassen. Als die Deutschen einräumen müssen, dass Juden in der Tat nicht Mitglied in einem Sportverein sein dürfen, findet Brundage das nicht schlimm: »Auch in meinem Club in Chicago sind Juden nicht erlaubt.« Er ist sich mit den Nazis sehr einig, dass es sich bei der Boykottbewegung um ein politisches Manöver von Juden und Kommunisten handelt. »Gewisse Juden«, sagt er, »müssen endlich verstehen, dass sie die Spiele nicht als Waffe in ihrem Vorgehen gegen die Nazis nutzen können.«

»Seine Geringschätzung für Juden wurde lediglich von seiner Bewunderung für Deutschland übertroffen«, schreiben die Historiker Schiller und Young über Brundage. Zu den Wurzeln dieser Bewunderung hat sich Brundage nie geäußert, aber sie mag damit zu tun haben, dass das Chicago des jungen Avery maßgeblich von deutschen Einwanderern geprägt war. Auch an der Uni soll er sich mit deutschen Themen beschäftigt haben. 1912 bei den Spielen in Stockholm lernte er Karl Ferdinand Halt kennen, einen Mehrkämpfer aus dem Kaiserreich, der in den folgenden Jahrzehnten in Deutschland eine ähnlich steile Funktionärskarriere hinlegte wie Brundage in den USA. 1929 reisten Halt, inzwischen Ritter von Halt, und der deutsche Oberolympier Carl Diem nach Amerika, wo sie auch Brundage trafen. Dieser erkannte in beiden Brüder im Geiste, Fanatiker der olympischen Religion.

Brundages Deutschland-Reise 1934 dient am Ende weniger der Untersuchung antisemitischer Diskriminierung als der Vertiefung seiner privaten Germanophilie. Während andere Amerikaner sich beim Blick auf Europa von den französischen Idealen der Freiheit, Gleichheit und Brüderlichkeit inspirieren lassen, ist Brundage angetan von »deutschen Tugenden«, von Ordnung, Zucht und Zackigkeit. Wahrscheinlich bekommt der gute Draht ins Reich später zudem eine geschäftliche Komponente: 1938 soll seine Baufirma den Auftrag erhalten, am Neubau der deutschen Botschaft in Washington mitzuwirken, der schließlich wegen des Kriegs ausfällt.

Bald ist klar, dass das Schicksal der Berliner Spiele an der Entscheidung des Nationalen Olympischen Komitees der USA hängt. Wenn die Amerikaner sich für einen Boykott entscheiden, werden die Engländer folgen, wahrscheinlich auch Franzosen und einige mehr. Die Welt steht im Sport wie wenig später auch in der Politik vor der Frage, ob man Hitler mit Appeasement im Zaum halten kann – oder ob eine große symbolische Verurteilung unumgänglich ist. Im Rückblick kann man darüber spekulieren, ob ein weitgehender Olympia-Boykott nicht viele Zeitgenossen gezwungen hätte, sich in ihrer Bewertung des Nazi-Regimes ehrlich zu machen.

Doch Avery Brundage ist längst dabei, unter den US-Olympiern eine Mehrheit für die Teilnahme in Berlin zu organisieren. Seine Unterstützer sind nicht alle Antisemiten. Es sind auch viele Funktionäre darunter, die schlicht argumentieren, man dürfe die Sportlerinnen und Sportler nicht des Höhepunkts ihrer Karrieren berauben, so wie es Brundage selbst 1916 passiert ist. »Der amerikanische Athlet darf nicht Märtyrer einer Sache werden, die nicht seine eigene ist«, sagt Brundage. Es gibt sogar schwarze Bürgerrechtler, die darauf hoffen, dass schwarze Athleten mit ihren Siegen in Berlin die nationalsozialistische Rassenideologie widerlegen – unter Hitlers Augen. Sie denken da insbesondere an einen Leichtathleten, der am 25. Mai 1934 bei einem Universitätswettkampf in Ann Arbor innerhalb von 45 Minuten fünf Weltrekorde aufgestellt hat, in der »großartigsten Dreiviertelstunde in der Geschichte des Sports« (›Sports Illustrated‹). Jesse Owens heißt der junge Mann.

Die Nazis wollen ihre Spiele nicht verlieren, zu große Hoffnungen sind damit verbunden. Sie unternehmen einige Feigenblattaktionen, etwa Trainingslager, an denen jüdische Sportler teilnehmen dürfen. Und sie spannen den populärsten deutschen Sportler als diplomatischen Gesandten ein: Max Schmeling, den ehemaligen Boxweltmeister im Schwergewicht, der als Berufsboxer sein Geld in amerikanischen Ringen verdient. Vor dem NOK der USA versichert Schmeling, der als Profi nicht an

## Avery Brundage rettet Hitlers Spiele

den Spielen teilnehmen kann, dass schwarze und jüdische Sportler in Deutschland bestens behandelt würden. Nach dem Krieg wird sich Schmeling selbst »grenzenlose Naivität« vorwerfen.

Was jüdische Sportler in der deutschen Mannschaft betrifft, schließt das IOC mit dem deutschen NOK am Ende eine Vereinbarung, die an Heuchelei kaum zu übertreffen ist: Sowohl bei den Winterspielen in Garmisch-Partenkirchen, die keine globale Strahlkraft besitzen, als auch im Sommer in Berlin muss mindestens ein »Halbjude« für Deutschland starten, ein abwertender Begriff für einen Menschen mit einem jüdischen Elternteil. Die Deutschen nominieren für Berlin die Fechterin Helene Mayer, Spitzname »blonde He«, die 1928 in Amsterdam Gold gewann und zum Studium in den USA lebt. Ihr Offenbacher Fechtclub hatte sie vorher hinausgeworfen. Thomas Mann und andere Intellektuelle appellieren an Mayer, den Platz im Olympiakader nicht anzunehmen, doch vergebens. Mayer teilt mit, es sei ihr eine »Ehre«.

Am 21. November 1935 demonstrieren in New York noch einmal mehrere Tausend Menschen für einen Boykott. Doch wenige Tage danach entscheidet sich das amerikanische NOK dagegen – mit der winzigen Mehrheit von zwei Stimmen. Hitler wird seine Spiele bekommen. Für Avery Brundage ist es ein persönlicher Sieg, auch über seinen größten Rivalen in der olympischen Bewegung der USA.

Ernest Lee Jahncke ist IOC-Mitglied, ein New Yorker mit deutschen Wurzeln, der gute Beziehungen zum katholischen Sportverband in Deutschland pflegte, bis dieser verboten wurde. Jahncke war einer der führenden Köpfe der Boykottbewegung. Unter anderem hatte er bei einer Kundgebung mit 3500 Menschen die Olympier aufgerufen, sich auf die Seite Coubertins zu stellen und nicht Hitlers: »Man verfolgt seine Mitbürger nicht, weil sie andere religiöse oder politische Ansichten haben. Die gegenwärtige deutsche Regierung repräsentiert nicht den Geist des deutschen Volkes.« Brundage beklagte im Gegenzug die Vermischung von Sport und Politik – und die Art und Weise, wie sich manche als Richter aufspielten. Kurz vor der Eröffnung der Spiele schließt das IOC sein Mitglied Jahncke aus, ein bis dahin und lange danach einmaliger Vorgang. Offiziell wird ihm vorgeworfen, zu viele Sitzungen verpasst zu haben. Zu seinem Nachfolger wird Avery Brundage gewählt.

Und noch eine Entscheidung trifft das IOC am Vorabend der Spiele von Berlin. Bei der Session im Hotel »Adlon« wird der Olympiaausrichter 1940 gekürt. Tokio setzt sich gegen Helsinki durch. Die Mitglieder des Komitees lassen sich nicht davon abschrecken, dass sich die japanische Expansion in Asien längst hässlich abzeichnet. Bald werden das Bombardement von Shanghai und das Massaker von Nanking dem IOC eine neue Boykottbewegung bescheren. Auch für die Spiele 1944 legen sich die Olympier hinter den Kulissen auf einen Gastgeber fest: Rom und das faschistische Italien Mussolinis. Berlin 1936, das ist kein olympischer Ausrutscher.

Zu den wenigen bekannten Athleten, die wegen ihres persönlichen Protests nicht an den Berliner Spielen teilnehmen, gehören die österreichische Schwimmerin Ruth Langer und zwei Teamkolleginnen von Hakoah Wien. Langer, gerade mal 15 Jahre alt, gilt als Wiener Schwimmwunder und eine Favoritin auf Gold. Wegen »grober Missachtung des olympischen Geistes« wird sie in Österreich lebenslang gesperrt, alle Titel werden ihr aberkannt.

Die nationalsozialistischen Sportfunktionäre haben unterdessen noch einer weiteren jüdischen Sportlerin die Teilnahme in Aussicht gestellt, der deutschen Rekordhalterin im Hochsprung, Gretel Bergmann – als Signal der Entspannung an Washington, weil es Gerüchte gibt, Teile der US-Mannschaft könnten in letzter Minute noch absagen. Als der Dampfer »SS Manhattan« mit der amerikanischen Delegation in New York abgelegt hat, streichen die deutschen Sportfunktionäre Bergmann aus dem Kader.

Kurz bevor in Berlin das olympische Feuer entzündet wird, hält Heinrich Mann im Pariser Exil eine Rede, die eine sehr präzise Voraussage trifft: »Glauben Sie mir, diejenigen der internationalen Sportler, die nach Berlin gehen, werden dort nichts anderes sein als Gladiatoren, Gefangene und Spaßmacher eines Diktators, der sich bereits als Herr dieser Welt fühlt.«

Willi Daume hat sich seinen Traum erfüllt, er hat es wirklich zu Olympia geschafft, dummerweise nur nicht in der Sportart, die er am besten beherrscht. Der Fabrikantensohn aus Dortmund, 23 Jahre alt, ist ein hervorragender Handballtorwart, schon in der Jugend war er Mitglied der Westfalenauswahl. Er durfte sich Chancen ausrechnen, 1936 im deutschen Kader zu stehen. Doch dann packte die Sportfunktionäre des Reichs der Ehrgeiz, bei ihren Heimspielen auch in einem Sport eine Mannschaft zu stellen, der in Deutschland noch keine Wurzeln geschlagen hatte: dem Basketball. Daume ist ein guter Hochspringer, 1,83 Meter sind seine Bestleistung, er springt höher, als er gewachsen ist. Beste Voraussetzungen, dachten sich die Funktionäre. Als Daume sich dann auch noch beim Zielwerfen auf eine Bank als treffsicher erwies, wurde er kurzerhand und zwangsweise zum Basketballnationalspieler gemacht.

Er gehörte zu einer Gruppe von Handballern, die 1935 in Breslau, wo ausländische Studenten den Basketball an der Universität eingeführt hatten, innerhalb weniger Wochen umgeschult wurden. Sogar Renato William Jones soll bei einer Visite sein Wohlgefallen ob der Bemühungen der Deutschen geäußert haben. Der Brite Jones hatte 1932 den Internationalen Basketballverband mitgegründet und reiste seitdem als Entwicklungshelfer seines Sports um die Erde. Bei den Akademischen Weltspielen in Budapest bestritt die deutsche Mannschaft dann ihr erstes Turnier. »Wir hatten etwas voreilig von Handball auf Basketball geschlossen und waren enttäuscht, als es für uns wenig zu gewinnen gab«, erinnert sich Daume später. Aber bis zu den Berliner Spielen war ja noch etwas Zeit.

Der turnbegeisterte Vater hatte Willi früh bei Eintracht Dortmund angemeldet, und 1928 nahm er den 15-Jährigen mit nach Amsterdam, auf einen Ausflug zu den Spielen der IX. Olympiade. Daume wird diese Reise als ein Erweckungserlebnis beschreiben, als den Moment, in dem er Olympia verfällt. Noch 60 Jahre später wird er die Medaillengewinner von Amsterdam aufzählen können. Der junge Daume war fasziniert davon, dass sich Sportler aus aller Welt an einem Ort miteinander messen – und dass etwa die uruguayische Fußballauswahl vor seinen Augen die deutsche leichtfüßig mit 4:1 besiegt. Zeitlebens wird er von José Leandro Andrade schwärmen, dem ersten schwarzen Superstar des Fußballs, der Uruguay zu Olympiagold führt und 1930 zur ersten Weltmeisterschaft.

1932 gelang es Daume, inzwischen 19, an der Studienreise einer Handelsschule teilzunehmen – die Reise ging in die USA, und eine Station war Los Angeles, just als dort die Spiele ausgetragen wurden. Er besuchte mehrere Wettbewerbe, und besonders beeindruckte ihn die Schlussfeier, als ihn beim Gedanken an die Heimat, an wirtschaftliche Not und die Nazis vor den Toren eine »unvergessliche Wehmut« überkam, ganz so, als ginge »mit Deutschland etwas zu Ende, was nicht wiederkommt«.

Und jetzt, wo in Deutschland etwas Neues begonnen hat, ist er also selbst ein Olympionike. Er gehört zu den 14 Spielern, die für die Basketballmannschaft nominiert wurden. Bei den Vorbereitungsspielen hat die Mannschaft tatsächlich ihre ersten Siege eingefahren.

Das olympische Dorf, das als feste Einrichtung erst 1932 in Los Angeles erfunden wurde, entsteht bei den Berliner Spielen 18 Kilometer westlich des Olympiastadions im brandenburgischen Döberitz. »Dorf des Friedens« nennen die Organisatoren die hübsche grüne Anlage, auch wenn die Nutzung nach Olympia dazu nicht passt: Das olympische Dorf wird zur Wehrmachtskaserne und daher neben einem Truppenübungsplatz gebaut. Deutschland betreibt Aufrüstung im Gewande Olympias. Im »Hindenburghaus«, dem Unterhaltungszentrum des Dorfes, wird den Athleten aus aller Welt der Film ›Der Neuaufbau des deutschen Heeres‹ gezeigt.

Schon vor den Spielen hat das olympische Dorf besondere Gäste: Angehörige der »Legion Condor«, die sich auf ihren Einsatz im Spanischen Bürgerkrieg aufseiten der Faschisten vorbereiten. Noch am 31. Juli, einen Tag vor der Eröffnung der Spiele, werden auf dem Flugplatz Döberitz Truppen nach Spanien verabschiedet.

Die Nazis arbeiten an der dreisten Täuschung der Welt. Während die Athletinnen und Athleten aus 49 Ländern ihre Zimmer im »Dorf des Friedens« beziehen, herrscht bei Oranienburg, keine 40 Kilometer vom Olympiastadion entfernt, hektische Betriebsamkeit auf einer Großbaustelle. Errichtet wird das Konzentrationslager Sachsenhausen. Die Berliner Sinti und Roma sind zum selben Zeitpunkt fast alle verhaftet und im Zwangslager Berlin-Marzahn interniert.

Die Stadt wird für zwei Wochen verkleidet wie für einen finsteren Karneval. Goebbels hat den Berlinern eine Aufgabe gestellt: »Wir müssen charmanter als die Pariser sein, leichtlebiger als die Wiener, lebhafter als die Römer, kosmopolitischer als die Londoner, praktischer als die New Yorker.« Er weiß, dass er da ein wenig nachhelfen muss, und hat die deutsche Presse angewiesen, für die Dauer der Spiele auf rassistische Beleidigungen zu verzichten. Die verglasten Kästen, in denen normalerweise

## Der Tod macht Urlaub

das Hetzblatt ›Der Stürmer‹ aushängt, bleiben leer. Aus den Schaufenstern der Läden werden die »Kein Eintritt für Juden«-Schilder entfernt. Im »Delphi-Palast« darf gespielt werden, was sonst als »entartete Negermusik« verboten ist. Die Buchhandlungen verkaufen wieder Werke von Stefan Zweig und Thomas Mann. Gastwirte werden angehalten, jüdisch aussehende Gäste freundlich zu bewirten. Das US-Magazin ›The Nation‹ schreibt: »Der Tod macht Urlaub«.

Damit solche Einschätzungen die Ausnahme sind, umschmeicheln die Organisatoren die knapp 2000 akkreditierten Journalisten aus 41 Ländern. Ein größeres Medienereignis hat die Welt noch nicht gesehen. Und auch so ein Pressezentrum noch nicht: mit stets dienstbaren Sekretärinnen und Dolmetschern, 50 Fernsprechern, ausreichend Schreibmaschinen und komfortablen Schreibkabinen. Der Rundfunk meldet sich erstmals live von den Wettkampfstätten, im Olympiastadion sind sogar drei Kameras platziert, deren Bilder live in 28 »Fernsehstuben« in Berlin, Potsdam und Leipzig übertragen werden. Die Inspiration für ihre Inszenierung beziehen die Nazis aus den Spielen von Los Angeles vier Jahre zuvor: Dort hatte Hollywood kräftig mitgeholfen, mit der Olympiashow Not und Leid der Großen Depression zu übertünchen.

Die Nazi-Spiele sind sensationell modern, aber die Verantwortlichen unternehmen auch große Anstrengungen, um das antike Griechenland mit dem neuen Deutschland zu verknüpfen. Am 20. Juli erklingt im Heiligen Hain des griechischen Olympia das Horst-Wessel-Lied, die Parteihymne der NSDAP und deutsche Neben-Nationalhymne. Carl Diem, Generalsekretär des Organisationskomitees, hatte ein neues olympisches Ritual geschaffen: den Fackellauf. Die Sonne Griechenlands entzündet das Feuer durch einen Parabolspiegel, danach tragen 3100 Staffelläufer die Fackel in zwölf Tagen über 3075 Kilometer nach Berlin, über Sofia und Belgrad, Budapest, Wien und Prag, wo es Demonstranten gelingt, einem Träger die Fackel aus der Hand zu schlagen. Jeder Läufer absolviert nur einen Kilometer, weil die von Krupp gebauten Fackeln – aus Holz und Stahl in Form eines Ölbaumblatts – nicht länger brennen.

Ein olympisches Feuer hatte es erstmals 1928 in Amsterdam gegeben, die Idee weitergesponnen hatte dann der Archäologe und Sportfunktionär Alfred Schiff: Der bleibendste Beitrag der Nazi-Spiele stammt von einem Juden. Schiff, der Ausgrabungen in Griechenland geleitet hatte und 1896 in Athen als Betreuer dabei gewesen war, ist nun der persönliche Berater des Organisationschefs Diem.

Carl Diem war schon im Kaiserreich und in der Weimarer Republik ein wichtiger Sportfunktionär gewesen, später werden ihn viele den »Vater des deutschen Sports« nennen. In Würzburg geboren, hatte er sich aus kärglichen Verhältnissen hochgearbeitet. Als junger Journalist berichtete er von den Olympischen Zwischenspielen in Athen 1906, stand den deutschen Leichtathleten vor, war 1912 deutscher Missionsleiter in Stockholm und dann zum ersten Mal Organisationschef der Berliner Spiele – der ausgefallenen von 1916. Er führte das Deutsche Sportabzeichen ein und die Reichsjugendwettkämpfe, die Vorläufer der Bundesjugendspiele. 1920 wurde er Gründungsrektor der Deutschen Hochschule für Leibesübungen in Berlin, der ersten Sportuniversität der Welt. Als Hitler an die Macht kommt, verliert Diem diesen Job, weil er eine jüdische Frau hat und sich weigert, in die NSDAP einzutreten. Um die Berliner Olympiavorbereitungen macht er sich aber so verdient, dass die Nazis ihn im Amt belassen. Der Nationalsozialismus wird nicht das letzte politische System sein, mit dem sich Diem behände arrangiert.

Diem versteht sich als treuer Erbverwalter des von ihm verehrten französischen Barons Pierre de Coubertin, der die Olympischen Spiele der Neuzeit als Bollwerk gegen die Verrohung der Sitten in der modernen Industriegesellschaft erfunden hatte. Coubertin war – wie im 19. Jahrhundert viele junge Männer gehobenen Standes – ein Philhellenist, durchdrungen von dem Gedanken, die Werte und Gebräuche einer großen antiken Zivilisation zu bewahren. Er entwickelte eine Art Athletenreligion, in deren Mittelpunkt der ritterliche Wettstreit und ein kultisches Begleitfest stehen. Die weihevolle Atmosphäre sollte Olympia von anderen Sportveranstaltungen unterscheiden und stets betonen, dass Sport nicht nur der Ertüchtigung des Körpers dient, sondern auch der Schulung des Geistes.

Das Fatale ist, dass dieses quasi-religiöse Zeremoniell 1936 ausgerechnet in den Händen der Nazis seine prunkvollste Ausformung erlebt. Es ist Coubertins Zögling Diem, der als Choreograf von Berlin die olympische Liturgie mit den Inszenierungen des Nationalsozialismus amalgamiert. Von ihm kommt auch die Idee, auf dem Reichssportfeld mit einer Pilgerstätte des vermeintlichen Opfertods von Langemarck zu gedenken. Da-

## Ein griechischer Hirte in Berlin

bei sollte sich in Coubertins Vision die Jugend der Welt eben nicht mehr auf den Schlachtfeldern messen, sondern in den Sportarenen. Oder in der Kunst: Seit 1912 und noch bis 1948 gibt es bei den Spielen auf Coubertins Wunsch Medaillen in den Disziplinen Bildhauerei, Architektur, Literatur, Malerei und Musik. Dennoch lässt sich der alte Baron 1936 von den Nazis praktisch auf dem Sterbebett verführen: Er sei einfach glücklich, dass seine Spiele in Berlin so groß gefeiert würden, sagt er einem französischen Journalisten. Eventuell trägt dazu auch bei, dass Hitler ihm eine »Ehrengabe« von 10 000 Reichsmark zuspricht.

50 000 Reichsmark wendet Hitler auf, um die Linie von Berlin nach Olympia noch ein wenig zu stärken: Die Summe finanziert neue Ausgrabungen an der historischen Stätte, natürlich unter deutscher Leitung. Und dann wird zu den Spielen in Berlin noch ein besonderer Ehrengast aus Griechenland empfangen: Spyridon Louis, der Schafhirte und Wasserträger, der 1896 in Athen den ersten olympischen Marathon gewann. Eigentlich hatte sich die These, dass Sport mit Politik nichts zu tun habe, schon damals gründlich erledigt. In einer Ode auf Louis, die in allen griechischen Zeitungen gedruckt wurde, hieß es: »Von den Bergen erschallt es bis Marathon: Griechenland ist auferstanden!«

Louis' weiterer Lebensweg diente im Übrigen als Warnung, wie schnell olympischer Lorbeer verwelken kann: Von all den Schätzen, die dem Helden im nationalen Taumel versprochen worden waren, erhielt er nur einen Pokal und eine Vase. Wegen Dokumentenfälschung saß er ein Jahr im Gefängnis, danach half ihm sein Heimatdorf Marousi mit einer kleinen Rente über die Runden. Aber nun, mit 63 Jahren, hat Spyridon Louis noch einmal einen Moment im Rampenlicht: Er wird von Hitler persönlich geehrt. »Vor 40 Jahren gewann er den ersten Marathonlauf«, schreibt die täglich erscheinende ›Olympia-Zeitung‹ über die Begegnung. »Heute bringt er dem Schirmherrn der XI. Spiele den Gruß seiner Heimat. Der griechische Marathonsieger steht Auge in Auge mit Adolf Hitler. Ein paar Worte als Gruß, die edle Verbeugung eines Bauern, der Stolz im Antlitz Adolf Hitlers.« Sieben Tage lang darf Louis in griechischer Landestracht dem Bildhauer Arno Breker Modell sitzen, den Hitler später in die Liste »gottbegnadeter« Künstler aufnehmen lassen wird.

## Hitlers Spiele – Berlin 1936

Von der Entzündung der Flamme im Hain von Olympia gibt es zwei Versionen – die Wirklichkeit und die filmische Adaption von Leni Riefenstahl. In der Wirklichkeit kommen an einem klaren Tag in der Ausgrabungsstätte auf der Peloponnes ein paar Dutzend Leute zusammen: deutsche Sportfunktionäre, griechische Politiker, einige antik gewandete Frauen und nicht zuletzt das Kamerateam der jungen Regisseurin Riefenstahl. Im Film gleitet die Kamera zu feierlicher, martialischer Musik durch mystisch vernebelte nächtliche Ruinen, vorbei an prächtigen Statuen, die sich plötzlich in athletische Herrenmenschen und anmutige Tänzerinnen verwandeln. Dann begibt sich der Zuschauer mit den Fackelträgern im Zeitraffer auf den langen Weg nach Berlin, über Bergkämme hinweg und an Küsten entlang, bis die Flamme im bebenden Berliner Olympiastadion eintrifft, wo der Führer und die Jugend der Welt auf sie warten.

Auch die bombastische Eröffnungsfeier ist in Riefenstahls Film noch etwas bombastischer. Der Sport selbst interessiert sie vor allem in einem ästhetischen Sinn, in der Stilisierung von Athletenkörpern in strahlender Sonne oder dunkler Nacht, unterlegt von pathetischen Klängen oder dramatischem Kommentar. Es sind keine Spiele der Freude, die Riefenstahl da zeigt, sondern Spiele von Muskeln und Macht, Spiele der Masse, aus der nur der gottgleich inszenierte Führer herausragt.

»Olympia« hat zwei Teile, »Fest der Völker« und »Fest der Schönheit«, insgesamt vier Stunden. Alles daran ist monumental, auch der Aufwand: 30 Kameraleute, 250 Techniker, 400 Kilometer Film, 500 Stunden Material. Der Schnitt dauert anderthalb Jahre. Riefenstahl filmt aus Luftschiffen und extra ausgehobenen Erdgruben, Athleten von oben, Athleten von unten, sie verlegt Schienen für ihre Kamerawagen und benutzt die besten Objektive.

Möglich ist das alles nur, weil das Propagandaministerium ihr beinahe unerschöpfliche Mittel zur Verfügung stellt. Zum Schein hat man eine unabhängige Produktionsfirma gegründet, aber das Projekt ist eine Herzensangelegenheit für Hitler wie für Goebbels, der die fesche Regisseurin überdies als Frau schätzt, dem Vernehmen nach ein schmerzlich unerwidertes Gefühl. 1932 hatte Riefenstahl im Berliner Sportpalast eine Rede Hitlers gehört und ihn daraufhin brieflich um ein Treffen gebeten. Bei diesem, berichtet Riefenstahl später, habe Hitler ihr Regiedebüt ›Das blaue Licht‹ gelobt und gesagt: »Wenn wir einmal an die Macht kommen, dann müssen Sie meine Filme machen.« Der neue Kontakt und der damit verbundene Zugang zu höchsten Nazikreisen halfen Riefenstahl, aus dem Tanz- und Schauspielfach endgültig in die Regie zu wechseln. Carl Zuckmayer schreibt 1943/44 in einem Dossier für den US-Geheimdienst: »Leni Riefenstahl – die ›Reichsgletscherspalte‹ – auch im Ausland bekannt geworden durch Berg- und Skifilme – schwer hysterische Person – maßlos ehrgeizig. Ihr ist zugutezuhalten, dass sie keine Renegatin ist, sondern immer an Hitler glaubte als an den Erlöser. Ihrer Karriere ist aber die Erlösung gut bekommen.«

Zum Dank dreht sie nun, so wie Hitler sich das vorgestellt hat, seine Filme. ›Triumph des Willens‹ über den NSDAP-Parteitag 1934 ist der ultimative Propagandafilm, ein Monument für Hitler, aber auch ein Meilenstein filmischer Innovation, oder mit den Worten des großen Luis Buñuel: »ideologisch grauenhaft, fantastisch gemacht«. Mit neuen Kameraperspektiven und raffinierten Montagetechniken strebt Riefenstahl nach absoluter Schönheit – und findet sie in braunen Horden und ihrem Führer. Trotzdem überwiegt im Ausland oft die cineastische Begeisterung die moralische Empörung. Bei »Olympia« wird dieser Effekt noch verstärkt zu beobachten sein, weil es nicht um einen deutschen Parteitag geht, sondern um ein universales internationales Sportfest.

Riefenstahls Film wird die Erinnerung an die Spiele von Berlin bestimmen. »Es war kein bloßes Zeugnis des Spektakels, sondern das Spektakel selbst«, schreibt der britische Olympiahistoriker David Goldblatt. Und Riefenstahls Inszenierung gelingt noch mehr: Sie prägt dauerhaft die Optik und die Rituale von Olympischen Spielen, den Fackellauf und die Flaggenparade, den Wettstreit der Nationen, die Beschwörung der Vergangenheit, den Rausch der Masse und die Feier körperlicher Kraft. Faschistische Motive, das werden die Organisatoren der nächsten Spiele auf deutschem Boden feststellen müssen, sind gar nicht so leicht von olympischen zu trennen.

Am 1. August 1936 heißen im Berliner Lustgarten 28 000 Hitlerjungen das olympische Feuer willkommen. Was kein Besucher mitbekommt: Der erste Tag der Spiele ist auch der Tag, an dem das Allgemeine Heeresamt eine Kalkulation fertigstellt, in der die nötigen Truppenstärken und Rüstungskosten für den Fall eines Kriegsbeginns am 1. Oktober 1939 hochgerechnet werden.

Die Eröffnungsfeier macht die schreckliche Verwandtschaft olympischer und faschistischer Riten offenbar. Zu Beginn kreist der majestätische Zeppelin »Hindenburg« über dem Stadion. Hitler besucht zunächst die Langemarckhalle, an seiner Seite der belgische IOC-Präsident Baillet-Latour. Ins Stadion kommt er über eine breite Freitreppe und in Uniform, ein riesiger Chor singt das Horst-Wessel-Lied. Frenetisch schreien die Zuschauer: »Heil Hitler!« Es kann keinen Zweifel geben, dass dies seine Spiele sind. Auch wenn er in fast vier Stunden nur einen einzigen Satz spricht, immerhin den wichtigsten: »Ich verkünde die Spiele von Berlin zur Feier der 11. Olympiade neuer Zeitrechnung für eröffnet.« Er klingt wie ein triumphierender Feldherr.

Der letzte Fackelläufer ist von Riefenstahl ausgesucht worden, weil er in ihrem Film ein Idealbild des germanischen Athleten abgeben soll. Es ist ein eher unbekannter Leichtathlet, Fritz Schilgen aus Darmstadt – angesichts seiner optischen Vorzüge wird darüber hinweggesehen, dass er sich resolut weigert, der NSDAP beizutreten. Das Kommando »Teilnehmer Marsch!« kündet vom Einzug der Mannschaften. Den Eid der Athleten spricht der bayerische Gewichtheber Rudolf Ismayr, Goldmedaillengewinner von Los Angeles. Er leistet seinen Eid nicht wie üblich auf die olympische Flagge mit den fünf Ringen, sondern auf die mit dem Hakenkreuz.

Carl Diem hat noch einen besonderen Programmpunkt in petto, den Reigen »Olympische Jugend«, der die Lebensreise des Menschen darstellt und in der Szene »Heldenkampf und Totenklage« gipfelt. Zwei Krieger in glänzender Rüstung duellieren sich, sinken zu Boden und werden nach dem Heldentod auf ihren Schilden aus der Arena getragen. Dazu ertönt der Vers: »Allen Spiels / Heiliger Sinn / Vaterlandes / Hochgewinn. Vaterlandes / Höchstgebot / in der Not / Opfertod.«

Viele Teilnehmer und Zuschauer aus dem Ausland lassen sich hinreißen vom pathostriefenden Spektakel der Eröffnungsfeier. »Die Franzosen taten etwas, das niemand von ihnen erwartet hatte«, notiert der Reporter der ›New York Herald Tribune‹, »der Flaggenträger senkte die Fahne vor Hitler, und die ganze französische Mannschaft hob ihre gestreckten Arme zum Nazi-Gruß.«

## Der Gruß der deutschen Sieger

Für die Nazis geht die Rechnung auch sportlich auf. In der Nationenwertung, die sie eigens erfunden haben (heute etwas neutraler »Medaillenspiegel«), liegt Deutschland mit 33 Mal Gold vorn. Bei den Siegerehrungen werden erstmals die Nationalhymnen gespielt, diesen Wunsch haben die Organisatoren beim IOC durchgesetzt, und bei deutschen Erfolgen noch zusätzlich das Horst-Wessel-Lied. Die Presse bejubelt Triumphe der »nordischen Rasse«. Die deutschen Medaillengewinner strecken allesamt den Arm zum Hitlergruß und schmettern ein »Sieg Heil« ins Stadionrund.

Der Goldmedaillist im Kugelstoßen, der Berliner Hans Woellke, gehört zu den wenigen Sportlern, die Hitler in seine Ehrenloge bittet. Der Führer salutiert vor dem Athleten, der Athlet salutiert vor dem Führer, dann ausgiebiges Händeschütteln. Woellke, eine sehr deutsche Erscheinung, wird in der Presse groß gefeiert. Auch in Leni Riefenstahls Olympiafilm ist er prominent zu sehen. Helene Mayer, die Alibi-Jüdin der Nazis, holt im Fechten Silber. Auch sie hebt den Arm zum Hitlergruß.

Im Hockey-Finale von Berlin besiegt das als unschlagbar geltende Indien den Außenseiter Deutschland mit 8:1. Für die Inder ist es das dritte olympische Hockey-Gold in Folge, ein Quell immensen nationalen Stolzes. Noch 1920 in Antwerpen hatte die Kolonialmacht Großbritannien Gold geholt; beim nächsten olympischen Turnier, 1928 in Amsterdam, wurden die Herrscher des Empire von ihren Untertanen entthront. Es begann eine lange Ära der indischen Dominanz im Hockeysport.

Einer der auffälligsten Spieler in der unterlegenen deutschen Mannschaft ist Erwin Keller, ein 31-jähriger Verteidiger vom Berliner Hockey-Club, dem nachgesagt wird, jenseits des Platzes ein rechter Lebemann zu sein. Auf dem Platz ist er vielleicht nicht sonderlich lauffreudig, aber ein echter Könner am Schläger. Seine Frau, Hilde Ackermann-Keller, ist Mittelstürmerin der Damen-Nationalmannschaft. Drei Jahre später, in den ersten Tagen des Zweiten Weltkriegs, bekommen die beiden einen Sohn. Carsten Keller wächst mit dem Schläger in der Hand auf. Die Silbermedaille von 1936 wird der größte Erfolg des deutschen Hockeys bleiben, bis dieser Carsten selbst im Finale eines olympischen Heimturniers steht.

Natürlich gibt es in Berlin auch deutsche Pleiten, etwa im Viertelfinale des Fußballturniers, das die Deutschen unter Hitlers Augen 0:2 gegen Norwegen verlieren. Nach allem, was man weiß, ist es das erste und einzige Fußballspiel, das Hitler je besucht. »Ein dramatischer, nervenaufpeitschender Kampf ... Der Führer ist ganz erregt ...«, notiert Goebbels in seinem Tagebuch. Nach 83 Minuten verwandelt sich Hitlers Erregung offenbar in Zorn, denn er verlässt vorzeitig das Stadion. Reichstrainer Otto Nerz wird entlassen, zum Nachfolger wird sein Assistent ernannt, ein Mann, der seinen Platz in der deutschen Sportgeschichte haben wird: Sepp Herberger. Tags darauf widmet die ›Olympia-Zeitung‹ dem deutschen Ausscheiden exakt null Zeilen, genauso wie den Erfolgen jüdischer Sportler – allein ungarische Juden holen sechs Mal Gold.

So leicht lässt sich freilich ein weiteres Kommunikationsproblem der Propagandisten nicht lösen. Die internationale Presse hat ein Lieblingsmotiv bei diesen Spielen: das symbolische Duell zwischen dem Rassisten Hitler und dem schwarzen Wundersprinter Jesse Owens. Der 22-jährige Amerikaner gewinnt die 100 Meter in überwältigender Manier, der Sieg über 200 Meter wirkt noch müheloser. Zum Horror der Nazi-Strategen spenden 100 000 Menschen im Olympiastadion Owens stehend Applaus, so betört sind sie von diesem ebenso eleganten wie kraftvollen Athleten, den die NS-Blätter vor den Spielen als »Affen« verunglimpft haben. »Die Deutschen waren großartig«, wird Owens später sagen. »Sie sahen mich nicht als schwarzen Mann, sondern nur meine Fähigkeiten.« Vier Goldmedaillen nimmt Owens mit nach Hause, und eine von den vier muss er sich äußerst hart verdienen. Es ist der Weitsprung, bei dem den Nazis ihre Inszenierung vollends entgleitet.

Owens hat hier einen ernsthaften Konkurrenten, Luz Long, einen Jurastudenten aus Leipzig, das Ebenbild des deutschen Herrenmenschen. Doch schon während des Wettkampfs ist auffällig, dass die beiden besten Springer gut miteinander können. Hinterher berichtet der Goldmedaillengewinner Owens sogar, dass der Silbermedaillengewinner Long ihm Tipps für den Absprung gab. Als Owens seinen Siegsprung hingelegt hat, läuft Long sofort zu ihm und reißt Owens Arm in Jubelpose nach oben – unter Hitlers Augen, Blickrichtung Führerloge. Nachdem die amerikanische Hymne verklungen ist, verlassen Owens und Long untergehakt das Stadion.

## Jesse Owens und Luz Long ärgern den »Führer«

Es ist eine Szene der Verbrüderung, die außerhalb des Stadions in Deutschland undenkbar wäre. Ein Bild, das die beiden Athleten auf dem Rasen des Stadions liegend im Gespräch zeigt, geht um die Welt. Nur in den deutschen Zeitungen wird es nicht abgedruckt. »Es kostete ihn viel Mut, sich vor den Augen Hitlers mit mir anzufreunden«, sagt Owens später über Long. »Hitler muss wahnsinnig geworden sein, als er sah, wie wir uns umarmten.« Am Tag darauf erhält Luz Long einen Anruf von Hitlers Stellvertreter bei der NSDAP, Rudolf Heß. Dieser teilt ihm mit, dass er nie wieder in der Öffentlichkeit einen »Neger« umarmen dürfe.

Aber am Ende ist selbst die wunderbare Freundschaft von Jesse Owens und Luz Long für die Nazis nicht mehr als ein nebensächliches Ärgernis. Die Deutschen erleben nach langem Dürsten 16 Tage nationaler Wallung. Und auch die Gäste scheinen in der großen Mehrheit begeistert zu sein: Funktionäre loben die perfekte Organisation, Touristen freuen sich über die Sauberkeit der Stadt, das heitere Treiben auf den Straßen und die stark reduzierten Reichsbahntickets, die für die Anreisen aus dem Ausland angeboten werden.

Avery Brundage schwärmt in seinem Tagebuch von dem opulenten Fest, das Hermann Göring schmeißt, mit einem 200 Quadratmeter großen »Freiluft-Buffet, zubereitet von den besten Köchen von Berlin«. Die Athleten finden das olympische Dorf mit Schwimmbad und Sauna toll. Als irgendein Bewohner mehr zum Spaß bekrittelt, dass sich neben den Enten auf dem Dorfsee auch ein paar Störche gut machen würden, schaffen die Verantwortlichen die armen Vögel aus einem Zoo heran. Was die Athleten nicht wissen: Die Gestapo hört jedes Telefonat mit, das im Dorf geführt wird, und liest jeden Brief, der dort aufgegeben wird.

Die Olympischen Spiele haben mit Los Angeles und Berlin eine neue Dimension erreicht, sie sind jetzt ein Weltereignis. Der »Lichtdom«, den mehr als hundert Flak-Schweinwerfer zur Schlussfeier über das Stadion projizieren, wird auch in Japan oder Indien als beeindruckendes Finale der Spiele gefeiert. »So sehr man die Exzesse des Hitler-Regimes bedauert oder verabscheut«, schreibt die ›New York Times‹, nachdem das olympische Feuer in Berlin erloschen ist, »haben die Spiele doch die bemerkenswerte neue Kraft und Entschlossenheit des deutschen Volkes gezeigt.«

Fragt sich, wofür die Deutschen ihre Kraft und ihre Entschlossenheit wohl verwenden werden. Einen Monat nach der Schlussfeier erlässt Hitler die »Verordnung zur Durchführung des Vierjahresplanes«, einen Auftrag an die deutsche Wirtschaft: In vier Jahren muss das Reich kriegsbereit sein. Auf dem Reichssportfeld werden die olympischen Ringe über dem Stadiontor abgenommen. Stattdessen wird ein riesiges Hakenkreuz angebracht.

Natürlich gibt es ausländische Kommentatoren, die Hitler durchschauen und beschreiben, wie hinter der Fassade der Spiele das Unheil heraufzieht. Aber bei vielen anderen kommen die Nazis mit ihrer großen Täuschung durch. Die Täuschung wird sogar noch funktionieren, als das Dritte Reich längst in Schutt und Asche versunken ist. Auch als die Spiele 36 Jahre später nach Deutschland zurückkehren, werden manche die 16 Tage von Berlin nur als berauschendes Sportfest erinnern.

Für Willi Daume ist das Basketballturnier, das auf den Tennisplätzen des Reichssportfelds stattfand, nicht so gelaufen wie erhofft. Die Deutschen verloren alle drei Spiele, gegen den Mitfavoriten Italien und gegen die schwächer eingeschätzten Teams der Schweiz und der Tschechoslowakei. Daume selbst sah sich das alles von der Ersatzbank aus an, er wurde in keiner Partie eingesetzt. Als die Basketballer längst ausgeschieden waren, gewannen die deutschen Handballer, seine ehemaligen Mannschaftskameraden, olympisches Gold.

Bald nach den Spielen schreibt Daume einen durchaus mutigen Artikel für die ›Reichszeitschrift der deutschen Handball- und Basketballspieler‹. Titel: »Das Lehrgeld ist bezahlt«. Daume kritisiert Mängel in der Vorbereitung und die Uneinigkeit der beiden Trainer, »von denen mindestens einer mit der jeweiligen Aufstellung nicht einverstanden war und ein öffentliches Veto einlegte«. Ärgerlich findet er auch, dass es fast keine Presseberichterstattung über das Turnier gab: »Haben wir denn wirklich so viel zu verschweigen?« Vom »zuständigen Fachamt Handball/Basketball« fordert er Konsequenzen, damit der Basketballsport in Deutschland Fuß fassen und 1940 in Tokio sein Ansehen aufpolieren kann.

Bis er sich's versieht, ist Willi Daume selbst Funktionär. Als sein Vater 1938 stirbt, bitten ihn Vertreter von Eintracht Dortmund, an dessen Stelle Handballwart des Vereins zu werden. Daume sagt Ja, und ein paar Jahre

## Willi Daume, der Mitläufer

später steigt er zum Gaufachwart auf. Dabei hilft wahrscheinlich, dass er am 1. Mai 1937 in die NSDAP eingetreten ist. Und die Parteimitgliedschaft hilft sicher auch, was die Eisengießerei Wilhelm Daume angeht, deren Leitung er nach dem Tod des Vaters übernehmen muss, noch bevor er sein Studium beendet hat. Für kurze Zeit wird er als Soldat eingezogen, aber im April 1940 wieder beurlaubt, weil seine Firma ein kriegswichtiger Betrieb ist und unter anderem Panzerketten herstellt.

Willi Daumes Rolle in der Nazizeit wird erst nach seinem Tod der Biograf Jan C. Rode erhellen. Daume ist kein feuriger Anhänger des Nationalsozialismus, aber er arrangiert sich mit dem System. Seine Gießerei setzt 65 Zwangsarbeiter ein, außerdem ist er eine Weile Informant des Sicherheitsdienstes des Reichsführers SS – laut Daume, »um dem angedrohten Fronteinsatz in Stalingrad zu entgehen«. Überliefert ist auch, dass im April 1942 1000 Juden in der Sporthalle von Eintracht Dortmund festgehalten werden, bevor sie vermutlich ins Vernichtungslager Belzec gebracht werden. Einen »Mitläufer« nennt ihn Biograf Rode, der sich »opportunistisch« gegenüber den Nazis verhalten und nach dem Krieg seine NSDAP-Mitgliedschaft verschwiegen habe. Erst nach seinem Tod kommt sie ans Licht.

Im Mai 1944 wird Daume zusammen mit seiner Mutter bei einem Bombenangriff in einem Luftschutzbunker verschüttet. Der Eingang wird rechtzeitig freigelegt, beide überleben. Seine Hoffnung, als Athlet zu den Spielen zurückzukehren und seinen Traum von Gold doch noch wahr zu machen, ist da längst verflogen. Aber Willi Daume wird einen anderen Weg finden, ein Leben für Olympia zu führen.

Nach seiner Rückkehr von den Berliner Spielen in die USA findet im Hotel Waldorf-Astoria in New York ein offizieller Empfang zu Ehren des vierfachen Olympiasiegers Jesse Owens statt. Zu seiner eigenen Feier muss Owens den Lastenaufzug nehmen, weil die Benutzung des Personenaufzugs Schwarzen verboten ist. Entgegen den Gepflogenheiten wird Owens auch nicht vom US-Präsidenten ins Weiße Haus eingeladen. »Hitler hat mich nicht brüskiert«, sagt Owens, »das war Franklin D. Roosevelt.« 1937 beendet er mit nur 23 Jahren seine Karriere, um mit Schauläufen gegen Pferde, Windhunde und Motorräder Geld verdienen zu können.

## Hitlers Spiele – Berlin 1936

Am 4. Oktober 1936 tritt Avery Brundage bei einer großen Kundgebung zum »German Day« im New Yorker Madison Square Garden auf. Die ›Chicago Tribune‹ fasst die Sache hinterher in dieser Schlagzeile zusammen: »Brundage: Amerika muss Nazi-Beispiel folgen«. Seit dem antiken Griechenland, sagt Brundage vor Tausenden Zuhörern, habe kein anderes Land »ein größeres nationales Interesse am olympischen Geist gezeigt als Deutschland heute«. Noch vor wenigen Jahren seien die Deutschen »entmutigt und demoralisiert« gewesen. »Heute sind sie vereint, 60 Millionen Menschen, die an sich selbst und an ihr Land glauben.« Die Menge rast, auch der deutsche Botschafter in Washington ist da. Brundage ist noch nicht fertig: »Wir können viel von Deutschland lernen. Auch wir müssen den Kommunismus ausrotten, wenn wir unsere Institutionen bewahren wollen. Auch wir müssen Schritte unternehmen, den Niedergang unseres Patriotismus aufzuhalten.«

Berlin mag Deutschlands Hauptstadt sein, doch schon 1935 hat Adolf Hitler München einen Ehrentitel verliehen: »Hauptstadt der Bewegung«. München war die Brutstätte des Nationalsozialismus, hier wurde am 20. Februar 1920 die NSDAP gegründet. Der junge Hitler erhielt die Mitgliedsnummer 555; die Kleinpartei hatte, um sich ein bisschen größer zu machen, ihr Mitgliederverzeichnis erst bei Nummer 501 begonnen. Im München der Zwanzigerjahre wuchsen die Partei zu einer Massenbewegung und der Mann zu einem Volksverführer heran. In München fand der von Bierdunst umwaberte Antialkoholiker glühende Verehrer in der besseren Gesellschaft, all die Bechsteins, Bruckmanns und Hanfstaengls, die ihn mit ihren Mitteln und Kontakten bei Akademikern und Industriellen salonfähig machten.

In München wagte Hitler bereits 1923 den Putsch, dessen schmähliches Scheitern er später als »Bluttaufe des Nationalsozialismus« verklärte. Hitlers Leben hätte an jenem 9. November vor der Feldherrnhalle am Odeonsplatz im Feuer der Polizei enden können: Die Schüsse töteten erst einen Mitstreiter, bei dem er sich eingehakt hatte, dann trafen elf Kugeln seinen Leibwächter. Am Königsplatz ließ er 1935 zwei Ehrentempel errichten, in denen die sterblichen Überreste der 16 toten Putschisten von 1923 – der »Blutzeugen« – ewige Wache halten sollten. Eigentlich waren damals nur 15 Nazis ums Leben gekommen, aber die NSDAP rundete großzügig um einen armen Kellner auf, der allzu unvorsichtig vor der Tür des »Café Annast« nach dem Rechten gesehen hatte.

Einmal im Jahr zelebrierten die Nazis fortan am Königsplatz bei Fackelschein ihren Gründungsmythos. Ein paar Schritte weiter, am Karolinenplatz, hatte die NSDAP ihre Parteizentrale, bis zu 6000 Mitarbeiter verteilten sich auf 50 Gebäude. Im Zentrum stand das »Braune Haus«, eine klassizistische Villa, in dem sich 1931 die »NSDAP-Reichsleitung« eingerichtet hatte, als sichtbares Zeichen für den Aufstieg der Partei. Vom »Palais Größenwahn« schrieb die Presse, die da noch frei war. Hitler hatte im Braunen Haus ein stattliches Büro im ersten Stock; im Keller wurden nach der Machtergreifung 1933 politische Gegner misshandelt. Bald wurde die Folter ins nahe Wittelsbacher Palais in der Brienner Straße ausgelagert, eine Schreckensburg aus rotem Backstein, die der Geheimen Staatspolizei als Hauptquartier diente. In Dachau, 20 Kilometer nordwestlich der Stadt, stampften die Nazis in sechs Wochen eines der ersten Konzentrationslager aus dem Boden. Dachau wurde zum Testbetrieb für den NS-Terror.

München ist eine grüne Stadt, durchzogen von Parks, Grünflächen und Bäumen. Nach und nach pflastern die Nazis das Grün mit dem Granit und Beton ihrer Machtarchitektur. An einem Monumentalbau nimmt Hitler besonderen Anteil, einem länglichen Klotz am Rand des Englischen Gartens, dem »Haus der Deutschen Kunst«. Das Museum eröffnet am 18. Juli 1937 zusammen mit der »Großen Deutschen Kunstausstellung«, die nun jedes Jahr Hunderttausende anlocken wird, eine Leistungsschau des Blut-und-Boden-Kitsches, eine neue Bilderwelt, die ausschließlich von gestählten Herrenmenschen und lieblichen deutschen Frauen bevölkert wird. »Wir werden von jetzt ab einen unerbittlichen Säuberungskrieg führen gegen die letzten Elemente unserer Kulturzersetzung«, sagt Hitler in seiner Rede.

Am Tag danach eröffnet in unmittelbarer Nähe eine weitere Ausstellung, die unschwer als Teil dieses Krieges zu erkennen ist. In den Arkaden des Hofgartens hängen und stehen 700 Werke von 120 zeitgenössischen Künstlern, die in der Welt verehrt werden und in Deutschland verfemt, darunter Otto Dix und Oskar Kokoschka, Paul Klee und Käthe Kollwitz. Die Nazis haben die Bilder und Skulpturen in den Museen des Reiches beschlagnahmt und sie in München zu einem Großangriff auf die Moderne zusammengetragen: »Entartete Kunst« heißt die Schau, in Schmähschriften an der Wand werden die Werke für »undeutsch« erklärt und ihre Schöpfer für verkommen.

Ebenfalls 1937 wird nahe des Königsplatzes der »Führerbau« eingeweiht, ein brachialer Prunkbau, der für repräsentative Anlässe gedacht ist. In der Nacht vom 29. auf den 30. September 1938 wird dort tatsächlich Geschichte geschrieben, als Hitler, der britische Premierminister Neville Chamberlain, der französische Premierminister Edouard Daladier und der italienische Ministerpräsident Benito Mussolini das Münchner Abkommen unterzeichnen. Es ist traurige, naive, zynische Geschichte: Das Abkommen besiegelt, dass die Tschechoslowakei das Sudetenland an das Deutsche Reich abtreten muss. Großbritannien und Frankreich opfern die junge souveräne tschechoslowakische Republik im Glauben, damit einen Weltkrieg verhindern zu können. Hitler soll sich eher ärgern, dass der Westen ihm mit diesem kompletten Einlenken jeden Vorwand nimmt, einen Krieg vom Zaun zu brechen.

Nach der Zeremonie eilen Chamberlain und Daladier zu ihren Maschinen, die am Verkehrsflughafen Oberwiesenfeld auf sie warten. Nach der Landung in London wendet sich der britische Premier noch am späten Abend vor der Downing Street 10 an seine Landsleute. Er bringe »Frieden mit Ehre« nach Hause, sagt Chamberlain, »Frieden für unsere Zeit«. München, das ahnt der Premierminister da noch nicht, wird bald eine Chiffre sein für den gescheiterten Versuch, Hitler zu beschwichtigen.

Die Fechterin Helene Mayer bleibt nach Olympia noch ein Jahr in Europa, um für das Deutsche Reich bei der ersten Weltmeisterschaft 1937 in Paris antreten zu können. Sie gewinnt den WM-Titel im Florett. Unmittelbar danach geht sie zurück in die Vereinigten Staaten, wo sie sechs Mal US-Meisterin wird, die amerikanische Staatsbürgerschaft annimmt und Politikwissenschaft studiert.

Als Leni Riefenstahl auf Werbetour für ihren Olympiafilm durch die USA reist, wird sie von Helene Mayer begleitet. ›Olympia‹ ist am 20. April 1938 im Berliner Zoo-Palast uraufgeführt worden, an Hitlers Geburtstag, in seiner Anwesenheit und zu seiner Verzückung. In vielen europäischen Ländern wird der Film zum Erfolg, nur Großbritannien lässt ihn nicht in seine Kinos. Für die USA hat Riefenstahl große Pläne, doch als sie im

## Hans-Jochen Vogel und der Brand der Synagoge

November 1938 in New York von Bord des Dampfers »Europa« geht, hat die Nachricht von der Pogromnacht gegen die deutschen Juden eine Boykottbewegung gegen den Film ausgelöst. Letztlich darf ›Olympia‹ in den USA nicht kommerziell gezeigt werden, was Avery Brundage in Rage versetzt (»Skandal«). Filmtheater und Studios, sagt er, seien eben »fast alle im Besitz von Juden«.

Insgeheim dürfte Leni Riefenstahl von einer Hollywoodkarriere träumen, doch sie wird nur von wenigen Produzenten, darunter Walt Disney, empfangen. Ohne US-Auftrag kehrt sie nach Deutschland zurück, wo Adolf Hitler Arbeit für sie hat. Mit dem »Sonderfilmtrupp Riefenstahl« begleitet sie den deutschen Überfall auf Polen. Sie beendet das Projekt nach wenigen Wochen, vermutlich, weil sie Augenzeugin von Gewalt deutscher Soldaten gegen polnische Zivilisten wird. Für ihren Spielfilm ›Tiefland‹ setzt sie von 1940 an knapp 50 Sinti und Roma aus Konzentrationslagern als Komparsen ein. Nach den Dreharbeiten werden die Menschen in die Lager zurückgebracht, wo sehr wahrscheinlich viele von ihnen sterben.

Hans-Jochen und seine Mitschüler laufen dem Rauch und dem Feuer entgegen. Es ist der Morgen des 10. November 1938, und das Landgraf-Ludwig-Gymnasium ist nur ein paar Straßenecken von einer der Gießener Synagogen entfernt. Im ganzen Deutschen Reich sind in der Nacht jüdische Gotteshäuser in Brand gesteckt worden. Schlägertrupps haben jüdische Geschäfte verwüstet und Tausende Juden verhaftet, misshandelt oder ermordet. Nun sieht der zwölfjährige Hans-Jochen Vogel die Synagoge brennen. »Wir sahen auch, dass Feuerwehrleute und Polizeibeamte nicht etwa löschten, sondern offenbar halfen, dass die Flammen richtig in Gang kamen.« Noch ein Dreivierteljahrhundert später wird sich Vogel vorwerfen, »die Ungeheuerlichkeit dieses Vorgangs nicht begriffen zu haben«.

Vogels Vater, in München geboren, ist Professor für Tierzucht und Milchwirtschaft, die Familie lebt in Gießen auf dem landwirtschaftlichen Gut, das zu seinem Lehrstuhl gehört. Hermann Vogel ist früh der NSDAP und der SS beigetreten; aus Letzterer ist er aber auch schnell wieder ausgetreten. Der Sohn wird sich später daran erinnern, dass der Vater zu Hause oft über Hitler schimpft. Einmal fragt Hans-Jochen ihn: »Vater, du bist doch Beamter, der Staat bezahlt dich, wie kannst du denn so reden?« Hans-Jochen ist ein eifriger Scharführer der Hitlerjugend, der Kulturbeauftragte, er kümmert sich um Theateraufführungen und Fanfarenzüge. »Nach Kriegsbeginn«, sagt er im Rückblick, »erlag ich bald der Vorstellung, unser Volk stehe in einem Existenzkampf und müsse sich deshalb um den Führer scharen.« Irritiert ist der katholische Messdiener Vogel höchstens vom »Umgang der Partei mit meiner Kirche«. Dass er nicht selbst NSDAP-Mitglied wird, verdankt er seiner Mutter. Als die Gießener Parteiführung ihn vor seinem 18. Geburtstag zum Eintritt auffordert, wirft Caroline Vogel den Brief einfach weg.

Das IOC ist auch zwei Jahre nach den Berliner Spielen noch derart von ihnen angetan, dass die Olympier allerlei Lorbeer ins Deutsche Reich senden. Riefenstahl wird für ihren Film mit dem Olympischen Diplom ausgezeichnet. Die nationalsozialistische Freizeitorganisation »Kraft durch Freude« wird mit dem Pierre-de-Coubertin-Preis geehrt. Carl Diem, einer der Gestalter der Eröffnungsfeier, erhält vom IOC die außergewöhnliche Erlaubnis, in Berlin ein offizielles Internationales Olympisches Institut einzurichten. Die Spiele von Berlin, sagt Avery Brundage, seien »einfach die besten aller Zeiten« gewesen.

1938 teilt Japan mit, dass es auf die Ausrichtung der Sommer- und Winterspiele 1940, die an Tokio und Sapporo vergeben wurden, verzichtet. Die Japaner wollen ihre nationalen Energien auf andere Dinge konzentrieren. Im Juli 1939, also nach dem Novemberpogrom und nach dem deutschen Einmarsch in die Rest-Tschechoslowakei, vergibt das IOC die Winterspiele 1940 an Garmisch-Partenkirchen. Die Regierung Hitler zeigt sich hocherfreut, wieder einmal ihren »Friedensgeist« demonstrieren zu können. Am 20. September, drei Wochen nach dem Überfall auf Polen, schreibt der Präsident des Garmischer Organisationskomitees, Karl Ritter von Halt, an den IOC-Präsidenten: »Bis auf Weiteres ist Deutschland bereit, die Winterspiele auszurichten, wenn der aktuelle Konflikt rechtzeitig beendet werden kann.« Ende Oktober befiehlt Hitler, alle Vorbereitungen auf die Spiele einzustellen. Bald, sagt er, würden die Olympischen Spiele ohnehin »für alle Zeiten in Deutschland« stattfinden.

## Das Geheimnis in Heinemanns Keller

Gustav Heinemann hat Karriere gemacht, als Sozius einer renommierten Anwaltskanzlei und als Justitiar bei den Rheinischen Stahlwerken. Er hat geheiratet, 1936 bekommen seine Frau Hilda und er ihr viertes Kind, den Sohn Peter. Es ist auch das Jahr, in dem sie in das große weiße Haus im Essener Moltkeviertel ziehen, in dem Heinemann noch seinen Lebensabend verbringen wird. Die Familie wird umschwirrt von Haushälterinnen und Kindermädchen, doch das Leben ist keineswegs unbeschwert.

Die Weimarer Republik, für die Gustav Heinemann als Student gekämpft hatte, ist untergegangen. Hitler, den er 1920 in München eher für lächerlich hielt als für gefährlich, herrscht über Deutschland. Heinemann hat sich ein Stück weit nach innen gewandt, er hat zum evangelischen Glauben gefunden, nicht zuletzt durch seine Frau, die Theologie studiert hat. Er ist jetzt Gemeindevorsteher der Essener Pauluskirche, und für sich hat er zwei Erklärungen gefunden, wie die Nazis sich des Landes bemächtigen konnten: das Versagen der Bürger, Verantwortung für ihr Gemeinwesen zu übernehmen, und die Abkehr von Gott.

Obwohl ihn die Primitivität der Nazis abstößt, entscheidet sich Heinemann nach 1933, so sein Biograf Thomas Flemming, für eine Art »Doppelstrategie«. Um seine berufliche Existenz und seine Familie zu schützen, arrangiert er sich mit der neuen Ordnung, wird etwa Mitglied im »Bund Nationalsozialistischer Deutscher Juristen«. Anderseits verteidigt er mit zunehmender Entschlossenheit die Unabhängigkeit der Kirche gegen das Regime. Im November 1933 verfasst er einen Brief an den »sehr verehrten Herrn Reichskanzler«, in dem er darum bittet, dass »die eigentlichen Träger des kirchlichen Lebens bei den amtlichen Stellen zu Gehör kommen« – und nicht jene, die es kaum erwarten können, die evangelische Kirche der nationalsozialistischen Ideologie zu unterwerfen. Eine Antwort erhält er nicht.

Heinemann wird ein führender Vertreter der Oppositionsbewegung »Bekennende Kirche«. Mit juristischen Winkelzügen wehrt er sich in Essen gegen Übergriffe auf seine Kirche und weist die Vereinnahmung christlicher Nachwuchsgruppen durch die Hitlerjugend zurück. Er unterstützt verfolgte Pfarrer, während des Krieges versorgt er Juden im Untergrund mit Lebensmitteln. Vor allem aber hilft er über viele Jahre bei der Herstellung und Verteilung der ›Grünen Blätter‹, des verbotenen

Mitteilungsblattes der Bekennenden Kirche, das alle zwei Wochen erscheint, bis zu 20 Seiten auf grünem Papier.

Die Gestapo ist den ›Grünen Blättern‹, die von mehreren Pfarrern geschrieben werden, stets auf der Spur. Aber die Ermittler finden nie heraus, wo sie gedruckt werden: in Gustav Heinemanns Keller. Der Vervielfältigungsapparat ist in einem Schrank versteckt, zu dem nur der Hausherr den Schlüssel hat. Ihr Vater, erinnert sich Uta Ranke-Heinemann, habe zu den Kindern immer gesagt:»An den Schrank geht bitte nicht dran, da sind Sachen von Ausgebombten untergebracht.« Immer, wenn eine neue Ausgabe der ›Grünen Blätter‹ druckfertig ist, klingelt bei den Heinemanns das Telefon – und der Anrufer stellt die als Code verabredete Frage, ob er abends zum Klavierspielen vorbeikommen dürfe. Während unten gedruckt wird, spielt Hilda Heinemann oben das Regentropfen-Prélude von Chopin.

Das Risiko, das die Heinemanns eingehen, ist beträchtlich. In dem Keller, in dem der Vervielfältigungsapparat steht, trifft sich einmal in der Woche die Ortsgruppe des BDM zum Singen und Spielen. Die Eltern haben ihre Tochter Uta dort angemeldet, damit sie keine Schwierigkeiten in der Schule bekommt. Es ist ein kühner Zug, der Gruppe ausgerechnet den Keller zur Verfügung zu stellen. Aber es ist auch eine ziemlich gute Tarnung.

Viele Münchner sind begeistert und hängen die Hakenkreuz-Fahne aus dem Fenster, wenn der»Führer«, der ja irgendwie auch einer der Ihren ist, mal aus Berlin vorbeischaut. Hitler ist viel in Bayern, 1937 etwa verbringt er fast 130 Tage auf seinem Berghof am Obersalzberg bei Berchtesgaden – und 14 Tage in München, wo er am Prinzregentenplatz 16 weiterhin eine Wohnung hat, zweiter Stock, neun Zimmer.

Seine erklärte Lieblingsstadt bereitet dem Diktator aber nicht nur Freude. Nimmt man die letzten freien Wahlen von Weimar zum Maßstab, war München keine Nazi-Hochburg. Bei der Reichstagswahl am 6. November 1932 etwa liegt die NSDAP dort mit 24,9 Prozent der Stimmen deutlich unter dem Gesamtergebnis im Reich von 33,1 Prozent. Das hat wahrscheinlich zwei Gründe: die vielen Katholiken, die traditionell die Bayerische Volkspartei wählen, und die vielen in der SPD verwurzelten Arbeiter. Hitler, spotten Oppositionelle, habe 1923 Berlin von Mün-

## Die Bombe explodiert 15 Minuten zu spät

chen aus erobern wollen. Tatsächlich habe er dann 1933 München von Berlin aus erobert. Selbst Weiß Ferdl, der Volkssänger mit unverhohlener Sympathie für die Nazis, begrüßt Besucher seiner Münchner Auftritte gern mit dem Satz: »Heil Hitler, meine Damen und Herren – und Grüß Gott für die Andersgläubigen.«

Und es ist auch München, wo Hitler nur knapp einem Attentat entgeht, als der Zweite Weltkrieg erst ein paar Wochen alt ist. Wobei es für diese mutige Tat einen Schreiner von der Schwäbischen Alb braucht, Georg Elser. »Ich habe den Krieg verhindern wollen«, wird er sagen, bevor er in den letzten Wochen des NS-Regimes im KZ Dachau ermordet wird. Elser hat am 8. November 1939 nicht nur Hitler im Visier, sondern auch Goebbels, Göring und nahezu die ganze NS-Spitze, die sich zum Jahrestag des Hitlerputsches rituell im »Bürgerbräukeller« versammelt. Wochenlang lässt er sich nachts in der Gaststätte einsperren, um einen Sprengkörper in eine tragende Säule des Saales einpassen zu können. Am 8. November beendet Hitler seine Rede vor den »alten Kämpfern« früher als geplant, weil er zurück nach Berlin muss. Elsers Bombe detoniert 13 Minuten, nachdem Hitler den Bürgerbräukeller verlassen hat. Dort, wo das Rednerpult stand, ist nun ein riesiger Schutthaufen.

In Ulm, eine Autostunde von Elsers Heimatort Königsbronn entfernt, hat Otto Aicher, genannt Otl, wieder Ärger mit den Nazis. Er weigert sich, der Hitlerjugend beizutreten, daraufhin wird ihm die Zulassung zum Abitur verwehrt. Eine Verhaftung hat Otl auch schon in den Akten stehen, ein paar Jahre zuvor beim Besuch einer Fotoausstellung in Berlin. Dort hatten ihn seine langen Haare verdächtig gemacht. Aicher ist ein Handwerkersohn, seine streng katholische Erziehung immunisiert ihn gegen die Verführungen der Nazis. Er ist da schneller und entschiedener als seine Freunde, die Scholl-Kinder: Inge, Hans, Elisabeth, Sophie und Werner, mit dem er in dieselbe Klasse geht. Die liberalen Scholls – der Vater Wirtschaftsprüfer, die Mutter bis zur Ehe Diakonisse – werden Otls zweite Familie.

Mit dem stechend sendungsbewussten Otl befreundet zu sein, ist nicht immer das pure Vergnügen. Er versteht sich als katholischer Missionar und will, dass die evangelischen Scholls konvertieren. Sogar sein Pfarrer ermahnt den jungen Aicher: »Du solltest bescheidener sein und mehr

Ehrfurcht haben vor allen Dingen und besonders den Menschen.« Die zwei Menschen, vor denen Otl Ehrfurcht hat, sind Hans und Sophie Scholl. Mit ihnen teilt er eine sprühende Intellektualität und eine wachsende Ablehnung des Naziregimes. Hans bewundert er auch für die Eleganz der Erscheinung. In Sophie erkennt er eine Seelenverwandte, schüchtern nach außen, unerschütterlich nach innen. Mit ihr kann er die ganze Nacht über Augustinus, Gott und den Staat diskutieren. »Fetzen der Gespräche und die Wärme eines nahen Körpers strömten durch die Träume bis in einen lichthellen Morgen«, erinnert Aicher sich später. »Berührungen brauchten nicht stattzufinden.«

Der deutsche Überfall auf Polen beeindruckt Avery Brundage nicht besonders, jedenfalls nicht negativ. Bis zum US-Kriegseintritt ist der amerikanische Chefolympier ein »glühender Isolationist«, so sein Biograf Allen Guttmann. Brundage wird Vorsitzender des Komitees »Keep America Out of War« (»Haltet Amerika aus dem Krieg heraus!«) und schließt sich auch dem »America First Committee« an. Bei einer Großkundgebung 1940 im Soldier Field in Chicago tritt er mit Charles Lindbergh auf, dem Fliegerhelden und wahrscheinlich prominentesten Isolationisten der USA. Erst am Tag nach dem japanischen Angriff auf Pearl Harbour verlässt Brundage die beiden Komitees.

Mit Lindbergh teilt er auch den Antisemitismus, beide halten die Idee, dass Amerika in einen europäischen Krieg ziehen könnte, für das Propagandaprodukt eines von Juden dominierten Hollywood. Der jüdische US-Sprinter Marty Glickman wirft Brundage nach den Spielen 1936 sogar vor, dieser persönlich habe Glickmans Start in der 4 x 100-Meter-Staffel verhindert, weil er nicht wollte, dass ein amerikanischer Jude Olympiasieger wird. Immer wieder fällt Brundage auch mit rassistischen Äußerungen auf, zugleich ist er paradoxerweise ein Verehrer und bedeutender Sammler asiatischer und islamischer Kunst. In Avery Brundages Weltbild fließen Deutschlandliebe und Judenfeindlichkeit, Antikommunismus und Olympia-Eifer zu einer toxischen Mischung zusammen.

Während des Zweiten Weltkriegs ist es nach dem Tod des IOC-Präsidenten Baillet-Latour Brundages Verdienst, die olympische Bewegung notdürftig zusammenzuhalten. Unter anderem schickt er Hilfspakete an IOC-Mitglieder, in deren europäischen Ländern er Lebensmittelknapp-

## Das große Sterben der Helden von Berlin

heit vermutet. Brundage versteht sich als Hüter des olympischen Feuers, und es wird nicht mehr lange dauern, bis er das ganz offiziell ist.

Ruth Langer, die Schwimmerin, die aus Protest gegen die Nazis auf die Berliner Spiele verzichtet hat, flieht nach dem Anschluss Österreichs ans Deutsche Reich im März 1938 mit einem gefälschten Taufschein nach Italien. Alfred Schiff, der Erfinder des olympischen Fackellaufs, stirbt am 31. Januar 1939 in Berlin – seine Frau und seine beiden Töchter sind da schon nach England ausgewandert. Im Dorf Marousi bei Athen verscheidet am 26. März 1940 Spyridon Louis, der Marathonsieger von 1896, den Hitler in Berlin hofierte. Fast genau ein Jahr später fallen deutsche Truppen in Griechenland ein.

Hans Woellke, der goldgekrönte Kugelstoßer, von Hitler beglückwünscht und von Leni Riefenstahl verewigt, ist im Krieg Hauptmann der Ordnungspolizei im besetzten Weißrussland. Am 22. März 1943 geraten zwei deutsche Polizeilastwagen in der Nähe von Minsk in einen Hinterhalt von Partisanen. Woellke stirbt im Kugelhagel. Die überlebenden Deutschen ermorden kurz darauf etwa 20 einheimische Waldarbeiter, denen sie die Unterstützung der Partisanen unterstellen. Zur weiteren Vergeltung wird eine Kompanie der blutrünstigen SS-Sondereinheit Dirlewanger herangeführt. Die SS-Leute treiben im nahen Dorf Chatyn die gesamte Bevölkerung in einer Scheune zusammen und setzen diese in Brand. Etwa 150 Menschen sterben, die Hälfte davon Kinder unter 16 Jahren. Hitler lässt Hans Woellke posthum zum Major befördern.

In allen Ecken der Welt wird der Tod von Olympia-Teilnehmern des Jahres 1936 verzeichnet. Der polnische Boxer Czeslaw Cyraniak ausgeschieden in der zweiten Runde des Leichtgewichts, fällt Anfang September 1939 nach dem deutschen Überfall in der Schlacht an der Bzura. Der niederländische Fünfkämpfer Alexander van Geen versinkt im Februar 1942 mit dem Kreuzer »De Ruyter« nach zwei japanischen Torpedotreffern in den Fluten der Javasee. Der tschechoslowakische Leichtathlet Evzen Rosicky wird am 18. Juni 1942 in Prag zusammen mit weiteren Freiheitskämpfern von der Gestapo hingerichtet. Der deutsche Turner Ernst Winter, Goldmedaillengewinner in der Mannschaft, kommt 1943 bei Stalingrad ums Leben.

Der Hockeyspieler Fritz Messner, der an der Seite von Erwin Keller Silber gewann und dazu zwei Tore beisteuerte, stirbt 1945 in einem sowjetischen Kriegsgefangenenlager. Die Basketballer Emil Lohbeck und Kurt Oleska, die mit Willi Daume zusammen spielten, fallen gegen Ende des Krieges im Kampf gegen die Sowjets. Der Ringer Werner Seelenbinder, Olympia-Vierter, wird im Oktober 1944 wegen seiner Mitgliedschaft in einer kommunistischen Widerstandsgruppe mit dem Fallbeil exekutiert.

Heinz Brandt, der mit der deutschen Springreiter-Mannschaft Gold holte, erliegt im Juli 1944 als Generalstabsoffizier den Verletzungen, die er bei dem Bombenattentat durch Oberst Claus Schenk Graf von Stauffenberg in der Wolfsschanze davontrug. Brandt hatte Hitler vermutlich unwissentlich das Leben gerettet, weil er, am Lagetisch stehend, die Aktentasche mit der Bombe von Hitler wegschob, um selbst näher herantreten zu können und einen besseren Blick auf die Karte zu haben.

Luz Long, der deutsche Weitspringer, der es gewagte hatte, sich unter den Augen Hitlers mit Jesse Owens zu befreunden, hat Jura studiert und wurde mit einer Arbeit über »Die Leitung und Aufsicht des Sports durch den Staat« promoviert. Als Obergefreiter der Wehrmacht wird er im Juli 1943 auf Sizilien von einem Artilleriegeschoss schwer am Oberschenkel verwundet und muss von seinen Kameraden zurückgelassen werden. Erst Jahre später wird sein Tod bestätigt. Jesse Owens hat nach Ausbruch des Kriegs noch einen letzten Brief von ihm bekommen. »Lieber Freund Jesse!«, schreibt Long. Es gehe ihm gut – »ich fürchte nur, für die falsche Sache zu sterben«. Wenn der Krieg vorüber sei, bittet er Owens, »fahre bitte nach Deutschland und finde meinen Sohn. Sag ihm, dass die Dinge zwischen den Menschen auf dieser Erde anders sein können.«

Der Oberleutnant zur See Günter Behnisch, 22 Jahre alt und Wachoffizier auf dem Unterseebot U 952, genießt im Frühjahr 1944 ein paar ruhige Tage in einem Hotel in La Spezia. Behnisch, der aus der Nähe von Dresden kommt, hat sich mit jugendlichem Überschwang freiwillig zur Kriegsmarine gemeldet. Nun liegen zwei nervenzehrende, aber auch nervenstählende Dienstjahre hinter ihm. Mehrfach ist U 952 bei Einsätzen im Nordatlantik und im Mittelmeer bei Luftangriffen oder Wasserbombenbeschuss schwer beschädigt worden und nur knapp dem Untergang entronnen. In seinem Hotelzimmer findet Behnisch einige Bücher, die irgendwer zurückgelassen hat. Eines ist eine Einführung in die Architektur. Der U-Boot-Mann liest es fasziniert. Als er aus La Spezia abreist, hat er eine Vorstellung davon, was er studieren will, falls er den Krieg überlebt.

Nachdem U 952 wenig später auf Wartung im Dock in Toulon von amerikanischen Bombern vernichtet wird, erhält Behnisch im Oktober 1944 sein erstes eigenes Kommando. Er wird Kapitän der frisch vom Stapel gelaufenen U 2337. Von Kiel überführt er das Boot ins norwegische Kristiansand, doch eine Feindfahrt bleibt ihm erspart: Im Hafen erlebt seine Besatzung die Kapitulation der deutschen Wehrmacht. Ihm sei es ja im Krieg »nicht schlecht gegangen«, wird Behnisch später sagen. »Als U-Boot-Kommandant war ich viel besser dran als die, die im Panzer in Russland saßen.« Und dennoch wird das Erlebnis drangvoller Enge in einem Stahlkasten unter Wasser Günter Behnisch auch in seinem neuen Leben prägen.

Kurz vor dem Abitur, im Juli 1943, wird Hans-Jochen Vogel zur Wehrmacht eingezogen und als Panzergrenadier an der italienischen Front verwundet. Er bekommt Gelbsucht und wird in ein Lazarett in Frankreich verlegt, wo er, wie er später erzählt, erstmals mit den Kriegsgräuln der Nazis konfrontiert wird. Sein Bettnachbar sagt: »Ich war im Osten, ihr habt keine Vorstellung, was da passiert, massenhafte Erschießungen.« Je länger Vogel Soldat ist, desto größer werden seine Zweifel am Regime. »Dass man auf andere schießt oder selbst beschossen wird, dass ein Kamerad, mit dem man gerade noch geredet hat, plötzlich tot am Boden liegt«, das sagt er später, habe er nie vergessen können. »Aber der Gedanke, man könne dem eigenen Staat Widerstand entgegensetzen, noch dazu im Krieg, das lag leider außerhalb unserer Vorstellungskraft.«

Im März 1945, zurück in Italien, erleidet der Unteroffizier Vogel einen Bauchschuss. »Wäre die Kugel einige Zentimeter versetzt eingedrungen«, in den Magen, »wäre ich tot gewesen.« Aber so rettet ihm die zweite Verwundung vielleicht sogar das Leben. Er kommt ins Krankenlager, während seine Kompanie beim verzweifelten Sturm auf einen von den Amerikanern gehaltenen Hügel bei Bologna fast aufgerieben wird. Und trotz allem glauben die Kameraden um ihn herum an den Endsieg. Noch am 19. April hört er mit anderen im Radio die obligatorische Goeb-

bels-Rede am Vorabend von Hitlers 56. Geburtstag. »Diesem dämonischen Teufel ist es gelungen, selbst alte Soldaten noch einmal für einen Moment fragen zu lassen: Ist da doch noch irgendeine Geheimwaffe?« Von den 22 Jungen in Vogels Klasse am Landgraf-Ludwig-Gymnasium in Gießen überleben weniger als die Hälfte den Krieg.
Ende April 1945 gerät er in der Toskana in amerikanische Kriegsgefangenschaft. Vogel und zwei Kameraden sind die einzigen Deutschen im Lager bei Pisa, die Englisch können. Täglich übersetzen sie ein paar Artikel aus der US-Armee-Zeitung ›Stars and Stripes‹ und hängen den Zettel ans Schwarze Brett der deutschen Gefangenen. Am 9. Mai 1945 übersetzt Vogel die Nachricht von der bedingungslosen Kapitulation der deutschen Wehrmacht. »Es war zunächst ein Aufatmen, dass das Töten und Morden und der Krieg und die Bomben ein Ende hatten.«

München, die Hauptstadt der Bewegung, wird im Krieg zu einem Zentralort des Widerstands gegen Hitler. Genau wie Georg Elser kommen die Geschwister Scholl aus dem Württembergischen nach München. Hans und Sophie Scholl schließen sich im Frühjahr 1942 einem regimekritischen Freundeskreis an, dessen Mentor Kurt Huber ist, ein Musikwissenschaftler an der Ludwig-Maximilians-Universität. »Weiße Rose« nennt sich die Gruppe. Otl Aicher, der wie sie den Hitler-Staat verachtet, ist nicht dabei. Er ist Soldat an der Ostfront, als einfacher Gefreiter. Die Ausbildung zum Offizier hat er abgelehnt.
Anfangs drehen sich die Debatten der Weißen Rose eher theoretisch um die Frage, wie man im totalitären Staat seine Freiheit wenigstens in Gedanken wahren kann. Durch die Katastrophe von Stalingrad sind die Mitglieder überzeugt, dass der Krieg verloren ist. »Nieder mit Hitler«, pinseln sie an Münchner Hauswände. Aicher besucht die Scholls Anfang 1943, er hat es geschafft, mit einer vorgetäuschten Krankheit Genesungsurlaub zu erhalten. Am Münchner Hauptbahnhof trifft er Hans Scholl. Es ist die letzte Begegnung der Freunde.
Am 18. Februar, berichtet Aicher später, wird er von einem Vertrauten telefonisch gebeten, Sophie und Hans eine dringende Nachricht zu überbringen, ein Codewort: »Machtstaat und Utopie«. Es ist eine Warnung. Er klingelt an der Wohnung in Schwabing, aber niemand öffnet. Er setzt sich auf der Leopoldstraße auf eine Parkbank unter Pappeln, später wird

er sich an »einen strahlend hellen Tag erinnern, als wäre der Winter vorbei«. Dann klingelt er noch einmal. Diesmal öffnen zwei Männer in Uniform. 24 Stunden lang wird Otl Aicher im Wittelsbacher Palais von der Gestapo festgehalten und verhört. Dann lässt man ihn frei.

Später schreibt Aicher in der radikalen Kleinschreibung, die sein Markenzeichen wird: »offensichtlich war meine warnung zu spät gekommen, oder hans und sophie wussten bereits selbst, dass man ihnen auf der spur war, und konnten meinen besuch nicht mehr abwarten.« Das sechste Flugblatt, das die Mitglieder der Weißen Rose verteilen, der Aufruf zu einer »Abrechnung der deutschen Jugend mit der verabscheuungswürdigsten Tyrannis, die unser Volk je erduldet hat«, wird ihnen zum Verhängnis. Hans und Sophie Scholl werden vom Hausmeister dabei beobachtet, wie sie Exemplare des Flugblatts von der Empore des Uni-Gebäudes in den Lichthof werfen. Es muss, glaubt Aicher, genau zu der Zeit gewesen sein, als er auf der Bank in der Leopoldstraße saß.

Die Geschwister Scholl, Kurt Huber und weitere Mitglieder der Gruppe werden eilig zum Tode verurteilt. In ihren letzten Stunden bitten Hans und Sophie darum, einen Geistlichen sprechen zu dürfen. Am 22. Februar 1943 sterben sie auf dem Schafott. Aicher reist nach Ulm, um der Familie Scholl beizustehen, als sie nach einigen Wochen aus der »Sippenhaft« entlassen wird. Dann muss er zurück zur Truppe.

Anfang 1945 presst Aicher das Blut eines toten Vogels auf seine Uniform, um für einen Verwundeten gehalten zu werden. Er desertiert aus der Wehrmacht. Bis zur Kapitulation versteckt er sich auf dem Bauernhof im Schwarzwald, auf den sich die Scholls zurückgezogen haben. Ein Leben lang werden ihn Schuldgefühle plagen, dass er seine Freunde nicht retten konnte. »ich weiß selbst, wie ich in diesen tod verflochten bin«, schreibt er.

Die Weiße Rose wird eines der stärksten Symbole des Widerstands gegen die Hitler-Diktatur bleiben – und ein kleiner Beleg dafür, dass München mehr war als die Stadt, der angeblich die Liebe des Führers galt. Der letzte Besuch Hitlers in München ist am 17. April 1944 dokumentiert, er nimmt an der Beerdigung von Adolf Wagner teil, des Gauleiters von München und Oberbayern. Im Juli 1944 fährt er noch einmal auf den Berghof. Dann kehrt er nach Berlin zurück und wartet auf den Untergang.

Carl Diem, der Präsident des Internationalen Olympischen Instituts, das sich der »geistigen Förderung der weltweiten olympischen Bewegung« verschrieben hat, hält am 18. März 1945 in Berlin eine Rede vor dem »Volkssturmlehrgang Reichssportfeld«. Die Gruppe besteht im Wesentlichen aus Buben zwischen 13 und 15 Jahren. Diem ruft sie zum finalen Opfergang für Führer und Vaterland auf, gleich den Spartanern, die einst an den Thermopylen bis zum letzten Mann den Persern widerstanden hatten: »Wunderbar ist der Tod, wenn der edle Krieger für das Vaterland fällt.«

Der Zweite Weltkrieg ist für das Deutsche Reich da längst verloren. Das hält Karl Ritter von Halt, der inzwischen zum Reichssportführer aufgestiegen ist, nicht davon ab, die von Diem eingeschworenen Hitlerjungen für ein Vorhaben zu versammeln, das selbst für die Verhältnisse der Nazis als wahnsinnig gelten muss. Sowjetische Truppen haben das Reichssportfeld mitsamt dem Olympiastadion eingenommen. Das Areal hat keinen militärischen Wert, aber der Volkssturmkommandant von Halt will es mit Kindern in Uniform zurückerobern. Am 28. April zerschellt die Attacke an der sowjetischen Übermacht. Es gibt keine verlässlichen Zahlen zu den Gefallenen des Volkssturms, es dürften aber Hunderte Tote sein. Mehrere Buben, die sich dem Angriffsbefehl widersetzten, werden in der Murellenschlucht, einem Waldgebiet nahe dem Olympiastadion, wegen »Wehrkraftzersetzung« erschossen – zehn Tage, bevor der Zweite Weltkrieg in Europa mit der bedingungslosen Kapitulation Deutschlands endet.

Kapitel 2

# AUF DEN TRÜMMERN WÄCHST DIE HOFFNUNG – DIE NACHKRIEGSJAHRE

München liegt in Schutt und Asche // ein U-Boot-Kommandant baut Schulen // Willi Daume wird Funktionär // der Kalte Krieg greift sich den Sport // BRD und DDR – zwei Länder teilen sich eine Flagge // Heinemann widerspricht Adenauer // Brundage führt einen Kreuzzug gegen den Kommerz // das Wunder von Bern // Otl Aicher und die Verrückten von Ulm // Ungarnaufstand und Suezkrise bedrohen Olympia // ein Doper stirbt vor Rom // die frühere »Hauptstadt der Bewegung« bewirbt sich um die Spiele

In Konzentrationslagern (oben der Eingang zum KZ Dachau) ermorden die Nationalsozialisten Millionen Menschen. Der Zweite Weltkrieg (unten das zerstörte Siegestor in München) bringt unermessliches Leid über den Kontinent.

Die deutsche Fußball-Nationalmannschaft wird 1954 in Bern überraschend Weltmeister. Sieben Jahre später stehen sich am Checkpoint Charlie in Berlin amerikanische und russische Panzer bedrohlich gegenüber.

Zwei Länder, eine Flagge: Statt mit Bundesadler oder Hammer und Zirkel nehmen vor 1972 gesamtdeutsche Teams unter dem Symbol der olympischen Ringe an den Spielen teil.

Adolf Hitler hatte große Pläne für sein München. Er ließ einen gigantischen Hauptbahnhof entwerfen, der die Drehscheibe des Verkehrs in Europa werden sollte. Die Kuppel, für deren Skizze er persönlich zum Bleistift griff, sollte sich 141 Meter hoch in den weiß-blauen Himmel schieben. Vorgesehen war auch eine »Große Straße«, eine neoklassizistisch ornamentierte Aufmarschfläche, die von der alten Stadt nicht viel übrig gelassen hätte, acht Kilometer lang und 120 Meter breit. Hitlers Leibarchitekt Albert Speer hatte einen 212 Meter hohen Obelisken als »Denkmal der Bewegung« konzipiert, für dessen Sockel Hitler einen Schrein mit der »Blutfahne« des Putsches von 1923 einplante. Idealerweise sollte alles 1950 fertig sein, rechtzeitig zur Jubiläumsausstellung »Weltschau 30 Jahre NSDAP«.

Das runde Jubiläum erlebten Hitler und seine Partei nicht mehr. Die Hauptstadt der Bewegung wurde am 29. April 1945 von US-Truppen eingenommen. Nach 73 Luftangriffen und Gefechten im Stadtgebiet sind etwa 45 Prozent der Häuser zerstört, in der Innenstadt sogar 60 Prozent. 65 Kirchen liegen in Trümmern. 815 000 Menschen zählte München vor dem Krieg, nun sind es noch 470 000. Aber selbst für die gibt es in den Ruinen nicht genug zu essen. Es gibt auch kein Wasser, kein Gas, keinen Strom.

Am 2. Mai betreten US-Soldaten Hitlers Wohnung in der Prinzregentenstraße 16. Die GIs werfen sich auf Hitlers Bett und fotografieren sich in der Badewanne. Sie bedienen sich am Bücherregal des »Führers«, voll mit Karl-May-Bänden in einer Schmuckausgabe. In Hitlers Schreibtisch entdeckt ein Soldat den Brief eines kleinen Mädchens und ein paar vergilbte Veilchen. Das Mädchen schrieb: »Mein lieber Führer, vom letzten Taschengeld sende ich Ihnen dieses Sträußchen.«

Mehr als ein Jahrzehnt lang wird München damit beschäftigt sein,

## Auf den Trümmern wächst die Hoffnung – Die Nachkriegsjahre

fünf Millionen Kubikmeter Schutt – Gesamtgewicht: sieben Millionen Tonnen – aus der Stadt zu schaffen. Auf dem Oberwiesenfeld, dem ehemaligen Flughafen, von dem aus Chamberlain und Daladier nach dem Münchner Abkommen in ihre Hauptstädte zurückflogen, wächst der größte Trümmerberg heran. Am Ende wird er 55 Meter hoch sein.

Eine der ersten Institutionen im besiegten Deutschland, die sich ernsthaft mit der Frage der eigenen Verantwortung beschäftigt, ist die evangelische Kirche. Am 19. Oktober 1945 wird auf einer Ratstagung das ›Stuttgarter Schuldbekenntnis‹ verlesen, das elf Persönlichkeiten der Kirche unterzeichnet haben, darunter Gustav Heinemann. Wohl habe man gegen den Geist des nationalsozialistischen Gewaltregiments gekämpft, heißt es da, »aber wir klagen uns an, dass wir nicht mutiger bekannt, nicht treuer gebetet, nicht fröhlicher geglaubt und nicht brennender geliebt haben«.

Heinemann ist nun ein Spitzenfunktionär seiner Kirche, 1949 wird er zum Präses der Evangelischen Synode gewählt. Er tritt auch in die CDU ein, das erscheint ihm als Christ naheliegend. Von den Briten wird er als Oberbürgermeister von Essen eingesetzt, dann von den Wählern bestätigt. Als Bundeskanzler Konrad Adenauer dafür kritisiert wird, zu viele Katholiken in die erste Bundesregierung zu holen, beruft er Heinemann am 20. September 1949 als Bundesinnenminister in sein erstes Kabinett.

Heinemann ist Teil eines neuen Versuchs, eine stabile Demokratie auf deutschem Boden zu etablieren. »Bonn ist nicht Weimar«, heißt es bald, eher beschwörend als wissend. Ob sich die Deutschen in ihrer Breite endlich mit der Demokratie anfreunden werden? Es ist ein Experiment, dessen Ausgang man für offen halten muss.

Es dauert nicht lange, bis das Verhältnis zwischen Adenauer und Heinemann zerrüttet ist. Der Kanzler und CDU-Vorsitzende ist es nicht gewohnt, dass ihm widersprochen wird; der Innenminister umgekehrt will sich nicht daran gewöhnen, Widerspruch nur um des lieben Friedens willen zu unterlassen. Der Streit eskaliert, als Adenauer am 30. August 1950 dem amerikanischen Hochkommissar John Jay McCloy ein »Sicherheitsmemorandum« ans Flugzeug nach New York bringen lässt. Das Memorandum enthält ein brisantes Angebot: Die Bundesrepublik würde

## Gustav Heinemann bricht mit Adenauer

sich »in Form eines deutschen Kontingents« an einer westeuropäischen Armee beteiligen. Auch eine Bundespolizei soll aufgebaut werden.

Wie andere Kabinettsmitglieder erfährt Heinemann erst am nächsten Tag aus der Zeitung von Adenauers Vorstoß. Er ist empört darüber, wie Adenauer sich den Amerikanern an den Hals wirft. In der Kabinettsitzung konfrontiert er Adenauer, wie sich das kein anderer in der Runde traut: Er sei nicht bereit, »mich in bedeutungsvollsten Fragen vor vollendete Tatsachen stellen zu lassen«. In der Sache fürchtet sich Heinemann davor, den Deutschen wieder Waffen in die Hand zu geben. Für ihn sind es die Geister der Vergangenheit, die das bundesdeutsche Experiment bedrohen: »Wir sind in zwei blutige Kriege und zwei nationale Katastrophen hineingeraten, weil wir allzu sehr bereit waren, unser Vertrauen auf die Kraft der Waffen zu setzen«, schreibt er in einem Brief an Adenauer. Eine Wiederaufrüstung, argumentiert er, wäre zudem nur eine unnötige Provokation für die Sowjetunion. In der Deutschlandpolitik helfe nur die Kraft des Ausgleichs.

Gustav Heinemann, der lange darauf gewartet hat, an einem freien Deutschland mitzubauen, tritt nach etwas mehr als einem Jahr als Minister zurück. Für seine Prinzipien verzichtet er auf eine politische Karriere. Zumindest auf eine in der CDU.

Als Hans-Jochen Vogel zu Weihnachten 1944 das letzte Mal auf Heimaturlaub nach Gießen kam, war das Haar seiner Mutter so schwarz wie eh und je. Im Juli 1945 kehrt er nach Hause zurück, und als die Mutter die Tür öffnet, fällt ihm als Erstes auf, dass sie grau geworden ist, »wohl aus Kummer und Sorge«. Er beginnt in Marburg ein Jurastudium, bereits 1948 legt er das erste Staatsexamen ab. Am 1. Januar 1949 tritt er eine Stelle als Rechtsreferendar am Amtsgericht in Miesbach an, dem Städtchen im Alpenvorland, in dem er viele Sommerurlaube bei der Großmutter verbracht hat. Er macht Bayern zu seiner Heimat, und wenn man ihn später nach dem Grund fragt, pflegt er zu antworten, dass »sechs von acht Urgroßeltern in München begraben« sind.

Vogel ist politisches Pathos suspekt, aber er hat das feste Gefühl, »dass man sich für das Gemeinwesen engagieren müsse, um die Vergangenheit zu überwinden«. Er will in eine Partei eintreten, und die Entscheidung macht er sich nicht leicht. Im Sommer 1949 sitzt er abends oft in seinem

## Auf den Trümmern wächst die Hoffnung – Die Nachkriegsjahre

Zimmer in Miesbach und studiert die Grundsatzpapiere von CSU, CDU, FDP und SPD. Im Wahlkampf vor der ersten Bundestagswahl im August macht er, was einst Gustav Heinemann in der jungen Weimarer Republik tat: Er besucht Veranstaltungen aller Parteien. Einmal radelt er 30 Kilometer von Miesbach nach Rosenheim, wo der SPD-Vorsitzende Kurt Schumacher spricht. Vogel ist beeindruckt von Schumachers »entschiedener Art« und von dessen Geschichte: »einen Arm im Ersten Weltkrieg verloren und einen Unterschenkel nach zehn Jahren im KZ«. Auf dem Heimweg denkt sich Vogel: »Die SPD ist die richtige Partei für mich.«

Karriere macht er aber zunächst als Beamter. 1951 wird er als bester von 374 Prüflingen Assessor im bayerischen Justizministerium. 1954, als eine Viererkoalition unter SPD-Führung vorübergehend die CSU von der Macht stößt, wechselt er in die Staatskanzlei. Manche seiner Vorgesetzten sollen regelrecht leiden unter diesem jungen Mann, dem sie an Wissen und Geschwindigkeit nicht gewachsen sind.

Der blutjunge U-Boot-Kapitän Günter Behnisch verbringt knapp zwei Jahre in britischer Kriegsgefangenschaft. Er ist dankbar, dass er lebt. Von den 31 000 deutschen U-Boot-Fahrern, die zwischen 1939 und 1945 in See stachen, sind 26 000 ums Leben gekommen, eine Verlustrate von 80 Prozent. Sein Vater, sagt Behnischs Sohn Stefan heute, sei als Soldat »ein Überzeugungstäter« gewesen, »nicht was die Nazis und Hitler angeht, aber in Sachen Nationalstolz«. Doch aufgrund seiner Kriegserfahrungen habe er »radikal damit gebrochen«. Er ist 24 Jahre alt, als er 1947 heimkehrt nach Deutschland. Aber nicht heim nach Sachsen. Behnisch sucht die Freiheit, und er vermutet sie im Westen.

In Stuttgart beginnt er erst eine Maurerlehre und dann ein Architekturstudium – ein Wunsch, der durch das Buch seinen Anfang hatte, das ihm zufällig in La Spezia untergekommen war. Ein Mitgefangener in England hatte ihn bestärkt und ihm den Gedanken mit auf den Weg gegeben, dass ein Gebäude nie getrennt von seiner Umgebung betrachtet werden dürfe: Der Garten gehöre zum Haus. Nach seinem Abschluss tritt Behnisch 1951 ins Büro von Rolf Gutbrod ein, der als architektonischer Freigeist gilt. Das ist Behnisch indes auch, schon ein Jahr später macht er sich selbstständig. In seinem Büro, über dem Stuttgarter Talkessel gelegen, kommandiert er wie der Offizier, der er eben noch war. Seine Knurrigkeit ist rasch berüchtigt, aber seine Mitarbeiter wissen ja, dass sich dahinter Experimentierfreude und Neugierde verbergen.

Seine Auftraggeber dagegen treibt Behnisch bisweilen mit seiner Halsstarrigkeit in die Verzweiflung. In seinen Entwürfen sprengt er bald überlieferte Konventionen – etwa, wie die Schulen und Sporthallen auszusehen haben, die er in und um Stuttgart errichtet. Nach einigen Jahren, in denen er die Funktionalität betont und Systembauteile verwendet, fällt seine Arbeit mehr und mehr mit Offenheit auf, mit ungewöhnlichen Formen und spielerischen Ideen, viel Glas und einem besonderen Sinn für landschaftliche Einbettung. Dass ihn vor allem die Erfahrung der Enge in den U-Booten geprägt haben könnte, weist Behnisch zurück. »Meine Liebe fürs Licht«, sagt er, kommt vom berühmten Arbeiterlied ›Brüder, zur Sonne, zur Freiheit‹. Seine Bauten streben jedenfalls ins Weite.

Im Studium hat sich Behnisch besonders mit der Architektur der Weimarer Republik beschäftigt, er findet, dass sie bereits ein Quäntchen Hitler-Wahnsinn enthält. Er kommt zu der Überzeugung, dass Architektur die politischen Verhältnisse nicht einfach widerspiegelt – sondern sie vorwegnimmt. Architektur besitzt Macht, glaubt Günter Behnisch, und er ist gewillt, diese Macht zu nutzen.

Olympische Spiele liefern Bilder und Geschichten, die in aller Welt verstanden werden. Die Menschen haben olympische Symbole und Rituale verinnerlicht: den Einmarsch der Nationen und das Hissen der olympischen Fahne, die feierliche Eröffnungsformel und den Atheneid, die Entzündung des olympischen Feuers und den Flug der Friedenstauben, auch wenn dieser regelmäßig für einige arme Vögel in jenem Feuer endet. 1936 in Berlin ist der Fackellauf dazugekommen, und auch das Zusammenwohnen aller Athleten in einem olympischen Dorf war nicht von Anfang an geplant, sondern wurde erst 1932 in Los Angeles eingeführt. Eine kleine Weltschau auf engstem Raum und in vollendeter Harmonie, das ist das Heilsversprechen von Olympia.

Doch die Vorstellung, dass die Spiele unbefleckt bleiben könnten von Politik, ist beinahe putzig naiv, diesen Beweis haben nicht erst die Nazispiele erbracht. Schon die Idee eines Friedensfestes der Völker, wie sie Baron de Coubertin 1892 in seinem Gründungsaufruf formulierte, ist ja tief politisch: »Schicken wir Ruderer, Läufer und Fechter ins Ausland«,

## Auf den Trümmern wächst die Hoffnung – Die Nachkriegsjahre

schrieb er. So werde »der Sache des Friedens eine neue, mächtige Stütze erwachsen«. Coubertin hatte die Rechnung ohne die Völker gemacht, die in Olympia von Beginn an auch eine mächtige Stütze für ihre nationalen Anliegen sahen, erst recht, als Flaggen und Hymnen zum festen Bestandteil der Zeremonie wurden.

Nicht nur für die Ausrichterländer sind die Spiele eine große Bühne. Auch die anderen Teilnehmer nutzen sie als Arena für Souveränitätssignale und Herrschaftskämpfe, schon allein, weil sich die reale Weltordnung in der Weltordnung des Sports spiegelt. In Stockholm 1912 etwa verbat sich Österreich-Ungarn eine eigene Mannschaft aus Böhmen, das schließlich zur k. u. k.-Monarchie gehörte. Russland protestierte gegen eine Vertretung Finnlands, weil dieses Teil des Zarenreiches war. So wie schon 1920 und 1924 nach dem Ersten Weltkrieg bleibt der besiegte Kriegstreiber Deutschland auch 1948 in London von den Spielen ausgeschlossen. Zwar werden nun nicht mehr, wie 1900 in Paris, fast 30 Disziplinen mit militärischen Waffen bestritten, vom Armeesäbel bis zum Armeegewehr. Doch das macht den Wettbewerb nicht zwingend ziviler. Von George Bernard Shaw stammt der Satz: »Olympische Spiele sind eine wunderbare Gelegenheit, Zwietracht auch unter solchen Nationen zu stiften, die sonst keine Reibungsflächen haben.«

Im aufziehenden Kalten Krieg herrscht an Reibung ohnehin kein Mangel. Der Konflikt von Ost und West, Kapitalismus und Kommunismus, wird zum festen, oft dominanten Element der olympischen Erzählung. In Stadien und Sporthallen wollen beide Seiten die Überlegenheit ihrer Gesellschaftsordnung demonstrieren. Das olympische Ideal vom reinen sportlichen Wettstreit, zweifellos ein großer Entwurf, erweist sich als große Illusion.

Dabei hatte die Sowjetunion lange höchstens an »Arbeiterolympiaden« teilgenommen und ansonsten die These vertreten, dass der gefährlich bourgeoise internationale Sport die Menschen nur vom Klassenkampf ablenken würde. Nach dem Krieg regte sich bei den sowjetischen Sportfunktionären langsam Interesse, doch Stalin gab seine Zustimmung zu Ländervergleichen nur unter einer Bedingung: Ein sowjetischer Sieg musste garantiert sein. Da war vielen das Risiko dann doch zu groß. Am Ende erkannte freilich auch Stalin das propagandistische Potenzial des Sports. 1948 setzte sich das Zentralkomitee der KPdSU zum Ziel,

## Die Sowjets und die Weltherrschaft im Sport

»die Weltführung in allen wesentlichen Sportarten zu erringen«. Bald darauf sekundiert die ›Prawda‹: »Unser Land, das Land der fortschrittlichsten Kultur, muss auch die besten Spieler der Welt haben.« Und in der Tat sollte der Sport eines der wenigen Felder werden, in dem die Sowjets im Rennen mit den Amerikanern häufig vorne liegen.

Dem IOC dient die Aufnahme der UdSSR als Beweis der wahrhaft weltumspannenden Gemeinschaft des Sports. Aber die Sache verlangt Avery Brundage und seinen Kumpanen auch einiges ab: Bislang war das IOC ein exklusiver Club, der sich seine Mitglieder selbst aussuchte. Jetzt muss Brundage akzeptieren, dass die sozialistischen Regierungen ihre Vertreter im IOC selbst bestimmen. Er und andere glühende Kommunistenhasser sitzen plötzlich neben leibhaftigen Kommunisten. Wenn Brundage bisher wenigstens formal behaupten konnte, die olympische Bewegung sei unabhängig von der Politik: Das ist nun vorbei. Und noch einen weiteren Preis muss das IOC bezahlen: Offiziell sind die proletarischen Supersportler aus dem Ostblock bei der Polizei, der Armee oder in der Verwaltung angestellt. In Wahrheit können sie sich von morgens bis abends aufs Training konzentrieren – ein Privileg, das viele Athletinnen und Athleten in Demokratien nicht besitzen. Das IOC verbietet den Profis aus dem Westen weiterhin die Teilnahme an den Spielen; die Staatsamateure aus dem Osten lässt es scheinheilig zu.

Die USA brauchen eine Weile, um echten Ehrgeiz im Kalten Krieg des Sports zu entwickeln. Das liegt schlicht daran, dass der amerikanische Sport sich selbst genug ist. Das Finale im US-Baseball heißt zwar »World Series«, aber es treffen, zum Beispiel 1948, die Cleveland Indians auf die Boston Braves. Dem Durchschnittsfan fehlt die Fantasie, dass Ausländer in irgendetwas besser sein könnten. In der Sowjetunion und anderen kommunistischen Ländern läuft derweil die systematische Suche nach Talenten an, die dann in Sportinternaten mit unbarmherzigem Drill zu Athleten geformt werden. Nach den ersten Weltmeistertiteln für die UdSSR erkennt man auch jenseits des Atlantiks die Bedrohung. »Die kommunistische Propagandamaschine muss zum Schweigen gebracht werden«, schreibt die ›New York Times‹.

Als die Sowjets 1952 in Helsinki erstmals an den Spielen teilnehmen, erobern sie mit 22 Mal Gold auf Anhieb Platz zwei im Medaillenspiegel

## Auf den Trümmern wächst die Hoffnung – Die Nachkriegsjahre

hinter den USA mit 40 Goldmedaillen. Offiziell gibt es diesen Medaillenspiegel gar nicht, denn das IOC lehnt ein Kräftemessen der Nationen ab. Journalisten und Politiker aus Ost und West halten sich nur nicht daran.

Während sich in Helsinki die Jugend der Welt versammelt, tobt in Korea der erste große Stellvertreterkonflikt zwischen Ost und West. Der zweite kündigt sich auch schon an, Indochina erhebt sich gegen die französischen Kolonialherren. Die Zweiteilung der Welt ist selbst in der finnischen Hauptstadt unverkennbar: Die Sowjets bestehen darauf, dass die Athleten des Ostblocks getrennt von den westlichen Mannschaften untergebracht werden. Die Finnen erklären flugs eine Studentenwohnanlage außerhalb der Stadt zum Teil des olympischen Dorfs. An der Fassade prangt ein überdimensionales Stalin-Porträt.

Mit Kaviarempfängen werben die Sowjets um Sympathien bei den anderen Delegationen. Die Amerikaner kontern mit der großzügigen Verteilung von 30 000 Kisten Coca-Cola. Im Finale des Basketballturniers treffen die Sowjetunion und die USA direkt aufeinander. Die US-Boys gewinnen mit 36 zu 25. Aber den Klassenfeind im Basketball zu schlagen, das wäre auch zu viel verlangt. Der Sport gehört den Amerikanern wie den Sowjets das Eishockey.

Der neue Vorsitzende hat die Mitglieder von Eintracht Dortmund etwas überrumpelt mit der Ankündigung. Der Verein würde schon wenige Jahre nach dem Krieg eine neue Turnhalle bekommen – so weit finden das natürlich alle wunderbar. Aber an die Idee mit der Doppelnutzung müssen sie sich erst gewöhnen. Willi Daume lässt sich nicht abbringen: Die Turnhalle soll auch ein Musiksaal sein, als Ausdruck der »beispielhaften Gemeinsamkeit von Körperkultur und musischem Geist«. Daume ist kein ganz normaler Sportfunktionär, er belädt sich lieber mit Büchern als mit Akten, und er kann, öfter und ausführlicher, als es seiner Umgebung lieb ist, Rilke zitieren und Kafka.

Weil seine Gießerei schnell wieder gute Geschäfte macht, hat Daume die Freiheit, seinen Ambitionen im Sport nachzugehen. Mit dem Auto fährt er durchs Land und hilft beim Aufbau des Deutschen Handball-Bundes, dessen Gründungsvorsitzender er 1949 wird. Am 10. Dezember 1950 tut sich überraschend eine weitere Tür für ihn auf: Bei der Suche nach einem Präsidenten für den Deutschen Sportbund (DSB), der Dachorganisation der Sportverbände mit vier Millionen Mitgliedern, haben sich die beiden stärksten Gruppen verhakt, die Turner und die Fußballer. Als Kompromisskandidat wird der Handballer Daume gewählt. DFB-Präsident Peco Bauwens sagt nach der Wahl, es bleibe zu hoffen, dass »aus dem Däumling ein richtiger Daume« werde. Daume kommt aus Verlegenheit in sein erstes Spitzenamt, und niemand würde es in diesem Moment für möglich halten, dass er ein halbes Jahrhundert lang den deutschen Sport prägen wird. Die Eigenheiten ihres neuen Präsidenten lernen die DSB-Kollegen jedenfalls bald kennen: Zur nächsten Hauptversammlung lädt er den spanischen Philosophen José Ortega y Gasset ein, der über »Des Lebens sportlich festlichen Sinn« referiert.

Der deutsche Sport wird in der jungen Bundesrepublik von zwei großen Institutionen getragen, dem DSB und dem Nationalen Olympischen Komitee (NOK), dem bald wieder der ehemalige Reichssportführer Ritter von Halt vorsteht. Daume ist der jüngere, dynamischere der beiden Cheffunktionäre, und dennoch bindet auch er alte Größen des NS-Sports in die neuen Strukturen ein. Schon 1948 nimmt er Kontakt mit Carl Diem auf. Die beiden pflegen eine rege Korrespondenz, und der Ältere preist den Jüngeren als »tatkräftigen und schwungvollen Führer«. Im DSB macht Daume Guido von Mengden zu seinem Geschäftsführer, eine Funktion, die dieser so ungefähr auch schon bis 1945 innehatte. Auf von Mengdens Netzwerk und Fachwissen will Daume nicht verzichten. Noch Jahrzehnte später, als solche Personalien hinterfragt werden, wird Daume sie verteidigen: »Hier gab es eine gewisse sportliche Kameradschaft, und auch die Sportführer des Dritten Reiches waren ja ganz sicher keine Kriegsverbrecher oder so. Sie haben sich meist auf den Sport beschränkt.«

Die alte Garde des deutschen Sports ist Daume auch bei seinem internationalen Aufstieg behilflich: Diem und von Halt pflegen weiterhin beste Beziehungen zu Brundage. Als von Halt nach dem Krieg fast fünf Jahre lang im sowjetischen Speziallager Nr. 2 in Buchenwald festgehalten wird, hält Brundage immer Kontakt zu dessen Frau und schickt ihr Lebensmittelpakete. Dass von Halt im Januar 1950 aus der Haft entlassen wird, hat er nicht zuletzt dem Druck des IOC zu verdanken: Seine Freiheit ist eine der Bedingungen der Olympier für Verhandlungen über die Aufnahme der Sowjetunion ins IOC. Nach der Freilassung zeigt Brundage sich »überglücklich«.

## Auf den Trümmern wächst die Hoffnung – Die Nachkriegsjahre

Es ist auch die Fürsprache Brundages, die ermöglicht, dass mit von Halt ein Mann, der wenige Tage vor Kriegsende Kinder in den sicheren Tod schickte, 1952 NOK-Chef wird. Diem, der vom wunderbaren Tod des edlen Kriegers für das Vaterland geschwärmt hatte, nimmt ebenfalls eine bedeutende Rolle im deutschen Nachkriegssport ein. Er arbeitet im Bundesinnenministerium und gründet die Deutsche Sporthochschule in Köln. Als Daume 1956 zum IOC-Mitglied gewählt wird, geschieht das auf Empfehlung von Diem und von von Halt, der ihn Brundage als »Mann von außergewöhnlich gewinnenden Manieren« und »wirtschaftlich unabhängig« anpreist. Brundage und Daume kennen sich, seit der Amerikaner, wohl auf Vermittlung von Diem, bald nach dem Krieg in Dortmund bei den Daumes übernachtet hatte. Kurz vor seinem Tod wird Daume über Brundage erzählen: »Er war ja ein Nazi.« Er sei etwa stolz gewesen, »alle antijüdischen Zeitungen aus der ganzen Welt« abonniert zu haben.

Das heranwachsende deutsch-deutsche Duell im Sport ist noch etwas komplizierter als jenes zwischen Amerikanern und Sowjets, denn es ist nicht nur der Ausdruck einer Systemkonkurrenz. Die Bundesrepublik und die DDR kämpfen auch sehr konkret um staatliche Anerkennung und internationale Repräsentation. 1951 erkennt das IOC das Nationale Olympische Komitee der Bundesrepublik an – nicht aber das der DDR. Begründung: Jedes Land dürfe nur ein Komitee haben, der Westen stehe für ganz Deutschland. Zumindest im olympischen Sport bekommt die Bundesrepublik damit die Alleinvertretung Deutschlands. Das ist natürlich ganz im Sinne von Kanzler Adenauer, der sich von Ritter von Halt schriftlich versichern lässt, dass Verhandlungen über eine gesamtdeutsche Mannschaft, die manche angeregt haben, »ergebnislos verlaufen«. Aber an dieser Idee hat ohnehin auch die DDR kein Interesse.

Ein zweites deutsches Komitee gibt es dann absurderweise doch, wenigstens vorübergehend: Auf Drängen Frankreichs akzeptiert das IOC das Saarland als eigenständiges Mitglied. Die Spiele von Helsinki 1952 sind die einzigen, an denen das Saarland teilnimmt, immerhin mit 36 Athleten, die aber ohne Medaille bleiben.

Die westdeutsche Mannschaft kehrt 1952 schon bei den Winterspielen von Oslo zu Olympia zurück. Die Bundesregierung legt allerdings den Funktionären Diem und von Halt dringend nahe, nicht mit der Mannschaft nach Norwegen zu reisen – das Auswärtige Amt fürchtet, dass ihre Nazi-Vergangenheit thematisiert werden könnte. Weil auch einige andere Vertreter deutscher Sportverbände sicherheitshalber aussortiert werden, avanciert der junge Willi Daume zum Chef de Mission – er soll dem deutschen Sport ein unbelastetes Antlitz verleihen.

Kurz vor den Spielen werden internationale Bedenken laut: Kann so kurz nach dem Krieg schon wieder das Deutschlandlied erklingen? In Norwegen, das noch vor wenigen Jahren von den Nazis besetzt war? Das IOC einigt sich mit den Deutschen darauf, bei Siegerehrungen stattdessen die ›Ode an die Freude‹ aus Beethovens 9. Sinfonie zu spielen. Das ist nicht nur für die Deutschen gewöhnungsbedürftig. Als die schwergewichtigen Bobfahrer Anderl Ostler und Lorenz Nieberl in Oslo das erste Olympiagold für die Bundesrepublik gewinnen, kommt den norwegischen Organisatoren die bereitliegende Beethoven-Schallplatte so eigenartig vor, dass sie die Siegerehrung verschieben.

Bevor im Juli die Sommerspiele von Helsinki beginnen, trifft sich das IOC zu einer Session, bei der die Mitglieder einen neuen Präsidenten wählen. Etliche Wahlgänge sind nötig, bis Avery Brundage gegen Lord David Burghley aus Großbritannien die nötige Mehrheit erzielt. Die finnischen Gastgeber haben freilich nicht vergessen, dass es nicht zuletzt Brundage war, der 1932 ihren Nationalhelden Paavo Nurmi von den Spielen in Los Angeles ausschloss. Trotz des Drängens des IOC halten sie geheim, wer das olympischer Feuer entzünden soll – dann läuft Nurmi unter den Augen Brundages und der donnernden Ehrerbietung des Publikums als letzter Fackelträger ins Stadion. In Helsinki gibt es kein Gold für Deutschland. Gefeiert wird der Fürther Kunstturner Alfred Schwarzmann, der 1936 in Berlin drei Mal ganz oben auf dem Treppchen stand und im Krieg als Fallschirmjäger mit dem Ritterkreuz dekoriert wurde. Im Alter von vierzig Jahren holt er noch einmal Silber am Reck.

Der DDR entgeht das Rampenlicht von Helsinki, aber zu Hause legen die SED-Funktionäre derweil das Fundament für das spätere »Sportwunderland« DDR. Man holt sich auf einer Studienreise in die Sowjetunion Inspiration für ein eigenes, straff organisiertes Staatssportmodell, das keine freien Vereine mehr erlaubt. Parteichef Walter Ulbricht lässt die Konzepte schnell umsetzen. Nach Ulbrichts Willen soll der Arbeiter- und Bauernstaat im internationalen Sport so sehr auftrumpfen, dass der

## Auf den Trümmern wächst die Hoffnung – Die Nachkriegsjahre

Alleinvertretungsanspruch der Bundesrepublik nicht mehr aufrechtzuerhalten ist. Und es gibt Fortschritte: Der Fußballweltverband FIFA nimmt die DDR im Sommer 1952 als provisorisches Mitglied auf. Es folgen unter anderem die internationalen Organisationen der Boxer und Schwimmer, in denen die Staaten des Ostblocks besonderen Einfluss haben. Langsam, aber merklich steigt auch der Druck auf das IOC.

Am 4. Juli 1954, einem Sonntag, lässt sich Bundeskanzler Konrad Adenauer um 8:30 Uhr zu Hause in Rhöndorf abholen und ins etwa zwei Stunden entfernte Rüdesheim bringen. Dort trifft er den griechischen Ministerpräsidenten Alexandros Papagos und die rheinhessische Weinkönigin. Nach einem Umtrunk gehen Adenauer und Papagos an Bord des Flussdampfers »Köln«, um durch das romantische Mittelrheintal zu schippern. Hinterher werden der Kanzler und sein griechischer Gast nach Bonn chauffiert, wo Bundespräsident Theodor Heuss ein festliches Abendessen für die griechische Delegation ausrichtet.

Im schweizerischen Bern wird an diesem Sonntag um 16:53 Uhr das Finale der Fußballweltmeisterschaft angepfiffen, die Mannschaft der Bundesrepublik, seit 1936 trainiert von Sepp Herberger, trifft auf die als unschlagbar geltenden Ungarn. Auf der Tribüne des Wankdorfstadions sitzt kein einziger hoher Vertreter der Bunderepublik. Adenauers griechische Verpflichtungen lassen auch nicht vermuten, dass der Bundeskanzler – wie die überwältigende Mehrheit seiner Landsleute – vor einem Radiogerät mitfiebert, als der Reporter Herbert Zimmermann brüllt: »Aus, aus, aus! Aus! Das Spiel ist aus! Deutschland ist Weltmeister. Schlägt Ungarn mit drei zu zwei Toren im Finale in Bern.«

Das Land fällt in einen kollektiven Freudentaumel, den allerersten nach dem Krieg. Auch viele DDR-Bürger bejubeln das Herberger-Team, für viele bleibt der Sport ein emotionales Band zwischen Ost und West. Die Deutschen bekommen eine ebenso unverhoffte wie unschuldige Gelegenheit, stolz zu sein. Als Erklärung für den Triumph beurkundet die Weltpresse alte deutsche Tugenden: Fleiß, Kampfgeist, Kameradschaft. Der Reporter von ›Le Monde‹ wähnt – durchaus bewundernd – die »Wehrmacht« im Wankdorfstadion aufmarschiert. Den Korrespondenten des ›Manchester Guardian‹ erinnert die deutsche Aufholjagd nach der ungarischen 2:0-Führung an den »Blitzkrieg«.

## Sorgen nach dem Wunder von Bern

Ein Sonderzug bringt die Helden von Bern nach Hause, überall säumen jubelnde Menschen die Strecke. Schon beim ersten Halt in Singen warten 20 000 Menschen, in München feiern 100 000 das Team auf dem Marienplatz. Jahrzehnte später wird das »Wunder von Bern« etwa von dem Publizisten Joachim Fest zum eigentlichen Gründungsdatum der Bundesrepublik ausgerufen. Selbst wenn man diese Interpretation für zu weit gehend hält, ist der WM-Sieg zweifellos eine Verbildlichung der Aufbruchsstimmung im jungen Wirtschaftswunderland. »Wir sind wieder wer«, das ist das Gefühl, das bleibt von diesem deutschen 4. Juli.

Nicht allen ist das geheuer. Es ist kein Zufall, dass kein Vertreter der Bundesrepublik nach Bern gereist war. Nationale Wallung kann die Regierung Adenauer nicht gebrauchen bei ihrem Versuch, das Land zurückzuführen in den Kreis der Völker. Als die französische Nationalversammlung am 30. August 1954 der Europäischen Verteidigungsgemeinschaft die Zustimmung verweigert, wird der enttäuschte Kanzler das auch auf die Tage nach dem WM-Sieg zurückführen. Adenauers schlimmste Befürchtungen werden am 6. Juli wahr, als Peco Bauwens, der Präsident des Deutschen Fußball-Bundes (DFB), im Münchner »Löwenbräukeller« eine grenzwertige Rede hält. Bauwens dankt dem »alten Germanengott« Wotan für seinen Beistand in Bern und preist die deutsche Elf als »Repräsentant besten Deutschtums im Ausland«. Die Spieler hätten gezeigt, »was ein gesunder Deutscher, der treu zu seinem Lande steht, vermag«. Als Bauwens auch noch – in Bezug auf seinen DFB-Vizepräsidenten – das »Führerprinzip im guten Sinne des Wortes« bemüht, bricht der Bayerische Rundfunk seine Liveübertragung ab.

Die Rede erweckt in ganz Europa Argwohn, die DDR-Presse geißelt sie als »faschistische Provokationen«. Sogar Adenauers Kabinett befasst sich mit der internationalen Aufregung. Und am 18. Juli ist ein Termin angesetzt, der im Ausland ganz genau beobachtet wird: Der Bundespräsident soll die Weltmeistermannschaft im Berliner Olympiastadion ehren. Heuss beobachtet schon eine Weile misstrauisch, wie der Sport mit politischer Bedeutung aufgeladen wird. »Es gibt keinen proletarisch-marxistischen Klimmzug und keinen bürgerlich-kapitalistischen Handstand«, hat er 1953 gesagt. »Man kann's oder man kann's nicht.« Nun ergreift er bei seiner Rede die Chance, dem DFB-Präsidenten Bauwens, den 80 000 Leuten im Stadion und den Millionen an den Radios eine

## Auf den Trümmern wächst die Hoffnung – Die Nachkriegsjahre

kleine Lektion zu erteilen.»Der gute Bauwens meint offenbar: Gutes Kicken ist schon gute Politik«, sagt Heuss. Man werde von ihm »heute keine politische Rede« hören, man sei schließlich »wegen des Sportes da« – und diesen habe man »außerhalb der Politik zu halten«. Es ist Heuss' genau wie Adenauers Überzeugung, aber auch ein frommer Wunsch.

Willi Daume ahnt, dass die Bevorzugung der Bundesrepublik gegenüber der DDR im IOC eines Tages enden muss. Zwei deutsche Staaten, von denen aber nur einer zu den Spielen darf – das werden die Olympier gegenüber dem Ostblock nicht mehr lange rechtfertigen können. Die weltpolitischen Realitäten werden sich eher früher als später auch im internationalen Sport abbilden, zumal die olympische Bewegung sich ja als eine wahrhaft globale versteht. Daume hat entsprechende Zeichen erhalten: Das IOC werde keinesfalls »der lästigen Deutschen wegen Harakiri begehen«.

Das Jahr 1955 bringt die entscheidende Weichenstellung in der Deutschlandfrage, auch sportpolitisch. Am 5. Mai, beinahe genau zehn Jahre nach der bedingungslosen Kapitulation der deutschen Wehrmacht, treten die Pariser Verträge in Kraft. Das Besatzungsstatut wird aufgehoben. »Wir sind ein freier und unabhängiger Staat«, proklamiert Adenauer. Die Bundesrepublik habe »die Souveränität und damit die Freiheit zurückgewonnen«. Der Beitritt zur NATO zementiert die Westbindung, umgekehrt aber auch die Blockzugehörigkeit der DDR. Als Reaktion schließen sich die sowjetischen Verbündeten in Europa am 14. Mai zu einem eigenen Militärbündnis zusammen: dem Warschauer Pakt. Die dauerhafte Teilung Deutschlands ist nun faktisch und symbolisch vollzogen. Das IOC nutzt die Gelegenheit, im Sommer auch das NOK der DDR aufzunehmen.

Das Kegeln mag nicht olympisch sein, aber es beschert dem DDR-Sport am 15. August 1955 einen weiteren Meilenstein. Eberhard Luther aus dem sächsischen Pirna wird Kegel-Weltmeister, er ist damit der erste ostdeutsche Athlet, der in irgendeiner Disziplin einen WM-Titel gewinnt. Die Weltmeisterschaft findet in Essen statt, und ausgerechnet dort ertönt nun die Becher-Hymne »Auferstanden aus Ruinen, und der Zukunft zugewandt«. Solche Szenen will sich das IOC lieber ersparen, des-

## Polizisten holen die DDR-Fahne vom Mast

halb hat es die Aufnahme der DDR an eine Bedingung geknüpft: Die beiden deutschen Staaten müssen eine gemeinsame Mannschaft aufstellen, die unter neutraler schwarz-rot-goldener Fahne ohne Wappen antritt. Die Startplätze sollen in Ausscheidungswettbewerben zwischen Ost und West vergeben werden; den Flaggenträger und den Chef de Mission soll jeweils das Land stellen, das mehr Sportler entsendet. Avery Brundage versichert seinen Freunden im Westen, dass das ja wohl immer die deutlich größere Bundesrepublik sein werde.

An echter Gemeinsamkeit ist jedenfalls weder die BRD noch die DDR interessiert. Die Bundesregierung übersetzt die Hallstein-Doktrin mit einigem Druck in den Sport, auch abseits von Olympia. Politisch besagt die Doktrin, dass man es als unfreundlichen Akt begreift, wenn ein Drittstaat diplomatische Beziehungen zur DDR aufnimmt. Bis Ende der Sechzigerjahre wird es der Bundesrepublik so gelingen, eine völkerrechtliche Anerkennung der DDR außerhalb des Ostblocks weitgehend zu verhindern. Im Sport verbittet sich die Regierung Adenauer, dass bei internationalen Wettkämpfen die DDR-Flagge gehisst oder die DDR-Hymne gespielt wird. Selbst ein DDR-Emblem auf Trikots oder Trainingskleidung akzeptiert sie nicht.

Kleine Protokollfragen werden zu großen Streitfeldern. Das führt immer wieder zu kuriosen Szenen wie bei der Vierschanzentournee 1959, zu der die DDR-Skispringer mit kleinen Emblemen auf ihren Sprunganzügen anreisen. Im bayerischen Oberstdorf verhindert die Polizei, dass sie damit an den Start gehen. Die Ostdeutschen sagen daraufhin ihre Teilnahme aus Protest ab. Auch in anderen Ländern kommt es bei sportlichen Wettkämpfen gelegentlich vor, dass Polizisten die DDR-Flagge vom Mast holen. Bei der Eishockey-Weltmeisterschaft 1961 in Genf geht die Angelegenheit für die Westdeutschen nicht ganz so gut aus. Weil die DDR-Fahne mit Hammer, Zirkel und Ährenkranz in der Halle hängt, werden die Spieler von ihren Funktionären wieder in die Kabine geschickt. Als die Schweizer Veranstalter sich weigern, die Flagge abzunehmen, tritt die Bundesrepublik einfach nicht an. Willi Daume, sonst selbst eher vermittelnd unterwegs, sagt hinterher, es sei den Spielern nicht zuzumuten gewesen, »die Symbole der Spaltung ihres Heimatlandes zu salutieren«. Die neutralen Zuschauer haben für solche Aktionen nur begrenztes Verständnis, in Genf gibt es minutenlange Pfiffe.

## Auf den Trümmern wächst die Hoffnung – Die Nachkriegsjahre

Die DDR erkennt die Chance, ihre Anerkennung als Staat in diesem Symbolstreit voranzutreiben. Ostdeutsche Athleten werden bald »Diplomaten im Trainingsanzug« genannt. Und wirklich wird es der Sport sein, in dem die DDR sich früher als anderswo aus ihrer internationalen Isolation befreit.

Bei den Winterspielen von Cortina d' Ampezzo, die Ende Januar 1956 eröffnet werden, tritt erstmals eine gesamtdeutsche Mannschaft an. Die DDR stellt nur einen kleinen Teil des deutschen Kaders und mit dem Skispringer Harry Glas, der Dritter wird, bloß einen Medaillengewinner. Die staatliche Sportmaschine im Osten läuft ja auch gerade erst an. Aber schon bei den Sommerspielen in Melbourne, die im australischen Sommer im November beginnen, holt der 20-jährige Ostberliner Boxer Wolfgang Behrendt die erste olympische Goldmedaille für die DDR. Er ist einer von nur 40 ostdeutschen Sportlern im Olympiakader, dem 148 westdeutsche angehören. Die beiden Gruppen sind getrennt voneinander untergebracht, sie trainieren auch nicht zusammen. Der vielleicht einzige Abend, den einige Athleten und Funktionäre aus Ost und West in Melbourne gemeinsam verbringen, ist der Abschlussempfang im Deutschen Club, den Auswanderer gegründet haben. Als jemand das Deutschlandlied anstimmt, verlassen die DDR-Vertreter sofort den Raum.

Die Sportfreunde in der Bundesrepublik erleben ihren Höhepunkt bei den Reitwettbewerben, die wegen der strengen australischen Quarantäneregeln für Tiere in Stockholm stattfinden. Hans Günter Winkler, einst Stallbursche und Reitlehrer des amerikanischen Generals Dwight D. Eisenhower, hat vor der Einzelentscheidung im Springreiten einen Muskelriss in der Leiste erlitten, er muss deshalb im Sattel seiner Stute Halla festgebunden werden. Bei jedem Sprung schreit Winkler auf vor Schmerz. TV-Reporter Hans-Heinrich Isenbart weiß, dass es jetzt mehr auf das Pferd ankommt als auf den Reiter: »Wir springen mit ihr, wir springen hoch in den Himmel.« Für Winkler geht es jetzt nur noch darum, sich auf Halla zu halten. »Halla lacht«, ruft Isenbart vor dem letzten Hindernis. »Sie hat eine Ahnung, worum es sich hier handelt.« Das Pferd trägt Hans Günter Winkler zu Gold und mythischem Heldenstatus.

## Im Wasserball-Finale fließt Blut

Am 4. November 1956, zwei Wochen bevor in Melbourne das Feuer entzündet wird, rollen sowjetische Panzer in Budapest ein. Die Ungarn haben sich gegen das kommunistische Regime erhoben, eine neue, parteiübergreifende Regierung hat sich gebildet und ist sogleich aus dem Warschauer Pakt ausgetreten. Die USA und die westlichen Staaten haben die Entwicklungen mit größter Sympathie, aber tatenlos verfolgt. Die Welt sieht zu, als die Sowjetunion den Ungarnaufstand blutig niederschlägt. Es sind Schicksalstage für die Menschen in Osteuropa: Sie wissen nun, dass die UdSSR zum Äußersten bereit ist, um ihre Machtsphäre zu bewahren. Und sie wissen auch, dass sie in ihrem Freiheitskampf auf direkte Unterstützung des Westens nicht zählen können.

Das IOC hat eine fundamentale Entscheidung zu treffen. Soll es den Aggressor Sowjetunion von den Spielen ausschließen? Die nackten Fakten liegen auf dem Tisch. Die Olympier winden sich, dann veröffentlichen sie eine Erklärung: »Jeder zivilisierte Mensch empfindet Abscheu angesichts des Massakers in Ungarn. Falls in dieser unvollkommenen Welt die Teilnahme an Sportveranstaltungen jedes Mal verhindert wird, wenn Politiker die Gesetze der Menschlichkeit verletzen, dann wird es bald nur noch ganz wenige internationale Wettkämpfe geben.« Die UdSSR darf teilnehmen. Aus Protest ziehen Holland, die Schweiz und Spanien ihre Teams zurück. Zum Ärger von Avery Brundage: Die Boykotteure handelten in »bedauernswerter Unkenntnis der olympischen Prinzipien«, sagt er, denn die Spiele seien bekanntlich ein Wettbewerb zwischen Individuen, nicht zwischen Nationen.

Auch Ägypten, Irak, Syrien und der Libanon bleiben Melbourne fern, sie reagieren auf die Suezkrise. Nachdem der ägyptische Präsident Nasser den Suezkanal verstaatlicht hatte, griffen Großbritannien, Frankreich und Israel Ende Oktober 1956 Ägypten an. Im olympischen Dorf werden die verbleibenden arabischen Teilnehmer und die israelische Mannschaft streng separiert. Ungarn und Sowjets lassen sich nicht so leicht trennen. Der Kalte Krieg bei Olympia wird nicht nur zwischen Ost und West ausgetragen, sondern auch zwischen der Sowjetunion und aufmüpfigen Sportlern aus ihren Vasallenstaaten. Am 6. Dezember treffen im Wasserballturnier Ungarn und die UdSSR aufeinander. Ausgerechnet im Wasserball, einer der härtesten Sportarten überhaupt. Zerren und Treten sind da normal, aber dabei bleibt es nicht.

## Auf den Trümmern wächst die Hoffnung – Die Nachkriegsjahre

Sportlich gelten die Ungarn als stärkstes Team der Welt und die Sowjets als ihre größten Herausforderer. Eine Wasserschlacht nimmt ihren Lauf, auf deren Höhepunkt der Ungar Ervin Zador von einem Faustschlag am Kopf verletzt wird. Das Wasser um ihn herum färbt sich rot. Zadors Blut fließt unter seiner Schutzhaube hervor, das Bild geht um die Welt. Hunderte wütende Exilungarn auf der Tribüne drängen zum Beckenrand, die australische Polizei kann sie nur mit Müh und Not zurückhalten. Am Ende gewinnen die Ungarn mit 4:0. Der Schiedsrichter bricht das Spiel eine Minute vor der Zeit ab, um noch schlimmere Gewalt zu verhindern.

Melbourne erlebt einen zweiten Ungarnaufstand. Sensationelle neun Goldmedaillen gewinnt die kleine ungarische Mannschaft, neben den Wasserballern etwa auch der Boxer Laszlo Papp und die Turnerin Agnes Keleti. Bei öffentlichen Auftritten tragen fast alle Teammitglieder schwarze Trauerbinden. Ervin Zador, der Mann mit dem blutigen Kopf, ist einer von 45 Athletinnen und Athleten, die sich weigern, in ihre besetzte Heimat zurückzukehren.

Für die Sowjets ist das eine Schmach, die sie aber verkraften können. In Melbourne steigen sie auf zur stärksten Sportnation der Erde: 37 Goldmedaillen, die USA kommen nur auf 32. Zuvor war ihnen das schon bei den Winterspielen in Cortina d'Ampezzo gelungen. Es sind große Jahre für die sowjetische Propaganda. Ein knappes Jahr später wird die UdSSR die erste Etappe in einem ganz anderen Wettrennen gewinnen: in dem um die Eroberung des Weltalls. »Sputnik 1« wird der erste Satellit sein, der auf seiner Umlaufbahn die Erde umrundet.

Mit nur 32 Jahren wird Hans-Jochen Vogel Leiter des Rechtsreferats der Stadt München. Eingeweihten gilt er nun als rotes Verwaltungswunderkind, was die SPD wiederum dazu bringt, den 34-Jährigen 1960 als Kandidaten für die Wahl des Oberbürgermeisters aufzustellen. Und das in einer Zeit, in der Oberbürgermeister eigentlich nicht 40 sind, sondern vielleicht mal 50, eher 60.

Vogels Gegenkandidat Josef Müller, der Gründungsvorsitzende der CSU, bekannt als »Ochsensepp«, ist 61 Jahre alt. Es gibt eine einzige Umfrage vor der Wahl, sie prüft nur die Bekanntheit der Bewerber: Mehr als 80 Prozent der Münchner kennen Müller, weniger als 30 Prozent kennen

## Der »Vogel Hansi« zieht ins Rathaus ein

Vogel. Die größten Zweifel, ob das etwas werden kann, hat am Anfang der SPD-Kandidat selbst. Aber der Wahlkampf läuft überraschend gut für ihn. Willy Brandt, der Regierende Bürgermeister von Berlin, 13 Jahre älter als Vogel, aber selbst noch jung, reist für eine rauschende Kundgebung an. 5000 Menschen kommen in die Bayernhalle, und am Ende glaubt Vogel zum ersten Mal an seine Chance. Dann gewinnt er im »Salvatorkeller« gegen Müller auch noch ein Duell im Anzapfen eines Bierfasses – in der bayerischen Landeshauptstadt eine politische Schlüsselqualifikation.

Wahrscheinlich hilft Vogel das Bewusstsein der Menschen, dass München sich Ende der Fünfzigerjahre an einer Scharnierstelle seiner Entwicklung befindet. Der scheidende, äußerst populäre Oberbürgermeister Thomas Wimmer, 73 Jahre, hat die Stadt wiederaufbauen lassen, sein Aufruf »Rama dama«, »Lasst uns aufräumen«, ist legendär geworden. Vor allem die Fassaden der Altstadt sind in ihrem ursprünglichen Stil restauriert, selbst wenn die Häuser dahinter neu sind. Während in anderen Städten Betonklötze aus dem Boden sprießen und der Verkehr hässliche Schneisen in die Zentren schlägt, sonnt sich die alte Wittelsbacherresidenz, die Stadt von Kunst und Wissenschaft, bald wieder im Glanz ihres königlichen Erbes. München, schreibt die Historikerin Simone Egger, steigt auf »wie Phoenix aus der Asche«. Das erste Nachkriegskapitel ist abgeschlossen, ein neues kann beginnen.

Der 27. März 1960 ist der Wahltag. Vogel hat – »in einer der Anwandlungen von Pedanterie und Perfektion, die mich gelegentlich überfallen« – drei Presseerklärungen vorbereitet: eine für den Fall der Niederlage, eine für die Stichwahl, eine für den Sieg. Die für die Stichwahl liegt obenauf. Doch das Ergebnis übertrifft die kühnsten Erwartungen: Vogel siegt mit 64,3 Prozent. Den »Vogel Hansi« nennen ihn die Münchner ob seiner Jugend, am Anfang ist ein Hauch von Spott dabei für diesen Mann preußischer Prägung und bayerischer Neigung. Aber bald ist es ein Ehrentitel, ein Zeichen von Vertrautheit und Vertrauen.

Ein junger Bürgermeister regiert nun die alte Hauptstadt der Bewegung. Die zwölf Jahre des Hans-Jochen Vogel werden München nicht nur verändern, sie werden die Stadt in eine neue Zeit wuchten – und auf die größte Bühne des Planeten.

## Auf den Trümmern wächst die Hoffnung – Die Nachkriegsjahre

In den Fünfzigerjahren hat sich die junge bundesdeutsche Demokratie stabilisiert. Das Fundament dieser Stabilität sind die feste Einbettung in das westliche Bündnis und der Wohlstand, den das Wirtschaftswunder dem Land beschert. Deutschland nimmt Abschied von der alten Welt, es bröckeln Klassen und Milieus. Der Aufbruch ist vor allem ein wirtschaftlicher und sozialer: Die Menschen finden Sicherheit in einem ungekannt komfortablen Renten-, Gesundheits- und Sozialsystem.

Dafür verharrt die Bundesrepublik in einem gesellschaftlichen Biedermeier, einer politischen Ordnung, die, wie der Historiker Heinrich August Winkler feststellt, nicht »auf aktive Teilhabe, sondern auf Billigung des Erreichten« gegründet ist. Die Deutschen machen es sich im Privaten gemütlich, in ihren neuen Reihenhäusern und ihren neuen VW Käfern, mit denen sie zum Jahresurlaub an den Wörthersee oder an die Adria fahren.

Gustav Heinemann bereitet das Sorgen. Damit der Bonner Republik das Schicksal von Weimar erspart bleibt, braucht es – davon ist er überzeugt – den »mündigen Bürger«, der Staat und Gesellschaft als »seine eigene Angelegenheit« begreift und sich aktiv einbringt. Nach seinem Rücktritt als Innenminister, der von manchen als Verrat an Adenauer geschmäht wird, erlebt Heinemann eine schwere Zeit. Er wird als Präses der evangelischen Synode abgewählt, seine Anwaltskanzlei verliert Klienten, die Rheinischen Stahlwerke lehnen seine Rückkehr in den Vorstand ab.

Die Partei, die er gründet, bekommt keinen Fuß auf den Boden. Die Gesamtdeutsche Volkspartei (GVP) strebt im Kern eine neutrale Bundesrepublik an; zu den Mitgliedern zählen Robert Scholl, Vater der Geschwister Scholl und Schwiegervater Otl Aichers, und ein weiterer künftiger Bundespräsident, ein junger Mann namens Johannes Rau. 1,2 Prozent der Stimmen holt die GVP bei der Bundestagswahl 1953. Heinemann wird als »bezahlter Sprecher Moskaus« verunglimpft. Trotzdem betrachtet er das bundesdeutsche Experiment weiterhin als seine Angelegenheit.

Wesentlich erleichtert wird ihm die Sache von der SPD, die ihm einen Parteiwechsel schmackhaft macht, unter anderem mit einem sicheren Listenplatz für die Bundestagswahl 1957. Heinemann löst die GVP auf und empfiehlt ihren Mitgliedern, ihm zur SPD zu folgen. Der Wechsel hat aber durchaus eine gewisse Folgerichtigkeit. Denn die SPD ist eine

## Das Comeback des Gustav Heinemann

Partei im Wandel, und dieser Wandel beschleunigt sich nach dem Triumph der Union im Herbst: Adenauer erobert die erste und bis heute einzige absolute Mehrheit der Mandate im Bundestag. In der SPD setzt sich – ganz in Heinemanns Sinne – die Erkenntnis durch, dass sie, wenn sie regieren will, von linksaußen in die Mitte der Gesellschaft rücken muss.

Die eben noch kirchenskeptische SPD hat mit Heinemann plötzlich eine Figur, die ihr einen Zugang zur protestantisch-bürgerlichen Wählerschaft ermöglicht. Sein Beitritt ist so etwas wie eine amtliche Beglaubigung der veränderten SPD. Obwohl er keine Hausmacht besitzt und sich sowohl mit der Anrede »Genosse« als auch mit dem Geduze schwertut, steigt er schnell auf in der Partei. Es ist dann eine Rede im Bundestag, die ihn praktisch über Nacht in die erste Reihe katapultiert.

Am 23. Januar 1958 debattiert das Plenum über die atomare Bewaffnung der Bundeswehr, die Adenauer anstrebt. Kurz vor Mitternacht tritt Heinemann ans Rednerpult und setzt an zu einer furchtlosen Generalabrechnung mit der Deutschlandpolitik des Kanzlers, die dieser so noch nicht erdulden musste. Wie gewohnt spricht Heinemann mit nüchternen Worten und in kühlem Ton, aber das steigert nur die Schärfe seines Urteils. Adenauer, sagt er, habe mit seiner Kompromisslosigkeit die deutsche Teilung vertieft. Seine »Politik der eingebildeten Stärke« habe nur »das Spiel der Sowjetunion« gespielt. Viele Chancen seien so vergeben worden. Die Bundesrepublik habe eine »doppelte Aufgabe« zu erfüllen: »nämlich das harte, das unerschütterliche Nein zum totalitären System zu verbinden mit dem Ja zur Nachbarschaft mit den totalitär regierten Ostvölkern.« Es ist still im Saal. »Für mich persönlich«, sagt Heinemann und wendet sich an Adenauer, »bedeutet dies alles an Sie die Frage, ob Sie nicht nachgerade zurücktreten wollen?«

Der ›Spiegel‹ widmet Heinemann nach der Rede eine Titelgeschichte, er wird in den Folgejahren fest mit der Vision einer neuen Ostpolitik verbunden. Er ist nicht mehr wegzudenken aus der SPD, er trägt bedeutend bei zum Godesberger Programm, das die Partei 1959 programmatisch und symbolisch erneuert: weg vom Klassenkampf, weg von der Planwirtschaft. Bald auch: hin zur Westintegration. Die SPD wird vollends zur staatstragenden Partei. Sie hat nun strukturell auch die Chance, Mehrheitspartei zu werden. Es ist etwas in Bewegung geraten.

## Auf den Trümmern wächst die Hoffnung – Die Nachkriegsjahre

Otl Aicher gehörte schon als Jugendlicher irgendwie zur Familie Scholl, nun wird die Verbindung offiziell. Am 7. Juni 1952 heiratet er in der Klosterkirche St. Anna in München Inge Scholl, die älteste Schwester von Sophie und Hans, die für die Weiße Rose unter dem Beil von Hitlers Schergen gestorben sind. Inge Aicher-Scholl, die für ihren Mann in die katholische Kirche eintritt, macht es sich nach dem Krieg zu ihrer Aufgabe, die Erinnerung an ihre Geschwister und den Widerstand gegen den Nationalsozialismus wachzuhalten. Otl und Inge lassen sich in Ulm nieder, sie haben fünf Kinder – und ein großes gemeinsames Projekt.

Otl Aicher hat eine Ausbildung zum Installateur gemacht und dann in München an der Kunstakademie studiert. Zunächst will er Bildhauer werden, orientiert sich dann aber um und eröffnet in Ulm ein Büro für Gebrauchsgrafik. Inge und Otl träumen davon, eine Art Schule für politische Bildung einzurichten, in der junge Deutsche die Demokratie lernen sollen. Sie verstehen das als Erfüllung des Vermächtnisses von Sophie und Hans. Dank finanzieller Unterstützung der Amerikaner wird die Idee realistisch. Mit Otls wachsender Leidenschaft für die Grafik wandelt sich allerdings die Natur des Projekts: Eine Designschmiede wollen die Aichers schaffen, die »den Geist der Weltoffenheit, der Freiheit und schlichten Schönheit« atmet, »nicht den des Zwanges und der Furcht«.

1953 nimmt die Hochschule für Gestaltung (HfG) in Ulm ihren Lehrbetrieb auf, 1955 zieht sie in einen imposanten Neubau auf dem Ulmer Kuhberg, in die Nachbarschaft eines früheren Konzentrationslagers. Walter Gropius, der 1919 in Weimar die Kunstschule Bauhaus gegründet hat, hält die Einweihungsansprache. Die HfG lockt Studenten aus ganz Deutschland nach Ulm, bald aus der ganzen Welt. Das Ulmer Modell versteht Design nicht mehr primär als Kunst, sondern als Handwerk, das seine Breitenwirkung am besten in der Zusammenarbeit mit der Industrie entfaltet.

An der HfG entstehen Radiogeräte für den Elektrohersteller Braun, Züge für die Hamburger Hochbahn und ein neues Erscheinungsbild für die Lufthansa, genau wie Möbel, Uhren oder Kinderspielzeug, stets funktional und elegant. Besonders wichtig ist Aicher der Gedanke des Systemdesigns: Alle Elemente eines Projekts sind untereinander verknüpft und stehen sichtbar in Beziehung. Der Lufthansa stiften Aicher und sein Studententeam nicht nur das verschlankte Kranich-Logo, den klaren Helvetica-Schriftzug und die Grundfarben Gelb und Blau, sondern auch in Form und Farbe korrespondierende Crew-Uniformen, Sitzbezüge und Bordgeschirr. Die HfG wird zur bedeutendsten Schule ihrer Art seit dem Bauhaus. Aicher wird in der Szene beinahe kultische Verehrung zuteil.

Wie viele andere Dozenten lebt er mit seiner Familie direkt auf dem Gelände. »Am Wochenende kamen die Ulmer zu uns auf den Campus hoch und schauten, wie die Verrückten so wohnen«, erinnert sich Florian Aicher, das zweitälteste Kind der Familie. Arbeit und Umfeld an der HfG festigen Otl Aichers Grundverständnis von Gestaltung. »Mein Vater hat Design als Beitrag zur gesamtgesellschaftlichen Erneuerung gesehen«, sagt Florian Aicher. Es sollte nicht wie die bürgerliche Kunst die herrschenden Verhältnisse beschönigen. »Dahinter stand die Idee, dass eine neue Gesellschaft nach dem Zusammenbruch des NS-Regimes auch in Alltagsdingen eine andere Kultur entwickeln muss.« Otl Aicher meint das ernst: Mit schönen und praktischen Gegenständen soll die Bundesrepublik zu einem besseren Ort werden.

Während seine Designs Leichtigkeit versprühen, schüttelt der Mensch Aicher eine gewisse Lebensschwere nie ab. Er gilt als Anarchist und Alleinherrscher, als zutiefst widersprüchlicher Mensch, bei dem das einzig Berechenbare die Unberechenbarkeit ist. Im einen Moment ist er offen, im nächsten verschlossen; im einen weich, im nächsten hart; im einen grenzenlos fröhlich, im nächsten unendlich betrübt. Weil er nicht der einzige Querkopf und Dickschädel an der HfG ist, reißen die Querelen und Kämpfe nie ab. »Zeitweise war das ein echter Krieg«, berichtet im Rückblick Florian Aicher. »Mein Vater hat zunehmend auch gesundheitlich darunter gelitten.« Unter anderem ringt Aicher mit Angina pectoris. »Wenn er seine Attacken bekam, hat das die ganze Familie paralysiert.«

In den Sechzigerjahren wird die Hochschule für Gestaltung von den Stürmen der Jugendbewegung erfasst. Die neuen Studenten haben kein Verständnis dafür, dass die Gründergeneration um Aicher mit dem kapitalistischen Feind paktiert, um Industrieprodukte zu entwickeln. Und der CDU-geführten Landesregierung in Stuttgart ist das seltsame Treiben in Ulm ohnehin schon lange nicht geheuer. Sie ist dankbar für die Gelegenheit, der Hochschule wegen interner Turbulenzen den Geldhahn zuzudrehen. In Ulm geht etwas zu Ende für Otl Aicher. Aber in München wird bald etwas Neues beginnen.

## Auf den Trümmern wächst die Hoffnung – Die Nachkriegsjahre

Der neue IOC-Präsident Avery Brundage lässt sich in seinem Kampf für den unbefleckten Amateurismus nicht bremsen. Brundage betätigt sich als sein eigener Chefermittler: Jeden Tag liest er Zeitungen aus aller Welt, aus Frankreich und England, Argentinien und Japan, um Verstöße gegen das Amateurstatut zu entdecken. Ein argentinischer Fußballer kriegt ein Auto von seinem neuen Verein? Das war's mit Olympia. An den Spielen, so eine neue offizielle IOC-Definition, dürfe nur teilnehmen, »wessen Verbindung mit Sport einzig dem Vergnügen dient«, als Freizeitaktivität »ohne jeden finanziellen Gewinn, direkt oder indirekt«. 1964 verbietet das IOC sogar ausdrücklich, dass Athleten, die wegen des Sports in ihrem Brotberuf kürzertreten, für den Verdienstausfall entschädigt werden.

Die Realität ist hier, und das IOC ist woanders: In den meisten Sportarten ist ohne tägliches vielstündiges Training kein Leistungsniveau zu erreichen, mit dem man sich auch nur für Olympia qualifizieren könnte. Die Mitglieder des IOC, wohlhabend allesamt, diktieren weit weniger privilegierten Athletinnen und Athleten ein Regelwerk, das mit der modernen Gesellschaft nicht in Einklang zu bringen ist. Der Journalist Red Smith von der New Yorker ›Herald Tribune‹ bemerkt, dass dieser Brundage »immer erster Klasse unterwegs ist«, wenn er der Jugend der Welt »einen spartanischen Lebensstil« predigt. Je höher er sein Amateurdogma hängt, desto mehr unterhöhlt er die Umsetzung in der Wirklichkeit. Denn während er Profis aus dem Westen als »dressierte Affen« beschimpft, hat er gegen die Staatsamateure des Ostblocks – Vollzeitsportler im Dienst von Armee oder Polizei – nichts einzuwenden.

So viel Energie investiert Brundage in seinen Kreuzzug für das Amateurwesen, dass für die wahre neue Geißel des Sports, das Doping, nichts mehr übrig ist. Immer mehr driftet er so in die Rolle eines schlecht gelaunten älteren Herrn, der sich als Gralshüter überkommener Traditionen geriert. Einmal versucht er sogar, der griechischen Olympic Airways ihren Namen verbieten zu lassen, muss aber feststellen, dass in Griechenland Olympia doch schon vor dem IOC da war.

Aber nicht alle von Brundages Ideen für Olympia sind schlecht. Mit Vehemenz vertritt er viele Ansichten, die im 21. Jahrhundert von ausgesprochenen Olympiakritikern unterstützt werden. Er bemüht sich etwa, den Nationalismus bei den Spielen einzuhegen. Bei der IOC-Session 1963 in Baden-Baden will er die Nationalhymnen bei den Siegerehrungen

## Avery Brundage geht auf Kreuzzug

abschaffen und durch eine Trompetenfanfare ersetzen, bekommt dafür aber keine Mehrheit. Auch der Medaillenspiegel nach Ländern, der in Zeitungen inzwischen zum Standard gehört, missfällt ihm massiv. 1965 warnt er vor der »gefährlichen Kommerzialisierung« der Spiele und vor ihrem »Gigantismus«. Er fordert – wieder gegen die Mehrheit im IOC – die Reduzierung der Wettbewerbe, weniger Schwimmrennen, weniger Boxklassen. »Was kommt als Nächstes?«, fragt er. »Fliegenfischen? Billard? Bowling? Wo soll das aufhören?«

Avery Brundage ist zweifellos der einflussreichste Sportfunktionär seiner Zeit, aber ein wenig gefällt er sich auch als Unverstandener, als olympisches Fossil, als letzter Jünger Coubertins im Ringen mit dem Zeitgeist. Coubertin hatte 1896 von einem »sportlichen Evangelium« gesprochen, nun erklärt Brundage: »Die olympische Bewegung ist die Religion des 20. Jahrhunderts.« In ihr gebe es »keine Ungerechtigkeit aufgrund von Rasse, Herkunft oder Geld. Man suche in der ganzen Geschichte und wird kein System von Grundsätzen finden, das sich so weit und so schnell ausgebreitet hat wie die brillante Philosophie Coubertins. Er hat die Fackel entzündet, die die Welt erleuchten wird.«

Brundage neigt nicht zur Bescheidenheit, wenn er sein olympisches Reich vermisst. »Kein Monarch«, sagt er vor den Spielen von Rom 1960, »hat jemals über ein solch riesiges Territorium geherrscht.«

Im Vorfeld von Rom entbrennt ein neuer Streit um die Flagge der gesamtdeutschen Mannschaft. Die DDR schlägt vor, das Team solle doch bei der Eröffnungsfeier beide Flaggen ins Stadion tragen. Avery Brundage entscheidet jedoch anders: Die Mannschaft wird unter einer schwarz-rot-goldenen Fahne mit den fünf olympischen Ringen in der Mitte antreten. Dagegen protestiert die Bundesregierung beim IOC: Diese Lösung sei »mit der nationalen Würde unvereinbar«, lieber werde die Bundesrepublik ganz auf den Start in Rom verzichten. Am Ende gelingt es Daume dem Vernehmen nach, Bundeskanzler Adenauer im persönlichen Gespräch zu besänftigen. Ein bisschen Entgegenkommen und Flexibilität, glaubt Daume, sei im Umgang mit der DDR aussichtsreicher als harte Konfrontation. Im Sport wird die Entspannungspolitik schon erprobt, als in der Politik noch kaum jemand daran denkt.

Als die gesamtdeutsche Mannschaft ins Römer Olympiastadion ein-

## Auf den Trümmern wächst die Hoffnung – Die Nachkriegsjahre

marschiert, sagt der italienische Staatspräsident Giovanni Gronchi zu seinem Sitznachbarn Brundage, eine solche Vereinigung Deutschlands hätten die Vereinten Nationen nicht hinbekommen. Brundage antwortet: »Im Sport tun wir solche Dinge.« Die Realität ist aber weiterhin eine andere: Die Sportler der beiden Länder gehen sich aus dem Weg, die innerdeutschen Ausscheidungswettbewerbe reißen Gräben eher auf als zu. Die westliche Übermacht im Kader wird kleiner, 197 Athleten kommen aus dem Westen, 119 aus dem Osten. Als kleine Provokation beruft die Bundesrepublik Josef Nöcker zum gemeinsamen Chef de Mission – einen Leipziger Sportmediziner, der aus der DDR geflohen ist. Auch wenn eine gemischte Einer-Kajak-Staffel in Rom Gold holt, feiern West und Ost am liebsten ihre ganz eigenen Helden. In der DDR wird die zweifach Gold-behangene Turmspringerin Ingrid Krämer zum Star, in der Bundesrepublik verneigt man sich vor dem Triumphator im 100-Meter-Lauf, Armin Hary.

1960 ist ein großes Jahr für Afrika. Es ist das Jahr, in dem die Menschen im Kongo, wo eines der grausamsten Kolonialregime des Kontinents wütete, die Porträts des belgischen Königs Baudouin endlich von ihren Wänden reißen können. Neben dem Kongo erklären in diesen zwölf kurzen Monaten 16 weitere ehemalige afrikanische Kolonien ihre Unabhängigkeit. Nigeria von den Engländern, Somalia von den Italienern, der Senegal von den Franzosen. So viele junge, stolze Völker treten nach dem Zerfall der europäischen Imperien in Afrika, Asien und der Karibik auf die internationale Bühne, dass auch die Ordnung des Sports in Bewegung gerät. 1936 haben 49 Länder Athleten zu den Spielen von Berlin entsandt, 1952 in Helsinki waren es 69. 1960 in Rom sind es 83. 1972 in München werden es 121 sein.

Wenn ein Moment von der Ankunft der jungen Nationen im olympischen Rampenlicht kündet, dann ist es jener in Rom am Abend des 10. September 1960, als die Scheinwerfer auf der Via Appia Antica einen barfüßigen Äthiopier aus der Dunkelheit schälen. Ganz allein läuft er dem Konstantinsbogen entgegen, dem Ziel des Marathons. Abebe Bikila, ein hagerer 28-jähriger Unteroffizier der kaiserlichen Leibgarde, ist nicht nur der erste Athlet aus Subsahara-Afrika, der olympisches Gold gewinnt. Er gewinnt es auf römischem Boden, 25 Jahre nachdem Italien seine Heimat überfallen hat.

## Barfuß auf die Bühne der Welt

Kurz vor dem Ziel passiert Bikila den 26 Meter hohen Obelisken von Axum, den Benito Mussolini in Äthiopien hatte ausgraben und 1937 als Kriegsbeute hier aufstellen lassen. Er sei überhaupt nicht müde, sagt er nach dem Rennen, er hätte noch ewig weiterlaufen können. Abebe Bikila wird zur afrikanischen Ikone werden – und für Zehntausende junge Läufer der lebende Beweis, dass auch sie es aus der Armut auf die Aschenbahnen der Welt schaffen können. Von nun an sind auf den Mittel- und Langstrecken der Leichtathletik Athleten aus Ostafrika prägend, aus Äthiopien und Kenia, aus Tansania und Uganda.

Während der äthiopische Kaiser Haile Selassie seinem goldbekränzten Leibgardisten Abebe Bikila in Addis Abeba einen triumphalen Empfang bereitet, tut sich nahe der kleinen Stadt Lira im Norden Ugandas ein Junge von zehn Jahren mit speziellem sportlichem Geschick hervor. John Akii-Bua ist ein Meister der Steinschleuder, auch deshalb darf er oft die Viehherde seiner Familie hüten. Denn wenn eine Schlange dem Vieh zu nahe kommt, erledigt John sie mit der Schleuder. Was er nicht ganz so gut kann, ist schnell laufen. 43 Kinder hat Johns Vater von acht Frauen, einige sterben früh. Manchmal lässt er die Kinder um die Wette rennen, als Preis gibt es was Süßes. »Ich habe nie gewonnen«, erinnert sich Akii-Bua später. Mit 16 Jahren sucht er in der Hauptstadt Kampala sein Glück. Er arbeitet in einer Bar und lernt nebenher das Laufen. Gute Läufer, hat er nämlich gehört, kommen leichter bei der Polizei unter.

Seit dem Zweiten Weltkrieg haben zwei Nationen die olympischen Goldmedaillen im Hockey unter sich ausgemacht: Indien und Pakistan. Ihr sportliches Duell war noch die harmloseste Variante eines blutigen Bruderzwists. 1947 war Britisch-Indien in das mehrheitlich hinduistische Indien und das mehrheitlich muslimische Pakistan aufgeteilt worden; eines der wenigen Dinge, das die beiden Staaten weiterhin verband, war die Liebe zu ihrem gemeinsamen Volkssport, dem Hockey. Aber nicht mal diese Liebe war unbefleckt, schließlich handelte es sich da um ein koloniales Vermächtnis, ein Spiel, das Indern wie Pakistanern einst von den Briten beigebracht worden war.

1960 in Rom stößt Pakistan Indien erstmals vom Siegerpodest, die Straßen von Rawalpindi und anderer pakistanischer Städte pulsieren vor

## Auf den Trümmern wächst die Hoffnung – Die Nachkriegsjahre

Glück, als die Nachricht die Telegrafenämter erreicht. 1964 holt sich Indien Gold zurück, 1968 kontert wieder Pakistan. Der ewige Zweikampf erinnert die Welt daran, dass sie größer ist als der Kalte Krieg, und dass nicht jeder Winkel des Sports von den USA oder der Sowjetunion beherrscht wird. Hockey ist eine der ganz wenigen olympischen Sportarten, in denen die Favoriten aus der Dritten Welt kommen – und der reiche Westen bloß Außenseiter ist. Nur vor diesem Hintergrund ist zu verstehen, welche Ekstase und welche Bitterkeit 1972 das Hockeyturnier von München bereithalten wird.

Für das deutsche Hockey sind die Sechzigerjahre eine Zeit der Dürre. Carsten Keller, dessen Vater Erwin 1936 in Berlin Silber errungen hat, erlebt 1960 in Rom seine ersten Spiele. Sie enden in einer Enttäuschung, siebter Platz. 1964 wird alles noch viel schlimmer: Die Bundesrepublik zieht in den innerdeutschen Ausscheidungspartien gegen die DDR den Kürzeren und nimmt nicht teil an den Spielen. 1968 läuft es besser für das BRD-Hockeyteam, angeführt vom Kapitän Keller schrammt es in Mexico City als Vierter haarscharf an einer Medaille vorbei. 1971 trauert Carsten Keller um seinen Vater, und langsam denkt er ans Karriereende. Die Spiele 1972 werden seine letzte Chance auf eine olympische Medaille sein.

1961 steigt der Feingeist Willi Daume endgültig auf zum Superfunktionär des deutschen Sports: Er wird zum Nachfolger Ritter von Halts als Präsident des NOK gewählt – ein Amt, das er erst abgeben wird, als Deutschland wiedervereinigt ist. Drei Spitzenposten hat er nun, »Sportführer« wird er von jenen genannt, die das F-Wort sorglos verwenden. 1965 sagt ein Interviewer der ›Welt‹ zu Daume, der Sport in Deutschland werde ja weitgehend mit seinem Namen identifiziert – »belastet Sie das?« Daume sagt: »Nicht nur mich, auch meine Kritiker.«

Zu diesen Kritikern zählt zunächst in allererster Linie Konrad Adenauer. Der Bundeskanzler stört sich an der »Nebenaußenpolitik«, die Daume in der Welt des Sports betreibt: Um Kontakte zu knüpfen, reist er unter anderem in die Sowjetunion und nach China. »Für wen arbeitet der Daume eigentlich?«, fragt Adenauer einmal im Kabinett. Die völkerverbindende Wirkung des Sports war für Daume keine Floskel. 1957 – acht Jahre, bevor die beiden Länder diplomatische Beziehungen aufneh-

### »Für wen arbeitet der Daume eigentlich?«

men – akzeptiert er eine offizielle Einladung nach Israel. Er ist Ehrengast der 5. Makkabiade in Tel Aviv, und er öffnet mit seinem Besuch die Tür für einen intensiven Sportaustausch. Die Israelis schicken Fußballtrainer zur Ausbildung nach Köln, etwas später reisen deutsche Mannschaften zu Freundschaftsspielen nach Israel. Während der Holocaust die politischen Beziehungen auch nach der gegenseitigen Entsendung von Botschaftern belastet, gehören israelisch-deutsche Trainingsgemeinschaften zum Alltag.

Es sind solche Akzente, mit denen Daume den deutschen Sport dann doch vom braunen Ruch befreit. Er mag mit der Vergangenheit nicht brechen, aber er schafft geistigen und emotionalen Abstand. Sein Ton, sein Auftreten und seine Bildung allein sind schon mal nicht dazu angetan, von Freunden des Stechschritts gemocht zu werden. Willi Daume liest und zitiert Thomas Mann und Hermann Hesse, er doziert gern über Bauhaus-Architektur, er schwärmt von Kokoschka, Macke, Beckmann und anderen Künstlern, deren Werke den Nazis als »entartet« galten. Ein enger Vertrauter hält ebenso ungläubig wie anerkennend fest: »Der Daume ist ja ein Linker!«

Auf jeden Fall ist er ein Mann breiter Interessen, er spielt Klavier und sammelt Krawatten, 2000 Stück bringen ihm den begehrten Titel »Krawattenmann des Jahres 1966« ein. Er fährt einen grün-gelben Ferrari und hantiert unablässig mit seinem neumodischen Autotelefon. Für den Sport vernachlässigt er seine Familie. Er kann ein arroganter Sack sein, wenn er die Welt erklärt und sich dabei reflexhaft die Hände reibt in der schmalen Hoffnung, von all den Minderbegabten um ihn herum verstanden zu werden. Willi Daume ist ein konservativer Mensch, und trotzdem wird er zu einer Schlüsselfigur des liberalen Aufbruchs in Deutschland werden.

Die Sechziger sind das Jahrzehnt, in dem sich die olympische Bewegung einem neuen Feind stellen muss, dessen Existenz sie lange nicht wahrhaben wollte. Der Begriff »Doping« geht nicht umsonst bis ins 17. Jahrhundert zurück, als »doop« bei den niederländischen Kolonialherren und den indigenen Völkern des späteren Südafrika einen Schnaps bezeichnete, der den Kreislauf anregte. Die Einnahme leistungssteigernder Mittel im Sport ist sogar schon in der Antike dokumentiert; die ersten

## Auf den Trümmern wächst die Hoffnung – Die Nachkriegsjahre

Olympioniken schätzten die berauschende Wirkung mancher Pilze und aßen tapfer Stierhoden in großer Zahl, weil diese im Ruf standen, animalische Kraft zu spenden.

Gegen Ende des 19. Jahrhunderts wurden die ersten Fälle registriert, in denen Radsportler sich mit Alkohol, Koffein, Morphin oder Kokain aufputschten. Verboten war das alles nicht – nur ungesund. 1896 gewann der Brite Tom Linton das 600 Kilometer lange Radrennen von Bordeaux nach Paris. Im Ziel fiel er tot um. Die Autopsie ergab als Ursache eine Überdosis Koffein. Den ersten Dopingfall der olympischen Geschichte, der damals natürlich noch nicht als solcher erkannt wurde, verzeichnete man 1904 bei den Spielen von St. Louis. Als der britische Läufer Thomas Hicks nach zwei Dritteln der Strecke den Marathon entkräftet aufgeben wollte, verabreichte ihm sein Trainer einen Cocktail aus Brandy, Eiweiß – und Strychnin. Hicks lief weiter und gewann Gold. Hinterher veröffentlichte sein Trainer einen Aufsatz, in dem er enthusiasmiert von den neuen Möglichkeiten der Sportmedizin berichtete.

In der ersten Hälfte des 20. Jahrhunderts bedienten sich Läufer, Radfahrer, Boxer oder Ruderer ebenso hemmungs- wie bedenkenlos am Arzneischrank. Ein Risikobewusstsein entwickelte sich nur langsam. Sogar im Zweiten Weltkrieg wurde gedopt, deutsche Kampfpiloten flogen mit dem Aufputschmittel Pervitin im Blut in die Schlacht. Dem IOC gelang es, das Thema bis zu den Winterspielen von Oslo 1952 weitgehend zu ignorieren. In Oslo schaffte es die Meldung in die internationale Presse, dass in den Umkleiden des Eisovals im Mülleimer eine große Menge an Spritzen und Ampullen entdeckt worden war. Dann wurde noch bekannt, dass mehrere Eisschnellläufer aus unerklärlichen Gründen plötzlich schwer erkrankt waren. Das alles zusammen war dem so auf die Reinheit des Sports bedachten IOC dann doch unangenehm. Die olympischen Herren bekundeten fortan gelegentlich ihre Ablehnung des Dopings. Zu entschlossenem Handeln konnten sie sich freilich auch dann nicht durchringen, als sowjetische und amerikanische Gewichtheber ungeniert öffentlich über ihre Experimente mit Testosteron und Anabolika berichteten.

Die tragische Urszene des olympischen Dopingdramas trug sich dann 1960 in Rom zu. Das Mannschaftszeitfahren der Radfahrer fand bei sengender Hitze statt, 100 Kilometer, von Rom nach Ostia und zurück. »Mir ist schwindlig«, rief 20 Kilometer vor dem Ziel der Däne Knud Enemark

## Doping und ein toter Däne in Rom

Jensen, da war Bronze noch in Reichweite. Seine Teamkameraden stützten ihn im Sattel und bespritzten ihn mit Wasser. Jensen schien sich zu erholen. Als seine Kollegen ihn losließen, fiel er krachend vom Rad auf den glühenden Asphalt des Viale Cristoforo Colombo. Er blieb im Koma, bis er wenige Stunden später in einem Versorgungszelt des italienischen Militärs starb.

Als Todesursache wurde ein Hitzschlag angegeben, verbunden mit einem Schädelbruch, den Jensen sich beim Aufprall auf den Asphalt zugezogen hatte. Dann gestand Jensens Trainer gegenüber dänischen Regierungsvertretern, dem Toten und anderen Teammitgliedern ein Mittel zur Erweiterung der Blutgefäße gegeben zu haben. Die italienischen Behörden ordneten eine Autopsie an, bei der Amphetamine in Jensens Körper festgestellt wurden. Sowohl die Aussage des Trainers als auch das Ergebnis der Autopsie wurden später aus ungeklärten Gründen zurückgezogen. Offiziell erlag Knud Enemark Jensen einem Hitzschlag. Inoffiziell gilt er als das erste Todesopfer, das Doping bei den Olympischen Spielen forderte.

Der Druck auf das IOC steigt nach Rom, und 1962 richten die hohen Olympier eine Kommission ein, die sich mit dem Thema befassen soll. Es ist der Startschuss zu einer Aufholjagd, die dem IOC indes so schnell kaum gelingen kann – der Vorsprung dopender Athleten ist zu groß. Das Anti-Doping-Programm des IOC kommt dem medizinischen Fortschritt nicht hinterher, zudem verheddert es sich in Detaildebatten mit den einzelnen Sportverbänden. Es hilft auch nicht, dass Avery Brundage in Tokio 1964 störrisch behauptet: »Die Spiele sind sauber.«

1967 gibt es erstmals eine Liste verbotener Substanzen, darunter Kokain, Amphetamine und Ephedrin. Bei den Spielen in Mexico City 1968 wird dann zum ersten Mal getestet, wenngleich noch nicht flächendeckend. Außerdem werden bei Athletinnen Geschlechtskontrollen vorgenommen. Allerdings will IOC-Chef Avery Brundage nicht allzu viel Geld für die Sache ausgeben. Ein einziger Athlet wird des Dopings überführt, genauer gesagt: des Alkoholkonsums. Der schwedische Moderne Fünfkämpfer Hans-Gunnar Liljenwall hat vor dem Schießen zu viel getrunken. Ein Test auf anabole Steroide, die offenbar für viele Athleten das Mittel der Wahl sind, existiert einfach noch nicht. Das Doping ist ein Schattenreich im Weltsport, und dann auch wieder nicht.

## Auf den Trümmern wächst die Hoffnung – Die Nachkriegsjahre

Als die westdeutsche Diskuswerferin Brigitte Berendonk mit einem achten Platz aus Mexiko zurückkehrt, verfasst sie einen Beitrag für die Wochenzeitung ›Die Zeit‹. Einige andere Diskuswerferinnen, hat sie beobachtet, »sehen plötzlich ganz anders aus«, muskulöser, behaarter, männlicher. »Nach meiner Schätzung treffen sich bei großen Wettkämpfen bald mehr Pillenschlucker als Nichtschlucker.«

Hans-Jochen Vogel ist der festen Überzeugung, dass die Zukunft nur gestalten kann, wer sich der Vergangenheit stellt. Also stößt er gleich nach seinem Amtsantritt als Münchner Oberbürgermeister im April 1960 einen Schüleraustausch mit Israel an. Auch Künstler aus München und Tel Aviv besuchen sich gegenseitig. Und dann hat Vogel noch eine Idee: Er lädt ehemalige Münchner, die vor den Nazis ins Ausland geflohen waren, in ihre Vaterstadt ein.

Nach dem Krieg wollen viele Münchner nichts mehr davon wissen, dass sie Adolf Hitler stolz für einen der ihren gehalten hatten. Die Spuren der Vergangenheit sind auch recht säuberlich getilgt: Das Gerippe des »Braunen Hauses«, das 1945 bei einem Luftangriff beinahe vollständig zerstört worden war, wurde 1947 abgetragen. Im selben Jahr wurden die Aufbauten der »Ehrentempel« gesprengt und deren massive Sockel bepflanzt. Allmählich verschwinden sie unter sattem Grün. In den vormaligen »Führerbau« zieht bald die Hochschule für Musik und Theater ein. Praktisch nichts erinnert daran, dass das Gebiet um den Königsplatz herum Kultstätte und Verwaltungszentrum der Nazis war.

Ja, es gibt schon 1946 in München einen »Platz der Opfer des Nationalsozialismus«. Und an der Ludwig-Maximilians-Universität den »Geschwister-Scholl-Platz« sowie eine Gedenktafel für die Mitglieder der Weißen Rose. Aber München braucht Jahrzehnte, um sein Erbe als Ort des Widerstands wirklich anzunehmen. Der Hitler-Attentäter Georg Elser wird sogar erst in den Achtzigerjahren angemessen gewürdigt werden, 1997 bekommt er seinen eigenen kleinen Platz. Manchen gilt München in den ersten Jahrzehnten nach dem Krieg als Unterschlupf für alte Nazis. Gelegentlich sei ihm da mal einer untergekommen, erzählt Hans-Jochen Vogel später: »Aber das hat das Leben und die Entwicklung der Stadt nicht mehr nennenswert tangiert.« Große Freude hat Vogel daran, dass im Haus der Kunst, dem Prunkbau der Nazis, nun viele jener Künst-

## München platzt aus allen Nähten

ler ausgestellt werden, die dem Hitler-Regime als »entartet« galten: »So wurde der braune Geist vertrieben.«

Die Ära Vogel ist eine Boomzeit in der Münchner Stadtgeschichte, das Millionendorf wird zur modernen Großstadt. In den zwölf Jahren von Vogels Amtszeit wird die Bevölkerung von einer guten Million auf 1,3 Millionen Menschen wachsen. München hat die Dynamik, die das geteilte, allzeit bedrohte Berlin schlicht nicht haben kann. Große Berliner Unternehmen wie Siemens und die Allianz sind längst in die Münchner Behaglichkeit gezogen. In München gibt es keine Sowjets vor den Toren, sondern Berge und Seen. Und einige große Unternehmen sind auch schon da: der Anlagenbauer Linde, der Autoproduzent BMW. Weil die Stadt kaum Schwerindustrie hat, kann sie direkt in die wirtschaftliche Moderne springen. Im Ruhrgebiet mögen Kohle und Stahl nach dem Krieg schnelle Prosperität garantieren, doch diese Prosperität hat ein Ablaufdatum. München wird die neue Heimat der Hochtechnologie. Die Niederlassung der Max-Planck-Gesellschaft macht die Stadt zu einem Zentrum deutscher Forschung, und die Technische Universität steht bald im Ruf, eine Kaderschmiede für die Ingenieure des Wirtschaftswunders zu sein.

München kommt seinem Wachstum bald kaum mehr hinterher, beim Wohnraum und beim Verkehr, wie der staugeplagte VW-Käfer-Fahrer Vogel bezeugen kann. Das versteht er nun als seine Aufgabe: »Wir wollen, dass alle, die hier leben, auch gut leben können.« Der Oberbürgermeister legt einen umfassenden Entwicklungsplan für die gesamte Infrastruktur der Stadt vor – zum Teil ist der Plan sehr langfristig angelegt, und es wird Olympia sein, das ihn wesentlich beschleunigt. Doch auch so nimmt alles rasch Fahrt auf. Vogel kanalisiert den enormen Zuzug in neue Siedlungen am Rand der Stadt, im Hasenbergl oder in Neuperlach, wo allein 55 000 Menschen unterkommen. Die Trabantenstädte bestehen zwar oft aus Hochhäusern, aber sie bieten modernen Komfort. 1965 macht Vogel den Spatenstich für die neue U-Bahn, 1967 den für die S-Bahn-Trasse. Der Straßenring um die Innenstadt wird ausgebaut, die Autos aus der Altstadt verbannt.

Bei Vogel, dem begnadeten Bürokraten, laufen alle Fäden zusammen. Er nervt seine Mitarbeiter mit Pingeligkeit und Schulmeisterei, aber noch viel mehr beeindruckt er sie mit seinem Ehrgeiz und seiner Ernst-

## Auf den Trümmern wächst die Hoffnung – Die Nachkriegsjahre

haftigkeit, seiner Sachkunde und seiner Integrität. Vogel rackert, wie es das Münchner Rathaus noch nicht erlebt hat, und das, obwohl eine seiner ersten Amtshandlungen die Kürzung des OB-Gehalts war. Wenn er eine Besprechung um »6« anberaumt, dann meint er 6 Uhr morgens. Schon bald strahlt er weit über München hinaus, die ›Schweizer Weltwoche‹ feiert ihn als »Karajan der Kommunalpolitik«. Jeden Morgen fährt er mit der Straßenbahn ins Rathaus, es ist aber auch nicht so, dass seine Demut grenzenlos wäre. Im Umgang mit den einfachen Leuten, findet der ›Münchner Merkur‹, sei Vogel »mehr das Anhimmeln als eine kritische Grundhaltung gewohnt«.

Anfang Juni 1962 kürt sich Vogels München mit einem neuen Stadtslogan zur »Weltstadt mit Herz«, tut dann aber umgehend alles dafür, um sich als solche unglaubwürdig zu machen. Am Abend des 21. Juni zupfen fünf Teenager auf einer Bank vor der Schwabinger Weinstube »Hahnhof« auf ihren Gitarren herum. Sie singen russische Volksweisen, was grundsätzlich schon mal schwer verdächtig ist, aber immerhin so gut, dass sich ein paar Hundert Menschen um sie versammeln. Ein Anwohner ruft die Polizei. Die Beamten wollen die Sänger wegen Ruhestörung in Gewahrsam nehmen, was die Menge derart erzürnt, dass sie am Streifenwagen rüttelt und die Luft aus einem Reifen lässt. Einige Minuten später bekommt die Polizei Verstärkung. Es beginnt eine fünftägige Straßenschlacht, Jugendliche gegen Polizisten, die einen werfen mit Steinen und Flaschen, die anderen schwingen den Gummiknüppel so freihändig, dass selbst der Leiter des städtischen Jugendamts blutend zu Boden geht.

Die »Schwabinger Krawalle« sind die erste Regung des Studentenprotests in Deutschland, ein Zeichen der Auflehnung der jüngeren Generation gegen die alten Obrigkeiten. OB Vogel begibt sich an einem der Abende selbst ins Zentrum der Krise, er ist überzeugt, dass er die Aufmüpfigen mit guten Argumenten und einem Megafon zur Vernunft bringen kann. Aber sie hören ihm nicht zu. »Was wollt ihr denn eigentlich?«, fragt Vogel. »Bier her«, schreien die jungen Leute. »Man drängte mich in einen Hausflur«, erinnert er sich später, »warf Stinkbomben und schrie mich schon bei den ersten Sätzen nieder.« Vogel ist noch immer jung an Jahren, aber hier ist er der alte Herr. Sein Verständnis dafür, dass jemand Randale macht, aber keine politischen Forderungen formulieren kann, ist begrenzt.

## Renate geht ins Sportinternat

München wird vom ›Spiegel‹ 1964 zu »Deutschlands heimlicher Hauptstadt« erklärt, und Hans-Jochen Vogel wird zwei Jahre später mit sagenhaften 77,9 Prozent als Oberbürgermeister wiedergewählt. Was kann noch kommen in seiner zweiten Amtszeit? Im Februar 1964 war Vogels Zweiter Bürgermeister Georg Brauchle nach Innsbruck gereist, zu den olympischen Winterspielen. Als Brauchle wieder heimkam, ließ er vor Journalisten fallen, dass Olympia doch auch etwas für München wäre. Vogel erinnert sich später noch genau an den Spott, den Brauchle sich gefallen lassen musste: »So stellt sich klein Moritz Olympische Spiele vor!« Auch Hans-Jochen Vogel verfolgt den Gedanken nicht weiter. Aber das tut für ihn schon ein anderer.

In der jungen DDR sind Waldläufe ein großes Ding, später wird man sie »Crossläufe« nennen. Es geht über Stock und Stein, und am Ende gibt es ein kleines buntes Blechabzeichen für alle Teilnehmer. Bei einem Waldlauf im nördlichen Sachsen sticht den staatlichen Talentspähern 1961 ein Mädchen aus Süptitz ins Auge. Renate Meißner heißt sie, elf Jahre ist sie alt – und nun Mitglied der Leichtathletikmannschaft von Chemie Torgau. Zweimal die Woche fährt sie abends sieben Kilometer mit dem Fahrrad zum Training und sieben Kilometer wieder zurück. An den Wochenenden bringt ihr Vater sie mit dem Motorrad zu den Wettkämpfen.

Als Renate im Februar 1964 einen Platz an der Kinder- und Jugendsportschule (KJS) im thüringischen Bad Blankenburg bekommt, sind ihre Eltern, der Vater Kraftfahrer, die Mutter Hausfrau, zunächst gar nicht begeistert. Bad Blankenburg ist 200 Autokilometer von Süptitz entfernt. Doch Renate selbst gefällt es im Internat. Die 13-Jährige ist ein Einzelkind und freut sich, plötzlich von vielen anderen Jugendlichen umgeben zu sein.

Ende der Fünfzigerjahre hat die Sportförderung in der DDR systematische Formen angenommen. In fast allen Bezirksstädten sind nach dem Vorbild der Sowjetunion Sportschulen wie jene in Bad Blankenburg entstanden. Rasch entwickeln sie sich zu den Kaderschmieden des DDR-Sports. Aufgenommen wird nur, wer einen harten Eignungstest besteht, der Wochenplan sieht bis zu dreißig Stunden Training vor. Die KJS produzieren viele Europameister, Weltmeister und Olympiasieger. Es wer-

## Auf den Trümmern wächst die Hoffnung – Die Nachkriegsjahre

den aber auch Tausende junge Sportler aussortiert, weil sie die Leistung nicht erbringen oder dem Druck nicht standhalten.

Renate Meißner hat damit kein Problem, Jahr für Jahr erfüllt sie alle Vorgaben. Sie ist 15 Jahre alt, als sie richtig auf sich aufmerksam macht. Im berühmten sowjetischen Pionierlager Artek auf der Krim läuft sie die 75 Meter in 9,5 Sekunden, ein Rekord in ihrer Altersklasse. Bis dahin war sie auch Mittel- und Langstrecken gelaufen, hatte Hochsprung betrieben und Fünfkampf. Jetzt ist klar: Ihre Zukunft liegt im Sprint.

1969 erlebt sie ihren Durchbruch bei den Frauen. Europameisterschaft in Athen, in letzter Minute rutscht Renate in die 4x100-Meter-Staffel und gewinnt Gold. Wegen ihrer guten Form wird sie für die 200 Meter nachgemeldet. Sie holt Silber. In der DDR-Presse dreht sich trotzdem alles um eine andere Sprinterin, ebenfalls gerade mal 19 Jahre alt und Oberschülerin wie sie. Petra Vogt aus Halle hat in Athen drei EM-Titel errungen, über 100 Meter, 200 Meter und in der Sprintstaffel. Ein Reporter des ›Neuen Deutschland‹ rühmt Vogt als »Stern dieser Tage«. Horst-Dieter Hille, Meißners Trainer beim SC Motor Jena, sagt zu Renate: »Du musst Geduld haben.«

Das große Ziel des DDR-Sports sind in den Sechzigerjahren nur vordergründig Medaillen. Das große Ziel ist die eigenständige Olympiamannschaft, unter eigener Flagge und mit eigener Hymne. Nach dem Bau der Berliner Mauer im August 1961 scheinen die Chancen zu steigen. Als Reaktion auf den Mauerbau frieren die westdeutschen Sportverbände alle Kontakte in den Osten ein; die deutsch-deutschen Wettkämpfe, die es bis dahin etwa im Jugendbereich gab, werden allesamt abgesagt. Bundeskanzler Adenauer deutet an, dass auch ein Rückzug der Athleten aus der gesamtdeutschen Olympiamannschaft nötig sein könnte: »Die deutschen Sportler sind in erster Linie Deutsche und in zweiter Linie Sportler, und es können Zeiten kommen, wo jeder Deutsche verpflichtet ist, in erster Linie daran zu denken, dass er Deutscher ist.« In der DDR legt unterdessen die Abteilung Sport der SED dem »werten Genossen Honecker« stolz eine Propagandabroschüre vor, die der BRD die Schuld an der »Spaltung des deutschen Sports durch den westdeutschen Militarismus« zuschreibt. Erich Honecker hat die Errichtung der Mauer als Sekretär für Sicherheitsfragen des SED-Zentralkomitees maßgeblich organisiert. Im Dezember

## Die DDR setzt an zum großen Sprung

1961 lässt er die Broschüre in einer Auflage von 10 000 auf Deutsch, Englisch und Französisch an Sportverbände in aller Welt verschicken. Die Bemühungen sind aber weitgehend vergeblich: Die ersten Mauertoten kosten die DDR auch in der Sportwelt viele Sympathien.

Die gesamtdeutsche Mannschaft, »Germany« genannt und »GER« abgekürzt, steht auf tönernen Füßen, und die Erde bebt. Doch Avery Brundage pocht darauf, dass die Deutschen auch 1964 in Innsbruck und Tokio zusammen antreten. Das IOC will schließlich wieder einmal die Zauberkraft des Sports demonstrieren. Bei den Winterspielen in Innsbruck nennt der aus dem Westen kommende Chef de Mission Adolf Heine die gemeinsame Mannschaft eine »Farce«; DDR-Olympiachef Heinz Schöbel spricht von »reiner Fiktion«. Karl-Eduard von Schnitzler kommentiert im DDR-Fernsehen: »Das Auftreten von Sportlern aus beiden deutschen Staaten unter einer gemeinsamen Fantasie-Fahne, das Erklingen einer Fantasie-Hymne im Siegesfalle, wenn auch von Beethoven, die gemeinsame Mannschaft: Das alles steht im herben Widerspruch zur Vernunft und zur Wirklichkeit.«

Dennoch hat die DDR Grund zur Freude: Für die Sommerspiele in Tokio qualifizieren sich zum ersten Mal mehr ostdeutsche Athleten als westdeutsche. Es ist ein Prestigeerfolg, den die DDR-Funktionäre mit der Strategie angestrebt hatten, sich in der innerdeutschen Qualifikation speziell in den Mannschaftssportarten mit ihren vielen Teilnehmern durchzusetzen. Das klappt etwa im Fußball oder im Hockey, wo die Bundesrepublik mit Carsten Keller sensationell unterliegt. Die Westdeutschen müssen nun auch die Schmach ertragen, dass die DDR mit Manfred Ewald in Tokio den Chef de Mission stellt. Ewald ist der starke Mann des DDR-Sports, Staatssekretär und Vorsitzender des »Komitees für Körperkultur und Sport« beim Ministerrat. Das »Sportwunderland« DDR, dessen Konturen langsam zu erkennen sind, ist Ewalds großes Projekt. In Tokio behauptet sich im internen Wettbewerb noch einmal der Westen mit sieben von zehn gesamtdeutschen Goldmedaillen.

Willi Daume ist bewusst, dass weitere Zugeständnisse des IOC an die aufstrebende Sportmacht DDR nur eine Frage der Zeit sind. Er selbst könnte mit getrennten Mannschaften gut leben, aber in Bonn sieht man das natürlich anders. Daume hat auch registriert, dass die DDR im IOC an Ansehen zugelegt hat, seit Heinz Schöbel dem ostdeutschen NOK vor-

## Auf den Trümmern wächst die Hoffnung – Die Nachkriegsjahre

steht. Schöbel ist ein Verleger mit humanistischer Bildung, der gut mit Brundage kann und dem IOC-Präsidenten eine liebedienerische, reich illustrierte Biografie widmet. Vor der IOC-Session in Madrid im Oktober 1965 gilt es als sehr wahrscheinlich, dass die Olympier der DDR die lang ersehnte eigene Mannschaft zubilligen. Die Außenministerien in Bonn und Ostberlin mobilisieren noch einmal alle diplomatischen Kräfte, um Einfluss auf die IOC-Mitglieder zu nehmen. Am Ende steht in Madrid ein klares Votum für eine eigene DDR-Mannschaft bei den Spielen des Jahres 1968. Eine Einschränkung verfügt das IOC allerdings: Die beiden deutschen Teams müssen auch in Grenoble und Mexico City unter neutraler Flagge antreten und im Siegesfalle die Beethoven-Hymne hören.

In der Bundesrepublik wird die Entscheidung von Madrid mit Empörung aufgenommen, die Zeitungen beklagen eine schwere Niederlage. Nur Willi Daume ist sich ziemlich sicher, dass in dieser Niederlage eine große Chance liegt.

In der ›Spiegel‹-Ausgabe 41/1962 erscheint unter dem Titel »Bedingt abwehrbereit« ein kritischer Artikel über die Bundeswehr. Franz Josef Strauß, der Verteidigungsminister von der CSU, setzt das mit Landesverrat gleich und lässt die Redaktion von der Polizei besetzen sowie führende Köpfe verhaften. In vielen Städten drängen die Bürger zum Protest auf die Straße. Sie verteidigen die Meinungsfreiheit, sie lassen sich von Politik und Staat nicht mehr alles gefallen. Man kann sagen: Sie erachten das Gemeinwesen als ihre Angelegenheit. Der SPD-Bundestagsabgeordnete Gustav Heinemann gehört zu den Anwälten, die das Nachrichtenmagazin erfolgreich vor Gericht vertreten. Die deutsche Demokratie ist in der »Spiegel-Affäre« getestet worden und hat ihre Reife bewiesen.

Langsam, ganz langsam beginnt auch in größerer gesellschaftlicher Breite die Auseinandersetzung mit der deutschen Schuld im Dritten Reich, eine Aufgabe, die bisher kommod ausgelagert war an ein paar Intellektuelle. Als Kanzler Adenauer am 15. Oktober 1963 abtritt, hinterlässt er eine institutionell gefestigte und außenpolitisch integrierte Republik, aber auch ein Land, das mit sich noch nicht im Reinen ist. Die größte Leerstelle der Erinnerung ist der Holocaust.

In den Sechzigerjahren werden viele Deutsche gezwungen, sich der Vergangenheit zu stellen. 1961 erscheint ein Buch des Hamburger Histo-

## Das Verdrängen wird schwieriger

rikers Fritz Fischer, das einen Knoten löst. In ›Griff nach der Weltmacht‹ beschäftigt sich Fischer mit den Ursachen des Ersten Weltkriegs, er sprengt die deutschnationale Legende, dass das Kaiserreich mit der Sache nichts zu tun hatte. Eine neue Generation von Historikern und auch Journalisten setzt einen neuen Standard an Selbstkritik. Ungefähr zur gleichen Zeit beginnt die Reihe großer Prozesse gegen die Täter des Holocaust: In Jerusalem steht von April 1961 an der frühere SS-Obersturmbannführer Adolf Eichmann vor Gericht. 1963 wird auf deutschem Boden, in Frankfurt, der Auschwitz-Prozess eröffnet, 1964 in Düsseldorf der Treblinka-Prozess. Das Wegschauen und Wegschieben, das Verdrängen und Vergessen werden schwerer und schwerer.

Was den Menschen vom Tier unterscheidet, erklärt Gustav Heinemann, das sei die Fähigkeit,»verantwortungsbewusst fühlen« zu können – genau deshalb müsse er auch »verantwortlich gemacht werden«. Der Mensch sei nicht »Gottes Marionette«, Gott lasse jedem »eine eigene Entscheidung offen«. Auch Auschwitz, sagt Heinemann, sei demnach keine Tat Gottes, »sondern eine Tat von Menschen, die aus eigener Entscheidung handelten«.

Sehr kurzfristig hat Willi Daume in Hans-Jochen Vogels Büro im Münchner Rathaus angerufen und um einen Termin gebeten, es sei dringend. Der Oberbürgermeister hat sich eine Stunde freigeschaufelt. Was der Präsident des Nationalen Olympischen Komitees von ihm will, das weiß Vogel nicht. »Sitzen Sie fest auf Ihrem Stuhl?«, fragt Daume, als er am 28. Oktober 1965 gegenüber von Vogels Schreibtisch Platz nimmt. Vogel meint im ersten Moment, das sei eine Anspielung auf seine Wiederwahl, die im Jahr darauf ansteht. »Ja, ich glaube schon«, antwortet er. »Haben Sie Sorgen, dass mir irgendetwas fehlt oder dass ich wackle?« Jetzt kommt Daume direkt zur Sache: »Und ich glaube, ich habe eine für Sie wichtige Frage zu stellen, nämlich die Frage: Warum bewirbt sich München nicht um die Olympischen Spiele?« Vogel verschlägt es den Atem. »Sauber«, das ist alles, was er über die Lippen bekommt.

Es ist ein ungleiches, aber kongeniales Duo, das sich an diesem Tag im Amtszimmer des Oberbürgermeisters mit Blick auf den Marienplatz findet. Daume ist ein Visionär, Vogel ein Macher; Daume ist ein sehr emotionaler Mensch, Vogel ein sehr nüchterner; Daume ist CDU-Mitglied,

## Auf den Trümmern wächst die Hoffnung – Die Nachkriegsjahre

Vogel Sozialdemokrat. Die beiden bilden, schreiben die Historiker Schiller und Young, ihre eigene Große Koalition. Daume und Vogel wird man später »die Väter der Spiele von München« nennen. Aber schon an jenem 28. Oktober 1965 ist unsichtbar ein dritter Vater mit im Raum – der eine, den man nicht ganz so gern vorzeigen wird.

Noch bevor Vogel ernsthaft auf die ohnehin eher rhetorische Frage seines Gastes antworten kann, spricht Daume weiter: Er habe den Eindruck, dass IOC-Präsident Avery Bundage »bereit ist, die Spiele an die zu vergeben, die den Krieg angezettelt und verloren haben«. Das japanische Sapporo sei der große Favorit für die Winterspiele 1972. Und die Sommerspiele desselben Jahres könnten in Deutschland stattfinden. »Brundage will uns eine Chance geben«, sagt Daume. Hans-Jochen Vogel, Willi Daume, Avery Brundage: Es ist dieses Trio, ohne das es Olympia in München nicht gäbe.

1972, das ist ja bald, denkt sich Vogel und fragt: »Wie lange haben wir Zeit, um eine Bewerbung auf die Beine zu stellen?« Daume: »60 Tage.« Vogel: »Sie wissen, dass wir keine einzige olympiataugliche Wettkampfstätte in München haben?« Daume erklärt, dass das kein Hindernis sei, im Gegenteil: Dem IOC seien Neubauten am liebsten, sie dürften sogar etwas bescheidener ausfallen, die Spiele von Tokio im Vorjahr seien den Olympiern beinahe zu monumental gewesen. Vogel ist immer noch skeptisch: Es würde München doch gewiss schaden, dass es die Keimzelle des Nationalsozialismus war. Auch da macht sich Daume keine großen Sorgen, er kennt ja Brundage und seine Spießgesellen, die sich an Berlin 1936 nur als hervorragend organisiertes Sportfest erinnern. »Aber der DDR würde das doch nicht gefallen«, sagt Vogel. Jetzt kann Daume sein wichtigstes Argument ausbreiten.

Er berichtet Vogel von der IOC-Entscheidung, dass die DDR 1968 erstmals eine eigene Olympiamannschaft stellt. Und 1972 womöglich sogar unter eigener Flagge und mit eigener Hymne teilnehmen darf, auch wenn das noch niemand ausspricht. Aus außenpolitischer Sicht sei das natürlich ein schlimmer Schlag für die Bundesrepublik. Aber aus sportpolitischer Sicht sei es eine große Gelegenheit. Denn im IOC und sowieso bei Brundage, glaubt Daume, dürfte es Sympathie dafür geben, den Westdeutschen einen gewissen Ausgleich zuzugestehen. Und wäre da nicht die Ausrichtung der Spiele 1972 bestens geeignet?

## Willi Daume besucht Hans-Jochen Vogel

Daume hatte bei Olympia in Deutschland zuerst an Berlin gedacht, Anfang der Sechzigerjahre hatte er Willy Brandt kontaktiert, den jungen Regierenden Bürgermeister. Berlin 1968, das war der Versuchsballon, aber die Westalliierten ließen schnell die Luft raus: Olympia in der geteilten Stadt, an der Front des Kalten Krieges, das sei zu gefährlich, im wörtlichen wie im politischen Sinne. Wie war es denn dem Hollywood-Regisseur Billy Wilder ergangen, der 1961 in Berlin seine Komödie ›Eins, zwei, drei‹ drehte? Wilder wurde vom Bau der Mauer überrascht – und musste mit seiner ganzen Produktion nach München umsiedeln.

München, das ist faktisch Daumes zweite Wahl, in vielen Dingen aber auch die erste. Es gibt keine westdeutsche Antwort auf Paris oder London, aber wenn es eine gäbe, wäre es eben nicht Berlin, nicht Frankfurt oder Köln und schon gar nicht die verschlafene Bundeshauptstadt Bonn. Sondern München, das immer öfter zur heimlichen Kapitale der Republik ausgerufen wird. Auch das Selbstbewusstsein der Stadt festigt sich langsam. Das im Krieg zerstörte Nationaltheater ist in voller Pracht wiedereröffnet worden; die Besuche des französischen Staatspräsidenten Charles de Gaulle und der britischen Königin Elizabeth II. haben sich zu Volksfesten ausgewachsen. Für die Stadt spricht auch, dass dort 1959 die Jahressession des IOC stattgefunden hat und die Olympier sich wohlfühlten. München ist außerdem jung, 1972 werden laut Prognosen zwei Fünftel der Stadtbevölkerung 30 Jahre oder jünger sein. Selbst der Oberbürgermeister ist ja jung und dynamisch, für Daume ist das ein zentrales Kriterium.

Hans-Jochen Vogel verabschiedet seinen Gast am 28. Oktober mit der Bitte, noch ein paar Nächte über die Sache schlafen zu dürfen. Mehr als ein paar können es aber nicht sein: Am 31. Dezember 1965 müsste eine Münchner Bewerbung das IOC in Lausanne erreichen. Als Daume fort ist, läuft Vogel in seinem Büro auf und ab, er grübelt. »Mir ging die Größe der Aufgabe durch den Kopf. Eine Bewerbung in nur 60 Tagen. U- und S-Bahn mussten schneller gebaut werden. Und all die Fragen zur DDR«, erinnert sich Vogel später. »Aber dann dachte ich, welche einmalige Chance diese Spiele für ganz Deutschland sein könnten. Wir könnten zeigen, dass wir ein ganz anderes Deutschland sind als das von 1936.«

Ein paar Tage braucht Vogel, bis er bereit ist, das Wagnis einzugehen. Er bespricht die Idee im ganz kleinen Kreis im Rathaus, als Ersten infor-

## Auf den Trümmern wächst die Hoffnung – Die Nachkriegsjahre

miert er Georg Brauchle, seinen Zweiten Bürgermeister, der im Jahr zuvor noch dafür belächelt wurde, die Worte »München« und »Olympia« im selben Satz verwandt zu haben. Den beiden ist klar, dass es ohne die Rückendeckung der örtlichen Zeitungen nicht gehen wird. Aber Vogel ist da zuversichtlich. Gelegentlich speist der Oberbürgermeister im Ratskeller mit den Lokalchefs von ›Abendzeitung‹, ›tz‹, ›Münchner Merkur‹ und ›Süddeutscher Zeitung‹. In dieser Runde hatten die Journalisten ihn schon einmal mit der Frage beharkt, ob Olympische Spiele nicht zur bundesdeutschen Boomstadt passen würden. »Vogel zog anfangs nicht so«, sagt Michael Graeter von der ›Abendzeitung‹ im Rückblick. »Wir mussten ihn richtig anschubsen.«

Nun ist es Vogel, der schiebt. Zunächst müssen Daume und er die bayerische Staatsregierung und die Bundesregierung ins Boot holen. Eine Sache will Vogel aber zuerst erledigt haben. Er reist zu seinem Parteifreund Willy Brandt nach Berlin; gegen dessen Willen möchte er keine Spiele in München. Er ist erleichtert, als Brandt Sympathie erkennen lässt. Dann ruft Vogel Ministerpräsident Alfons Goppel von der CSU an. »Von ihm kam ein sehr rasches Ja«, erinnert sich Vogel, »sofort verbunden mit der grundsätzlichen Zusage der Beteiligung an der Finanzierung.« Alfons Goppel selbst hat seinen Parteichef Franz Josef Strauß an Bord geholt: Bayerns Wachstum, das ist das große Projekt der CSU, München ist der Motor dieses Wachstums. Und falls das Ganze schiefgeht, bleibt es doch am roten Oberbürgermeister hängen.

Am 29. November 1965 fliegen Daume, Vogel, Brauchle und Goppel nach Bonn, wo Ludwig Erhard sie mittags bei Kaffee und Kuchen im Kanzlerbungalow empfängt. Der Bundeskanzler ist zunächst zurückhaltend, vielleicht auch, weil sein Kanzleramtschef Ludger Westrick ihn vorher gewarnt hat, dass die erste Kostenprognose von knapp 500 Millionen D-Mark nicht zu halten sein würde. Und war eine neue Sparsamkeit nicht das große Versprechen des Kanzlers? Zum Erstaunen aller Umsitzenden setzt Erhard sich nach zwei Stunden über Westricks Veto hinweg.

Man könne »nicht immer Trübsal blasen und dem Volk Unerfreuliches verkünden«, sagt er. Westrick zupft den Bundeskanzler in seiner Verzweiflung am Ärmel. Doch Erhard fährt fort: Die Leute bräuchten auch mal »gute Nachrichten«. Olympische Spiele in Deutschland, das würde sehr schön seine Thesen bekräftigen, dass die Nachkriegszeit vorbei

### Eine verwegene Idee wird Wirklichkeit

sei. Die Runde ist sich auch einig, dass Olympia eine elegante Art wäre, der internationalen Dauerpropaganda aus dem Osten etwas entgegenzusetzen. Man verständigt sich sogar noch auf die grobe Finanzierung: Stadt, Land und Bund wollen die Kosten zu je einem Drittel tragen.

Nach dem Besuch im Kanzleramt fliegt die Münchner Delegation durch einen ausgewachsenen Schneesturm nach Hause. Mit 50 Minuten Verspätung treten Vogel und Goppel im Ratskeller vor die Presse. So gut wie nichts ist bislang durchgesickert. Die Journalisten sind baff. Hat dieses Vorhaben wirklich Aussicht auf Erfolg? Olympia in Deutschland, zwei Jahrzehnte nach dem Krieg? In der Hauptstadt der Bewegung? Aber genau darum gehe es ja, erklären Vogel und Daume den Reportern. »Für das internationale Ansehen unseres Volkes«, sagt Vogel, wären Olympische Spiele von »erheblicher Bedeutung«. Daume versichert, München habe alle Voraussetzungen, dass die Spiele »sicher nicht die größten, aber die schönsten sein werden«. Am nächsten Tag ist es Franz Josef Strauß, der in einer Rede im Bundestag für Olympia in München mit dem Argument wirbt, die Spiele könnten das internationale Bild der Deutschen aufpolieren: »Wir haben den innigen Wunsch, dass die Welt das deutsche Volk wirklich kennenlernt.«

Kapitel 3

## »... DANN GEHT'S WUID AUF.« – MÜNCHEN ERHÄLT DIE SPIELE 1972

München spürt den Bauboom // Heinemann wird wieder Minister und dann Bundespräsident // Willy Brandt zieht ins Kanzleramt // das Fernsehen wird bunt // Münzen finanzieren Olympia // Aicher wählt seine Farben // Behnisch modelliert sein Stadion mit einem Damenstrumpf // Rassismus und Gewalt bedrohen Olympia // Heide Rosendahl hat viele Talente // Mark Spitz und Ulrike Meyfarth fallen auf, die DDR schießt sich auf München ein und die Stasi rüstet auf // die RAF lernt bei den Palästinensern das Töten // im jüdischen Altenheim verbrennen Menschen // ein Herr vom Verband spioniert im Eiskanal // ein Terror-Szenario, das keiner hören will

Nach dem Zuschlag für die Spiele 1972 wird die Münchner Delegation bei ihrer Rückkehr vom IOC-Kongress 1966 am Flughafen begeistert gefeiert. Gustav Heinemann (hier bei seiner Vereidigung 1969) will weniger Staatsoberhaupt als vielmehr »Bürgerpräsident« sein.

Der Gestalter und Grafikdesigner Otl Aicher ist für Farbgebung und Optik der Olympischen Spiele 1972 verantwortlich. Er erschafft unter anderem Piktogramme für die einzelnen Sportarten. Als Maskottchen dient »Waldi«, ein augenscheinlich gemütlicher, bunter Dackel.

Sportfunktionär Willi Daume (Mitte) ist eine der treibenden Kräfte in Sachen Olympische Spiele in München 1972. Der Architekt Günter Behnisch (rechts) plant das Olympiastadion mit seinem charakteristischen Zeltdach.

München mag eine Stadt im Aufbruch sein, aber eine Olympiabewerbung – das ist manchen dann doch zu viel der Veränderung. In den Straßenumfragen der Münchner Zeitungen zeichnet sich zwar eigentlich immer eine Mehrheit für die Spiele ab. Doch die skeptischen Stimmen sind deutlich. Da ist etwa die Marktfrau Loni Mautner, die sagt: »Jetzt machen's uns ganz München kaputt.« Der Postobersekretär Johann F. findet: »Dass bei dem Trubel dann alles zusammenbricht, kann sich jeder an den fünf Fingern abzähl'n.« Rainer Schubert, immerhin deutscher Meister über 400 Meter Hürden, vom TSV 1860 München, fragt: »Soll das ernst sein? Das ist eine abwegige Idee.« Und die Hausfrau Rosa Wipplinger glaubt: »Da san bloß de Fanatisch'n dafür.« Zu den Fanatischen zählt allerdings auch ihr Gatte, der Werkmeister Alfons Wipplinger, der überzeugt ist, dass die Spiele der Stadt guttun würden: »Wenn d'Olympiade wirklich herkommt, dann geht's wuid auf.«

Wir? Olympia? Die Münchner sind »maßlos erstaunt«, wie Hans-Jochen Vogel feststellt. Aber sobald sich der Gedanke gesetzt hat, sagen sie: Warum eigentlich nicht? Im Stadtrat findet die Bewerbung breite Unterstützung, und von 50 Verbänden, die Vogel um eine Stellungnahme bittet, äußern sich 49 positiv. Auch medial wird die Initiative sehr wohlwollend aufgenommen. In Bayern ist es eigentlich nur der Bayerische Rundfunk in Person seines Wirtschaftschefs Rudolf Mühlfenzl, der Vogel mit seinen ständig vorgetragenen finanziellen Bedenken zusetzt.

In den Kommentaren außerhalb des Freistaats schwingt oft Bewunderung für Münchens Mut mit, aber auch Tadel für die Bundesregierung, die das Abenteuer der verrückten Bayern mitbezahlen will. Die ›Welt‹ schreibt: »Die Verlockung, die Welt zu Gast zu laden, war offenbar größer, als ein Beispiel an heroischem Verzicht geben zu wollen.« Tatsächlich gibt es durchaus kritische Stimmen im Bundeskabinett, die vor einer

## »... dann geht's wuid auf.« – München erhält die Spiele 1972

Budgetexplosion warnen, aber Kanzler Ludwig Erhard lässt sie nicht laut werden. Geld sei nicht alles, sagt er. Die Frage, ob solche Extravaganzen wie Olympia unbedingt sein müssen, treibt auch einige hohe Beamte im bayerischen Finanzministerium um, aber richtig aufzumucken traut sich keiner.

Oberbürgermeister Vogel kann ja auch handfeste Argumente für die Spiele vorbringen. Die großen Infrastrukturprojekte der Stadt, etwa den Bau von U- und S-Bahn, würde Olympia wesentlich beschleunigen – und durch die Beteiligung von Land und Bund sogar billiger machen. Ein wichtiger Trumpf ist auch, dass man über einen geeigneten Ort für das Olympiagelände nicht lange nachdenken muss. Das Herz der Spiele soll auf dem Oberwiesenfeld schlagen. Schon 1964 hatte der Stadtrat beschlossen, dort einen Fernsehturm zu errichten. Auch ein Stadion ist schon angedacht, es gab einen Architektenwettbewerb. Das Areal ist groß und frei, nur vier Kilometer vom Zentrum entfernt und gehört praktischerweise bereits der Stadt, dem Land und dem Bund. Über den 55 Meter hohen Schuttberg ist Gras gewachsen, im Winter fahren die Münchner Ski an seinen Hängen, im Sommer weiden dort Schafe. Die Idee, ein Stück Zukunft auf den Scherben der Vergangenheit zu bauen, kann niemand ernsthaft bekritteln.

Einen Monat haben Daume und Vogel, um die Bewerbungsunterlagen zu erarbeiten. Gegen Ende des 20. Jahrhunderts wird das ein Prozess sein, der Jahre in Anspruch nimmt, aber auch in den Sechzigern ist der Zeitplan schon extrem sportlich. Es hilft, dass Daume als IOC-Mitglied viele andere Bewerbungen erlebt hat. Und es hilft auch, dass Vogel einen bereits existierenden Stadtentwicklungsplan einbringen kann. Daume ist sicher, dass das bei den IOC-Mitgliedern, die bereits Ende April 1966 ihre Entscheidung treffen werden, die Seriosität der Münchner Bewerbung unterstreicht.

In den vergangenen Jahren sind die Olympischen Sommerspiele immer größer geworden, auch die Kosten sind explodiert. Es stieg die Zahl der teilnehmenden Länder, der Sportler und der Sportarten. Tokio 1964 war eine Zäsur für die olympische Bewegung. Der Olympiahistoriker David Goldblatt schätzt, dass die Spiele von Melbourne 1956 inflationsbereinigt fünf Millionen Dollar gekostet haben, die von Rom 1960 gut 30 Millionen Dollar – und die von Tokio 1964 2,8 Milliarden Dollar.

## München gibt ein Versprechen

Olympia war der Anlass für eine Generalsanierung der Stadt Tokio, sie bekam eine neue Kanalisation, 100 Kilometer Stadtautobahn, neue U-Bahn-Linien, einen modernisierten Flughafen und den Shinkansen, den Hochgeschwindigkeitszug, der die Fahrzeit zwischen Tokio und Osaka von sechs auf vier Stunden reduzierte. Für die Bewohner von Tokio mag das alles erfreulich sein, aber die Herren des IOC, die sich ja als Lordsiegelbewahrer antiker Traditionen verstehen, nehmen Anstoß am grassierenden Gigantismus. Zumal die Pläne für Mexico City 1968 keine Trendwende versprechen.

Daume hat bei Brundage und anderen IOC-Kollegen den Wunsch ausgemacht, 1972 bescheidenere Spiele anzustreben, auch ganz praktisch. Die Olympier hätten genug von »Mammutstädten«, in denen die Wettkampforte zwei Fahrtstunden auseinanderliegen und die Olympiastimmung sich auf riesiger Fläche verliert. Auch das Kulturprogramm gehe inzwischen regelrecht unter. Auf diese Grundbefindlichkeit schneiden Daume und Vogel ihre Bewerbung zu: »menschlich und überschaubar« sollen die Münchner Spiele sein. Mit drei Slogans umreißen sie ihr Angebot an das IOC: »Spiele der kurzen Wege«, »Olympia im Grünen« und »Olympia der Musen und des Sports«. Sie porträtieren München als Stadt der Kultur genau wie der Wirtschaft, der Geschichte genau wie der Innovation.

Wenige Tage vor Torschluss meldet sich ein Vertreter der nordrhein-westfälischen Landesregierung bei Daume: Das Ruhrgebiet erwäge eine Gegenkandidatur. Spiele dort wären doch billiger, weil zahlreiche Sportstätten bereits existierten. Und die Schubkraft, die Olympia garantiert, habe das Ruhrgebiet nötiger als München. Daume bremst den NRW-Vorstoß mit Verweis auf das IOC-Statut aus: Demnach dürfen die Spiele nicht an Regionen, sondern nur an einzelne Städte vergeben werden.

Am 1. Januar 1966 kennt München seine internationale Konkurrenz. Der größte Widersacher scheint zunächst Wien zu sein, das den Vorteil besitzt, die Hauptstadt eines neutralen Staates zu sein. Die Wiener Kandidatur scheitert dann vorzeitig daran, dass die österreichische Bundesregierung die Übernahme finanzieller Garantien verweigert. Ein Glück für München, erinnert sich Vogel: »Ich bin überzeugt, dass Wien gewonnen hätte.« Drei weitere Aspiranten bleiben im Rennen. Als chancenlos gilt die amerikanische Autometropole Detroit, die mehr aus Trotz als aus

## »... dann geht's wuid auf.« – München erhält die Spiele 1972

Überzeugung ihre siebte Bewerbung in Folge abgegeben hat. Bessere Aussichten werden Madrid und Montreal zugebilligt. Madrid versucht, mit der spanischen Neutralität zu punkten, ein Argument, das sich reichlich zynisch direkt gegen München richtet: Im Spanien des Diktators Franco hätten DDR-Athleten keine Scherereien zu fürchten. Montreal ist München in gewisser Weise ähnlich, eine Stadt auf dem Sprung in die Moderne. Angeführt vom umtriebigen Bürgermeister Jean Drapeau hat die Hauptstadt der Provinz Quebec bereits den Zuschlag für die Weltausstellung 1967 erhalten.

Drapeau reist um die Welt, um Stimmen für Montreal zu sammeln. Darauf verzichtet Vogel, aber seine spätere Beteuerung, man habe sich »auf das korrekteste« an die IOC-Regeln gehalten, ist nur formal richtig. Genau wie die Konkurrenz zieht auch München alle Register – und das mit einiger Kreativität. Die Regeln verbieten es Bewerberstädten zwar, IOC-Mitglieder zu Besuchen einzuladen. Aber anstelle der Stadt erledigt das dann halt einfach die Deutsche Olympische Gesellschaft. In einem Brief versichert Vogel Brundage, dass München »besondere Anstrengungen unternehmen« werde, damit »die IOC-Mitglieder und ihre Familien« während der Spiele »die von der Stadt und ihrer Umgebung gebotenen Annehmlichkeiten genießen« könnten.

Auch Journalisten aus stimmenmäßig relevanten Ländern werden von der Münchner Charmeoffensive erfasst: Bei dreitägigen Gratis-Visiten werden sie rund um die Uhr mit bayerischen Spezialitäten gemästet. In der Arbeitsgruppe zur Pressebespaßung taucht erstmals Walther Tröger auf, der 1972 dann Bürgermeister des Olympischen Dorfs sein wird. In der Dritten Welt nutzen Daume und Vogel ungeniert diplomatische Kanäle und wirtschaftliche Kontakte. Afrika und Asien stellen zwar nur wenige IOC-Mitglieder – deren Stimmen sind aber zu haben, ganz im Gegensatz zu denen aus dem Ostblock. Oder denen aus Südamerika, die wohl nach Madrid gehen dürften.

Nicht zuletzt gilt es, Avery Brundage höchstpersönlich bei Laune zu halten. Ende März 1966 fliegen Vogel und Brauchle nach Chicago und werden von Brundage in seinem Büro im 14. Stock des LaSalle Hotels empfangen. Vogel erweist sich als begabter Schmeichler, er vergleicht Brundages Bedeutung für das IOC mit Konrad Adenauers Bedeutung für die Bundesrepublik. Brundage kann da nur zustimmen, insistiert aber,

## Knödel für die Weltpresse

satte elf Jahre jünger zu sein als der Ex-Kanzler. Den Besuchern fällt bald auf, dass ihr Gastgeber auf einem Zettel notiert hat, was alles für München spricht. Ganz oben: »1936«. Sie verzichten lieber auf historische Belehrungen. Dann haben Vogel und Brauchle eine brenzlige Situation zu überstehen: Brundage wedelt ihnen mit einer deutschen Zeitung vor der Nase herum, in der berichtet wird, dass fünf CSU-Bundestagsabgeordnete die Münchner Bewerbung aus Kostengründen kippen wollen. Beide überschlagen sich mit Zusicherungen, dass das nicht ernst zu nehmen sei. »Er glaubte uns und entließ uns in Gnaden«, erinnert sich Vogel später.

Willi Daume bringt unterdessen ein taktisches Opfer auf Brundages Altar des Amateurismus: Das Eiskunstlaufpaar Marika Kilius und Hans-Jürgen Bäumler, Silbermedaillengewinner von Innsbruck 1964, ist vom IOC nachträglich disqualifiziert worden, weil die beiden noch vor den Spielen einen Vertrag über Showauftritte bei »Holiday on Ice« unterschrieben hatten. Ihre Medaillen haben die beiden aber noch. Daume bewegt sie dazu, ihr Silber ebenso feierlich wie reumütig bei einem Auftritt im »Aktuellen Sportstudio« des ZDF zurückzugeben.

Im Auftrag der Münchner Bewerbung begeben sich bestens vernetzte Sportfunktionäre auf Stimmenfang im Ausland, vor allem in der Dritten Welt. Bei seiner Bewerbungsrede in Rom im April 1966 wird Willi Daume die Münchner Spiele als dreifache Brücke anpreisen: zwischen Sport und Kultur, zwischen Ost und West – und zwischen jungen und alten Nationen. Bereits Anfang 1966 informiert Daume Brundage, dass Deutschland den neuen Staaten Afrikas und Asiens Geld, Sachmittel und Know-how für die Vorbereitung auf die Spiele anbieten werde. Der Afrika-Beauftragte Münchens ist Alfred Ries, ein jüdischer Kaufmann, dessen Eltern im Ghetto Theresienstadt ermordet wurden. Ries, der Präsident des amtierenden deutschen Fußballmeisters Werder Bremen, hatte in leitender Funktion bei Kaffee Hag gearbeitet und war deutscher Botschafter in Liberia gewesen. Auch Bundespräsident Heinrich Lübke besucht Anfang 1966 Afrika, unter anderem Marokko, das ein IOC-Mitglied stellt.

Am Beispiel Marokko haben Kay Schiller und Christopher Young das deutsche Werben um Stimmen für München beschrieben: 194 Millionen

»... dann geht's wuid auf.« – München erhält die Spiele 1972

Mark an Unterstützungsgeldern sichert die Bundesrepublik dem Königreich zu. Die »sportliche Entwicklungshilfe für Afrika« sei ein »wichtiger Faktor« beim Erfolg der Münchner Bewerbung gewesen, urteilen sie. Ende der Sechziger verdreifacht sie sich innerhalb weniger Jahre. »Auch wenn der Begriff zu kurz greift: Manche würden das vielleicht als Bestechung bezeichnen.«

Anfang der Siebzigerjahre wirken deutsche Sportfunktionäre auf Afrikareise jedenfalls wie Nikoläuse, die ihre Gaben verteilen. Das nigerianische Nationalstadion in Lagos erhält etwa eine Laufbahn aus demselben hochmodernen Material wie jene im Münchner Olympiastadion. Positiv gewendet, sind die Deutschen ernsthaft um die Teilhabe Afrikas an den Spielen bemüht. Es gibt Seminare für afrikanische Sportjournalisten und Hilfestellung für Künstler, die beim olympischen Poster-Wettbewerb mitmachen wollen. Afrikanische Athleten dürfen in Deutschland trainieren; bundesdeutsche Trainer, vor allem im Fußball, werden zur Basisarbeit nach Kamerun, Togo oder Mali entsandt. In einigen Ländern kommen sie jedoch zu spät: DDR-Trainer sind schon da.

In einem Papier des DDR-Sportapparats wird schon 1966 der Verdacht geäußert, dass die Bundesrepublik auch über Olympia hinaus ihr »bislang dürftiges Ansehen unter den jungen Nationen Afrikas und Asiens« zu verbessern trachtet – also in einer Region, in der die Kalten Krieger beider Seiten noch neue Verbündete gewinnen können. Die Einschätzung dürfte akkurat sein, zumal westdeutsche Diplomaten bemerkt haben, dass ein wenig Imagekorrektur in Afrika besonders nottut. Deutschland wird hier von vielen Menschen weiterhin nur mit Hitler und soldatischer Tugend identifiziert. Anderseits verleiht der frühe Verlust der eigenen Kolonien den Deutschen einen Sympathiebonus verglichen mit Briten oder Franzosen. Die Werbekampagnen für die Spiele, die sich die Münchner Organisatoren in Afrika eine Million Mark kosten lassen, sind im Grunde Werbekampagnen für das neue Deutschland.

Die Entscheidung über den Ausrichter fällt Ende April 1966 in Rom, im Foro Italico, dem Olympiagelände von 1960. Die Münchner Delegation stellt bei der Ankunft in ihrem Hotel Quirinale erst mal erfreut fest, dass gleich gegenüber wenige Tage zuvor eine »Birreria Bavaria« eröffnet hat. Wenn das kein gutes Omen ist! Hans-Jochen Vogel sieht sich genötigt, seine Reisegruppe zu ermahnen: »Aber bitte kein Saufgelage, meine Herren!« Und tatsächlich ist Nüchternheit geboten.

Das IOC verlangt eine schriftliche Zusage der Bundesregierung, dass die DDR bei etwaigen Spielen in München behandelt würde wie jede andere Teilnehmernation – es dürfe etwa keine Komplikationen bei der Ein- und Ausreise geben. Doch das Fernschreiben, das Daume und Vogel aus dem Bundeskanzleramt bekommen, ist wenig befriedigend. Darin erkennt die Bundesrepublik zwar an, dass die IOC-Statuten für alle Teilnehmerländer gelten, also auch für die DDR. Zugleich bekräftigt sie aber sehr deutlich den Alleinvertretungsanspruch Westdeutschlands.

Daume und Vogel wissen, dass das möglicherweise nicht ausreicht. Ihre Nachfragen im Kanzleramt werden abschlägig beschieden. Kurzerhand beschließen sie, das Fernschreiben aus Bonn dem IOC gar nicht erst vorzulegen. Stattdessen lassen sie ein älteres Dokument ins Englische übersetzen, das nur aus dem Bundesinnenministerium stammt, aber für olympische Ohren etwas freundlicher intoniert ist. Auf der Übersetzung fehlt das Ausfertigungsdatum: 8. Dezember 1965, das würde schräg aussehen. Mündlich sichert Vogel den IOC-Mitgliedern auch noch zu, dass alle teilnehmenden Nationen ihre Flaggen, Hymnen und Embleme gemäß den IOC-Vorgaben verwenden dürften. Die Münchner Delegation ist selbst verblüfft, dass sie mit dieser Notlösung durchkommt.

Die IOC-Session in Rom zieht sich über mehrere Tage, Vogel nennt sie hinterher »eine ununterbrochene Nerven- und Geschicklichkeitsprüfung«. Einmal streuen die Münchner diskret in der italienischen Presse, dass Vogel guten Kontakt zur Vizebürgermeisterin von Leningrad pflege. Einer römischen Zeitung reicht das für die Schlagzeile: »München Schwesterstadt von Stalingrad«. Viele Stunden verbringen die Gesandten der Bewerberstädte in einem großen Ausstellungsraum, in dem jede Stadt eine Art Messestand mit 40 Quadratmetern hat. Der Münchner Stand präsentiert ein großes Alpenpanorama auf Fototapete und davor einen mächtigen Kastanienbaum aus Plastik sowie ein Modell des auf dem Oberwiesenfeld geplanten Stadions; mit dem späteren Olympiastadion hat dieser Entwurf freilich noch nichts zu tun. Er sei sich vorgekommen »wie ein Budenbesitzer auf dem Oktoberfest«, sagt Vogel.

Manche IOC-Herren sind allerdings weniger an einem Fachgespräch mit dem Oberbürgermeister interessiert als vielmehr am Austausch mit

## »… dann geht's wuid auf.« – München erhält die Spiele 1972

den Hostessen im Dirndl, die München in weiser Voraussicht eingeflogen hat. So hat Vogel wenigstens Gelegenheit, mal selbst durch den Raum zu schlendern. Was er sieht, macht ihm leise Hoffnung. Weder Detroit noch Madrid können in Detail und Sorgfalt mit den Münchner Plänen mithalten. Die Spanier zeigen an ihrem Stand etwa einfach ein Modell von »Camp Nou«, dem Fußballstadion des FC Barcelona.

Dass Montreal der schärfste Kontrahent sein dürfte, beweist Bürgermeister Jean Drapeau mit einem kühnen Vorstoß. »Falls uns die Olympischen Sommerspiele 1972 übertragen werden«, verkündet er, »bieten wir freie Unterkunft und Verpflegung über einen Zeitraum von 30 Tagen für jeden teilnehmenden Sportler und jedes Delegationsmitglied.« Bislang kamen die jeweiligen Nationalen Olympischen Komitees für die Kosten auf. Vogel bleibt nichts anderes übrig, als sofort zu versprechen, dass selbstverständlich auch München ein extrem günstiges Angebot machen werde. Sechs Dollar pro Person und Tag wirft er in die Debatte.

Für die »Birreria Bavaria« und ihre importierten Spezialitäten bleibt Vogel und Daume keine Zeit. Erst muss sich der Ordnungsfreund Vogel ärgern, weil seine Leute nicht genug Büroklammern nach Rom mitgenommen haben. Dann wird es ernst. Als die Münchner sich in einer Sitzung im Hotel Excelsior den Fragen des IOC stellen, tritt der sowjetische Delegierte Konstantin Andrianow auf den Plan. Da die DDR kein IOC-Mitglied hat, war klar, dass ihre Verbündeten den Widerstand gegen München anführen würden. Andrianow wirft der Stadt vor, dass sie so viele osteuropäische Emigranten und deren Verbände beherberge – und dazu noch die US-Sender ›Radio Free Europe‹ und ›Radio Liberty‹, beide »Sprachrohre der imperialistischen Politik«. München, für die Sowjets ist das ein »Zentrum der Subversion«.

Mehrmals verlässt Andrianow den Raum, um mit Moskau zu telefonieren. Daume bekommt ständig neue Fernschreiben aus Bonn auf den Tisch gereicht. Irgendwann verschwinden Daume und Andrianow zu zweit in einem Nebenzimmer – danach schweigt Letzterer. Später wird man hören, der Deutsche habe dem Russen versprochen, ihn bei seiner Kandidatur als Vizepräsident des IOC zu unterstützen. Ebenso soll Daume Heinz Schöbel, dem NOK-Chef der DDR, zugesichert haben, für dessen Aufnahme in das IOC zu stimmen. Doch auch damit ist nicht alle Glut gelöscht.

## Die letzte Attacke auf die Münchner Bewerbung

Der tschechoslowakische Delegierte Frantisek Kroutil greift Vogel direkt an: »Ist dieses München nicht auch das München des ›Löwenbräukellers‹ und der Feldherrnhalle, das München bei Dachau?« Vogel bewahrt Ruhe, er korrigiert auch nicht, dass Kroutil offenkundig den »Löwenbräukeller« mit dem »Bürgerbräukeller« verwechselt. »Diese Frage ist berechtigt, und ich verstehe sie«, sagt Vogel. »Aber in München lebt eine neue Generation. Die Hälfte aller unserer Bürger war noch nicht geboren oder minderjährig, als das Furchtbare geschah.« Vogel berichtet noch von den hervorragenden Beziehungen Münchens zur tschechoslowakischen Hauptstadt Prag. Der dortige Bürgermeister habe ihn vor wenigen Tagen eingeladen – natürlich werde er hinfahren und die Einladung erwidern. Kroutil wirkt beeindruckt. Mit der nächsten Lufthansa-Maschine aus München lässt Vogel eine Fotokopie des Briefwechsels nach Rom schaffen und Kroutil in seinem Hotel zustellen.

Am späten Nachmittag des 25. April zeigen die Bewerberstädte ihre offiziellen Präsentationen. Madrid bietet sage und schreibe sechs Redner auf, die Sache zieht sich. Vor München ist Montreal an der Reihe, Jean Drapeau spricht auch eine halbe Ewigkeit, 45 Minuten. Daume und Vogel beschließen spontan, ihre Reden zu kürzen. Daume redet fließend fünf Minuten auf Französisch. An die Staaten der Dritten Welt richtet er die Botschaft, dass München eine Brücke sein wolle zwischen »jungen und alten Nationen«. Er vergisst auch nicht zu erwähnen, dass das frühere IOC-Mitglied Karl Ritter von Halt, der unter den Olympiern trotz seiner Nazi-Karriere in hohem Ansehen steht, in München geboren und begraben wurde. Auch Halts Witwe ist auf Daumes Einladung in Rom, um alte Kontakte zu pflegen.

Vogel bedient dann in seiner ebenfalls knappen Rede eher die vorwärtsgewandten Themen: Er preist die »junge Stadt« München und betont, dass man sich an den bescheidenen Spielen von Helsinki 1952 orientieren wolle. Der Kurzfilm ›München. Eine Stadt bewirbt sich‹ kommt beim erlesenen Publikum gut an, er zeigt Prachtbilder der Altstadt ebenso wie dialektstarke Trachtenträger, was der besonderen Begeisterung der IOC-Herren für junge Frauen im Dirndl sehr entgegenkommt.

Dann bricht der Tag der Entscheidung an, der 26. April. Um die Mittagszeit tritt das IOC hinter verschlossenen Türen zur geheimen Wahl zusammen. 61 Mitglieder sind stimmberechtigt, darunter Willi Daume,

## »... dann geht's wuid auf.« – München erhält die Spiele 1972

bei 31 Stimmen liegt die absolute Mehrheit, die der Sieger braucht. Niemand wagt eine Prognose. Für die Münchner Delegation beginnt das Warten, ihr ist im Hotel Excelsior ein Raum zugewiesen. Nur Vogel, wie immer mit Georg Brauchle an seiner Seite, macht einen kleinen Spaziergang auf der Via Veneto. Nach fünf Stunden dringt aus der Sitzung, dass München im ersten Wahlgang von den 61 Stimmen 21 erhalten hat, Madrid und Montreal jeweils 16 und Detroit nur acht. Die Amerikaner sind damit ausgeschieden, aber wohin werden die Stimmen nun wandern?

Der zweite Wahlgang muss eigentlich abgeschlossen sein, alle Delegationen werden in einen großen Saal gebeten. Vogel fixiert mit seinem Blick die Tür, dort müssen Brundage, Daume und die anderen hereinkommen. Irgendjemand flüstert Vogel zu, München sei ausgeschieden. Da geht die Tür auf, und als Erstes betritt der kanadische IOC-Vertreter den Saal. Er umarmt Jean Drapeau, den Bürgermeister von Montreal. Ist das die Umarmung der Sieger? »Das war eine Schrecksekunde«, sagt Vogel später. Dann kommt Daume in den Saal, er gibt Vogel wortlos das verabredete Signal: Hand eng am Oberkörper, Daumen nach oben. Um 18:10 Uhr tritt Avery Brundage ans Rednerpult und sagt: »The games are awarded to Munich.« Genau 31 Stimmen, München hat es geschafft.

Vogel und seine Mitarbeiter liegen sich in den Armen, der Oberbürgermeister spricht wie in Trance ein paar Dankesworte ins Mikrofon. Dann sendet er ein Telegramm an Ministerpräsident Alfons Goppel nach München: »München Olympiastadt 1972! Bitte Herrn Bundeskanzler zu verständigen.« In der »Birreria Bavaria« tanzen die Sieger bis zum Morgen auf den Tischen. Bei ihren Analysen der geheimen Wahl kommen verdutzte Journalisten zu dem Ergebnis, dass die IOC-Mitglieder Konstantin Andrianow und Frantisek Kroutil für München gestimmt haben müssen – genau wie wohl alle Vertreter Afrikas.

Als Hans-Jochen Vogel und seine Delegation am Flughafen München-Riem landen, werden sie von Hunderten begeisterter Bürger empfangen. Doch Vogel will gar keinen Übermut aufkommen lassen. Jeder Münchner müsse mithelfen, sagt er, wenn das Großvorhaben Olympia gelingen solle. »Enttäuschungen« seien unvermeidbar. »Eine unsichtbare Stoppuhr tickt schon.« Vogel weiß, welche Hürden die Stadt noch zu überwinden hat, um die Spiele zu einem Erfolg zu machen. Ihm hallt ein Satz des polnischen IOC-Mitglieds Wlodzimierz Reczek in den Ohren: Das

## Tanz ins Glück

Olympia der kurzen Wege, das München verspreche, hat Reczek gesagt, könne ja wohl nur die kurzen Wege zwischen Konzentrationslager und Gaskammer meinen.

Adenauers Nachfolger Ludwig Erhard, der »Vater des Wirtschaftswunders«, ist ein glückloser Bundeskanzler. Drei Jahre ist er im Amt, bis 1966 die FDP das Bündnis mit der Union verlässt. Die nächste Bundesregierung ist die Große Koalition von CDU/CSU und SPD, geführt vom früheren baden-württembergischen Ministerpräsidenten Kurt Georg Kiesinger. Seine Regierung beweist in unruhigen Zeiten Handlungsfähigkeit. Das originelle Duo aus Finanzminister Strauß von der CSU und Wirtschaftsminister Karl Schiller von der SPD meistert eine Wirtschaftskrise, frei nach Wilhelm Busch werden sie als »Plisch und Plum« bekannt. Dennoch haftet der Großen Koalition von Anfang an der Ruch einer Übergangslösung an. Schwarze und Rote haben zu wenig gemeinsam, als dass ihr Bündnis echte Kraft entfalten könnte. Auch in der Ostpolitik: Die Union fordert die Rückgabe der verlorenen Gebiete im Osten und maximale Härte gegen die DDR. Die SPD will pragmatische Kontakte in den Ostblock. Für viele Deutsche ist die Große Koalition unterm Strich auch nur eine quälende Verlängerung der Ära Adenauer, ein bisschen zu autoritär, ein bisschen zu gestrig. Kiesinger mag eine integre Persönlichkeit sein, doch mit ihm ist ein Mann Kanzler, der schon 1933 in die NSDAP eingetreten war. Das Verlangen nach einer Zäsur wächst.

Willy Brandt gewinnt als Außenminister weiter an Format, und auch für Gustav Heinemann eröffnet das schwarz-rote Bündnis eine große Chance. Auf Vorschlag Brandts wird er Bundesjustizminister. In diesem Amt hat er ein zentrales Projekt, bei dem er grundsätzlich auf überparteiliche Unterstützung bauen kann: die überfällige Reform des deutschen Justizwesens. Unter Heinemann wird das deutsche Recht moderner, liberaler und säkularer. Es ist, als würde in der Bundesrepublik endlich mal anständig durchgelüftet.

»Das Neue bricht sich in unserem gesamten staatlichen und gesellschaftlichen Leben Bahn«, erklärt Heinemann. Ehebruch und Gotteslästerung sind nun keine Straftatbestände mehr. Das Leben sei über diese Normen »längst hinweggegangen«. Auch homosexuelle Beziehungen

## »... dann geht's wuid auf.« – München erhält die Spiele 1972

unter Erwachsenen können nicht mehr bestraft werden – der Staat habe im Schlafzimmer seiner Bürger nichts verloren, findet der Justizminister. Es gelte, »Menschen, deren Anderssein keinen verderblichen Einfluss auf die Gesellschaft hat, vom Stigma des Verfemten« zu befreien. Seine manchmal spröde Sachlichkeit hilft Heinemann, einen breiten Konsens herzustellen, der auch die Kirchen einschließt. Als er zu Hause in Essen beim Abendbrot von einer »sehr interessanten« Begegnung mit dem Münchner Kardinal Julius Döpfner erzählt, sagt seine Tochter Uta: »Das muss ja ein tolles Gespräch gewesen sein: Der eine hat geschwiegen, und der andere hat nichts gesagt.«

Heinemann ist der richtige Mann am richtigen Ort, ein Justizminister, der tiefgreifende Veränderungen durchsetzen kann, ohne wie ein Revolutionär zu wirken. Ganz besonders gilt seine Aufmerksamkeit den Minderprivilegierten der Gesellschaft: Er verbessert die Rechtsstellung unehelicher Kinder, die von ihren leiblichen Vätern bis dahin komplett verleugnet werden können, weil sie nicht als verwandt gelten. Er entstaubt das Strafrecht, das immer noch auf jenem von 1871 beruht: Statt nur um Sühne geht es jetzt auch um die Resozialisierung der Häftlinge. Nicht zuletzt betreibt er mit Vehemenz die Aufhebung der Verjährungsfrist für die Mordtaten der Nazis, die sonst 1969 erreicht wäre.

Der Umbruch des Rechts ist freilich noch lange kein Umbruch der Gesellschaft. Die Bundesrepublik bleibt noch eine Weile ein Land, in dem alleinerziehende Mütter als suspekt gelten, Schwule als verachtungswürdig und Schallplatten aus Amerika als »Negermusik«. In dem NS-Verstrickte Karriere machen können und in dem fast die Hälfte der Befragten in einer Erhebung angibt, der Nationalsozialismus sei im Kern keine schlechte Idee gewesen.

Aber wie hat Heinemann gesagt? Das Neue bricht sich Bahn. Die Jugend lehnt sich beinahe weltweit gegen die herrschenden Verhältnisse auf – gegen die spießige Sexualmoral, gegen die Verkrustung der Universitäten und gegen den Vietnamkrieg. In der Bundesrepublik trifft der Zorn der Achtundsechziger am wuchtigsten die Generationen von Eltern und Großeltern, die sich der Aufarbeitung der Nazi-Schuld bloß halbherzig oder gar nicht stellen. Die Monstrosität der Nazi-Verbrechen erschließt sich oft erst den Nachgeborenen.

Der 2. Juni 1967 gerät zur Zäsur. Der Schah von Persien, der seine

## Gustav Heinemann und die Stürme von 1968

Gegner in Teheran in Folterkellern verschwinden lässt, wird bei seinem Staatsbesuch in West-Berlin hofiert. Die Demonstrationen gegen ihn schlägt die Polizei mit drastischer Gewalt nieder; der Beamte Karl-Heinz Kurras erschießt aus nächster Nähe den Studenten Benno Ohnesorg. Später wird sich belegen lassen: ohne jeden Grund. Vor Gericht wird Kurras jedoch freigesprochen, weil er aus Notwehr gehandelt habe. Die willkürliche Brutalität des 2. Juni und die Vertuschung des Mordes an Ohnesorg radikalisieren die Studentenbewegung.

Ein knappes Jahr später, am 11. April 1968, dem Gründonnerstag, wird in Berlin auf offener Straße Rudi Dutschke niedergeschossen, das Herz der Bewegung. Bei seinem Attentäter, einem Hilfsarbeiter, findet man eine Ausgabe der ›National-Zeitung‹ mit der Schlagzeile »Stoppt den roten Rudi jetzt!«. Die Ostertage sind überschattet von Straßenschlachten, die Gustav Heinemann an die Weimarer Republik erinnern. Er hat grundsätzliches Verständnis für den Protest, aber er hat auch Angst: dass die Institutionen der Demokratie – die Parlamente und Parteien, die Medien und die Unternehmen, die Kirchen und die Gewerkschaften – sich von dieser Infragestellung nicht mehr erholen könnten.

Nach dem Attentat auf Dutschke nennt Bundeskanzler Kiesinger die Studenten »militante linksextremistische Kräfte«, was in einigen Fällen gewiss stimmt, aber in dem Kontext doch so klingt, als hätte sich Dutschke das Attentat selbst eingebrockt. Heinemann will das nicht stehen lassen, am Ostermontag hält er eine Rundfunk- und Fernsehrede. Es ist ein Appell zur Besinnung an alle Seiten, der Versuch eines Brückenschlags zwischen den Generationen: »Wer mit dem Zeigefinger allgemeiner Vorwürfe auf den oder die vermeintlichen Anstifter oder Drahtzieher zeigt, sollte bedenken, dass in der Hand mit dem ausgestreckten Zeigefinger zugleich drei andere Finger auf ihn selbst zurückweisen.« Gewalt sei Unrecht und »Dummheit obendrein«, sagt Heinemann, aber: »Auch die junge Generation hat einen Anspruch darauf, mit ihren Wünschen und Vorschlägen gehört und ernst genommen zu werden.« Die Kluft, die sich auftut in Deutschland, kreidet er auch sich selbst an: »Heißt das nicht, dass wir Älteren den Kontakt mit Teilen der Jugend verloren haben oder ihnen unglaubwürdig werden?«

Das Jahr 1968 wird man später als Epochenjahr erinnern, in dem individuelle Freiheitsrechte und eine neue Buntheit der Lebensentwürfe er-

## »... dann geht's wuid auf.« – München erhält die Spiele 1972

kämpft wurden. Zugleich führt das Jahr vor, wie viel Bitterkeit immer noch in jenen Deutschen steckt, die »Rübe ab« in Richtung der Demonstranten keifen oder »Euch hat man vergessen zu vergasen« – und wie viel Wut anderseits in den radikalen Ecken der Studentenbewegung schwelt. Als der Aufstand von 1968 zerfällt, wird sich die Wut neue Wege suchen, sie wird in kuriose Psychosekten fließen, in maoistische K-Gruppen und in einen linksextremistischen Terrorismus.

Heinemanns Rede jedenfalls stößt auf ebenso große Zustimmung wie Empörung. In der Presse wird sie übereinstimmend als »Bewerbungsrede« gehandelt. 1969 endet die zweite Amtszeit von Heinrich Lübke, und die Bundesrepublik sucht einen neuen Bundespräsidenten.

Eine der ersten Aufgaben der Münchner Organisatoren ist es, einen genauen Termin für die Spiele im Sommer 1972 festzulegen. Dabei ziehen sie das Münchner Wetteramt zurate, mit der Bitte um eine höchst langfristige Prognose. Sie entscheiden sich dann für die Tage vom 26. August bis zum 10. September – den Zeitraum mit der niedrigsten Niederschlagswahrscheinlichkeit.

Die Meinungsforscher haben gute Nachrichten für das Organisationskomitee: Internationale Umfragen haben ergeben, dass München auch ohne Olympia als touristisch attraktivste Stadt in der Bundesrepublik gilt. Und nicht nur das. Menschen in aller Welt verbinden sehr positive Begriffe mit ihr: Urlaub und Freizeit, Kultur und Lebenslust. Der Slogan der »heiteren Spiele«, schreibt später der Historiker Ferdinand Kramer, habe »durch die Kongruenz mit manchem München-Image an Glaubwürdigkeit« gewonnen. Ein bisschen ironisch ist es schon, dass nun die Hauptstadt des Freistaats Bayern, der sich ja gern mal in genüsslicher Abgrenzung zum Rest der Republik definiert, zum bundesdeutschen Aushängeschild avanciert.

In der offiziellen Broschüre zitieren die Macher stolz Thomas Wolfe und seine Schwärmerei von München, diesem »lebendig gewordenen Traum«. Die Bilder dazu zeigen eine Stadt von königlicher Pracht, eine Stadt des Biers und der Berge. Die hübschen Bayernklischees sowie Münchens alter Ruhm als Kulturmetropole erlauben es offenbar vielen Menschen im Ausland, generös über die braune Vergangenheit hinwegzusehen. München sei eine gute Wahl als Olympiastadt, sagt Willy Brandt:

## Die größte Baustelle der Bundesrepublik

»Sein reiches kulturelles Leben ist ein Ausdruck von Weltoffenheit und freiem Geist.«

In der Stadt setzt ein Bauboom ein, der in Deutschland seinesgleichen sucht. Auswärtige Reporter wundern sich, dass noch niemand »in eine offene Baugrube gestürzt« ist. So viel gibt es zu tun, dass mehr als die Hälfte der Arbeiter auf den Olympia-Baustellen Gastarbeiter sind, vor allem aus Jugoslawien, der Türkei und Italien. In den Münchner Olympiabauten und Infrastrukturprojekten verdichtet sich der politische Zeitgeist. Die Sechzigerjahre sind die Periode der umfangreichen, langfristigen Modernisierungsmaßnahmen: Es gibt Stadtentwicklungspläne, Landesentwicklungspläne, einen Bundesfernstraßenplan. Von »Planungseuphorie« ist sogar die Rede, von einer Art technokratischem Überschwang. Es ist die Stunde der Politiker vom Schlage Vogels. Das Ziel, sagt der Oberbürgermeister, müsse bei jedem Spatenstich sein, dass der Mensch in der Stadt »nicht nur mühsam sein Dasein fristet«, sondern eine Heimat findet, Gemeinschaft und dabei Raum für Individualität.

Eigentlich war geplant, die erste Münchner U-Bahn-Linie 1974 in Betrieb zu nehmen. Jetzt muss sie mindestens zwei Jahre früher fertig sein. Historiker Kramer wird später überschlagen, dass der Münchner Stadtentwicklungsplan, der auf 30 Jahre angelegt war, mehr oder minder in sechs Jahren verwirklicht wurde. Von 1968 an werden in jedem einzelnen Jahr mehr als 10 000 neue Wohnungen gebaut; 1972 werden es 21 367 sein – ein Gipfel, der auch nachher unerreicht bleibt. Im Olympiajahr wird die Stadt 1,339 Millionen Einwohner haben, knapp 140 000 mehr als 1966, als München in Rom den Zuschlag bekam. Dieser Rekordwert wird erst im Jahr 2010 übertroffen werden.

Manchen ist dieses Tempo nicht geheuer. Der Architekt Erwin Schleich, verantwortlich für den getreuen Wiederaufbau vieler Münchner Baudenkmäler, sieht schon »die zweite Zerstörung Münchens« kommen – die erste war der Bombenkrieg. Der wütende Volksdichter Franz Xaver Kroetz schreibt eine Anti-Olympia-Satire mit dem Titel ›Globales Interesse‹, in der ein armer Rentner von den steigenden Mieten aus seiner geliebten Stadt vertrieben wird. Besorgt ist auch Sigi Sommer, ein melancholischer Chronist des Münchner Wandels, der in der ›Abendzeitung‹ als »Blasius der Spaziergänger« die heißeste Kolumne der Stadt schreibt. Sommer fürchtet, dass durch Olympia die Kellnerinnen in den

## »... dann geht's wuid auf.« – München erhält die Spiele 1972

Wirtshäusern »no grantiger« werden – und dass »des letzte bissl Gmüatlichkeit, des ma no ham, ratzebutz ausradiert« wird.

Ein Schritt in diese Richtung vollzieht sich am 19. Oktober 1971. Um Punkt elf Uhr beginnt in München das U-Bahn-Zeitalter. Der erste Zug fährt auf einer 10,5 Kilometer langen Strecke vom Goetheplatz über den Marienplatz zum Kieferngarten. »Ich bin richtig benommen über so viel Schönes. Alles ist gewaltig und faszinierend«, verrät nach der ersten Fahrt die Krankenschwester Anny Nothelfer der ›Abendzeitung‹. »Wie ein großes Wunder ist dieses Projekt anzusehen. Es war das größte Erlebnis meines Lebens. Möge der liebe Gott immer mit seinem Segen mitfahren.« Auch wenn nicht jeder Münchner den Begeisterungstaumel der Anny Nothelfer teilt, so ist die U-Bahn doch ein eindrückliches Zeichen, dass der Wandel der Stadt unaufhaltsam voranschreitet. Im Frühjahr 1972 bekommt die Strecke einen Abzweig, der von der Münchner Freiheit zum Olympiazentrum führt. Die U3 wird für die Münchner lange die »Olympia-Linie« sein.

Am 25. August 1967 hat Bundesaußenminister Willy Brandt einen wichtigen Termin in Berlin. Seine Aufgabe besteht darin, bei der Internationalen Funkausstellung durch Drücken eines roten Knopfs ein neues Fernsehzeitalter einzuläuten. Die deutsche TV-Welt, die bislang schwarz-weiß war, wird bunt. Um 10:57 Uhr schreitet Brandt zur Tat, angemessen beherzt, auch wenn der Knopf nur eine Attrappe ist. Das merken selbst die Zuschauer zu Hause, weil das Bild farbig wird, bevor Brandt gedrückt hat. Als Erstes zeigt das ZDF dann die Spielshow ›Der Goldene Schuss‹ mit Vico Torriani und seinen drei in Farbe natürlich gleich noch reizenderen Assistentinnen.

Zwei Jahre später, am 3. Oktober 1969, erreicht das Farbfernsehen auch die DDR, die sich diesen Fortschritt zum 20. Republikgeburtstag schenkt. Auch im Osten muss jemand einen Knopf drücken, hier erledigt das der Staatsratsvorsitzende Walter Ulbricht höchstselbst. Einen Wettstreit der Systeme gibt es nun auch bei der Fernsehnorm, dem Verfahren der Signalübertragung. In der Bundesrepublik setzt man – wie in fast der ganzen westlichen Welt – auf das von Telefunken entwickelte PAL, in der DDR auf das französische SECAM. Das SECAM-System hatte einst Charles de Gaulle im Rahmen einer Charmeoffensive Nikita Chruschtschow angedreht. Selbst die Techniker des DDR-Fernsehens halten PAL für überlegen, aber diese Einschätzung erweist sich als politisch nicht opportun. Die Ostdeutschen fangen bald mit dem Eigenbau von PAL-Decodern an, um heimlich Westfernsehen in voller Farbenpracht schauen zu können. Trotzdem wird es hüben wie drüben einige Jahre dauern, bis sich die Farbfernseher in den Haushalten etablieren. Die Leute brauchen einen Grund, sich so ein teures Gerät zu kaufen, und 1972 werden sie ihn bekommen.

Es ist Daumes und Vogels Geheimnis, ob sie ernsthaft damit rechnen, den zu Beginn vorgelegten Kostenrahmen von 497 Millionen D-Mark einhalten zu können. Schon kurz nach dem Zuschlag für München, im Herbst 1966, wird gemeldet, dass es 23 Millionen mehr sein werden. Und so geht es weiter. Meistens schlagen Preissteigerungen bei den beauftragten Bauunternehmen durch. Zur Wahrheit gehört aber auch, dass die »bescheidenen Spiele« an mancher Stelle gar nicht bescheiden sind, etwa beim extravaganten Dach des Olympiastadions. Bescheidenheit, sagt Daume, dürfe man nicht mit Kleingeistigkeit verwechseln.

Doch tief im Bauch der CSU, die sich als bayerische Staatspartei fühlt, wächst die Sorge, dass ausgabefreudige Sozialdemokraten wie Vogel den Freistaat mit Olympia ins finanzielle Verderben stürzen. Schon in der Bewerbungsphase hatten fünf CSU-Bundestagsabgeordnete ein Telegramm an Vogel geschickt und unter Verweis auf die »angespannte Finanzsituation von Bund und Land« den Münchner Rückzug verlangt: »Ein Verzicht wäre ein Akt der politischen Einsicht und Bescheidenheit, der in der Welt gewürdigt werden dürfte.« CSU-Chef Strauß und Ministerpräsident Goppel hatten die Rebellen erfolgreich zur Ordnung gerufen. Doch die Zweifel glimmen weiter, und einige junge CSU-Landtagsabgeordnete bringen Argumente vor, die ihre Parteispitze kaum ignorieren kann.

Max Streibl, ein künftiger Ministerpräsident, und Josef Deimer, später der ewige Oberbürgermeister von Landshut, erarbeiten einen »Olympiaplan«, der gewährleisten soll, dass nicht nur die Stadt München von den Spielen profitiert. Es dürfe »nicht alles dem Land entzogen werden«, sagt Deimer in einer Rede im Landtag. Es müsse »Schluss gemacht werden« mit der Zentralisierung. In manchen Gegenden Bayerns fehlten Schulen

## »... dann geht's wuid auf.« – München erhält die Spiele 1972

und Krankenhäuser – wie solle man den betroffenen Bürgern erklären, dass man dafür kein Geld habe, aber für Olympia schon? Deimer, Streibl und ihre Mitstreiter wollen die Spiele nicht verhindern. Sie wollen sie nur ein bisschen ausweiten.

Dass die bayerische Staatsregierung und das Organisationskomitee sich schließlich darauf einlassen, erweist sich als Segen: Bald freut sich beinahe ganz Bayern auf die Spiele. Ohnehin ist vorgesehen, den Kanuslalom nach Augsburg zu vergeben. Die Ruderstrecke entsteht vor den Toren der Stadt in Oberschleißheim. Die Hoffnung, die Segelwettbewerbe auf dem Chiemsee, immerhin das »Bayerische Meer«, austragen zu können, zerschlägt sich – das echte Meer vor Kiel setzt sich durch, wie schon 1936. Dafür werden nun die Landkreise rund um München als Trainingsstätten für die Athleten eingebunden, mancherorts entstehen stattliche Sportanlagen. Der Fackellauf soll an möglichst vielen Orten Station machen. Und vor allem: Etliche Spiele des Olympischen Fußballturniers werden in Augsburg, Nürnberg, Regensburg, Ingolstadt und Passau stattfinden; einige Handballpartien sogar in Ulm, Göppingen und Böblingen, also in Baden-Württemberg. Zur Wahrung der Etikette werden die Organisatoren einfach immer ein paar Hostessen in Dirndln über die Landesgrenze schicken.

Die finanziellen Debatten entspannen sich dann merklich, als sich die Regierung Brandt nach langem Hin und Her bereitfindet, den Bundesanteil auf 50 Prozent des Budgets zu erhöhen. Land und Stadt müssen jeweils nur noch für ein Viertel aufkommen statt für ein Drittel. Und während die Ausgaben des Organisationskomitees steigen, finden die Organisatoren jedoch auch originelle Wege, die Einnahmen zu erhöhen. Manches wird mit dem Abstand eines halben Jahrhunderts kurios anmuten: Zum Beispiel schlägt ein bayerischer Finanzbeamter den Verkauf von Zehn-Mark-Olympiamünzen vor. Bei 2,50 Mark Kosten bringe jede einzelne Münze 7,50 Mark Gewinn. Doch bald gibt es Ärger.

Die Prägung auf der Münze lautet: »Spiele der XX. Olympiade 1972 in Deutschland«. Die DDR und die UdSSR protestieren zornig beim IOC: Die Spiele werden nun mal nicht an Staaten vergeben, sondern an Städte, es muss »in München« heißen. Die Inschrift wird rasch korrigiert, aber der Sammlerwert der bereits hergestellten Münzen geht durch die Decke. Über die Organisatoren ergießt sich ein warmer Geldregen: 100 Millio-

## Münzen bezahlen die Spiele

nen Münzen werden verkauft, sechs Motive sind zu haben. Kein Deutscher hat mehr Geburtstag, ohne dass er mindestens drei Olympiamünzen geschenkt bekommt. 750 Millionen Mark spült die Aktion in die OK-Kassen – deutlich mehr als ursprünglich für die ganzen Spiele veranschlagt.

Dann sind da noch ein Briefmarkensortiment und die »Olympialotterie«: Für zehn Pfennig, den »Olympiagroschen«, nimmt jeder normale Lottoschein an einer Zusatzverlosung teil. Weitere 252 Millionen Mark werden auf diese Weise erlöst. Das Fernsehpendant dazu ist die ›Glücksspirale‹ bei ARD und ZDF, die sich des olympischen Strahlensymbols bedienen darf. »Mit fünf Mark sind Sie dabei«, heißt ihr Slogan, sie lockt mit einem Rekordgewinn, sagenhafte eine Million Mark. Franz Beckenbauer leiht der ›Glücksspirale‹ sein Gesicht, Patrick Macnee, der britische Schauspieler aus der TV-Serie ›Mit Schirm, Charme und Melone‹, wird zur Gaudi des Publikums in Lederhosen gesteckt. 187 Millionen Mark kommen so zusammen. Einen dicken Batzen, 33 Millionen Mark, bringt auch noch der Verkauf der Auslandsfernsehrechte für die Spiele.

Findig sind die Organisatoren auch beim Einwerben von Sachspenden. Ein eigens gegründeter Olympiaförderverein leiert kleinen wie großen Unternehmen alles irgendwie Brauchbare aus der Tasche: Möbel fürs Pressezentrum, Lebensmittel für die Dorfmensa, Technik für die Wettkampfstätten, Kosmetika für die Hostessen, Rasendünger für die Grünflächen. Dazu kommen inoffizielle Werbedeals. Dass der Mercedes-Stern – zur Verstimmung des Münchner Autobauers BMW – auf jede Eintrittskarte gedruckt wird, dürfte nicht ohne Gegenleistung passieren. Die Sportartikelhersteller Adidas und Puma dürfen ihre Ware im Dorf anbieten. Siemens erhält einen Großauftrag für die Datenverarbeitung, der vor allem für das OK ein tolles Geschäft sein soll. Insgesamt entsteht so das Bild einer nationalen Anstrengung, zu der Unternehmen genau wie einzelne Bürger ihr Scherflein beitragen.

1,9 Milliarden Mark werden die Spiele am Ende kosten, fast vier Mal so viel wie zunächst kalkuliert. Aber durch die ebenfalls unerwartet hohen Einnahmen bleiben beim Bund nur 311 Millionen Mark hängen, an Land und Stadt nur jeweils 154 Millionen. Vogel setzt in München von 1966 bis 1972 pro Haushaltsjahr gut 20 Millionen Mark für Olympia an – und

## »... dann geht's wuid auf.« – München erhält die Spiele 1972

kann so behaupten, dass die Summe nie deutlich ein Prozent des Münchner Haushalts übersteigt. Im Vergleich mit anderen Ausrichterstädten steht München blendend da.

1968 antwortet der Brite Malcolm Arnold auf eine Zeitungsanzeige in der Londoner ›Times‹: Ugandas Leichtathletikverband sucht einen Coach aus dem Ausland, die Äthiopier haben das vorgemacht. Es war ein schwedischer Trainer, der Abebe Bikila zu Marathongold führte. Arnold wird eingestellt, bald fahndet er auf dem Polizeisportplatz von Kampala nach Talenten. Dort läuft ihm der Rekrut John Akii-Bua vors Auge. Arnold erkennt, dass Akii-Bua nicht nur schnell ist, sondern auch eine besondere Gabe besitzt. Die meisten Hürdenläufer können nur mit einem Bein abspringen, mit dem linken oder dem rechten. Umso wichtiger ist es, dass sie die Schritte zwischen den Hürden präzise zählen, um den Absprung sauber zu treffen. Bei Akii-Bua ist das egal. Links, rechts: Wenn die Hürde da ist, hebt er ab.

»Musunga«, nennt Akii-Bua seinen Coach Arnold, »weißer Mann«. Zwischen den beiden entwickelt sich ein besonderes Verhältnis, in kurzer Zeit verbessern sie Akii-Buas Hürdentechnik. Arnold überredet ihn, von 110 Metern auf 400 Meter Hürden zu wechseln. Die große Stärke seines Schützlings sieht er nicht in seinem Tempo, sondern in seiner Härte. »Mankiller« nennt man die Disziplin, man rennt sich die Seele aus dem Leib, und jedes Mal, wenn der Schmerz kaum mehr zu ertragen ist, muss man auch noch springen. Akii-Bua lässt sich von Arnold beim Training eine zwölf Kilo schwere Bleiweste anlegen, die Holzhürden sind zehn Zentimeter höher als die im Wettkampf. »Seine Achillessehnen waren wie Stahlfedern«, wird der deutsche Hürdenläufer Dieter Büttner später über Akii-Bua sagen.

Willi Daume wird nicht behaupten können, dass er nicht von verschiedenen Seiten gewarnt worden wäre. Mit einem »Dickkopf« habe man es da zu tun, mit einem »Freigeist« und »Radikalen«. Der bayerische Kultusminister Ludwig Huber fürchtet, der Mann sei »unorthodox«. Aber Daume weiß vermutlich, dass all diese Eigenschaften womöglich sogar recht hilfreich sein könnten für die Leitung der Abteilung XI des Organisationskomitees. Daume will für die Spiele einen weiten Rahmen setzen, den andere mit ihren Talenten füllen dürfen. Nein, er lässt sich da nicht abbringen: Otl Aicher soll der Gestaltungsbeauftragte der Spiele werden.

Hans-Jochen Vogel ist sehr einverstanden, Aicher ist ein Freund seines Münchner Kulturreferenten Herbert Hohenemser. Schon vor der Entscheidung von Rom hatten Daume und Vogel bei Aicher angeklopft. Sie ahnen natürlich, dass ihnen für diese Personalie der Beifall des fortschrittlichen Feuilletons gehören wird. Aicher ist mit Mitte vierzig auf dem Sprung zu Weltrang, unter anderem seine Arbeit für die Lufthansa hat auch international Furore gemacht. »Der Skeptiker mit den Tänzerhänden ist Deutschlands Super-Designer«, schwärmt die Zeitschrift ›Publik‹. »Er wird die größte Massenschau stilisieren, die Deutschland seit den Reichsparteitagen erlebt hat, er wird ein ästhetisches Bild schaffen, das – rechnet man alle Fernseher ein – zwei Milliarden Menschen erreichen wird.«

Daume erkennt bei Aicher zudem den Vorzug, dass seine Lebensgeschichte dem Olympiaprojekt Glaubwürdigkeit verleihen dürfte. Aicher selbst macht öffentlich keine große Sache aus seiner Freundschaft mit den Geschwistern Scholl. Aber ihr Vermächtnis ist für ihn eine persönliche Sache – und das neue Deutschland der Ansporn seiner Arbeit als Designer. Ende 1967 hält Aicher eine programmatische Auftaktrede vor dem Organisationskomitee. Der Erfolg der Gestaltung der Spiele, sagt er, hänge von zwei Schlüsselfaktoren ab, von Einheitlichkeit und Entschlossenheit. Einheitlichkeit heiße, dass jedes noch so winzige Detail in ein großes Designsystem passen müsse, von den Eintrittskarten bis zu den Plakaten, von der Schriftart bis zur Farbe. Entschlossenheit bedeute, dass man genau wissen müsse, welches Bild man vermitteln wolle – und dann auch wirklich keine Kompromisse mache.

Aicher fragt seine Zuhörer: »Nimmt es uns die Welt ab, wenn wir darauf hinweisen, dass das Deutschland von heute ein anderes ist als das Deutschland von damals?« Die Antwort gibt er gleich selbst: »Es kommt weniger darauf an, zu erklären, dass es ein anderes Deutschland gibt, als es zu zeigen.« München müsse eine »Korrektur gegenüber Berlin« sein, gerade weil auch die Nazis die Bedeutung der Optik erkannt hatten. Rein handwerklich ist Aicher vom Lichtdom der Abschlussfeier 1936 beeindruckt, auch von einigen anderen Dingen. München, sagt er, müsse »den positiven Aspekten von Berlin standhalten und zugleich die negativen gegenstandslos machen«. Und dann schlägt Aicher die Pflöcke ein, die das ganze Panorama der heiteren Spiele markieren: »Es gibt keine nationalen Demonstrationen, keinen Gigantismus. Sport wird nicht mehr in der Nähe militärischer Disziplin oder als ihre Vorschule gesehen. Pathos wird vermieden, ebenso der weihevolle Schauer. Tiefe drückt sich nicht immer im Ernst aus. Leichtigkeit und Nichtkonformität sind ebenfalls Zeichen von achtbarer Subjektivität. Die Olympischen Spiele von München sollen den Charakter der Ungezwungenheit, Offenheit, Leichtigkeit und Gelöstheit haben.«

Aicher erstellt zu Beginn sogar eine ziemlich bunte Liste von Dingen, die nicht mit den Spielen in Verbindung gebracht werden dürfen: »überorganisation, pathetische selbstdarstellung, forderung nach anerkennung als großmacht, miltitärischer nationalismus, verhärtung des kalten krieges, deutsche biergemütlichkeit, (sauerkraut und beethoven) / demonstration als großartige sportnation und schlechter service«. Trotz dieser expliziten Missionsbeschreibung hagelt es Vorwürfe von links gegen Aicher, auch von seinen ehemaligen Studentinnen und Studenten an der Hochschule für Gestaltung. »Ein Teil kritisierte«, erinnert sich Otls Sohn Florian Aicher, »man könne doch nicht einerseits für gesellschaftliche Veränderungen eintreten und anderseits in das größtmögliche Spektakel der Selbstdarstellung von Staaten verwickelt sein und mit bunten Farben drübermalen.« Selbst der Teenager Florian interessiert sich Ende der Sechzigerjahre eher für den Sozialistischen Schülerbund als für die olympischen Umtriebe seines Vaters. Willi Daume geht ins Risiko, indem er Otl Aicher verpflichtet. Aber auch Aicher riskiert etwas mit seiner Zusage.

Aicher ist kein einfacher Partner für Daume. Er will – wie angekündigt – absolut alles kontrollieren, und wenn er irgendwo nicht gleich seinen Willen bekommt, droht er mit Rücktritt. Er setzt durch, dass es praktisch nirgendwo Werbelogos gibt. Und er achtet habichtartig darauf, dass das Ganze nicht zu sehr ins Bayerische gleitet, was ihn in Konflikt mit der Presseabteilung bringt, die Journalisten aus dem Ausland gern mit Lederhosen und Bier ködert. Das dürfe keine »Weißwurst-Olympiade« werden, verfügt Aicher. Daumes und Vogels Souveränität und Mut, diesen sehr speziellen Menschen einfach machen zu lassen, ermöglichen es erst,

## Spiele unter dem Regenbogen

dass die Spiele etwas Besonderes werden. Umgekehrt findet Aicher in Daume einen Seelenverwandten: »Er dachte mit den Augen. Er ordnete im Überblicken, er verstand im Sehen, das nur Gewusste war ihm suspekt.« Die Spiele, sagt Aicher später, seien für Daume »keine durch Organisation zu meisternde Veranstaltung« gewesen. »Er plante nicht ihren Ablauf«, dafür habe es Fachleute gegeben. »Er plante das Ereignis, die Erscheinung, das, woran die Leute sich erinnern werden, wenn sie wieder zu Hause sind.«

In einer Fabrikhalle im Norden der Stadt gehen Aicher und sein Team aus etwa 50 Leuten ans Werk. Garching-Hochbrück ist nun das Atelier, in dem das Bild des neuen Deutschland gezeichnet wird. Sein Vater, sagt Sohn Florian später, sei gewachsen an der gewaltigen Aufgabe: »Das alles hatte eine Dimension und Komplexität wie kein Auftrag vorher oder nachher.« Aicher ist ein autoritärer, manchmal unbeherrschter Chef, aber auch inspirierend und bei seinen Mitarbeitern beliebt. »Das ist nicht ein Büro im strengen Sinne eines beruflichen Jobs«, sagt er mit Stift am Kinn, als ein Kamerateam des Bayerischen Fernsehens in Garching-Hochbrück vorbeischaut. »Es ist wie eine Expedition, eine Karawane.« Seine ganze Truppe, lauter junge, hippe, offenbar kettenrauchende Menschen, nickt zustimmend.

Bei aller demokratischer Gesinnung hat Aicher einen offen elitären Anspruch. Die Olympiaplakate, erklärt er den TV-Reportern mit weicher, leicht schwäbelnder Stimme, sollen zugleich »die unteren Schichten ansprechen und von den Opinionleaders akzeptiert werden«. Manchmal brauchen seine Gedanken erst eine Übersetzung, eine Aufgabe, die oft dem Journalisten Friedhelm Brebeck zufällt, der Aichers direkter Ansprechpartner im OK ist. Bei der Vorbereitung einer Präsentation im Münchner Stadtrat sagt Brebeck zu Aicher: »Wenn das Wort ›urbane Situation‹ fällt, weiß kein Stadtrat damit was anzufangen.« Völliges Unverständnis bei Aicher. »Tut mir leid«, sagt Brebeck. Ob man nicht einfach »Treffpunkte« sagen könne? Grummelnd stimmt Aicher zu.

Das Fundament des Erscheinungsbilds der Spiele sind für Aicher die Farben. Er bestimmt sie im Ausschlussprinzip: Schwarz und Rot scheiden als Erstes aus, dann auch Gold, die aggressive Kombination von Berlin 1936, Farben der Macht und Chiffren der Nazi-Herrschaft. Stattdessen schweben ihm »Spiele unter dem Regenbogen« vor: Hellblau, Hellgrün,

## »... dann geht's wuid auf.« – München erhält die Spiele 1972

ein bisschen Silber und Weiß, etwas Gelb und Orange. Das »lichte mittlere Blau« soll die »Primärfarbe« sein, sagt er: »Es ist die Farbe des strahlenden Himmels, die Farbe des Friedens und die Farbe der Jugend. Zudem ist es die Farbe der oberbayerischen Landschaft, ihrer Seen und ihrer Alpensilhouette.«

Wiederkehrende Farben, Formen und Zeichen sind so etwas wie die Buchstaben von Aichers Designsprache. Sie finden sich überall, auf Parkscheinen, Essensmarken und Plakaten, auf Pressemitteilungen und Tourismusbroschüren, auf Schildern und den Fahnen, die in ganz München wehen. »Hässliche oder unansehnliche Stellen innerhalb der Stadt«, so Aicher, sollen mit Fahnenreihen »überhöht, aber nicht überdeckt« werden. Selbst die Lackierung der offiziellen Olympiaautos und -Transporter gibt er vor: pastellenes Gelb oder mildes Orange. So umfassend hatte das bei Olympia noch niemand gewagt. Natürlich bestimmt Aicher in seinem Popkosmos auch den Entwurf und die fröhliche Farbenordnung der Kleidung: der deutschen Athletinnen und Athleten, der Hostessen, der freiwilligen Helfer, der Sicherheitskräfte, der Techniker, der Platzanweiser, der Kampfrichter.

Niemand trägt Uniform, selbst die Polizisten mit ihren offenen weißen Hemden nicht. Den schicken Silberoverall, den der französische Modeschöpfer André Courrèges für die Motorradpolizisten geschneidert hat, fährt Aicher höchstpersönlich Probe. Nicht selbst entworfen hat er eigentlich nur das Logo der Spiele, den Strahlenkranz mit überlagerter Spirale – dieser geht aus einem Wettbewerb mit 2332 Einreichungen hervor.

Und dann ist da noch das vielleicht langlebigste visuelle Erbe der Spiele. Aichers Prinzip des lebendigen Designs von und für Menschen verdichtet sich in einem universalistischen System von Piktogrammen, mit denen die Besucher unaufdringlich durch die Olympiastadt gelenkt werden sollen. Bilder funktionieren besser als Worte, das ist der Nachweis, den Aicher führt. Jeder soll die Piktogramme verstehen, auch wenn er nicht lesen kann. Der Japaner Masaru Katsumie hat 1964 in Tokio wichtige Vorarbeit geleistet, aber Aicher sind dessen Symbole immer noch zu kompliziert und schnörkelhaft. Seine eigenen Kreationen sind stets nur Strichfiguren, einheitlich in Größe und Strichstärke und auf wesentliche geometrische Formen wie Kreis, Quadrat und Linie redu-

## Glorreiche Jahre für die Dackelzüchter

ziert. Sie weisen den Weg zu Toiletten, Aufzügen und Notausgängen. Und sie stellen sämtliche olympischen Sportarten dar. Strichfigur mit starker Neigung nach rechts, Ball unten am Fuß: Fußballer. Neigung nach links, Ball oben an der Hand: Handballer. In einem dicken Designkatalog schreibt Aicher alles bis auf den Millimeter genau fest.

In diesem Kompendium sind auch die Eckdaten des ersten offiziellen Olympiamaskottchens der Geschichte verewigt: »Kopf und Schwanz sind immer hellblau.« Der Dackel Waldi mit seinem langen Bauch, geringelt in den Farben des Regenbogens, gehört eher nicht zu den Lieblingsobjekten Aichers, aber auch er erzählt viel über München 1972. Maskottchen wird eben nicht der deutsche Schäferhund, von dem bei Olympischen Spielen der Tiere Höchstleistungen zu erwarten wären. Sondern der gemütliche und absolut pathosfreie Dackel, der beste Spezi des Münchner Grantlers. Eher mühsam schreibt die offizielle Werbung Waldi die »Zähigkeit« und »Widerstandsfähigkeit« eines Athleten zu. Aicher weigert sich jedenfalls, aus dem Olympiahund einen der üblichen Souvenirartikel zu machen – mit Händen und Füßen verhindert er eine klassische Plüschversion. Stattdessen gibt es unter anderem einen Dackel aus Holz zum Zusammenbauen. Der Waldi-Verkauf bleibt dann hinter den Erwartungen zurück. Dafür vermelden die deutschen Dackelzüchter eine Rekordnachfrage.

Weltausstellungen sind immer Jahrmärkte der Menschheit gewesen, auf denen man die neuesten Wunder der Technik und der Wissenschaft bestaunte. Ihre Architektur ist bisweilen zum Symbol ganzer Epochen geworden, vom Londoner Kristallpalast 1851 über den Pariser Eiffelturm 1889 bis zum Brüsseler Atomium 1958. Die nationalen Beiträge, in Pavillons präsentiert, öffneten oft Fenster in die Seele der Länder: 1937, ebenfalls in Paris, zeigte das republikanische Spanien Picassos Kriegsklage ›Guernica‹, während der deutsche Pavillon mehr ein Wehrturm war, auf dem Adler und Hakenkreuz thronten. In der Jahrhundertmitte verlieren die Weltausstellungen langsam an Bedeutung, aber sie sind immer noch ein wichtiges Element der Außendarstellung der jungen Bundesrepublik.

Vor der Expo 1958 in Brüssel nimmt sich das Bundeskabinett des deutschen Auftritts an, der Pavillon besteht aus viel Glas und wenig Stahl, karg und dabei elegant. Unter seinem Dach präsentieren die Deutschen ihre Vorzeigedisziplin, das Design der Generation Otl Aicher. Hier ist die Bundesrepublik jung, frisch und sich selbst voraus. 1967, bei der Weltausstellung in Montreal, gelingt ein noch größerer Coup: Der deutsche Pavillon avanciert zum Publikumsmagneten, er ist eine neuartige Zeltkonstruktion, die Stahlseile über acht bis 38 Meter hohe Masten spannt und darauf ein geschwungenes Plastikdach legt. Offen, transparent, federleicht – genau so wollen sich die Deutschen zeigen.

Der Entwurf stammt von den Stuttgarter Architekten Frei Otto und Rolf Gutbrod, in dessen Büro Günter Behnisch 1951 seine Laufbahn begann. Der Vorsitzende der Jury, die Otto und Gutbrod ausgewählt hat, ist Egon Eiermann, einer der großen Architekten der Nachkriegsmoderne. Eiermann ist hingerissen von der Zeltidee und sieht in ihr die Ankündigung von noch größeren Dingen.

Der Stadionentwurf, mit dem München 1966 den Zuschlag für die Olympischen Spiele bekommen hat, ist der Sieger eines Architektenwettbewerbs, der 1964 für das Oberwiesenfeld stattgefunden hatte. Die Stadt hat mit dem TSV 1860 und dem FC Bayern zwei Fußballklubs in der ersten Liga, aber kein großes Sportstadion. Vorgesehen ist ein ziemlich mächtiges Betonoval auf freier Fläche. Als München sich in Rom durchsetzt, wächst die Kritik an dem Entwurf. Der Bund Deutscher Architekten schreibt in einem Brief an Oberbürgermeister Vogel: »Es bedarf nicht des Hinweises auf das Reichssportfeld von 1936 oder gar auf das Nürnberger Reichsparteitagsgelände, um klarzumachen, dass der bauliche Ausdruck dieser ersten Olympischen Spiele in Deutschland nach 1945 von nichts weiter entfernt zu sein hat, als von hohler und in fataler Weise erinnerungsträchtiger Monumentalität.« Vogel und Daume ist selbst klar, dass der Entwurf nicht zu ihrer Idee von den Spielen passt. Also schreiben sie im Februar 1967 einen neuen Wettbewerb aus.

Im Stuttgarter Büro von Günter Behnisch ist die Neigung, sich zu beteiligen, nicht sehr ausgeprägt, das Büro baut ja vor allem Schul- und Universitätsgebäude. Nur Fritz Auer, Behnischs jüngerer, kongenialer Partner, ist angefixt. Ein Stadion zu bauen für Olympia in Deutschland – das sei eine Chance, die sich jeder Generation nur einmal biete, argumentiert Auer, wenn überhaupt. Die Zweifler unter den Kollegen lassen sich überzeugen. Behnisch, der nach eigenem Bekunden im Krieg »durch die Scheiße« gegangen und dadurch zum glühenden Demokraten gewor-

## Der Strumpf und das Stadion

den ist, findet Gefallen am Ausschreibungstext: Auch die olympische Architektur, wird da verlangt, solle spiegeln, dass die Bundesrepublik ein freundlicher, bescheidener Gastgeber ist. Behnisch weiß sofort, welche Anmutung er nicht will: kein Kolosseum, keine Wachtürme, keine Altäre, keine Feuerschalen. Stattdessen: Bauen »aus einem demokratischen Geist heraus«.

Den Ausgangspunkt für den Entwurf des Büros Behnisch liefert ebenfalls Fritz Auer. Er stößt bei seinen Recherchen auf Erdstadien in Osteuropa, die in die Landschaft eingegraben sind oder natürliche Hänge als Tribüne nutzen. Auch die Hohe Warte in Wien ist ein solches Naturstadion. Der Gefahr von Monumentalität könnte man mit diesem Prinzip gut vorbeugen. Behnisch und Auer wollen nicht, dass man auf ihr Stadion zuläuft wie auf eine Betonwand, sie wollen nicht, dass man eine Tribüne hinaufsteigt. Was sie wollen: Dass das weite Rund sich befreiend vor den Besuchern auftut. Keine »einschüchternde Macht« sollte spürbar sein, sagt Behnisch später: »Bauten, die formal und materiell verschlossen sind, neigen nun einmal dazu, zu bedrängen.«

Die Behnisch-Leute beginnen also, das Stadion und weitere Wettkampfstätten in ein Modell des Oberwiesenfelds einzusetzen. Für das Modell haben sie einen großen Raum angemietet und auf einer Holzplatte Sägemehl aufgeschüttet. Das Stadion und die Hallen stellen sie sich anfangs schalenartig vor, doch zufrieden sind sie damit nicht. »Wie Schildkröten lagen die Bauten in der Landschaft«, erinnert sich Fritz Auer später. Eines Tages im April 1967, in Montreal ist gerade die Weltausstellung eröffnet worden, entdeckt ein Mitarbeiter faszinierende Fotos in der Zeitung. Sie zeigen den deutschen Pavillon, und im Büro Behnisch sind sich alle einig: So ein Zeltdach könnte die Sportstätten im Olympiapark verbinden, lauter kleine Gipfel vor der Kulisse der großen Alpengipfel in der Ferne. Sofort fertigt Behnisch Skizzen an.

Ein Modell ist jedoch gar nicht so leicht zu basteln. Von Auers Frau leihen sie sich Nylonstrümpfe, um sie mit Reißnägeln über Holzstäbe zu spannen. Sie hämmern, kleben und nähen. Langsam drängt auch die Zeit, am 3. Juli 1967 ist Abgabetermin. Häufig arbeiten sie bis tief in die Nacht. Noch Jahrzehnte später werden sie sich an den Soundtrack jener Wochen erinnern: »Ha! Ha! Said the Clown«, den Nummer-1-Hit des britischen Rockmusikers Manfred Mann, eine irre Temponummer, bei

## »... dann geht's wuid auf.« – München erhält die Spiele 1972

der niemand müde werden kann. Am letzten Tag werden die Kisten mit den Modellen und Skizzen kurz vor Mitternacht beim Expresskurier aufgegeben. Nach zwei Wochen dann der Schreck: Das Organisationskomitee meldet sich, die Einreichung sei unvollständig. Eigentlich ist das ein Ausschlussgrund. Aber das OK macht eine Ausnahme, als sich herausstellt, dass eine Kiste bei der Spedition liegen geblieben ist.

Mehr als 100 Entwürfe sind eingegangen. Die Entscheidung fällt am Freitag, dem 13. Oktober. Günter Behnisch sitzt im Stuttgarter Rathaus in einer Gemeinderatssitzung, um ein Projekt vorzustellen, als er aus dem Saal gebeten wird. Was Behnisch nicht weiß: Zunächst war sein Entwurf in der ersten Runde aussortiert worden, weil viele Juroren die Machbarkeit des Zeltdaches infrage stellten. Doch Hans-Jochen Vogel und nicht zuletzt der Jury-Vorsitzende Eiermann, der schon vom deutschen Pavillon in Montreal begeistert war, hatten für die kühne Idee gekämpft. Dieses Stadion würde auf der ganzen Welt Aufsehen erregen, hatte Eiermann gesagt. Der Entwurf blieb in der Debatte – und siegte am Ende mit 17 zu zwei Stimmen. Behnisch muss noch eine halbe Stunde im Gemeinderat absitzen, dann fährt er in sein Büro hoch über Stuttgart, wo seine Mitarbeiter schon auf ihn warten. Einer verspricht, seine gerade geborene Tochter mit zweitem Namen Olympia zu taufen. Sie feiern die ganze Nacht, und aus den Boxen dröhnt »Ha! Ha! Said the Clown«.

Egon Eiermann weiß, dass die Diskussion, ob der Entwurf auch wirklich umsetzbar ist, erst beginnt: »Es bedarf jetzt der intensivsten Bemühung aller Leute, die etwas davon verstehen, und der völligsten Kritik der Fachleute, um zu sagen, wir können das machen. Ich bin überzeugt, wir können es.« Andere sind da nicht so sicher. Als Behnisch und Willi Daume das Modell Franz Josef Strauß präsentieren, sagt der CSU-Chef: »Also Herr Daume, ein Beduinen-Zelt – des möcht mer net!« Strauß kriegen die Organisatoren rum, aber ihr größter Gegner scheint die Physik zu sein. Im Dezember 1967 veröffentlichen zwei Professoren der Technischen Universität München ein Gutachten: Das Dach würde nicht halten. In der Tat ist etwas Vergleichbares in dieser Größe noch nie gebaut worden. Ein Zeltdach, das fast 75 000 Quadratmeter hat und mehrere Sportstätten überwölbt? Selbst ein Bundeswehrcomputer, der als leistungsfähigster des Landes gilt, ist mit der Berechnung der Statik überfordert.

## Gutachter warnen vor dem Zeltdach

Manche erkennen Wagemut in dem Plan, andere nur Spinnerei. Die Debatte, die längst ein Streit ist, wird nicht nur in München geführt, sondern in der internationalen Architekturszene. Ihren Höhepunkt erreicht sie, als die olympische Baugesellschaft gegen Vogels und Daumes Willen andere Architekten beauftragt, eine abgespeckte Version des Daches zu erarbeiten. Das Projekt steht auf der Kippe. Das Büro Behnisch zieht Frei Otto hinzu, den Kopf hinter dem Pavillondach von Montreal. Seine Kalkulationen und Konstruktionsideen rücken die angeblich verrückte Idee Schritt für Schritt in den Bereich der Realität. Wie groß Ottos Anteil tatsächlich ist, bleibt unklar, so ganz grün sind sich Behnisch und er jedenfalls nicht. Auch weil Otto sich als radikaler Funktionalist versteht, während Behnisch an die Symbolkraft der Architektur glaubt.

Im Juni 1968, gut acht Monate nach dem Triumph im Wettbewerb, steht endlich fest: Der Behnisch-Entwurf wird gebaut. Nicht zuletzt, weil Vogel und Daume auch unter Druck nicht umgefallen sind. »Das Dach«, ist da schon ein stehender Begriff geworden, der nicht nur in München keiner Erklärung mehr bedarf. In ganz Deutschland gibt es nur ein Dach, das gemeint sein kann. Und der Ärger ist noch nicht vorbei. Behnisch und sein Kompagnon Auer haben die Kosten notgedrungen sehr freihändig geschätzt, 18 Millionen D-Mark. Von Anfang an mischt sich in die Skepsis gegenüber dem Dach auch die Warnung vor einem finanziellen Abenteuer. Und unbegründet ist diese nicht. Schnell wird klar, dass das Projekt dramatisch teurer wird. Erst ist von 37 Millionen die Rede, bald von über 100. Die Gegner der Spiele sehen ihre Stunde gekommen, sie erklären das Dach zum Sinnbild olympischer Verschwendung.

Der bayerische Finanzminister Konrad Pöhner, als Bauunternehmer vom Fach und als Franke mit einer Grunddistanz zu München ausgestattet, verlangt radikale Konsequenzen: München soll die Ausrichtung der Spiele zurückgeben. In der CSU grummelt es, für die stolzen Bayern spricht auch massiv gegen Behnisch, dass der Mann aus Stuttgart kommt. Daume interveniert noch einmal bei Ministerpräsident Goppel: Die Aufständischen in dessen Partei möchten doch bitte den langfristigen Nutzen Olympias für München berücksichtigen – und ebenso die zentrale Rolle, die Behnischs Entwurf bei der Vermittlung eines modernen Deutschland-Bildes spielen soll. Vogel ergänzt, dass das Stadion nur 0,2 Prozent dessen koste, was weltweit jedes Jahr für Massenvernichtungswaffen ausgegeben werde. Richtig befrieden kann Goppel seine aufmüpfigen Parteifreunde erst, als der Bund seinen Anteil am Olympiabudget auf 50 Prozent erhöht.

Im Juni 1969 beginnen die Arbeiten am Olympiastadion, zuvor musste noch das Terminalgebäude des ehemaligen Flughafens gesprengt werden. Behnisch und Auer beziehen ein Atelier in der Nähe. Das Oberwiesenfeld ist nun die größte Baustelle der Bundesrepublik, es entstehen auch das olympische Dorf, ein Radstadion, weitere Hallen und U- und S-Bahnhöfe. Im ersten Jahr gleicht es einer Mondlandschaft, man braucht schon viel Fantasie, um sich den fertigen Olympiapark auszumalen. Ein Schaulustiger sagt entgeistert zu einem Fernsehreporter: »Des werd a Blamage.« Etwa 5000 Bauarbeiter sind allein mit dem Stadion beschäftigt, sie spannen 536 Kilometer Stahlseil über riesige Pylone und montieren 8000 Plexiglasplatten, die Fläche von zwölf Fußballfeldern. Das Architekturwunder von München nimmt Gestalt an, doch die Kosten für das Dach steigen und steigen. Am Ende sind es 188 Millionen Mark, mehr als zehn Mal so viel wie veranschlagt.

Am 4. November 1971 ist Richtfest im Olympiastadion, ein Hubschrauber lässt die geflochtene Richtkrone auf das Dach herunter. Es sind noch nicht alle Plexiglasplatten eingesetzt, aber die Gäste blicken staunend und ehrfürchtig hinauf in die schwebende Hügellandschaft, die allein die Seile markieren. Sein Vater, erinnert sich Günter Behnischs Sohn Stefan, habe sich in seiner Arbeit von Willy Brandts Motto »Mehr Demokratie wagen« inspirieren lassen: »Das hat bei ihm zu dem Gedanken geführt, dass wir auch mehr Kultur wagen müssen.« Mehr Kultur, das habe für ihn geheißen: »Wenn wir eine freie Gesellschaft sein wollen, dann müssen wir auch im Zusammenleben toleranter sein. Also wollte er in München einen Begegnungsort für eine neue Gesellschaft ohne Zwänge schaffen.« Seine Kinder schleppt Günter Behnisch einmal mit nach Esslingen zu einer Kundgebung von Willy Brandt. »Merkt euch den«, bläut er ihnen ein, »das ist ein ganz besonderer Mann.«

Das Olympiastadion, wird Hans-Jochen Vogel fast ein halbes Jahrhundert später sagen, sei »das erste prägende und schmückende Bauwerk in München, das nicht von Königen ausgegangen ist«, sondern von der Stadt selbst. »Ich bin froh, dass wir diese riskante und mutige Entscheidung getroffen haben. Eine Gesellschaft muss sich auch einmal frei machen von reinen Nützlichkeitserwägungen. Ohne eine Durchbrechung des ökonomischen Prinzips wären viele große Bauten der Geschichte, die uns heute selbstverständlich erscheinen, nie entstanden. Die Menschheit darf nicht an Nützlichkeit ersticken.«

Günter Behnisch und Otl Aicher werden zu Recht als Königspersonalien des Organisationskomitees gerühmt. Aber da ist noch ein Dritter im Bunde, der wesentlich zum Erscheinungsbild und zum Erbe der Spiele beiträgt. Der Landschaftsarchitekt Günther Grzimek ist für Behnisch und Aicher ein Bruder im Geiste, mit Aicher hat er schon in Ulm eng zusammengearbeitet, wo er Chef des Gartenamts war und dem Beirat der Hochschule für Gestaltung angehörte. Beim Wiederaufbau Ulms nach dem Krieg hat er die Grünflächen verantwortet und dabei »die freie und aktive Selbstverwirklichung der Benutzer zum obersten Kriterium« gemacht. Spielplätze hat er gemeinsam mit Eltern und Kindern entwickelt und in Parks erst mal keine Wege angelegt. Er wollte abwarten, welche Wege sich die Menschen selbst suchen und wo sich mit der Zeit Trampelpfade herausbilden.

Grzimek, nicht verwandt mit dem Tierfilmer Bernhard Grzimek, nimmt sich auch beim Olympiapark vor, einen öffentlichen Raum zu schaffen, der diesen Namen verdient – der für alle Menschen zugänglich ist, unabhängig von sozialer Stellung. Er modelliert in Abstimmung mit Behnisch die 14,4 Quadratkilometer des Oberwiesenfelds neu, mit Erhebungen und Tälern, mit Wasser, Wiesen und Wäldchen. 2,2 Millionen Kubikmeter Erde werden dafür bewegt. Die Idee, einen unscheinbaren Kanal, der durch das Gelände lief, zum Olympiasee aufzustauen, hatte schon das Büro Behnisch eingebracht.

Grzimeks Mentor Heinrich Wiepking-Jürgensmann hatte 1936 an den olympischen Anlagen in Berlin mitgearbeitet. Nun ist Grzimeks eigenes Werk ein Gegenentwurf zum Reichssportfeld, das auf die pure Überwältigung des Betrachters zielte. In Berlin standen die Bäume akkurat symmetrisch, in München stehen sie mal hier und mal dort, wobei auch hinter der vermeintlichen Zufälligkeit ein Konzept steckt. Damit die Bäume zur Eröffnung etwas hermachen, werden sie in Fässern herangezogen, die von den Münchner Brauereien gestellt werden. Günther Grzimek versteht seinen Olympiapark als grüne Einladung zur freien Bewegung.

## »... dann geht's wuid auf.« – München erhält die Spiele 1972

Um sicherzustellen, dass die Besucher ihre Freiheit auch nutzen, lässt er überall Schilder aufstellen: »Dieser Rasen darf betreten werden!«

Vor München machen die Spiele 1968 in Mexico City Station, zum ersten Mal auf lateinamerikanischem Boden. Das IOC hat Charme in der Entscheidung erkannt, aber auch auf Druck reagiert. 1963 hatten in Jakarta die GANEFO stattgefunden, die »Games of the New Emerging Forces«, alternative Spiele für die jungen Nationen der Dritten Welt, ausgerichtet von Indonesien und wesentlich unterstützt von China. Der indonesische Präsident Sukarno, der 1945 die Unabhängigkeit von den Niederlanden ausgerufen hatte, erklärt die Veranstaltung unverblümt zur Gegenolympiade: »Lasst uns ganz offen aussprechen, dass Sport etwas mit Politik zu tun hat. Lasst uns die Spiele der neuen, aufstrebenden Kräfte begründen gegen die alten etablierten Kräfte.« Das IOC braucht nun ein Signal, dass Olympia allen gehört, nicht nur dem reichen Westen. Mexiko erfüllt als blockfreies Entwicklungsland die beiden wesentlichen Kriterien.

Die Männer, die im IOC sitzen, sind zwar weiterhin in überwältigender Mehrheit weiß und aus Europa, doch die jungen afrikanischen Staaten verschieben wenigstens die Mehrheitsverhältnisse unter den Mitgliedsländern. Im Vorfeld der Spiele von Mexico City findet diese Entwicklung eine kraftvolle Illustration.

Seit geraumer Zeit stellt die militante südafrikanische Apartheid das IOC vor unausweichliche Fragen. Bereits in den Fünfzigerjahren hatten etwa Sowjets und Skandinavier das IOC gedrängt, Südafrika wegen der Rassendiskriminierung aus dem olympischen Klub auszuschließen. Avery Brundage freilich hatte auch in diesem Fall seine ehernen Prinzipien betont, dann aber enorme Flexibilität in deren Anwendung gezeigt. Er müsse, beschied Brundage die Kritiker der Apartheid, schlicht den südafrikanischen Sportfunktionären glauben, dass Schwarze absolut gleiche Chancen auf eine Olympiaqualifikation hätten, aber halt einfach nicht gut genug seien.

Auch vor Mexico City versuchen die Freunde Südafrikas an der IOC-Spitze alles, dem Land die Teilnahme zu ermöglichen. Im September 1967 reist eine dreiköpfige IOC-Kommission ans Kap, um sich ein Bild von der Lage zu machen. Die Fortschritte seien ausreichend, berichtet die Kommission wenig überraschend. Die afrikanischen Staaten sind

## Südafrika darf nicht nach Mexiko

empört, auch schwarze Athleten aus den USA drohen mit einem Boykott – in seltener Einigkeit mit den Staaten des Ostblocks. Als sich dann auch noch der Gastgeber Mexiko auf die Seite der Kritiker schlägt, ist Brundage zum Handeln gezwungen. Das IOC fordert daraufhin von Südafrika ein Bekenntnis zur Gleichheit aller Menschen. Als dieses ausbleibt, wird Südafrika nicht zu den Spielen 1968 eingeladen.

Das Motto der Eröffnungsfeier von Mexico City lautet »Alles ist möglich, wenn Frieden herrscht«. Zehn Tage vor dem Start wird der Satz zynisch aufgeladen. Am 2. Oktober 1968 demonstrieren Tausende Menschen, vor allem Studenten, auf der Plaza de las Tres Culturas im Stadtteil Tlatelolco gegen Korruption – und ausdrücklich auch gegen die gewaltigen Olympiakosten, die sich das arme Land leistet. »Revolution statt Olympia«, skandiert die Menge. Plötzlich schießen Scharfschützen der Präsidentengarde und Polizisten auf die Demonstranten, aus Hubschraubern werden Handgranaten abgeworfen. »Es regnete schweres Feuer«, singt später die Songwriterin Judith Reyes, eine mexikanische Joan Baez.

Nach realistischen Schätzungen kommen 200 bis 300 Menschen ums Leben. Ein Sprecher der mexikanischen Regierung teilt mit, es habe eine »Reinigung« stattgefunden, im Übrigen sei das alles eine »interne Angelegenheit« Mexikos. Mit dieser Erklärung gibt sich Avery Brundage zufrieden: Der »friedliche Ablauf der Wettkämpfe« sei gewährleistet. Brundages Versuche, Sport und Politik voneinander zu trennen, werden immer absurder. Eigentlich will Mexiko mit Olympia ja seinen Fortschritt illustrieren. Der Chefdesigner der Spiele, der junge Amerikaner Lance Wyman, verbindet indigene Motive mit Pop-Art – er hat den ausdrücklichen Auftrag, eine zeitgemäße Mexiko-Deutung jenseits eines »schlafenden Mannes mit Sombrero« zu liefern. Aber all das wird vom Massaker von Tlatelolco überlagert.

Die Münchner Planer registrieren bei ihrer Studienreise nach Mexico City sehr genau, dass die massive Präsenz von schwer bewaffnetem Militär und Polizei bei den Besuchern auf die Stimmung drückt. Die Spiele kommen auch recht elitär daher, als Veranstaltung für die mexikanische Oberschicht, die in den neuen, glitzernden Bürotürmen der Hauptstadt arbeitet. Dabei sei es doch die Aufgabe des Olympismus, notiert Willi Daume, die Unterschiede zwischen »Armen und Reichen, Hungrigen

## »... dann geht's wuid auf.« – München erhält die Spiele 1972

und Satten, Farbigen und Weißen« einzuebnen. Und noch ein paar weitere Beobachtungen nehmen die Münchner mit nach Hause. Viele Athleten klagen über die notorischen täglichen Staus zwischen den olympischen Stätten. Die Laune wird nicht besser dadurch, dass sich im olympischen Dorf bis zu 16 Teilnehmer ein Appartement teilen müssen. Das Dorf von München wird dann 5000 Wohnungen für 12 000 Sportler bieten, vom Einzelzimmer bis zum Sechserappartement wird alles zu haben sein.

Die Mannschaft der Bundesrepublik marschiert bei der Eröffnungsfeier hinter einem Schild mit der Aufschrift »Deutschland« ein. Die DDR hat ein Schild mit dem Schriftzug »DDR« vorbereitet; ebenso gut präpariert ist indes die mexikanische Polizei, die die drei gefährlichen Buchstaben in letzter Minute mit den Worten »Alemania Este« überklebt, Ostdeutschland. Trösten kann sich »Alemania Este« mit der Aussicht, dass 1972 nichts mehr überklebt werden wird. Name, Fahne, Hymne, Emblem – das IOC hat den Ostdeutschen zugesichert, dass die DDR in München einfach die DDR sein darf.

In Mexiko liegt die DDR im Medaillenspiegel auch erstmals deutlich vor der Bundesrepublik, mit neun zu fünf Goldmedaillen. Olympia ist für die Regierung in Ostberlin wie erhofft eine Bühne zur internationalen Profilierung geworden – als Staat von eigenem Recht und als kleine Großmacht des Sports, die sich mit nur 17 Millionen Einwohnern auf Platz fünf der Nationenwertung hochgearbeitet hat. Auf keinem anderen Gebiet hat die DDR – hoffnungslos unterlegen etwa im wirtschaftlichen Kräftemessen mit der Bundesrepublik – eine so gute Chance, als Sieger dazustehen. »Laufen Sozialisten schneller?«, fragt man sich im Westen bange. Natürlich interessiert man sich auch für das Geheimnis des Erfolgs, stößt aber auf wenig, was sich kopieren lässt. Die »völlig überproportionale staatliche Förderung des Spitzensports«, schreibt die Historikerin Jutta Braun später, sei »eben nur in einer Diktatur durchsetzbar«.

Die DDR darf nun davon träumen, bei den Spielen von München dem verfeindeten Bruder auf dessen Heimaterde die Überlegenheit des Sozialismus demonstrieren zu können – unter Hammer und Zirkel im Ährenkranz. Bei manchen westdeutschen Politikern und Sportfunktionären ruft freilich allein die Vorstellung Panik hervor. Die Grundstimmung ist hysterisch. Als einmal bei der Vierschanzentournee in Garmisch die Skispringer aus dem Osten entgegen der allgemeinen Sprachregelung als »Teilnehmer der DDR« angekündigt werden, wächst sich das zum Skandal aus. Die Bundesregierung droht entrüstet, dem Deutschen Ski-Verband jede Förderung zu streichen. Manche Sturköpfe aus der CDU finden sogar, dass die Bundesrepublik die Spiele 1972 lieber zurückgeben sollte, als die DDR-Flagge auf ihrem Staatsgebiet zu akzeptieren.

Willi Daume betrachtet das alles mit Gelassenheit oder versucht es zumindest. Er wehrt sich zwar im Auftrag der Bundesregierung protokollarisch gegen jedes DDR-Emblem auf irgendeinem Trainingsanzug bei irgendeiner internationalen Veranstaltung. Aber er weiß, dass die Bundesrepublik mit solcher Verbissenheit selbst bei Freunden Sympathien verspielt. Hinter den Kulissen strengt er sich an, die Politik von einem sanfteren, pragmatischeren Kurs zu überzeugen. Daume lässt sogar Rechtsgutachten erstellen, um nachzuweisen, dass es nicht einer Anerkennung der DDR gleichkommt, wenn westdeutsche Athleten bei Wettkämpfen antreten, die DDR-Symbolik gestatten. Willi Daumes ganz persönliche Ostpolitik hat eine Unverkrampftheit, zu der das Auswärtige Amt noch nicht bereit ist.

Auf einen ungezügelten sportlichen Wettstreit zwischen West und Ost will sich Daume in München gar nicht erst einlassen. Sicher, beide deutsche Staaten verbinden große Hoffnungen mit den Spielen. Die DDR polemisiert zwar bei jeder Gelegenheit gegen die Organisatoren, aber sie legt es natürlich nicht auf einen Boykott an. Was sie stattdessen will: 1972 unter eigener Fahne Gold um Gold einfahren. Die Bundesrepublik umgekehrt will als guter Gastgeber der Welt ein neues Deutschland präsentieren. Daume hat überhaupt keinen Zweifel, worin die größere Chance liegt. »Hätten wir hie und da mal weniger Medaillen als die DDR«, sagt er, »dann haben wir allerdings auch eine ganze Menge anderer Dinge weniger, zum Beispiel etwa 1500 Kilometer Stacheldraht, Todesstreifen, politische Strafgefangene, eine unfreie Presse und noch einige Dutzend Tote beim Übergang von Deutschland nach Deutschland.«

Der Kalte Krieg mag sich in den Sechzigerjahren nach den Angstmomenten von Berlin- und Kubakrise etwas entspannen, doch im Sport tobt er weiter. In den Olympiastädten tummeln sich die Geheimagenten beider Seiten: Die CIA spannt gelegentlich sogar amerikanische Sportler ein,

## »... dann geht's wuid auf.« – München erhält die Spiele 1972

um Athleten des Ostblocks zur Flucht zu überreden; der KGB passt auf, dass genau das nicht passiert. Im Medaillenspiegel haben die USA 1964 die Sowjetunion wieder von der Spitze verdrängt, 1968 verteidigen sie ihren Platz an der Sonne.

Die US-Basketballer gewinnen die siebte Goldmedaille in Folge, 55 Spiele sind sie ungeschlagen, 36 Jahre seit Berlin. Das Fernsehen ist begeistert. »Wenn du einen Amerikaner gegen einen Russen zeigen kannst, ist es egal, was genau sie tun«, sagt ABC-Chef Roone Arledge. »Selbst wenn sie Kajak fahren, die Leute schauen es an.«

Die Spiele von Mexico City beginnen zwei Monate nachdem die Sowjets den Prager Frühling niedergewalzt haben. Mexiko erlebt einen bleibenden Moment des Protests, als die tschechoslowakische Turnerin Vera Caslavska hinter der Russin Natalja Kutschinskaja Silber am Schwebebalken gewinnt. Caslavska, 26 Jahre alt, hat kurz vor den Spielen das »Manifest der 2000 Worte« unterschrieben, eines der wichtigsten Dokumente der tschechoslowakischen Reformbewegung. Nach dem sowjetischen Einmarsch musste sie untertauchen, sie trainierte im Wald für Mexico City. Weil sie so beliebt war, durfte sie am Ende zu den Spielen reisen.

Als bei der Siegerehrung dann die sowjetische Hymne für die Siegerin Kutschinskaja erklingt, senkt Caslavska den Kopf und wendet den Blick ab von der Fahne. Die Geste mag klein sein, aber der olympische Verstärker macht sie riesengroß. Nach der Silbermedaille gewinnt Caslavska vier Goldmedaillen, jede widmet sie einzeln einem Helden des Prager Frühlings, darunter Alexander Dubcek. Nach der Rückkehr in die Tschechoslowakei verliert Caslavska alle Privilegien.

Klaus Wolfermann ist nicht nach Mexiko gekommen, um eine Medaille zu gewinnen, das wäre ein vermessener Wunsch. Der Speerwerfer aus Altdorf bei Nürnberg ist 22 Jahre alt, deutscher Vizemeister, schon das war eine Sensation. Wenn er mit olympischem Edelmetall liebäugelt, denkt er eher an München 1972. In München ist er ein bisschen daheim, er startet für den TSV 1860. In Mexiko will Wolfermann von den Besten lernen, und der Allerbeste, das ist in diesem Sommer Janis Lusis aus der Sowjetunion. Lusis, 29, zweifacher Europameister, sieht sich selbst als

## Der Beginn einer wunderbaren Freundschaft

stolzer Lette, er war sechs Jahre alt, als plündernde sowjetische Soldaten seinen Vater erschossen. Wenn Lusis trainiert, treibt sich Wolfermann in der Nähe herum und schaut zu, er studiert jede Bewegung. Irgendwann kommen die beiden ins Gespräch. Seine Mutter hat Lusis ein wenig Deutsch beigebracht, den Rest klären sie auf Englisch. Es ist der Beginn einer außergewöhnlichen Freundschaft. Es ist aber auch der Auftakt zu einer sportlichen Rivalität, die 1972 in München ihren Höhepunkt erleben wird. Noch liegen Welten zwischen ihnen. Wolfermann scheidet in Mexico City mit schmerzendem Rücken im Vorkampf aus. Janis Lusis holt einen Tag später mit olympischem Rekord die Goldmedaille.

Die Zuschauer des Weitsprungwettbewerbs der Frauen im Olympiastadion von Mexico City wundern sich: Was ist mit der Favoritin los? In der Qualifikation hat Heide Rosendahl noch den weitesten Sprung hingelegt. Wer Gold gewinnen will, muss diese junge Frau aus der Bundesrepublik schlagen. Aber jetzt: mehrere ungültige Versuche, übertreten, das kennt man nicht von ihr. Das Publikum weiß nicht, dass sie mit Darmproblemen kämpft, dass sie nur dank Spritzen und Tabletten überhaupt antreten kann. Am Ende wird Rosendahl Achte. Eine große Enttäuschung, sicher. Aber der Fünfkampf liegt ja noch vor ihr.

Schon 1964 hätte die damals 17-jährige Rosendahl ihren Leistungen nach zur Olympiamannschaft gehören müssen, doch das deutsche Reglement gestattete keine Nominierung unter 18 Jahren. Sie reiste dennoch nach Tokio, als Teilnehmerin am olympischen Jugendlager. Heide, 1947 in Hückeswagen geboren, 40 Kilometer von Köln entfernt, war auf dem Sportplatz aufgewachsen. Vater Heinz Rosendahl, dreifacher deutscher Meister im Diskuswerfen, leitete die Landessportschule in Radevormwald, Mutter Margret Rosendahl war Übungsleiterin beim örtlichen Turnverein. Ihrer Tochter gaben sie mit zwei Jahren den Spitznamen »Mücke«, weil sie nicht stillsitzen konnte und unablässig herumhüpfte.

Sieben Jahre alt war Heide, als ihr Talent zum ersten Mal offenkundig wurde: Im Schulsport, erste Klasse, sprang sie beim Weitsprung 3,71 Meter – einen Meter weiter als die Besten der Klasse. Aber nicht nur ihre Begabung trat früh zutage, sondern auch ihre starke Persönlichkeit: Dem Trainingsprogramm, das ihr der Vater auf den Leib schneiderte, fügte sie sich nicht immer. Gewichtheben, darauf hatte sie besonders wenig Lust. Erst mit 13 Jahren machte sie richtig ernst mit der Leichtathletik.

Und nun steht sie also am 15. Oktober 1968, 21 Jahre alt, auf dem Trainingsplatz neben dem Olympiastadion von Mexico City und vor ihrer zweiten Chance auf Gold. Die Darmgeschichte ist auskuriert, und der Fünfkampf, der gleich beginnt, ist ihr Paradewettbewerb, sie ist die Weltjahresbeste. Sie läuft sich warm für die erste Disziplin, die 80 Meter Hürden. »Es gab einen Knall«, erinnert sie sich, plötzlich kann sie ihr Bein »nicht mehr richtig bewegen«. Ein Arzt eilt herbei, die Diagnose: Muskelriss. Die Spiele sind für sie vorbei. Unter Tränen humpelt sie hinüber ins Olympiastadion, um zumindest als Zuschauerin beim Fünfkampf dabei zu sein. Der Muskelriss von Mexiko, sagt Rosendahl im Rückblick, sollte »die einzige Verletzung in meiner Karriere« bleiben. Das Schicksal hatte sich dafür nur einen sehr ungünstigen Zeitpunkt ausgesucht.

Die Spiele von Mexiko würden die Spiele des Mark Spitz werden, das war die Prognose vieler Experten, aber auch des Schwimmers selbst. Drei Weltrekorde hält der blutjunge Amerikaner, was ihn zweifellos zu großem Selbstbewusstsein berechtigt. Spitz legt nochmal eine Schippe drauf und kündigt an, als erster Sportler der Geschichte sechs Goldmedaillen zu gewinnen. Der 18-Jährige aus Kalifornien ist ein Einzelgänger, und er ist so unglaublich talentiert, dass er nur das Denken in Superlativen gewohnt ist. Zu seiner Beliebtheit trägt das nicht bei, auch im eigenen Team nicht. Selbst im Training kündigt er an, wen er gleich mit welchem Vorsprung deklassieren wird – und tut es dann auch. Ein US-Schwimmkollege bemüht dafür einen Superlativ: Spitz sei das »weltgrößte Arschloch«.

Marks Talent war von seinem Vater Arnold Spitz gefördert worden, seit das zweijährige Kind am Waikiki Beach im Pazifik wie in einem Zaubertrank gebadet hatte, als die Familie eine Weile auf Hawaii lebte. Die Spitzs zogen mehrmals um, damit ihr Sohn das bestmögliche Training genießen konnte. Einer seiner Coaches war der ungarische Einwanderer Ervin Zador, der Wasserballer, dessen Foto mit blutigem Kopf 1956 um die Welt gegangen war. »Schwimmen ist nicht alles«, gab Arnold Spitz seinem Sohn mit auf den Weg. »Gewinnen ist alles.« Mit 15 Jahren hielt

## Mark Spitz wird nass gemacht

Mark die US-Highschool-Rekorde in jeder Disziplin und auf jeder Strecke, von Kraul bis Rücken, von 50 bis 800 Meter. Fachleute vermuteten, dass seine sehr langen Beine und extrem beweglichen Kniegelenke ihm Vorteile beim Beinschlag brachten. Aber das allein konnte es nicht sein.

Als sich einmal ein Rabbi darüber beklagte, dass Mark wegen des ständigen Trainings nicht mehr in den Hebräisch-Kurs komme, beschied ihm Arnold: »Auch Gott liebt einen Gewinner.«

Mark Spitz, geboren 1950, wuchs in einem Amerika auf, in dem Antisemitismus noch alltäglich war. Viele der antikommunistischen Kampagnen der McCarthy-Ära trugen judenfeindliche Züge. Und es war nicht nur Avery Brundages Zigarren-Club, der keine Juden aufnahm, sondern es waren bis tief in die Sechzigerjahre auch Schulen und Sportvereine. Das Schwimmen war eine der »weißesten« Sportarten von allen. Es mag sein, dass einschlägige Erfahrungen mit Ausgrenzung zu Spitzs Ehrgeiz und Großmäuligkeit beitrugen. Seinen internationalen Durchbruch erlebte der Teenager 1965 in Tel Aviv: bei der Makkabiade, den jüdischen Weltspielen, wo er vier Goldmedaillen gewann.

Und nun sollen es also in Mexico City sechs olympische Goldmedaillen sein. Über 100 Meter Freistil, seinem ersten Start, hatte Spitz seinen Teamkameraden Doug Russell in den vergangenen zehn Rennen klar geschlagen. Doch im olympischen Finale siegt Russell mit einer halben Sekunde Vorsprung. Spitz bleibt nur Silber. Die Niederlage bringt eine weitere Demütigung mit sich: Spitz wird aus der US-Lagenstaffel gestrichen, Russell gewinnt an seiner Stelle zum zweiten Mal Gold. Mit den beiden Freistil-Staffeln wird Spitz zwar Olympiasieger, doch nach dem Sieg über 4 x 200 Meter feiern die Amerikaner nicht. Sie streiten: Die drei anderen Schwimmer werfen Spitz vor, sie mit seiner schlechten Zeit den Weltrekord gekostet zu haben.

Spitz beendet die Spiele 1968 mit zwei Mal Gold, ein Mal Silber und ein Mal Bronze. Für so gut wie jeden Athleten auf der Welt wäre das ein Traum. Für ihn ist es eine Katastrophe. Im Olympischen Dorf sagt Spitz zu einigen Teamkollegen, er hoffe, dass Doug Russell noch durch einen dieser neumodischen Dopingtests falle. Es soll ein Witz sein. Doch Russell stürmt kurz darauf wütend in Spitzs Zimmer und schleudert ihm seine 100-Meter-Goldmedaille aufs Bett: »Wenn du das Ding wirklich so sehr brauchst, dann bitte! Du kannst es haben!« Mark Spitz bringt die

## »... dann geht's wuid auf.« – München erhält die Spiele 1972

Medaille zurück auf Russells Zimmer, als dieser nicht da ist. Er drapiert sie aufs Bett und – so erzählt es Spitz später – schwört sich, dass er 1972 sein eigenes Gold holen wird.

Die Stürme des Jahres 1968 erfassen in Mexico City auch die amerikanische Mannschaft. Obwohl Bob Beamon bei seinem Fabelweltrekord weiter springt, als die Messlatte in der Sandgrube lang ist, 8,90 Meter, wird nicht sein Foto das meistgedruckte der Spiele. Das Foto, das in den Bilderkanon des 20. Jahrhunderts eingehen wird, zeigt die schwarzen Sprinter Tommie Smith und John Carlos, den Erst- und den Drittplatzierten des 200-Meter-Finales, bei der Siegerehrung. Beide senken bei der US-Hymne den Kopf und recken eine geballte Faust im schwarzen Handschuh in den Himmel. Es ist ihr Protest gegen die Rassendiskriminierung in der Heimat, von der auch afro-amerikanische Sportlerinnen und Sportler massiv betroffen sind, etwa weil viele Vereine sie nicht aufnehmen. Die Bürgerrechtsbewegung hat große Fortschritte gemacht, aber sie hat auch schreckliche Rückschläge erlitten: Im April 1968 ist ihr charismatischer Anführer Martin Luther King ermordet worden, und im Juni auch der demokratische Präsidentschaftskandidat Robert F. Kennedy, der wohl beliebteste Weiße im schwarzen Amerika.

Die große Geste von Smith und Carlos geht als »Black-Power-Protest« um die Welt. In zweiter Linie darf sich davon auch das IOC angesprochen fühlen, dessen Präsident unter schwarzen Athleten nicht von ungefähr als »Slavery Avery« bekannt ist. Smith hat am Tag vor dem Finale deutlich gemacht: »Ich will nicht, dass Avery Brundage mir irgendwelche Medaillen überreicht.« Brundage wird bei der Zeremonie dann tatsächlich vom IOC-Kollegen Burghley vertreten. Doch tags darauf wütet Brundage, der sich 1936 am Hitler-Gruß kein bisschen gestört hatte, gegen die »hässliche Demonstration einiger Neger gegen die amerikanische Flagge«. Es sei offensichtlich, dass »verzogene Mentalitäten und kaputte Persönlichkeiten« nicht »auszumerzen« seien. Auf Druck des IOC schließt die amerikanische Mannschaft Tommie Smith und John Carlos von den Spielen aus, ihre Karrieren sind damit auf ihrem sportlichen Höhepunkt praktisch beendet. Erst knapp vier Jahrzehnte später werden die beiden rehabilitiert werden.

## Black Power in Mexico City

In Wesseling, der kleinen Chemiestadt vor den Toren Kölns, ist von den Wallungen des Epochenjahres 1968 wenig zu spüren, zumindest nicht im Reihenhäuschen der Familie Meyfarth. Es ist trotzdem ein einschneidendes Jahr für die zwölfjährige Ulrike – das Jahr, in dem eine Schulfreundin sie mitnimmt zur Leichtathletik. Ulrikes Vater ist Maschinenbauingenieur, ihre Mutter Hausfrau, sie wird ihr Elternhaus später als bundesdeutsches Idyll beschreiben: »Am Wochenende wurde mit Nachbarn und Freunden gefeiert. Meine Eltern waren Kriegskinder, die das Leben genießen wollten.« Jedes Jahr an Ostern reist die Familie zum Skifahren nach Tirol, auf den Hintertuxer Gletscher. Sie habe viel gemalt, sagt Meyfarth, aber vor allem sei sie ein »bewegungsfreudiges Kind« gewesen, immer draußen, immer am Turnen, Handstand hier, Rolle dort.

Beim TV Wesseling kann sie sich in allerlei Disziplinen erproben, sie läuft, springt und wirft, doch bald wird klar, dass ihre größte Begabung im Hochsprung liegt. Die Anerkennung der Trainer und Teamkolleginnen tut ihr gut. »Als Kind und Jugendliche haderte ich mit meiner Körperlänge, mit 14 Jahren war ich schon 1,80 Meter groß. Die meisten Jungs hatten Respekt vor mir, ich war halt ›die Lange‹.« Während ihre Freundinnen das Flirten anfangen, kann sie sich kaum vorstellen, dass sie irgendwer anziehend finden könnte. Überall fällt sie auf mit ihren langen Beinen, und nie vergessen wird sie ihre Konfirmation. »Ich trug ein blaues Kostüm, das ich nicht leiden mochte«, hat sie ihrem Biografen Uwe Prieser erzählt. »Als ich aus der Bank trat, um vor dem Altar eingesegnet zu werden, hörte ich, wie ein Raunen durch die Kirche ging. Am liebsten hätte ich mich umgedreht und allen die Zunge herausgestreckt.« Doch beim Sport fühlt sie sich wohl in ihrem Körper, die Erfolge geben ihr das Selbstbewusstsein, das ihr bislang gefehlt hat. Zum ersten Mal empfindet sie ihre Größe als Vorteil.

Just als Ulrike mit dem Hochsprung beginnt, wird die Sportart von einem tiefgreifenden technischen Wandel erfasst. Der Amerikaner Dick Fosbury ist der Mann, der die Revolution 1968 in Mexico City anzettelt. Bis dahin ist es üblich, dass Hochspringer die Latte bäuchlings überqueren. »Straddle«, »Spreizsprung«, heißt die dominante Technik: gerader Anlauf; Abspringen mit dem Bein, das näher zur Latte ist; dann das andere Bein in einem hohen Bogen über die Latte schwingen. 80 000 Zuschauer in Mexico City staunen, als Fosbury beim Anlauf eine Kurve läuft. Er dreht beim Absprung seinen Rumpf und überquert rücklings die Latte. Mit 2,24 Metern holt er Gold. Der »Fosbury-Flop« ist geboren.

Aber es ist noch nicht sicher, ob die Revolution obsiegt. Wie an jedem technischen Fortschritt wird auch an diesem gezweifelt. Manche Athleten finden es verwegen und regelrecht gefährlich, mit dem Kopf voran auf die Stange zuzuspringen. Ein Reporter spottet, Fosbury springe wie jemand, »der aus einem Fenster im 30. Stock fällt«. Und dann ist da ja noch der Weltrekord des Sowjets Waleri Brumel, 2,28 Meter, ersprungen mit dem Straddle.

In Wesseling bei Köln hat der Fosbury-Flop jedenfalls die Aufmerksamkeit des Leichtathletik-Trainers Günter Janietz erregt. Fosbury, das fällt Janietz auf, ist ein sehr langer und sehr dünner Mann, 1,95 Meter groß. Mit einem solchen Körperbau ist man geradezu prädestiniert für die neue Technik. Janietz hat ein paar Mädchen im Verein, denen der Fosbury-Flop eigentlich liegen müsste. Und niemandem liegt er besser als Ulrike Meyfarth.

Die Frage, wer Sicherheitsbeauftragter der Spiele von München werden soll, stellt sich nicht. Hans-Jochen Vogel arbeitet schon lang und eng mit Manfred Schreiber zusammen, dem Münchner Polizeipräsidenten. Auch Schreiber, im oberfränkischen Hof geboren, ist Sozialdemokrat, und sein Herangehen an die Polizeiarbeit darf man durchaus revolutionär nennen: »Probleme der Gesellschaft kann man nicht mit dem Gummiknüppel lösen.« Schreiber ist Mitte 40, eine schwere Verwundung, die er in den letzten Kriegstagen an der Ostfront erlitten hat, setzt ihm immer noch zu. Zu seinen ersten Juravorlesungen in München hatte er sich im Rollstuhl schieben lassen, er wollte »diesen Dreckskrieg« so schnell wie möglich hinter sich lassen. Mit gerade mal 37 Jahren wurde er 1963 zum Polizeipräsidenten der Landeshauptstadt berufen, bald nach den Schwabinger Krawallen, bei denen sich die Polizei tagelange Straßenschlachten mit Jugendlichen geliefert hatte. Solche Eskalationen wollte Schreiber künftig verhindern.

Statt mit dem Schlagstock sollten Konflikte zwischen Demonstranten und der Polizei bereits im Vorfeld durch Dialog gelöst oder zumindest während eines Einsatzes durch ein entspanntes, defensives Auftreten entschärft werden. Die Polizei sollte sich weniger als militante Ordnungsmacht gebärden, sondern vielmehr als freundliche Partnerin in Sachen Sicherheit. Schreiber benannte spezielle »Jugendbeamte« und stellte sogar einen Psychologen ein, den 33-jährigen Georg M. Sieber, um entsprechende Strategien zu entwickeln und seine Beamten zu schulen – ein unerhörter Vorgang für seine Zeit. Die »Münchner Linie« wurde erstmals 1965 im »Zirkus Krone-Bau« bei einem Konzert der »Rolling Stones« erprobt, die im Verdacht standen, ihre Fans in einen gefährlichen Rauschzustand zu versetzen. »Unsere Beamten gingen dann freundlich und väterlich zu diesen Gruppen und brachten sie mit kollegialem Auf-die-Schulter-Klopfen wieder zur Vernunft«, berichtete Schreiber hinterher.

Die »Münchner Linie« gilt bald als großer Erfolg und als stilbildend in der ganzen Bundesrepublik. Schreiber, ein Mann von einiger Selbstironie, der sich selbst gern als »Bauerngendarm« bezeichnet, lässt sich auch von Rückschlägen nicht aus der Bahn werfen. Nicht einmal, als in München im April 1968 bei wütenden Studentendemos nach dem Attentat auf Rudi Dutschke zwei Menschen sterben. Auch für Olympia ist es Schreibers Ziel, die Sicherheitskräfte nicht einschüchternd auftreten zu lassen. »Keine Zäune, kein Stacheldraht, keine Waffen: Das war alles dem Idol der friedlichen Spiele geopfert«, wird Schreiber später sagen. »Daume, Vogel und ich – wir wollten uns abheben von Berlin 1936.« Unter seiner Leitung kommen von 1970 an regelmäßig Vertreter von Polizei, Verfassungsschutz und Bundesnachrichtendienst zusammen. Ein Teilnehmer eines frühen Treffens notiert fast ein bisschen enttäuscht, dass es trotz des sanften Kurses »vermutlich notwendig« sei, »um das Olympiastadion einen Zaun zu errichten«.

Die Runde erarbeitet auf vielen Hundert Seiten Einsatzpläne, wie während der Spiele Einbrüche verhindert, Taschendiebe gestellt und der Straßenverkehr möglichst störungsfrei gelenkt werden soll. Breiten Raum nehmen auch die Handlungsanweisungen ein, wie das Sicherheitspersonal an den olympischen Stätten agieren soll. Der olympische Ordnungsdienst wird zwar aus Bundesgrenzschützern und Polizisten bestehen, aber keine klassischen Uniformen tragen. Otl Aicher wird sie einkleiden: weiße Hemden ohne Krawatten, hellblaue Hosen, bei Bedarf hellblaue Sakkos und schicke Ballonmützen. Etliche Beamte sollen für die zwei Wochen sogar vorübergehend aus ihrem Beamtenstatus entlassen werden – damit sie auch mal fünfe gerade sein lassen können, wenn sie eine

## »... dann geht's wuid auf.« – München erhält die Spiele 1972

strafbare Handlung beobachten. In erster Linie sollen sie sich als Helfer verstehen und Waffen nur in Ausnahmesituationen tragen. »Waffen, bei Gott, kommen überhaupt nicht infrage«, sagt Manfred Schreiber in einem Interview mit der Münchner ›Abendzeitung‹, »auch nicht andere Hilfsmittel wie Gummiknüppel«. Für Notfälle werden Handzeichen verabredet – ein ausgestreckter Arm samt erhobenem Finger soll den Kollegen signalisieren: Ich brauche Unterstützung.

Am 5. März 1969 kommt die Bundesversammlung in der Ostpreußenhalle auf dem Berliner Messegelände zusammen, um den dritten Bundespräsidenten zu wählen. Gelegentlich donnern russische Kampfflugzeuge über die Messe – die Sowjets lassen die Mitglieder der Versammlung spüren, dass sie die Wahl des westdeutschen Staatsoberhaupts ausgerechnet in der geteilten Stadt als Provokation empfinden. Der Tag in Berlin wird der Vorbote eines großen politischen Umbruchs werden.

Die Kandidaten sind Gerhard Schröder, der Verteidigungsminister von der CDU, und Gustav Heinemann, der Justizminister von der SPD. Und das Zünglein an der Waage, das ist die FDP. Die Union stellt 482 Wahlfrauen und Wahlmänner, die SPD 449 – die 83 Entsandten der FDP werden darüber entscheiden, wer gewinnt. FDP-Chef Walter Scheel hatte sich schon lange auf ein strategisches Ziel festgelegt: seine Partei, die viele Jahre mit der Union koaliert hatte, mit gleichmäßigem Abstand und größerer Handlungsfreiheit zwischen den beiden Volksparteien zu positionieren. Am Abend vor der Wahl beschwor er seine Leute in einem Hotel nahe der Halle, Heinemann zu wählen. Danach trat er vor die Presse und teilte siegesgewiss mit, dass 77 von 83 Mitgliedern seinem Vorschlag folgen würden. Der SPD-Kandidat werde schon im ersten Wahlgang die absolute Mehrheit erreichen.

Bei 519 Stimmen liegt diese absolute Mehrheit, es kommt also auf jede einzelne an. Als sich der hessische SPD-Bundestagsabgeordnete Kurt Gscheidle am Morgen »transportunfähig erkrankt« meldet, lässt ihn sein Fraktionschef Herbert Wehner suchen und herbeischaffen. Im Rollstuhl, den Kopf dick verbunden, wird Gscheidle an die Wahlurne geschoben. Dass der Herr Abgeordnete bei einem nächtlichen Besuch des Rotlichtlokals »Babalu« verprügelt worden war, spricht sich in der Halle schnell herum. Knisternde Spannung liegt in der Luft, als um kurz nach 12 Uhr das Ergebnis der Auszählung verkündet wird. Schröder: 501 Stimmen. Heinemann: 514. Das reicht nicht. In den Reihen der SPD entladen sich Wut und Enttäuschung: Scheel hat nicht geliefert, es gibt offenbar Abweichler in der FDP – die Rechtsbürgerlichen sind nicht glücklich darüber, dass jetzt die Linksliberalen den Kurs bestimmen. Der Wahlleiter verzeichnet sechs Enthaltungen und zwei ungültige Stimmen.

Der zweite Wahlgang macht die Nervosität nur schlimmer. Heinemann verliert drei Stimmen und fällt auf 511. Schröder gewinnt sechs dazu und kommt auf 507. Jetzt ist nichts mehr sicher. Das rot-gelbe Fanal, das die Anführer von SPD und FDP geplant hatten, könnte zur rot-gelben Blamage werden. Im dritten Wahlgang genügt die einfache Mehrheit. Schröder: 506 Stimmen. Heinemann: 512. Damit ist er Bundespräsident, der erste von der SPD. In der Ostpreußenhalle schreien die Genossen ihre Erleichterung heraus. Die Sozialdemokraten sind nach 20 Jahren in der Verantwortung für die Bundesrepublik angekommen, ihre Salonfähigkeit ist nun verbrieft. Später wird man auf Heinemanns Wahl als Auftakt einer Zeitenwende zurückblicken; es sollte aber auch bis heute die knappste aller Bundespräsidentenwahlen bleiben.

Bei der SPD-Feier auf dem Messegelände stoßen am Abend die Vertreter der FDP dazu – manche der Damen und Herren, die sich nun in den Armen liegen, haben sich vor wenigen Jahren noch nicht mal gegrüßt, so groß war die Abscheu. ›Spiegel‹-Herausgeber Rudolf Augstein schreibt: »Wir alle, denen die Dauerherrschaft von CDU/CSU zum Himmel stinkt, haben erfahren, dass ein Wechsel nicht nur nötig, dass er auch möglich ist.« Sogar Heinemann selbst, der nicht zur Überhöhung neigt, spricht in einem Interview mit der ›Stuttgarter Zeitung‹ von einem »Stück Machtwechsel«. Ende September 1969 soll ein neuer Bundestag gewählt werden.

Axel Mitbauer, 19 Jahre alt, ist ein begabter Langstreckenschwimmer, Meister der DDR über 1500 Meter Freistil. Aber die längste und härteste Strecke wartet in dieser Nacht auf ihn, vom 17. auf den 18. August 1969. Bei Schwerin ist er vor einigen Tagen einfach aus dem fahrenden Zug gesprungen, nur so konnte er sicher sein, die Stasi-Schnüffler abgeschüttelt zu haben. Im Ostseebad Boltenhagen hat er Tag und Nacht die Routinen der Grenzposten beobachtet. Ihm ist aufgefallen, dass die Suchschein-

## »... dann geht's wuid auf.« – München erhält die Spiele 1972

werfer alle paar Stunden kurz abgeschaltet werden, wahrscheinlich zur Kühlung. Und nun kauert er hier am Strand und verteilt 30 Tuben Vaseline auf seinem Körper, das Wasser hat 18 Grad. Es ist 21 Uhr, als die Scheinwerfer erlöschen. Axel Mitbauer läuft in die Ostsee und schwimmt los.

Er kennt sich hier nicht aus, orientiert sich nur an den Sternen, ein Mann allein in der dunklen See. 22 Kilometer, so hat Mitbauer es ausgerechnet, dann muss er in der Lübecker Bucht sein, in den Gewässern der Bundesrepublik Deutschland. In Freiheit. Seine Körperkraft war dafür vorgesehen, dem Arbeiter- und Bauernstaat Medaillen und Rekorde zu bescheren; jetzt nutzt er sie, um diesem Staat zu entkommen. Nach Mitternacht erspäht er eine Leuchtboje. Mitbauer weiß nicht, ob er schon im Westen ist, aber er beschließt, die Nacht auf der Boje zu verbringen. Am frühen Morgen entdeckt ihn die Besatzung der Passagierfähre »Nordland«. Am Heck weht die schwarz-rot-goldene Fahne, ohne Hammer, ohne Sichel. Wo er denn her sei, fragt ihn der Kapitän durch ein Megafon. »Von drieben«, ruft Mitbauer. »Das hört man«, sagt der Kapitän.

Im Westen verkauft Axel Mitbauer die Geschichte seiner Flucht an den ›Stern‹, 10 000 Mark bekommt er, es ist das Startkapital für sein neues Leben. 400 Mark im Monat erhält er von Josef Neckermann, dem Vorsitzenden der Deutschen Sporthilfe. Ein Jahr später wird Mitbauer in Barcelona mit der bundesdeutschen 4 x 200-Meter-Freistilstaffel Europameister. Die Qualifikation für Olympia 1972 wird er nur wegen einer Verletzung verpassen.

Im Ministerium für Staatssicherheit in Ostberlin löst seine spektakuläre »Republikflucht« ein Erdbeben aus. Wenig trifft die DDR-Regierung härter als bekannte Athletinnen und Athleten, die rübermachen zum Klassenfeind. Zwischen 1950 und 1989 werden es nach Schätzungen mehr als 600 sein. Mitbauer gilt fortan als »Sportverräter«, seine Mutter verliert ihre Arbeitsstelle. Und die Stasi kommt zu dem Ergebnis, dass sie nicht nur die Leistungssportler der DDR, sondern auch deren Verwandte und Freunde lückenlos überwachen muss, wenn sie eine weitere Schmach verhindern soll. Nichts darf dem Zufall überlassen werden vor den Olympischen Spielen von München, »an der Nahtstelle zwischen Sozialismus und Imperialismus in Europa«.

Am 18. Dezember 1969 beschließt das Zentralkomitee der SED, eine

## Die Stasi und die totale Überwachung

»Parteikommission zur politisch-ideologischen Vorbereitung der Olympischen Spiele 1972 in München« einzurichten. Den Vorsitz der 19 Mitglieder hat Albert Norden, Mitglied im Zentralkomitee der SED und im mächtigen Politbüro. Olympia ist ganz oben aufgehängt. Die Norden-Kommission kümmert sich um alles bis auf den Sport selbst. Sie erhält den Auftrag, zu verhindern, dass die BRD »unter Missbrauch der Popularität des Sports und der Olympischen Spiele« eine »breite nationalistische Welle« entfache und Einfluss auf die Bevölkerung der DDR gewinne. Die zentrale Maßnahme, die der SED-Spitze vorschwebt: die totale Überwachung aller, die im Entferntesten mit Olympia zu tun haben.

Zwei Jahre später werden die Details vom Ministerium für Staatssicherheit in der Dienstanweisung 4/71 gebündelt, eine »vertrauliche Verschlusssache«, unterzeichnet von Stasi-Chef Erich Mielke persönlich. Alle sollen ausspioniert werden: die Aktiven und ihr Umfeld, die Trainer, das Sportschulpersonal, die Journalisten, die Delegationsmitglieder, die mit nach München reisen. Und natürlich jene Parteifreunde, die als Olympia-Touristen infrage kommen. Mielke fordert »Aufklärungsergebnisse über die familiären Verhältnisse und konkreten Bindungen an die DDR« und über »die politische, charakterliche und moralische Zuverlässigkeit und Reife«. Besonders sei auf »das bisherige und zu erwartende Verhalten in politischen und persönlichen Konfliktsituationen« zu achten. Vorsorglich müssen potenzielle München-Fahrer an politischen Schulungen teilnehmen, »Rotlichtbestrahlung« nennen das strapazierte Sportler.

Die Norden-Kommission zielt aber auch auf die Breite der Bevölkerung. Sie entwickelt pädagogische Handreichungen für Betriebe, Universitäten und Schulen. Jeder Schüler des Landes erhält die Broschüre ›Olympia 1972 München – eine Stadt im Blickpunkt‹, die westdeutsche »Demagogie, Revanchehetze, Antikommunismus, Nationalismus usw.« entlarven soll. Besonders akribisch ist das Konzept für Fernsehen, Hörfunk und Presse. Der »Plan für die politisch-ideologische Arbeit der Massenmedien in Vorbereitung auf die Olympischen Spiele 1972 in München« verlangt von den Journalisten: »Begeistert mit Euren Beiträgen, Werken und Sendungen die Jugend unseres Landes für den Sport! Sporn unsre Besten zu hohen Leistungen an und verbreitet mit Euren Werken die humanistischen Werte des Sports.«

## »... dann geht's wuid auf.« – München erhält die Spiele 1972

Schon im April 1970 werden den Redaktionen durch das ZK 17 konkrete Themenvorschläge unterbreitet, etwa »Die Integrierung des westdeutschen Sports in das staatsmonopolistische Herrschaftssystem«. Die DDR ist in diesem Narrativ die Hüterin der reinen olympischen Idee, während die Bundesrepublik die Spiele nur für ihre imperialistischen Zwecke missbrauche. Die »Feindpropaganda« ziele darauf ab, der Welt den Eindruck eines »nationalen Zusammengehörigkeitsgefühls« von BRD und DDR zu vermitteln. Die Stasi steuert die durchaus richtige Analyse bei, dass der Westen sich von »gigantischem Aufwand«, »modernsten Sportanlagen« und »perfekter Organisation« in München die »demonstrative Repräsentation der BRD als das moderne Deutschland« erhofft.

Die Journalisten werden deshalb dazu angehalten, Berlin 1936 und München 1972 in eine Reihe zu stellen: »36 plus 36 ist 72«. Einige Monate vor den Spielen folgen noch konkretere Anweisungen des ZK. »Alle Erfolge sozialistischer Sportler werden als Erfolge für die sozialistische Staatengemeinschaft dargestellt«, heißt es in einem Papier vom 19. Juni 1972. Die brüderliche Verbundenheit mit der Sowjetunion müsse stets hervorgehoben werden, ebenso die Einbindung einzelner Athleten in die sozialistische Gemeinschaft. Das ›Neue Deutschland‹ darf auf Seite eins nur über »die Leistungen von Sportlern der DDR und anderer sozialistischer Länder« berichten. Athleten anderer Nationen dürfen allenfalls auf den Seiten 7 und 8 vorkommen.

Im Münchner Organisationskomitee ist noch eine zentrale Stelle zu besetzen. Die Spiele brauchen einen Pressesprecher, und Willi Daume hat einen Favoriten: Hans »Johnny« Klein, einen Journalisten, der im Pressestab des Kanzlers Erhard gearbeitet hat und auch schon Presseattaché an den deutschen Botschaften in Indonesien, Jordanien und Syrien war. Hans-Jochen Vogel kennt Klein nicht, er hat eine andere Idee. Er denkt an Hans-Ulrich Kempski, den weltläufigen Chefreporter der ›Süddeutschen Zeitung‹, den er schließlich irgendwo in Asien ans Telefon bekommt. Kempski lehnt Vogels Angebot höflich, aber entschieden ab. Wer denn noch im Rennen sei, fragt er. »Daume will Johnny Klein«, sagt Vogel. Da sagt Kempski: »Fabelhaft, warum nehmen Sie den denn nicht?«

Der eingefleischte Fliegenträger Klein erweist sich als Glücksfall für

## Johnny Klein verkauft das neue Deutschland

das Organisationskomitee, er ist charmant, heiter und verbindlich, dazu kommt eine selten zu findende Vornehmheit. Kleins einziges Laster: 100 Zigaretten am Tag. »Alle mögen Johnny«, steht über einem Porträt, und das »alle« schließt sogar Klaus Huhn mit ein, den politisch bestens vernetzten Sportchef des ›Neuen Deutschland‹ aus Ostberlin. Huhn wird während der Spiele für die »tägliche Sicherung einer einheitlichen Argumentation« in der DDR-Presse zuständig sein, und schon vorher sind seine »Hinweise für aktuelle Kommentierungen« berüchtigt. Klein bemüht sich beharrlich um einen guten Draht zum »Chefideologen der Sportberichterstattung in der DDR« (›Frankfurter Allgemeine Zeitung‹). So manche ostdeutsche Attacke gegen die Spiele fällt deshalb nicht ganz so ätzend aus.

Das Organisationskomitee wirbt in aller Welt für München 1972, und auch touristisch verkauft man ein neues Deutschland. Besonders hat man jüngere Besucher im Blick, weil sie vergleichsweise unvoreingenommen auf die Bundesrepublik schauen. Die Lufthansa wird die offizielle Olympia-Fluggesellschaft, die alle ihre Passagiere mit vielsprachigen Broschüren eindeckt. Auch mehr als 50 ausländische Fluglinien zeigen über Jahre in ihrem Bordprogramm Werbespots. In großen Häfen laden die Münchner allerlei Multiplikatoren aus den jeweiligen Ländern zu Olympiaempfängen auf Kreuzfahrtschiffen, etwa in New York und Lissabon, Helsinki und sogar Leningrad. Die »weltweite Werbekonzeption« des OK hat das erklärte Ziel, »Ressentiments, Vorbehalte, Misstrauen und Skepsis gegenüber den Deutschen abzubauen oder zu korrigieren«. Der Pressearbeit misst man dabei zentrale Bedeutung zu.

Dank Adresslisten der deutschen Botschaften gelangt Infomaterial aus München selbst in kleine Redaktionen in entlegenen Winkeln der Welt. Von 1969 an lässt Johnny Klein alle 14 Tage einen Newsletter verschicken, der seine Leser stets auch mit brillanten Bildern von Bergen und Seen, urigen Wirtshäusern und schönen Münchnerinnen erfreut. Lässt sich ein einflussreicher Journalist davon nicht beeindrucken, kann er sich besonderer Zuwendung sicher sein. Als der Amerikaner Richard D. Mandell im Münchner OK-Büro vorspricht, rechnet er nicht damit, mit offenen Armen empfangen zu werden – schließlich hat sein Buch ›The Nazi Olympics‹ Berlin 1936 in ungute Erinnerung gerufen. Mandell ist platt, als Klein und Daume ihm sofort eine Akkreditierung zusagen und er-

## »... dann geht's wuid auf.« – München erhält die Spiele 1972

wähnen, dass sie sein Buch gelesen und ihren Mitarbeitern empfohlen haben.

Wenn Klein irgendwo dunkle Wolken aufziehen sieht, springt er häufig schnell ins Flugzeug. Einmal reist er nach Chicago, weil afro-amerikanische Publikationen sich mit der Frage beschäftigen, ob schwarze US-Athleten Anstoß an Münchens NS-Vergangenheit nehmen sollten. Klein trifft den Chefredakteur der führenden Zeitschrift ›Ebony‹, mit dem ihn – wenig überraschend – bald eine Freundschaft verbindet. So etabliert sich schon lange vor den Spielen in vielen Ländern eine gefällige Deutung. Die Zeitung ›Sud-Ouest‹ aus Bordeaux titelt: »Die Spiele, die denen in Berlin in nichts gleichen werden«.

Heide Rosendahl hat die Enttäuschung von Mexiko erstaunlich gut weggesteckt. 1969 stellt sie mit 5155 Punkten einen neuen Weltrekord im Fünfkampf auf, 1970 mit 6,84 Metern auch im Weitsprung. Sie wird Sportlerin des Jahres in der Bundesrepublik, die Presse feiert sie als »neue Miss Leichtathletik«. Als Willi Daume mit einer kleinen Delegation nach New York reist, um bei amerikanischen Unternehmern für die Spiele von München zu werben, ist der neue Star Rosendahl mit dabei. »Eine ältere Dame redete bei einem Empfang lange auf mich ein. Ich fand das etwas anstrengend.« Später erfährt sie, dass es die Eigentümerin der Wrigley Company war, des größten Kaugummi-Herstellers der Welt.

1971 krönt sich Heide Rosendahl im Fünfkampf zur Europameisterin, im Weitsprung holt sie Bronze. Im Ausland spricht man von einem neuen »Fräuleinwunder«: In den Fünfzigerjahren hatte vor allem in den USA das Klischee des berufstätigen, erfolgreichen deutschen Fräuleins eine bemerkenswerte Karriere gemacht und das Deutschland-Bild durchaus zum Positiven verändert. Zur Frau wird ein Fräulein in der Bundesrepublik allerdings erst durch Heirat – und in der Ehe ist es für viele dann mit dem Beruf vorbei. Die Sportstudentin Heide Rosendahl prägt nun ein neues Frauenbild mit: moderner, selbstbewusster, unabhängig, professionell, leistungsorientiert. »Ein Girl, das in die neue Zeit hineinpasst«, schwärmt das ›Kicker‹-Sportmagazin. Ein Hauch von 68 umgibt sie, aber auch nicht zu viel, als dass sich ältere Damen und Herren fürchten müssten. Sie ist ein Medienliebling, obwohl sie sich dem Publikum nicht anbiedert und schon gar nicht Sportfunktionären. Sogar ihr kongenialer

Trainer in Leverkusen, Gerd Osenberg, lässt einmal die Bemerkung fallen, dass es mit Rosendahl »nicht immer einfach sei«. In einer Fernsehdiskussion sind die männlichen Interviewer ziemlich verdutzt, als die junge Frau ihnen resolut erklärt, dass ihr Privatleben niemanden etwas angehe.

Wenn der deutsche Sport in den Jahren vor den Spielen von München ein Gesicht hat, dann ist es das von Heide Rosendahl. Mit jedem Tag wird 1972 größer am Horizont. Bei den Spielen in Deutschland will sie und soll sie das Gold holen, das ihr in Mexico City so bitter entgangen war. Dabei hatte sie vor der Vergabe der Spiele »innerlich immer gehofft, dass es nicht München wird«. Eine aufregende Stadt irgendwo in der Ferne, das wäre ihr lieber gewesen. »Ich war jung und wollte die Welt kennenlernen.« Es wird dann eher so sein, dass die Welt Heide Rosendahl kennenlernt.

Willi Daume kann sich nicht über mangelnde Aufmerksamkeit beklagen, wobei er auf das besondere Interesse von KGB und Stasi sicher gern verzichten würde. Die Ost-Geheimdienste, die Daume unter dem ehrenvollen Decknamen »Sport 1« führen, interessieren sich zuvorderst nur für einen kleinen Ausschnitt seines Wirkens: die Jahre im Dritten Reich. Die DDR arbeitet an der großen Beweisführung, dass im westdeutschen Sport weiterhin das Gespenst des Faschismus spukt, und da wäre es natürlich äußerst hilfreich, wenn sich herausstellen würde, dass der heutige Oberfunktionär Daume im Nationalsozialismus doch mehr war als ein Mitläufer. Aber Stasi und KGB finden nichts – zumindest nicht bei Daume.

Für das Münchner Organisationskomitee stellt sich dieselbe Frage wie für die Bundesrepublik als Ganzes: Wie scharf trennt man Vergangenheit und Gegenwart? Das kritische Bewusstsein für bedenkliche Kontinuitäten ist mit den Prozessen gegen NS-Täter und dem Aufstand der Jugend gewachsen. Doch wie fast jeder Fortschritt provoziert auch dieser eine Gegenreaktion. Die Verjährungsfristen für NS-Verbrechen werden zwar auf Betreiben von Politikern wie Gustav Heinemann verlängert; in den meisten Umfragen wird genau das aber von einer Mehrheit der Deutschen abgelehnt. 67 Prozent sind 1969 laut einer Umfrage für einen Schlussstrich unter die Aufarbeitung von Nazi-Verbrechen.

## »... dann geht's wuid auf.« – München erhält die Spiele 1972

Die neu gegründete Nationaldemokratische Partei Deutschlands (NPD) wird das Auffangbecken für alte und neue Nazis. 1967 zieht sie in vier Landtage ein, 1968 in Baden-Württemberg sogar mit beinahe zehn Prozent der Stimmen. CSU-Chef Franz Josef Strauß wird – allerdings nicht ganz zweifelsfrei – ein hässliches Zitat zugeschrieben, mit dem das Bauchgefühl vieler Deutscher treffend umrissen sein mag: »Ein Volk, das diese wirtschaftlichen Leistungen erbracht hat, hat ein Recht darauf, von Auschwitz nichts mehr hören zu wollen.«

Die Spiele von München werden am Ende einer etwas verlängerten Dekade stehen, in der die Westdeutschen den Blick auf ihre Geschichte neu justieren. Im olympischen Zusammenhang gehören zu dieser Geschichte natürlich die Berliner Nazi-Spiele – sich zu ihnen zu verhalten, daran werden die Münchner Organisatoren nicht vorbeikommen. Olympia 1972, schreibt Außenminister Walter Scheel von der FDP in einem Brief an die deutschen Botschaften im Ausland, sei »eine einmalige Gelegenheit, dem Ausland das Bild eines modernen Deutschland zu vermitteln«. Aber auch »die Erinnerung an die Olympiade in Berlin 1936« werde dabei »eine nicht unerhebliche Rolle spielen«.

Daume, Vogel und ihre Mitstreiter haben beschlossen, dass die Spiele von München in Erscheinungsbild und Geist ein drastischer Gegenentwurf zu jenen von Berlin sein müssen. Aber personelle Verbindungslinien ins Jahr 1936 lassen sie zu. Das Münchner Organisationskomitee landet schnell im gleichen Spagat, in dem viele deutsche Parteien, Verbände oder Unternehmen nach dem Krieg keine gute Figur machen: Ganz ohne im Dritten Reich belastete Kräfte auszukommen, auf deren Erfahrung und Wissen zu verzichten, das will kaum jemand wagen. Auch Willi Daume nicht.

Die DDR-Presse seziert genüsslich die Lebensläufe etlicher OK-Mitarbeiter. Herbert Kunze, der Generalsekretär des Komitees, trat bereits 1933 in die NSDAP ein und brachte es zum hohen Beamten im Reichsfinanzministerium. Guido March, der nun den Bauausschuss berät, war der Architekt des Berliner Olympiastadions. Ernst Gadermann, der sportmedizinische Leiter der Spiele, war der mit dem Ritterkreuz ausgezeichnete Bordschütze des berüchtigten Schlachtfliegers Hans-Ulrich Rudel. Guido von Mengden, der eine zentrale koordinierende Rolle hinter den Kulissen spielt, führte die Geschäfte der Nazi-Sportorganisation.

## Die Schatten der Vergangenheit

Als Mengden zum Lieblingsziel der DDR-Attacken wird, rückt ihn Daume noch ein bisschen weiter hinter die Kulissen. Aber er schmeißt ihn nicht raus. »Mir scheint eine Geschichtsbetrachtung anfechtbar, bei der alles, was ein Volk unter der Herrschaft einer Diktatur oder gar eines verbrecherischen Regimes getan hat, schlecht gewesen sein soll«, schreibt Daume 1966 in einem Aufsatz. Man dürfe nicht nur die Vergehen der Menschen sehen, sondern auch ihre Verdienste.

Bei vielen Landsleuten rennt er damit offene Türen ein. Es gibt ja nicht wenige Karrieren in der Bundesrepublik, die steil verlaufen, obwohl sie im Nazisumpf begonnen haben. Die von Josef Neckermann zum Beispiel. »Neckermann macht's möglich« ist ein geflügeltes Wort in den Sechzigerjahren: Hier kann sich jeder einen Fernseher leisten, einen Kühlschrank und eine Italienreise. Dabei fußt der Erfolg des Versandhausunternehmers, ehemals Mitglied der SA-Reiterstaffel, auf den »Arisierungen« jüdischer Unternehmen. In seinen Textilfabriken schufteten Zwangsarbeiter und Kriegsgefangene; neue Wehrmachtsuniformen präsentierte er Hitler persönlich. Neckermann gilt als unbelehrbar, was Daume nicht davon abhält, ihn 1967 als Gründungsvorsitzenden der Deutschen Sporthilfe auszuerwählen. Der Mann ist schließlich ein zweifach mit Olympiagold dekorierter Dressurreiter und ein potenter Sponsor des Sports.

Daumes Grundprinzip bei Personalentscheidungen ist es, nicht allzu streng zu sein. Schon beim Wiederaufbau der deutschen Sportverbände hatte er danach gehandelt, in einer Mischung aus Opportunismus und Überzeugung. Die gute Beziehung zu Karl Ritter von Halt garantierte für Daume damals einen guten Draht ins IOC. Zugleich dürfte er es ernst gemeint haben, wenn er im Nachruf für den 1964 verstorbenen von Halt formulierte, dieser habe »reinste Absichten« gehabt und sei ein »geachteter Wahrer des großen olympischen Erbes« gewesen.

Das große olympische Erbe vernebelte Daume auch im Fall Carl Diems die Sinne. Weil Diem im IOC als persönlicher Fackelträger Coubertins und als lebende Brücke ins alte Griechenland idealisiert wurde, konnte er bis zu seinem Tod 1962 ein Spiritus Rector des deutschen Sports bleiben – und der Rektor der Deutschen Sporthochschule in Köln. Noch viel später wird Daume diesen Diem als »bedeutenden Wissenschaftler und guten Freund« bezeichnen. Was da wirklich gewesen sei im

Dritten Reich, das könne er ja nicht nachprüfen. Diem und andere verdiente Sportfunktionäre hätten nun mal deutsche Biografien gehabt, durch alle politischen Systeme hindurch. »Aber Nazi-Mörder waren sie nicht.«

Der Umgang mit Diems Erbe ist vor 1972 keine historische Frage, sondern eine sehr aktuelle. Von der quasi-religiösen Choreografie der Berliner Spiele, für die Diem 1936 wesentlich verantwortlich war, will Daume ja nun unbedingt wegkommen. Diems antiquiertes Olympiaverständnis macht er sich eher zunutze, als dass er es teilt. Denn der Name Diem ist immer noch ein Zauberwort in olympischen Kreisen, angefangen bei Avery Brundage, der das Zeremoniell der 1936er-Spiele ja für eine Art Goldstandard hält. Es ist paradox: Daume braucht Brundage, um die Spiele des neuen Deutschland möglich zu machen – einen Mann, dessen Leidenschaft unverhohlen dem alten Deutschland gilt.

Daume balanciert auf einem schmalen Grat, er weiß, dass den Münchner Spielen nicht der geringste Modergeruch anhaften darf. Genau deshalb wird Liselott Diem, Carls Witwe, für ihn zum Problem. Zunächst hat er die aristokratische, aber rauflustige Sportwissenschaftlerin ins OK bestellt, wo sie sich etwa zum Fackellauf einbringen soll, den ihr Mann erfunden hat. Allerdings findet Liselott Diem, dass sie viel mehr beizutragen hat. Das wiederum lässt nicht nur bei Daume, sondern auch beim Designchef die Alarmglocken läuten. Aicher hält Ausstellungen über Ausgrabungen in Griechenland und andere Diem-Ideen für reaktionär. Auch Pressesprecher Johnny Klein tut alles, um Liselott Diems Einfluss zu begrenzen. Am Ende wird sie mit der Aufgabe abgefunden, nach den Spielen eine große Publikation zu betreuen. Das Buch hält Hans-Jochen Vogel dann für historisch so unsensibel, dass er alle seine Zitate entfernen lässt.

Ganz und gar nicht erfreut ist Liselott Diem auch von der Tatsache, dass Daume sich weigert, im neuen Olympiapark eine Straße oder einen Platz nach ihrem verstorbenen Mann zu benennen. Vogel und Daume haben diplomatisch beschlossen, die knapp zwei Dutzend neuen Verkehrswege auf Figuren der olympischen Geschichte aus dem Ausland zu taufen. Im olympischen Dorf entsteht etwa eine Connollystraße, nach dem Amerikaner James Connolly, der 1896 im Dreisprung der erste Olympiasieger der Neuzeit wurde. Aber es gibt Ausnahmen. Ein Stück des Mittleren Rings soll nach Georg Brauchle heißen, Vogels früherem Stellvertreter, der 1968 bei einem Autounfall ums Leben kam. Und dann sind da noch ein paar vorsichtige Versuche, positive Bezüge zu 1936 zu finden.

Helene Mayer, damals die einzige jüdische Athletin in der deutschen Mannschaft, bekommt eine Straße, ungeachtet des Hitler-Grußes, mit dem sie ihre Silbermedaille feierte. Dem Leichtathleten Luz Long – erst Rivale, dann Freund von Jesse Owens – wird am Olympiasee ein Luz-Long-Ufer gewidmet, das ein gerührter Owens bei seinem Besuch 1972 in Augenschein nehmen wird. Der sympathische Owens ist ein Glücksfall für die Organisatoren, schon 1969 tritt er bei einer großen Fernsehgala auf, mit der die offizielle Werbekampagne gestartet wird. Der Mann, der Hitler demütigte, sprüht vor Begeisterung darüber, dass die Spiele nach Deutschland zurückkehren.

Andere Verbindungslinien nach Berlin vermeiden die Organisatoren resolut. Am Rande des Oktoberfests 1968 wird Vogel etwa von einer internationalen PR-Agentur mit einem brisanten Präsent überrumpelt: einem Originalstein aus dem Berliner Olympiastadion, der doch bitte beim Bau des Münchner Olympiastadions der Grundstein sein könnte. Vogel bedankt sich knapp. Nach einer Weile lässt er sein Büro schriftlich mitteilen, dass man dem freundlichen Vorschlag leider nicht entsprechen könne.

Auf den letzten Metern zur großen Wende verlässt die Sozialdemokraten beinahe der Mut. Kurt Georg Kiesinger, der Kanzler von der CDU, fühlt sich als Sieger der Bundestagswahl am 28. September 1969, mit 46,1 Prozent der Stimmen ist die Union auch diesmal die stärkste Kraft. Und selbst viele Genossen glauben, dass dieses Ergebnis nun eben die Fortsetzung der Großen Koalition bedeutet. Willy Brandt dagegen findet, dass die SPD mit ihren 42,7 Prozent sehr wohl eine Regierung anführen und dem Land seinen ersten roten Kanzler geben kann. Denn er weiß, dass die FDP, magere 5,8 Prozent, bereit ist zum Sprung, so wie sie es durch die Wahl Gustav Heinemanns signalisiert hat.

Heinemann ist einer der wenigen SPD-Granden, die Brandt in seinen Koalitionsplänen wirklich ermutigen. Auch Hans-Jochen Vogel gehört dazu, selbst wenn das gemeinsame gesellschaftliche Projekt von Rot-Gelb

## »... dann geht's wuid auf.« – München erhält die Spiele 1972

für seinen Geschmack bislang arg vage daherkommt. Noch am Wahlabend, den der Oberbürgermeister traditionell mit anderen Politikern und Journalisten im Verlagsgebäude des ›Münchner Merkur‹ verbringt, macht er seine Präferenz deutlich. Und er denkt noch weiter. Im Wahlergebnis erkennt er eine Aussage über die demokratische Entwicklung der Bundesrepublik: »Ein Volk, das in der NS-Zeit verharrt, wählt nicht die SPD zur stärksten Partei im Bundestag.« Erleichtert nimmt Vogel zur Kenntnis, dass die NPD an der Fünf-Prozent-Hürde scheitert.

Aber unterstützt die SPD nun Brandt bei seinem Griff nach dem Kanzleramt? Helmut Schmidt, der Fraktionschef im Bundestag, sagt nur: »Wenn du's machen willst, dann mach's doch.« Schmidt und der stellvertretende SPD-Vorsitzende Herbert Wehner zweifeln an Brandts Fähigkeit, ein solch verwegenes Unterfangen zum Erfolg zu führen – schließlich gibt es nicht wenige Deutsche, die dem früheren Emigranten weiterhin mit größtem Misstrauen begegnen, wenn nicht mit Hass. Doch Brandt lässt sich nicht aufhalten. Das sozialliberale Bündnis, das nun geboren wird, wird seine Kanzlerschaft überdauern und 13 Jahre währen.

Die Ära Willy Brandts wird ein Gegenentwurf zur Ära Konrad Adenauers sein, und doch ist die eine Ära das notwendige Fundament für die andere. »Adenauer und Brandt«, schreibt der Historiker Hagen Schulze, »gehören in der Geschichte der Bundesrepublik Deutschland zusammen, ihr Wirken baute aufeinander auf, sie haben die beiden Seiten derselben Medaille geprägt.« Auf die Westintegration folgt die Ostpolitik, auf Adenauers Diktum »Keine Experimente« Brandts Aufruf »Mehr Demokratie wagen«. Diese drei Worte spricht der neue Bundeskanzler in seiner ersten Regierungserklärung aus, sie werden zu einem Zentralsatz bundesdeutscher Geschichte. Allerdings: Das Motto hat mehr als drei Monate zuvor bereits ein anderer formuliert.

Am 1. Juli 1969 hält Gustav Heinemann seine Antrittsrede als Bundespräsident. Er sagt: »Nicht weniger, sondern mehr Demokratie – das ist die große Forderung, das große Ziel, dem wir uns alle und zumal die Jugend zu verschreiben haben.« Deutschland stehe erst »am Anfang der ersten wirklich freiheitlichen Periode unserer Geschichte«. Heinemanns Wahl markiert noch vor Brandts Wahl das Erwachsenwerden der jungen Bundesrepublik. Das Experiment der deutschen Demokratie scheint zu gelingen, die nächste Phase kann beginnen. »Es gibt schwierige Vaterländer«, sagt Heinemann. »Eines davon ist Deutschland. Aber es ist *unser* Vaterland.«

Gustav Heinemann ist ein spröder Mensch, und doch, wie sein Biograf Thomas Flemming befindet, ein Mann von »stiller Leidenschaft«, zumal wenn es um dieses schwierige Vaterland geht. Gelegentlich sagt der Bundespräsident vor Mitarbeitern oder Journalisten einen Vers auf, den er als Bub auf dem Schoß seines Großvaters verinnerlicht hat. Der Vers stammt aus dem berühmten ›Heckerlied‹, das die Revolutionäre von 1848 ihrem Anführer Friedrich Hecker gewidmet hatten: »Er hängt an keinem Baume / Er hängt an keinem Strick / Er hängt nur an dem Traume / der deutschen Republik.«

Heinemann ist ein geschichtsbewusster Präsident, ein Volkspädagoge. Waren nicht schon 1848 die Farben der Freiheit schwarz-rot-gold gewesen? Nun hatten alle Abwege, Umwege und Irrwege der deutschen Geschichte genau hierher geführt. Immer wieder ruft der neue Bundespräsident seinen Landsleuten ihre demokratischen Traditionen in Erinnerung, das Hambacher Fest und die Märzrevolution. Aber er erspart ihnen auch nicht Verantwortung und Schuld. 1971 spricht er zum 100. Jahrestag der Bismarck'schen Reichsgründung von Versailles: »100 Jahre Deutsches Reich, das heißt aber nicht einmal Versailles, sondern zweimal Versailles, 1871 und 1919, und das heißt auch Auschwitz, Stalingrad und die bedingungslose Kapitulation von 1945.« Den Gedanken, dass diese Kapitulation auch eine Befreiung war, platziert Heinemann lange vor Richard von Weizsäcker.

Wenn der Sonnenbrillen-Träger Willy Brandt für das Neue steht, dann steht der Hornbrillen-Träger Heinemann für die Brücke vom Alten zum Neuen, für eine deutsche Evolution. Wem Brandt zu viel Schwung verstrahlt, der findet die Besonnenheit des 14 Jahre älteren Heinemann beruhigend. Untereinander verstehen sich die beiden nicht sonderlich gut: Brandt hält Heinemann für »mühsam« und ein bisschen nervig. Zum Beispiel auch, weil dieser sich penibel an feste Arbeitszeiten hält: jeden Tag von 9 bis 14 Uhr und von 16 bis 23 Uhr. Heinemann wiederum hadert mit der kühlen Distanz, die Brandt ihm entgegenbringt.

Seine Mission bündelt Heinemann im Begriff des »Bürgerpräsidenten«. Er öffnet die Tore der Villa Hammerschmidt für ganz normale

Leute, und dies, obwohl der zwanglose Ratsch nicht zu seinen Stärken zählt. Seine Tochter Uta Ranke-Heinemann, die 1999 für die PDS zur Bundespräsidentenwahl antreten wird, soll einmal bemerkt haben, dass es für eine Frau die schlimmste Strafe wäre, Tischdame ihres schweigsamen Vaters zu sein. Was Heinemann aber besitzt, ist ein lakonischer Humor, den er etwa zum Einsatz bringt, als ihm Königin Elisabeth II. bei einem Besuch in Schloss Windsor die Vitrinen mit ihren gesammelten Schätzen zeigt. Heinemann erwidert: »Da kann man mal sehen, was in drei Jahrhunderten Seeräuberei alles so zusammenkommt.«

Bürgerpräsident, das heißt für ihn und seine Frau Hilda zunächst: Präsident aller Bürger zu sein, auch jener, die fast unsichtbar sind, die bisher kaum teilhaben konnten am neuen deutschen Wohlstand. Das Ehepaar besucht Obdachlosenheime, Gastarbeiterunterkünfte und Gefängnisse. Heinemann hat auch ein Gefühl für Diversität, das seiner Zeit voraus ist. Als eine Landesregierung dem Bundespräsidenten 28 Bürger für die Verleihung des Bundesverdienstkreuzes vorschlägt und nur eine Frau darunter ist, ruft Heinemann persönlich den zuständigen Staatskanzleichef an: »Nun stellen Sie sich einmal die Bilder in den Zeitungen vor, nur eine Frau unter den vielen Männern!« Der Staatskanzleichef schlägt mündlich die Hacken zusammen: »Ich habe verstanden, Herr Bundespräsident! Wir melden nach!«

Protokoll und Brimborium der Politik sind ihm so zuwider wie Aicher die Konventionen des Designs: Als ihn bei einem Besuch in der Schweiz das Abschreiten der militärischen Ehrenformation nervt, nimmt er dabei ein kleines Mädchen an die Hand. Der Schriftsteller Heinrich Böll findet eine hübsche Wendung für Heinemann, er nennt ihn »einen Radikalen im öffentlichen Dienst«.

Was Brandt und Heinemann da lostreten, ist bald auch in Fürth zu spüren, der fränkischen Industriestadt, in der die junge Renate Schmidt beim Versandhausriesen Quelle arbeitet. Schmidt, geborene Pokorny, hat unter den Verklemmungen der bundesdeutschen Gesellschaft selbst zu leiden gehabt. Ein Jahr vor dem Abitur hat sie die Schule verlassen müssen – schwanger mit 17, ein Skandal, angeblich eine Schande für ihr Gymnasium. Es waren schwere Zeiten für sie. Aber jetzt verändert sich etwas. Renate Schmidt, Mitte zwanzig inzwischen, spürt keine Zukunfts-

## Die rote Renate mischt Nürnberg auf

angst mehr, sie hat das Gefühl, dass alles möglich ist, wenn man sich nur etwas traut. Sie hat Programmiererin gelernt und sich zur Systemanalytikerin fortgebildet, neumodische Berufe, von denen ihr viele Leute dringend abgeraten hatten. Nun wird genau das gebraucht bei Quelle.

Renate Schmidt schätzt Gustav Heinemann, seine demokratische Aufrichtigkeit und »angenehme Bescheidenheit«, und sie bewundert Willy Brandt, der »das neue politische Lebensgefühl« wie kein anderer verkörpert. Wie viele in ihrer Generation fasst sie in diesen Jahren endlich den Mut, ihren Eltern unangenehme Fragen zu stellen: Was habt ihr im Dritten Reich gemacht? Warum habt ihr nicht aufbegehrt, als jüdische Bekannte einfach verschwanden? Und wieso seid ihr jetzt nur aufs Geldverdienen aus?

Eines Tages marschiert Renate Schmidt bei Quelle durch ihr Großraumbüro in den Glaskasten, in dem ihr Chef über die Belegschaft wacht. Sie brauche einen freien Nachmittag, sagt Schmidt. Wofür, will der Chef wissen. Um auf eine Demo zu gehen, antwortet sie. Das ganze Büro hört mit und reihum fallen die Stifte vor Entsetzen. Auf eine Demo will die? Unfassbar! Von nun an trägt Schmidt in der Firma den Spitznamen »Rote Renate«. Es dauert nicht lange, da macht sie dem Namen alle Ehre. Weil der Betriebsratsvorsitzende kein echter Arbeitnehmervertreter, sondern ein braver Befehlsempfänger des Quelle-Eigentümers Gustav Schickedanz ist, erzwingen Schmidt und ihre Mitstreiter eine Neuwahl. Prompt gewinnen sie die Mehrheit bei den Angestellten.

Renate Schmidt, Mutter von drei Kindern, wird Betriebsrätin. Bald stehen in den Quelle-Büros Fernseher, auf denen die jungen Mitarbeiter wichtige Bundestagsdebatten verfolgen können. Eine kleine Revolution. Nach einer Weile tritt Schmidt dem SPD-Ortsverein Nürnberg-Zerzabelshof bei. 1980 wird sie in den Bundestag gewählt werden und es später bis zur Bundesfamilienministerin bringen.

In seiner ersten Regierungserklärung hat Willy Brandt davon gesprochen, Verkrampfungen lösen zu wollen. Die Verkrampfung im Umgang mit der deutschen Schuld, auch die innere Verkrampfung der Gesellschaft. Vor allem meinte Brandt aber die Verkrampfung des deutschdeutschen Verhältnisses. »Auch wenn zwei Staaten in Deutschland existieren, sind sie doch füreinander nicht Ausland«, hat er festgestellt. »Die

## »... dann geht's wuid auf.« – München erhält die Spiele 1972

Deutschen sind nicht nur durch ihre Sprache und ihre Geschichte – mit ihrem Glanz und Elend – verbunden. Wir sind alle in Deutschland zu Haus. Wir haben auch noch gemeinsame Aufgaben und gemeinsame Verantwortung: für den Frieden unter uns und in Europa.« Es gelte deshalb, »ein weiteres Auseinanderleben der deutschen Nation zu verhindern«. Über »ein geregeltes Nebeneinander« mit der DDR müsse man zu »einem Miteinander« kommen.

Es ist die Grundsatzerklärung einer »Neuen Ostpolitik«. Brandt will nun einen Slogan mit Leben füllen, den sein Parteifreund und Wegbegleiter Egon Bahr 1963 in einer Rede in der Evangelischen Akademie in Tutzing geprägt hat: »Wandel durch Annäherung«. Mit »kleinen Schritten« wollen die Sozialdemokraten die menschlichen Härten der deutschen Teilung lindern und die Beziehungen zur DDR verbessern. So wie es etwa bereits nach dem Mauerbau mit dem Passierscheinabkommen gelungen war, das West-Berlinern erlaubte, Verwandte in Ostberlin zu besuchen. Ein bisschen Bewegung gab es auch schon in der Großen Koalition. Doch jetzt sieht Brandt den weltpolitischen Moment für deutsch-deutsche Entspannung gekommen: Die USA und die Sowjetunion haben nach der Kubakrise in den Dialog zurückgefunden, es ist in beider Interesse, wenn sich das in Europa spiegelt.

Der Beginn der Ära Brandt markiert das Ende der Verzagtheit gegenüber der DDR. Die deutsche Einheit bleibt Brandts Ziel, aber er glaubt, dass man die Realität der Teilung anerkennen muss, wenn das Streben nach Einheit keinerlei Aussicht auf Erfolg hat. Zwei Staaten, eine Nation, so stellt Brandt sich das vor. Die Konservativen laufen bald Sturm gegen diese Idee. »Volksverräter Willy Brandt – heraus aus unserem Vaterland«, brüllen Demonstranten. »Fegt ihn weg, den roten Dreck!« Dass Brandt die Oder-Neiße-Linie als Westgrenze Polens anerkennen will, beschimpft Franz Josef Strauß als »freiwillige Kapitulation Deutschlands«. Unionspolitiker klingen bisweilen so, als hätte Brandt höchstpersönlich 1945 die Ostgebiete des untergegangenen Reiches den Sowjets und Polen überlassen. Die Springer-Presse wirft dem Kanzler den »Ausverkauf des Vaterlandes« vor; im Gegenzug beklagt Günter Grass einen »Goebbels-Stil« bei der ›Bild‹. In der Sache hält Brandt dagegen, dass Deutschland »durch eigene Schuld, jedenfalls nicht ohne eigene Schuld« geteilt sei. Mit dem Verzicht auf die Ostgebiete werde nichts preisgegeben, »was nicht längst verspielt worden war, von einem verbrecherischen Regime, vom Nationalsozialismus«.

Wie Brandt sich das mit den »kleinen Schritten« vorstellt, wird am 19. März 1970 deutlich, als er mehr oder minder nur nach Erfurt fährt, um zu beweisen, dass führende Vertreter der Bundesrepublik und der DDR sich einfach mal unterhalten können. Die Begegnung mit DDR-Ministerpräsident Willi Stoph ist die erste zweier deutscher Regierungschefs, beobachtet von 500 Journalisten aus 42 Ländern.

Und ohne dass er es provoziert hätte, wird es ein erhebender Tag für Brandt. Der Kanzler hält sich im »Erfurter Hof« auf, seinem Hotel gegenüber dem Hauptbahnhof, als eine große Menge Einheimischer auf den von Polizei und Stasi abgesperrten Bahnhofsplatz drängt. »Willy Brandt ans Fenster!«, skandieren die Leute. Kurz zeigt dieser sich am Fenster. »Willy, Willy«-Sprechchöre hallen durch die Erfurter Innenstadt. Die Menschen meinen nicht den ostdeutschen Willi. Im Mai kommt Stoph mit einem Sonderzug zu einem Gegenbesuch nach Kassel. Wieder bringt das Treffen mit Brandt kein konkretes Ergebnis. Doch im Raum steht nun zumindest inoffiziell der beidseitige Wille, das Verhältnis der beiden Deutschlands in einem Vertrag zu regeln.

Zwischen 1970 und 1972 wird die Regierung Brandt den »Wandel durch Annäherung« mit vier großen Verträgen in Form gießen. Um die Ratifizierung wird eine innenpolitische Schlacht ausbrechen, wie sie die Bundesrepublik noch nicht erlebt hat. Das Fundament bildet der Moskauer Vertrag, den Brandt – nach intensiver Vorbereitung durch Egon Bahr – am 12. August 1970 im Katharinensaal des Kremls unterschreibt. Beide Länder verpflichten sich zur Förderung des Entspannungsprozesses. Die Sowjets erhalten von den Deutschen die Anerkennung des Status quo in Europa; dafür darf die Bundesrepublik einen Brief beigeben, in dem sie ihren Willen bekundet, »auf einen Zustand des Friedens in Europa hinzuwirken, in dem das deutsche Volk in freier Selbstbestimmung seine Einheit wiedererlangt«.

Der zweite Schritt ist Ende 1970 der Warschauer Vertrag, der die Unverletzlichkeit der polnischen Westgrenze festschreibt und in dem die Bundesrepublik auf Gebietsansprüche verzichtet. Gegen ihn entbrennt wütender Protest, der sich oft in der irrationalen Trauer über den Verlust von Ostpreußen oder Pommern erschöpft. Die Kritiker weisen darauf

## »... dann geht's wuid auf.« – München erhält die Spiele 1972

hin, dass der Warschauer Vertrag formal völkerrechtlich gar nicht die endgültige Fixierung der Grenzen bedeuten kann, weil diese laut Grundgesetz nur im Rahmen eines Friedensvertrages mit den Siegermächten erfolgen darf. Der dritte Vertrag ist dann 1971 das Viermächteabkommen über Berlin, das von Bonn betrieben und von der Sowjetunion, den USA, Großbritannien und Frankreich unterzeichnet wird. Es stellt den ungehinderten Zugang zu West-Berlin sicher und erleichtert auch Besuche von West-Berlinern im Osten. All das ist die Basis für den vierten Vertrag, den Willy Brandt im Olympiajahr zu schließen hofft: einen Grundlagenvertrag mit der DDR.

Die Hallstein-Doktrin mit ihren Drohungen an Drittstaaten, die Beziehungen zur DDR aufnehmen, passt nicht zur neuen Ostpolitik; Brandt und sein Außenminister Walter Scheel geben sie 1970 ohne jeden Wirbel auf. Die daraus folgende Entspannung macht die deutsche Teilung nicht nur in der Diplomatie, sondern auch im Sport erträglicher. Anfang 1970 werden die westdeutschen Botschaften im Ausland angewiesen, nicht mehr gegen DDR-Hoheitszeichen bei Sportveranstaltungen vorzugehen. Verkrampfungen lösen, das heißt auch, nicht mehr gegen jede einzelne DDR-Fahne kämpfen zu müssen. Auch wenn der innenpolitische Streit über die Ostpolitik die Bundesrepublik noch lange beschäftigen wird, wächst rechtzeitig vor den Münchner Spielen eine bis dahin ungekannte Gelassenheit im Alltag. Für Willi Daume hat diese Gelassenheit sehr wesentlich mit einem neuen bundesdeutschen Selbstbewusstsein zu tun – zumal gegenüber einem Land, das seine Bürger einmauern muss, um sie an der Flucht zu hindern.

1960 hat eine Reihe von Olympischen Sommerspielen begonnen, mit denen die Gastgebernationen versuchen, düstere Bilder ihrer Vergangenheit mit strahlenden der Gegenwart zu überschreiben. Mit Italien (Rom 1960), Japan (Tokio 1964) und Deutschland richten innerhalb von zwölf Jahren gleich drei Aggressoren des Zweiten Weltkriegs die Spiele aus. Allen geht es mehr oder minder offen darum, ihren neuen Platz in der Welt zu bekräftigen. Die Spiele sollen ihren demokratischen Wandel belegen und ihre wachsende Wirtschaftskraft vorführen. Auch für Mexiko haben die Spiele in Mexiko City 1968 Signalwert: Das einstige Armenhaus markiert seinen Eintritt in den Kreis der Industrienationen.

## Mussolini auf Schritt und Tritt

Die modernen Olympischen Spiele, urteilt die Historikerin Uta Andrea Balbier, »fordern förmlich dazu auf, sich als Nation selbst zu inszenieren«. So eine Inszenierung kann freilich auch schiefgehen. Rom bot 1960 epischen Sport und die erhabene Kulisse der Ewigen Stadt, aber auch identitätspolitische Irritation. Die italienischen Organisatoren hatten beschlossen, die Spiele im Foro Italico auszutragen, jenem Sportstättenkomplex am Fuß des Monte Mario, den Mussolini in der Hoffnung hatte errichten lassen, Olympia 1940 ausrichten zu dürfen. Nun bemühten sich die Gastgeber, dieses Paradebeispiel faschistischer Monumentalarchitektur notdürftig von allzu offensichtlich gestrigen Insignien zu befreien. Nicht mal das gelang. Im Zentrum des Foro Italico grüßte ein Obelisk aus weißem Marmor die Besucher, er trug die Inschrift »Mussolini Dux«. Den Schriftzug »Duce«, »Führer«, fanden geneigte Besucher mehr als 200-mal im Mosaikboden des Olympiageländes.

Tokio 1964 wurde für die hervorragende Organisation gelobt, es gab auch avantgardistische Akzente in Architektur und Design. Das olympische Feuer entzündete ein junger Mann, der am 6. August 1945 auf die Welt gekommen war, dem Tag, als die Atombombe auf Hiroshima fiel. Die internationale Presse berichtete über die Wiedergeburt Japans, ein Motiv, das durch die immensen Infrastrukturausgaben auch ganz konkret gedeckt war. Dennoch blieben die Spiele auf eigentümliche Weise nach innen gewandt. Der österreichische Autor Klaus Zeyringer zitiert in seiner Olympiageschichte die beiden Zielvorgaben des japanischen Erziehungsministeriums: »1. Lasst uns unser Selbstverständnis als Japaner verbessern. 2. Lasst uns das Ausland und die Ausländer richtig verstehen.« In jeder Präfektur wurden »Bürgerbewegungen« eingerichtet, um auch wirklich das ganze Land miteinzubeziehen. Die Spiele stärkten den angeknacksten Stolz der Japaner, doch der strenge nationalpädagogische Ansatz limitierte auch ihren Charme und ihre Strahlkraft.

Eine so weitgehende staatliche Lenkung des Projekts Olympia ist in der politischen Kultur der Bundesrepublik nicht vorstellbar. Und auch wenn der Kanzler Erhard die Münchner Spiele durch seine beherzte Zustimmung überhaupt erst ermöglich hatte, wurde gerade die CDU damit nicht so richtig warm. Das änderte sich auch nicht in der Großen Koalition unter Kiesinger – die Stimmen, die aus ostpolitischer Vorsicht eine Rückgabe der Spiele fordern, kommen auch aus den hinteren Reihen seiner Regierung. Die Teilnahme einer DDR-Mannschaft auf westdeutschem Boden sei nicht akzeptabel, heißt es.

Erst die Regierung Brandt sieht in Olympia weniger das Risiko als die Möglichkeit. Die Bedeutung, die er den Spielen beimisst, macht der neue Kanzler gleich in seiner ersten Regierungserklärung deutlich: Man habe in München »die Chance, der Weltöffentlichkeit das moderne Deutschland vorzustellen«. Wenige Monate später präzisiert Brandt vor dem Organisationskomitee: »Wir können dokumentieren, dass nach 1945 ein friedliebendes und demokratisches Deutschland aufgebaut ist, das Verständigung nach allen Seiten sucht.« Das Land, von dem Brandt spricht, ist ebenso demütig wie selbstbewusst.

Es liegt Konsequenz darin, dass die Spiele zum Vehikel für die Frohbotschaft vom neuen Deutschland werden. Die »auswärtige Repräsentation« ist, wie der Historiker Johannes Paulmann später analysiert, ein fester und wichtiger Bestandteil der jungen bundesdeutschen Außenpolitik. Sie macht sich etwa die *soft power* der Kultur zunutze: Film- und Theaterfestivals, künstlerischer und wissenschaftlicher Austausch, die Goethe-Institute, natürlich die Weltausstellungen, Messen jeder Art – alles wird zum Ort systematischer und ausgefeilter Selbstdarstellung. Die Deutschen, sagt Johnny Klein, der Pressechef, »haben kein Talent zum Improvisieren« – »deshalb müssen sie organisieren«. Sollte Olympia 1972 mit 1936 eines gemein haben, dann die große Sorgfalt, mit der die Vermittlung der gewünschten Botschaft sichergestellt wird.

Auch wenn die Münchner Spiele vom SPD-Oberbürgermeister Vogel geprägt, vom SPD-Kanzler Brandt unterstützt und vom politischen Zeitgeist beflügelt werden, wäre es verkürzt, von »sozialdemokratischen Spielen« zu sprechen. Die Idee ist ja zuerst allein im Kopf des Christdemokraten Willi Daume entstanden. Und Daume hatte damit von Anfang an einen doppelten Aufbruch im Auge: nicht nur den eines neuen Deutschland, sondern vor allem den eines neuen Olympia. So richtig trennen ließe sich das alles ja auch bei bestem Willen kaum: Spiele in der Bundesrepublik keine 30 Jahre nach dem Krieg wären immer mehr als ein Sportfest. »Weg von Militarismus, weg von Gigantismus, weg von Pathos« – diese programmatischen Schlagwörter Daumes beziehen sich zunächst auf die Spiele an sich, decken sich aber aufs Trefflichste mit deutschen Bedürfnissen.

Seit Jahren beobachtet Daume mit Besorgnis, dass die Spannung immer größer wird zwischen dem religiösen, dogmatischen Verständnis Olympias, das Avery Brundage predigt, und einer zeitgemäßen, zukunftstauglichen Interpretation. Daume wünscht sich unverkrampfte und bescheidene Spiele, freundlich und weltoffen. Spiele, die sich den Herausforderungen der Zeit stellen, statt sie zu ignorieren, etwa der Professionalisierung und Kommerzialisierung des Sports. In diesem Zusammenhang bezeichnet er München 1972 als »Schicksalsspiele« für die olympische Bewegung.

Daume ist bewusst, dass IOC-Reformen nicht im Konflikt mit dem immer noch mächtigen, vor Tatkraft sprühenden Brundage zu erreichen sind, sondern nur im Schulterschluss. Auch Vogel sieht den IOC-Chef im Rückblick milde: »Es gab Menschen, die ihn weit rechts eingeordnet haben. Für mich war er ein Mann mit festem Willen.« Daume und Vogel haben keine Illusionen über Brundages rückwärtsgewandte Germanophilie. Doch indirekt hilft genau diese ihnen dabei, ein vorwärtszielendes Deutschland-Bild zu zeichnen. So werden die Münchner Spiele zu einem Gemeinschaftsprojekt sehr unterschiedlicher Männer, die mit teilweise sehr unterschiedlichen Motivationen dieselben Ziele verfolgen.

Schon Daume und Vogel sind ja ein ungleiches Paar. »Willi Daumes große Stärken waren sein Idealismus und seine Begeisterungsfähigkeit«, berichtet Vogel später. »Verwaltungsfragen und Sachzwängen stand er manchmal fassungslos gegenüber. Aber genau deshalb brachte er Dinge zustande, die ein Verwaltungsexperte nicht mal versucht hätte.« Daume wiederum weiß es sehr zu schätzen, mit Vogel einen solchen Verwaltungsexperten an der Seite zu haben. Immer wieder gibt es Meinungsverschiedenheiten, aber das Vertrauen zwischen ihnen nimmt nie Schaden. Daume und Vogel haben sich gemeinsam auf eine Reise begeben, die erst endet, wenn das olympische Feuer in München erlischt.

Ihr verdientes Glück ist es, dass die Zustimmung der Deutschen zu den Münchner Spielen in den späten Sechzigerjahren riesig ist. Fast alle Umfragen ergeben Werte um die 80 Prozent. Das nationale Prestigevorhaben wird getragen von einem grundsätzlichen Fortschrittsglauben, den weder Wirtschaftsflauten noch die Stürme der Studentenbewegung dämpfen können. Die Deutschen, bei anderen Gelegenheiten durchaus ein Volk der Nörgler und Schwarzmaler, blicken optimistisch in die Zukunft. Olympia fügt sich ins sonnige Bild.

Die Spiele markieren, dass die junge Bundesrepublik eine weitere Stufe ihrer Evolution erreicht hat: Nicht nur hat sich die Legitimität der neuen Ordnung gefestigt, es wächst auch die Zufriedenheit der Menschen mit der Demokratie. Die Bundesrepublik wird, schreibt später der Historiker Edgar Wolfrum, von ihren Bürgern immer mehr als Erfolgsgeschichte wahrgenommen. Aus den Leistungen des Wiederaufbaus schöpfen die Deutschen ein neues Staatsbewusstsein. Und wenn ihnen dabei manchmal das Emotionale fehlt – dann könnten die Spiele doch genau das liefern.

»Anders als heute hat es damals auch noch keine grundsätzliche Olympiaskepsis gegeben«, erinnert sich Vogel. Der finanzielle Gewinn des IOC und der Kommerz hätten noch nicht im Vordergrund gestanden. »Die Spiele hatten noch nicht das ökonomische Ausmaß angenommen, das heute bei der Bevölkerung verständlicherweise zu Ablehnung führt.« Anfang der Siebzigerjahre sinkt die Zustimmung etwas, aber sie fällt nie unter sechzig Prozent. Die Organisatoren können mit diesem Niveau gut leben. Hohe Erwartungen können auch zur Belastung werden.

Gegen Olympia seien »nicht mal die 68er gewesen«, sagt Vogel. Aber es gibt Kritik von linken Gruppen, die dem Spitzensport und seinem Leistungsprinzip ohnehin mit Argwohn begegnen. Sie beklagen die Verlogenheit des Prinzips Olympia, das eine heile Welt nur vorgaukele. Es bildet sich ein »Anti-Olympisches-Komitee«, das sich wie eine Krankenkasse abkürzt. Doch die Gründungsaktion ist dann auch schon der Höhepunkt im Wirken des AOK: 30 Demonstranten besetzen das Drehrestaurant im Olympiaturm.

Daume und Vogel beobachten die rebellische Jugend mit begrenztem Verständnis, der Faktenmensch Vogel stört sich an »hemmungslosen Übertreibungen«. Selbst in seiner SPD liegt er im Dauerclinch mit dem linken Nachwuchs. Aber beide verstehen es auch, Skeptiker einzubinden und so manchem Vorwurf ein wenig den Wind aus den Segeln zu nehmen. Zum olympischen Wissenschaftskongress, der kurz vor den Spielen im Deutschen Museum stattfinden wird, will Willi Daume auch kritische Studenten einladen und entwirft eine aufgeklärte Agenda: Es soll über

Gigantismus und Nationalismus diskutiert werden und über die Bedeutung der Jugendbewegung für den Sport.

Am 14. Mai 1970 überschreitet ein kleiner Teil der rebellischen Jugend eine rote Linie. Dem Häftling Andreas Baader, der wegen Kaufhausbrandstiftungen mit Sachschaden einsitzt, wird gestattet, in Berlin am Deutschen Zentralinstitut für Soziale Fragen für ein Buch zu recherchieren. Dort verhelfen ihm fünf Mitstreiter zur Flucht, darunter die linke Journalistin Ulrike Meinhof, die sich damit für ein Leben im Untergrund entscheidet. Einen Institutsangestellten schießen sie einfach nieder, er wird schwer verletzt.

Der gemeinsame Sprung der Flüchtenden aus dem Fenster in den Vorgarten des Instituts ist die Geburtsstunde der Roten Armee Fraktion (RAF). Drei Wochen später veröffentlichen sie in der linkslibertären Zeitschrift ›Agit 883‹ eine Erklärung mit dem Titel »Die Rote Armee aufbauen!«. Sie hätten sich, schreiben sie, zum »bewaffneten Kampf« für die »Revolution« entschlossen. Anfangs sind Baader und Meinhof so etwas wie Rockstars deutscher Anarchie, umweht vom Hauch des Abenteuers. Niemand ahnt, dass mit der »Befreiung« Baaders die schwerste Belastungsprobe für das politische System der Bundesrepublik beginnt. In beinahe drei Jahrzehnten werden die Anschläge der RAF 34 Todesopfer fordern und mit ihrer Brutalität Politik und Gesellschaft an den Abgrund rücken.

Baader, Meinhof und weitere Mitglieder der Gruppe setzen sich 1970 nach Jordanien ab, wo sie in einem militärischen Ausbildungslager der Palästinenserorganisation Al-Fatah Unterschlupf finden. Dort werden sie im Umgang mit Waffen und Sprengstoff geschult. Viele deutsche Linke sympathisieren mit der Sache der Palästinenser, die sie von Israel unterdrückt sehen. Für Linksradikale gehört Israel zum großen imperialistischen Feindbild, grausame Gewalt gegen Juden verklären sie als »Befreiungskampf«. Dennoch ist dieser terroristische Schulterschluss über Kontinente hinweg verblüffend – erst er befähigt die RAF überhaupt zu ihrem blutigen Werk.

Die arabischen Ausbildungscamps werden allerdings nicht nur zu Terrorschulen für linke Extremisten aus Deutschland wie Baader und Meinhof, sondern auch für rechte. Denn ihre widerstrebenden Ideologien

## »... dann geht's wuid auf.« – München erhält die Spiele 1972

haben eines gemeinsam: das Feindbild Israel. Etwa zu der Zeit, in der die RAF-Mitglieder nach Jordanien reisen, vereinbaren deutsche Rechtsradikale einen Deal mit militanten Palästinensern. Im Gegenzug für die Erlaubnis, die Camps als Rückzugs- und Ausbildungsorte zu nutzen, versprechen die Rechten den Arabern praktische Unterstützung beim Kampf gegen Israel. Der Historiker Michael Wolffsohn wird später von einem »Zweckbündnis« sprechen.

Zwei junge Männer reisen in den folgenden Monaten quer durch Europa, an mehreren Orten legen sie Depots mit Waffen, Geld und falschen Pässen an. Willi Pohl und Udo Albrecht waren beide auf schnurgeradem Weg zu Berufsverbrechern, als sie sich im Jugendknast kennenlernten. Inzwischen hat Albrecht die »Volksbefreiungsfront Deutschland« gegründet und sich zu deren Führer ernannt, er verehrt Hitler und dessen Beauftragten für die »Gesamtlösung der Judenfrage«, Reinhard Heydrich. Albrecht träumt vom nationalsozialistischen Umsturz in der Bundesrepublik, und zumindest den vier Jahre jüngeren Pohl zieht er damit in seinen Bann. Er sei von der Gesinnung her nie wirklich ein Nazi gewesen, wird dieser Pohl später behaupten, bloß ein »verlorener Hund«. Doch als Albrecht in Österreich wegen Sprengstoffdelikten verhaftet wird und für fünf Jahre ins Gefängnis wandert, ist Pohl auf einmal der wichtigste Verbindungsmann der deutschen Rechten zu den Palästinensern.

Der Konflikt im Nahen Osten, der für viele Deutsche weit weg zu sein scheint, ist im Frühjahr 1970 schon längst auf deutschem Boden angekommen. Leib und Leben von Juden sind in Deutschland 25 Jahre nach dem Holocaust wieder gefährdet, und die antisemitische Gefahr geht von gleich drei Quellen aus: von palästinensischen, von linken und von rechten Terroristen. Manchmal wissen die Behörden nicht, mit wem sie es gerade zu tun haben. Aber über die Bedrohung an sich kann es wegen einer Vielzahl von Anschlägen keine Illusion geben.

Im September 1969 werden vor der israelischen Botschaft in Bonn mehrere Handgranaten gezündet, vermutlich von radikalen Palästinensern.

Am 9. November bringen linke Täter am Gebäude der jüdischen Gemeinde in Berlin einen Sprengsatz an, der bei der Gedenkfeier für die

## Feuer im jüdischen Altenheim

Opfer der Pogromnacht von 1938 explodieren soll, es jedoch glücklicherweise nicht tut.

Am Jahresbeginn 1970 ist erstmals München betroffen. Am 10. Februar versuchen drei arabische Terroristen im Flughafen Riem eine Maschine der israelischen El-Al zu entführen. Der Plan scheitert nur, weil der Pilot Uriel Cohen sich mutig gegen den Terroristen zur Wehr setzt, der ihn im Transitraum des Flughafens überwältigen will. Der 32 Jahre alte Passagier Arie Katzenstein rettet in einem Flughafenbus viele Leben, als er sich selbst opfert, indem er sich auf eine Handgranate wirft, kurz bevor sie explodiert. Katzenstein stirbt, elf Menschen werden verletzt. Die drei Attentäter werden nach einem Schusswechsel mit deutschen Grenzpolizisten verhaftet.

Nur drei Tage später, am 13. Februar 1970, bricht im Altenheim der Israelitischen Kultusgemeinde in der Münchner Reichenbachstraße gegen 21 Uhr ein Feuer aus. Unbekannte haben auf mehreren Etagen Brandsätze aus Benzin und Öl gelegt. 50 Menschen halten sich in dem Haus auf – sechs kommen durch Brandverletzungen oder Rauchvergiftungen um und ein Mann beim Sprung aus dem vierten Stock. Alle Opfer hatten den Holocaust überlebt, zwei von ihnen Vernichtungslager. Ein Heimbewohner schreit in Todesangst aus dem Fenster: »Wir werden vergast, wir werden verbrannt!« Zunächst vermutet die Polizei die Täter im Spektrum der militanten Linken, dann aber auch im rechtsextremen und im palästinensischen Milieu. Sie werden nie ermittelt, obwohl die höchste Belohnung für sachdienliche Hinweise in der deutschen Kriminalgeschichte ausgeschrieben wird: 100 000 D-Mark.

Auf dem Israelitischen Friedhof im Norden der Stadt findet eine Trauerfeier für die Toten des Brandanschlags statt; auch Arie Katzensteins, der in Riem ums Leben gekommen war, wird gedacht. Die Angehörigen der Opfer sitzen in der Friedhofshalle direkt vor den in Schwarz gehüllten Särgen. Während Bundespräsident Gustav Heinemann ihnen einzeln sein Beileid ausspricht, brechen einige der Hinterbliebenen vor Kummer zusammen. Als Fotografen Bilder aus der Nähe machen wollen, weist Heinemann sie zurecht. In seiner Ansprache sagt er, der Anschlag auf das jüdische Altenheim sei besonders widerlich, weil die Opfer schon in der Vergangenheit so viel leiden mussten. Tausende Münchner hören draußen auf dem Friedhof über Lautsprecher zu. »Shalom«, »Frieden«, ruft

## »... dann geht's wuid auf.« – München erhält die Spiele 1972

Hans-Jochen Vogel den Toten als letzten Gruß zu. Der Oberbürgermeister appelliert an die jüdischen Mitbürger im ganzen Land, nun keine falsche Verbindung herzustellen zwischen alten und neuen Untaten: »Das Werk der Versöhnung, das Wiederzueinanderfinden ist gerade in dieser Stadt weit fortgeschritten. Lassen wir es nicht durch Wahnwitzige stören und verderben.«

Bundeskanzler Willy Brandt ist ebenfalls da, es ist eine kraftvolle Reaktion der bundesdeutschen Politik, die von der jüdischen Gemeinde gewürdigt wird. Auch die Regierung in Jerusalem nimmt die Anteilnahme beinahe erleichtert zur Kenntnis, macht doch die Bundesrepublik bei ihrem Spagat zwischen der Verantwortung für Israel und handfesten Interessen in der arabischen Welt nicht immer die beste Figur. Aber was folgt daraus? »Das deutsche Volk wird niemals mehr zulassen, dass auf seinem Gebiet Gewalt und Terror regieren«, sagt Bundesinnenminister Hans-Dietrich Genscher in seiner Trauerrede. »Sie alle, die Sie heute hier sind, sind Zeugen dieses Versprechens.«

Der Zentralrat der Juden fordert besseren Schutz für jüdische Einrichtungen, und tatsächlich verstärkt die Polizei ihre Bemühungen. Dennoch dringen wenige Monate später Unbekannte in die Münchner Synagoge ein, die zum selben Gebäudekomplex wie das Altenheim gehört, und schänden die Thorarolle und weitere Kultgegenstände. Viele jüdische Familien in ganz Deutschland hinterfragen ihr Leben im Land der Täter: Bleiben oder gehen? Aus dem Bewusstsein der breiten Öffentlichkeit sind die Münchner Morde indes schnell wieder verschwunden.

Auch die Sicherheitsbehörden erwecken nicht den Eindruck, als würden sie das Versprechen von Innenminister Genscher durch entschlossenes Handeln erfüllen wollen. Nur vereinzelt arbeiten sich ein paar Beamte in West-Berlin und in Hamburg an dem Thema ab. Kein Einziger von ihnen spricht Arabisch.

Der palästinensische Terrorismus ist Ende der Sechzigerjahre zu einer internationalen Bedrohung geworden. Hunderttausende Palästinenser hatten mit der Gründung des Staates Israel 1948 und dem Israelischen Unabhängigkeitskrieg ihre Heimat verloren – ob sie vertrieben wurden oder freiwillig gegangen sind, bleibt zwischen Israelis und Palästinensern heftig umstritten. 1964 gründete sich die PLO, die Palästinensische Be-

## Der palästinensische Terror geht um die Welt

freiungsorganisation, die sich unter Jassir Arafat dem Guerillakampf gegen Israel zuwandte. 1967 kam Israel im Sechstagekrieg einem ägyptischen Angriff zuvor und besetzte den Gaza-Streifen, die Sinai-Halbinsel, Ost-Jerusalem und das Westjordanland. Seit 1968 häuften sich die israelfeindlichen Anschläge radikaler, teilweise auch rivalisierender Palästinensergruppen auf dem internationalen Flugverkehr. Ein regionaler Konflikt drängte auf die Weltbühne.

Am 23. Juli 1968 kaperten palästinensische Terroristen eine Maschine der israelischen Fluglinie El-Al mit 38 Menschen an Bord auf dem Flug von Rom nach Tel Aviv und lenkten sie nach Algier um, wo die israelischen Passagiere über 40 Tage festgehalten wurden.

Am 26. Dezember versuchten Palästinenser am Flughafen Athen, eine El-Al-Maschine in die Luft zu sprengen – ein Mensch kam ums Leben.

Die Eskalationsspirale drehte sich schneller und schneller: Am 18. Februar 1969 beschossen vier Attentäter auf dem Flughafen Zürich eine Maschine der El-Al auf dem Weg zur Startbahn, der Co-Pilot wurde getötet.

Und Anfang 1970 starben 47 Passagiere beim Absturz eines Swissair-Fluges in Zürich – im Frachtraum war eine Bombe explodiert, die eigentlich einem Jet der El-Al galt.

Im September 1970 bekommen die Palästinenser dann, was sie die ganze Zeit wollen: die volle Aufmerksamkeit der Welt. Die Volksfront für die Befreiung Palästinas (PFLP) entführt gleich vier Flugzeuge, ein Schweizer, ein britisches und zwei amerikanische. Ein Luftpirat stirbt beim Versuch, ein fünftes Flugzeug zu übernehmen, als sich Besatzungsmitglieder einer El-Al-Maschine zur Wehr setzen. Zeitweise befinden sich 750 Passagiere aus vielen westlichen Ländern in der Gewalt der Terroristen. Die Welt hält den Atem an, Papst Paul VI. schickt einen Friedensemissär in die jordanische Wüste, wo drei der Maschinen auf einem ehemals britischen Flugfeld stehen. Die Geiseln kommen im Austausch für palästinensische Gefangene frei, darunter jene drei Männer, die im Februar den Anschlag im Flughafen München-Riem ausgeführt hatten. Man wolle, teilt die Bundesregierung mit, durch die Überstellung der Terroristen »zur Beruhigung der Situation im arabischen Raum beitragen«. Vor allem will die Regierung Brandt wohl einfach keinen Ärger. Die Flugzeuge in Jordanien werden vor laufenden Kameras gesprengt.

## »... dann geht's wuid auf.« – München erhält die Spiele 1972

Die Welt atmet durch, und weil alles einigermaßen glimpflich ausgegangen ist, vertrauen die westlichen Staaten einfach darauf, dass das schon so bleiben wird.

An einem warmen Apriltag 1971 steigt im japanischen Nagoya der amerikanische Tischtennisspieler Glenn Cowan in den falschen Bus. In Nagoya findet die Tischtennis-Weltmeisterschaft statt, und Cowan will vom Hotel mit dem Shuttlebus zur Wettkampfhalle fahren. Als der junge Amerikaner realisiert, dass er im chinesischen Mannschaftsbus steht, ist dieser schon losgefahren. Zwischen den USA und China herrscht seit zwei Jahrzehnten eine diplomatische Eiszeit; dem chinesischen Tischtennisteam ist eingeschärft worden, auf gar keinen Fall mit den dekadenten Imperialisten zu sprechen. Und trotzdem steht nun im Bus Zhuan Zedong auf, der dreifache Weltmeister und vielleicht beste Spieler des Planeten. Er geht auf Cowan zu und überreicht ihm eine kleine Seidenmalerei, die er in seiner Tasche gefunden hat. Cowan revanchiert sich später mit einem T-Shirt, Aufschrift: »Let it be«. Ein Reporter fragt ihn, ob er sich vorstellen könnte, eines Tages nach China zu reisen. Seit 1949 hat kein Amerikaner offiziell chinesischen Boden betreten. »Natürlich«, sagt Cowan.

Der Vorsitzende der kommunistischen Partei Chinas, Mao Zedong, der gerade mit seiner Kulturrevolution blutiges Chaos über das Land bringt, wird über die unerhörte Begegnung der beiden Tischtennisspieler unterrichtet. Er findet Gefallen an der Episode, er sieht darin eine Gelegenheit, denn beide Seiten suchen schon seit geraumer Zeit einen möglichst unschuldigen Anlass für eine zarte Annäherung – nun hat der Sport diesen Anlass geliefert. Die »Ping-Pong-Diplomatie« ist geboren.

Die olympische Geschichte Chinas ist wie die deutsche eine Geschichte zweier Staaten, nur mit drastischeren Konsequenzen. Maos Volksrepublik China hat nie an Olympischen Spielen teilgenommen, aus Protest gegen die Anwesenheit Taiwans. Es gibt nur ein einziges sportliches Band in den Westen, das Tischtennis, das Mao zum Volkssport erklärt hat. Der Internationale Tischtennisverband gilt zeitweilig als einzige internationale Organisation, der China angehört. 1959 hat Rong Guotuan den ersten Weltmeistertitel für China überhaupt gewonnen, vor 44 000 Zuschauern in der Dortmunder Westfalenhalle, darunter Willi

## Die Ping-Pong-Diplomatie öffnet die Tür

Daume. Sein historischer Sieg bewahrte Rong Guotuan allerdings nicht davor, dass ihn Maos Rote Garden 1968 in den Selbstmord trieben.

Doch nun, im Frühjahr 1971, entdeckt Mao das außenpolitische Instrument Tischtennis aufs Neue, das Zufallstreffen im Bus bekommt schicksalshafte Bedeutung. Er lässt die amerikanische Nationalmannschaft nach Peking einladen, das Teamfoto auf der Chinesischen Mauer schafft es auf das Cover des Magazins ›Time‹. Glenn Cowan trifft Zhuan Zedong wieder, sie versprechen sich ewige Freundschaft. Kurz darauf hebt die US-Regierung ihr Handelsembargo gegen China auf. Henry Kissinger, der Nationale Sicherheitsberater von Präsident Richard Nixon, beginnt diskrete Gespräche mit den Chinesen über die Frage, ob es nicht bald an der Zeit wäre für ein Gipfeltreffen von Nixon und Mao.

Am Eingang sagt der Mann einfach, er komme »vom Verband«. Niemand fragt, von welchem. Er bemüht sich, vertrauenswürdig zu gucken, offenbar mit Erfolg. Bevor er sich's versieht, hat er einen offiziellen Besucherausweis des Augsburger Eiskanals an der Jacke heften. Das läuft ja überraschend gut, denkt er sich. Er ist praktisch allein auf dem Gelände, in aller Ruhe kann er die 660 Meter lange Wasserrinne abschreiten, in der der olympische Kanuslalom ausgetragen wird. Er fotografiert den Kanal aus allen Perspektiven, hier und da legt er sein 50-Meter-Maßband an. Er macht sich Notizen. Von jedem einzelnen der 30 Betonhindernisse auf der Strecke fertigt er eine Zeichnung an. Drei Mal reist Werner Lempert im Herbst 1971 nach Augsburg, jedes Mal erhält er als »Vertreter des Verbands« Zugang zum Eiskanal. Einmal wird er sogar auf einen Kaffee eingeladen und hat nur Sorge, dass ihn sein Sächsisch verraten könnte.

Der Augsburger Eiskanal ist die erste künstliche Kanuslalom-Strecke der Welt. Bis dahin wurde nur in natürlichem Wildwasser gefahren. 16 Millionen Mark, zehn Monate Bauzeit, 24 000 Zuschauerplätze. Und vor allem: 26 Stundenkilometer Strömungsgeschwindigkeit. Augsburg ist das neue Herz des Kanusports. Und deshalb hat Werner Lempert, 34 Jahre alt, der Kanu-Nationaltrainer der DDR, ein Problem: Seine Athleten kommen mit den besonderen Bedingungen nicht zurecht. Gar nicht. Er hat das im August gesehen: Mit sechs Weltmeistertiteln im Gepäck reiste sein Team zur Eröffnung des Eiskanals nach Augsburg. Es reichte gerade mal zu zwei dritten Plätzen für die DDR. An den Steilwänden entlang der Strecke entwickeln sich schwierige Strömungen, von »Prallwasser« spricht man im Fachjargon. Das Prallwasser versenkte Lemperts Kanuten.

Als Lempert im Herbst 1971 seine Augsburger Geheimrecherche abschließt, kann er den Eiskanal mit großer Exaktheit nachzeichnen. Jede Stufe, jede Walze, jedes Kehrwasser. Für die Mission Kanu-Gold scheuen die Sportfunktionäre der DDR keine Kosten: Die Mitarbeiter eines volkseigenen Betriebs, der normalerweise Autobahnen asphaltiert, bauen den Augsburger Kanal im Zwickauer Stadtteil Cainsdorf eins zu eins nach. Die Fertigstellung der Autobahnbrücke Siebenlehn muss warten. Weil es schnell gehen soll mit der neuen Wasserrinne, werden als Steilwände einfach Betonplatten für Rübensilos verbaut. Das Wasser wird aus dem Flüsschen Mulde abgeleitet. Schon nach drei Monaten ist der Kanal fertig, die DDR-Kanuten starten ihr Training. Anfangs prallen sie ständig gegen Beton, alle haben bald Schürfwunden an den Armen. Es helfe nichts, sagt Werner Lempert, da müssten sie jetzt durch.

Am Nachmittag des 4. August 1971 überfallen zwei vermummte Täter eine Filiale der Deutschen Bank in der Münchner Prinzregentenstraße. Die beiden bringen 18 Kunden und Mitarbeiter der Bank in ihre Gewalt, sie fordern zwei Millionen Mark und einen Fluchtwagen. Eine Geiselnahme dieser Art hat es in der Bundesrepublik noch nicht gegeben. »Chicago in München«, titelt tags darauf der »Münchner Merkur«. Hinter den Absperrungen versammeln sich bis zum Abend 5000 Schaulustige, auch das Fernsehen baut seine Kameras auf – es ist die erste Liveübertragung eines Schwerverbrechens in Deutschland. Aus dem Nobelrestaurant »Käfer«, direkt gegenüber der Bank, beobachtet unter anderem CSU-Chef Franz Josef Strauß die stundenlange Belagerung. Strauß, so heißt es, bietet an, die Geiselnehmer persönlich mit seinem Jagdgewehr »abzuknallen«. Angesichts der Überforderung der Sicherheitskräfte ist das ein beinahe konstruktiver Vorschlag.

Die Polizei hat keine Einsatzpläne für ein solches Szenario, sie hat keine Scharfschützen und nicht mal Gewehre, die sich für Präzisionsschüsse aus größerer Distanz eignen. Fieberhaft fragen die Polizeiführer auf allen Münchner Revieren an, ob es unter den Beamten dort Jäger

## Geiselnahme in der Prinzregentenstraße

gibt. Die so rekrutierten Freiwilligen werden zu einer halbstündigen Schießübung in eine Kiesgrube gekarrt, dann bringt man sie in die Prinzregentenstraße, wo sie in umliegenden Gebäuden Stellung beziehen. Der Plan ist, die beiden Bankräuber auf dem kurzen Weg zum Fluchtauto zu erschießen.

Gegen 23 Uhr schicken die Täter eine ihrer Geiseln vor, eine junge Frau, sie läuft zum Auto und setzt sich auf den Beifahrersitz. Dann verlässt einer der Täter die Bank, er blickt hinüber zur johlenden Menschenmenge und geht erstaunlich langsam zum Wagen. Die Polizisten hätten freie Schussbahn, doch niemand schießt. Erst als der Mann neben der Geisel im Auto sitzt, eröffnen die Beamten das Feuer. Im Kugelhagel sterben der Täter – und die junge Frau. Diese soll angeblich der sterbende Täter erschossen haben, aber an der offiziellen Version bleiben massive Zweifel. Anschließend stürmt die Polizei die Bank, wofür sie allerdings mehrere Minuten braucht. Sie hat Glück, dass der zweite Täter den übrigen Geiseln nichts tut, bevor er überwältigt wird.

Ein Jahr vor den Olympischen Spielen legt der Banküberfall in der Prinzregentenstraße gravierende Defizite bei der Münchner Polizei blutig offen. Doch Manfred Schreiber, der Polizeipräsident, lässt sich nicht von seiner Vision einer »Friedenspolizei« abbringen. Dass sein gesamtes Präsidium nur über drei Maschinenpistolen verfügt, das sieht er nicht als Defizit. Mit Blick auf Olympia ist er nicht beunruhigt. Seine Aufmerksamkeit gilt vor allem der Vorbeugung von Betrug, Diebstählen und Sittlichkeitsdelikten. Nennenswerte Sorge bereiten Schreiber höchstens Hippies und andere »Gammler«, die München bereits jetzt zur Hauptstadt der alternativen Szene machen und im Englischen Garten nackig die Leute erschrecken. So viele Präventionsgespräche können seine Jugendbeamten gar nicht führen.

Er genehmigt zwar ein Konzert von »The Who«, das während Olympia im Innenhof des Deutschen Museums stattfinden soll. Aber er schreitet sofort ein, als private Veranstalter eine »Rockolympiade« am Rande der Spiele planen. Die »Rolling Stones«, »Led Zeppelin«, Frank Zappa, alle hatten Interesse an einem Auftritt signalisiert. Britische Musikzeitschriften jubeln bereits, dass München ein Woodstock erleben werde. Schreiber malt sich eher aus, wie Zehntausende Betrunkene und Drogenberauschte den Olympiapark besetzen – er erkennt akute »Seuchengefahr«. Gemeinsam mit der Stadt kann er das Festival gerade noch verhindern. Und noch eine Bedrohung erfordert entschlossenes Eingreifen: Bis zu 10 000 Prostituierte sollen vorhaben, sich den Olympiagästen dienstbar zu machen. Kurzerhand erklärt Schreiber die Innenstadt zu jenem Sperrbezirk, der einige Jahre später von der »Spider Murphy Gang« besungen werden wird.

Es ist nicht so, dass terroristische Gefahren in den Vorbereitungen der Polizei überhaupt nicht vorkommen. Die Beamten denken nur eher an relativ harmlose Varianten wie »Störungen durch politisch extreme Gruppen oder Einzelpersonen«, wie es in einem Vermerk vom 10. Mai 1971 heißt, also Protestaktionen. Eine Arbeitsgruppe des Polizeipräsidiums spricht im Oktober zwar explizit von »Terroranschlägen auf olympische Einrichtungen«. Doch im Auge haben sie da die Möglichkeit, dass die Fackel beim Fackellauf entwendet oder das einmal im Stadion entzündete Feuer gelöscht werden könnte. Die Beamten sind sich einig, dass solche Zwischenfälle für München blamabel wären und unter allen Umständen verhindert werden müssen.

Am 24. September besucht Willy Brandt die Zentrale des Münchner Organisationskomitees. Vor der Tür wird der Bundeskanzler von einem jungen Mann angegriffen, der ihm ins Gesicht schlägt und ruft: »Das für die Politik im Osten!« Andere Zeugen wollen eine Ohrfeige gesehen und den Satz »Das ist für den Verrat Deutschlands an Moskau!« gehört haben. Der Täter ist ein 22 Jahre alter Student, in dessen Wohnung laut Polizei ein Hitler-Bild an der Wand hängt. Weil Brandt davon absieht, den Mann anzuzeigen, kommt dieser mit einer Bewährungsstrafe davon. Die SPD beschuldigt die Union, mit ihrer »Hetze« gegen Brandt zu der Attacke beigetragen zu haben. Einige Zeitungskommentatoren vermerken irritiert, dass es offenbar keines besonders ausgetüftelten Plans bedarf, um dem Bundeskanzler nahe zu kommen.

Das Jahr 1971 ist für Brandt ein ereignisreiches, selbst gemessen an den Standards eines Regierungschefs. Am Nachmittag des 20. Oktober läuft die Haushaltsdebatte im Deutschen Bundestag in Bonn, als Parlamentspräsident Kai-Uwe von Hassel von der CDU die Sitzung unterbricht. »Ich erhalte soeben die Nachricht«, sagt von Hassel durchaus feierlich, »dass die Nobelpreiskommission des norwegischen Parlaments heute dem Herrn Bundeskanzler der Bundesrepublik Deutschland den Friedensnobelpreis verliehen hat.«

Brandt ist nicht überrascht, er hat schon am Morgen von der Auszeichnung erfahren. Als sein Referent ihm die Nachricht überbrachte, soll er nur gegrummelt haben: »So, so.« Nun bemüht sich der CDU-Mann von Hassel um einen Moment der Würde und Überparteilichkeit. Er wendet sich direkt an Brandt: »Herr Bundeskanzler, diese Auszeichnung ehrt Ihr aufrichtiges Bemühen um den Frieden in der Welt und um die Verständigung zwischen den Völkern. Der ganze Deutsche Bundestag ohne Unterschied der politischen Standorte gratuliert Ihnen zu dieser hohen Ehrung.«

Das allerdings entspricht nicht ganz den Tatsachen: Während die Abgeordneten von SPD und FDP stehend applaudieren, rühren viele Unionsvertreter keinen Finger. Immerhin erhebt sich Oppositionsführer Rainer Barzel, um Brandt zu gratulieren. Tags darauf ist Brandts große Stunde manchen konservativen Blättern gerade mal eine Notiz wert.

In der Begründung des Nobelpreiskomitees heißt es, der Kanzler habe mit seinen Entspannungsbemühungen »im Namen des deutschen Volkes seine Hand zur Versöhnung zwischen den Völkern ausgestreckt«. Die Nobel-Juroren begriffen die ganze Tragweite der Ostpolitik, lange bevor das viele Deutsche taten. Für Brandt, den einstigen Widerstandskämpfer im norwegischen Exil, schließt sich mit der Reise nach Oslo zur Verleihung der Urkunde ein Kreis in seiner Biografie. Der Preis, sagt er, könne »gewiss nur als eine Ermutigung meines politischen Strebens verstanden werden, nicht als ein abschließendes Urteil«. Dann zitiert er Fridtjof Nansen, den norwegischen Flüchtlingshelfer, dem die Ehrung 1922 zuteilgeworden war: »Beeilt euch zu handeln, ehe es zu spät ist zu bereuen.«

Rückblende, der 7. Dezember 1970 ist ein grauer Wintertag. Brandt ist nach Polen gekommen, um den Warschauer Vertrag mitzuunterzeichnen. Dabei besucht er auch das ehemalige Warschauer Ghetto, legt am Ehrenmal für die Toten einen Kranz nieder. Er richtet die Schleifen, tritt einen Schritt nach hinten und sinkt unvermittelt auf die Knie. 14 Sekunden verharrt der Bundeskanzler regungslos auf dem nassen Boden. »Dann kniet er, der das nicht nötig hat, da für alle, die es nötig haben, aber nicht da knien – weil sie es nicht wagen oder nicht können oder nicht wagen können«, schreibt der ›Spiegel‹-Reporter Hermann Schreiber. »Dann bekennt er sich zu einer Schuld, an der er selber nicht zu tragen hat, und bittet um eine Vergebung, derer er selber nicht bedarf. Dann kniet er da für Deutschland.«

Selbst politische Gegner Brandts nehmen den Kniefall von Warschau mit Respekt zur Kenntnis; nur einige wenige unterstellen ihm kalkulierte Showpolitik. In der Bevölkerung ist die Meinung jedoch geteilt. In einer Allensbach-Umfrage sagen 48 Prozent der Befragten, sie hielten Brandts Geste für übertrieben – der Kanzler war offensichtlich seinen Bürgern voraus. Das Foto des Moments wird schnell zur internationalen Chiffre für ein neues, besseres Deutschland. In der DDR druckt es keine einzige Zeitung.

Georg Sieber, der junge Polizeipsychologe, der mit Polizeipräsident Manfred Schreiber die »Münchner Linie« entwickelt hat, verbringt Ende 1971 viel Zeit an der Schreibmaschine. Mit einer kleinen Studiengruppe erarbeitet er 26 mögliche Bedrohungsszenarien für die Spiele, im Polizeijargon »Lagen« genannt. »Der Überfall auf Mannschaften aus Konfliktgebieten ist für Guerilla- und Widerstandsorganisationen jeder Richtung eine attraktive Chance, sich selbst darzustellen«, hält Sieber fest. »Es muss mit Kommandos von Kamikaze gerechnet werden, die ohne Rücksicht auf eigenes oder fremdes Leben vorgehen.« Zu den Szenarien, die das Papier durchspielt, gehören Anschläge der irischen IRA oder der baskischen ETA. Stets werden auch Gegenmaßnahmen vorgeschlagen, etwa künstlicher Nebel, in dem man die Terroristen überrumpeln könnte.

Nach und nach präsentiert Sieber in internen Sitzungen der Polizei seine Lagen. Das Olympiajahr 1972 ist gerade angebrochen, als er »Lage 21« vorstellt, einen Angriff palästinensischer Terroristen. Angesichts der Anschläge auf das jüdische Altenheim und den El-Al-Flug in München 1970 ist es kein absurdes Szenario. Obendrein haben gerade erst fünf Palästinenser eine Lufthansa-Maschine entführt und zur Landung in Aden im Südjemen gezwungen – gegen die Zahlung von wohl 16 Millionen D-Mark Lösegeld sind alle Passagiere dort unverletzt freigekommen.

Sieber trägt also sein »PLO-Modell« vor: »Ein Freischärler-Kommando hat gegen fünf Uhr früh den Zaun des Dorfes überstiegen. Die

## Die Warnung verhallt

Eindringlinge haben den Wohnblock der israelischen Mannschaft besetzt. Es werden Schüsse und Rauch gemeldet.« Die Terroristen töten zwei Israelis, so Sieber, »um Disziplin durchzusetzen« und ihre Forderungen zu unterstreichen: die Freilassung von Gefangenen aus israelischen Gefängnissen und die Bereitstellung eines Flugzeugs für die Flucht in ein arabisches Land.»Mit einer Aufgabe ist unter keinen Umständen zu rechnen.«

Der Psychologe schlägt deshalb vor, die Athleten nicht getrennt nach Nationen unterzubringen, sondern nach Sportarten. Das würde gezielte Anschläge erschweren. Das Organisationskomitee hatte diese Idee tatsächlich erwogen, sie aber wegen der scharfen Ablehnung durch die Nationalen Olympischen Komitees vieler Länder auch gleich wieder verworfen. Polizeipräsident Schreiber billigt Sieber den Punkt zu, dass für das israelische Team womöglich größere Gefahr bestehe als für andere. Doch er hält es für völlig ausreichend, die Israelis einfach weit entfernt von den Sportlern aus arabischen Ländern einzuquartieren. Als Sieber insistiert, »Lage 21« sei kein wahrscheinliches, aber doch ein realistisches Szenario, fällt ihm Schreiber ins Wort: »Herr Kamerad, das ist unrealistisch, das steht jetzt hier nicht auf der Agenda, das brauchen wir nicht.«

Kapitel 4

# FRÜHLINGSGEFÜHLE –
# DIE WELT LÄUFT SICH WARM

Heinrich Böll und der Terrorismus // das IOC statuiert ein Exempel // Brandt besucht Israel und Nixon China // der Club of Rome warnt vor dem Weltuntergang // Dietmar Hopp und seine Freunde gründen SAP // Willy Brandt übersteht ein Misstrauensvotum // Hostessen-Casting für Olympia // das IOC ignoriert die Palästinenser // BRD und DDR nähern sich an // deutsche Neonazis helfen den Palästinensern // Hans-Jochen Vogel wirft hin // München bekommt einen Tiger // Klaus Staeck und die documenta setzen Maßstäbe // Afrika droht mit einem Boykott der Spiele // die Hinweise auf einen Anschlag werden ignoriert // die Eröffnungsfeier darf an 1936 erinnern

Im Februar 1972 besucht Richard Nixon Mao Zedong in Peking.
Das historische Treffen des US-Präsidenten mit dem kommunistischen
Machthaber Chinas entspannt die Beziehungen beider Länder.

1970 entführen Palästinenser mehrere Passagiermaschinen und sprengen sie in der jordanischen Wüste. Das Foto der bei einem US-Napalmangriff schwer verletzten neunjährigen Kim Phuc sensibilisiert die Weltöffentlichkeit für die Schrecken des Vietnamkrieges.

Eremit »Väterchen Timofei« und seine Frau Natascha vor ihrem Ost-West-Friedenskirchlein am Oberwiesenfeld

Menschlich sollen die Spiele von München sein, und nun haben die Organisatoren Gelegenheit, das unter Beweis zu stellen. Auf dem Oberwiesenfeld, das sich langsam in den Olympiapark verwandelt, lebt seit Anfang der Fünfzigerjahre ein Kriegsvertriebener aus Russland, Timofei Wassiljewitsch Prochorow, mit seiner Partnerin Natascha. »Väterchen Timofei«, sagen die Münchner mit Wärme, ein Eremit in einer Millionenstadt.

Aus den Trümmern der Altstadt haben Väterchen Timofei und Mütterchen Natascha mit einer wackligen Karre Ziegelsteine und Bretter herangeschafft. Am Fuße des Schuttbergs haben sie ein Haus gebaut und ein orthodoxes Kirchlein nebst Kapelle, mit Ölfässern als Zwiebeltürmen. Genau so, wie die Jungfrau Maria es Timofei in einer feuerleuchtenden Erscheinung mitten im Krieg aufgetragen hatte, wenigstens in seiner Erinnerung: »Timofei, es gibt für dich keinen Weg nach Hause. Geh in den Westen und bau dort eine Kirche für den Frieden.« Als der Kirchenbau in Wien von offenbar ungläubigen Beamten behindert wurde, soll die Gottesmutter ihre Weisung präzisiert haben: »Geh nach München.«

Die Ost-West-Friedenskirche ist ein bizarr schöner Ort, voll von Kerzen, Ikonenbildern und Heiligenstatuen. Die Kuppel ist mit Silber ausgekleidet. Na ja, mit Alufolie und Schokoladenpapier. Obstbäume säumen den Garten. Doch exakt dort, wo Timofei sein kleines Himmelreich errichtet hat, soll nun das olympische Reitstadion entstehen. Rechtlich ist die Räumung kein Problem, Timofei hat ja alles schwarz gebaut. Dann wirft sich die ›Abendzeitung‹ für ihn in die Bresche. Immer mehr Münchner fordern: Timofei soll bleiben dürfen. Und tatsächlich: Nachdem Günter Behnisch Timofei in seiner Enklave besucht hat, entscheiden er, Daume und Vogel, das Reitstadion weit weg im Stadtteil Riem zu bauen. Die Kirche bleibt stehen – mit ihren weißen Wänden und hellblauen Dächern wirkt sie eh, als wäre alles mit Otl Aicher abgesprochen. Die Zeitungen feiern Timofei als »ersten Olympiasieger von München«.

Väterchen Timofei wird ein stiller Star der Spiele werden, tausendfach besucht von Sportlern, Reportern und Zuschauern, ein frommer Philosoph, wunderlich und wunderbar. Und geschäftstüchtig: Seine Blumen und sein Obst wird er an die Olympiabesucher verkaufen, und als sein Garten nicht mehr genug hergibt, diskret Nachschub vom Großmarkt holen.

Am 10. Januar 1972 veröffentlicht der Schriftsteller Heinrich Böll im ›Spiegel‹ einen Gastbeitrag mit dem Titel »Will Ulrike Gnade oder freies Geleit?«. Er löst damit den ersten großen Skandal des Olympiajahres aus. Kurz vor Weihnachten 1971 war bei einem Banküberfall in Kaiserslautern ein Polizeibeamter erschossen worden. »Baader-Meinhof-Bande mordet weiter«, titelte die ›Bild‹ – zu einem Zeitpunkt, an dem eine Beteiligung der RAF noch nicht gesichert war. Böll, 55 Jahre alt und Brandt-Fan, hat sich von Gewalt stets distanziert, aber er fordert in seinem Text nun eine faire Behandlung der Terroristen um Ulrike Meinhof ein und zürnt ob der Vorverurteilung in der Springer-Presse: »Das ist nicht mehr kryptofaschistisch, nicht mehr faschistoid, das ist nackter Faschismus. Verhetzung, Lüge, Dreck. Diese Form der Demagogie wäre nicht einmal gerechtfertigt, wenn sich die Vermutungen der Kaiserslauterer Polizei als zutreffend herausstellen sollten.«

Die Vermutungen stellen sich wenig später als zutreffend heraus. Die Täter kommen aus der RAF, was die Debatte um den Artikel weiter anheizt. Böll sympathisiere mit den Mördern, sagen konservative Kritiker. »Die Bölls sind gefährlicher als Baader-Meinhof«, schreibt die Illustrierte ›Quick‹. Als Schriftsteller leuchtet Böll häufig die dunklen Ecken der Bundesrepublik aus, dem Wirtschaftswunderland hat er nie getraut. Jetzt hadert er wie nie zuvor mit Deutschland: »Ich kann in diesem gegenwärtigen Hetzklima nicht arbeiten. Und in einem Land, in dem ich nicht arbeiten kann, kann ich auch nicht leben.« Heinrich Böll zieht sich in sein Haus auf Achill Island vor der irischen Nordwestküste zurück.

Avery Brundage ist kein Freund der Winterspiele, er findet sogar, man sollte sie abschaffen. Der Wintersport ist dem IOC-Präsidenten nicht populär, nicht »weltumfassend« genug, um den universalen Anspruch der olympischen Bewegung zu erfüllen. Die Alpinskifahrer sind ihm ein besonderer Dorn im Auge: Es ist ein offenes Geheimnis, dass die besten 50 der Welt alle Geld mit ihrem Sport verdienen. Aber er kann sie ja schwer alle ausschließen. Da fügt es sich, dass dem IOC ein Foto zugespielt wird, kurz bevor am 3. Februar 1972 das olympische Feuer in Sapporo entzündet wird. Das Bild zeigt den österreichischen Skihelden und Abfahrtsfavoriten Karl Schranz in einem roten Fußballtrikot, auf der Brust den Schriftzug »Aroma Kaffee«.

Schranz, stellt sich schnell heraus, hat das Trikot im Sommer zuvor bei einem Benefiz-Fußballspiel getragen. Der Mann habe offenkundig Werbung gemacht, insistiert Brundage. Das IOC schließt Schranz von den Spielen aus, es soll ein symbolischer Akt sein. Vor allem aber ist es ein Akt der Willkür, der trotzige Versuch, eine Regel aufrechtzuerhalten, die keinen Sinn mehr ergibt. Schranz fragt in einem Interview: »Wie sollen diese Funktionäre die reale Lebenssituation von Topfahrern nachvollziehen, wenn sie selbst nie arm waren?« Es ist genau diese Renitenz, die Brundage gar nicht verträgt. Warum er ausgerechnet an Schranz ein Exempel statuiere, wird er gefragt. Brundage sagt: »Er war der Unverfrorenste und Mitteilsamste, den wir gefunden haben.«

Zu Hause in Österreich wird Schranz kaiserlich begrüßt, hunderttausend Menschen strömen auf die Straße, Bundeskanzler Bruno Kreisky lässt den Geschassten vom Flughafen Schwechat sofort ins Kanzleramt chauffieren. Seit Hitler, schreibt eine Schweizer Zeitung, sei in Wien niemand mit so viel Begeisterung empfangen worden.

In München wird Avery Brundage entscheiden müssen, ob er es wagt, einen weiteren Superstar auszuschließen.

Im Februar 1972 erreicht delikate Post das Bundeskanzleramt in Berlin, es handelt sich um eine Einladung. Die israelische Premierministerin Golda Meir würde sich freuen, Bundeskanzler Willy Brandt in Jerusalem zu begrüßen. Brandt freut sich nicht so sehr, denn Meirs Einladung hat auch einen strategischen Hintergrund. Die Bundesregierung ist gerade dabei, ihr Verhältnis zur arabischen Welt zu reparieren. Denn nachdem

## Frühlingsgefühle – Die Welt läuft sich warm

die Bundesrepublik und Israel 1965 diplomatische Beziehungen aufgenommen hatten, brachen zahlreiche arabische Staaten eben diese zu Bonn ab. Stattdessen wandten sie sich der DDR zu.

Plötzlich waren die deutsche Ost- und Nahost-Politik miteinander verflochten. Inzwischen zeichnet sich eine gewisse Entspannung ab, auch weil die DDR sich als nicht ganz so potenter Partner erwiesen hat. Algerien, Jemen und Sudan haben die diplomatischen Beziehungen zur Bundesrepublik Ende 1971 wieder aufgenommen, und Brandt ist optimistisch, dass weitere Staaten folgen – jedoch nicht, wenn er mitten in entsprechenden Verhandlungen mit der Arabischen Liga als erster deutscher Bundeskanzler Israel besucht. Das dürfte zu Meirs Kalkül gehören. Also teilt Brandt der Premierministerin mit, dass er leider, leider momentan keine Zeit für eine solche Reise habe, sie aber bei anderer Gelegenheit unbedingt antreten wolle. Brandts Balanceakt ist erfolgreich: Im Juni nimmt Ägypten, die Führungsmacht der Arabischen Liga, Beziehungen zur Bundesrepublik auf. Und ein Jahr darauf, im Juni 1973, fliegt Brandt nach Israel.

Der amerikanische Präsident unternimmt schon jetzt eine spektakuläre Reise. Richard Nixon, immerhin ein fanatischer Antikommunist, landet am 21. Februar 1972 in Peking und schüttelt dem Vorsitzenden der Kommunistischen Partei Chinas, Mao Zedong, fröhlich die Hand. Es ist der Gipfelpunkt der Ping-Pong-Diplomatie, die damit begonnen hat, dass ein amerikanischer Tischtennisspieler in den chinesischen Mannschaftsbus stieg. Mit den geschenkten Pandabären Ling-Ling und Hsing-Hsing im Gepäck fliegt Nixon zurück nach Washington, wo seine unglückselige Präsidentschaft wenige Monate später vom Strudel der Watergate-Affäre erfasst wird. Anhänger der These, dass der Sport als großer Friedensstifter taugt, sehen sich vom Gipfeltreffen Maos und Nixons bestätigt. China, frisch in die Vereinten Nationen aufgenommen, vollzieht im Olympiajahr tatsächlich einen großen Schritt hinein in die Welt – auch wenn es noch bis 1984 dauern wird, bis chinesische Athletinnen und Athleten bei den Spielen an den Start gehen.

Am 1. März 1972 warnt das bayerische Landeskriminalamt in einem internen Vermerk: »Während der Olympischen Spiele bietet sich für politisch extreme Gruppen eine einmalige Gelegenheit, die Weltöffentlichkeit auf ihre Forderungen, Ziele und Ideen aufmerksam zu machen. Es sind deshalb auch terroristische Aktionen zu befürchten.«

Anfang März erscheint ein Buch, das die Welt erschüttert. Oder wenigstens jenen Teil der Welt, der sich von wissenschaftlichen Erkenntnissen erschüttern lässt. Zwei Jahre zuvor hat sich um den italienischen Industriellen Aurelio Peccei eine erlesene Gruppe von Managern und Forschern gebildet, die als »Club of Rome« bekannt wird. Peccei hat als Partisan gegen das Mussolini-Regime gekämpft, nach dem Krieg hat er die Fluggesellschaft Alitalia mitgegründet. Nun geben er und seine Mitstreiter einen »Bericht zur Lage der Menschheit« in Auftrag; das Geld dafür kommt unter anderem von der VW-Stiftung aus Wolfsburg.

Der Bericht entsteht am Massachusetts Institute of Technology (MIT) in Boston, geleitet wird die Untersuchung vom Ehepaar Donella und Dennis Meadows, sie Umweltwissenschaftlerin, er Ökonom. Auf Basis neuartiger Computersimulationen formulieren sie eine These: Wenn die Welt weiter wirtschaftet wie bisher, wenn sie ungebremst Ressourcen verbraucht und skrupellos Natur zerstört, stehe sie in zwei Generationen am Abgrund. ›Die Grenzen des Wachstums‹ heißt das Buch, in dem die Meadows die Gewissheit zu widerlegen versuchen, mit der vor allem die Staaten des Westens an ewigen Fortschritt und Wohlstand glauben. Es ist jedoch keineswegs ein apokalyptisches Pamphlet: Elend und Tod seien noch abzuwenden, wenn die Menschheit die Rettung des Planeten als gemeinsame Aufgabe begreife.

An der Universität Hohenheim bei Stuttgart findet das Buch in einem Lehramtsstudenten der Biologie und Chemie einen geneigten Leser. Der 24-jährige Winfried Kretschmann nimmt für sich die Lektion mit, »dass das Handeln jedes und jeder Einzelnen globale Auswirkungen hat, die über unser eigenes Dasein hinauswirken.« Der Bericht des Club of Rome ist ein Fanal. Sicher, es hat zuvor schon zarte Bemühungen der Politik gegeben, ein Bewusstsein für die Verwundbarkeit der Erde zu schaffen: Der Europarat rief das Jahr 1970 zum »Europäischen Naturschutzjahr« aus, die USA begingen am 22. April einen »Earth Day« mit Veranstaltungen an Schulen und Universitäten im ganzen Land. Der Freistaat Bayern richtete im selben Jahr das erste Umweltministerium der Bundesrepublik

## Frühlingsgefühle – Die Welt läuft sich warm

ein. Aber das, was da langsam in Bewegung gekommen ist, nimmt 1972 richtig Fahrt auf. »Der Bericht des Club of Rome hat die Menschen bewegt und sicher einen erheblichen Teil zu diesem neuen Bewusstsein beigetragen«, erinnert sich Kretschmann.

Kurz vor Olympia richtet die Stadt München hinter dem Rathaus eine Messstation ein – jeder Passant kann sich jetzt über die Luftqualität informieren, mancher ist schockiert. Im Jahr der »grünen Spiele« laden die Vereinten Nationen zur ersten Umweltkonferenz ihrer Geschichte. In Deutschland erlässt Bundesinnenminister Hans-Dietrich Genscher zahlreiche Verordnungen zur Reinhaltung von Luft und Gewässern. Es entsteht ein Tätigkeitsfeld, das es bislang nicht gab und das nun einen Namen bekommt: Umweltpolitik. »Als junger Mann dachte ich damals, ich muss die ganze Welt retten, aber das kann ein Einzelner nicht«, sagt Winfried Kretschmann. »Was aber jeder von uns kann, ist sich zu engagieren.« Also beschließt er 1972, Politik zu machen. Auf der Liste der Kommunisten, Marxisten und Leninisten kandidiert er für das Studentenkonvent der Uni Hohenheim.

Er hat alles so satt. Die Sportfunktionäre, die Parteibonzen, die Schnüffler der berüchtigten Geheimpolizei Securitate. Wahrscheinlich färbt da der Großvater ab, den er verehrt, ein Antikommunist durch und durch. Stelian Moculescu war 18 Jahre alt, als es 1968 zum ersten Mal richtig krachte. Gerade hatte er mit seinem Verein die rumänische Volleyballmeisterschaft gewonnen, und nun sollte er genau diesen Verein auf staatliches Geheiß verlassen – und einmal quer durch die Stadt zum zweiten Klub in Timisoara wechseln. Moculescu weigerte sich, was im Rumänien des Diktators Nicolae Ceaucescu nicht ohne Konsequenzen blieb. Ein Jahr lang durfte er nicht für die Nationalmannschaft spielen. Dann ließ man ihn auch noch durch die Aufnahmeprüfung für sein Bauingenieursstudium fallen. Erst nach vielen Monaten konnte ihm sein Trainer zu einem Studienplatz verhelfen.

»Ich und der Sozialismus, das passte nie«, wird Stelian Moculescu viele Jahre später sagen. Er kann sich nicht beherrschen, immer wieder lässt er sich seine Distanz zum rumänischen System anmerken. 1971 verweigern ihm die Behörden deshalb seinen Pass, den er braucht, um mit der Nationalmannschaft zur EM nach Mailand zu reisen. Die Bronze-

## Dietmar Hopp macht sich selbständig

medaille bleibt ihm deshalb verwehrt. In dem jungen Volleyballer verfestigt sich ein schon länger reifender Gedanke zu einem Plan: Wenn er 1972 mitdarf nach München zu den Olympischen Spielen, dann wird er nicht zurückkehren. Und jetzt ist die Nominierung da.

Als er ein Teenager war, hat Dietmar Hopp, 1940 in Heidelberg geboren, seiner Mutter prophezeit, dass er eines Tages Millionär sein werde. Und nun hat er eine ziemlich genaue Idee davon entwickelt, in welcher Branche sich das große Geld verdienen lässt. Gleich nach dem Studium der Nachrichtentechnik hat er 1966 bei IBM angeheuert, dem sagenhaften US-Computerkonzern, dem beruflichen Traumziel aller, die sich mit moderner Datenverarbeitungstechnologie beschäftigen. In Deutschland beherrscht IBM den Markt, es gibt keinen nennenswerten einheimischen Akteur auf diesem Feld. Aber das, findet Hopp, muss ja nicht so bleiben.

Die frühen Siebziger sind Aufbruchsjahre in der Computerentwicklung. Ende 1971 schickt sich der amerikanische Ingenieur Ray Tomlinson selbst eine elektronische Mitteilung, von einem Computer in der einen Ecke seines Büros zu einem zweiten Computer in der anderen Ecke. Die beiden Rechner sind nicht physisch miteinander verbunden, sondern über das »Arpanet«, eine experimentelle Frühform des Internets, an der Tomlinsons Firma im Auftrag des US-Verteidigungsministeriums arbeitet. Der Text seiner Nachricht sei »vergessenswert« gewesen, wird Tomlinson später sagen, »deshalb habe ich ihn vergessen«. Es könnte »QWERTYUIOP« gewesen sein – die oberste Buchstabenreihe auf der Tastatur. Technisch betrachtet ist Tomlinsons vergessenswerte Nachricht die erste E-Mail der Geschichte.

1972 ist das Jahr, in dem der japanische Elektronikkonzern Casio den ersten Taschenrechner für den Massenmarkt anbietet. In Kalifornien wird die Videospielfirma Atari gegründet, für die kurzzeitig ein junger Mann namens Steve Jobs arbeitet. Die Intel Corporation präsentiert 1972 den ersten 8-Bit-Mikroprozessor der Welt und Memorex das erste Diskettenlaufwerk für zu Hause. Beide Firmen sitzen in einem Tal südlich von San Francisco, das 1971 durch den Artikel eines Journalisten seinen Namen bekommen hat: »Silicon Valley«, nach dem Siliziumchip, der in Computern steckt.

In der Mannheimer IBM-Niederlassung arbeitet Dietmar Hopp als

## Frühlingsgefühle – Die Welt läuft sich warm

Systemberater, zusammen mit seinem vier Jahre jüngeren Assistenten Hasso Plattner betreut er die deutsche Fabrik eines US-Chemieunternehmens. Für Kunden programmiert IBM jeweils individuelle Software, um deren Lohnabrechnung, Buchhaltung oder Bestellungen zu organisieren. Normalerweise funktionieren solche Programme so: Mitarbeiter tragen die Daten per Hand in Papierformulare ein, anschließend werden sie auf Lochkarten übertragen und gespeichert, um dann in die riesigen Rechner mit all ihren Knöpfen und Reglern eingespeist zu werden.

Ein Prozess, den Hopp und sein Spezi Plattner für viel zu kompliziert halten. Sie haben eine andere Idee: Warum nicht einfach alles direkt per Tastatur eingeben? Und warum sollte man für jeden einzelnen Kunden mühsam eine eigene Software entwickeln? Warum nicht eine Standardsoftware für alle? Für jedes Unternehmen in jeder Branche. Ein Programm, das zum Beispiel in Echtzeit anzeigt, ob gerade genug Material oder Ware auf Lager ist.

Hopp, Plattner und drei Partner beschließen, sich selbstständig zu machen. Ihre Arbeitskollegen schütteln die Köpfe: Wie kann man nur einen so sicheren Job aufgeben? Im Mannheimer IBM-Großraumbüro laufen Wetten, wie lange sie wohl durchhalten und wann sie zu Kreuze kriechen werden. Am 1. April 1972 gründen Hopp, Plattner und die anderen drei die Firma »Systemanalyse und Programmentwicklung«, kurz: SAP. Ihr Startkapital ist ihr Erspartes. »Wir hätten von den Banken kein Geld gekriegt«, sagt Hopp später. Sie mieten ein paar Räume in einem schmucklosen Betonbau in der Mannheimer Fußgängerzone. Die einzige Mitarbeiterin ist eine Sekretärin.

Es ist der Beginn eines modernen deutschen Wirtschaftsmärchens. Fünf mutige junge Männer aus der Provinz ziehen los in ein neues Zeitalter der Informationstechnologie. Schon am Ende des ersten Geschäftsjahres wird SAP neun Mitarbeiter haben und einen Umsatz von 620 000 D-Mark.

Am 27. April 1972 steht der Aufbruch der Ära Brandt vor einem jähen Ende. Falls im Plenum des Deutschen Bundestags in Bonn alles so kommt, wie es den Mehrheitsverhältnissen nach kommen muss, wird Willy Brandt an diesem Donnerstag als Bundeskanzler abgelöst. In den vergangenen Jahren sind mehrere Abgeordnete von SPD und FDP zur

## Misstrauensvotum gegen Willy Brandt

Union gewechselt, die meisten aus Protest gegen die Ostpolitik, vor allem gegen den Warschauer Vertrag und die Aufgabe der früheren deutschen Ostgebiete. Die Strategen von CDU und CSU dürfen davon ausgehen, eine Mehrheit von 249 zu 247 Stimmen zu haben. Also will Unionsfraktionschef Rainer Barzel, das einstige Wunderkind der Christdemokratie, den Kanzler durch ein konstruktives Misstrauensvotum ablösen. Es ist der Startschuss zu einem politischen Höllenritt, der erst in den letzten Tagen des Olympiajahres zu Ende gehen wird.

Die Lage in Bonn ist schon seit Wochen zum Zerreißen gespannt. Wütend rennt die Union gegen die Ostpolitik der sozialliberalen Koalition an. Wenn man CDU und CSU so zuhört, könnte man meinen, Brandt höchstselbst hätte 1945 das Land östlich der Oder-Neiße-Linie der Sowjetunion und Polen überschrieben. Auch den »Rotfunk« haben sie im Visier, die angeblich linken Medien, die den Sozialdemokraten beim Ausverkauf deutscher Interessen halfen. Die Konservativen führen da einen Kampf, über den eigentlich die Zeit hinweggegangen ist. Und trotzdem haben sie jetzt die Chance, Brandt zu stürzen und das, was sie für einen bösen Spuk halten, zu beenden.

In der Woche vor der Abstimmung hat die SPD 18 000 neue Mitglieder gewonnen. Auf dem Münchner Marienplatz haben 4000 Menschen gegen den »Staatsstreich von rechts« demonstriert, in vielen Betrieben wurde aus Solidarität mit Brandt gestreikt. Die schicksalhafte Bundestagssitzung wird live im Fernsehen übertragen, viele Schulen unterbrechen dafür den Unterricht. Das ganze Land blickt nach Bonn, wo Rainer Barzel siegessicher in Reihe eins sitzt. Doch um 13:18 Uhr wirkt er plötzlich wie vom Blitz getroffen. Ungläubig schüttelt er den Kopf, während SPD-Abgeordnete um ihn herum Freudentänze aufführen. 247:247, Barzel fehlt eine Stimme. Brandt bleibt Kanzler. Später wird sich herausstellen, dass die Stasi, um die Ostverträge nicht durch eine Unionsregierung zu gefährden, den CDU-Abgeordneten Julius Steiner mit 50 000 Mark bestochen hat. Als zweiter bezahlter Abweichler wird – unbewiesen – der CSU-Mann Leo Wagner gehandelt.

Brandt hat indes weiterhin keine Mehrheit im Bundestag, und nur 24 Stunden später scheitert seine Regierung mit ihrem Haushaltsentwurf. Brandt ist bewusst, dass er sich kaum bis zur nächsten regulären Bundestagswahl 1973 wird im Amt halten können. Er wird die Vertrauensfrage

## Frühlingsgefühle – Die Welt läuft sich warm

stellen müssen und so vorgezogene Neuwahlen herbeiführen. Dann werden die Deutschen seinen Aufbruch bekräftigen – oder beenden. Aber erst mal, für einen langen, heißen Sommer, soll sich der olympische Friede über die deutsche Politik legen.

Die Homosexuelle Studentengruppe Münster hat eingeladen, zu einer mehrtägigen Konferenz in die katholische Bischofsstadt. Es ist drei Jahre her, dass der damalige Justizminister Heinemann die Strafandrohung für Sex unter Männern abgeschafft hat. Sex unter Frauen hat in Deutschland noch nicht einmal einen Namen. Gleichgeschlechtliche Liebe ist weiterhin nur im Verborgenen möglich, Homophobie alltäglich. Franz Josef Strauß weiß, dass er nicht nur auf dem CSU-Parteitag Beifall und Gelächter zu erwarten hat, wenn er ruft: »Lieber ein kalter Krieger als ein warmer Bruder.« 1971 hat der schwule Filmemacher Rosa von Praunheim die Sache schon mit dem Titel eines Films auf den Punkt gebracht: ›Nicht der Homosexuelle ist pervers, sondern die Situation, in der er lebt‹.

An einigen deutschen Unis gibt es inzwischen kleine Schwulengruppen, und in Münster wollen sie sich nun zu einem Dachverband zusammenschließen. Als die Konferenz am 29. April endet, zwei Tage nachdem die Regierung Brandt haarscharf ihrem Ende entronnen ist, gehen etwa 200 Teilnehmer gemeinsam auf die Straße, mitten im samstäglichen Einkaufstrubel der Innenstadt. Einer der Organisatoren hat auf ein Banner geschrieben: »Brüder und Schwestern, warm oder nicht, den Kapitalismus bekämpfen ist unsere Pflicht.« Es ist die erste Schwulendemo in der Bundesrepublik.

Ein paar Stunden nachdem in Münster die schwulen Studenten demonstriert haben, spielt in London die deutsche Fußballnationalmannschaft im Wembley-Stadion gegen England. Dass diese zwei Ereignisse, die man beide in gewisser Weise historisch nennen darf, am selben Tag stattfinden, wird erst viel später dem Sporthistoriker Bernd-M. Beyer auffallen. Das Spiel in London ist das Viertelfinale der Europameisterschaft – und ein Abend, der als Wundermoment in die deutsche Fußballgeschichte eingehen wird.

3:1 gewinnt die DFB-Elf, aber das Ergebnis ist beinahe nebensächlich.

## Günter Netzer kommt aus der Tiefe des Raums

Auf dem heiligen Rasen von Wembley kommt Günter Netzer aus der Tiefe des Raums, Uli Hoeneß über den Flügel und Franz Beckenbauer gänzlich von einem anderen Planeten. Ihr Spiel ist schnell, elegant und modern: Die Verteidiger greifen an, die Angreifer verteidigen. Die Deutschen lösen die Fesseln ihrer Traditionen und altväterlichen Tugenden: Der Pass ist für ihr Spiel auf einmal bedeutsamer als die Grätsche. 1954 haben sie die WM-Trophäe erkämpft; den EM-Pokal 1972 wollen sie sich offenbar erzaubern.

Vor der Partie ist kaum eine britische Zeitung in ihren Schlagzeilen ohne das hässliche Bild von den »deutschen Panzern« ausgekommen. Nachher feiert etwa der ›Sunday Express‹ das »teutonische Ballett«. Der Wandel der Gesellschaft hat an diesem 29. April 1972 seine Entsprechung auf dem Rasen gefunden, ein Gefühl von Freiheit und Abenteuer, vielleicht sogar von Rebellion, wobei Letzteres auch einfach nur an Netzers wehender Mähne liegen kann. Diese Deutschen, zumindest jene auf dem Feld in Wembley, machen der Welt keine Angst mehr. Sie laden sie zum Träumen ein.

In Wembley strahlt das neue Deutschland, aber auch seine ganze Zerbrechlichkeit wird in diesem Frühling vor den Spielen entblößt. Es beginnt das große Morden der RAF. Andreas Baader wird später behaupten, die »Mai-Offensive« sei eine Reaktion auf die amerikanische Eskalation des Vietnamkriegs gewesen. Am 11. Mai 1972 explodieren im Offizierscasino des V. Korps der US Army in Frankfurt mehrere Rohrbomben. Der Oberstleutnant Paul A. Blomquist wird von einem Glassplitter getötet, der in seinen Hals eindringt. 13 weitere Menschen werden verletzt. Tags darauf detoniert ein in einem Ford versteckter Sprengsatz auf dem Parkplatz des Landeskriminalamts in München, zehn Personen werden verwundet, darunter ein Kind. Am Ende fordert die »Mai-Offensive« der RAF bei sechs Anschlägen vier Tote – alle US-Soldaten – und 70 Verletzte.

Der Terror wird nun Teil des bundesrepublikanischen Alltags. In Städten und Dörfern hängen die Fahndungsplakate, an praktisch allen Autobahnauffahrten und auf Bundesstraßen werden Sperren errichtet, oft bilden sich kilometerlange Staus. Am Himmel kreisen Tag und Nacht Helikopter. Es ist dann aber der Hinweis eines Anwohners, der die Ermittler zu einer verdächtigen Garage in Frankfurt führt. Dort legen sie sich auf die Lauer, bis Andreas Baader mit zwei weiteren RAF-Mitgliedern in seinem Porsche vorfährt. Nach einer wilden Schießerei werden die drei Terroristen verhaftet. Baader hat einen Schuss in den Oberschenkel bekommen und schreit: »Ihr Scheißbullen, ihr Schweine!« In den folgenden Wochen werden unter anderem auch Ulrike Meinhof und Gudrun Ensslin festgenommen. Die gesamte Führungsriege der RAF ist in Haft.

Der Auswahlprozess ist streng, 10 000 junge Frauen haben sich auf 1650 Stellen beworben. Die wesentlichen Kriterien: ein freundliches Wesen, Kenntnisse in mindestens zwei Fremdsprachen und natürlich ein, na ja, gepflegtes Äußeres. Seit den Winterspielen von Innsbruck 1964 gibt es bei Olympia Hostessen, die Teilnehmer und Gäste umsorgen. In München aber werden die Hostessen in ihren hellblauen taillierten Dirndln und weißen Strümpfen zu einem Phänomen, an das man sich ein halbes Jahrhundert später genauso erinnern wird wie an Ulrike Meyfarth und Mark Spitz.

Ein wenig sei die Auswahl eine frühe bayerische Variante von »Germany's Next Top Model« gewesen, erinnert sich Gertrude Krombholz, aber natürlich »kultivierter«. Krombholz bildet 1972 eigentlich Sportlehrerinnen aus, nur dank eines fehlgeleiteten Telefonanrufs wird sie eine der Chefhostessen der Spiele. Aber zunächst darf die 39-Jährige die anderen Damen mitaussuchen. Einige höhergestellte Persönlichkeiten wollen, dass ihre Töchter aufgenommen werden, doch wo es geht, bleibt Krombholz hart. Manchmal muss sie Kompromisse machen: »Ich wollte Gardemaß«, sagt sie – die Organisatoren bitten jedoch dringend darum, auch ein paar kürzer gewachsene Damen einzustellen, damit sie die IOC-Mitglieder, die sie betreuen, nicht überragen. In einem Eignungstest werden Allgemeinwissen (»Wie heißt der Oberbürgermeister von München?«) und praktische Dinge (»Wie kommt man vom Hauptbahnhof zum Olympiazentrum?«) abgefragt.

Die Auserwählten absolvieren erst eine Fernschulung und dann eine zweiwöchige Ausbildung in München, bei der Stadtgeschichte und U-Bahn-Pläne gebüffelt werden müssen. In den Katakomben des Olympiastadions gibt es einen eigenen Trainingsraum, in dem die künftigen Hostessen das anmutige Schreiten üben und wie man ein Medaillenkissen so trägt, dass die Medaillen nicht herunterfallen. Auch Sprach- und Kosmetikkurse stehen auf dem Programm. Die Hostessen üben sofort eine besondere Faszination auf Journalisten aus. Beinahe atemlos berichtet der Boulevard über die rigiden Regeln, denen sich die ausnahmslos bezaubernden Wesen für das Gelingen der Spiele unterwerfen müssen: keine Zigaretten, keine Eiscreme, kein Sex. »Von der Liebe hat man uns abgeraten«, verrät eine Hostess bedauernd.

Für jede der Frauen werden drei Dirndl mit Schürzen maßgefertigt, zwei Tagesdirndl und ein etwas festlicheres Abenddirndl. Außerdem: drei Blusen, fünf Strumpfhosen, zwei Paar Schuhe. Dazu Hut, Regenschirm und Tasche – alles in Weiß und Otl-Aicher-Hellblau. Bereits im vorolympischen Werbefilm ›Eine Stadt lädt ein‹ hatte eine »schöne Münchnerin« in Tracht eine prominente Rolle, fast zu prominent für Otl Aicher und seinen Bammel vor »Alpenseppelspielen«.

Dabei ist die Tracht seit dem Krieg selbst im Freistaat nur noch bedingt salonfähig, auch im modischen Sinn, aber vor allem, weil die Nazis sich speziell des Dirndls bemächtigt hatten. Die heutige Form mit enger Taille, großem Ausschnitt und kurzen Ärmeln wurde, wie die Volkskundlerin Elsbeth Wallnöfer belegt hat, in der Frauenorganisation der NSDAP erfunden. Ganz ursprünglich sei das Arbeitsdirndl der Bäuerinnen ein »wenig schmeichelhaftes Gewand« gewesen, so Wallnöfer, »das ganz im Sinne der katholischen Kirche mehrheitlich dazu diente, Arme, Beine und Dekolletee zu verdecken«. Bei den Nazis sollte das Dirndl dagegen die fesche deutsche Frau präsentieren, mit allem, was sie zu bieten hat.

Die Hostessen der Spiele lösen das große Comeback des Dirndls aus, das 30 Jahre später eine Uniform für Frauen auf deutschen Volksfesten sein wird. Es schadet sicher auch nicht, dass eine ganz bestimmte Dirndl-Trägerin bald Königin von Schweden ist. Der Boom beschränkt sich schon 1972 nicht auf Bayern, wo es im Kaufhaus »Karstadt« das »Olympia-Dirndl« für 45 Mark gibt, »mit Jackerl« für 55. Plötzlich sind fest geschnürte Trachtenkleider selbst auf dem Ku'damm in Berlin oder auf der Kö in Düsseldorf akzeptiert.

Unter der Gürtellinie wird der neue Trachten-Boom noch verstärkt, als 1973 ›Liebesgrüße aus der Lederhose‹ zum bestbesuchten deutschen Kinofilm des Jahres avanciert. Das ›Heyne-Filmlexikon‹ fasst das Werk sehr korrekt so zusammen: »Bayerische Buam bumsen brünstige Blondinen.« Es ist der Dammbruch für eine ganze Welle alpenländischer Softpornos, 1974 folgt ›Unterm Dirndl wird gejodelt‹. Solche Unterstützung hat das elegante Olympia-Dirndl weder nötig noch verdient. Vielleicht ist seine Popularität sogar ein kleiner modischer Ausdruck des neuen Deutschland. Die Spiele 1972, schreibt die Historikerin Simone Egger, machen das Dirndl zu einem »modernen Piktogramm für München und Bayern«.

Mit einem Fußballländerspiel wird am Abend des 26. Mai, einem Freitag, das Münchner Olympiastadion offiziell in Betrieb genommen. Acht Bombendrohungen sind vorher eingegangen, Polizeichef Manfred Schreiber befiehlt seinen Leuten erhöhte Aufmerksamkeit. Nichts passiert.

Die erste Partie im neuen Stadion ist ein Freundschaftsspiel, und die Deutschen haben sich vorher genau überlegt, welche Freunde sie sich zur Premiere einladen: die Auswahl der Sowjetunion. Die sowjetischen Fußballer sind mit illustrer politischer Entourage angereist. Die Ehre der ersten offiziellen Pressekonferenz im Stadion überlassen die Gastgeber an diesem Abend dem Sportminister Sergej Pawlow. Er hoffe, sagt Pawlow, dass man die deutsch-sowjetische Entspannung im Sport auch »auf alle anderen Gebiete des Zusammenlebens unserer Völker ausdehnen« könne. Wenige Tage später, am 3. Juni, wird der Moskauer Vertrag in Kraft treten. Zur Harmonie trägt bestimmt auch bei, dass Willi Daume Moskaus gescheiterte Olympia-Bewerbung für 1976 diskret unterstützt hat; für 1980 will man einen neuen Anlauf nehmen.

In Ostberlin beobachtet man die Frühlingsgefühle zwischen Bonn und Moskau mit Missvergnügen. Brandts Ostpolitik verfängt auch im Sport, in der Sowjetunion genau wie in anderen Staaten des Ostblocks. Der DDR fehlt inzwischen der Rückhalt bei den sozialistischen Brüdern, um in gewohnter Zügellosigkeit über die Imperialisten und Neonazis im Westen wettern zu können. Sichtbar wird diese neue Gemengelage, als die DDR Verbündete für einen groß angelegten Boykott des Münchner Fackellaufs sucht – und die Sowjetunion jede Hilfe verweigert. Es ist eine Demütigung für die DDR, als am Ende mehrere sozialistische Bruderstaaten ihre Grenzen für die Fackel öffnen.

## Das einzige Dach, unter dem man nass wird

Auf der Ehrentribüne des Olympiastadions sitzen Pavlov und Walentin Falin, der Botschafter der UdSSR in Bonn, einträchtig neben Hans-Jochen Vogel und CSU-Chef Franz Josef Strauß. Die gelöste Stimmung wird zweifellos auch von dem Ausflug genährt, den Strauß vorher für die Gäste organisiert hatte: eine Besichtigung der Adidas-Fabrik in Herzogenaurach, bei der sie sich nach Belieben mit Sportartikeln eindecken konnten. Die Partie, die sie jetzt sehen, ist das erste auf westdeutschem Boden ausgetragene Fußballspiel, das in Osteuropa live im Fernsehen gezeigt wird. Die sowjetische Mannschaft ist seit 19 Spielen unbesiegt, doch das deutsche Wunderteam wird seinem Ruf gerecht: Gerd Müller schießt vier Tore in 16 Minuten, Deutschland siegt mit 4:1.

Das Stadion selbst weckt bei vielen Besuchern Begeisterung, aber Vogel und Daume können die zahlreichen kritischen Stimmen kaum überhören. »Ich bin nicht restlos überzeugt«, sagt sogar der bayerische Ministerpräsident Alfons Goppel. Der FDP-Fraktionschef im Bundestag, Wolfgang Mischnick, gibt zu Protokoll, er sei »bezüglich dieser Dachkonstruktion immer ein Skeptiker« gewesen. »Und ich werde es bleiben.« Hans Eiberle, Sportreporter der ›Süddeutschen Zeitung‹, beklagt sehr praktische Probleme: »Der Wind pfeift durch die Dachlücken und wirbelt den Staub, Papier und die Asche Tausender von Zigaretten hoch. Er bläst den Zuschauern auf der Gegengeraden kalt ins Gesicht.« Das größte Dach der Welt sei »wohl auch das einzige, unter dem man nass wird.« Es ist ein unwirtlicher Abend für Ende Mai. Wenn die Spiele ein Erfolg werden sollen, das wissen Vogel und Daume jetzt, müssen sie Petrus auf ihrer Seite haben.

Im Frühjahr 1972 halbiert eine Dozentin an der Sporthochschule Köln ihre Stundenzahl, um sich intensiver auf die Olympischen Spiele vorbereiten zu können. Heide Rosendahl, 25, Weltrekordlerin im Weitsprung und im Fünfkampf, Nickelbrille, Ringelsocken, erreicht schon vor Olympia unter den Deutschen einen Bekanntheitsgrad von fast 100 Prozent. »Ich konnte nicht durch München schlendern«, erinnert sie sich, »mich kannte jeder.« Ihre Beliebtheit ist allerdings nicht ganz so ausgeprägt wie die Bekanntheit, insbesondere bei Journalisten, die sich sonst selten mit einer Sportlerin konfrontiert sehen, die jede Kumpelei verweigert, auch mal widerspricht und sich ganz ohne onkelhafte Hilfe zu vermarkten weiß.

## Frühlingsgefühle – Die Welt läuft sich warm

Anfang der Siebzigerjahre erkämpfen sich Frauen eine so symbolische wie konkrete Emanzipation. Im Mai 1971 präsentiert Wibke Bruhns als erste Moderatorin im ZDF die Nachrichten; im Juni erscheint der ›Stern‹ mit einem Cover, auf dem Prominente wie Romy Schneider bekennen: »Wir haben abgetrieben!« Im Januar 1972 schafft das Bundesinnenministerium die Bezeichnung »Fräulein« für eine unverheiratete Frau in öffentlichen Registern ab. Heide Rosendahl hat den Schritt symbolisch noch schneller vollzogen. Sie fällt auf, mit Meinungen genau wie mit Hosenanzügen, mit einem »gewissen Hang weg vom Normalen«, wie ihre Biografin Antje Motz notiert. Das reicht, um in dieser Zeit vielen als exzentrisch zu gelten. Dass sie sich im Bundestagswahlkampf 1969 zur SPD bekennt, dass sie die Leichtathletik-Meisterschaften des Landesverbandes Niederrhein 1970 für das Gartenfest von Willy Brandt sausen lässt – schwer verdächtig.

Die Verbindung einer gewissen Intellektualität mit einer gewissen Attraktivität überfordert manche Zeitgenossen. »Halb Kätzchen, halb Tigerweib«, formuliert ein französischer Reporter. Deutsche Journalisten nennen Rosendahl »kalt«, »arrogant« und »berechnend«. Der ›Stern‹ dichtet: »Unnahbar wie eine Königin, verlassen wie ein Waisenkind.« Und trotzdem: Selbst die missgünstigsten Kritiker erwarten von ihr Gold für Deutschland, möglichst zwei Mal, im Fünfkampf und im Weitsprung.

Rosendahl bereitet sich bei ihrem Heimatverein in Leverkusen auf Olympia vor, zusammen mit den israelischen Leichtathletinnen, zu denen der TuS 04 Leverkusen enge Verbindungen pflegt. Viele Israelinnen trainieren bereits länger nach Plänen von Rosendahls Betreuer Gerd Osenberg, sie und ihre Mannschaftskameradinnen waren schon häufig im Wingate Institute in der Mittelmeerstadt Netanja im Trainingslager. Auch an der Sporthochschule pflegt Rosendahl enge Kontakte zu Israel.

Für die Deutschen Meisterschaften fährt sie im Sommer nach München, es ist in jeder Hinsicht eine Generalprobe, für die Organisatoren wie für die Sportler, die bereits im olympischen Dorf wohnen dürfen. »Was für eine Architektur«, denkt sich Rosendahl, als sie zum ersten Mal hinaufblickt zum Zeltdach des Olympiastadions. Erwartungsgemäß gewinnt sie die Titel im Fünfkampf und im Weitsprung. Vor der Abreise erhält sie ihre offizielle Olympia-Bekleidung. Sie lässt die Sachen gleich in München; bald wird sie wieder da sein.

## »Unnahbar wie eine Königin«

Die Palästinenser wären auch gern in München dabei. Die PLO hat stellvertretend für das staatenlose Volk beantragt, bei Olympia mit einer eigenen Mannschaft an den Start gehen zu dürfen. Doch das IOC hat auf den Antrag nicht einmal reagiert. Abu Daoud, einer der zentralen Strippenzieher des palästinensischen Terrors, wird später behaupten, diese Ablehnung habe die PLO-Führung in dem Entschluss bestärkt, in München anderweitig von sich reden zu machen: »Für diese ehrbare Institution, die sich apolitisch gibt, existierten wir nicht«, schreibt er später über das IOC.

Abu Daoud gehört einem relativ jungen bewaffneten Arm der PLO an, der sich »Schwarzer September« nennt. Der Name bezieht sich auf den September 1970, in dem die militanten Palästinenser nach einem missglückten Anschlag auf den jordanischen König Hussein von diesem aus seinem Land vertrieben wurden. Auch PLO-Chef Jassir Arafat floh erst nach Kairo und dann in den Libanon. Der »Schwarze September« machte sich dann 1971 mit der Ermordung des jordanischen Premierministers Wasfi at-Tall bekannt.

Es dauert nicht lange, bis die Terrorgruppe auch eine Spur der Zerstörung durch Europa zieht. Am Anfang stehen Anschläge auf Erdölraffinerien in Triest und in den Niederlanden. In London scheitert ein Attentat auf den jordanischen Botschafter. Im Mai 1972 entführen vier Mitglieder des Schwarzen September eine Maschine der belgischen Sabena mit 100 Menschen an Bord nach Tel Aviv. Dort stürmt ein israelisches Kommando, darunter die beiden späteren Premierminister Ehud Barak und Benjamin Netanyahu, das Flugzeug und befreit die Geiseln. Ein Passagier verliert sein Leben, zudem zwei der Entführer.

Das Vertrauen Israels in die Fähigkeiten seiner Spezialkräfte wird durch den Sabena-Einsatz massiv gestärkt. Allerdings sind auch die israelischen Sicherheitsbehörden machtlos, als nur wenige Tage später am Flughafen Tel Aviv drei japanische Linksextremisten an einem Gepäckband Maschinenpistolen aus ihren Geigenkoffern holen. Sie feuern wahllos in die wartende Menge, 26 Menschen kommen ums Leben, 70 werden verwundet. Die Japaner haben sich für das Massaker von radikalen Palästinensern anwerben lassen, zu denen die »Japanische Rote Armee« genauso gute Kontakte pflegt wie die deutsche.

An der Skrupellosigkeit des palästinensischen Terrors kann in den

Monaten vor den Olympischen Spielen kein Zweifel mehr bestehen. Ebenso wenig an dessen globaler Dimension. Der Schwarze September mordet im Olympiajahr sogar in der Bundesrepublik, im Grunde vor den Augen der Organisatoren und Sicherheitsverantwortlichen der Spiele. Am Morgen des 6. Februar 1972 klingeln zwei Palästinenser in der Wilhelmstraße 4 in Brühl bei Köln. Sie schieben den türkischen Gastarbeiter, der ihnen öffnet, zur Seite und stürmen in die Souterrainwohnung. Dort richten sie mit 14 Kugeln aus schallgedämpften Pistolen fünf jordanische Arbeiter hin, die noch in ihren Betten liegen. Sie haben die fünf Männer im Verdacht, mit dem Mossad zusammenzuarbeiten. Tags darauf verübt der Schwarze September einen Sprengstoffanschlag auf eine Werkshalle der Hamburger Firma Strüver, die ihre Stromaggregate auch nach Israel liefert. Niemand wird verletzt, der Sachschaden ist riesig.

Irgendwann im Frühjahr 1972 macht sich auch Abu Daoud auf den Weg in die Bundesrepublik. Abu Daoud ist ein Kampfname, eigentlich heißt der im August 1937 in einem Vorort von Jerusalem geborene Mann Mohammed Daoud Oudeh und ist Lehrer von Beruf. Nach dem Sechstagekrieg, bei dem Israel 1967 Ost-Jerusalem eroberte, war er nach Jordanien gegangen und als Guerillakämpfer zu einem engen Gefolgsmann von PLO-Chef Arafat geworden. Abu Daoud ist ein Hüne von fast zwei Metern, er trägt Folternarben am Kinn und an den Händen. Auf seiner Deutschlandreise nennt er sich Walih Saad, er fährt nach Dortmund und nimmt sich ein Zimmer im Hotel »Römischer Kaiser«. Nach einigen Tagen trifft er seinen Kontaktmann, einen jungen Kerl, der für das rechtsextreme Albrecht-Netzwerk die Beziehungen zu den Palästinensern pflegt: Willi Pohl. Anführer Udo Albrecht sitzt immer noch in Österreich im Gefängnis, deshalb kümmert sich Pohl um den Besucher.

Später wird Pohl aussagen, er habe nicht gewusst, wer der Mann sei und was er plane. Auf jeden Fall übergibt Abu Daoud ihm einen größeren Geldbetrag, von dem Pohl drei Autos der gehobenen Klasse kauft. Zwei lässt er nach Beirut verschiffen, im dritten chauffiert er Abu Daoud in den kommenden Wochen durch die Gegend, vor allem nach Frankfurt und Köln. Dort trifft sich Abu Daoud mit elegant gekleideten Männern; Pohl vermutet, dass es Angehörige der libyschen Botschaft sind. Abu Daoud reist auch immer wieder nach München, wo er Nummern in Tripolis anwählt. Im Hotel in Dortmund telefoniert er häufig mit Anschlüssen in Beirut.

Willi Pohl fragt nicht viel, er tut, was Abu Daoud möchte. Als dieser einen Passfälscher braucht, aktiviert Pohl seinen alten Knastkumpel Wolfgang Abramowski, einen gelernten Grafiker. Beide mischen in der »Nationalsozialistischen Kampfgruppe Großdeutschland« mit. Ende Juli 1972 fahren Pohl und Abramowski mit dem Nachtzug von München nach Rom. Dort holen sie Blankopässe aus einem Albrecht-Depot und reisen in den Libanon weiter. Abramowski produziert in Beirut in einer Fälscherwerkstatt Pässe. Pohl erhält Zugang zu den höchsten Kreisen der PLO und gewinnt das Vertrauen ihrer Anführer. In Kairo trifft er Abu Ijad, den zweitwichtigsten Mann der PLO. Der schickt ihn mit einer in arabischer Sprache verfassten Botschaft nach Paris.

In einer Studentensiedlung dort ist Pohl mit einem jungen Araber verabredet, dem er das Schriftstück weisungsgemäß übergibt. Die beiden kennen sich bis dahin nicht; sie gehen in die Mensa, plaudern ein wenig und verabschieden sich. Der Araber ist sehr wahrscheinlich jener Mann, den die Welt am Ende des Sommers als Issa kennenlernen wird – mit schwarz bemaltem Gesicht und weißem Sommerhut. Vermutlich heißt Issa tatsächlich Luttif Afif und wurde in Nazareth geboren, darüber werden die Darstellungen später auseinandergehen. Belegt ist, dass er Englisch, Französisch und Deutsch spricht. Angeblich hat er als Maschinenbaustudent in West-Berlin Deutsch gelernt, ehe er nach Paris umzog. In den Wochen vor und nach Pohls Besuch ist Issa viel in arabischen Ländern unterwegs. Unterstützt und gelenkt von Abu Daoud rekrutiert er junge Männer für eine unbekannte, aber bedeutende Mission, bevorzugt in Flüchtlingslagern.

Andere bieten ihre Dienste gleich selbst an, wie Abdullah Sameer, 22, der sich in einem Rekrutierungsbüro der Palästinenser in Damaskus meldet. In einem Ausbildungslager in der syrischen Wüste lernt er das Schießen und den Umgang mit Handgranaten. Oder Ibrahim Massoud Badran aus der Nähe von Nablus, der bereits einem Terrorkommando angehörte, das in Israel eindrang und dort Minen verlegte. Von Mohammed Mahmoud Safadi, angeblich 1951 im Flüchtlingslager Beirut geboren, hält Issa besonders viel. Safadi spricht ein wenig Deutsch, er hat versucht, wie sein Bruder in West-Berlin zu studieren. Als das nicht gelang, kehrte er in den Libanon zurück und schloss sich dem Schwarzen September an. Issa persönlich soll ihn an Waffen ausgebildet haben. Israelische Quellen berichten später, die acht Kommandomitglieder hätten im Juli 1972 in einem Camp in der libyschen Wüste für ihren Einsatz trainiert und seien danach mit gefälschten libyschen Pässen und reichlich Bargeld ausgestattet worden.

Willi Pohl wird später beteuern, keine Ahnung gehabt zu haben, was in der Botschaft stand, die er Issa in Paris übergeben hat. Trotzdem wird er im Sommer 1972 zur Achillesferse der ganzen Operation des Schwarzen September. Am 11. Juli 1972 erscheint Pohls regulärer Arbeitgeber, der Immobilienunternehmer Hans-Joachim von Mirbach, im Polizeipräsidium Dortmund. Er erstattet Anzeige gegen Pohl, der ihm einen Blankoscheck und damit 7200 D-Mark gestohlen habe und seitdem verschwunden sei.

Mirbach erzählt den Beamten jedoch noch eine andere Geschichte, die sie aufhorchen lässt. Pohl habe sich einen falschen Reisepass besorgt und ihm gesagt, er sei schon für die »El-Fatah«-Organisation tätig gewesen. Mirbach berichtet, dass er Pohl wenige Tage zuvor sogar zu einem Treffen mit einem gewissen Walih Saad begleitet habe. Und weil dieser neben Arabisch lediglich Englisch sprach, habe ein in Bochum lebender Schotte ins Deutsche übersetzt. Die Dortmunder Polizisten bestellen den Schotten ein, der angibt, in dem Gespräch sei es um eine gewaltsame Befreiung des Rechtsextremisten Udo Albrecht aus einem österreichischen Gefängnis gegangen. Außerdem sei klar geworden, dass Walih Saad momentan offenbar kreuz und quer durch Deutschland reise.

Die Staatsanwaltschaft Düsseldorf leitet gegen Pohl ein Verfahren wegen des Verdachts der Mitgliedschaft in einer kriminellen Vereinigung ein. Die Dortmunder Polizisten sind alarmiert, sie schicken ein Telex an ihre Kripokollegen nach München. Betreff: »Vermutlich konspirative Tätigkeit palästinensischer Terroristen«. Haarklein berichten sie in dem Fernschreiben von Pohl, dessen Kontakten in den Libanon, dem rechtsextremen Netzwerk des Udo Albrecht und dem rätselhaften Walih Saad mit der auffälligen Reisetätigkeit.

Am 8. Juni 1972 kommt der Krieg nach Trang Bang, ein beschauliches Dorf nordwestlich von Saigon. Die südvietnamesische Regierung und ihre amerikanischen Verbündeten versuchen in diesen Wochen, den Vor-

## Ein Bild aus Vietnam geht um die Erde

marsch der kommunistischen Truppen aus dem Norden mit Flächenbombardements zu stoppen. Sie werfen Napalm ab, einen bestialischen Brandkampfstoff, der sich auf mehr als 800 Grad erhitzt und zähflüssig auf Oberflächen haftet, auch auf der menschlichen Haut. In Trang Bang, und nicht nur dort, treffen sie damit unschuldige Zivilisten, die eigenen Leute.

Phan Thi Khim Phuc, ein Mädchen von neun Jahren, reißt sich die brennenden Kleider vom Leib und rennt mit anderen Kindern um ihr Leben, immer die Straße hinunter. Das Napalm hat sich in ihren Rücken und ihre Arme hineingefressen, als sie dem Kriegsfotografen Nick Ut vor die Linse läuft. Ut macht ein Bild, das um die Welt gehen wird. Es zeigt Khim Phuc, das unschuldigste aller Opfer, nackt, schreiend, mit ausgebreiteten Armen vor schwarzem Rauch.

Der Fotograf Ut bringt Khim Phuc ins Krankenhaus, wo die Ärzte ihr Leben retten. 17 Operationen wird sie mit der Zeit über sich ergehen lassen müssen, doch schreckliche Schmerzen werden bleiben. Ihr Schicksal wird in Vergessenheit geraten, bis Perry Kretz, ein Reporter des deutschen Magazins ›Stern‹, sie ausfindig macht. Erst 1982 wird eine Behandlung im Unfallklinikum Ludwigshafen das Leiden der Khim Phuc lindern.

Das Foto, das die Welt im Juni 1972 zu Gesicht bekommt, ist beschnitten – die Welt sieht etwa nicht, dass am Rand ein zweiter Fotograf seelenruhig die Filmrolle wechselt, anstatt den Opfern zu helfen. Aber das nimmt nichts weg von der Wucht des Bildes, das wie kein anderes die Grausamkeit des Vietnamkriegs in die Wohnzimmer des Westens trägt. Dass sich die öffentliche Meinung in vielen Ländern endgültig gegen den Krieg wendet, dass eine neue Welle von Demos durch die USA und Westeuropa schwappt – das hat auch mit diesem Foto zu tun.

Im Juni 1972 betritt Renate Meißner zum ersten Mal die brandneue Tartanbahn des Münchner Olympiastadions, sie ist beinahe allein im weiten Rund. Renate Stecher heißt sie inzwischen, zwei Jahre zuvor hat sie den Hürdenläufer Gerd Stecher geheiratet. Vor dem Standesamt in Torgau hatten die Sportkameraden einige flache Hürden aufgebaut, die Gerd Stecher überwinden musste – mit Renate im Arm. Von da an freilich war im Hause Stecher vor allem Renate für Spitzenleistungen zuständig.

## Frühlingsgefühle – Die Welt läuft sich warm

Bei der Leichtathletik-EM in Helsinki 1971 wurde sie Europameisterin über 100 und 200 Meter, dazu kam eine Silbermedaille mit der 4 x 100-Meter-Staffel. Die Bahn des Olympiastadions, auf der sie nun steht, könnte sie, wenn sie mal zu träumen wagte, nicht nur zu einem Gold führen, sondern zu dreien. Wie sehr der DDR-Sport auf Renate Stecher setzt, das sieht man daran, dass sie von Rudolf Hellmann nach München begleitet wird, einem der höchsten Sportfunktionäre des Landes.

Stecher ist beeindruckt von der Architektur des Olympiastadions, aber mit solchen Dingen hält sie sich nicht lange auf. Vom Rest des Olympiaparks sieht sie gar nichts, auch nicht von der Stadt. Sie hat zu tun. Sie soll sich an die Bahn gewöhnen, Startübungen absolvieren und kurze Sprints. Sie ist voll konzentriert, als plötzlich Musik aus den Lautsprechern dröhnt. Die Musik hört nicht mehr auf, bis Stecher mit dem Training fertig ist. Die Offiziellen des Olympiaparks sagen, man müsse die neue Soundanlage ausprobieren, bei den Spielen solle ja alles klappen. Renate Stecher ist genervt. Ist das einfach schlechtes Timing? Oder wollen die Westdeutschen da die Sprinthoffnung aus Ostdeutschland aus dem Konzept bringen?

Renate Stecher ist der Erscheinung nach keine typische Sprinterin. Gelegentlich wird sie mit Wilma Rudolph verglichen, der amerikanischen Dreifach-Olympiasiegerin von Rom 1960, und der Vergleich ist nicht schmeichelhaft für sie. Rudolph wurde als »schwarze Gazelle« gefeiert, weil sie nicht nur schnell war, sondern auch anmutig. Rudolph: groß und zierlich. Stecher: eher klein und stämmig. 69 Kilogramm Wettkampfgewicht. Doch Schnelligkeit, erklärt Stecher gern, wenn sie wieder mal mit Rudolph konfrontiert wird, beruhe nicht nur auf einer großen Schrittlänge. Auch eine hohe Schrittfrequenz sei hilfreich. Und das sei ihre »ausgesprochene Stärke«. Ein ostdeutscher Journalist hält fest, Stecher habe »den kürzesten, aber schnellsten Schritt der Welt«.

In der Öffentlichkeit vermeidet es Stecher, das 100-Meter-Gold von München zum Ziel zu erklären. Sie hat auch nicht das Gefühl, dass die Funktionäre den Olympiasieg von ihr erwarten, so wird sie es noch viele Jahre später beteuern. Das eine Ziel, das sie sich selbst setzt, ist aber keinesfalls weniger ambitioniert. Sie will schaffen, woran sogar Wilma Rudolph gescheitert ist: als erste Frau die 100 Meter unter elf Sekunden zu laufen. »Diese elf Sekunden hatte ich immer im Visier.« Im Winter vor

## Fidel Castro spielt Basketball in Ost-Berlin

den Spielen, in der Hallensaison mit ihren kürzeren Distanzen, hat Renate Stecher gemerkt, dass sich ihre Reaktionsgeschwindigkeit beim Start noch einmal ein kleines, vielleicht entscheidendes Stück verbessert.

Es ist kalt für diese Jahreszeit, als am 13. Juni 1972 eine Iljuschin IL-18 auf dem Zentralflughafen Berlin-Schönefeld landet. Die Maschine bringt einen Besucher, dem der Osten der Stadt einen ähnlich verzückten Empfang bereitet, wie er neun Jahre zuvor im Westen John F. Kennedy zuteilwurde. In einem offenen Wagen wird der kubanische Revolutionsführer Fidel Castro ins Zentrum gefahren. Die Straßen sind gesäumt von Menschen, die offenbar zum Fähnchenschwenken nicht gezwungen werden müssen. Acht Tage verbringt Castro in der DDR. Er besucht den Staatsrat und das Mahnmal für die Opfer des Faschismus, von einem Wachturm blickt er über die Mauer. Aber sein liebster Termin ist wohl jener, der in der Dynamo-Sporthalle in Hohenschönhausen stattfindet.

Im Gegensatz zu Erich Honecker oder Walter Ulbricht ist Castro, gerade mal 43 Jahre alt, ein Revolutionär zum Anfassen. Er hat es sich zur Gewohnheit gemacht, bei Besuchen in sozialistischen Bruderländern junge Sportler zu treffen. Den Kampf gegen die Imperialisten lässt Castro mit wachsendem Erfolg auch im Sport austragen. Im Baseball, dem Nationalsport, ist Kuba auf dem Weg zu einer Jahrzehnte währenden Weltherrschaft, die allerdings auch damit zu tun hat, dass die amerikanischen Profis nie gegen die kubanischen Staatsamateure antreten. Bei Olympia haben kubanische Leichtathleten, Ringer und Boxer in den Sechzigerjahren bereits einige Silber- und Bronzemedaillen gewonnen, auch dank sowjetischer und ostdeutscher Trainer, die als Entwicklungshelfer entsandt worden waren. Nur Gold geht noch ab, aber das wird sich drei Monate später ändern.

Castro selbst hat als Schüler am Colegio de Belén in Havanna mit Begeisterung Basketball gespielt. Dieser Sport, erläutert er nun in der Dynamo-Halle seinen Zuhörern, erfordere Tempo, Beweglichkeit und Ausdauer, aber auch blitzschnelle taktische Entscheidungen – genau wie der Guerillakrieg. Am Ende schlüpft Fidel Castro für eine kleine Partie in Trainingsklamotten. Die anderen Spieler sind offensichtlich vorab dafür sensibilisiert worden, dass einem *Maximo Lider* keine Niederlage zuzumuten ist.

## Frühlingsgefühle – Die Welt läuft sich warm

Die beiden Chefunterhändler haben nun schon viel Zeit miteinander verbracht. Egon Bahr, Staatssekretär im Bonner Kanzleramt, und Michael Kohl, Staatssekretär im Ministerium für auswärtige Angelegenheiten der DDR, haben das Viermächteabkommen über Berlin in einen Transit- und in einen Verkehrsvertrag zwischen den beiden deutschen Staaten übersetzt. Einige Dutzend Mal haben sie sich dafür getroffen. Aber die größte Herausforderung liegt noch vor ihnen. Am 17. Mai 1972 hat der Bundestag den Moskauer und den Warschauer Vertrag ratifiziert, die meisten Unionsabgeordneten enthielten sich. Jetzt ist der Weg frei für den letzten großen Vertrag der Brandt'schen Ostpolitik. DDR-Mann Kohl sagt: »Die Deutsche Demokratische Republik hält nunmehr die Zeit für gekommen, in einen Meinungsaustausch über die Herstellung normaler Beziehungen zwischen der Deutschen Demokratischen Republik und der Bundesrepublik Deutschland einzutreten.«

Am 15. Juni setzen sich Bahr und Kohl erstmals zusammen, um über einen Grundlagenvertrag zu verhandeln. Leicht ist so ein Kompromiss nicht zu finden: Die DDR will die Anerkennung als Staat, die Bundesrepublik will das Ziel der deutschen Einheit nicht aufgeben. Und doch werden die Marathonmänner Bahr und Kohl damit fertig sein, bevor der Winter übers Land kommt.

Seit etwa einem Jahr hat die DDR einen neuen Staatsratsvorsitzenden und SED-Generalsekretär, den gebürtigen Saarländer Erich Honecker, der lange in Walter Ulbrichts Schatten wirkte, um diesen dann mit Hilfe der Sowjets unsanft in den Ruhestand abzuschieben. Honecker rief zum Amtsantritt eine neue Ära aus, in deren Mittelpunkt »das Glück des Volkes« stehen sollte. Noch mehr als um das Glück geht es ihm nun um den Wohlstand der DDR-Bürgerinnen und Bürger. Er lässt bröckelnde alte Häuser durch schnieke Plattenbauten ersetzen, er erhöht Kinder- und Krankengeld. Er schreckt sogar nicht davor zurück, 150 000 Levi's-Jeans aus dem kapitalistischen Ausland zu importieren. Viele Menschen können ihren Lebensstandard leicht anheben. Zudem umwirbt Honecker die Jugend, indem er etwa bislang gebannte Tanzmusik gestattet. »Wir verzichten nicht auf Jazz und Beat«, erklärt sein Kultusminister, »nur weil die imperialistische Massenkultur sie zur Manipulierung der ästhetischen Urteilsfähigkeit im Interesse der Profitmaximierung missbraucht.« Es darf jedenfalls getanzt werden. All das sind Gründe, warum das Olympiajahr sich auch in der DDR wie ein Jahr des Aufbruchs anfühlt.

In anderen Bereichen setzt Honecker auf Härte. Er lässt die immerhin noch 11 400 selbstständigen oder halbstaatlichen Betriebe der DDR in Volkseigentum überführen, was der Wirtschaft schlussendlich nicht guttut. Die Stasi baut ihr Überwachungssystem weiter aus. Und Härte zeigt Honecker auch im Umgang mit dem Nachbarn im Westen. »Die Bundesrepublik Deutschland ist somit Ausland, und noch mehr, sie ist imperialistisches Ausland«, sagt er 1972. Die DDR gibt unter ihm ihren gesamtdeutschen Anspruch auf, sie will einer von zwei deutschen Staaten sein, eben der antifaschistische. Diesen Anspruch dokumentiert sie, indem sie ihren Namen überall ins Bewusstsein ruft: Die »Deutsche Akademie der Wissenschaften zu Berlin« wird zur »Akademie der Wissenschaften der DDR«; der »Deutschlandsender« im Radio wird zur »Stimme der DDR«; auf Trabis und Wartburgs klebt als Länderkennzeichen fortan »DDR« statt »D«. Und im Sommer werden diese drei Buchstaben auch auf dem Schild stehen, das die ostdeutsche Mannschaft ins Olympiastadion von München trägt.

Am 18. Juni 1972 trifft die deutsche Fußballnationalmannschaft im Finale der Europameisterschaft im Brüsseler Heyselstadion auf die Sowjetunion. Bundestrainer Helmut Schön wählt exakt dieselbe Aufstellung wie drei Wochen zuvor bei der Eröffnung des Münchner Olympiastadions gegen denselben Gegner. Wieder siegen die Deutschen mit Grandezza. 3:0 steht es am Ende. »Es ist eine Freude, den Deutschen zuzuschauen«, schreibt die Londoner ›Times‹. »Sie spielen elegant und einfallsreich. Eine Art Sonnenscheinfußball, den der Rest Europas fast vergessen hat.« Nicht ganz so sonnig präsentiert sich in Brüssel ein Teil der deutschen Anhänger. »Schlachtenbummler« sagt man zu den reisenden Fans, und so klingen sie auch: »I, A, O – der Iwan geht k. o.« Als eine Kapelle die Nationalhymne spielt, singen sie die unerwünschte erste Strophe: »Deutschland, Deutschland über alles«.

Für Hans-Jochen Vogel haben die Spiele etwas Bittersüßes, denn er wird sie nicht mehr als Münchner Oberbürgermeister erleben. Seine Ehrenkarte verdankt er seiner Mitgliedschaft im Organisationskomitee. Zur

Wiederwahl als OB ist er nicht mehr angetreten, obwohl ihm eine deutliche Mehrheit gewiss gewesen wäre. Die linken Dogmatiker in der eigenen Partei haben ihm eine weitere Amtszeit verleidet. Einen »zweiten Strauß« hat ihn ein Münchner Jungsozialist genannt, auch in Bezug auf seine Härte während der Schwabinger Krawalle. Vogel wirft den Jusos »marxistisch-leninistische Umtriebe« vor, er hat keine Lust, sich mit den jungen Genossen über die kubanische Revolution zu streiten, wenn man über die Münchner U-Bahn reden müsste.

An seinem letzten Tag im Amt, dem 30. Juni 1972, eröffnet Vogel die Fußgängerzone zwischen Marienplatz und Stachus. Die Stadt solle den Menschen gehören, sagt Vogel, und nicht den Autos, so habe man das übrigens auch beim olympischen Dorf gehalten. 30 000 Münchner sind gekommen, um ihn zu verabschieden. Als er abtritt, kennen ihn 91 Prozent der Deutschen. Hans-Jochen Vogel ist als lokaler Politiker zur nationalen Figur geworden. Dennoch war er nahe dran gewesen, ganz aus der Politik auszusteigen. Dann hatte ihn Willy Brandt zur Seite genommen: »Du würdest dir wie ein Flüchtling vorkommen, wenn du in einer privaten Anwaltskanzlei arbeiten würdest.« Nun kandidiert Vogel im Herbst für den Bundestag.

»Kunst ist überflüssig«, steht auf einem Banner, das über die weiße Fassade des klassizistischen Museum Fridericianum gespannt ist. Während Hans-Jochen Vogel in München sein Oberbürgermeisterbüro räumt, eröffnet in Kassel an diesem 30. Juni die documenta. »Mit der Politik lässt sich keine Kultur machen«, hat Theodor Heuss gesagt, als er Bundespräsident war. »Vielleicht aber kann man mit der Kultur Politik machen.« Die Großausstellung documenta, die seit 1955 alle vier bis fünf Jahre stattfindet, ist für die Bundesrepublik ein wichtiges Mittel zum Zweck. In Kassel feiert sich die demokratische Gegenwartskunst als Kontrapunkt zum nationalsozialistischen Brachialkitsch genau wie zum verordneten »Sozialistischen Realismus« der DDR.

Für die Kunst ist das Weltereignis, das 1972 auf deutschem Boden stattfindet, nicht Olympia – es ist die documenta. Aber hier wie dort wird ein offenes, modernes Deutschland zelebriert. Im Fridericianum präsentieren die Künstler keine fertigen Werke, sondern lassen die Besucher an deren Entstehung teilhaben. Es ist ein einziges großes »Happening«, drei

Monate lang. Joseph Beuys zum Beispiel richtet ein »Büro der Organisation für direkte Demokratie durch Volksabstimmung« ein und diskutiert dort täglich mit Besuchern über Politik, Wirtschaft und Kultur. Ein erhitztes Streitgespräch mit dem Studenten Abraham David Christian gleitet beinahe fließend in einen Boxkampf über, den Beuys nach drei Runden für sich entscheidet. Später wird die »documenta 5« als weltweit bedeutendste Ausstellung moderner Kunst nach dem Krieg gelten. Das hält im Sommer 1972 allerdings einen Landwirt aus rechten Kreisen nicht davon ab, aus Protest gegen solche Avantgarde eine Fuhre Mist vor dem Fridericianum abzuladen.

In Beuys Demokratiebüro ist ein satirisch begabter Grafiker Stammgast, 34 Jahre alt. Klaus Staeck hat sich einer größeren Öffentlichkeit ein Jahr zuvor mit einer Plakataktion in Nürnberg bekannt gemacht. Zum 500. Geburtstag des künstlerischen Ortsheiligen Albrecht Dürer verfremdete Staeck ein eh schon wenig schmeichelhaftes Bildnis, das der Meister 1514 von seiner Mutter gefertigt hatte. »Würden Sie dieser Frau ein Zimmer vermieten?«, schrieb er darunter – als Anspielung auf einen Immobilienmakler-Kongress, der parallel stattfand. Manche Nürnberger rissen das Plakat wütend von den Litfaßsäulen, aber es entwickelte sich tatsächlich eine ernsthafte Debatte über bezahlbaren Wohnraum.

»Ich war schon als Kind einer, der Zirkusdirektor sein wollte«, erinnert sich Klaus Staeck, »rein in die Manege zu den Sägespänen, und nicht nur auf der Tribüne sitzen«. Staeck war immer ein Rebell, in seiner Schulzeit in Bitterfeld in der DDR und dann als Student im Westen, in Heidelberg, wo ihm ein gewisser Winfried Kretschmann als Aktivist des Kommunistischen Bund Westdeutschlands auffiel: »Die hielten dauernd Vollversammlungen an der Uni ab und ließen ständig über etwas abstimmen. Wenn ihnen das Ergebnis nicht passte, wurde es kurzerhand für ungültig erklärt.« Staeck sucht sich die Themen seiner Rebellion lieber selber aus, und auch im Olympiajahr hat er ein paar Ideen. »Damals herrschte in der Gesellschaft eine Unruhe, und ich habe als Künstler davon profitiert, dass auf einmal alles hinterfragt wurde. Es war eine Zeit, in der sich die Autoritäten auf einmal neu beweisen mussten.«

Obwohl Staeck sogar der SPD beitritt, unterstützt er die Autorität Willy Brandt nur mit Plakaten, deren Ironie auch das Verständnis vieler Sozialdemokraten übersteigt. »Deutsche Arbeiter! Die SPD will Euch

Eure Villen im Tessin wegnehmen«, steht auf dem bekanntesten. Ein eigenes Olympia-Plakat entwirft er auch: Ein grausames Schwarz-Weiß-Foto zeigt einen gekreuzigten Mann, darunter die olympischen Ringe kombiniert mit einem Schlagring. Und der Schriftzug: »Olympische Spiele München 1972«. Zu viel Feierstimmung, zu viel Euphorie, das ist Klaus Staeck einfach suspekt. Olympia hin, Olympia her: »Der Schrecken der Welt geht ja nicht einfach weg.«

Dass die Welt zusammenwächst und dass Olympia die Sache beschleunigt, merkt man im Münchner Rathaus, als eine Anfrage des Auswärtigen Amtes eingeht: Ob die Stadt bereit sei, einen vier Monate alten männlichen Tiger als Gastgeschenk der malaysischen Fußballmannschaft entgegenzunehmen. Der Tiger ist das Wappentier des Landes, der Präsident des malaysischen Fußballverbands wolle mit dem Geschenk vor allem der Münchner Jugend eine Freude bereiten. In der Mitteilung des Auswärtigen Amtes schwingt mit, dass eine Absage diplomatisch ungünstig wäre: Die Taufe des Tigers auf den Namen »Tuah«, malaysisch für Glück, sei in Presse und Fernsehen stark beachtet worden.

Tuahs Geschichte spielt sich 1972 weitgehend hinter den Kulissen ab; erst die Historikerin Simone Egger wird sie nach mehr als vier Jahrzehnten rekonstruieren. Demnach herrscht in München und Bonn allseitige Erleichterung, als der Zoo Hellabrunn mitteilt, man würde sich über den Tiger freuen. Allerdings, fügt Zoodirektor Arnd Wünschmann hinzu, bräuchte man dann sehr bald auch ein Tigerweibchen, weil so ein Tier allein nicht zu halten sei. Das Rathaus schreibt Wünschmann zurück: »Es dürfte kaum möglich sein, von Malaysia die Schenkung eines Tigerpärchens (anstatt nur eines Männchens) unverblümt zu erbitten.« Die deutsche Botschaft in Kuala Lumpur antichambriert dennoch in Sachen Tigerweibchen bei den malaysischen Regierungsstellen. Wenige Wochen später die Nachricht: Die Malaysier lassen sich nicht lumpen und wollen Tuah ein Weibchen hinterherschicken, sobald eines geboren wird.

Tiger Tuah trifft dann am 17. August 1972 in München ein, zusammen mit seinem Wärter, der die Münchner Kollegen unterweisen soll. Das Tier ist noch zu Hause an Menschen gewöhnt worden. Tags darauf ist die große Zeremonie, Oberbürgermeister Georg Kronawitter posiert mit den Fußballern und dem sehr ausgeglichen wirkenden Tiger. Alle strahlen

## Ein Tiger für München

stolz, wobei das Vertrauen in die Friedfertigkeit des Tigers bei den Malaysiern größer wirkt als bei Kronawitter.

Wenige Tage nach der feierlichen Übergabe wird Tuah im Zoo geröntgt, den Pflegern ist aufgefallen, dass er Probleme mit den Hinterbeinen hat. Das arme Tier hat eine verkrümmte Wirbelsäule, außerdem ist es von gefährlichen Würmern befallen. Hellabrunn-Direktor Wünschmann sorgt sich um seine eigenen Raubkatzen und bittet die Stadt, doch wiederum die Malaysier zu bitten, den Tiger am Ende der Spiele wieder mit nach Hause zu nehmen. Andernfalls müsse das Tier allein wegen der »schwersten Knochenmissbildungen« eingeschläfert werden: »In diesem Falle müsste die ganze unerfreuliche Angelegenheit mit größter Vertraulichkeit behandelt werden.« Offenbar will die Malaysier aber niemand mit der schlechten Nachricht belasten, und als der Zoodirektor persönlich im Hotel der malaysischen Delegation vorspricht, wird er zu keinem Verantwortlichen vorgelassen. Tuah bleibt in München und wird nach den Spielen diskret und schmerzlos eingeschläfert.

Die Organisatoren sind überzeugt, dass die Eröffnungsfeier der wichtigste Moment der ganzen Spiele für ihre Botschaft vom neuen Deutschland sein wird. Bilder davon werden mehr als die Hälfte der Weltbevölkerung erreichen, gut zwei Milliarden Menschen. Die Zeremonien von Rom, Tokio und Mexico City haben all das geboten, was die Münchner nicht mehr wollen. Olympia, sagt Willi Daume, dürfe nicht im »Kostüm des 19. Jahrhunderts« daherkommen: »Die Jugend der Welt hat kein Verständnis mehr für Feiern, bei denen Kanonensalut, Flaggenparaden, Militärmärsche und pseudosakrale Stilelemente eine wesentliche Rolle spielen.« Auch patriotische Ausbrüche wie in Mexiko will man verhindern, wo das Publikum in stolze, Minuten während »Viva Mexico«-Sprechchöre verfiel.

Entnationalisierung, Entsakralisierung, Entmilitarisierung: Das ist der Auftrag, den Daume seinem alten Vertrauten Guido von Mengden gibt, der im Organisationskomitee für die Eröffnungsfeier zuständig ist. Mengden ist eine originelle Wahl für den Job, er war ein zentraler Akteur des deutschen Sports im Nationalsozialismus und 1936 ein wichtiger Berater der Berliner Planer. Doch Daume weiß schon, warum er den Mann aus dem Ruhestand holt. Mengden ist nicht nur ein Organisationsprofi. Er ist tatsächlich entschlossen, den größtmöglichen Bruch mit der Eröffnungsfeier 1936 anzustreben. Dieses Ziel teilt er mit den anderen Mitgliedern der Arbeitsgruppe, die ein erstes Konzept skizzieren soll. Günter Grass darf mitreden, Otl Aicher sowieso. Als radikalste Stimme entpuppt sich Kai Braak, der Oberspielleiter des Staatstheaters Kassel.

Braak schlägt vor, parallel zum Hissen der Olympiaflagge alle Nationalfahnen einzuholen. Das geht anderen dann doch zu weit, ebenso wie Braaks Idee, das olympische Feuer eine Weile in einer Raumkapsel über den Staatsgrenzen kreisen zu lassen, die der Mensch auf Erden willkürlich gezogen hat. Aber in vielen anderen Entscheidungen sind sich Braak und Mengden sehr einig: keine Kanonen, keine Marschkapellen, kein Einmarsch der Nationen im Stechschritt. »Demokratischer« sollen die Athletinnen und Athleten ins Stadion kommen, sagt Mengden, ihr Weg könnte sich etwa kurvenreich winden. Aicher würde am liebsten gleich die ganze Aufteilung in Länder beenden. In jedem Fall sollen die Sportler die hohen Herren in der Ehrenloge nicht förmlich grüßen müssen. Die Olympiaflagge soll erstmals nicht von Soldaten hereingetragen werden. Und das Deutschlandlied soll nur einmal gespielt werden, obwohl das olympische Protokoll die Hymne des Gastgebers zwei Mal vorsieht.

Daume ist klar, dass er mit solch umstürzlerischen Vorstellungen bei Brundage nicht gerade offene Türen einrennen wird. Die Reformgedanken der Münchner und die Glaubenssätze des IOC müssen an dieser Stelle kollidieren. Aber erst mal wird Daume mit Widerstand aus einer Ecke konfrontiert, mit dem er nicht gerechnet hat. In der Bundesregierung in Bonn haben manche Bedenken, in erster Linie hochrangige Beamte des Auswärtigen Amts. Gerade mit Blick auf die DDR, heißt es da, dürfe man die klassische nationale Selbstdarstellung doch nicht freiwillig beschneiden. Die Beamten treibt etwa die Sorge um, dass das OK ganz auf Hymnen und Fahnen verzichten könnte. Und apropos DDR: Auf keinen Fall dürfe der Eindruck entstehen, die Bundesrepublik wolle mit derartigen Manövern den ersten ostdeutschen Olympiaauftritt unter eigener Flagge sabotieren.

In Bonn nimmt man erleichtert zur Kenntnis, dass das IOC den Münchnern am Ende die völlig zügellose Revolution untersagt: Die Flaggen bleiben im Stadion. Wenn schon nicht mit Kanonen, so wird wenigstens mit Gewehren Salut geschossen. Auch der Einmarsch der Nationen behält die Anmutung von Ordnung. Aber in vielen anderen Punkten hat sich Daume durchgesetzt. München wird eine Eröffnungsfeier erleben, wie sie es bei Olympischen Spielen noch nie gegeben hat.

Mitte August schickt die deutsche Botschaft in Beirut dem Auswärtigen Amt in Bonn einen Vermerk mit dem Betreff »Attentatspläne aus Anlass der Olympischen Spiele«. Man habe von Gewährsleuten im Libanon erfahren, schreibt der Botschafter, dass »von palästinensischer Seite während der Olympischen Spiele in München ein Zwischenfall inszeniert« werden soll. Die Quelle sei zuverlässig, er empfehle daher dringend, alle notwendigen Sicherheitsmaßnahmen zu ergreifen.

Der Vermerk landet beim Verfassungsschutz, wo ein Mitarbeiter das Szenario als realistisch einstuft: Ein öffentlichkeitswirksamer Anschlag, notiert er auf dem Papier, würde zum Vorgehen militanter Palästinenser passen. Aber dann passiert: nichts. Genau wie bei 17 anderen Warnhinweisen auf einen drohenden palästinensischen Anschlag, die befreundete Geheimdienste in diesem Sommer der Bundesrepublik übermitteln. Und genau wie bei dem Fernschreiben der Dortmunder Polizei an die Münchner Kollegen, das wirklich engagierte Ermittler ziemlich sicher auf die Spur des Schwarzen September geführt hätte.

Willi Daume will sich seine freudige Regiearbeit am olympischen Hochamt auch nicht von düsteren Gedanken beschweren lassen. Einmal schlägt Ernst-Thomas Strecker, der für die Sicherheit des olympischen Dorfes zuständig ist, in einer internen Sitzung vor, die Anlage zum Schutz vor einem möglichen Überfall besser abzuschirmen, vielleicht durch einen höheren Zaun. Dafür rüffelt ihn ein wütender Daume: »Herr Strecker, wir sind hier nicht im KZ.« In seiner Sorglosigkeit lässt sich Daume von seinem Glauben an olympische Ideale blenden. Als er von einem Journalisten gefragt wird, ob ein arabischer Angriff auf die israelische Mannschaft denkbar sei, antwortet er: »Nein, keineswegs. Das würde dem olympischen Geist widersprechen. Auch bei den Olympischen Spielen in Tokio und Mexiko haben Araber bewiesen, dass sie den olympischen Frieden respektieren.« Der olympische Geist soll es also richten, man kann das für putzig naiv halten, aber auch für grob fahrlässig.

Nichts soll die Heiterkeit stören. Von ihrem unerschütterlichen Glauben an das Gute lassen sich die Organisatoren nicht einmal von den

Israelis selbst abbringen. Nach der Inspektion des olympischen Dorfes und des israelischen Quartiers in der Connollystraße 31 will der Sicherheitsoffizier der israelischen Botschaft über weitere Schutzmaßnahmen reden. Auch ihn speist ein OK-Mitarbeiter mit Verweis auf Wundermächte ab: »Was denken Sie sich denn? Hier weht der olympische Geist, und nichts wird passieren.« Allerdings insistieren auch die Israelis nicht weiter.

Mit größerer Leidenschaft als den Sicherheitsfragen widmet sich Daume dem kulturellen Rahmenprogramm der Spiele. Er ist ein großer Freund der Kultur, eine Leidenschaft, die er mit Avery Brundage teilt. Sowohl in Daumes OK-Büro in der Münchner Saarstraße als auch in seinem Haus in Feldafing am Starnberger See wähnen sich Besucher vor lauter Skulpturen in einem Museum. Eines seiner Lieblingsprojekte ist die Reihe von Olympiaplakaten, die von bekannten Künstlern gestaltet werden, etwa von Oskar Kokoschka und David Hockney. Auch Miro, Marc Chagall und Pablo Picasso werden angefragt, ihre Honorarforderungen sind aber selbst Daume zu hoch, zur Erleichterung von Hans-Jochen Vogel.

Die Spezialinteressen Daumes spiegeln sich auch in einem kleinen Präsent, das alle Athletinnen und Athleten in ihren Zimmern im olympischen Dorf auf dem Nachttisch finden: das Lesebuch ›Deutsches Mosaik‹, das in mehreren Sprachen Schlüsseltexte deutscher Geistesgeschichte im 20. Jahrhundert präsentiert, Enzensberger, Rilke, Kafka, Musil, Kraus und sogar Rosa Luxemburg – also nicht zwingend das, was Athleten Anfang 20 vor dem Einschlafen zur Entspannung lesen. Während Vogel Bedenken hat, ob das Werk die Sportler nicht »überfordern« könnte, ist der Bildungsbürger Daume entflammt für die Idee, wieder mal die Einheit von Sport und Kultur zu demonstrieren.

Gäbe es die Wettkämpfe nicht, hätte München in den Tagen der Spiele dennoch die Welt zu Gast. Bekannte Theaterensembles reisen an, das Moskauer Puppentheater, die »Royal Shakespeare Company« aus London. Es gibt Ausstellungen, Konzerte, Opern, Ballett, Musicals, Folklore. Im »Haus der Kunst« rückt die Schau ›Weltkulturen und moderne Kunst‹ asiatische, afrikanische, mittel- und südamerikanische Werke ins Licht der Öffentlichkeit. Aus Hitlers Hort von Blut- und Bodenkitsch ist ein Ort der Aufklärung geworden.

Für den Kunstausschuss des OK, der all das koordiniert, hat Daume unter anderem Günter Grass verpflichten können, Erich Kästner, dessen Bücher die Nazis verbrannt hatten, den Regisseur Alexander Kluge, einen der Köpfe des »Neuen Deutschen Films«, und den Schriftsteller Carl Zuckmayer, der vor den Nazis in die USA geflohen war. In der jungen Bundesrepublik waren die Intellektuellen lange auf Distanz zu ihrem Staat geblieben, der ihnen als allzu kleinbürgerlich, konsumorientiert oder gar reaktionär galt. Im Kunstausschuss von München verbrüdert sich politischer Reformgeist mit kulturellem.

Friedhelm Brebeck, Mitglied des Organisationskomitees, hat einen heiklen Auftrag. Zwei Wochen vor der Eröffnung bringt er zwei große Kisten mit olympischen Silbermedaillen mit dem Auto ins schweizerische Chiasso. Dort werden sie in einer Münzprägeanstalt mit Gold überzogen. Nach einer Woche fährt Brebeck mit zwei Kisten Goldmedaillen zurück. Bei der Einreise nach Deutschland in Lindau fragt ihn ein Zöllner: »Was haben Sie geladen?« Brebeck sagt: »Die Goldmedaillen für die Olympischen Spiele.« Das Misstrauen des Zöllners ist geweckt: »Ich frage Sie nur noch einmal: Was haben Sie geladen?« Brebeck öffnet den Kofferraum. Der Zöllner traut seinen Augen nicht, dann sagt er: »Die müssen Sie verzollen.« 100 000 Mark, sonst blieben die Medaillen hier. Brebeck hat keine 100 000 Mark dabei, und Zeit hat er auch keine. Also geht er ins Risiko. »Welche Sportart sehen Sie gern?«, fragt er. Minuten später darf er mit den Goldmedaillen weiterfahren. Und der Zöllner ist stolzer Besitzer von drei Eintrittskarten für alle Leichtathletikwettbewerbe im Olympiastadion.

Sport und Politik, das ewige Thema, hält die Münchner Organisatoren und das IOC kurz vor der Eröffnungsfeier wieder einmal im Bann. Wie schon 1968 geht es um die Teilnahme eines rassistischen Staates – diesmal nicht um Südafrika, das 1970 mit knappem Votum aus dem IOC ausgeschlossen wurde. Es geht um Rhodesien, das spätere Zimbabwe, in dem eine herrschende Gruppe von 240 000 Weißen den mehr als fünf Millionen Schwarzen politische Rechte und Landbesitz verwehrt.

Die Angelegenheit ist moralisch klar, aber praktisch vertrackt. »Münchens Olympia strudelt in die Wirbel afrikanischer Politik«, kommentiert der ›Spiegel‹. Zunächst zeigen sich nämlich einige afrikanische Staaten offen für einen Kompromiss, den Brundage wiederum separat mit afrikanischen Sportfunktionären ausgehandelt hat: Rhodesien darf teilnehmen, aber nur mit dem Status einer britischen Kolonie und mit einer gemischten Mannschaft aus Schwarzen und Weißen. Womit niemand gerechnet hat: Die rhodesische Regierung akzeptiert diesen Vorschlag.

Jetzt formiert sich jedoch in Afrika eine klare Front für einen Boykott der Spiele, sollte Rhodesien tatsächlich vertreten sein. Ausgerechnet die Unterstützung Nigerias, des bevölkerungsreichsten Landes des Kontinents, bleibt zurückhaltend. Die Nigerianer wollen den deutschen Gastgebern keinen Ärger bereiten – schließlich ist es die Entwicklungshilfe aus der Bundesrepublik, die im Januar 1973 die Ausrichtung der Panafrikanischen Spiele ermöglicht. »Ein junger Kontinent mit vielen Emotionen«, fasst Willi Daume die Gemengelage zusammen.

Am 22. August kommt es in München zum Showdown, im Maximilianeum, dem Landtagsgebäude am Hochufer der Isar. 30 afrikanische Staaten stellen das IOC vor die Wahl: Rhodesien oder wir. Die Afrikaner, schreibt die ›Abendzeitung‹ hinterher, feiern vier Tage vor der Eröffnung der Spiele »ihren ersten Olympiasieg«. Die Boykottdrohung fruchtet, das IOC lädt Rhodesien aus, obwohl dessen Athleten bereits in München eingetroffen sind. »Sieg, Sieg«, ruft einer der Vertreter Afrikas, andere zeigen das Victory-Zeichen. Daume und Vogel fällt ein Stein vom Herzen. Auch die Stimmen Afrikas hatten ja dazu beigetragen, die Spiele nach München zu holen. Jetzt ist die Gefahr gebannt, dass Olympia in München mit einem afrikanischen Eklat beginnt.

Die Entscheidung ist zweifellos ein Signal gegen Rassismus, zugleich aber auch eine Einladung zu zukünftigen politischen Erpressungen. Die mächtige Volksrepublik China wird das etwa 1980 zu nutzen wissen: Sie tritt dem IOC erst wieder bei, als ihr die Alleinvertretung Chinas zugesprochen wird. Das kleinere Taiwan muss als »Chinese Taipei« und unter spezieller Olympiaflagge teilnehmen.

Für IOC-Chef Avery Brundage, dessen Nachfolger, der irische Lord Killanin, tags darauf gewählt wird, ist es ein schimpflicher Abschied. Ob das ein Sieg der Politik über den Sport war, wird Brundage gefragt. »Ja«, sagt er, und der Reporter des ›Spiegel‹ notiert, dass er dabei »erstmals wirklich wie ein Greis von 84 Jahren« wirkt.

Eines Tages hatte Helmut Fischer den Zettel am Schwarzen Brett der Bundesgrenzschutz-Kaserne in Coburg gesehen: Gesucht würden sportliche Beamte, die bei den Olympischen Spielen von München als Ordnungsdienst fungieren sollten. Fischer war in Herzogenaurach aufgewachsen, der Heimat von Adidas und Puma, er hatte dort schon viele berühmte Sportler gesehen, Fußballer wie Pele und Eusebio. Er hatte Lust bekommen auf mehr, er wollte mittendrin sein bei Olympia.

Fischer trägt nun seine olympische Uniform, den blauen sportlichen Anzug des Ordnungsdienstes. Eine Waffe trägt er nicht. Seine erste Aufgabe in München hat nichts mit einem berühmten Sportler zu tun, aber dafür mit dem mächtigsten Sportfunktionär der Welt. Fischer und einige seiner Kollegen sind für den Schutz von Brundage zuständig. »Er war im Umgang ein herablassender Mensch, der uns behandelt hat, als wären wir gar nicht da«, berichtet Fischer später. »Dabei wäre er ohne uns nicht einmal ins Auto gekommen.« Nur für kurze Strecken kann Brundage sich zusammenreißen und alleine gehen.

In den Tagen vor der Eröffnung der Spiele holen die Beamten den IOC-Chef jeden Morgen in seinem Hotel ab und begleiten ihn ins Maximilianeum, wo die IOC-Session stattfindet. »Sobald die Aufzugtüre geschlossen war, mussten wir Brundage zu zweit unter die Arme fassen und ihn stützen. Alleine konnte er nicht mehr länger stehen«, erzählt Fischer. »Das musste alles diskret vor sich gehen.« Wo sie können, benutzen sie Schleichwege. »Die Öffentlichkeit sollte diese Gebrechlichkeit nicht sehen.«

Wie die Waffen – neun Schnellfeuergewehre mit Munition und mehrere Handgranaten – im Sommer 1972 nach Europa kommen, ist bis heute ein Rätsel. Die gängigste Theorie besagt, dass sie von libanesischen Diplomaten über den Flughafen Frankfurt eingeschmuggelt werden. Eine andere Hypothese geht davon aus, dass sie in einen osteuropäischen Staat geliefert werden, der die Palästinenser unterstützt. Auch ein libysches Volksbüro auf Mallorca wird als mögliche Zwischenstation genannt. Sicher ist, dass Abu Daoud im August mit einem gefälschten libanesischen Diplomatenpass nahezu unbehelligt durch Deutschland und

## Frühlingsgefühle – Die Welt läuft sich warm

Europa kurvt – kreuz und quer, so wie es der schottische Zeuge der Dortmunder Polizei berichtet hat. Unter anderem besucht Abu Daoud Bulgarien, an der österreichischen Grenze kommt es einmal zu Visadebatten, aber er kann weiterfahren. Und sicher ist auch: Irgendwann im August verstaut Abu Daoud die Waffen im Münchner Hauptbahnhof in mehreren Schließfächern, die er alle zwei Tage wechselt. Er selbst bezieht ein Zimmer gleich gegenüber im Hotel »Eden Wolff«.

Der olympische Fackellauf ist 1936 in Berlin erfunden worden, aber das haben die meisten vergessen, weil er inzwischen zum festen Inventar der Spiele gehört. Damals hat die Friedrich Krupp AG die Fackeln hergestellt, das wichtigste Rüstungsunternehmen des Reiches. Die Organisatoren von 1972 finden nichts daran, für die Fackeln wieder auf Krupp zuzugehen. Ist das ungebührlich oder zumindest unsensibel? Große Diskussionen gibt es nicht. Das Unternehmen hat mit Berthold Beitz einen Vorstandschef, der für die deutsche Wirtschaft beinahe das ist, was Willy Brandt für die Politik ist. Beitz, wie Brandt Jahrgang 1913 und dem SPD-Politiker eng verbunden, verkörpert einen neuen Typus des Managers, der nicht mehr persönlich zur täglichen Kontrolle die Werkhallen durchschreitet. Moralische Autorität besitzt er, weil er im Krieg mehrere Hundert jüdische Zwangsarbeiter vor dem Vernichtungslager bewahrt hat. Beitz ist außerdem ein Freund des IOC und wird bald dessen Mitglied werden.

Jedenfalls hat auch Beitz offenbar nichts dagegen, dass Krupp 1972 mit ganzseitigen Anzeigen seinen rostfreien Fackelstahl bewirbt und ganz offen eine Linie von 1936 zu 1972 zieht. »NIROSTA, ein edler Stahl von Krupp, ein Baustoff, mit dem Sie die Zukunft meistern«, steht in der Anzeige, die in zahlreichen Tageszeitungen erscheint. »Vielseitig verwendbar«, sei der Stahl, »egal ob als eleganter Becher oder formschönes Symbol, wie es die Olympiafackeln der Spiele 1936 in Berlin und 1972 in München darstellen.« Genervt von der Entscheidung für Krupp ist nur Aicher, aber eher aus praktischen Gründen: Die Krupp-Fackel wiegt mit 1,35 Kilo doppelt so viel, wie es ihm lieb gewesen wäre.

6700 Stück liefert der Konzern schließlich, genau 6000 Läufer werden das olympische Feuer über 5532 Kilometer von Griechenland nach Deutschland tragen. In München wird das Feuer am Abend vor der Eröffnung ankommen – und mit einer großen Zeremonie ausgerechnet am Königsplatz empfangen. Nächtlicher Fackelschein am Königsplatz, das ist eigentlich fest verbunden mit den Gedenkfeiern der Nazis für die Gefallenen des Hitlerputsches. Doch auch diese Vorstellung beschwert die Organisatoren offenbar nicht, sie denken eher an die klassizistischen Bauten dort, die den Bogen vom antiken Griechenland ins »Isar-Athen« König Ludwigs II. schlagen. Man kann darin historische Gleichgültigkeit erkennen, aber auch jenen Pragmatismus, mit dem die Münchner längst den Königsplatz und andere belastete Orte nutzen.

Ende Juli 1972 fliegt Hans-Jochen Vogel zur Entzündung der Fackel nach Griechenland. Zunächst hatte er wegen der griechischen Militärdiktatur gezögert. Beim Festakt in Olympia vermeidet er dann tunlichst, zu Pomp und Pathos beizutragen. Olympia sei immer »enttäuschend und ermutigend zugleich«, sagt Vogel, ein wunderbares Ideal, dem aber schon die antiken Spiele nicht wirklich entsprochen hätten, weil nur wenigen freien Männern die Teilnahme gestattet war. Dann zitiert er aus den ›Moabiter Sonetten‹ des Schriftstellers und Widerständlers Albrecht Haushofer, der kurz vor seiner Ermordung durch die Nazis im Frühjahr 1945 im Gefängnis in Berlin-Moabit sein Lebensresümee in Verse gepackt hatte. Haushofer, ein Münchner, beschreibt im Sonett »Vision der Fackel« seine Erinnerungen an 1936:

*Durch viele Länder nahm es seinen Lauf,*
*Das Feuer, das, in Griechenland entzündet,*
*Jahrtausenden von Geist und Spiel gekündet –*

*Zwingt Ihr dem Feuer eine Knechtschaft auf?*
*Es zischt und sprüht, wie mans in Banden hält –*
*Die Fackel flackert. Lodern – wird die Welt!*

Vogel muss mit keinem Wort selbst mahnend von 1936 sprechen, er lässt das Haushofers Verse für ihn tun:

*Mit einem Dom von hochgestrahltem Licht*
*Begannen sie das letzte ihrer Feste.*
*Der Hochmut freute sich der stolzen Geste:*
*Man sah vor lauter Glanz die Sterne nicht.*

## Frühlingsgefühle – Die Welt läuft sich warm

> *Gelöst von aller Tage bunten Sorgen*
> *Bestaunte man der Jugend Marsch und Spiel,*
> *Bewunderte der Griechenfackel Ziel,*
> *Im Leuchten dieses Kuppelscheins geborgen.*
>
> *Mich täuschte dieser helle Zauber nicht.*
> *Ich sah die Kräfte, die so milde schienen,*
> *Dem grauenhaftesten der Kriege dienen.*
>
> *Ich kannte wie die Maske das Gesicht.*
> *Die sich zu Spielen Schar um Schar gereiht –*
> *Die ganze Jugend ist dem Tod geweiht.*

Das Feuer beginnt seine Reise nach München, eskortiert von Soldaten des griechischen Regimes. Es ist noch nicht lange her, da mussten sie hier die deutschen Besatzer erdulden. Manche Einheimische begrüßen die Fackel am Straßenrand mit dem Ausruf »Heil Hitler«. Schon an der Route nach München kann man ablesen, wie knifflig die politische Großwetterlage ist. Einige Länder des Ostblocks, darunter die DDR, die Tschechoslowakei und Polen, haben Abstecher der Fackel auf ihr Staatsgebiet abgelehnt. Andere, wie Rumänien und Bulgarien, haben sich zunächst geziert, doch am Ende unter der Bedingung zugestimmt, das Feuer in mehreren Touristenorten präsentieren zu dürfen. Als kleines Zeichen des Protests stiehlt in Rumänien irgendwer dem Fahrer des Begleitfahrzeugs den Pass, was die Fackel an der jugoslawischen Grenze mehrere Stunden aufhält.

Über Budapest, Wien und Linz erreicht die Flamme am 23. August in Freilassing die Bundesrepublik, ihr Weg durch Oberbayern ist ein einziges Volksfest. Auf dieser letzten Etappe wird sie von Fritz Schilgen begleitet, jenem Mann, der 1936 in Berlin das Feuer im Stadion entzündet hat, weil Leni Riefenstahl fand, er habe so einen schön schwebenden Schritt. Schilgen, ein untadeliger Mensch, eigentlich Elektroingenieur bei Telefunken, berät die Organisatoren in Feuerfragen. Diesmal trägt er die Flamme aber nicht, sondern fährt ihr mit dem Auto hinterher. Einen »Ableger« bringt er dann auch noch nach Kiel, wo die Segelwettbewerbe stattfinden.

Als das olympische Feuer in der Abenddämmerung des 25. August die

## Dachau am Vorabend der Spiele

Münchner Stadtgrenze passiert, haben sich Zehntausende entlang der Strecke und am Königsplatz versammelt. Auch viele Olympiasieger früherer Spiele sind da, Jesse Owens zum Beispiel und die tschechoslowakische »Lokomotive« Emil Zatopek. Auch wenn die Flamme am Königsplatz in einer Schale vor griechischen Säulen züngelt, gerät die Feierlichkeit nie zu pastoral. Monumental ist höchstens der Blumenschmuck. Statt Soldaten in dunklen Uniformen stehen Hostessen in ihren hellen Dirndln Spalier. Und statt einer weihevollen Militärkapelle spielen eine Mariachi-Band aus Mexico City und eine Mädchen-Kombo aus Montreal auf, den Olympiastädten von 1968 und 1976. Als Hans-Jochen Vogel eintrifft, bekommt er beinahe so viel Applaus wie das olympische Feuer.

Daume und Vogel zucken innerlich zusammen, wenn ihnen mal wieder einer der IOC-Herren das Kompliment macht, man merke ja jetzt schon, dass die Deutschen wahre Meister der Organisation seien, genau wie 1936. An das wahre Wesen der Berliner Spiele müssen viele Olympier, so sie nicht aus dem Ostblock kommen, offenbar erst erinnert werden. Kurz vor der Eröffnung übernimmt Gustav Heinemann diese Aufgabe. Der Bundespräsident geht recht sanft vor, aber immerhin. Bei seiner Rede vor der IOC-Session erläutert Heinemann, dass Olympia 1936 von »den damaligen Machthabern in Deutschland für ihre Zwecke missbraucht« wurde. Wenn das einen Lerneffekt hat, dann merkt man ihn nicht gleich. Am Tag vor den Spielen findet auf dem ehemaligen Appellplatz des Konzentrationslagers Dachau eine Gedenkfeier für die Opfer des Nationalsozialismus statt, sie gehört zum offiziellen Rahmenprogramm. 2000 Menschen nehmen teil, darunter Vogel und Daume – aber kein einziges weiteres Mitglied des IOC. Dafür sind auf Vogels Einladung viele jüdische Emigranten da, die einst aus ihrer Münchner Heimat hatten fliehen müssen. Auch einige Bürgermeister aus Israel sind gekommen.

Der Kantor der Israelitischen Kultusgemeinde singt die Hebräische Totenklage, und der polnische Erzbischof Adam Kozlowiecki, der fünf Jahre Haft in Dachau überlebt hat, ruft den Zuhörern ins Gedächtnis, dass schon Menschen in Konzentrationslagern starben, als die Nazis 1936 ihr angebliches Fest des Friedens zelebrierten: »Freut euch dieser Tage. Aber verschließt nicht eure Augen, eure Ohren und eure Herzen vor dem Leiden eurer Mitbrüder in der Welt.« Am Ende seiner Ansprache sagt

Kozlowiecki: »Wir lehnen es ab, zu hassen und unsere Brüder zu töten, weil sie anderer Sprache, anderer Hautfarbe oder anderer politischer Einstellung sind.« Die Menge spendet anhaltenden Applaus.

Am Nachmittag des 26. August ist der Olympiaberg, den viele Münchner noch »Schuttberg« nennen, fast schwarz vor Menschen. Viele haben Kofferradios und Ferngläser mitgebracht, gebannt blicken sie hinunter ins Olympiastadion, auf dessen Rängen 80 000 versammelt sind. Vor den Toren des Stadions drängen sich Zehntausende, die vergeblich darauf gehofft haben, noch irgendwie eine Karte für die Eröffnungsfeier zu ergattern. Auch ein paar rhodesische Athleten in ihren Trainingsanzügen sind dabei, ohne den Ausschluss wären sie drinnen. Es ist ein Tag, wie ihn München noch nicht erlebt hat, auf dem Flughafen Riem landet alle 150 Sekunden ein Flugzeug. Um 14:45 Uhr, eine Viertelstunde vor Beginn, steigt Bundespräsident Gustav Heinemann hinter dem Stadion aus seiner Limousine, begleitet von Hans-Jochen Vogel. Einige Minuten später treffen drei deutsche Kanzler ein: der amtierende, Willy Brandt, und seine beiden Vorgänger, Kurt Georg Kiesinger und Ludwig Erhard.

Schon bevor es losgeht, haben die ausländischen Beobachter den Glanz der modernen Sportstätten registriert, auch die brandneuen Ringstraßen und U-Bahn-Tunnel. Zum neuen Deutschland gehört auch die wirtschaftliche Stärke, und die ist nicht jedem Besucher ganz geheuer. »Ja, ja, 1945 seid ihr Deutschen anders dagestanden«, sagt ein britischer Journalist zu einem einheimischen Reporter, man weiß nicht recht, ob das anerkennend gemeint ist oder bedauernd. Aber das ist eh vergessen, als Stadionsprecher Joachim Fuchsberger den Auftakt der Feier ankündigt: »Münchner Mädchen und Buben entbieten mit selbst gebundenen Bögen und Blumensträußen den Gruß der Jugend.« Man muss festhalten, dass die 3200 Jugendlichen mit großem Engagement, aber nicht unbedingt mit ebensolcher Präzision am Werk sind. Ihr Tanz ist aufs Herrlichste unvollkommen, ein fröhliches Durcheinander, ganz anders als Carl Diems Heldenepos auf dem Berliner Rasen 1936. Die verordnete Symmetrie der olympischen Rituale ist sofort gebrochen. Und zu viel Ernst kann gar nicht aufkommen, wenn Schulkinder in Gelb und Blau durchs Stadion tollen und am Ende einer Athletin oder einem Athleten ihrer Wahl einen Blumenstrauß überreichen.

## Der Vorhang geht auf

Dann beginnt der Einmarsch der Nationen, 8000 Sportler aus 122 Ländern. Für die Begleitmusik ist Kurt Edelhagen verantwortlich, der Chef des WDR-Unterhaltungsorchesters, eine umstrittene Entscheidung, die den Klassikfreunden im Musikausschuss des OK die Zornespusteln auf die Stirn getrieben hat. Und so richtig jugendlich ist dieser Edelhagen ja auch nicht: Wer Alice Cooper hört oder auch Neil Young, dürfte bei swingenden Wohlfühlklängen eher Reißaus nehmen. Trotz allem werden sie zum Soundtrack der heiteren Spiele. »Ein Takt von 114 Schlägen pro Minute ist die Zahl, bei der der Mensch am lockersten geht«, hat Edelhagen gesagt. Dann hat er seine Arrangeure Peter Herbolzheimer, Dieter Reith und Jerry van Rooyen, alles talentierte Jazzer, in Dutzende Plattengeschäfte geschickt, um Volksmusikalben aus aller Welt zusammenzutragen.

Die Melodien, die nun für die Mannschaften im Olympiastadion erklingen, sind ein fröhliches Spiel mit Klischees, das nationale Andacht praktisch ausschließt. Die Bundesrepublik: »Horch, was kommt von draußen rein«. Die USA: »When the Saints Go Marching In«. Die Sowjetunion: »Kalinka«. Als Langspielplatte wird Edelhagens »Olympia Parade« zwei Monate an der Spitze der deutschen Albumcharts stehen; er und seine Mitstreiter werden Ende 1972 aus den Händen Heinemanns das Bundesverdienstkreuz Erster Klasse entgegennehmen. Denn 114 Schläge pro Minute bewirken Wunder: Selbst die Athleten, die sich vorgenommen hatten, zu marschieren, kommen irgendwann ins Tänzeln. Fast alle winken freudig ins Publikum, statt vor der Ehrenloge förmlich zu salutieren. Bloß die Bolivianer sind zeitgeschichtlich noch nicht auf dem allerneuesten Stand, sie zeigen den Hitler-Gruß, was die Menge aber entschlossen mit Pfiffen quittiert.

Die Sonne scheint, und wer auf dem Olympiaberg steht, schaut mitten hinein in »einen Kessel Buntes«. Selbst die als modisch eher vorsichtig bekannte DDR-Mannschaft traut sich was: Die Athletinnen tragen Hosenanzüge in fünf verschiedenen Farben, die Athleten hellrote Fliegen auf dunkelblauen Hemden. Manfred Wolke, Boxolympiasieger von 1968, trägt die Fahne – der Augenblick, auf den der DDR-Sport über Jahrzehnte hingearbeitet hat, ist da. Edelhagens Big Band spielt ein Stück, das sich ein wenig nach »Liebeskummer lohnt sich nicht, my darling« anhört. Und was macht das Münchner Publikum? Wird der freundliche

## Frühlingsgefühle – Die Welt läuft sich warm

Applaus nun abreißen? Im Gegenteil: Die Zuschauer applaudieren für die DDR auffallend kräftig. Es ist ein Ausdruck von Gastfreundschaft und gutem Willen, den Daume und Vogel so nicht planen konnten. Spätestens damit ist der Ton gesetzt für besondere Spiele.

Die Sportlerinnen und Sportler der DDR tun das Ihre. Ihre Funktionäre haben ihnen eingebläut, diszipliniert Formation zu halten und auf Höhe der Ehrenloge den Kopf einheitlich in Richtung Tribüne zu wenden. Aber plötzlich fangen einige an zu winken, es werden immer mehr, schließlich sind es fast alle. Zumindest die 1000 Olympiatouristen aus der DDR, die in einem Block zusammensitzen, bemühen sich penibel um Planerfüllung. Sie klatschen und jubeln nur beim eigenen Team und jenen aus den sozialistischen Bruderländern. Den Einzug der Bundesrepublik, vorneweg der Kanute Detlef Lewe mit der Flagge, erdulden sie schweigend, zumal die Organisatoren sich die kleine Frechheit gönnen, auf der Anzeigentafel schlicht »Deutschland« anzukündigen.

Irgendwann taucht die weiß-blaue Fahne mit dem Davidstern im Marathontor auf. Israel stellt nur eine kleine Mannschaft, 15 Athleten, 13 Männer und zwei Frauen. Aber ihre Anwesenheit hier, im Land der Täter, ist ein großes Signal, und der warme Empfang durch die Menge auch. Der Fechter Dan Alon, israelischer Meister im Florett, wird später sagen: »An der Eröffnungsfeier teilzunehmen, nur 36 Jahre nach Berlin, war einer der schönsten Momente meines Lebens. Wir waren im Himmel.«

Die Vereinigten Staaten haben dann noch ein bisschen Romantik im Kalten Krieg zu bieten: Die US-Flagge trägt die Diskuswerferin Olga Connolly, die 1956 in Melbourne Gold gewonnen hatte – als Olga Fikotova für die Tschechoslowakei. Am Rand der Wettbewerbe hatte sie damals den amerikanischen Hammerwerfer Harold Connolly kennen- und lieben gelernt und war mit ihm in die USA gegangen.

Otl Aichers Horrorvision von »Alpenseppelspielen« erfüllt sich nicht, nur drei kleine Stückchen Bayern sind über die fast vier Stunden verteilt: seltsam stille Alphornbläser, Schuhplattler und Goaßlschnalzer, die mit ihren Peitschen ganz schön Krach machen, was den sowjetischen Fernsehkommentator Nikolaj Oserow ehrlich fasziniert: »Das funktioniert ausgezeichnet.«

Alles läuft bei dieser Eröffnungsfeier oder scheint jedenfalls zu laufen:

## Gustav Heinemann tritt ans Mikrofon

Im Regieraum Ü8 herrscht zeitweilig blanke Panik, weil bei mehreren Mannschaften die Musik zu früh oder zu spät einsetzt. Und den Einsatz der Alphornbläser hat man schlicht vergessen, sie können mit ihren imposanten Hörnern nur dekorativ in der Gegend herumstehen. Plangemäß setzt dagegen der griechische Sprechchor ein, den der Pole Krzysztof Penderecki erdacht hat, eine ›Ode an die Göttin des Waffenstillstands‹ und der düsterste Moment der Feier. Ob dem armen Penderecki einfach niemand Bescheid gesagt hat, dass Heiterkeit angesagt ist? Willi Daume hält eine für seine Verhältnisse sehr kurze Ansprache. Er sagt: »Mögen uns nun die Spiele Fröhlichkeit schenken, großen Sport, Spannung, vielleicht dann und wann ein wenig Rührung, und Würde.«

Um 16:15 bittet Avery Brundage auf Deutsch den Bundespräsidenten, die traditionelle Eröffnungsformel zu sprechen. Gustav Heinemann erhebt sich in der Ehrenloge, und mit ihm erheben sich die 80 000 Zuschauer. Ob er eine Sekunde daran denkt, was in seinem Leben und im Leben der Deutschen alles passiert ist, seit er 1920 als Student einen prächtigen Sommer hier in München verbrachte? Heinemann richtet das Doppelmikrofon, dann setzt er an, wie es seine Art ist, sehr ernst und wenig feierlich: »Ich erkläre die Olympischen Spiele München 1972 zur Feier der 20. Olympiade der Neuzeit für er…«, kurze Pause, Heinemann nimmt die rechte Hand nach oben, »…öffnet.«

Der Vorgang wäre eigentlich nicht weiter aufregend, läge seine Bedeutung nicht im Kontrast – im scharfen Gegensatz zu 1936. »Gustav Heinemann wollte sich absetzen«, sagt Hans-Jochen Vogel beim Blick zurück. »Er ließ sich nicht wie Hitler im Stadion feiern und stellte sich nicht in den Mittelpunkt. Sondern stand kurz von seinem Platz auf und eröffnete die Spiele mit einem ganz sachlichen Satz und unbewegter Miene.«

Nach Heinemanns Auftritt schreiten Böllerschützen ans Werk, auch wieder ein beinahe subversives Element, weil üblicherweise der Gewehrsalut von Soldaten die Ankunft der olympischen Fahne verkündet. Mildes Abendlicht hat sich auf das Stadion gelegt, als der letzte von 6000 Staffelläufern die Fackel ins Stadion trägt. Günter Zahn hat die Ehre, ein unbekannter 18-jähriger Leichtathlet, der symbolische Vertreter kommender Generationen. Sein Trikot ist blütenweiß, die Deutschen haben auf das Nationalwappen verzichtet, das traditionell auf der Brust prangt. Zahn, der Europäer, wird eskortiert von vier Läufern aus Afrika, Asien,

## Frühlingsgefühle – Die Welt läuft sich warm

Amerika und Ozeanien. Eine Woche lang hat er seinen Lauf täglich zwei Mal geprobt, Daume hat ihn persönlich instruiert: »Nicht stolpern.« 162 Stufen nimmt er hinauf zur Feuerschale. Dann brennt das olympische Feuer in München.

Stellvertretend für alle Teilnehmerinnen und Teilnehmer spricht die 22-jährige Leichtathletin Heidi Schüller aus Passau den Eid der Athleten, als erste Frau in der olympischen Geschichte. »Tauben fliegt!«, ordnet Joachim Fuchsberger ganz am Ende an, und 5000 Tauben gehorchen. Keine einzige verbrennt im Feuer, darauf werden die Organisatoren noch lange stolz sein. Nun harren sie aber erst einmal der Urteile aus aller Welt. Hatte die Geschichte diese Deutschen nicht immer auf Abwege und immer wieder an den Abgrund geführt? Waren sie nicht in hässlicher Regelmäßigkeit der Verführung eines aggressiven Nationalismus erlegen? Kann man ihnen wirklich trauen? Daume und Vogel wissen, dass das der ernste Hintergrund ist, vor dem ihr heiteres Werk bewertet wird.

Das Medienecho könnte nicht besser sein, wenn Johnny Klein alle Texte selbst geschrieben hätte. »Das war wirklich eine großartige Eröffnungsfeier mit vielen Ideen und einem sehr gelungenen Musikeinsatz«, schwärmt der Kommentator des japanischen Fernsehens. »Das Friedensmotiv ist sehr gut durchgekommen.« Auch Nikolaj Oserow ist weiterhin milde gestimmt: München habe seine Gäste »freundlich empfangen« erfahren die Zuschauer in der Sowjetunion. Der Korrespondent des gewiss nicht germanophilen Londoner ›Observer‹ wundert sich: »Wie gut die Bayern das alles gemacht haben. Keine Spur von Militarismus, nichts Bombastisches, keine feierliche germanische Erhabenheit.« Das ›Svenska Dagbladet‹ aus Stockholm lobt: »Alles war froh und farbensprühend, das Programm war wohltuend frei von Perfektionismus und politischer Propaganda.« Irgendwer hält auch Leni Riefenstahl ein Mikrofon vor die Nase, Hitlers Olympiaregisseurin: »Das war so grandios, dass man von der Eröffnung allein schon einen Film hätte drehen können. Es war viel schöner als 1936 in Berlin.«

Wenigstens auf das DDR-Fernsehen ist Verlass, es hat einen besonders scharfen Kommentator nach München geschickt, Heinz Grote, den Chefredakteur der Hauptnachrichtensendung ›Aktuelle Kamera‹. Grote erweist sich als komplett resistent gegen den im Olympiastadion um sich greifenden Frohsinn. Sehr ernst sagt er: »Wir vergessen nicht, wie schwer uns der Weg in den internationalen Sport gemacht wurde und wer ihn uns so schwer gemacht hat.«

Neben den Ostdeutschen fühlen sich nur noch die Franken zurückgesetzt. Die CSU-Landtagsabgeordnete Gudila Freifrau von Pölnitz, Stimmkreis Forchheim, meldet Protest gegen die Oberbayern-Lastigkeit der Brauchtumseinlagen an. Bei der Schlussfeier, verlangt sie, müsse durch fränkische Gruppen »das Gleichgewicht wiederhergestellt« werden. Aber von Heinz Grote und Gudila Freifrau von Pölnitz abgesehen geht es fast allen Besuchern wie dem australischen Segler, der fragt: »Welche Nation, die in Zukunft Olympische Spiele ausrichtet, kann das noch übertreffen?«

Als Hans-Jochen Vogel das Stadion verlässt, ist er sicher, »für einen Moment die Vision von einer besseren Welt« gesehen zu haben. Vogel ist sonst nie um Worte verlegen, aber nun sagt er, er könne nur Thomas Mann zitieren: »München leuchtete.« Noch berauschter ist allerhöchstens sein Duopartner Daume. Beinahe ein halbes Jahrhundert später wird Vogel über ihn sagen: »Der 26. August 1972 war wohl einer der glücklichsten Tage, wenn nicht der glücklichste Tag überhaupt im Leben von Willi Daume.«

München 1972, das war Daumes Idee, aber mit der Idee hatte er auch einen Anspruch formuliert, der viel leichter zu unterlaufen war als zu erfüllen. »Einfache Spiele«, sollten es sein, »menschlich in ihren Dimensionen, heiter, gelöst, durchweht vom Atem der Menschenliebe und Völkerfreundschaft, das wohl größte Friedensfest auf dieser Welt«. Jetzt war all das Wirklichkeit. »Und das Wetter war auch schön«, sagt Willi Daume.

## Kapitel 5

## »ICH BIN SO GLÜCKLICH, DASS DIE ANDEREN GEWONNEN HABEN.« – DIE HEITEREN SPIELE

Olympia geht über Satelliten in die ganze Welt // Michael Graeter jagt die Reichen und Schönen // eine deutsche Schwimmhoffnung schlägt leck // Heide Rosendahl holt Gold // Teofilo Stevenson verdrischt alle // Mark Spitz steht unter Werbeverdacht // Olga Korbut verzaubert die Welt // das olympische Dorf wird zur Partymeile // Leni Riefenstahl lässt sich nicht stoppen // ein Olympiasieger verliert Gold wegen Doping // USA und Sowjetunion duellieren sich // der König bandelt mit der Hostess an // Eckart Witzigmann kocht groß auf // Renate Stecher steigt zum Sprint-Star auf // Deutschland lernt McDonald's kennen // Klaus Wolfermanns Triumph krönt einen goldenen Sonntag // eine Schülerin springt am höchsten // die Terroristen bereiten sich vor

Erstmals tritt eine DDR-Mannschaft unter eigener Flagge bei Olympischen Spielen an (oben beim Einmarsch zur Eröffnungsfeier). Der westdeutsche Boxer Peter Hussing hat gegen den charisma-

Der russische Sprinter Waleri Borsow feiert seinen Sieg zurückhaltend. Die rumänische Turnerin Olga Korbut springt sich in die Herzen vieler Menschen. Frank Shorter (USA) gewinnt den Marathonlauf, der Deutsche Klaus Wolfermann siegt im Speerwurf.

Bis zum Anschlag auf die israelische Mannschaft ist das Olympiagelände Treffpunkt von Menschen aus der ganzen Welt, die mit-

Schwedens Kronprinz Carl-Gustaf turtelt während der Spiele in einem Münchner Nachtclub mit der Olympia-Mitarbeiterin Silvia Sommerlath; vier Jahre später heiraten sie.

Stolz und glücklich feiert der ugandische Publikumsliebling John Akii-Bua seine Goldmedaille samt Weltrekord über 400 Meter Hürden.

In Kenia ist die Eröffnungsfeier von München ein großes, beinahe historisches Ereignis. Gerade noch rechtzeitig war die erste Bodenstation fertig geworden, die das Signal eines Satelliten über dem Indischen Ozean empfangen konnte. Die Kenianer, zumindest die wenigen, die einen Fernseher besitzen, sehen ihre erste Liveübertragung aus Übersee. »Hier war das Bild so strahlend wie der Sonnenschein und der Ton so klar wie aus der Tür des nächsten Nachbarn«, schreibt hinterher der in Nairobi erscheinende ›East African Standard‹. 1960 hatten nur etwa 20 Länder Fernsehbilder von den Spielen in Rom bekommen. 1972 in München sind es 98 Länder, und in sehr vielen laufen die Bilder live.

Neuerungen aller Art sind dem IOC, das sich als Gralshüter der Tradition versteht, erst einmal suspekt. Noch 1956, bei den Spielen von Melbourne, verkündete Avery Brundage mit großer Gewissheit: »Das IOC ist 60 Jahre lang ohne das Fernsehen ausgekommen, und ich kann Ihnen versichern, dass wir noch weitere 60 Jahre ohne es auskommen werden.« Die Spiele von München sind der Punkt, an dem Brundage seinen Hochmut in dieser Sache erkennt. Oder vielleicht auch einfach nur die Chance des IOC, künftig sehr viel Geld zu verdienen.

Ob im Westen oder im Osten: Wer bis weit in die Sechzigerjahre hinein bewegte Bilder von Olympia sehen wollte, der besuchte ganz selbstverständlich eine Wochenschau im Kino. Nun, Anfang der Siebzigerjahre, ist die Wochenschau fast ausgestorben. Auch die offiziellen Olympiafilme, wie Leni Riefenstahl 1936 einen gemacht hatte, verlieren an Bedeutung. Das Fernsehen hat einen riesigen Sprung in seiner Entwicklung und Verbreitung gemacht. Und die Spiele sind mit und durch das Fernsehen in ihrem Umfang und in ihrer Bedeutung gewachsen.

1960 hatte es in Deutschland und einigen weiteren europäischen Ländern erstmals umfangreiche olympische Liveübertragungen aus Rom gegeben, etwa Armin Harys Triumph über 100 Meter. Der US-Sender CBS ließ täglich Filmmaterial nach New York fliegen, zur Ausstrahlung am nächsten Abend. Mit den ersten Satellitenübertragungen auf andere Kontinente wurde 1964 in Tokio experimentiert, 1968 bekamen Briten und Amerikaner schon Livebilder aus Mexico City zu sehen. Die Verantwortlichen der BBC konnten es kaum fassen, dass mitten in der Nacht 17 Millionen anständige Briten Olympia guckten. Aber es ist 1972 in München, als die Spiele zu Fernsehspielen werden.

Die Vorbereitungen dafür begannen 1966, kaum dass München den Zuschlag erhalten hatte. ARD und ZDF gründeten eine gemeinsame Planungskommission, die im Juni 1968 in ein Unternehmen mündete: das Deutsche Olympia Zentrum (DOZ). Zum Geschäftsführer berief man Robert Lembke, 1913 in München als Robert Weichselbaum geboren, ein Jude, der nach dem Krieg in seiner schwierigen Heimat ein großer Fernsehmann wurde. Lembke, Hornbrille, schütteres Haar, hatte bei der legendären Radioübertragung des »Wunders von Bern« dem Kommentator Herbert Zimmermann assistiert. Er avancierte zum »Vater der Sportschau« und zum Chefredakteur des Bayerischen Rundfunks. Doch auch ihm ist schon zu Lebzeiten klar, dass er in der Fernsehgeschichte einen anderen Platz haben wird: »Für die Leute bin ich immer nur der Kasperl von ›Was bin ich?‹.«

Von 1955 bis 1989 moderiert Lembke die Mutter aller deutschen Quizshows, eine Sendung von vollendeter Biederkeit, dabei aber nicht ohne Witz. Ein Prominententeam muss mit Ja-Nein-Fragen herausfinden, welchen Beruf ein Kandidat hat. Für jede mit Nein beantwortete Frage bekommt der Kandidat fünf Mark, die Lembke in ein Sparschwein wirft. Höchstgewinn: 50 Mark. »Welches Schweinderl hätten S' denn gern?«, fragt er immer am Anfang, er ist mal streng und mal gütig, vor allem aber stets korrekt.

1972 ist Lembke längst einer der Chefunterhalter der Bundesrepublik, zuweilen ist ›Was bin ich?‹ mit einer Einschaltquote von 75 Prozent der registrierten Geräte sogar die erfolgreichste Sendung im deutschen Fernsehen. Es liegt eine gewisse Konsequenz darin, dass es diesem Lembke aufgetragen ist, das Fernsehsignal der heiteren Spiele vom Olympiaturm aus rund um die Erde zu schicken. Die Münchner Bilder, die schönen wie die hässlichen, werden in Sekundenschnelle zu globalen Bildern.

In Lembkes DOZ werden alle TV-Aktivitäten gebündelt, in der Spitze arbeiten dort 2328 Leute. Es werden Studios eingerichtet, Bildschirme an die Reporterplätze im Stadion montiert, Kameras aufgestellt und an der Ruderstrecke in Oberschleißheim sogar Schienen verlegt, damit ein Kamerafahrzeug den Booten folgen kann. 150 Farbkameras stehen Lembkes Team zur Verfügung, dazu 84 Ampex-Geräte für die Aufzeichnung auf Magnetband, das Modernste vom Modernen. 1936 in Berlin hatte noch der von einem Ingenieur aus Pommern betriebene »Fernsehsender Paul Nipkow, Berlin« einfach drei Kameras am Schwimmbecken, am Marathontor und am Ziel aufgestellt.

1972 beginnt das Fernsehen, sich der Olympischen Spiele zu bemächtigen. Zum ersten Mal wird Olympia im Kern »die längste Show der Fernsehgeschichte für das größte TV-Publikum, das es je gab«, wie der ›Spiegel‹ in einer Titelgeschichte feststellt. Fast eine Milliarde Menschen schaut regelmäßig zu, ein Viertel der Weltbevölkerung. 1960 wurden von den Spielen in Rom an die 60 Stunden live übertragen; in München sind es 230. Willi Daume hat im Vorfeld darauf gedrängt, die Wettkampfpläne so abzustimmen, dass sich Gold-Entscheidungen zeitlich nicht überschneiden und jede einzelne live gezeigt werden kann. Den Leichtathletik-Organisatoren bereitet das einiges Kopfzerbrechen.

Auch sonst ist nicht jeder sofort begeistert von der schönen neuen Fernsehwelt. Ruder-Funktionäre protestieren dagegen, dass die Kameras die Boote nach der Zieleinfahrt weiterfilmen sollen – sie fürchten, dass Bilder von erschöpften Ruderern, die in sich zusammenklappen, dem Image des Sports schaden. Die Fechter dagegen empfinden es sofort als sinnvolle Innovation, dass die Fernsehzuschauer nun den Trefferstand eingeblendet sehen.

Zum ersten Mal sind die Fernsehrechte auch ein richtig lukratives Geschäft, indes dummerweise nicht für das IOC. Präsident Brundage pflegt eine tiefe Skepsis gegenüber jedweden neumodischen Umtrieben, zu denen für ihn neben Rockmusik auch das Fernsehen zählt. Blind vor Stolz hat er die Vergabe der TV-Rechte weitgehend den Organisationskomitees der Ausrichterstädte überlassen.

Unter Brundage ist das Komitee eine aristokratische und mächtige Tafelrunde, aber es ist keine Geldmaschine. 1970 ist die Anschaffung eines neuen Kopiergeräts in der Zentrale in Lausanne noch ein Vorgang, den die Finanzkommission prüfen und gestatten muss. Erst der Spanier Juan Antonio Samaranch, der keine Skrupel hat, sich von den Idealen des Barons de Coubertin zu emanzipieren, wird aus dem IOC ein vor allem kommerzielles Phänomen machen. Bei Samaranchs Amtsantritt als Präsident 1980 sollen die flüssigen Mittel des IOC weniger als 200 000 Dollar betragen; bei seinem Abschied 2002 werden es 100 Millionen Dollar sein.

Dass sich das IOC die Kontrolle über die Fernsehrechte in den Siebzigern zurückerkämpft, ist der Erfahrung von München geschuldet. Denn Willi Daume führt vor, wie sich mit dem Fernsehen im großen Stil Geld verdienen lässt. Mit Brundage hat Daume eine für die deutschen Ausrichter höchst vorteilhafte Regelung ausgehandelt. ARD und ZDF betreiben das DOZ und investieren insgesamt etwa 100 Millionen Mark in das Olympiaprojekt. Im Gegenzug müssen die Öffentlich-Rechtlichen keine Lizenzgebühren an das Organisationskomitee überweisen. International freilich kann das OK die Senderechte selbst vergeben, Land für Land – und drei Viertel der Einnahmen behalten. Das IOC erhält nur ein Viertel. Satte 62,5 Millionen Mark verdient das Münchner OK so am Ende. Auch weil der US-Sender ABC sich noch Sonderrechte erkauft, um drei eigene Kamerateams ins Olympiastadion schicken zu dürfen.

Die Spiele von München sind Farbenspiele. Grün, Orange, Himmelblau, die Komposition des Otl Aicher. Die Trikots und Ausgehanzüge der Athleten, so bunt wie die Welt. Fast immer Sonne im Olympiapark, fast immer blauer Himmel aus dem bayerischen Bilderbuch. Nicht umsonst haben die großen TV-Sender in Europa und Amerika inzwischen komplett auf Farbe umgestellt – die Spiele in München werden zum ersten Massenereignis in Color-TV. Dabei hat Anfang der Siebzigerjahre noch kaum jemand in Deutschland einen Farbfernseher daheim.

In der DDR ist das Fernsehen gerade erst zum Massenmedium geworden, noch in Schwarz-Weiß. Fernsehgeräte haben nur langsam Einzug in die ostdeutschen Haushalte gehalten, weil sie so teuer waren. Ein normales Modell, produziert im »VEB Kombinat Rundfunk und Fernsehen Staßfurt« in Sachsen-Anhalt, kostete das Vier- bis Fünffache eines durchschnittlichen Monatsverdiensts. Doch 1972 sind immerhin vier Millionen Geräte über das Land verteilt, und das »Fernsehen der DDR« sendet täglich zwölf Stunden Programm.

## Schnäppchen bei Neckermann

Im Westen ist man da schon weiter, der Fernseher gehört zu den Insignien des Wirtschaftswunders, er ist ein Statussymbol und das Herzstück der deutschen Wohnzimmer. Man lädt Verwandte, Freunde und Nachbarn ein, um ihn vorzuführen. Doch auch hier ist zumindest das Farbfernsehen ein Luxus für Gutverdiener, den sich 1970 erst acht Prozent der Haushalte leisten. Ein gutes Farbfernsehgerät kostet locker 2500 Mark, mehr als den Monatslohn vieler Menschen. Es ist der Versandhausunternehmer Josef Neckermann, zweifacher Mannschaftsolympiasieger im Dressurreiten und mit 60 Jahren auch in München am Start, der als Erster den Preis drückt und Geräte für unter 1900 Mark verkauft.

1972 melden die Händler Umsatzrekorde, Zuwächse von 50 Prozent im Vergleich zu 1971. Die Spiele verhelfen dem Color-TV zum Durchbruch. Bald empfangen es immerhin 22 Prozent der Haushalte; in der DDR wird dieser Wert erst 1982 verzeichnet werden. In den Zeitungen der Bundesrepublik findet man vor Olympia Berichte über Familien, die zugunsten eines neuen Farbfernsehgeräts auf den Jahresurlaub verzichten. Die Lufthansa stellt in ihren Flughafen-Lounges kleine Farbfernseher auf. Max Grundig beginnt im Februar 1972 in einem neuen Werk in Nürnberg-Langwasser die Herstellung eines bahnbrechenden Modells mit Ultraschall-Fernbedienung. 1200 Geräte laufen in Langwasser täglich vom Band, dank zeitsparender Modulbauweise.

So wird man das von nun an bei vielen Fußball-Weltmeisterschaften und Olympischen Spielen erleben: Sportliche Großereignisse beflügeln den Absatz von Fernsehern. Die Hersteller werben stets pünktlich zum Termin mit angeblich aufregenden technischen Neuerungen. Es wird allerdings wohl nie mehr so aufregend werden wie 1972, als die Welt Farbe annahm.

Augsburg leuchtet während der Wettbewerbe im Kanuslalom. Strahlender Sonnenschein am brandneuen Eiskanal, auf den Tribünen 24 000 feierwillige Zuschauer, darunter friedlich nebeneinander Brandt und Strauß. Auch Brundage gibt sich die Ehre, vielleicht, weil eines der Hindernisse auf der Strecke nach ihm benannt wurde, »Mount Avery«. Die bundesdeutschen Athleten sind auf ihrer neuen Heimbahn die großen Favoriten. Die Experten wissen ja nicht, dass Augsburg inzwischen auch so etwas wie die Heimbahn der ostdeutschen Kanuten ist. Erst am Rand der Wettbewerbe spricht sich herum, dass DDR-Nationaltrainer Werner Lempert den Kanal in Zwickau hat nachbauen lassen.

Die Rennen von Augsburg werden dramatische deutsch-deutsche Duelle. Vier Goldmedaillen sind zu vergeben, Lemperts Schützlinge gewinnen jede einzelne. Drei Mal bleibt für die Westdeutschen Silber. Lemperts Spionageeinsatz hat sich gelohnt. Siegbert Horn, einer der DDR-Goldmedaillisten, sagt hinterher: »Das war für uns in Augsburg wie ein Spaziergang mit dem Dackel im Park.« Das Augsburger Publikum beklatscht die Sieger aus dem Osten freundlich, so wie an fast allen olympischen Wettkampfstätten. DDR-Schwimmer Roland Matthes zum Beispiel ist erstaunt und ein klein wenig gerührt, wie laut es auf den Rängen wird, wenn er die Halle betritt: »Damit hatte ich wirklich nicht gerechnet.«

Umfragen belegen, dass den Bundesbürgern der deutsch-deutsche Symbolstreit der vergangenen Jahrzehnte inzwischen reichlich egal ist. Nur 21 Prozent der Befragten einer Allensbach-Erhebung nehmen Anstoß daran, dass bei Siegerehrungen die DDR-Fahne gehisst und die Becher-Hymne gespielt wird. 66 Prozent sagen, sie hätten mit all dem kein Problem. Bei den Jungen unter 30 Jahren sind es sogar 75 Prozent.

Einen einzigen Start hat Karen James bei diesen Olympischen Spielen. Im kanadischen Schwimmteam ist die 19-Jährige für die 200 Meter Lagen vorgesehen. Der Vorlauf ist gleich am ersten Vormittag, am 27. August. James wird Vierte in ihrem Rennen, das reicht nicht fürs Halbfinale. Damit sind die Spiele für sie auch schon wieder vorbei. Karen James kann damit leben. »Mit Olympia ist für mich ein Traum in Erfüllung gegangen, den ich geträumt habe, seit ich acht Jahre alt war«, sagt sie beim Blick zurück. Die Gänsehaut bei der Eröffnungsfeier, die spürt sie noch nach einem halben Jahrhundert. Sie muss sich nichts vorwerfen nach ihrem ersten und letzten Olympiarennen. Sie ist persönliche Bestzeit geschwommen, und jetzt darf sie sich einfach nur freuen: auf zwei Wochen im olympischen Dorf, die Wettbewerbe ihrer Teamkollegen und die »beer halls« von München.

Wie es ist, wenn die Erwartungen einer ganzen Nation auf den Schultern eines einzelnen Athleten lasten, erfährt am 28. August der Schwimmer Hans Faßnacht aus Mannheim. Am dritten Tag der Spiele soll er das erste

Gold für die Bundesrepublik an Land ziehen. Knackig zusammengefasst sind die Erwartungen an ihn im Titel eines Faßnacht-Porträts im ›Kicker‹-Sonderheft zu den Spielen: »Hans Faßnacht macht sie alle nieder«. Gold über 200 Meter Delphin sind fest eingeplant, bei Faßnacht selbst und bei den Fans.

Bei den Europameisterschaften 1970 hatte Faßnacht drei Titel errungen; 1969, 1970 und 1971 war er als Deutschlands »Sportler des Jahres« geehrt worden. Für die festliche Verleihung in Baden-Baden musste er jeweils aus den USA anreisen, wo er sich niedergelassen hatte, um bei einem renommierten Coach in Kalifornien zu trainieren. Gelegentlich flogen deutsche Kamerateams ein, um Faßnacht bei seinem amerikanischen Abenteuer zu beobachten. Die Gäste aus der Heimat staunten über innovative Trainingsmethoden, aber auch über das schnell zu amerikanischer Dimension angewachsene Sendungsbewusstsein des Athleten. Den Sportkameraden daheim ließ er bestellen, sie könnten »sich nicht quälen«. Vor der Abreise nach München verstieg Faßnacht sich zu einer martialischen Devise: »Lieber sterben als verlieren.« Wenige Tage vor seinem ersten Auftritt bei den Spielen legte er die Einschätzung nach, die anderen wüssten ja gar nicht, »wie schnell ich bin«.

Hans Faßnacht ist ein Mythos, jedenfalls bis er ins Becken von München steigt. Als das Finale über 200 Meter Delphin vorüber ist, klammert sich ein entzauberter, gedemütigter Held an den Beckenrand. Fünfter Platz, der nasse Faßnacht wirkt, als würde er hoffen, dass ihn doch noch irgendwer aus diesem Albtraum weckt. Als er sich abgetrocknet und gefasst hat, sagt er, er habe im Rennen »immer das Gefühl« gehabt, »mich zieht jemand bei jedem Zug einen Meter zurück«. Wenigstens die DDR-Presse ist von dem Abend in der Olympiaschwimmhalle begeistert: »Das im USA-Trainingscamp Long Beach über vier Jahre hochgezüchtete Paradepferd versagte.«

Die Spiele sind ein Fest, aber den Gastgebern fehlt zu ihrem Glück weiterhin eine Goldmedaille. Die Kanuten liefern sie nicht, die Schützen auch nicht. Tag um Tag vergeht ohne Gold. Die Münchner ›Abendzeitung‹ proklamiert tapfer: »Die anderen siegen, wir bleiben heiter.« Die Erwartungen suchen sich neue Schultern, und sie finden die Schultern von Heide Rosendahl. Sie meidet in München jede Kamera, und

## Die heiteren Spiele

wenn sie doch mal nicht entrinnen kann, dann dämpft sie die galoppierenden Hoffnungen ihrer Landsleute. Dem ZDF-Moderator Werner Schneider erläutert sie geduldig die Stärke der Konkurrenz. Schneider antwortet, gut, dann wolle er ihr »nicht böse sein, wenn sie etwa nicht gewänne«. Rosendahl weiß, dass das möglicherweise für Schneider stimmt. Aber was ist mit dem Rest des Landes?

Es ist Mittwoch, der 30. August, und die Zuschauer in der vollgepackten Olympiaschwimmhalle sehen am frühen Abend ein dramatisches Finale über 400 Meter Lagen der Männer. Der 21-jährige Schwede Gunnar Larsson und der 19-jährige Amerikaner Tim McKee schlagen gleichzeitig an. Larsson hebt den Kopf aus dem Wasser, blickt zur Anzeigentafel und bricht in Jubel aus. Er hat die »1« hinter seinem Namen gesehen und das rote Dreieck, das einen olympischen Rekord markiert. Es vergehen 20 Sekunden, bis ihm ein schwedischer Teamkollege, der auf der Nebenbahn geschwommen ist, klarmachen kann, dass die »1« zwei Mal auf der Tafel steht, auch hinter McKees Namen. 4 Minuten, 31 Sekunden und 98 Hundertstel, das ist die Zeit, die für beide angegeben wird. Früher hätte man von einem toten Rennen gesprochen und beiden eine Goldmedaille umgehängt. Aber wie in vielen anderen Bereichen sind die Spiele von München auch in der Computer- und Messtechnik ein Ereignis, das epochale Veränderungen widerspiegelt.

Bei den ersten Olympischen Spielen 1896 in Athen hatten die Organisatoren genau zwei Stoppuhren zur Verfügung, von denen eine kaputt war. Bis zum Zweiten Weltkrieg, schreibt der Sporthistoriker Karl Lennartz, wurde bei vielen Leichtathletikwettbewerben nur die Siegerzeit genommen, die Rückstände der Platzierten wurden geschätzt. Selbst als eine ausreichende Zahl funktionierender Stoppuhren zur Verfügung stand, blieben die Zeiten ein Stück weit Verhandlungssache: Die Zeitnehmer drückten den Startknopf ihrer Uhr, wenn sie den Startschuss hörten – und so gut wie nie drückten alle gleichzeitig. Also einigten sie sich meistens auf einen Mittelwert ihrer Messergebnisse.

Als der Deutsche Armin Hary 1960 im Zürcher Letzigrund-Stadion die magische 10,0-Sekunden-Marke über 100 Meter erreichte, wurde der Weltrekord vom Kampfgericht zunächst nicht anerkannt. Begründung: Bei dieser Fabelzeit müsse ein Fehlstart vorliegen. Der wütende Hary

## Zwei Tausendstelsekunden entscheiden über Gold

erwirkte einen zweiten Lauf, nur eine halbe Stunde nach dem ersten. Vier Stoppuhren erfassten seine Zeit: eine blieb bei 10,01 Sekunden stehen, drei bei 10,0. Nun erkannte das Kampfgericht den Weltrekord an. In den Sechzigerjahren beschleunigte sich die technische Entwicklung, in den ersten Sportarten wurde mit Lichtschranken und elektronischer Zeitmessung experimentiert. Immer öfter arbeitete man mit Zielfotos. Und kurz vor den Spielen vermeldeten Schweizer Uhrenbauer, dass eine verbesserte Quartz-Technik in München die Messung auf eine Tausendstelsekunde genau erlaubte.

Gunnar Larsson und Tim McKee sind die ersten Athleten, die in den zweifelhaften Genuss dieses Fortschritts kommen. In der Olympia-Schwimmhalle verstreichen die Minuten, McKee und Larsson sitzen sich gegenüber am Beckenrand, beide sind vollkommen ausgelaugt. Larsson lehnt sich an seinen Startblock. Mit bloßem Auge ist auch bei der fünften Wiederholung der Fernsehbilder kein Unterschied beim Anschlag zu erkennen. Nach quälenden acht Minuten ertönt die Durchsage: »Gewinner des Rennens: Gunnar Larsson«. Zwei Tausendstelsekunden liegt der Schwede vor dem Amerikaner. Umgerechnet entspricht das etwa zwei Millimetern, der Stärke eines Streichholzes. Die Halle eruptiert nicht in Applaus, sondern in Pfiffen und Buhrufen. »Man empfand die Wertung als unmenschlich«, erinnert sich später der ZDF-Reporter Schneider. »Die Zuschauer hassten die Elektronik.«

Die Elektronik soll Unsichtbares sichtbar machen, sie soll eigentlich genau jene Gerechtigkeit bringen, die das Publikum an anderen Wettkampfstätten vermisst. Beim Boxen, Wasserspringen oder Turnen gilt ja der menschliche Faktor als das Problem: jene Kampfrichterinnen und Kampfrichter, die Entscheidungen sehr verlässlich gemäß ihrer Herkunft treffen, Ost gegen West und West gegen Ost. Oder die Olga Korbut bei einer Übung am Stufenbarren, die jeder Zuschauer in der Halle für Zauberwerk hält, nur eine 9,8 geben. Bei den Ballsportarten mit ihren Schiedsrichtern ist der menschliche Faktor ohnehin traditionell kräftig am Wirken. 50 Jahre nach München wird der Videoschiedsrichter im Profi-Fußball Alltag sein – und manche seiner Entscheidungen Spieltag für Spieltag höchst umstritten. Nur langsam wird sich die Erkenntnis durchsetzen, dass auch die vorzüglichste Technologie nicht jede Spielszene objektivieren kann.

Natürlich gibt es in München auch Fortschritt, auf den sich alle einigen können. Da ist der Landshuter Ingenieur Theo Bosch, selbst früher bayerischer Juniorenmeister im Speerwerfen, der beim Landesvermessungsamt für die Präzision der Flurkarten des Freistaats zuständig ist und jetzt ein wegweisendes elektronisches Verfahren zur Weitenmessung in den Wurfdisziplinen entwickelt hat. Bosch gilt als der Mann, der 1972 in der Leichtathletik das Maßband überflüssig macht. Große Zustimmung finden auch die Startblöcke mit kleinen eingebauten Lautsprechern, die sicherstellen, dass der Schall des Startsignals wirklich gleichzeitig bei allen Athleten ankommt.

Die Innovationskraft dieser Jahre konfrontiert die Sportwelt mit einer grundsätzlichen Frage: Muss man alles machen, nur weil es machbar geworden ist? Und was ist, wenn – wie bei Larssons, na ja, Sieg über McKee – die technisch ermittelte Gerechtigkeit dem menschlichen Gerechtigkeitsempfinden widerspricht? Der Mensch ist Anfang der Siebzigerjahre dabei, sein Verhältnis zum Computer zu ordnen, natürlich nur provisorisch, denn die ständig wachsende Leistungsfähigkeit der Rechner wirft immer neue Fragen auf. 1975 wird Microsoft gegründet, 1976 Apple. SAP vermeldet im selben Jahr einen Umsatz von 3,81 Millionen D-Mark. Leise, ganz leise hat die Digitalisierung des Lebens begonnen.

Heide Rosendahl macht sich rar in München, sie ist erst zwei Tage vor ihrem ersten Wettkampf angereist, sogar auf die Eröffnungsfeier hat sie verzichtet. »Um mich war damals viel Trubel, wo immer ich auftauchte, dem wollte ich so lange wie möglich entgehen«, erinnert sie sich. Sie verbringt viel Zeit in ihrem Appartement im Frauendorf, zehnter Stock, vom Balkon aus blickt sie auf die Mensa und die Häuserreihe mit dem Quartier der israelischen Männer.

Am 31. August, dem Tag des Weitsprungs, wacht Rosendahl früh auf, um sechs Uhr ist sie auf den Beinen. Frühstück auf dem Zimmer, dann holt sie ihr Trainer Gerd Osenberg am Zaun des Frauendorfes ab – hinein darf er als Mann nicht. Die beiden laufen hinüber ins Stadion, der Sommermorgen ist eine einzige Verheißung. Die Frage ist nur, für wen. Auch die Bulgarin Diana Jorgowa darf von Gold träumen. Um kurz vor zehn werden die Weitspringerinnen von der Aufwärmhalle durch einen unterirdischen Gang ins Stadion geführt. Die Ränge sind schon jetzt beinahe

## Heide Rosendahl beendet das Warten

voll. Zum ersten Mal an diesem Tag vollzieht sich das Ritual, das sich vielen Zuschauern im Stadion und zu Hause ins Gedächtnis brennen wird. Vor jedem Sprung rupft Rosendahl – Nickelbrille, Ringelsocken, Startnummer 173 – ein paar Halme des feinen olympischen Rasens aus und wirft sie in die Luft, um zu sehen, ob der Wind günstig steht. Anschließend streicht sie die Haare hinter die Ohren und geht in Position: die Arme leicht vorgestreckt, die Finger in Bewegung. Der rechte Fuß wird fest aufgesetzt, der linke tippelt vor und zurück. Und dann läuft sie an.

Rosendahl erreicht mit spielerischer Leichtigkeit das Finale am Nachmittag, aber ganz glücklich ist sie nicht. »Ich startete im Weitsprung lieber nach meinen Konkurrentinnen, doch diesmal sah die Auslosung mich als eine der Ersten vor.« 15:36 Uhr, ihr erster Versuch im Finale. Sie will es »locker« angehen, ein Sicherheitssprung knapp über 6,60 Meter wäre gut. Es wird ein Supersatz. Weiße Fahne, gültig. Dann leuchtet die Anzeigetafel auf: »173 Rosendahl GER 6,78«. Nur sechs Zentimeter unter ihrem Weltrekord. Rosendahl hat vorgelegt, sie wird eine Serie von starken Sprüngen folgen lassen, aber an ihren ersten Versuch kommt sie nicht mehr heran. Sie kann jetzt nur warten, und sie schaut recht entspannt aus dabei: Im lindgrünen Trainingsanzug liegt sie auf dem Rasen, die Beine auf einer Holzbank.

Dann der vierte Versuch ihrer größten Konkurrentin, der Bulgarin Diana Jorgowa. Weit, sehr weit. Heidi Schüller, Rosendahls Mannschaftskollegin, die vor wenigen Tagen den olympischen Eid gesprochen hat, entfährt ein Schreckensschrei. Weiße Fahne. Die Anzeigetafel verkündet: 6,77 Meter. Ein Zentimeter weniger als Rosendahl. Nun schreien sie im Stadion vor Erleichterung. Doch der Wettbewerb ist noch nicht zu Ende. Letzter Durchgang, Jorgowa ist die letzte Springerin von allen. Nur sie steht zwischen den Deutschen und ihrem ersten Gold. Jetzt kann auch die notorisch gelassene Heide Rosendahl nicht mehr hinschauen. Während Jorgowas Anlauf schließt sie die Augen. Als sie die Augen wieder aufmacht, hebt der Kampfrichter die rote Fahne. Übertreten, ungültig. Heide Rosendahl ist Olympiasiegerin. Vier Jahre nach dem Tiefschlag von Mexico City. Auf den Tribünen umarmen sich wildfremde Menschen. »Heide, Heide«, rufen die Leute. Bei der Siegerehrung muss Rosendahl die Brille abnehmen. Sind das Tränen? Falls sie jemals unnahbar war: Jetzt ist sie es nicht mehr.

**Die heiteren Spiele**

Wenn Olympiatouristen kein Geld für eine Stadtrundfahrt ausgeben wollen, können sie eine kostenlose Tour bei der »Aktion Demokratisches Olympia« (ADO) buchen. Der Schwerpunkt ist dann allerdings eigenwillig: Die Teilnehmer bekommen keine »Weltstadt mit Herz« präsentiert, wie die Stadtwerbung verspricht, sondern eine »Profitstadt ohne Hirn«. In den drei Stunden erfahren sie nichts oder zumindest nichts Gutes über die Wittelsbacher, dafür aber umso mehr über Lenins segensreiche Münchner Periode. Die ADO, muss man wissen, ist eine Initiative, die der Deutschen Kommunistischen Partei nahesteht. Und sie ist nur eine von vielen linken Gruppen, die sich für die Spiele viel vorgenommen haben.

Irgendwer demonstriert immer in den Wochen von München. Sozialisten, Marxisten und Maoisten agitieren gegen den Vietnamkrieg, die in München beheimateten amerikanischen »Hetzsender« ›Radio Free Europe‹ und ›Radio Liberty‹ sowie gegen die deutsche Rüstungsindustrie. Osteuropäische Exilanten beklagen die kommunistische Unrechtsherrschaft in ihren Heimatländern. Rechtsextremisten schmieren Hakenkreuze auf sowjetische Plakate und kündigen ein riesiges Jugendlager an. Aber egal, wer auf die Straße geht: Meistens sind es nur ein paar Dutzend Leute, manchmal auch ein paar Hundert, bei den Linken einmal 2000. Das Camp der Nachwuchsfaschisten besteht am Ende aus sechs Zelten.

Die aggressiven Demos, vor denen sich die Organisatoren und die Münchner Polizei im Grunde seit 1968 fürchten, gibt es mit wenigen Ausnahmen nicht. Die Zahl der angereisten Aktivisten ist überschaubar. Vogel und Daume glauben, dass sie vielen mit ihrem Konzept menschlicher Spiele den Wind aus den Segeln genommen haben. Nur einmal kommt es zu garstigen Kampfszenen, als Demonstranten am Karlstor die Absperrung der innerstädtischen Bannmeile zu stürmen versuchen. Wie im Olympiapark sind auch in der Fußgängerzone politische Versammlungen verboten. Die Überwindung des Polizeiriegels gelingt einigen kommunistischen Studenten dann ohnehin eleganter: Sie fahren einfach mit der S-Bahn zum Marienplatz.

Die Münchner kriegen von all dem wenig mit, am ehesten stören sie sich daran, dass sich im Englischen Garten unter dem Monopterostempel die Hippies ausbreiten. Geordneter geht es da schon im offiziellen Olympischen Jugendlager zu, in dem 1500 junge Menschen zwischen 17 und 20 Jahren aus 53 Ländern zusammenkommen. Aber auch hier keimt Widerstand: ein klein wenig gegen die Tatsache, dass der Waffenkonzern Krauss-Maffei das Lager sponsert. Aber noch mehr gegen die Nachtruhe, die schon um 23 Uhr in Kraft tritt – nur am ersten Tag, dann wird sie gestrichen. Immerhin mucken einige Jugendliche auf, als ihnen eine ZDF-Gala mit Max Schmeling und Jesse Owens, zu der sie eingeladen wurden, arg schmalzig vorkommt. Die Zuschauer daheim hören einen Sprechchor, der mit dem Namen des Moderators Herbert Schneider spielt: »Schneider, Schneider – meck, meck meck / diese Show hat keinen Zweck.«

Allzu politisch wollen die Bewohner des Jugendlagers aber doch nicht werden: Als sie sich zwischen einem Studientag in Dachau und einer Brauereibesichtigung entscheiden dürfen, wählen zwei Drittel das Bier. Eine große Gruppendiskussion über Vietnam wird von der sowjetischen Nachwuchsdelegation verhindert, als klar wird, dass die Kritik nicht nur die USA treffen könnte. Die Sowjets veranstalten dann lieber einen Geländelauf zu Ehren des vietnamesischen Volkes.

Als der Hallensprecher das Urteil verkündet, hebt der kleine Mann im hellblauen Frotteemantel ab. Boxer sind harte Kerle, aber am weichen Herzen des Dieter Kottysch kann nun kein Zweifel mehr bestehen. Gold im Halbmittelgewicht, der erste Olympiasieg in der Geschichte des bundesdeutschen Boxens. Mit hochgerissenen Armen springt Kottysch auf und nieder, er küsst den Ringrichter auf die Wange, er umarmt seinen polnischen Kontrahenten Wieslaw Rudkowski und dessen Betreuer. Dann steigt Kottyschs kleine Tochter in den Ring. Sie läuft nicht zu ihrem Vater, sondern zu dem geschlagenen, am Kopf verletzten Rudkowski. Sie will ihn trösten. Kottysch, in Hamburg zu Hause, stammt aus Polen, Rudkowski und er sind seit Jugendtagen befreundet. Jetzt haben sie olympisches Gold unter sich ausgemacht. Der Verlierer feiert mit dem Sieger, der Sieger trauert mit dem Verlierer. Und der Eiserne Vorhang ist für einen kurzen Augenblick aufgegangen.

Die prägende Figur der Boxwettkämpfe von München ist trotzdem nicht Dieter Kottysch, sondern ein Modellathlet aus Kuba, dessen Vorname wohl nicht zufällig »Von Gott geliebt« bedeutet. Teofilo Stevenson, 1,96 Meter, 100 Kilo, Sohn eines Zuckerrohrarbeiters aus der Provinz

Las Tunas, mag ein Schwergewichtler mit eisenharten Haken sein, aber er boxt so elegant, wie andere nicht mal tanzen. Manche Zuschauerin quietscht nach seinen Kämpfen vor Erleichterung, weil sein ebenmäßig schönes Gesicht wieder mal keinen Kratzer abbekommen hat. Es war der ostdeutsche Trainer Kurt Rosentritt, der einige Jahre zuvor das Talent des jungen Stevenson entdeckte. »Vater des kubanischen Boxsports« wird Rosentritt wegen seiner Pionierarbeit gerufen. Bei den Spielen von München wird die Zuckerinsel mit drei Goldmedaillen zur Weltmacht im Boxen.

Für Fidel Castro trifft es sich, dass Stevenson ein glühender Anhänger der kubanischen Revolution ist, der ihre Parolen im Gegensatz zu anderen Sportlern nicht erst mühsam auswendig lernen muss. Und als günstige Fügung erweist sich auch, dass Stevenson schon zum Auftakt des Turniers auf Duane Bobick trifft, den großen Favoriten aus den USA, »die weiße Hoffnung«. Der kubanische David gegen den amerikanischen Goliath, und das zu einem Zeitpunkt, zu dem Goliath noch nicht wissen kann, wie gefährlich dieser David ist.

»Amerikas Boxstolz wurde buchstäblich physisch vernichtet«, schreibt ein Reporter hinterher. Bobicks linke Gesichtshälfte ist übel aufgeschwollen, als der Ringrichter den Kampf endlich beendet. Stevenson hat keine Schramme davongetragen, Radio Kuba frohlockt über den »Gott aus Bronze«. Nach 60 Jahren Besatzung hatten die Kubaner die Amerikaner 1959 von ihrer Insel vertrieben. Und nun hatte ein stolzer Realsozialist einen dieser Imperialisten auch noch tüchtig vermöbelt. Ein paar Tage später wird Teofilo Stevenson völlig unangefochten der erste kubanische Olympiasieger seit 1904. Stolz verliest er vor Journalisten Castros Glückwunschtelegramm.

Zwei Dinge hat sich Mark Spitz vorgenommen für München: erstens, sieben Goldmedaillen zu gewinnen. Und zweitens: vorher niemandem zu sagen, dass er sieben Goldmedaillen gewinnen will. Den Fehler von 1968 wird er nicht wiederholen. Er ist jetzt 22 Jahre alt und studiert Zahnmedizin, er ist reifer geworden, auch dank seines Trainers an der University of Indiana, Doc Counsilman. »Er war ein kleiner Junge, bevor er zu uns kam«, sagt der Coach. »Jetzt ist er ein Mann.«

Er ist immer noch kein einfacher Charakter, klar. Ein Kommilitone aus Indiana, der ihm wohlgesinnt ist, sagt: »Wenn jemand ohne ein Bein geboren wird, hasst man ihn nicht dafür. Es ist unfair, Mark Spitz dafür zu hassen, dass er ohne Takt oder Mitgefühl geboren wurde.« Aber Spitz bemüht sich: Im Gegensatz zu 1968 ist er 1972 gut ins amerikanische Schwimmteam integriert, er geht mit den anderen ins »Hofbräuhaus« und kann es nicht fassen, dass die merkwürdigen Bayern um zehn Uhr morgens literweise Bier trinken.

Von der Olympiaschwimmhalle ist Spitz schon nach dem ersten Test restlos begeistert, so wie die meisten anderen Schwimmer. Nicht nur von der Architektur, dem geschwungenen Dach und der Weite des Raums, der sich aber schnell in einen Hexenkessel verwandeln kann. Spitz hält das Münchner Becken für das schnellste, in das er jemals gesprungen ist. Es verfügt über spezielle Überlaufrinnen und über optimierte Begrenzungsleinen zwischen den Bahnen – alles, um Wellenbewegungen zu minimieren. Am Ende der Spiele werden die Statistiker 34 Weltrekorde, 84 Olympiarekorde und 300 Landesrekorde notieren, so viele wie nie zuvor.

Spitz kommt in der Form seines Lebens nach München, aber der Trubel um ihn hat nicht nur mit seinen Leistungen zu tun, sondern schon auch mit seinem Aussehen. Keinem steht die knappe Badehose des US-Teams so wie ihm. Dass die US-Delegationsleitung bei der Anreise nach München Männer und Frauen in den Flugzeugen durch leere Sitzreihen in der Mitte trennte, das sollte auch verhindern, dass die Teamkolleginnen sich im ungünstigsten Moment in »Mark the Shark« verguckten, in ausgeprägte Muskeln, bronzene Haut, volles schwarzes Haar und blitzende weiße Zähne; gelegentlich wird Spitz mit Omar Sharif verglichen. Und natürlich weiß er um seine Wirkung. »Ich liebe alle schönen Mädchen«, sagt er kurz vor den Spielen. »Wenn ich schwimme, denke ich immer daran, dass am Ende des Beckens ein Mädchen auf mich wartet.«

Die ekstatischen Spitz-Bewunderinnen im Münchner Publikum sehen sogar großzügig über den Schnurrbart hinweg, den Spitz sich hat wachsen lassen, um seinen Trainer Counsilman zu nerven. Dieser hatte verlangt, dass Spitz »glatt rasiert« in die Spiele gehen müsse, wie das bei Schwimmern eben üblich ist. »Es war meine Form des Protests«, sagt Spitz später. An eine so unschuldige Erklärung wollen die sowjetischen Trainer in München nicht glauben. Was es denn mit dem Bart auf sich habe, erkundigt sich vorsichtig ein Russe bei Spitz. »Ich habe denen erzählt, dass die Barthaare das Wasser von meinem Mund fernhalten und mich so noch schneller machen«, berichtet Spitz im Rückblick. »Ein Jahr später trugen alle sowjetischen Schwimmer einen Schnauzbart.«

Spitz und die Sowjets liefern dann auch noch einen hübschen Augenblick der Entspannung im olympischen Kalten Krieg. Der Amerikaner ist für eine Trainingseinheit im Gautinger Freibad eingeteilt, 20 Kilometer außerhalb der Stadt. Dort fühlt Spitz sich jedoch durch das Geläut der Kuhglocken von der benachbarten Weide gestört. Er lässt sich zurückfahren in die Olympiaschwimmhalle, die allerdings gerade dem sowjetischen Team zusteht. Ob sie ihm eine Bahn abtreten würden, fragt Spitz – und die Sowjets sagen tatsächlich Ja. Spitz kann charmant sein, früher hat das seine Verbissenheit nur nicht zugelassen. Je mehr Zuneigung er bekommt, desto lockerer wird er. »Er war ein ungeheuer freundlicher Mensch«, erinnert sich der Sicherheitsmann Helmut Fischer, der ihn mehrere Male im olympischen Dorf begleitet. »Er hat sehr entspannt mit uns geplaudert.«

Am Montag, dem 28. August, beginnt um 18:30 Uhr die Münchner Goldreise des Mark Spitz. Sein erstes Finale ist das über 200 Meter Schmetterling. »Ich wusste, dass ein Sieg mich zu großartigen Leistungen auf den übrigen Strecken katapultieren konnte. Aber ich wusste auch, dass mich ein Scheitern aus der Bahn werfen könnte.« Die Bilder der Enttäuschung von Mexiko verfolgen Spitz bis in die Schwimmhalle. »Der einzige Weg, sie auszulöschen, war zu gewinnen.« Nach 50 Metern übernimmt Spitz die Führung und gibt sie nicht mehr ab. Der Siegesjubel fällt bei ihm normalerweise sehr zurückhaltend aus. Aber jetzt reißt er nach dem Anschlag die Hände nach oben, dann schließt er die Augen und schlägt mit den Armen aufs Wasser.

Noch am selben Abend gewinnt Spitz sein zweites Gold, mit der 4 x 100-Meter-Freistilstaffel. Tags darauf, am 29. August, holt er Gold Nummer drei, über 200 Meter Freistil. Zweiter wird sein Teamkollege Steven Genter, der wenige Tage nach einem Lungenkollaps gegen den Rat der Ärzte an den Start geht. Daraus erwächst eine Debatte, die Schwimm-Nerds noch lange beschäftigen wird: Hätte ein fitter Genter Spitz geschlagen? Dritter wird der Deutsche Werner Lampe, der bei der Siegerehrung Spitz fast die Show stiehlt, denn zum Rennen war Lampe mit kahl rasiertem Schädel angetreten und trägt jetzt eine verwegene

## Supermans Schuhe und ein gefährlicher Verdacht

blonde Perücke. Größere Bedeutung nimmt am Ende jedoch ein anderes Detail der Medaillenzeremonie an: die blauen Sportschuhe mit den drei Streifen, die Spitz nicht an den Füßen trägt, sondern gut sichtbar in der Hand hält.

Schon auf dem Weg zum Podium hatte Spitz mit den Adidas-Tretern ins Publikum gewunken. Hinterher erklärt er, dass er einfach keine Zeit gehabt habe, die Schuhe anzuziehen, weil die Siegerehrung so plötzlich begann. »Mindestens vier Jahre alt«, seien die Schuhe, versichert er treuherzig, mit so was würde doch niemand Schleichwerbung machen. Die Sowjets können sich das aber sehr wohl vorstellen und protestieren beim IOC. Der Traum von sieben Goldmedaillen wird jetzt nicht nur im Becken, sondern auch in einer Anhörung entschieden. Die Gefahr, dass der Superman des Schwimmens ausgeschlossen wird, ist real – auch an Karl Schranz, dem Superman des Skisports, hatte Avery Brundage ja ein Exempel statuiert.

Bei der Anhörung kommt Spitz sich vor, als stünde er vor einem Tribunal, er sitzt Brundage direkt gegenüber. Ein Vertreter des US-Teams, der Spitz' Verteidigung vorbringt, stellt gleich zu Beginn einen Vergleich an, den die IOC-Mitglieder als Drohung verstehen müssen: Wie das denn eigentlich mit Shane Gould sei, fragt der Amerikaner, der 15-jährigen Australierin, die das Publikum nach drei Goldmedaillen für immer ins Herz geschlossen hat. Hatte die süße Shane, von der deutschen Presse nur »Goldfisch« genannt, auf dem Treppchen nicht stets ein Plüschkänguru dabei? Und hatte dieses Stofftier nicht eine frappierende Ähnlichkeit mit dem Känguru, das die australische Tourismusbehörde und die Fluglinie Qantas für ihre Werbung nutzen?

Erst Superman und dann auch noch eine 15-Jährige rauszuschmeißen, die alle Goldfisch nennen, das ist wohl selbst Brundage nicht geheuer. Schnell klingen die IOC-Vertreter so, als würden sie Spitz glauben, zufällig mit seinen Schuhen gewedelt zu haben. Brundage wendet sich an den Athleten: »Vielleicht begreifen Sie das nicht, aber dieses Unternehmen hätte Ihnen 100 000 Dollar gezahlt für das, was Sie getan haben.« Und wenn man Spitz' Version der Ereignisse glaubt, denkt der sich nun: »100 000? Das ist sehr viel Geld! Die können meine Medaillen zurückhaben.« Er wird freigesprochen, und nach der Anhörung stehen die IOC-Mitglieder bei ihm Schlange für ein Autogramm.

## Die heiteren Spiele

30 Jahre später legt die niederländische Autorin Barbara Smit in einem Buch über den »Sneaker-Krieg« zwischen Adidas und Puma überzeugend dar, dass Adidas-Chef Horst Dassler Spitz dringend darum gebeten hatte, die Schuhe in die Kameras zu halten. Auch auf die Entscheidung des IOC-Gremiums soll Dassler diskret eingewirkt haben. Mit dem wichtigsten Sportartikelhersteller der Spiele wollten es sich die Olympier wohl nicht verscherzen. Spitz sagt in ungewohnter Bescheidenheit: »Bei meinen restlichen vier Rennen werde ich ebenfalls versuchen, mein Bestes zu geben.«

Am 31. August ist die Atmosphäre in der Olympiaschwimmhalle elektrisch, Karten werden zu irren Preisen auf dem Schwarzmarkt gehandelt. Es ist der Tag, an dem Spitz mit dem italienischen Fechter Nedo Nadi gleichziehen kann, der 1920 in Antwerpen fünf Goldmedaillen gewann. Zuerst siegt Spitz über 100 Meter Schmetterling. Dann führt er die 4 x 200-Meter-Freistilstaffel zu Gold. Fünf Rennen, fünf Weltrekorde. Mark Spitz hat nun seinen Platz in der olympischen Geschichte. Und zwei Rennen kommen noch.

Spitz ist nur der bekannteste von sehr vielen Athleten, die Adidas oder der Rivale Puma – geführt von den verfeindeten Brüdern Adi und Rudolf Dassler – bei den Spielen diskret an sich binden. Die Sportartikelindustrie ist die erste Branche, die erkannt hat, wie verkaufsfördernd die Bilder siegreicher Olympioniken für ihre Produkte sind. Bereits 1964 in Tokio und so richtig 1968 in Mexico City war zwischen den beiden Weltmarktführern aus Herzogenaurach ein Kampf darum entbrannt, welcher Medaillengewinner welche Schuhe trägt. Adidas hatte dort einen Coup gelandet, als Hochsprung-Olympiasieger Dick Fosbury in jede sich bietende Kamera schwärmte, dass er seinen Erfolg nicht zuletzt diesen fabelhaften Hightech-Tretern aus Deutschland verdanke.

Obwohl Avery Brundage ständig in flammenden Reden mit Titeln wie »Die Olympischen Spiele in Gefahr« davor warnt, hat die Kommerzialisierung des Sports längst begonnen. Die neue globale Fernsehpräsenz der Spiele garantiert Ausrüstern und Sponsoren eine gigantische Werbeplattform. Und natürlich wollen auch die Athletinnen und Athleten selbst profitieren, endlich eine Gegenleistung bekommen für die vielen Stunden Training. In München bricht der große Damm, den das IOC errichtet hatte. Gegen Brundages Widerstand macht das Organisationskomitee Adidas zum »offiziellen Ausrüster« der Spiele.

Um des lieben fränkischen Friedens willen darf auch Puma im olympischen Dorf einen eigenen Shop einrichten, in dem sich Athleten mit Ware eindecken können. Individuelle Verträge sind zwar noch tabu, aber vieles geht unter der Hand. Adi Dasslers Frau Käthe höchstpersönlich, heißt es, ködere in den Katakomben der Wettkampfstätten Sportler »mit einer Ledertasche voller Scheine«. Puma dürfte es kaum anders handhaben. Ein Goldkandidat in der Leichtathletik oder im Schwimmen sei praktisch nicht unter 5000 US-Dollar zu haben.

Mehr als sechzig Prozent der Teilnehmer entscheiden sich Schätzungen zufolge für Adidas. Sogar Ostblock-Vertreter wie der sowjetische Sprinter Walerij Borsow tragen die Schuhe mit den drei Streifen, Adi Dassler hat ihn mit einer millimetergenauen Spezialanfertigung und sicher auch mit ein paar Rubeln überzeugt. Für Medaillen belohnen Adidas und Puma ihre Athleten mit Sachpräsenten, mit Zinnuhren, Kassettenrekordern oder tragbaren Fernsehern. Nur ein paar Amerikaner haben bereits die Schuhe einer US-Marke im Gepäck, die 1964 in Oregon gegründet wurde und bislang nur regional bekannt ist: Nike.

Für Avery Brundage ist all das ein Graus, er klagt bitterlich über Firmengesandte, die in München den Athleten nachstellen, um ihnen unwürdige Werbedeals für Kaffee oder Staubsauger schmackhaft zu machen. Auch die »vulgäre« Verwendung der olympischen Ringe auf Souvenirartikeln stößt dem IOC-Chef sauer auf. Vermutlich weiß Brundage aber, dass er diesen Kampf im Grunde schon verloren hat. Die Professionalisierung des Sports in dem Sinn, dass zumindest die Besten davon leben können, ist unausweichlich. Olympia ist die letzte Bastion gegen das große Geschäft, sogar in Deutschland werben Fußballprofis wie Franz Beckenbauer längst für Tütensuppe. Ein halbes Jahr nach den Spielen wird Eintracht Braunschweig als erster Bundesligaverein Trikotwerbung machen, mit dem Hirschlogo eines Kräuterlikörs.

Dass die olympischen Wettbewerbe hervorragend besucht sind, hatten die Organisatoren erwartet. Ein wenig überrumpelt werden sie vom großen Ansturm auf das Zahnärztliche Zentrum des Olympischen Dorfes, das Athletinnen und Athleten kostenlos behandelt. Vor allem Sportler aus

»Heimatländern mit einer miserablen Zahnversorgung« würden das Angebot nutzen, berichtet der Bayerische Rundfunk. »Einer sagt's dem anderen«, erklärt ein gestresster Arzt. 26 Zahnmediziner haben sich freiwillig zum Olympiadienst gemeldet. Meistens gehe es den Patienten nicht um akute Probleme, heißt es, sondern nur um ein paar Füllungen hier und eine Krone da. Sehr gefragt sei auch die Entfernung von Zahnbelägen und Verfärbungen, gerade mit Blick auf mögliche Siegerfotos.

Für ihren Einsatz bekommen die Ärzte täglich die kostenlosen Lunchpakete, die auch Tausende andere Olympiahelfer bei Kräften halten sollen. Nach einer Woche mehren sich aber kritische Stimmen: Wer immer das Paket zusammenstelle, habe offenbar eine eklatante Vorliebe für Leberwurst. Die gebe es nämlich jeden Tag. Am Montag grobe Leberwurst, am Dienstag feine, mal mit Zwiebeln, mal ohne, aber immer: Leberwurst. Viele Helfer schleichen sich deshalb notgedrungen ins Pressezentrum, wo das Buffet etwas vielfältiger ist. Das wiederum sehen die Journalisten mit Sorge: Es kann ja nicht sein, dass ihnen ein dahergelaufener Zahnarzt die Fleischpflanzerl wegfrisst. Wie gerufen kommt da der bayerische Ministerpräsident Alfons Goppel. Bei seinem Besuch im Pressezentrum hat er als Gastgeschenk drei Hektoliter Bier dabei, die für Durstige jeder Profession reichen.

Gut genährt sind auch die Mitglieder des neuseeländischen Ruder-Teams. Ein Farmer aus der Heimat hat den Sportlern per Express 300 Pfund Rindersteaks nach München geschickt. Der Mann hatte erfahren, dass die Mannschaft ihre Reise zum Großteil aus eigener Tasche bezahlen musste – und der Neuseeland-Achter sich sein neues Boot nur leisten konnte, weil ein Mitglied im Lotto gewann. Anders als die 500 Flaschen Rum, mit denen die kubanische Delegation einreisen wollte, passiert das Fleisch problemlos den deutschen Zoll. Dem Neuseeland-Achter verhelfen Lotto und Steaks am Ende zur Goldmedaille. Nicht alle Athleten haben solches Glück. Die australische Military-Team schrammt als Vierter erst knapp an Bronze vorbei. Dann müssen die Australier ihre Pferde verkaufen, um den Heimflug bezahlen zu können.

Die Eröffnung der Spiele hat Gustav Heinemann mit der ihm eigenen Seriosität erledigt. Seine zweite Aufgabe als Schirmherr liegt ihm deutlich weniger. Er muss in der früheren Residenz der Wittelsbacher zum großen

## Der Bundespräsident ist genervt

Empfang laden, bei dem er erwartungsgemäß in Sachen Glamour nicht nur von Fürstin Gracia Patricia von Monaco ausgestochen wird. Aus den Zeitungen wissen die Münchner, dass der Fürstin und ihrem Fürsten Rainier ein schlimmes Schicksal beschieden ist: Im »Hilton« haben sie nur die zweitgrößte Suite bekommen. Die größte hatte sich der Reitsportfreund Prinz Philip von England offenbar durch langfristige Vorbuchung gesichert.

Gustav Heinemann sind die Logisprobleme des Hochadels fremd, er demonstriert bekanntlich lieber Bodennähe – und das gelingt ihm sogar in der prunkstarrenden Residenz. Wo tags darauf beim Empfang des bayerischen Ministerpräsidenten Alfons Goppel langes Abendkleid, Smoking oder Uniform gefordert sind, begnügt Heinemann sich ausdrücklich mit Anzug, kurzem Kleid oder Tracht. Während Goppel an einer 35 Meter langen Festtafel Hummer und Kalbsfilet serviert, bekommen Heinemanns Gäste bayerische Spezialitäten auf die Hand. Auf große Reden verzichtet Heinemann auch, was Willy Brandt die Gelegenheit gibt, sich in die Unterhaltung mit Heidi Schüller zu vertiefen, die bei der Eröffnungsfeier den Eid der Athleten gesprochen hat. Selbst seriöse Tageszeitungen werden sich tags darauf wegen erwiesener politischer Relevanz mit Schüllers Dekolletee auseinandersetzen. Brandt ist viel in München während der Spiele, er wohnt etwas außerhalb in Feldafing, wo ihm Willi Daume seine Villa Waldberta überlassen hat. Dem Kanzler scheint es zu gefallen: »Ich habe mich schon gefragt, ob wir nicht für längere Zeit die Regierungsgeschäfte an den Starnberger See verlegen sollten.«

Lieber als mit gekrönten Häuptern umgibt sich Heinemann bei den Spielen mit normalen Leuten. Im olympischen Dorf trifft er Athleten und Helfer, in der olympischen Klinik Pfleger und Ärzte. Besonders viel Zeit nimmt er sich gleich zu Beginn der Spiele für ein Gespräch mit Hans Lamm, dem Präsidenten der Israelitischen Kultusgemeinde in München. Beim Turnen kann er zwar wenig Fachwissen nachweisen, aber dafür Begeisterungsfähigkeit: »Ich muss ja sagen, die Mädchen am Doppelreck – wie die Spinnen.«

Bei seinen olympischen Exkursionen wird der Bundespräsident meist von Journalisten begleitet. Das Posieren für die Kamera ist ihm zuwider. »Ich bin kein Staatsschauspieler«, erklärt er den Reportern, er lehne es ab, »zum Ausstellungsobjekt umfunktioniert zu werden«. Als er die Fotografen beim Rundgang durch das Dorf gar nicht abschütteln kann, entfährt es ihm: »Ich werde bald verrückt, wenn das so weitergeht«. Die Heinemann-Kunst ist es, trotz allem stets »seine etwas steife Würde« (›SZ‹) zu wahren.

Obwohl er sich erst mal Volkstänze aus vielen der 58 vertretenen Länder anschauen muss, scheint sich der Bundespräsident im olympischen Jugendlager wohlzufühlen. Im Esszelt diskutiert Heinemann dann mit den jungen Leuten. »Ausländer mal ran«, sagt er. Oder: »Sind hier im Raum Damen und Herren aus einem Ostblockland?« Damen und Herren aus dem Ostblock sind im Raum, wollen aber auf gar keinen Fall etwas Falsches sagen. Auch bei einigen anderen Gelegenheiten gestalten sich Heinemanns Versuche in angewandter Ostpolitik zäh. Als er im Pressezentrum unangemeldet in den Räumen der DDR-Nachrichtenagentur ADN vorbeischaut, ist niemand da. Und als er sich in der Cafeteria bei ein paar DDR-Athleten erkundigt, ob ihnen das Essen schmeckt, tun die Ostdeutschen sicherheitshalber so, als würden sie Heinemann nicht hören. Der Bundespräsident meistert die heikle Situation bravourös durch Flucht auf die Meta-Ebene: An der Entstehung solcher Komplexe, erläutert er den umstehenden Journalisten, habe auch der Westen seinen Anteil.

Ähnlich erfolglos bemüht sich Willy Brandt in München um Kontaktaufnahme mit DDR-Sportlern. Diese bleiben gern und gewiss weisungsgemäß unter sich. Viele wollen einfach nicht den Verdacht erwecken, sie würden sich allzu gut mit einem Klassenfeind unterhalten. Als ein Journalist einen DDR-Athleten im Dorf um Feuer für seine Zigarette bittet, bescheidet dieser ihn resolut: »Wenden Sie sich an das Pressebüro!« Ein bayerischer Beobachter des ostdeutschen Sozialverhaltens im Dorf sagt dem ›Spiegel‹: »Des is wia wenn's d'Mauer dabei hätten.« Die wenigen Ausnahmen werden in der bundesdeutschen Presse mit lobenden Erwähnungen gewürdigt, etwa die Gruppe, die eine Floßfahrt auf der Isar unternimmt, oder der Rückenschwimmer Roland Matthes, der sich immer wieder in der Fußgängerzone sehen lässt und nach eigenen Worten dabei auch mal »die ›Bild‹-Zeitung verkonsumiert«.

Offiziell nennt sich die Veranstaltung »Empfang«, aber im Grunde ist es ein kleines Oktoberfest. Pressechef Johnny Klein hat die amerikanischen Journalisten in einen Biergarten eingeladen, eine Blaskapelle spielt auf,

## Joghurt und Whiskey für die Presse

während nach dem Prinzip »all you can eat« Schweinsbraten und Knödel serviert werden. Natürlich, sagt Klein in seiner Ansprache, sei das alles »weiß-blaues Klischee«, aber eben auch »fröhliche Wahrheit«. Roone Arledge, der mächtige Sportchef des TV-Senders ABC, antwortet, er habe München bislang mit dem Hitler-Putsch, dem Münchner Abkommen und dem Oktoberfest verbunden – nach einer Woche bei den Spielen habe das Oktoberfest gesiegt.

Ein Teil des Münchner Erfolgsrezeptes ist es, den Besuchern das Leben so angenehm wie möglich zu machen – von den Athleten bis zu den gut 4000 Journalisten. In Mexico City hatten viele Reporter über schlechte Arbeitsbedingungen geklagt: zu wenig Presseplätze an den Sportstätten, kein Regenschutz, Falschinformationen, unzuverlässige Transportmittel. Während die Journalisten dort in Viererzimmern untergebracht waren, bekommen sie in der Olympia-Pressestadt Einzelzimmer mit Telefon und Fernseher, eine unerhört luxuriöse Ausstattung. Gerade mal zehn bis 17 Dollar pro Tag müssen sie für Kost und Logis bezahlen – der Service schließt ein, dass sie im Pressezentrum von Kaffee kochenden Hostessen umschwirrt und bei Bedarf von Bundeswehrsoldaten durch die ganze Stadt chauffiert werden. Klein gibt täglich Pressebriefings in mehreren Sprachen, und wenn ein japanischer Olympiareporter statt der Schwimmfinals die ›Meistersinger‹ im Nationaltheater sehen will, besorgt er die Karten.

Selbst Richard D. Mandell, der kritische Amerikaner, der über 1936 das Buch ›The Nazi Olympics‹ verfasst hat, kann sein Wohlbefinden nicht verbergen. »Das Pressezentrum war gefüllt mit Hunderten Schreibmaschinen in allen Schriftzeichen der Welt, Hunderten vielsprachigen Hostessen, einem Restaurant für 1000 Menschen, den Zeitungen der Welt, Fernschreibgeräten, Reihen von Fernsprechtelefonen, gepolsterten Möbeln und Bars«, notiert er in seinem Tagebuch der Spiele. »Es gab Fotokopien umsonst, kostenlosen Joghurt und Milchshakes und Gratis-Filmentwicklung für Fotografen.« Dass zum exquisiten Essen standardmäßig Rotwein, Weißwein und Bier gereicht werden, kann Mandell kaum fassen. Auf Bitten der Organisatoren hat die renommierte schottische Brennerei Ballantine's auch 100 Kisten Whisky gespendet. Es soll Reporter geben, die ihren Sessel in der Bar nur noch im absoluten Notfall für lästige Sportwettbewerbe verlassen.

Rick DeMont fühlt sich wie im Himmel. Andere gehen mit 16 Jahren auf Klassenfahrt. Rick, der lockige Schlaks aus San Rafael, Kalifornien, fährt zu den Olympischen Spielen. Er wohnt im Dorf, bei den großen Jungs, Tür an Tür mit den anderen im US-Schwimmteam, mit Mark Spitz, der Sportgeschichte schreibt. Das wird Rick auch tun, nur nicht so, wie er das geplant hatte. Aber erst mal genießt er das Abenteuer. »Mark Spitz und die anderen College-Jungs waren Anfang 20«, erinnert sich Rick DeMont. »Sie haben über Dinge geredet, über die College-Jungs halt so reden. Es war großartig.«

Der beste Ort im Dorf ist für Rick der Plattenladen. Und er stellt mit Interesse fest, dass der olympische Buchladen Pornohefte führt. In der Highschool hat Rick ein paar Brocken Deutsch gelernt, das hat er den großen Jungs voraus. Er fährt allein mit der U-Bahn zum Marienplatz und spaziert zum Nationaltheater. »Ich war fasziniert. Es war der Sommer meines Lebens.« Gut, die große Freiheit hat auch Grenzen, nach ein paar Tagen reisen seine Eltern an. Praktischerweise liegt ihr Hotel aber eine ganze Stunde außerhalb von München. Seine Mutter Betty besteht darauf, ins olympische Dorf zu kommen, um ihrem Sohn die Haare zu schneiden. Auch seinen 14-jährigen Bruder schmuggelt Rick einmal ins Dorf, er hat ihm eine Trainingsjacke geliehen, sie laufen einfach an den Sicherheitsleuten vorbei. »Wir waren überrascht, wie leicht das ging.«

Rick ist ein Teenager, aber er ist auch ein ernsthafter Medaillenanwärter, seit einigen Monaten Weltrekordhalter über 1500 Meter Freistil. Sein erster Start würden die 400 Meter Freistil sein. In der Nacht vor dem Wettkampf, so erzählt er noch 50 Jahre später, hat er Probleme, Luft zu bekommen. Er nimmt seine Asthma-Tabletten und schläft wieder ein. Am nächsten Vormittag, es ist der 1. September, qualifiziert sich Rick in der Olympiaschwimmhalle mühelos fürs Finale über 400 Meter am Abend. Er ist nicht erschöpft, als er nach dem Halbfinale aus dem Becken steigt, er spürt: »Ich habe eine Chance.«

Im Finale haben viele der 10 000 Zuschauer Rick nach 200 Metern bereits abgeschrieben, er wendet nur als Sechster. Seine Trainer wissen: Ihr Junior geht es gern langsam an, dafür kann er in der zweiten Rennhälfte zulegen. Immer näher krault sich DeMont an den führenden Australier Brad Cooper heran. Auf den letzten Metern lässt er einen Atemzug aus, »wahrscheinlich hat das den Unterschied gemacht«. Beim Zielanschlag entreißt er Cooper um eine Hundertstelsekunde die Goldmedaille. 2,94 Millimeter beträgt sein Vorsprung, das wird ein Computer später errechnen. Bei der Dopingprobe muss Rick sich beeilen, die Siegerehrung wartet.

Sein Trainer Don Gambril, der in Kalifornien auch den deutschen Hans Faßnacht auf die Spiele vorbereitet hat, sagt den staunenden Reportern: »Im Januar dieses Jahres kannte ich Ricks Namen noch nicht.« Und er sagt, dass das eine Rennen, in dem dieser junge Mann wirklich Favorit sei, ja noch komme, die 1500 Meter Freistil.

Die deutsche Hockeynationalmannschaft war 1970 in Brüssel erstmals Europameister geworden, und direkt nach dem gewonnenen Finale fuhr die ganze Truppe nach Köln, um im Partykeller ihres Trainers Werner Delmes zu feiern. »Wir haben uns gefreut über den EM-Titel«, erinnert sich Carsten Keller, der Kapitän. »Aber wir haben bei der Feier nur über eines gesprochen: München '72.« Obwohl sie keine Profis waren, trainierten sie zwei Jahre wie die Profis, der Sporthilfe sei Dank. Trainer Delmes nahm Anleihen bei der Fußballtaktik, er ließ schnelle und viele Pässe spielen, und hinter der Abwehr installierte er einen Libero, der abräumte, was durchkam. Es war eine kleine Hockey-Revolution. »Damals mochte das noch vermessen klingen, weil die Asiaten so dominant waren«, sagt Keller. »Aber wir haben schon an Gold gedacht.«

In München ist Keller, dunkler Typ, buschige Augenbrauen, prächtige Koteletten, der mit Abstand Älteste in der deutschen Hockey-Mannschaft. In die Vorrunde startet sie mit drei lockeren Siegen, dann wartet die erste große Prüfung: Pakistan, die Hockey-Supermacht, der amtierende Olympiasieger. »Wir sind das voll angegangen«, sagt Keller. »Wir wollten klarmachen, dass der Weg zu Gold nur über uns führt.« Die Deutschen gehen mit 2:0 in Führung, die Pakistaner erzielen den Anschlusstreffer und entfachen einen Sturmlauf aufs deutsche Tor. Das Spiel ist zwar nicht entscheidend fürs Weiterkommen, trotzdem wollen die Pakistaner unbedingt den Ausgleich. In der letzten Spielminute rettet der deutsche Torwart Peter Kraus mit einem gehaltenen Siebenmeter den Sieg. Der pakistanische Teammanager diktiert den Journalisten seine Prognose für den weiteren Turnierverlauf: »Pakistan wird sich keine Blöße mehr geben.«

## Die heiteren Spiele

Nur die Hautevolee ist geladen und natürlich ist Presse unerwünscht. Aber das hat Michael Graeter ja noch nie abgehalten. Eine Limousine nach der anderen fährt vor, um die Schönen und Wichtigen zu einem Galadinner zu bringen, für das der halbe Königsplatz abgesperrt ist. Das Festessen ist nirgendwo angekündigt worden, bloß Graeter, der junge, ehrgeizige Boulevardreporter der ›Abendzeitung‹, hat von der Sache Wind bekommen.

Graeter ist der Chronist der wilden Jahre, die Mitte der Sechziger für die Münchner Szene begonnen haben. In seinen Artikeln wimmelt es von »schönen Mädchen« und »heißen Hasen«, unter denen es ihm Uschi Glas und Uschi Obermaier besonders angetan haben. Graeter ist auf Du und Du mit den Stars der Zeit, auch mit Steve McQueen oder Romy Schneider. Schwabing ist bei ihm der Nabel der Welt, und manchmal stimmt das sogar.

München swingt, im »Blow Up« am Elisabethplatz kann man auf einer Gangway über mehrere Ebenen flanieren, die Lichtshow mit 250 Scheinwerfern folgt dem Takt der Musik. Deutschlands »erster Beatschuppen« (›Spiegel‹) wird zum Vorbild für das »Studio 54« in New York. Vom futuristischen Kaufhaus »Schwabylon«, einem Stück monumentaler Flower-Power-Architektur, schwärmen die Zeitungen in Paris und London. Die Musicland-Studios des Südtiroler Produzenten Giorgio Moroder locken Stars wie Led Zeppelin, Donna Summer oder die Rolling Stones an. West-Berlin? Aus Münchner Sicht ist das miefige Provinz.

Und jetzt auch noch Olympia. Die Spiele bringen zusätzlichen Glanz und Internationalität: »Ohne 1972«, erinnert sich Michael Graeter nach fast fünfzig Jahren, »wäre München ein größeres Dorf geblieben.« Während der Spiele rast er pausenlos durch die Stadt. Einmal steckt ihm jemand, dass der schwedische Kronprinz Carl Gustaf die Olympia-Mitarbeiterin Silvia Sommerlath anbaggert, aber er nimmt das nicht ernst: So ein künftiger König, denkt er sich, »ist auf einem anderen Bahnsteig unterwegs«.

Nun lungern Michael Graeter und sein Fotograf Franz Hug also am Königsplatz vor dem Eingang des Galadinners herum, sie haben sich in Smokings geworfen. Jahre später wird das Duo von Regisseur Helmut Dietl in der Kultserie ›Kir Royal‹ verewigt werden. Johnny Klein, der Sprecher der Spiele, erkennt die zwei und herrscht Graeter an: »Dir ist

## Michael Graeter und die »heißen Hasen«

aber schon klar, dass du hier nicht reinkommst.« Wenig später, Klein hat sich wieder verzogen, kommt Avery Brundage mit König Konstantin von Griechenland an. Brundage geht auf Graeter zu, spricht ihn freudig an – und nimmt ihn und Hug mit aufs Gelände. Natürlich wagt es niemand, die Begleiter des IOC-Chefs nach ihren Einladungen zu fragen.

Während Hug mit dem Fotografieren beginnt, führt Brundage Graeter an seinen Tisch. Schnell wird ein Stuhl herbeigeschafft und ein Gedeck aufgelegt. Brundage redet fast pausenlos mit Graeter, dem längst klar ist, dass der greise IOC-Chef ihn mit jemandem verwechseln muss. Als der Klatschreporter zwischen Vor- und Hauptspeise auf die Toilette muss, passt ihn Johnny Klein ab – und wirft ihn hinaus. Graeter wird ihm das in vielen Kolumnen heimzahlen.

In der Bundesrepublik gibt es in diesen Jahren keinen Spielplatz der Gesellschaft, der mit München vergleichbar wäre. Es gibt auch keinen Gesellschaftsreporter, der es mit Graeter aufnehmen könnte. An vielen Abenden sitzt er im eleganten Restaurant Humplmayr, wo Smoking auch für das Personal Pflicht ist, einfach erst mal ein paar Stunden an der Bar: Was er von dort aus beobachtet, würde am nächsten Tag schon allein seine Klatschkolumne füllen. Umständehalber begibt er sich dann oft noch auf eine der »wilden Sausen«, bei denen sich der deutsche Jetset tummelt: Gunter Sachs und Johannes von Thurn und Taxis, Curd Jürgens und August von Finck. »So war München damals«, sagt Michael Graeter noch Jahrzehnte später mit Wehmut in der Stimme.

Zu den Plätzen, an denen sich die Prominenz trifft, gehört seit 1971 ein Gourmetlokal im Neubaugebiet in Nordschwabing. Die Moderne macht sich auch auf deutschen Tellern breit, das »deutsche Küchenwunder« nimmt im »Tantris« seinen Anfang. Hier kocht Eckart Witzigmann, ein Vorarlberger, der bei den Gebrüdern Haeberlin und Paul Bocuse gelernt hat und es zum Jahrhundertkoch bringen wird. Der Tantris-Eigentümer Fritz Eichbauer hat ihn aus Washington nach München gelockt und so verhindert, dass Witzigmann Leibkoch der Familie Kennedy wird. Den beiden schwebt ein Gourmettempel mit internationaler und vor allem französischer Spitzenküche vor, ein Gegenentwurf zur bayerischen Hausmannskost. Die Münchner sind dann auch erst mal irritiert, als Witzigmann den als äußerst schick geltenden Grill im Gastraum ausbauen lässt.

## Die heiteren Spiele

Während der Spiele dinieren etliche Vertreter der olympischen Gemeinde im »Tantris«, Mark Spitz gibt sich die Ehre, Willi Daume kommt gleich mehrmals. Auf der Karte: Hummercocktail und Hechtklößchen, gefüllte Taube in Trüffelsauce, Forellenmus mit Blattspinat und frischen Krebsen, überbackene Kirschen mit Zimteis. Die Gäste sind begeistert. Immer wieder tauchen auch sowjetische Sportfunktionäre im »Tantris« auf, die fast alle versuchen, sich Witzigmann als Kaviar-Lieferanten anzudienen. Er lehnt dankend ab. Abgesehen davon kriegt der Chef von Olympia wenig mit. »Meine Olympischen Spiele fanden Tag für Tag in der Küche statt«, sagt er im Rückblick. »Wir haben es ja nicht einmal geschafft, die Wettkämpfe im Fernsehen zu verfolgen.«

Nach den Spielen wird Witzigmann eine Veränderung feststellen, in der Stadt und bei ihren Menschen. Weniger Ressentiments, mehr Neugier: »Wenn die Welt zu Gast ist, öffnet das bei vernünftigen Menschen den Blickwinkel.« Mark Spitz und Willi Daume werden noch viele Jahre zu seinen treuen Gästen zählen; Daume wird Eckart Witzigmann 1988 sogar zum offiziellen deutschen Olympiakoch ernennen.

Es dauert nur ein paar Stunden am ersten Tag der Turnwettbewerbe in der Olympiahalle, da sind 10 000 Zuschauer verliebt. Vielleicht nie zuvor und nie danach hat es eine solch elektrische Beziehung zwischen einer Athletin und ihrem Publikum gegeben. Die Sowjetunion gewinnt Gold in der Frauenmannschaft, aber die eine Turnerin, nach der sich die Menschen in der Halle ausrichten wie Eisenspäne nach einem Magneten, ist nicht etwa die elegante sowjetische Teamführerin Ludmilla Turischtschewa. Sondern ein 17-jähriges Mädchen aus Weißrussland mit zwei lustigen Zöpfchen im Haar, dessen Namen vorher nur die größten Experten kannten.

Olga Korbut heißt die junge Frau, und an diesem Tag bekommt sie von den Reportern auch noch einen Ehrennamen verliehen: »der Spatz von Grodno«, nach der Provinzstadt an der polnischen Grenze, in der sie geboren wurde. Korbut, 1,53 Meter, 38 Kilo, turnt an sämtlichen Geräten mit einer Leichtigkeit, als würden die Regeln der Schwerkraft für sie nicht gelten. Dabei zeigt sie stets ein Lächeln, das so mühelos wirkt wie ihre Bewegungen. In ihren Übungen gleitet sie von einem Element ins andere, und am Stufenbarren raubt sie den Zuschauern den Atem, als sie,

## Hummercocktail bei Eckart Witzigmann

auf dem höheren Holm stehend, zum Rückwärtssalto ansetzt. »Hat das jemals zuvor ein Mädchen getan?«, fragt beim US-Sender ABC der eine Kommentator baff den anderen, als Korbut den Holm wieder zu greifen bekommen hat. Der andere sagt: »Noch kein Mensch hat das getan.« Vom »Korbut flip«, dem Korbut-Salto, wird die Turnwelt fortan sprechen.

Sowjetische Athleten sind für ihre eiserne Disziplin bekannt, auch was ihre Gefühle betrifft. Es gibt das Modell der grimmigen Muskelmaschine, und es gibt die ausdruckslos-anmutige Variante, die Ludmilla Turischtschewa, von Journalisten zum »Turn-Computer« erkoren, in Perfektion präsentiert. Nicht mal im Augenblick des Triumphs lässt sie sich zu nennenswerten Regungen hinreißen. Wie anders ist da Olga Korbut: verspielt, unbekümmert, fröhlich, ein bisschen frech sogar. Bei Wettkämpfen zu Hause in der Sowjetunion wurde sie oft schlechter bewertet, weil so viel Individualität die Kampfrichterinnen und Kampfrichter irritierte. Und nun ist sie plötzlich das entzückende Gesicht des sowjetischen Sports. Noch nie hat eine Sowjetathletin im Westen so viel Liebe erfahren. Dabei hat das Märchen der Olga Korbut gerade erst begonnen.

Drei Tage nach ihrem ersten Auftritt steht der Mehrkampf der Frauen an. Und es passiert etwas Außergewöhnliches, in Deutschland und anderswo. Menschen, die mit Turnen nichts am Hut haben, sagen zu ihren Freunden und Kollegen: Schaut euch dieses Mädchen an. Das Publikum in der Olympiahalle erwartet nicht weniger als Gold von seinem neuen Liebling. Olga Korbut, weißer Turnanzug mit rotem Kragen, tritt an den niedrigen Holm des Stufenbarrens, springt auf, will einmal durchschwingen – und bleibt mit den Füßen am Boden hängen. Das Zauberwesen scheitert an etwas, das die meisten Grundschüler beherrschen.

Olga Korbut sackt in ihrem Stuhl zusammen und verdeckt die Tränen mit ihrer blauen Trainingsjacke, ihr ganzer zierlicher Körper bibbert. Die DDR-Turnerin Karin Janz gehört zu den Ersten, die sie trösten. Eine russische Athletin, die weint, die Schwäche zeigt und Verletzlichkeit, das hat die Welt noch nicht gesehen. Es ist ein öffentlicher Albtraum, siebter Platz, aber es ist auch der Moment, in dem die Zuschauer in der Halle und am Fernseher ihren Spatz erst recht ins Herz schließen. Jeder Einzelne würde Olga Korbut jetzt in den Arm nehmen wollen. Der Kalte Krieg ist im wohligen Zwielicht der Olympiahalle für eine wunderbare

Weile ausgesetzt: Die Zuschauer leiden mit der unglaublichsten und unglücklichsten Turnerin der Erde.

20 Stunden nach dem Drama beginnt schon die nächste Vorstellung, die Einzelentscheidung an den Geräten. Die Menge in der Halle ist jetzt nicht mehr für Deutsche oder für Japanerinnen oder für Russinnen, sie ist nur noch für Olga Korbut. Am Stufenbarren legt Karin Janz eine makellose Übung vor, die mit 9,9 von zehn Punkten bewertet wird. Dann kommt Korbut. Ihre Nerven halten, auch sie liefert eine brillante Leistung. Doch das Kampfgericht gibt ihr nur 9,8 Punkte, Silber. Die Journalisten kleben an den Monitoren, um die Unvollkommenheit zu finden, die zu einer schlechteren Bewertung als bei Janz geführt hat. Sie finden keine. Das Publikum überschlägt sich vor Unverständnis und Wut, zehn Minuten lang pfeifen die Leute und stampfen mit den Füßen.

Aber alles wird gut. Am nächsten Gerät, dem Schwebebalken, gewinnt Olga Korbut mit einer magischen Übung Gold. Es ist die pure Erlösung, für die Zuschauer noch mehr als für Korbut. Die Fernsehkommentatoren in aller Welt verkünden, dass hier und jetzt eine neue Ära des Turnens begonnen habe. Weg vom Ballett, hin zur Akrobatik. Weg von den aparten Damen mit Hochsteckfrisuren, hin zu strahlenden Teenagern von extremer Beweglichkeit. Auch am Boden wird Korbut mit Gold dekoriert, »sie spielt wie ein Kind in der Sonne«, schmachtet ein Reporter, und auch Korbut wird später sagen, dass sie sich gefühlt habe, als wäre sie noch einmal ein siebenjähriges Kind auf einer Wiese in Grodno. Aus vielen Ecken des Lebens wird Anfang der Siebzigerjahre die Schwermut vertrieben, und nun zieht also auch beim Turnen die Leichtigkeit ein. Das Frauenturnen wird nie wieder im Schatten des Männerturnens stehen.

Am nächsten Tag quillt Korbuts Zimmer im olympischen Dorf über von Blumen, Stofftieren und anderen Geschenken. Die Zeitungen berichten von Glückwunschtelegrammen in allen Sprachen der Menschheit. Wenn eine Athletin die heiteren Spiele verkörpert, dann ist es – bald zusammen mit Ulrike Meyfarth – dieses Mädchen, das in wenigen Tagen zu einem globalen Star geworden ist, live im Color-TV. Und es passt auch zu München 1972, was Olga Korbut erst Jahrzehnte später erzählt: Dass ihre Fröhlichkeit zwar nicht gespielt, aber doch sehr bewusst eingesetzt war. Ihr Trainer Renald Knysh habe sie einmal dazu verdonnert, zwei

Stunden lang vor dem Spiegel lächeln zu üben. Denn so, habe er gesagt, könne sie Zuschauer wie Kampfrichter für sich einnehmen. Zwei Worte habe Knysh ihr immer wieder auf dem Weg zum Gerät zugerufen: »Lächle, lächle!«

Von der sowjetischen Mannschaftsleitung hat Olga Korbut 200 Mark Taschengeld bekommen. Sie fährt in die Münchner Innenstadt, um Souvenirs für ihre Familie zu kaufen, was sich jedoch schwierig gestaltet. Die Münchner Geschäfte weigern sich, von der kleinen, großen Olga Korbut Geld anzunehmen. Als sie sich eine schicke Hose zulegen will, akzeptiert die Verkäuferin nur 100 Mark von ihr und legt 50 selber drauf. »Ich musste mir eine Perücke kaufen und mich verkleiden«, erinnert sich Olga Korbut, »damit ich mein Geld ausgeben konnte.«

Der Superrechner »Golym«, den Siemens als Olympia-Informationssystem für Journalisten und Offizielle entwickelt hat, ist immer wieder Quell von Ärger und Heiterkeit. Über einen »lautlosen Krieg zwischen Mensch und Computer« berichtet die Presse, macht aber auch deutlich, dass die Aggression eher vom Menschen ausgeht. Golym soll zum Beispiel bei der Eingabe eines Sportlernamens in Sekundenschnelle alle wichtigen Daten zu diesem Athleten ausspucken. Es zeigt sich jedoch schnell, dass einige Mannschaften einfach falsche Angaben gemacht haben – etwa, um Funktionäre als Sportler auszugeben und ihnen so Zugang zum olympischen Dorf zu verschaffen. Ein angeblicher Sprinter aus der Karibik ist demnach 76 Jahre alt. Andere haben die vorab verschickten Fragebögen nicht mit dem nötigen Ernst beantwortet: So gerät unter anderem die Falschmeldung in Umlauf, dass ein deutscher Athlet in seiner Freizeit Ratten züchtet. Der Projektleiter von Siemens ist empört: »Auf solche Disziplinlosigkeit waren wir nicht vorbereitet.«

Mit Ordnungsdefiziten hat auch das Kino im olympischen Dorf zu kämpfen. Als die Westernkomödie ›Die rechte und die linke Hand des Teufels‹ mit Bud Spencer und Terence Hill gezeigt wird, drängen Hunderte Athleten in den viel zu kleinen Saal. Die flehenden Bitten der zuständigen Hostessen, doch ein andermal wiederzukommen, verhallen ungehört. Die Menge reißt die Türen aus den Angeln, demoliert etliche Sitze und drückt eine offenbar nicht allzu massive Wand ein. Zur Abwechslung zeigt das Kino an anderen Tagen Charlie Chaplins ›Moderne

Zeiten‹ oder auch mal einen Kunstfilm aus der Mongolei; Sachschäden bleiben aus.

Im Dorf fehlt es auch sonst nicht an Unterhaltung. Es gibt einen künstlichen See, in dem man sogar baden kann, alle paar Meter eine farbenfrohe Skulptur, sechs Bodenschachfelder, eine Minigolfanlage und mehrere Spielräume mit Tischtennisplatten, Kickern, Flipperautomaten und Rennbahnen für ferngesteuerte Autos. »Du kannst nicht mal sagen: Ich gehe jetzt raus, um dies oder jenes zu machen«, sagt der amerikanische Marathonläufer Frank Shorter. »Denn du drehst dich um, und es ist schon da.«

Im Vergleich zu den Spielräumen geht es in der Dorfbibliothek mit Lesesaal eher ruhig zu. Auch die klassischen »Schallplattenkonzerte« mit theoretischen Einführungen vorab werden nur spärlich angenommen. Dafür ist das Theater des Dorfes brechend voll, als die Schlagersängerinnen Vicky Leandros aus Griechenland und Daliah Lavi aus Israel auftreten. Wer am Morgen danach Besinnung sucht, findet sie in der Dorfkirche, einer der ersten ökumenischen Einrichtungen in Deutschland. Auch muslimische und jüdische Sportler werden seelsorgerisch betreut – eine weitere Olympiapremiere. Erstaunt sind die Organisatoren, wie gut die sehr undeutsch verlängerten Öffnungszeiten der Ladenstraße im Dorf ankommen. Noch um 22 Uhr, sagt ein Verantwortlicher, gehe es zu wie auf einem südländischen Basar.

Das Dorf ist eine Mischung aus terrassenartigen Hochhäusern und kleineren Bungalows; wie immer bei Olympia gibt es ein Männerdorf und ein Frauendorf und dazwischen einen Zaun. Männer dürfen das Frauendorf nicht betreten, wobei so ein kleines Gatter für olympische Athleten natürlich kein unüberwindliches Hindernis darstellt.

Von außen mag das Dorf nicht sonderlich einladend wirken, eher wie eine weitere Münchner Satellitenstadt, aber der Charme des Ortes entfaltet sich ja drinnen. Bei der Planung war der Psychoanalytiker Alexander Mitscherlich hinzugezogen worden, das Dorf sollte ein lebender Organismus sein. Die meisten Athletinnen und Athleten können zu ihren Trainings- und Wettkampfstätten zu Fuß gehen. Auf Autos müssen sie dabei nicht achten, denn die gibt es hier nicht – der Verkehr läuft komplett unterirdisch. Verirren können sie sich auch nicht, denn ein Rohrleitungssystem mit verschiedenen Farben dient als Wegweiser. Und wenn

## Zwischenfall in der Dorfsauna

bei irgendeinem Problem gar nichts mehr hilft, dann hilft Walther Tröger, der Generalsekretär des NOK, der nun den schönsten Job seines Lebens hat: Bürgermeister des olympischen Dorfes. Jede der 160 Mannschaften hat er einzeln mit einer Flaggenzeremonie begrüßt.

Aufregung löst ein Zwischenfall in der Sauna des Dorfes aus. Ein Saunabetreuer entdeckt mehrere afrikanische Sportler, die sich bei 90 °C im Trainingsanzug auf die Holzstufen gesetzt haben und folgerichtig dem Kollaps nahe sind. Gerade noch rechtzeitig geleitet der Betreuer die Saunadebütanten an die frische Luft.

Willi Daume wollte sie nicht in München haben, doch jetzt ist Leni Riefenstahl da. Er sei »sehr gegen Frau Riefenstahl« hatte er dem IOC mitgeteilt, aber dass das in Lausanne anders gesehen wurde, war ihm klar. Avery Brundage ist ein bekennender Bewunderer Riefenstahls, ihren ›Olympia‹-Film nennt er ein »Meisterwerk«, das hat sich nicht geändert. Nicht umsonst hat er 1965 privat eine neue Version des Films erworben, Riefenstahls Director's Cut. Daume ist in diesem Fall machtlos gegen Brundage, denn Riefenstahl steht als Inhaberin des Olympischen Diploms eine VIP-Karte für alle Veranstaltungen zu. Und nicht nur das: Sie erhält auch eine Presseakkreditierung, weil die ›Sunday Times‹ sie mit einer Fotoreportage von den Spielen beauftragt hat. Daume muss damit leben, dass Hitlers Lieblingsregisseurin mit ihrer Kamera in Behnischs Olympiastadion herumsteigt.

Im Ausland war man Riefenstahl nach dem Krieg stets unbefangener begegnet als in Deutschland. Die Organisatoren der Spiele von Helsinki 1952 hatten ihr sogar die Regie des offiziellen Olympiafilms angetragen, Riefenstahl hatte jedoch abgelehnt. Amerikanische Filmkritiker wählten ›Olympia‹ 1956 in die Top Ten der besten Filme aller Zeiten. Glaubt man Riefenstahls Memoiren, liebäugelte der US-Produzent David L. Wolper sogar damit, sie am offiziellen Münchner Olympiafilm zu beteiligen. Zu den ›Visions of Eight‹ trugen acht internationale Regisseure Episoden bei, darunter der Franzose Claude Lelouche, der Tschechoslowake Milos Forman und der Amerikaner Arthur Penn. Willi Daume soll Wolper diese Idee mit Nachdruck ausgeredet haben.

Das Jahr 1972 ist in Deutschland das »entscheidende Jahr« einer Riefenstahl-Renaissance, stellt ihr Biograf Rainer Rother fest, die 1966 in den USA mit einer Retrospektive des New Yorker »Museum of Modern Art« begonnen hatte. Riefenstahl wird im Olympiajahr 70 Jahre alt, ein Anlass für große Artikel in Zeitungen und für Einladungen in Fernsehshows. Die meisten deutschen Betrachtungen erkennen einen stilistischen Wert ihrer Filme an, ohne deren politische Funktion zu übersehen – für Riefenstahl ist das ein Fortschritt, aber keiner, der ihr genügt.

In Großbritannien und Amerika wird sie als erste große Filmemacherin der Geschichte gefeiert und als bahnbrechende Ästhetin vom Pop vereinnahmt: David Bowie nennt sie einen »Rockstar«, Andy Warhol lädt sie ein, Bianca und Mick Jagger lassen sich von ihr fotografieren. Die New-Hollywood-Regisseure Steven Spielberg, George Lucas und Francis Ford Coppola bewundern ihre erzählerischen Innovationen.

Dass sie zu Hause in Deutschland ständig mit unangenehmen Fragen zu ihrer Vergangenheit konfrontiert wird, nervt Leni Riefenstahl. Hat nicht sogar Jesse Owens zu Protokoll gegeben, von der Schönheit ihres Olympiafilms hingerissen zu sein? Bestätigen nicht alle Fernsehfachleute, dass sie die Art und Weise geprägt hat, wie Sport gefilmt und fotografiert wird? Die Argumentation der Leni-Fans und auch der ›Sunday Times‹ stützt sich auf die steile These der Trennung von Kunst und Politik. Riefenstahl hat demnach Hitler nicht anders überhöht als Owens oder später die stolzen Nuba-Krieger auf ihren Fotos aus dem Sudan – Hitler war also auch nur ein austauschbares Objekt ihrer Kunst.

Riefenstahl selbst will von Holocaust und Kriegsgräueln nichts gewusst haben, auch nicht vom späteren Schicksal der Sinti und Roma, die sie als Komparsen anforderte. Ihr Schönheitsbegriff, so darf man sie wohl verstehen, diese Faszination für muskulöse Übermenschen im ewigen Kampf, habe sich beinahe zufällig mit dem der Nazis gedeckt. Sie habe ja nur Filme gemacht, das ist ihre ganze Verteidigung.

Im neuen Deutschland reicht das vielen nicht. Jedenfalls reicht es Gustav Heinemann nicht. Riefenstahl steht wegen ihres Olympischen Diploms auf der Einladungsliste, die das IOC dem Schirmherrn Heinemann für den feierlichen Empfang in der Münchner Residenz übermittelt hat. Das Büro des Bundespräsidenten macht kein großes Aufhebens, entfernt aber ihren Namen von der Liste. Willi Daume, der jede Verbindung zu den Nazi-Spielen fürchtet, versucht derweil, die Aufführung von ›Olympia‹ in den Münchner Kinos zu verhindern – ohne Erfolg. Alle

Vorstellungen sind ausverkauft. Eine in Berlin geplante Vorstellung im Zoo-Palast, 1938 Ort der Premiere, wird nach Protesten abgesagt – wohl vor allem, weil Riefenstahl dort im Gegensatz zu München im Saal anwesend sein sollte.

Nach dem Ende der Spiele wird das Magazin der ›Sunday Times‹ mit dem Titel »Die zweiten Olympischen Spiele der Leni Riefenstahl« erscheinen. Neben einem Stabhochsprung-Bild von 1936 ist eines von 1972 zu sehen, das eine in Schwarz-Weiß, das andere in Farbe. Man kann das aktuelle Foto für nüchterner halten, für einen Hinweis auf ein anderes Herangehen, das Riefenstahl in einem ›Spiegel‹-Interview während der Spiele bekräftigt. Ihren alten Olympiafilm sehe sie inzwischen »wie ein Stilmöbel aus seiner Zeit heraus. Heute würde ich das ganz anders machen.« Wie denn, fragt der ›Spiegel‹. »Ich würde das ganze Pathos draußen lassen und durch Technik und Tempo ersetzen und durch die Zerrissenheit der heutigen Zeit. Ich würde mich dem Gefühl der jungen Leute anpassen, wenn sie da tanzen oder so – sprunghaft, aber doch interessant.« Wenn ein ausgemergelter Marathonläufer zusammenbreche oder wenn sich Athleten »den Hintern grabbeln«, dann finde sie das weiterhin »überhaupt nicht schön«. Aber: Wenn sie einen »realistischen Film« machen wolle, »dann muss ich das auch bringen, ob ich es mag oder ob ich es nicht mag.«

Streng genommen ist Uli Hoeneß falsch bei Olympia. Gewiss, die Spiele faszinieren ihn schon immer. Als Kind saß er begeistert vor dem Fernseher, als Armin Hary 1960 in Rom die Goldmedaille über 100 Meter gewann. Vier Jahre später stand er mitten in der Nacht auf, um die Wettkämpfe in Tokio zu verfolgen. Basketball, Ringen, selbst Boxen, obwohl er das nicht wirklich mochte. Nun ist er selbst dabei und freut sich riesig. Trotzdem fühlt es sich ein bisschen kurios an, denn der ehrgeizige Ulmer Metzgersohn ist dem Amateursport längst entrückt und im Spitzenfußball angekommen.

»Ich flog bereits durch die Weltgeschichte«, erinnert sich Hoeneß nach beinahe fünfzig Jahren, »und dann spielte ich zwischendurch mit der Olympiaauswahl in Saarbrücken.« Mit dem FC Bayern München hat der pfeilschnelle Jungspund 1971 den DFB-Pokal und im Frühjahr 1972 die deutsche Meisterschaft gewonnen. In der Nationalmannschaft war er eine tragende Säule der Elf, die in Brüssel Europameister wurde. 20 Jahre ist Hoeneß alt, nebenher studiert er noch Englisch und Geschichte. »Ich brauche neben der körperlichen auch geistige Betätigung«, lässt er wissen.

Nach den Olympischen Spielen soll für ihn das große Geldverdienen beginnen, dann greift sein erster Profivertrag. Bis dahin bleibt er Vertragsamateur – nur so darf er an den Spielen teilnehmen. Als kleinen Ausgleich erhält er monatlich 250 Mark von der Deutschen Sporthilfe. Und auch dem FC Bayern gelingt es mit etwas Kreativität, dem Amateur Hoeneß ein Gehalt zu zahlen: Offiziell wird er als Mitarbeiter der Poststelle geführt. »Er bedient bei uns die Frankiermaschine«, beteuert Vereinspräsident Wilhelm Neudecker.

Der Mann von der Poststelle kann sich jedenfalls einen Porsche leisten, wobei er für die Fahrt ins olympische Dorf lieber den Fiat 500 seiner Freundin und späteren Ehefrau Susi nimmt. Hoeneß wird zugestanden, dass er während der Spiele gelegentlich zuhause in der Mietwohnung in München-Trudering vorbeischaut. Meistens übernachtet er aber im Dorf, er genießt es, dort einer unter vielen zu sein: »Ich war damals zwar schon ein sehr guter Spieler, aber kein Weltstar wie Mark Spitz oder eine Heide Rosendahl.« Er isst in der Mensa, er schaut sich möglichst viele Wettkämpfe an. Vor allem die Sprinter faszinieren ihn; als Jugendlicher hat er in Ulm zweimal in der Woche mit den 100-Meter-Läufern trainiert.

Beim olympischen Fußballturnier gelten traditionell die osteuropäischen Mannschaften als Favoriten. Amateur oder Profi, diese Frage stellt sich im Ostblock ja nicht. Es laufen immer die A-Nationalmannschaften auf. Um den »Staatsamateuren« nicht hoffnungslos unterlegen zu sein, lässt der Deutsche Fußball-Bund seine Olympiaauswahl zwischen 1970 und 1972 insgesamt 39 Test-Länderspiele bestreiten und schickt sie sogar auf eine mehrwöchige Afrika-Tournee. Im Jahr vor den Spielen reiht sich Trainingslager an Trainingslager. Uli Hoeneß ist selten dabei, er stößt erst kurz vor den Spielen zum Team. Der Druck auf ihn ist groß. Wenn er schlecht spielt, würde es sicher gleich heißen: Der Star ist offenbar nicht motiviert genug. Aber es läuft für die Mannschaft bei Olympia. In der Vorrunde gewinnt sie alle drei Spiele. Beim 3:0 gegen Malaysia und beim 7:0 gegen die USA ist das Olympiastadion fast voll, beim 3:0 gegen Marokko herrscht im Passauer Dreiflüssestadion Volksfeststimmung.

## Vorrunde mit Uli Hoeneß und Jürgen Sparwasser

Jürgen Sparwasser ist kein typisches Mitglied der DDR-Olympiamannschaft, jedenfalls insofern, als er sich vor einer Plauderei mit Gustav Heinemann oder Willy Brandt wohl kaum drücken würde. Mit seinen Mitspielern aus dem ostdeutschen Fußballteam fährt er immer wieder mal mit der U-Bahn in die Münchner Innenstadt. Einmal landen sie im Hofbräuhaus und werden sofort eingeladen, von Einheimischen »mit Gamsbärten an den Hüten«, an dieses Detail erinnert sich Sparwasser nach beinahe einem halben Jahrhundert. Es folgt ein fröhliches deutsch-deutsches Zechgelage.

Mit seinem Zimmerkollegen Hans-Jürgen Kreische, den er schon aus der Jugendauswahl kennt, macht er auch das olympische Dorf unsicher, sie besuchen Konzerte von Daliah Lavi und der Hazy-Osterwald-Band. In der rappelvollen Disco sitzen sie mit Athleten aus aller Welt auf einer Sitzschlange und schauen den US-Gewichtheber-Kolossen zu, die so wild tanzen, dass sich die Tanzfläche leert. In der Mensa beobachten sie staunend den sowjetischen Superschwergewichtsringer Alexander Medwed, der schon zum Frühstück acht Schnitzel verdrückt. Der linke Außenstürmer Sparwasser, 24 Jahre alt, FC Magdeburg, ist aber nicht nur zum Spaß in München. Er ist Teil einer DDR-Mannschaft, die im Kern seit 1969 zusammenspielt. Die Sportführung in Ostberlin hat in den Sechzigerjahren einen neuen Fußball-Plan aufgesetzt: Zehn neue Vereine wurden gegründet, darunter Hansa Rostock und Lok Leipzig, angebunden an Kombinate, wo die Spieler formal als Werktätige angestellt sind. Privilegien sollen als besonderer Anreiz dienen, etwa Autos oder Fernseher.

Den DDR-Funktionären ist der große Erfolg des bundesdeutschen Fußballs ein Dorn im Auge, seit der WM-Titel 1954 auch im Osten ausschweifend gefeiert wurde. »Sie machen sich kein Bild von der Begeisterung hier in Dresden«, hatte damals Walter Kreisch, Spieler beim Dresdener SC, in einem Glückwunschtelegramm an Bundestrainer Sepp Herberger geschrieben: »Ob altes Mütterchen oder Kinder, alles umarmte sich und konnte das Unfassbare kaum glauben, dass wir die Weltmeisterschaft errungen hatten.« Der olympische Fußball ist das Feld, auf dem sich die DDR die besten Chancen auf eigene Sternstunden ausrechnet; die Profis aus dem Westen dürfen ja nicht mitspielen. Tatsächlich gingen die ostdeutschen Staatsamateure 1964 aus den innerdeutschen Ausschei-

## Die heiteren Spiele

dungsspielen für Tokio 1964 als Sieger hervor. In Japan errangen sie dann Bronze.

Auch in München ist eine Medaille das Ziel, schon sechs Wochen vor Olympia wurde das Team in Jena zu einem langen Trainingslager zusammengezogen. Im ersten Gruppenspiel besiegt die DDR dann Ghana mit 4:0, im zweiten Kolumbien mit 6:1, beide Male steuert Sparwasser ein Tor bei. Nur gegen die starken Polen setzt es ein knappes 1:2. Damit steht fest: In der Zwischenrunde wird es im Olympiastadion zum Bruderduell kommen, Bundesrepublik gegen DDR, Uli Hoeneß gegen Jürgen Sparwasser.

Der amerikanische Gewichtheber Ken Patera war als Mitfavorit im Superschwergewicht nach München gereist. Sein Wettkampf ist dann mit »Desaster« noch freundlich bezeichnet. Er fliegt nach drei Fehlversuchen aus der Wertung. Es siegt sein alter Widersacher Wassili Alexejew aus der Sowjetunion, dem Patera schon bei der Weltmeisterschaft 1971 knapp unterlegen war. Die Revanche der beiden war mit Spannung erwartet worden, hatte doch der Amerikaner kurz vor den Spielen über den Russen gesagt: »Letztes Jahr war der einzige Unterschied zwischen ihm und mir, dass ich mir die Arznei-Rechnung nicht leisten konnte.« In München werde das anders sein: »Dann sehen wir, welche besser sind – seine Steroide oder meine.«

Das Doping-Testprogramm ist in München umfassender und gründlicher als noch vier Jahre zuvor in Mexico City. Endlich hat das IOC mehr Geld zur Verfügung gestellt, die Medizintechnik hat Fortschritte gemacht. Und trotzdem sind die Spiele 1972 in der Rückschau kein Meilenstein im Kampf gegen Doping, sondern vielmehr eine drastische Illustration des Problems. Sieben Athleten werden disqualifiziert, weil sie verbotene Mittel eingenommen haben, fast immer Ephedrin oder Amphetamine.

Einige Fälle sind komplex. Zwei Radfahrern aus Spanien und den Niederlanden werden ihre Bronzemedaillen aberkannt – das Mittel, das in ihrem Urin nachgewiesen wird, ist vom Radsport-Weltverband erlaubt, vom IOC aber untersagt. Ein mongolischer Judoka verliert Silber, weil er zu viel Koffein im Körper hat. Und der Schwimmer Rick DeMont, das 16-jährige »Boy Wonder« aus Kalifornien, wird sich auch nur wenige Tage als Olympiasieger fühlen dürfen.

## Die unsichtbare Doping-Plage

Bei den positiven Dopingproben von München geht es im Wesentlichen um Stimulanzien, die den Energieumsatz des Körpers erhöhen, die Atemwege weiten oder Euphorie auslösen. Aber all das ist nüchtern betrachtet nur ein Nebenschauplatz der Dopingpraxis Anfang der Siebziger. Der Hauptschauplatz ist unsichtbar, aber nicht unbekannt – seine Dimensionen ahnt nur, wer sie ahnen will. Denn 1972 gibt es immer noch keine Tests für anabole Steroide.

Kurz vor den Spielen war es etwa der Bundestrainer der deutschen Kugelstoßerinnen, der die Alarmglocke läutete. In einem Schreiben an den Deutschen Leichtathletik-Verband (DLV) protestierte Hansjörg Kofink gegen die Olympianorm, die seine Athletinnen zur Teilnahme in München erfüllen mussten. Die DLV-Norm orientierte sich an den Leistungen der Konkurrenz aus dem Ostblock – und diese Weiten, so Kofink, seien »ohne Anabolika undenkbar«. Immer wieder hatte er beobachtet, dass die Leistungen osteuropäischer Athletinnen in kürzester Zeit explodierten.

Da war zum Beispiel die Tschechoslowakin Helena Fibingerova, die 1971 bei der Europameisterschaft gerade mal 15,73 Meter erreicht hatte. Im Jahr darauf waren es plötzlich 18,81 Meter. Wie eine natürliche Steigerung wirkte das nicht auf Kofink. Er schrieb den DLV-Funktionären: »Sie werden es sich gefallen lassen müssen, dass Ihr Beschluss als eine De-facto-Zustimmung zur Verwendung von Anabolika auch im Frauensport gedeutet wird.« Diese Haltung finde er »ausgesprochen zynisch«.

Anabolika fördern den Muskelaufbau, zu den Nebenwirkungen gehören zum Beispiel bei Frauen eine Verminderung weiblicher Geschlechtshormone, eine tiefere Stimme oder eine stärkere Körperbehaarung. Die westdeutsche Sprinterin Ingrid Mickler-Becker wird später erzählen, dass sie und ihre Teamkameradinnen oft Scherze machten über die Kontrahentinnen aus dem Ostblock: »Oh, die ist heute aber schlecht rasiert.« Man habe bisweilen gegen Frauen antreten müssen, »die eigentlich in die Männermannschaft gehört hätten«. Der kanadische Sprinter Charlie Francis ist in München perplex ob der Physis einer 100-Meter-Läuferin, die er auf der Tartanbahn aus der Nähe studiert: »Nie im Leben hatte ich so eine Frau gesehen. Sie schien sogar muskulöser zu sein als Walerij Borsow.« Francis spricht von Renate Stecher. Zwei besonders mächtige DDR-Werferinnen stechen dem zum Sarkasmus neigenden Kanadier auf

## Die heiteren Spiele

dem Weg zum Abendessen im Dorf ins Auge: »Waden wie Baumstämme, Achillessehnen wie Brückenkabel.«

Der Argwohn gegen Athletinnen und Athleten aus dem Ostblock verbildlicht sich in Muskelbergen. Aber nur für ganz naive Beobachter sind die Sportlerinnen und Sportler aus dem Westen frei von Verdacht. Charlie Francis, in München im 100-Meter-Zwischenlauf ausgeschieden, wird nach zwei Jahrzehnten in einem Buch schildern, wie unverhohlen der Betrug in manchen Kreisen betrieben wurde. »Hey, Robin«, sagt demnach mitten im Dorf ein amerikanischer Diskuswerfer zu einem neuseeländischen Diskuswerfer, »hast du etwas Dianbol übrig? Meines ist aus.« Der Neuseeländer gibt dem Amerikaner ein Röhrchen, dieser nimmt ein paar Tabletten heraus und steckt sie sogleich in den Mund. Der olympische Wettbewerb bringt bei Sportlern nicht verlässlich die nobelsten Seiten ihres Wesens zum Vorschein. Die heiteren Spiele sind auch ein Festival von Medikamentenmissbrauch und Sportbetrug. Es wird nur etwas dauern, bis die Mauer des Schweigens bröckelt und neue Zeugenaussagen sowie Dokumente das ganze Ausmaß belegen.

Der Bildhauer Franz Falch bezeichnet seine schneeweißen Kreationen als »megalithische Steine«, das klingt einigermaßen jugendfrei, was aber nichts daran ändert, dass mancher Stein doch arg einem Phallus ähnelt. Es sieht jedenfalls ein wenig lustig aus, dass Kinder nun in Falchs Steinwald Fangen spielen. Nebenan hat ein glatzköpfiger Japaner, Künstlername Kudo, auf einen abgehackten Kopf aus Pappmaché das Wort »Pollution« geschrieben, »Verschmutzung«. Eine Gruppe aus Schweden hat eine Marionette von Kaiser Wilhelm II. dabei, ein Amerikaner konnte im letzten Moment überzeugt werden, seine Hitler-Puppe doch bitte in der Kiste zu lassen. Argentinische Akrobaten schlagen Saltos, während Timm Ulrichs aus Hannover, der sich zum weltweit ersten »lebenden Kunstwerk« erklärt hat, in seinem »Olympischen Hamsterrad« plangemäß nicht von der Stelle kommt. Ein Athlet im Trainingsanzug schaut sich das alles eine Weile an und sagt: »Das sind die Spinnerten.«

Die Spielstraße verläuft entlang am Ufer des Olympiasees, und dass es sie überhaupt gibt – dass ein Teil des Olympiaparks den »Spinnerten« überlassen wird, das sehen olympische Traditionalisten mit Empörung und Sorge. Ältere IOC-Mitglieder haben schon vorher die Befürchtung geäußert, dass die Künstler mit Krach und Provokation doch nur von den Sportveranstaltungen ablenken würden. Dieser Daume mit seinen verrückten Ideen! Liselott Diem nennt die Spielstraße nach kurzer Inspektion »eine Beleidigung für Olympia«, weil der Sache Würde und Weihe fehlten. Auch Manfred Schreiber, für Polizeiverhältnisse ein Avantgardist, sind derart neumodische Umtriebe suspekt. Auf sein Geheiß muss das Programm jeden Tag um 22 Uhr beendet sein. Den Plan des Malers Günther Uecker, dass Besucher in Farbe getauchte Pfeile auf Leinwände schießen können, hat der Sicherheitschef persönlich abgeräumt: In seinem Olympiapark wird nicht geschossen.

Dafür dürfen die Besucher nach Herzenslust auf Fässern herumtrommeln oder gegen Blechwände schlagen. Wenn ihnen das zu anstrengend wird, können sie ein bisschen Straßentheater gucken oder Videokunst, allzeit umschwirrt von Clowns und Tänzern. Es herrscht fröhliches Chaos auf der Spielstraße, die der Architekt Werner Ruhnau konzipiert hat, aber es gibt auch sehr ernste Gesellschaftskritik – und sogar Olympiakritik. Aus Japan ist der Regisseur Shuji Terayama mit einem Bühnenstück über die Spiele von Mexico City 1968 angereist. Im Theatron am Seeufer stellt er das Tlatelolco-Massaker nach, überall schwarz vermummte Gestalten, ziemlich grafische Gewalt, eine kleine Einführung in die Grundlagentechnik der Folter. Manche Zuschauer flüchten dann doch lieber Richtung Stadion.

Die schlimmsten Befürchtungen der Kritiker erfüllen sich, als ein Schauspieler für eine Sekunde seine Genitalien entblößt. Die Leute hält das freilich nicht ab, eher im Gegenteil. Nach zehn Tagen werden auf der Spielstraße 1,2 Millionen Besucher gezählt.

Damit es keinen Ärger gibt, werden Gold, Silber und Bronze einfach ausgelost. »Sonst hätten wir vor jeder einzelnen Siegerehrung wieder die Diskussion gehabt«, erinnert sich Gertrude Krombholz. Elf Teams mit je vier Hostessen bestreiten die Medaillenzeremonien der Spiele – am Abend zuvor entscheidet das Los, welche Hostess welche Medaille zum Podium tragen darf. Und wie bei den Wettkämpfen gibt es auch hier einen undankbaren vierten Platz: den der Ersatzfrau. Gelegentlich überlässt die Chefhostess Krombholz die Entscheidung aber auch nicht dem

**Die heiteren Spiele**

Zufall: »Wir haben uns schon überlegt, welche Mädchen sind so souverän, dass wir sie DDR-Sportlern zur Seite stellen können.«

Krombholz hat im Vorfeld alle Siegerehrungen der Spiele choreografiert, ein sekunden- und zentimetergenaues Drehbuch geschrieben für die Beteiligten. Sämtliche Wettkampfstätten, sämtliche Wege hat sie persönlich kontrolliert und überall auch den Boden genau inspiziert: »Nicht dass ein Mädchen irgendwo mit dem Absatz hängen bleibt.« Jeden Morgen werden die Hostessen von Chauffeuren der Bundeswehr in ein Kosmetikstudio gebracht, wo ihre Haare gemacht werden. »Die mussten ja den ganzen Tag halten.« Geschminkt wird nur sehr dezent – »bloß nicht zu dick auftragen«, diese Maxime der Münchner Spiele wird hier wörtlich genommen. »Wir hatten einen sehr straffen Zeitplan«, sagt Krombholz, mehr als drei Stunden pro Nacht schläft sie nicht.

Es gibt in München Infohostessen für die Zuschauer, Sporthostessen für die Athleten, Pressehostessen für die Journalisten, Technikhostessen für die Fernsehleute, Begleithostessen für die VIPs – ihre Siegerehrungshostessen, findet Krombholz, haben es womöglich am schönsten erwischt, so nah dran an den besten Sportlerinnen und Sportlern der Welt. Krombholz weiß das selbst zu schätzen, sie ist auch für das Protokoll in der Olympiaschwimmhalle verantwortlich, wo Mark Spitz unter den Besten der Welt der Allerbeste ist. Vor seinen Goldzeremonien holt sie Spitz jedes Mal persönlich im Ruheraum ab, »da kam kein anderer Offizieller rein, schon gar kein Journalist«. Und jedes Mal bittet sie ihn wieder um ein Autogramm. »Er war sehr geduldig, ein charmanter Mann, dem die Rolle des strahlenden Helden auf den Leib geschneidert war.«

In der wirklichen Welt haben die USA und die Sowjetunion in ein Gleichgewicht des Schreckens gefunden. In ihre sportliche Auseinandersetzung jedoch kommt in den Tagen von München Bewegung: Schnell zeichnet sich ab, dass die Sowjets diesmal den Spitzenrang im Medaillenspiegel erobern werden. 1964 und 1968 hatten diesen noch die Amerikaner behauptet. Am Ende wird es nicht mal knapp sein: 50 Mal Gold für die UdSSR, nur 33 Mal für die USA.

Natürlich feiern US-Athleten große Siege, Mark Spitz allen voran. Sie gewinnen auch einige direkte Duelle mit der anderen Supermacht, etwa das dramatische Finale im 800-Meter-Lauf, bei dem der Mützenträger Dave Wottle mit einem fulminanten Spurt auf der Ziellinie den stürzenden Jewgeni Arschanow überholt. Es streichelt auch die amerikanische Seele, dass parallel zu den Spielen im fernen Reykjavik der junge Bobby Fischer den sowjetischen Schachweltmeister Boris Spasski entthront. Doch es sind die empfindlichen Niederlagen, die in den USA die Wahrnehmung von Olympia bestimmen. Da ist der charismatische, blutjunge Wunderläufer Steve Prefontaine, der über 5000 Meter als gedemütigter Vierter ins Ziel fällt. Oder das Stabhochsprungduell zwischen Bob Seagren und Wolfgang Nordwig aus der DDR: Die beiden können ihre persönliche Antipathie schon seit Jahren nicht verbergen.

Nun verschärft die Lage, dass der Leichtathletikweltverband nach mehreren Kehrtwenden in letzter Minute die modernen Stäbe verbietet, an die Seagren gewohnt ist. Nordwig siegt, Seagren verweigert ihm zunächst den Handschlag. Einem Kampfrichter drückt er höhnisch seinen Stab in die Hand. Seagrens Bitterkeit ist verständlich, aber sie verstärkt den Eindruck, dass einige amerikanische Sunnyboys ganz schön arrogant sein können. Die Sowjets haben sich auch nicht beliebt gemacht, als sie energisch die Disqualifikation von Mark Spitz forderten.

Und dann kommt auch noch Pech dazu – ausgerechnet in der Disziplin, die in den USA mehr zählt als fast jede andere. Eddie Hart ist der amerikanische Hoffnungsträger über die 100 Meter, kurz vor den Spielen ist er bei den US-Ausscheidungsrennen handgestoppten Weltrekord gelaufen, 9,9 Sekunden. Hart, 22 Jahre alt, Sohn eines schwarzen Raffineriearbeiters aus Kalifornien, traut man zu, in München den sagenhaften Sowjetsprinter Walerij Borsow zu besiegen, den »weißen Blitz aus Kiev«, den man wegen der maschinengleichen Perfektion seiner Bewegungen auch den »Athleten aus der Retorte« nennt. Am Institut für Körperkultur in Kiew wird Borsows Leistungsvermögen seit Jahren von einem ganzen Team von Wissenschaftlern optimiert – so wie »Flugzeugingenieure an einem neuen Flugzeug arbeiten«, sagt sein Trainer. Angeblich kann Borsow jeden einzelnen Muskel in seinen Beinen bewusst an- und entspannen. Als erster Sowjet der Geschichte kann er sich in München zum schnellsten Mann der Welt krönen. Wenn Eddie Hart es nicht verhindert.

Am Vormittag des 31. August gewinnt erst Borsow seinen Vorlauf, dann Hart. Doch bevor die Sonne untergeht, wird Hart zu einem der größten Unglücksraben der olympischen Geschichte. Er und seine US-Sprintkollegen Rey Robinson und Robert Taylor legen sich nochmal im Dorf auf ihre Betten, die Viertelfinalläufe sind erst um 19 Uhr angesetzt. So steht es zumindest im Zeitplan ihres Trainers. Um kurz nach 16 Uhr blättert Hart in seinen eigenen Unterlagen. Da steht: Die Viertelfinals beginnen um 16:15 Uhr. Er geht zu seinem Trainer, aber der ist sicher, dass er das aktuellste Dokument hat. Trotzdem beschließen sie, etwas früher ins Stadion zurückzufahren. Sie warten auf den Shuttlebus, die Haltestelle liegt direkt neben dem ABC-Studio. Durch die Fenster sehen sie, dass die Fernseher ein 100-Meter-Rennen zeigen. Zuerst denken sie, es sei eine Wiederholung vom Vormittag. Dann merken sie: Es ist live.

In einem Kleinbus von ABC rasen die US-Sprinter dann Richtung Stadion, gegen Einbahnstraßen und viele andere Verkehrsregeln. Die Polizei hält sie auf, sie können die Sache erklären, aber das kostet zwei Minuten. Es sind die Spiele der kurzen Wege, aber jetzt ist kein Weg kurz genug. Die Amerikaner müssen an der Aufwärmhalle aussteigen, durch den unterirdischen Tunnel rennen sie ins Stadion. Mitten im Tunnel hören sie einen Startschuss. Wenig später erfahren sie, dass es der Startschuss zu Eddie Harts Viertelfinale war. Selten zuvor ist eine Hoffnung so jäh zerstoben, ein Lebenstraum so grausam geplatzt. Auch Robinsons Lauf ist schon vorbei, beide sind damit ausgeschieden. Nur Taylors Lauf steht noch aus, er gilt als der Schwächste des amerikanischen Trios. Er kann antreten und kommt weiter. Eddie Hart fährt zurück ins Dorf und sperrt sich im Bad ein. Später wird er sagen: »Ich musste einfach allein sein mit meinen Gedanken. Eineinhalb Stunden habe ich in der Dusche geweint.«

Bei ABC läuft der Zwischenfall unter »amerikanische Tragödie«. Es erweist sich, dass Harts Trainer einen überholten Zeitplan hatte – wie auch das russische Team, das den Fehler nur früher bemerkte. Offenbar lag der Fehler bei einem Offiziellen des Leichtathletik-Weltverbands, der die Pläne ausgab. Am 1. September läuft Walerij Borsow in 10,14 Sekunden ungefährdet zu Gold über 100 Meter, schon vor der Ziellinie reißt er beide Arme senkrecht nach oben. Hinterher sagt er, sein erster Gedanke sei gewesen: »Olympiasieger – kann das so leicht gewesen sein?« Robert Taylor, der gerade noch rechtzeitig zu seinem Viertelfinale gekommen war, holt Silber. Wenige Tage später gewinnt Borsow auch Gold über 200 Meter. Das sowjetische Fernsehen zeigt von morgens bis abends seine Goldläufe. Dass diese in München stattfinden, sprechen die Kom-

## Eddie Hart verpasst das Rennen seines Lebens

mentatoren nie aus, so viel Ehre soll dem Klassenfeind aus dem Westen nicht zuteilwerden. Borsow gewinnt einfach bei den »Spielen der 20. Olympiade«.

In der 4 x 100-Meter-Staffel siegen dann schließlich doch die Amerikaner, aber dieses Gold ist nur ein kleiner Trost für Eddie Hart und das verstörte Publikum zu Hause. »Der schnellste Mensch der Welt ist ein Kommunist«, schreibt Kolumnist Red Smith in der ›New York Times‹. Nicht nur Smith beschwört die Angst, dass Borsow nur der erste von vielen roboterhaft optimierten Athleten sein könnte, die künftig die Töchter und Söhne Amerikas um olympische Triumphe bringen. Wenigstens eine Goldmedaille ist den Vereinigten Staaten noch sicher in München, sie müssen sie nur noch pflücken wie einen reifen Apfel. Und es wird den US-Basketballern ein besonderes Vergnügen sein, dies im Finale gegen die Sowjets zu tun. Basketball, das ist das Spiel, das die Amerikaner erfunden haben und in dem ihre Weltherrschaft ungebrochen ist.

Im olympischen Dorf erscheint täglich eine eigene Zeitung für Athleten und Betreuer, die ›Village News‹. Das Blatt hat ausgesprochenen Servicecharakter. Eine der ersten Ausgaben trägt den Titel: »Anbandeln im Dorf – aber wie?« Eine englische Version gibt es natürlich auch: »Village Romance? How already?« Die männlichen Athleten aus anderen Kulturkreisen bekommen allerlei Handreichungen für die Praxis. Die schönen Münchnerinnen sind demnach mit regionalspezifischen Anmachsprüchen zu betören: »Baby, wo gibt Knödel mit Soß?« Manche Sportler tun sich jedoch offenbar trotz des Expertenrats schwer, wie eine Reportage der ›Village News‹ aufdeckt: »Luis aus Puerto Rico versucht seine Annäherungen mit der Frage nach Herkunftsland oder Sportart seines weiblichen Zieles. Die Erfolge sind nicht überwältigend.«

Als zentrale Anlaufstelle für Luis und die übrigen olympischen Singles gilt im Dorf die Diskothek »Bavaria Club«, in der sich nach Auskunft eines Dorfoffiziellen »vor allem die südländischen Olympia-Teilnehmer mit nahezu unermüdlicher Ausdauer im Tanz betätigen«. Als körperlich weniger anspruchsvolle, aber ebenso aussichtsreiche Methode der Kontaktaufnahme gilt der Austausch von Flaggen-Pins unter den Athleten. In froher Erwartung stellen die Organisatoren im Dorf diskret auch Kondome zur Verfügung. 1972 ist man indes noch nicht so weit, die einschlägige Statistik auch noch öffentlich zu verkünden (2016 in Rio: 42 Gratiskondome pro Dorfbewohner). Damit der Fan daheim, wenigstens der männliche, auch was von den olympischen Attraktionen hat, druckt der ›Kicker‹ eine Foto-Doppelseite mit deutschen Sportlerinnen. Überschrift: »Für Schönheit gibt es noch kein Gold«. Die ›Quick‹ titelt über Bildern von Heide Rosendahl und Co: »Bei ihnen ist der Sextest überflüssig«.

Die Illustrierte mischt aber in Form eines investigativen Reports auch eine nachdenkliche Note unter: »Dürfen Sportler vor dem Wettkampf lieben?« Friederike und Klaus Wolfermann verraten, dass bei ihnen jeweils die drei Tage vor dem Wettkampf tabu seien; die Einschätzung wird an Gewicht gewinnen, als die olympische Entscheidung im Speerwurf fällt. Eine Fernsehreportage widmet sich derweil der weiterführenden Frage, was nun eigentlich so eine Gattin vom Olympiasieg ihres Mannes hat, und zwar am Beispiel des Goldschützen Konrad Wirnhier, eines Büchsenmachers aus Pfarrkirchen. »Und, Frau Wirnhier, wie fühlt man sich als Frau eines Olympiasiegers?«, fragt der Reporter. Frau Wirnhier antwortet in schönstem Oberbayerisch: »A net anders als zerscht.« Die ›Quick‹ resümiert völlig zu Recht: »Wer nicht mit Leib und Seele bei der Sache ist, kann keine Rekorde brechen. Nicht im Sport. Und auch nicht in der Liebe.«

Die größte Lovestory der Spiele trägt sich indes im Verborgenen zu, sie kommt erst ein Jahr nach Olympia ans Licht. An einer Tankstelle auf der schwedischen Ostseeinsel Öland befüllt der junge Kronprinz Carl Gustaf an einem prächtigen Herbsttag 1973 seinen metallicblauen Porsche Targa mit Benzin. Das Bild dieses Vorgangs, das ein zufällig vorbeikommender Fotograf macht, landet auf dem Titel der Boulevardzeitung ›Expressen‹ und elektrisiert das ganze Land. Auf dem Beifahrersitz des Sportwagens des mutmaßlich begehrtesten Junggesellen Europas sitzt nämlich eine junge Frau. Wer ist die Unbekannte? Royale Fachredaktionen in ganz Europa sind in hellem Aufruhr. ›Expressen‹ löst nach 48 Stunden das Rätsel: »Silvia verbringt das ganze Wochenende mit dem König«.

Sachdienlich soll bei der Aufklärung ein weiteres Foto gewesen sein, ein gutes Jahr alt, seinerzeit fahrlässig unbeachtet, das den damaligen Kronprinzen (genannt »Partyprinz«) während der Olympischen Spiele beim Besuch der Münchner In-Diskothek »Kinki« zeigt – und an seiner Seite eine Frau, die jener im Porsche verdächtig ähnlich sieht. Rasch ist sie als Silvia Sommerlath aus Heidelberg identifiziert, Tochter deutsch-brasilianischer Großbürger, ausgebildete Dolmetscherin und bei Olympia im Referat Besucherbetreuung tätig. Der schwedische König, das weiß man also im Herbst 1973, hat eine deutsche Freundin. Aber wie sind die beiden in München zusammengekommen?

Der Olympia-Tourist Carl Gustaf, notiert ein Reporter während der Spiele, ist ein »begeisterter Filmamateur«, der jeden Wettkampf, den er besucht, mit seiner eigenen Kamera aufnimmt. Ferner wird dem Prinzen in München ein Faible für sein Fernglas attestiert, durch das er etwa bei der Leichtathletik technische Details zu betrachten pflegt, allerdings nicht ausschließlich. Die gängigste Theorie zur Erstbegegnung mit Silvia Sommerlath legt nahe, dass Carl Gustaf die im Olympiastadion nur einige Meter vor ihm sitzende Silvia mit dem Fernglas auspäht. Als sie sich – aus einer unbestimmten Ahnung heraus – umdreht und ihn ertappt, lässt er das Fernglas auf die Knie sinken. »Er hatte soeben«, heißt es in einer Silvia-Biografie, »in die schönsten braunen Augen der Welt gesehen.«

Sommerlath war der Olympia-Job von einem Nachbarn in ihrem Münchner Wohnhaus vermittelt worden. Im Vorfeld der Spiele betreut sie IOC-Mitglieder, die in München zu Gast sind, kümmert sich um Stadtrundfahrten und Arzttermine. Ihrer Kenntnisse in fünf Sprachen und ihrer makellosen Manieren wegen rückt sie bald in die unmittelbare Nähe von Willi Daume. Die Aufgaben werden größer, sie organisiert den olympischen Wissenschaftskongress im Deutschen Museum. »Sie war eine fantastische Persönlichkeit«, erinnert sich Gertrude Krombholz, die als Chefhostess mit Sommerlath arbeitet. »Sie strahlte von innen heraus, immer hilfsbereit, immer weitblickend, alles registrierend, aber sich nie vordrängend.« Krombholz ist es ein Anliegen, ein verbreitetes Missverständnis richtigzustellen: Sommerlath ist eben keine Olympiahostess, sondern eine wichtige Mitarbeiterin des Protokolls. Die Verwechslung gibt es, weil sie im hellblauen Olympiadirndl, der Uniform der 1650 Hostessen, für offizielle Prospektfotos posiert.

Da es zu Silvia Sommerlaths Aufgaben gehört, prominente Gäste der Spiele auf Schritt und Tritt zu begleiten, laufen sie und Carl Gustaf sich nach der Fernglas-Episode immer wieder an den Wettkampfstätten über den Weg. Irgendwann, so eine unbestätigte, aber gewiss nicht unwahrscheinliche Version der Ereignisse, wird Silvia von einem distinguierten Palastmitarbeiter angesprochen: »Seine Königliche Hoheit, der Kronprinz von Schweden, möchte Sie gern einladen. Haben Sie Zeit?«

John Akii-Bua, der Sohn eines ugandischen Hirten, läuft im Halbfinale über 400 Meter Hürden die schnellste Zeit aller Teilnehmer, kurz vor dem Ziel zieht er sogar ein paar Mal die Knie nach oben, als müsse er überschüssige Energie loswerden. Für Gold hat ihn trotzdem immer noch niemand auf der Rechnung. In manchen Ecken der Leichtathletik halten sich hartnäckig rassistische Vorurteile, nicht zuletzt jenes, dass die Hürdendisziplin für die Ausdauerläufer aus Afrika technisch zu anspruchsvoll sei, zu wissenschaftlich. Akii-Buas britischer Trainer Malcolm Arnold weiß, dass das Unfug ist. Sein Schützling darf sich nun nur nicht selbst im Weg stehen – einige Male hat er ihn aus der Disco des olympischen Dorfs holen müssen. Immer um Mitternacht, damit er genug Schlaf bekommt, aber vorher auch ein wenig Spaß hat.

»Mein Herz schlug wie ein Maschinengewehr«, erzählt Akii-Bua später über die Stunden vor dem Finale. Trainer Arnold ist auch nervös, er zündet sich mehrere Zigaretten falsch herum an. In der vergangenen Nacht ist ein Film des Rennens vor Akii-Buas geistigem Auge abgelaufen, mehrmals gleich, und jedes Mal kam der smarte Brite David Hemery, der amtierende Olympiasieger, vor ihm ins Ziel. Am realen Start tänzelt Akii-Bua noch grinsend um den Block herum, dann scheint die Realität die Fantasie zu imitieren. Hemery geht stark an, Akii-Bua ist die Innenbahn zugelost worden, die als Nachteil gilt, weil der Kurvenlauf in einem engen Radius mehr Kraft erfordert. Aber am Beginn der Zielgeraden ist er gleichauf mit Hemery. Scheinbar mühelos setzt er sich ab, auf dem Weg zur ersten olympischen Goldmedaille in der Geschichte Ugandas. Olympia ist eine kostbare Bühne für Länder aus den vergessenen Winkeln der Welt – was der Westen über sie weiß, weiß er oft nur aus den Dramen, die auf dieser Bühne aufgeführt werden. Jetzt fällt Flutlicht auf John Akii-Bua und das stolze Uganda.

Er läuft durchs Ziel und dann einfach weiter, zur Verstörung einiger Ordner. Die Herren in den grünen Sakkos kennen so etwas nicht, die Institution der Ehrenrunde wird ja in diesem Moment von Akii-Bua erst

## John Akii-Bua erfindet die Ehrenrunde

erfunden. Er läuft und läuft, und wenn eine Hürde vor ihm auftaucht, federt er halt drüber. Er wirft Kusshände ins Publikum, nur einmal dreht er sich zur Anzeigetafel. »NWR« sieht er da, neuer Weltrekord, 47,82 Sekunden, er ist der erste Mensch unter 48. Akii-Bua weiß nicht wohin mit seiner Freude. Als keine echten Hürden mehr da sind, springt er einfach über unsichtbare. Am Ende der Runde kniet er sich auf die Bahn, beugt sich nach vorn und presst die Stirn auf den Boden.

Die Zuschauer verlieren in diesen Minuten ihr Herz an John Akii-Bua, es ist ein Augenblick unschuldiger Ausgelassenheit. Es gibt so viele politisch aufgeladene Wettkämpfe in München, verbissen oder aggressiv, die Spiele ächzen manchmal unter der Last des Kalten Krieges. Aber es gibt auch eine bemerkenswerte Fairness des Publikums und die Bereitschaft, sympathische Athleten zu adoptieren, egal, woher sie kommen. Das Gold des John Akii-Bua ist für alle Beteiligten die pure Freude. Die Leute könnten nicht frenetischer jubeln, wenn hier ein Deutscher gewonnen hätte. Dazu kommt, dass der Naturbursche Akii-Bua nicht zu den vielen Siegern von München gehört, bei denen der Dopingverdacht mit aufs Podium steigt. Mit einem Stirnband in den Farben Ugandas, schwarz-gelb-rot, nimmt er Gold entgegen. »Die ugandische Nationalhymne wurde gespielt«, erinnert sich Akii-Bua, »und das ganze Stadion stand still im Respekt für eine kleine Nation auf dem Weg ins Desaster.«

Uganda taumelt an diesem 2. September vor Glück, und dass, obwohl der Diktator Idi Amin die Fernsehübertragung des Rennens verboten hatte. Ein Jahr zuvor hatte sich der Offizier Amin an die Macht geputscht, mit der Billigung vieler Ugander – und auch der USA, die ein Abgleiten des Landes unter sowjetischen Einfluss befürchteten. Uganda war 1962 unabhängig geworden, doch wie in zahlreichen afrikanischen Staaten wurden die Menschen von der neuen Freiheit enttäuscht. Die ersten Zivilregierungen erwiesen sich vielerorts als überfordert, es blühten Vetternwirtschaft und Korruption. Stammeskonflikte und außenpolitische Scharmützel destabilisierten die jungen Demokratien. Der Aufbruch des Kontinents kam rasch ins Stocken. In ihrer Verzweiflung setzten die Menschen ihre Hoffnungen in die Versprechen vermeintlich starker Männer. Eine Generation brutaler Despoten erlangte die Macht, Charles Taylor in Liberia oder Jean-Bédel Bokassa in der Zentralafrikanischen Republik.

Von den üblen Diktatoren Afrikas ist Idi Amin in Uganda womöglich der übelste. Auf jeden Fall ist er so etwas wie ein Popstar unter den Schlächtern, ein Horrorclown, der auch im Westen eine perverse Faszination ausübt, weil er Menschen an Krokodile verfüttert oder ihre abgetrennten Köpfe im Kühlschrank aufbewahrt. John Akii-Bua erfüllt zwei Kriterien, die unter Idi Amin für viele ein Todesurteil sind: Er ist Christ, und er gehört zum Stamm der Langi. Aber nun ist er eben auch, zusammen mit Amin, der bekannteste Ugander der Erde. Die gesellschaftliche Kraft des Sports ist ja oft nur eine Behauptung, doch Akii-Buas Bild steht fürderhin wie das eines Heiligen in den Häusern und Hütten seines Landes. Nach der Schlussfeier verabschieden sich der Trainer Malcolm Arnold und John Akii-Bua in der Münchner Nacht voneinander, es ist das Ende vier gemeinsamer Jahre. Der eine kehrt heim nach London. Und der andere fliegt zurück in Idi Amins Uganda.

Die Münchner Zeitungen melden: »Peter Alexander ist in den ›Bayerischen Hof‹ umgezogen.« Damit wohnt er jetzt unter einem Dach mit den Gesangs- und Schauspielkollegen Bing Crosby und Freddy Quinn, jedoch nicht mit Henry Kissinger, denn der logiert im »Arabella«-Hotel und muss ohnehin bald weiter nach Moskau. Ebenfalls in Abreise befindlich: Fürst Rainier III. und Fürstin Gracia Patricia von Monaco. Dafür im Anflug: Mick Jagger, der Frontmann der Rolling Stones. Im »Sheraton« hat der König von Nepal eingecheckt, im »Holiday Inn« die Aktrice Hildegard Knef sowie der irische Premierminister Jack Lynch, der damit einen kurzen Weg zum Cocktailempfang des US-Astronauten und Apollo-13-Kommandanten James A. Lovell im dortigen Ballsaal hat.

Das »Hilton« meldet die Ankunft der Ehefrau des pakistanischen Präsidenten Zulfikar Ali Bhutto, Nusrat Bhutto, als moralische Unterstützung für Pakistans Hockey-Herren. Im »Hilton« trifft sie, sollte ihr wirklich danach sein, den indischen Rüstungsminister Vidya Charan Shukla. Wenn sie eine der begehrten Einladungen hätten, könnten Bhutto oder Shukla im Sapporo-Ballsaal an dem exklusiven Abendessen teilnehmen, das Prinz Philip ausrichtet. Der Dirigent Herbert von Karajan ist derweil im Hotel »Continental« abgestiegen, wo auch Bundesfinanzminister Helmut Schmidt vermutet wird. Der sowjetische Botschafter Walentin Falin unternimmt mit seiner Frau Galina Iwanowna einen Ausflug nach Selb, wo das Ehepaar die Porzellanmanufaktur Rosenthal besichtigt.

## Mick Jagger im Anflug

Der österreichische Bundeskanzler Bruno Kreisky hat sich längerfristig im »Regina-Palasthotel« eingemietet, reist aber immer wieder tageweise heim nach Wien, wenn es dringend etwas zu regieren gibt. Die Boulevardreporter können zwar noch keine sicheren Angaben über das Hotel des Hollywoodstars Sidney Poitier machen, verbürgt ist jedoch, dass dieser die ganze Nacht in der Diskothek »Yellow Submarine« verbracht hat, was eindeutig eine bessere Wahl war als die Konkurrenzdisco »Big Apple« in der Leopoldstraße, die in jener Nacht ausbrannte.

In den »Pschorr-Bierhallen« werden 200 ehemalige Olympiasieger, darunter Jesse Owens und Emil Zatopek, auf Kosten der Deutschen Sporthilfe mit bayerischen Spezialitäten verköstigt. Der älteste Gast ist der 90-jährige Belgier Paul Anspach, Fechtgold 1908. Auch Vera Caslavska ist da, die tschechoslowakische Turnkönigin von Mexico City, die bei der sowjetischen Hymne den Blick abgewandt hatte. Sie hat sich offenkundig gut erholt von einem Zwischenfall tags zuvor im Prinzregententheater, wo es aus ungeklärten Gründen zu einem Gerangel zwischen ihr und zwei Mitarbeitern des tschechoslowakischen Geheimdienstes gekommen war. Die Presse vermerkt nun wohlwollend, dass Caslavska ausgelassen zu bayerischer Blasmusik tanzt.

Die Eröffnungsfeier hat Renate Stecher mit Mannschaftskolleginnen und -kollegen noch in der Leistungssportschule Kienbaum im Fernsehen gesehen. Kienbaum ist der Olympiastützpunkt der DDR, idyllisch gelegen an einem Brandenburger See. Die Anleitung dort ist nicht auf körperliche Fragen beschränkt: Gemeinsam schauen die Athleten den ›Schwarzen Kanal‹, die Speerspitze der antiwestdeutschen Propaganda im DDR-Fernsehen; morgens müssen sie bisweilen Zeitungsartikel im Sinne von Staat und Partei erörtern. Ein paar Jahre später wird hier in Kienbaum in einem gut versteckten Bunker das bestgehütete Geheimnis des DDR-Sports eingerichtet: eine Unterdruckkammer für Höhentraining.

Erst drei Tage vor ihrem ersten Auftritt im Olympiastadion, dem 100-Meter-Vorlauf, fliegt Stecher von Berlin-Schönefeld aus nach München. Wie immer vor Wettkämpfen ist sie im Tunnel, »voll fixiert auf meine Leistung und mit keinem Blick für das Drumherum«. Sie gilt in jeder Beziehung als Athletin, die sich auf das Wesentliche konzentriert. »Ein überflüssiges Wort ist bei ihr so selten wie ein Fehlstart«, heißt es in einem Porträt Anfang der Siebziger. Stecher freut sich »riesig«, in München dabei zu sein. Man merkt ihr das nur nicht so an.

Sie ist ja nicht das erste Mal in der Bundesrepublik, »für mich war das nichts Besonderes«. Olympisches Dorf, Trainingsstätten, Stadion, mehr sieht Renate Stecher eh nicht von München. Nichts soll vom Wettkampf ablenken. Zu Athleten anderer Mannschaften haben die DDR-Sportler fast keinen Kontakt, ebenso wenig zu ausländischen Journalisten. Über all das wachen die zahlreichen mitgereisten Aufpasser. Ein Sportlerleben in der DDR ist ein Leben unter Beobachtung. Renate Stecher ist das gewöhnt, und sie ist auch keine, deretwegen sich die Aufpasser sorgen müssten. An Flucht, erinnert sie sich, habe sie nie gedacht: »Ich wusste zwar, was es im kapitalistischen Ausland alles gab und wie es dort zuging. Aber ich wollte nie im Westen leben, ich war in der DDR groß geworden und hatte da meine Eltern, Freunde und meinen Mann. Das war mein Zuhause.«

Um an den ersten Wettkampftagen locker zu bleiben, hält Stecher ihre Ziele erst mal niedrig: Sie muss nicht unbedingt jeden Vorlauf gewinnen. Ein Platz unter den ersten drei, weiterkommen, das genügt. Beobachtern wird allerdings relativ schnell klar, dass hier jemand auf Goldkurs läuft. Stecher steigert sich von Auftritt zu Auftritt. Der Vorlauf: 11,31 Sekunden. Der Zwischenlauf: 11,27. Das Halbfinale: 11,18. Jedes Mal geht sie als Erste durchs Ziel.

Am Samstag, dem 2. September, bringt sie der Shuttlebus ins Stadion zum Finale. Registrierung, Startnummer holen. Zum ersten Mal hat sie Herzklopfen. Aber daraus wird keine Nervosität, anders als vier Jahre später bei den Spielen von Montreal. »Da dachte ich, ich müsste mich beweisen. 1972 musste ich das nicht.« Das olympische Finale über 100 Meter in München: für Renate Stecher nicht so viel anders als ein Waldlauf daheim in Sachsen.

In der Aufwärmhalle, tief in den Katakomben des Olympiastadions, setzt sie sich erst mal hin und schaut der Konkurrenz bei der Gymnastik zu. »Man kann ganz gut abschätzen, wie die anderen Läuferinnen psychisch so drauf sind.« Sie redet mit niemandem, höchstens ein Hallo hier und da. »Ich bin nicht der Typ, der so kurz vor dem Wettkampf noch groß palavert.« Manche Athletin hat ihren Trainer dabei in der Aufwärmhalle, Stecher nicht. »Ich wollte alleine sein.« Vollkommen abschalten zu können, das ist eine glückliche Gabe in diesem Geschäft.

17:30 Uhr. Startschuss. Stecher kommt gut aus dem Block, doch das tun andere auch. Nach etwa 40 Metern zieht sie kraftvoll davon. 11,07 Sekunden zeigt die Anzeigetafel im Ziel, Weltrekord. Und die Leichtathletikexperten im Stadion sind sich sofort sicher, dass sie handgestoppt unter den magischen elf Sekunden geblieben wäre. Abgeschlagen geht die Australierin Raelene Boyle als Zweite durchs Ziel. Stecher freut sich, dass die Münchner Zuschauer auch für sie, die Athletin aus der DDR, klatschen.

Vor der Siegerehrung muss Stecher noch die Schuhe wechseln. Im Wettkampf hatte sie Spikes von Adidas an den Füßen, Westschuhe, leicht erkennbar an den drei Streifen. Wenn es Medaillen bringt, ist das in der DDR-Mannschaft gestattet. Bei offiziellen Anlässen jedoch müssen die Athleten Modelle von Zeha tragen, der Sportschuhmarke der DDR.

Zurück im olympischen Dorf gibt es eine kleine Zusammenkunft zu ihren Ehren, aber keine große Feier. Gerd Stecher gratuliert seiner Frau per Telegramm, ein Telefonat ist in der strengen Ordnung des DDR-Teams nicht vorgesehen. Renate Stecher muss eh weiter. Auslaufen, Muskeln lockern. In zwei Tagen steht der Vorlauf über 200 Meter an.

Ankie Spitzer will am sportlichen Lebenstraum ihres Mannes Andrei teilhaben. Andrei Spitzer hat es mit 27 Jahren zu den Spielen geschafft, nicht als Aktiver, sondern als Trainer der israelischen Fechter. Ihre Tochter Anouk, gerade mal zwei Monate alt, hat Ankie bei ihren Eltern in den Niederlanden gelassen und ist mit dem Zug nach München gefahren. Sie und Andrei verbringen zweieinhalb Wochen in einer kleinen Pension und schauen sich die Stadt an. Im olympischen Dorf dürften sie nicht gemeinsam wohnen, aber sie sind trotzdem jeden Tag dort und genießen die unbeschwerte Stimmung unter den Athleten aus aller Welt. Ankie hat keine Akkreditierung, aber die beiden haben einen Ausgang gefunden, an dem die Sicherheitsleute nicht darauf achten, ob vielleicht auch jemand hineingeht.

Andrei Spitzer, wenige Wochen nach Kriegsende im rumänischen Timisoara geboren, ist der Sohn von Juden, die den Holocaust als Zwangsarbeiter überlebt hatten. 1956, nach dem Tod des Vaters, wanderte er mit seiner Mutter nach Israel aus. Seit früher Jugend begeisterte er sich fürs Fechten, einmal reiste er als Anhalter durchs Land, um andere Jugendliche für seinen Sport zu gewinnen. Nach dem Wehrdienst bei der israelischen Luftwaffe arbeitet er sich zum Cheftrainer des Wingate Institute hoch, des nationalen Sportzentrums in Netanya. 1968 entsandte ihn der israelische Fechtverband zur Fortbildung an eine niederländische Sportakademie. Dort verliebte er sich in Ankie, eine Holländerin, die an der Akademie studierte. Am 17. April 1971 heirateten die beiden in Den Haag, ihre Fechtkollegen bildeten das Spalier. Danach zieht das frisch vermählte Paar nach Israel.

Im olympischen Dorf ist das Paar von »Offenheit und Grenzenlosigkeit« fasziniert, erinnert sich Ankie Spitzer: Jeder redet mit jedem, Barrieren zwischen den Nationen gibt es nicht. Einmal sieht Andrei die libanesische Fecht-Nationalmannschaft zusammensitzen. »Da gehe ich jetzt hin«, sagte er zu seiner Frau. »Spinnst du, wir sind mit denen im Krieg«, entgegnet sie. Seine Antwort werde sie nie vergessen: »Hier bei den Olympischen Spielen gibt es keinen Krieg, keine Feinde, keine Politik, wir sind alle nur Sportler, Menschen. Deswegen wollte ich auch immer hierher.« Also geht er rüber, schüttelt jedem Libanesen die Hand und wünscht ihm viel Glück. Und die libanesischen Sportler reagieren umgekehrt genauso herzlich.

Die Olympiaseligkeit des Ehepaars Spitzer wird durch einen Anruf von Ankies Eltern aus den Niederlanden unterbrochen. Die kleine Anouk schreie viel, man habe sie zu Untersuchungen in eine Klinik bringen müssen. Andrei und Ankie Spitzer beschließen, sofort in die Niederlande zu fahren.

Franz Larcher, Bürgermeister der malerischen Gemeinde Kiefersfelden im Voralpenland, hat nur Gutes über seine Gäste zu berichten. Er und die anderen Einheimischen seien erleichtert und zufrieden, dass »keine Betrunkenen, keine nächtlichen Randalierer und keine Meckerer aufgefallen sind«. Im Gegenteil: Die Olympiatouristen aus der DDR seien freundlich und hilfsbereit, zum Teil würden sie sogar ihre Betten selber machen. Abends sitze man mit ihnen in den Wirtshäusern und Pensionen auch mal bei einem Gläschen beieinander, alles ganz harmonisch. Sogar zur erfolgreichen Integration an Stammtischen sei es gekommen. Aufatmen kann auch die bayerische Polizei, die mit vielen Beamten präsent ist: Sie hatten sich ausgemalt, dass die Ostdeutschen kommunistische Propagandaplakate an jeden Gartenzaun hängen würden.

Wenn es während der Spiele einen Ort gibt, an dem das deutsch-deutsche Verhältnis sommerliche Temperaturen erreicht, dann ist das Kiefersfelden. Zwei DDR-Reisegruppen mit jeweils 1000 Leuten beherbergen die Gemeinde und das Umland, eine in der ersten Olympiawoche, eine in der zweiten. Als nach Ankunft des ersten Sonderzugs die Reporter über die müden Gäste herfielen, noch dazu mit blöden Fragen, schlugen sich die Kiefersfeldener gleich auf deren Seite. »Wenn i von am Fernsehreporter an meim Urlaubsort vor der Kamera gfragt werad, wia vui Geld i dabai hab, dann schmierert i eam oane«, sagt ein Einheimischer. Antworten dürften die Besucher freilich eh nicht, zu Hause sind sie auf umfangreiche »Allgemeine Verhaltensprinzipien« verpflichtet worden. Punkt IV.4: »Interviews und Auskünfte gegenüber Presseorganen der BRD werden grundsätzlich nicht gegeben.«

Offiziell ist der Westurlaub eine Belohnung für »Verdienste um die sozialistische Sportbewegung«, tatsächlich sind die Reisenden aber von den Bezirksleitungen der SED handverlesen. Von vornherein ausgeschlossen waren unter anderem DDR-Bürger mit Verwandtschaft im Westen. Allzu groß ist das Vertrauen aber auch so nicht: Unter den 2000 Touris werden einige Hundert Stasi-Leute vermutet. Der Verhaltenskodex macht schnell klar, dass es sich eben nicht um eine Ferienreise handelt: »Wichtigste politische Aufgabe aller DDR-Touristen ist es, die Sportler der souveränen Olympiamannschaft der sozialistischen DDR auf den Wettkampfstätten in ihrer politischen Haltung, im Kampf um hohe Leistungen und um den sportlichen Sieg zur Ehre der DDR und der internationalen sozialistischen Sportbewegung zu unterstützen.« Dabei sei neben »kräftigem Beifall« ausschließlich der Schlachtruf »7-8-9-10-Klasse!« zu verwenden. Provokationsversuche sollen mit einem »selbstbewussten Lächeln« pariert werden: »Handgreifliche Auseinandersetzungen sind in München nicht das Mittel, unsere Überlegenheit und Stärke unter Beweis zu stellen.«

Gefahrlos gestaltet sich in dieser Hinsicht das »Internationale Freundschaftstreffen« im Gasthof »Bergwirt«, zu dem die Deutsche Kommunistische Partei (DKP) aus dem Westen 350 Genossen aus der DDR und anderen sozialistischen Ländern eingeladen hat. Es gibt sehr viele Gruß-

## Die heiteren Spiele

worte, Unmengen Bier und Schnaps, tschechische Blasmusik, russische Balalaika-Darbietungen und immer wieder Sprechchöre: »Freund – schaft, Freund – schaft«. Ein DKP-Liedermacher singt Protestsongs gegen »Strauß und seine Bazis«, wobei sich die enorme Empörung der bayerischen Kommunisten über die Seeuferverbauung am Chiemsee nicht allen Brüdern aus dem Ausland sofort erschließt. Dem Abschlussbericht des Bundesgrenzschutzes zufolge (»bemerkenswert«) kehren am Ende sämtliche 2000 DDR-Touristen in den Osten zurück.

Wenn John Akii-Bua ein Münchner wäre, wäre er vielleicht das, was man in der Szene der bayerischen Landeshauptstadt einen »Stenz« nennt. Nicht nur, weil er nach allgemeinem Dafürhalten Frauen mag und von Frauen gemocht wird, sondern auch, weil er sich unter größter Anspannung ein gerüttelt Maß an Coolness bewahrt, etwas Spielerisches. Schwarze Athleten werden im Journalistenjargon der Ära gern mal zur »schwarzen Gefahr«; Akii-Bua wird zum schwarzen Freund. Die Begeisterung des Publikums für den Goldläufer aus Uganda ist womöglich ein kleiner Beleg dafür, dass die Deutschen sich in diesem Spätsommer 1972 auch ein bisschen für die Jugend der Welt interessieren, die sie da besucht.

Klar, das Exotische ist oft erst mal ein Quell von Witz, fragwürdigem Witz natürlich. Vor den Spielen sind die deutschen Zeitungen voll mit Geschichten über die drei togolesischen Radrennfahrer, die sich bei der Rheinland-Pfalz-Rundfahrt auf die Spiele vorbereiten, aber immer kilometerweit hinter dem Feld herstrampeln. Ob den Herren schon bewusst sei, dass das Mitfahren im Mannschaftsauto nicht zähle, fragt eine Regionalzeitung.

Die Neugier auf das Fremde war lange nicht gerade überausgeprägt in der jungen Bundesrepublik, aber nach und nach sickert eine neue Offenheit in die Gesellschaft ein, die zumindest die Münchner während der Spiele in vielen Begegnungen mit ihren Gästen aus 121 Ländern ausleben können. Gwamperter bayerischer Trachtler im kulturellen Austausch mit zierlicher japanischer Turnerin – solche Symbolbilder füllen täglich die Zeitungen. Der Boxer Leopold Abgbazo aus dem Königreich Dahomey (später Benin), der bei seinem Olympia-Aus nach einem einzigen Kampf bittere Tränen vergießt, vergibt den Gastgebern sogar, dass ihm in der

Sauna seine Uhr gestohlen wird: »Alle Menschen sind hier zu uns wie Brüder.« Dabei wissen Abgbazo und der zweite Athlet aus Dahomey noch gar nicht, wie sie wieder in die Heimat kommen sollen, weil das Olympische Komitee von Dahomey erst mal nur das Geld für ihre Hinflüge hatte.

Besonders intensiv ist die Neugier der Deutschen, wenn es ums Essen geht. In den späten Sechzigerjahren wagen sie sich immer öfter in Pizzerien und Tavernen, die Gastarbeiter überall in der Bundesrepublik eröffnen. Kulinarisch ist das Fremde unbestreitbar eine Bereicherung. Seit 1964 gibt es in Düsseldorf sogar ein japanisches Restaurant, das Nippon-Kan, in dem die verdutzten Gäste die Schuhe ausziehen müssen und idealerweise Stäbchen benutzen müssen. Am 4. Dezember 1971 eröffnet in der Olympiastadt München die erste deutsche Filiale eines amerikanischen Schnellrestaurants. Dem mutigen Betreiber sagen selbst enge Freunde: »Keiner kauft dein Zeug«, die »labberigen Semmeln«, fürchterlich. Selten in der Geschichte der Menschheit hat sich jemand so getäuscht. Schon 1980 wird »McDonald's« in Deutschland eine Milliarde Mark Umsatz machen.

Zur Wahrheit gehört, dass viele Deutsche den Gedanken beruhigend finden, dass all die Gastarbeiter aus Italien und anderen südeuropäischen Ländern, die seit 1955 über Anwerbeabkommen in die hiesigen Fabriken gelotst werden, auch wirklich nur Gäste auf Zeit sind. In der DDR verhält es sich mit den Vertragsarbeitern aus Mosambik, Vietnam und Kuba nicht anders, »sozialistische Bruderhilfe« hin oder her. In den Siebzigerjahren werden die »Ausländer« zu einem stehenden Begriff in der Bundesrepublik. Das Wort klingt vielleicht nicht ganz so freundlich wie »Gastarbeiter« – aber es birgt einen Hauch von Anerkenntnis, dass diese Menschen hier sesshaft werden könnten.

Selbst als in Bonn ein Anwerbestopp beschlossen wird, sorgt die in den Römischen Verträgen angelegte neue europäische Freizügigkeit für ein Grundrauschen an Migration. Mitte der Siebziger kommen dann die ersten Flüchtlinge aus Chile in beide Deutschlands, wenig später die »Boat People« aus Vietnam in die Bundesrepublik. Im Westen macht der Begriff »Asylant« eine hässliche Karriere – doch sollte irgendwer die Hoffnung gehegt haben, man könnte in einer sich globalisierenden Welt schön unter sich bleiben, entpuppt sich das in den Jahren nach München als Illusion.

Manche erkennen das sogar etwas früher. Von 1970 an mehren sich die sogenannten Hungermärsche, mit denen die Kirchen auf Armut und Lebensmittelknappheit in anderen Teilen der Erde hinweisen. Die Forderung nach weltweiter Solidarität gründet auch auf dem alarmierenden Bericht des »Club of Rome«. Die Idee des gerechten Handels, der Abbau von Zollschranken für Produkte aus Entwicklungsländern, keimt zunächst in kleinen Aktionsgruppen. 1973 eröffnet in Stuttgart der erste deutsche »Dritte-Welt-Laden«, im Angebot sind fair gehandelter Kaffee, Kakao und Zucker. 1978 wird es schon 40 solche Läden in der Bundesrepublik geben.

Klaus Wolfermann hat sich vorgenommen, Olympia anzugehen wie ein Dorfsportfest. Deswegen flieht der Speerwerfer auch vor dem ganz großen Rummel. Seinem Trainer hat er abgerungen, nicht im olympischen Dorf, sondern bei seinen Schwiegereltern in der Stadt schlafen zu dürfen. Oder gleich zu Hause in Burgkirchen, Landkreis Altötting, eine Autostunde von München. Wolfermann ist ein überzeugter Kleinstadtmensch, von einem Reporter wird er mit »dem Sparkassenbeamten im Ort« verglichen. Für die Eröffnungsfeier ist er mal eben mit dem VW-Käfer zum Stadion gefahren, einmarschiert – und dann sofort zurück nach Burgkirchen.

Die Deutsche Sporthilfe hat ihm dort eine 30 Meter lange und vier Meter breite Trainingsbahn gebaut, mit exakt demselben Untergrund und Belag wie im Olympiastadion. Das spart ihm Fahrten nach München zum Training. Der Sportlehrer Wolfermann hat zwei Jobs und wenig Zeit. Beim SV Gendorf ist er Übungsleiter, bei der Farbenfirma Hoechst betreut er den Betriebssport. Und dann trainiert er ja auch noch selbst, zweimal täglich. Er war schon immer einer, den man eher bremsen musste als anspornen.

Erst am Tag vor seiner Qualifikationsrunde fährt er von Burgkirchen nach München und übernachtet bei den Schwiegereltern im Gästezimmer. Als am nächsten Morgen um 10 Uhr im Olympiastadion der Wettkampf beginnt, startet Wolfermann nicht mehr als Außenseiter wie noch vor vier Jahren. Seit Mexico City 1968 hat er sich kontinuierlich gesteigert und einen deutschen Rekord nach dem anderen geworfen. Sein realistisches Ziel in München: eine Medaille. Wolfermann, 26, sieht nicht aus, wie die anderen Weltklasse-Speerwerfer aussehen: groß gewachsen, lange Arme, perfekte Hebelverhältnisse. Ein »kleiner Gstumperter« sei er, das sagt er selbst. Der polnische Weltrekordler Janusz Sidlo hatte ihm vor Jahren gesagt, das werde leider nichts mit der ganz großen Karriere.

Wolfermann hat nicht auf Sidlo gehört, er wusste, dass er eine besondere Kraft im Arm von seinem Vater geerbt hatte, einem Schmied, der als Turner knapp die Qualifikation für Berlin 1936 verpasst hatte. Er hat also einfach noch mehr trainiert – und analysiert. Alle seine Kontrahenten hat er genau unter die Lupe genommen, ihre Bewegungsabläufe, aber auch ihre Gewohnheiten bei der Wurfvorbereitung, ihre Wettkampfstrategien. Zur Qualifikation betritt Wolfermann das Stadion im letzten Moment. Er wirft nur einmal, der Speer landet bei 86,22 Metern, das reicht für den ersten Platz in seiner Vorrundengruppe. Es ist überhaupt die größte Weite an diesem Tag. Den zweiten und dritten Versuch lässt er aus – seine Frau wartet bei den Schwiegereltern. »Am Abend machte ich mir viele Gedanken«, erinnert sich Klaus Wolfermann im Rückblick. »Was habe ich falsch gemacht? Wo kann ich etwas besser machen? Dann haben wir ferngesehen.«

Am Morgen des Finalsonntags geht Klaus Wolfermann nach dem Kaffeetrinken ein wenig joggen und macht Gymnastik. Mittags lenkt er den Käfer ins olympische Dorf, parkt in einer Tiefgarage und nimmt den Shuttlebus zum Stadion. Sein nervöser Trainer sucht ihn bereits. Dann Warmmachen mit kurzen Anläufen, ein wenig Gymnastik, leichte Würfe. »Ich hatte links und rechts Scheuklappen, ich nahm nichts mehr um mich herum wahr.« Das ändert sich, als die Finalteilnehmer durch die Katakomben und das Marathontor ins Stadion und zur Speerwurfzone geführt werden. Wolfermann, Erkennungszeichen dunkler Vollbart, läuft vorneweg. Er will der Erste im Stadion sein, hören und spüren, wie die Zuschauer reagieren. »Wolfermann, Wolfermann«, hallt es von den Rängen.

Er hat sich vorgenommen, gleich mit dem ersten Wurf ein Zeichen zu setzen. Das hat er sich vom amtierenden Olympiasieger Janis Lusis abgeschaut, mit dem er sich prächtig versteht, seit sie sich in Mexiko begegnet sind. Lusis, Sowjetunion. Wolfermann, Bundesrepublik Deutschland. Für viele sind das die Favoriten auf Gold. Lusis versucht stets, eine große

### Die heiteren Spiele

Weite im ersten Versuch zu landen, um den restlichen Wettkampf einigermaßen entspannt bestreiten zu können. Gleichzeitig soll das auch ein Signal an die Konkurrenten sein: Schaut her, ich bin fit, ihr werdet euch schwertun, mich heute zu schlagen.

Speerwerfer haben es im Olympiastadion nicht einfach. Das Zeltdach erhebt sich nur auf einer Seite, dadurch entstehen gelegentlich Luftturbulenzen, wenn der Wind dreht. Aber das Dach hat auch einen Vorteil: Wolfermann kann sich einen festen Punkt an der Konstruktion suchen, den er beim Abwurf anvisiert. Sein Plan, im ersten Versuch ein Zeichen zu setzen, geht auf. Er wirft den Speer 86,68 Meter weit. Aber Janis Lusis übertrifft ihn um zwei Meter. Bis zum vierten Versuch gelingt dem Deutschen nicht mehr viel. Aber auch sein großer Konkurrent kommt nicht über die magischen 90 Meter. Wolfermann spürt, dass Lusis unzufrieden ist. »Du hast eine Chance«, denkt er sich, »heute kannst du ihn schlagen.« Bei seinem fünften Versuch verlängert der Grübler Wolfermann seinen Anlauf, und er läuft etwas schneller. Der Abwurfwinkel ist perfekt, Wolfermann weiß, dass dieser Speer weit fliegen wird. Aber wie weit? Fünf Sekunden vergehen, zehn Sekunden. Dann die Anzeige: 90,48 Meter, olympischer Rekord. »Wolfermann, Wolfermann«, schreien die Zuschauer, jetzt euphorisch. Er ist ja ein halber Münchner.

Janis Lusis hat sich das alles von einer Bank aus angesehen und dabei auf einem Apfel herumgekaut. Plötzlich wirft er den Apfel weg und springt auf. Noch nie zuvor hat Wolfermann den Letten so nervös gesehen. Und trotzdem ist ihm zuzutrauen, dass er mit dem letzten Wurf gewinnt. Nun ist Wolfermann nervös. Entschlossen läuft Lusis an, der Speer geht mit Wucht hinaus. Lusis könnte das Ding wirklich noch gedreht haben. Wolfermann ist aufgefallen, dass der Lette sein Stemmbein zu schnell weggezogen hat. Das könnte ihn ein paar Zentimeter kosten. Das Stadion hält den Atem an. Und dann atmen alle, alle aus: 90,46 Meter, zwei Zentimeter fehlen Lusis auf Platz eins. Klaus Wolfermann, Sohn eines fränkischen Schmieds, ist Olympiasieger. Die Menge tobt, Wolfermann strahlt. Auf einmal steht Janis Lusis vor ihm, sie fallen sich in die Arme. »Es tut mir leid, aber ich habe gewonnen«, sagt Wolfermann. Lusis antwortet: »Du, ich habe in Mexiko gewonnen, ich habe meine Goldmedaille schon.«

## Goldener Sonntag für die Bundesrepublik

In der Hitze des Stadions geht es jetzt Schlag auf Schlag, mit Wolfermanns Triumph beginnen die erfolgreichsten 60 Minuten in der Geschichte der deutschen Leichtathletik. Im 800-Meter-Finale der Frauen liefert sich Hildegard Falck einen nervenzehrenden Endspurt mit der Russin Nijole Sabaite. Es ist noch nicht lange her, dass Falck zu Hause im niedersächsischen Nettelrede von Landwirten verspottet wurde, weil sie mehrmals am Tag an deren Feldern entlanglief. Nun saugt sich Sabaite an Falck heran, die Deutsche schüttelt den Kopf bei jedem Schritt, sie denkt sich: »Nein, nein, du kriegst mich nicht.« 0,1 Sekunden Vorsprung rettet sie ins Ziel.

Die Zuschauer haben kaum Zeit, sich zu beruhigen. Um kurz vor 18 Uhr bebt das Stadion, als Bernd Kannenberg, der Führende im 50-Kilometer-Gehen, durch das Marathontor kommt. Mehr als 100 000 Menschen haben den Wettbewerb, der gewiss nicht als aufregendster im olympischen Portfolio gilt, an der Strecke verfolgt. Fast alle Teilnehmer sprechen nachher von einem einmaligen Erlebnis. Und jetzt lernt Deutschland also diesen Bernd Kannenberg kennen, Berufssoldat, erst vor drei Jahren hat er mit dem Gehen angefangen. Im Ziel reißt er die Arme nach oben, und 80 000 Zuschauer mit ihm. Der 3. September 1972 wird als »Goldener Sonntag« in die Annalen eingehen. Für viele, die dabei waren, ist es der Höhepunkt der Spiele von München.

Der Stadionsprecher hat die Siegerehrung im Speerwurf der Männer angekündigt, Friederike Wolfermann will unbedingt von der Tribüne hinunter in den Innenraum, zu ihrem Klaus. Ein Ordner bemerkt, dass sie dafür keine Akkreditierung hat. Er lässt sie dennoch durch. Klaus Wolfermann steht auf dem Siegerpodest und breitet die Arme aus, als würde er die ganze Welt umarmen. »Wol-fer-mann«, skandieren die 80 000 immer wieder. Danach Dopingkontrolle, Pressekonferenz, Besuch im Deutschen Haus, so gehört sich das. Aber eigentlich will Wolfermann nur schnell weg. Zu Hause bei den Schwiegereltern warten Freunde mit einem Fass Bier.

Was es bedeutet, Olympiasieger zu sein, erlebt er am nächsten Tag. Friederike würde gern die Schwimmwettbewerbe sehen, also bittet Wolfermann beim Organisationskomitee um Karten. Als Goldmedaillengewinner bekommt er natürlich nicht irgendwelche Karten. Die Wolfermanns sitzen auf der Ehrentribüne. Links von ihnen König Konstantin von Griechenland, rechts von ihnen Hollywoodlegende Kirk Douglas. »Hey, in deinen Filmen schaust du immer größer aus«, sagt Wolfermann. Douglas sagt: »Ja, die filmen mich immer von unten.«

Die besondere Ironie des »Goldenen Sonntags« ist es, dass die eine Goldmedaille, mit der alle gerechnet hatten, am Ende ausbleibt. Der Fünfkampf, das hat Heide Rosendahl öfter betont, ist ihr sogar wichtiger als der Weitsprung. Im Fünfkampf wird die vielseitigste, die kompletteste Athletin gekürt. Die Weltrekordlerin Rosendahl bestätigt ihre bekannten Schwächen im Hochsprung und vor allem im Kugelstoßen – ihre beiden größten Rivalinnen, Mary Peters aus Großbritannien und Burglinde Pollak aus der DDR, stoßen mehr als zwei Meter weiter als sie. Auch über 80 Meter Hürden verliert sie an Boden. Aber dann kommt der Weitsprung, da ist sie zu Hause. Sie wirft ein paar Grashalme in den Wind. Perfekte Bedingungen. Sie springt 6,83 Meter, fünf Zentimeter weiter als bei ihrem Goldsatz vor ein paar Tagen. Auf einmal ist Rosendahl in der Gesamtwertung wieder im Rennen.

Die Fernsehreporter überschlagen sich: Man erlebe hier einen der dramatischsten Mehrkämpfe der Geschichte. Und die letzte Disziplin begünstigt die Westdeutsche: der 200-Meter-Lauf. Um Gold zu gewinnen, muss Rosendahl der Britin Peters 1,3 Sekunden abnehmen. Sehr schwierig, aber nicht unmöglich. Nach 100 Metern hat sich Rosendahl schon einen Vorsprung erlaufen, die Zuschauer wollen ihre Heide zum zweiten Gold tragen. Bei 22,96 Sekunden geht sie durchs Ziel, neuer deutscher Rekord. Es dauert einen ewigen Augenblick, bis Peters' Zeit angezeigt wird: 24,08. Rosendahl fehlen zwanzig Hundertstel. Mary Peters hüpft vor Freude über die Tartanbahn des Olympiastadions. Aber auch Heide Rosendahl wirkt nicht geknickt. Bei der Siegerehrung wird sie für dieses Silber fast noch mehr gefeiert als für ihr Weitsprung-Gold. »War das ein Tag«, sagt sie hinterher den Journalisten, drei Mal Gold und ein Mal Silber für die Bundesrepublik. »Ich bin so glücklich, dass die anderen gewonnen haben.«

Heiterkeit ist schwer zu exportieren, aber sie findet ihren Weg von München nach Kiel, wo die olympischen Segelwettbewerbe ausgetragen werden. Auch im Norden hilft Kaiserwetter der ausgelassenen Atmosphäre,

## Die Armada vor Kiel

in der brandneuen Hafenanlage von Kiel-Schilksee gibt es eine kleine Eröffnungsfeier, die es an Farbenpracht mit der großen im Süden aufnehmen kann. Auch Willi Daume und Avery Brundage geben sich die Ehre. Genau wie München profitiert Kiel nachhaltig von den Spielen, durch Sanierungsprojekte in der Innenstadt, eine neue Brücke über den Nord-Ostsee-Kanal und vor allem den Anschluss ans Autobahnnetz. Für die Akzeptanz der Münchner Spiele ist es sehr günstig, dass auch am anderen Ende der Republik Feststimmung herrscht.

Ihren Höhepunkt erklimmt die Begeisterung mit der großen Windjammer-Parade, die eine halbe Million Menschen an die Küste lockt. Für einen Sonntagnachmittag blickt Deutschland nicht nach München, sondern nach Kiel. Es mag nur olympisches Rahmenprogramm sein, aber es ist eben auch ein herrlicher Ausdruck olympischen Geistes: 70 majestätische Großsegelschiffe aus 20 Nationen gleiten zusammen übers Wasser, angeführt vom deutschen Segelschulschiff »Gorch Fock«, dazu gesellen sich die vielen kleinen Boote der Olympiateilnehmer. Die Besatzungen treten auf Deck an, um dem Bundespräsidenten die Ehre zu erweisen, »Front machen«, sagen Seeleute. Gustav Heinemann nimmt die Grüße über Stunden am Bug des Ausflugsdampfers Heiligenhafen entgegen. »Es war das eindrucksvollste Schauspiel, das die deutsche Küste je erlebte«, schreibt der ›SZ‹-Reporter Gert Kistenmacher mit Mut zum Superlativ, »ein faszinierendes Bild wie aus uralten Tagen, vielleicht vergleichbar mit dem Auftauchen der spanischen Armada vor der englischen Küste«.

In vielen Ostblockländern zeigen die Fernsehsender nichts von der Segelparade, sie beschränken sich streng auf Bilder von den Wettkampfstätten, damit dieses Westdeutschland nicht allzu hübsch rüberkommt. Manchmal sind aber auch die Wettkampfstätten selbst außerordentlich hübsch. Das Bogenschießen findet in München auf der Werneckwiese im Englischen Garten statt, gleich beim Kleinhesseloher See. Das Ganze hat die Anmutung einer gediegenen, aber zugleich ziemlich entspannten Gartenparty. Seine königliche Pracht führt München beim Dressurreiten vor, für das eine kleine Arena vor der märchenhaften Kulisse des Nymphenburger Schlosses errichtet wurde. Liselott Linsenhoff erobert Einzelgold für die Bundesrepublik; fast mehr noch als die Reiterin hat es dem Publikum ihr charakterstarker Hengst Piaff angetan, der sich bei der

## Die heiteren Spiele

Siegerehrung so lange weigert stillzustehen, bis ein Offizieller im grünen Anzug ihm die Mähne krault.

Die Spiele gleichen freilich nicht überall einem Picknick im Park. Weniger idyllisch geht es bei den japanischen Volleyballfrauen zu, die mit explizitem Gold-Auftrag im Gepäck nach München gereist sind. Vier Jahre lang sind sie für diese Mission gedrillt worden – wie unbarmherzig das wohl vonstattenging, lässt sich daran erahnen, dass der japanische Trainer seine Spielerinnen selbst vor Publikum nach Fehlern mit einem Holzstöckchen züchtigt. Vom »Land des eiskalten Lächelns« schreibt die ›FAZ‹. Ein empörter Zuschauer erstattet Anzeige wegen der Schläge, aber juristisch lässt sich da nichts machen. Wenigstens erweist sich das Stöckchen nicht als nachahmenswerte Methode: Japan verliert das Finale klar gegen die UdSSR.

Die Spiele machen aus Unbekannten in wenigen Minuten globale Berühmtheiten. Vom 23-jährigen finnischen Polizisten Lasse Viren haben nur Fachkundige des Langstreckenlaufs gehört, als er im Finale über 10 000 Meter an den Start geht. Nach 5600 Meter scheint das so zu bleiben, denn Viren, weiße Hose, blaues Trikot, stürzt nach einer Kollision mit einem anderen Läufer auf den Rasen neben der Bahn. Dann beginnt die knappe Viertelstunde, die den jungen Schlaks als »fliegenden Finnen« in die Geschichtsbücher des Sports schreibt. Er rappelt sich auf und saugt sich wieder an die Spitze heran, um dann in einem mühelosen Endspurt alle Konkurrenten hinter sich zu lassen. Ein paar Tage später siegt er auch über 5000 Meter. Lasse Viren erklärt seinen Erfolg mit der Kraft, die er in der Ruhe der finnischen Wälder findet. Andere tippen auf Doping.

Manche Sieger schließt das Publikum sofort ins Herz, so wie die 15-jährige Schwimmerin Shane Gould aus Australien, die drei Mal Gold holt und sich oben auf dem Podium immer an ihrem Plüschkänguru festhält. »Jeder will den Goldfisch an seiner Angel«, so fasst das Bayerische Fernsehen den Wirbel um Gould zusammen. Dem nordkoreanischen Schützen Ho Jun Li tritt man sicher nicht zu nahe, wenn man feststellt, dass er die Zuschauer nicht im gleichen Maße betört. Mit 599 von 600 Ringen triumphiert er zwar souverän mit dem Kleinkalibergewehr im liegenden Anschlag, es ist das erste Olympiagold für Nordkorea überhaupt, und womöglich schmeckt es besonders süß, weil Ho Jun Li den

Amerikaner Victor Auer auf Platz zwei verweist, der hauptberuflich als Drehbuchautor der Westernserie ›Bonanza‹ tätig ist. Bei der Pressekonferenz erläutert der Infanterist Ho Jun Li dann allerdings, dass er sein Schussglück dem Rat des großen Führers Kim Il-sung zu verdanken habe: »Er hat gesagt: Ihr müsst schießen wie an der Front auf die Feinde. Das habe ich gemacht.«

Es gibt goldene Sonntage, es gibt aber auch schwarze. Einen solchen erleidet die westdeutsche 4 x 400-Meter-Staffel der Männer, die nach der Disqualifikation der Amerikaner Favorit ist auf Gold. Dieser Rolle wird das Quartett auch gerecht, wenigstens über 1500 der insgesamt 1600 Meter. Schlussläufer Karl Honz aus Stuttgart geht als Führender auf die Zielgerade, dann werden seine Schritte plötzlich schwerer. Mit dem Olympiasieg vor den Augen gerät er ins Trudeln, alle Kraft weicht aus seinem Körper. Der Kenianer überholt ihn, der Engländer und auf der Linie, die Honz fallend überquert, auch der Franzose. Selbst Bronze ist weg. Die Bilder, die von Olympia im Gedächtnis bleiben, sind nicht immer die Bilder der Sieger.

Bisweilen liegen Glanz und Elend nahe beieinander. Wilfried Dietrich, der »Kran von Schifferstadt«, greift nach seiner zweiten olympischen Goldmedaille im Superschwergewicht des Ringens, die erste hat er 1960 in Rom gewonnen. Früh im Wettkampf liefert Dietrich, 120 Kilo, einen der meistfotografierten Momente der Spiele, eine Aktion gegen die Regeln der Physik: Er wirft den amerikanischen Koloss Chris Taylor, Stammgast im Hofbräuhaus und mindestens 60 Kilo schwerer als er, über die Schulter zum Sieg. Das Publikum in der Riemer Messehalle rast. Weniger rühmlich ist dann, dass Dietrich auf seinen letzten Kampf ohne Angabe von Gründen verzichtet, als klar wird, dass es nicht mehr für eine Medaille reicht.

Zu den Sportarten, in denen die DDR ihre Vorherrschaft untermauert, gehört das Rudern, in allen sieben Bootsklassen gibt es eine Medaille, davon drei Mal Gold. Die Abordnung der Bundesrepublik muss sich fast ein wenig blamiert vorkommen. Der Achter zum Beispiel hatte im Vorfeld mit einem Kunststoffboot des Designers Luigi Colani experimentiert, bei dem man am Ende froh war, dass es sich vollbesetzt über Wasser hielt. Letztlich obliegt es dem Vierer mit Steuermann, bei der Regatta in Oberschleißheim die westdeutsche Ehre zu retten. Karl-Heinz Bantle, der Trainer des »Bodensee-Vierers«, kann beim Endlauf gar nicht hinschauen, hinter der Tribüne schlägt er sich in die Büsche. Am Jubel der 30 000 hört er, dass seine Jungs gewonnen haben. Am Abend treten die fünf Herren vom Bodensee im ARD-Olympiastudio auf, leicht lallend und nach eigenem Bekunden »nicht mehr ganz nüchtern«. Moderator Ernst Huberty löst die Situation dann so, dass er sicherheitshalber alle von ihm gestellten Fragen auch gleich selbst beantwortet.

Die beiden Araber, die später als Issa und Tony bekannt werden, der Kommandoführer und sein Stellvertreter, sind schon eine ganze Weile in München. Issa spricht fließend Deutsch. Nach Recherchen des britischen Autors Simon Reeve haben sie zeitweise sogar Aushilfsjobs im olympischen Dorf, Tony soll als Koch tätig sein. Tony, der in Wahrheit wohl Yussuf Nazal heißt und sich von Freunden auch gern »Ché« oder »Guevara« nennen lässt, hatte im Anzeigenteil der ›Süddeutschen Zeitung‹ ein Wohnungsinserat aufgegeben: »Looking for Living with family.« Eine geschiedene Anwaltsgattin hatte ihm dann ein Zimmer in ihrem Haus vermietet. Nun nehmen Issa – arabisch für Jesus – und Tony nach und nach ihre sechs Gefährten in Empfang, die alle über unterschiedliche Routen in die Olympiastadt reisen. Jedem Einzelnen nehmen sie zuallererst den Pass ab, und sie verraten noch kein Wort zu ihrer Mission. Keiner stellt Fragen, blinder Gehorsam gehört dazu beim Schwarzen September. Auch Abu Daoud trifft in München ein, der wichtigste Hintermann der Unternehmung.

Die meisten Kommandomitglieder lernen sich jetzt erst kennen. Sie tummeln sich vornehmlich im Bahnhofsviertel, in der Pension »Augsburg« und im Hotel »Monachia« sind Zimmer für sie gebucht. Gegessen wird in Imbissstuben oder Restaurants am Hauptbahnhof. Einige Male fahren die jungen Araber mit der U-Bahn zum Olympiagelände und schauen sich Wettkämpfe an. Volleyballspiele der Frauen etwa, oder am Abend des 3. September das Fußballspiel zwischen der UdSSR und Marokko, das die Sowjets mit 3:0 gewinnen.

Einmal geben sich – so wird es zumindest Abu Daoud später berichten – er, Issa und Tony als brasilianische Touristen aus. Sie bitten einen Sicherheitsmann, ob sie nicht einen Blick ins olympische Dorf werfen dürften, und der lässt sie gewähren. Issa und Tony spielen Freiluftschach in der Nähe der Connollystraße 31, in der die israelische Mannschaft untergebracht ist. Ein Sportfunktionär aus Uruguay, der ebenfalls in dem Gebäude wohnt, wird später berichten, er habe Tony sogar einmal im Treppenhaus angetroffen und sich arglos mit ihm unterhalten. In einem Sportgeschäft in der Innenstadt kauft das Kommando Turnschuhe und fünf Sporttaschen, außerdem in einem Supermarkt eine Stange Zigaretten, mehrere Kilogramm Birnen und Bananen sowie einige Meter Schnur.

Am mittleren Wochenende der Spiele ist in Italien die neue Ausgabe der Illustrierten ›Gente‹ erschienen. In einem Artikel heißt es, dass der Schwarze September den September 1972 zu einem »Feuermonat« machen wolle. Die Terrorgruppe plane »eine aufsehenerregende Tat bei den Olympischen Spielen«. Das ist nun also der Kenntnisstand der mehr als 400 000 Leserinnen und Leser von ›Gente‹.

Sieben Goldmedaillen, das erwarten nun alle von Mark Spitz, aber ihn scheint das nicht zu belasten. Vor den letzten Schwimmwettbewerben notiert der ›SZ‹-Reporter Wolfgang Weingärtner: »Man konnte sein Morgentraining höchstens mit einem gemütlichen Vollbad vergleichen.« Hinter den Kulissen treibt Spitz jedoch die Frage um, ob er nicht auf den Start über 100 Meter Freistil, seinen sechsten Wettkampf, verzichten sollte. Sein Teamkollege Jerry Heidenreich ist über diese Strecke mit ihm auf Augenhöhe. »Wenn ich sechs Rennen schwimme und sechs gewinne, bin ich ein Held«, sagt Spitz einer Vertrauten. »Wenn ich sieben schwimme und sechs gewinne, bin ich ein Versager.« Seine Trainer überzeugen ihn mit dem Argument, dass er als Feigling gelten würde (»chicken«), wenn er vor dem Duell mit Heidenreich kneift. Am 3. September holt Spitz seine sechste Goldmedaille. Heidenreich legt einen furiosen Endspurt hin, doch Spitz rettet vier Zehntelsekunden Vorsprung ins Ziel.

Auf der Tribüne der Olympiaschwimmhalle gibt sich am 4. September die Hollywood-Elite der Ehre. Johnny Weissmueller ist da, der Tarzan-Darsteller, der 1924 und 1928 selbst fünf olympische Goldmedaillen im Schwimmen gesammelt hat. Auch Kirk Douglas ist wieder gekommen, er sitzt neben Spitz' Eltern. Als die 4 x 100-Meter-Lagenstaffel der USA mit dem Schlussschwimmer Spitz als Erste anschlägt, explodiert die Stimmung in der Halle. Sieben Goldmedaillen, sieben Weltrekorde. Kirk Douglas sagt zu Lenore und Arnold Spitz: »Euer Leben wird nie mehr das gleiche sein.«

Das Finale über 1500 Meter Freistil ist für den Abend dieses 4. September angesetzt. Am Morgen dieses Tages klopft es an Rick DeMonts Tür, es ist der Manager des US-Teams. Er fragt: »Welche Medikamente hast du genommen?« Rick zeigt auf die Asthma-Tabletten auf dem Nachttisch. Der Manager packt das Fläschchen, klopft Rick auf die Schulter und verlässt wortlos das Zimmer. »Ich wusste nicht, was los war«, sagt DeMont im Rückblick. »Ich wusste nur, dass es nicht gut ist.«

Nach einer Weile kommen der Manager und weitere Offizielle zurück, sie erklären Rick, dass die Dopingprobe nach seinem Olympiasieg über 400 Meter Freistil positiv war. Aber: Es sei noch nichts entschieden, und gleich gebe es eine Anhörung vor der Medizinischen Kommission des IOC. Zur Anhörung läuft Rick DeMont zu Fuß, einmal quer durchs Dorf, nach dem Himmel fühlt sich das alles nicht mehr an. Eine halbe Stunde lang wird er von mehreren Herren befragt, die ihm sehr alt vorkommen. Englisch kann keiner von ihnen, es gibt einen Übersetzer. Der Übersetzer sagt zu Rick: »Die glauben dir nicht, dass du Asthma hast.« Dass ein Kind wie er erwachsene Männer schlagen könnte, sagt DeMont heute, »das haben die sich einfach nicht vorstellen können«.

Doch entschieden ist immer noch nichts. Die IOC-Herren teilen Rick mit, er dürfe beim 1500-Meter-Finale antreten. Er läuft direkt hinüber in die Halle, schwimmt sich ein. Fünf Minuten vor dem Start sitzt er mit den beiden anderen amerikanischen Endlaufteilnehmern im Warteraum. Da hört er über die Hallenlautsprecher, wie die acht Finalisten vorgestellt werden – und als Erster der Brasilianer Guillermo Garcia, der im Halbfinale als 9. ausgeschieden war. In der einen Sekunde, die Rick braucht, um zu realisieren, was das für ihn heißt, betritt US-Coach Don Gambril den Raum, mit nassen Augen. »Rick«, sagt Gambril, »it's a no-go«. DeMont darf nicht starten, das Gold ist weg. Heute sagt er: »Da wurde meine Welt schwarz.«

Als das 1500-Meter-Finale beginnt, steht Rick, Trainingsjacke, Kappe, Handtuch über der Schulter, mit seiner Mutter und Gambril ein paar

## Rick DeMont verliert Gold

Schritte neben dem Beckenrand. Die beiden Männer weinen, die Mutter bewahrt mühsam ihre Fassung. Als DeMonts Landsmann Michael Burton als Olympiasieger aus dem Wasser steigt, führt ihn sein erster Weg zu Rick. Der Junge gratuliert dem Alten, der Alte tröstet den Jungen. Es ist ein schrecklich-schöner Abend für das US-Team, eine Stunde später gewinnt Mark Spitz mit der Lagenstaffel seine siebte Goldmedaille. Ein Augenblick für die Ewigkeit. Die eine Hälfte der Amerikaner feiert mit Spitz, die andere Hälfte trauert mit DeMont.

Dann tritt der US-Teammanager vor die Presse und sagt mit bebender Stimme: »Was ich jetzt sage, ist nicht offiziell. Rick DeMont leidet seit mehreren Jahren an Asthma. Er bekam deshalb von seinem Hausarzt ein Medikament verschrieben, das er nehmen muss, wenn er einen Erstickungsanfall bekommt.« Das Medikament enthalte Ephedrin, das die Bronchien weitet, und das sei verboten. Dann kommt der wichtigste Teil des Statements: DeMont, sagt der Manager, habe die Krankheit und das Medikament bei der US-Teamleitung korrekt angegeben – die Angaben seien nur nicht an das IOC weitergeleitet worden. »Irgendjemand in unserer Organisation muss einen Fehler gemacht haben.« Der Manager sagt: »Rick ist erst 16 Jahre alt.«

Andere Athleten tragen in München ihre von Anabolika gestählten Körper schamlos zur Schau. Aber am Pranger steht nun der Teenager Rick. Später wird es im Weltsport zur Mode werden, Asthma vorzutäuschen, um atmungserleichternde Medikamente einnehmen zu dürfen. Ricks Mutter sagt am Beckenrand dem Reporter der ›New York Times‹: »Er nimmt diese Tabletten, seit er ein kleiner Bub war.« Nun will er einfach weg aus dem Dorf. »Ich war völlig fertig«, erzählt DeMont. »Ich war ein Wrack. Sie haben mich mit dem nächsten Flugzeug nach Hause geschickt.« Als er in der Maschine sitzt, wundert er sich, dass ihm niemand die Goldmedaille weggenommen hat. Später stellt sich heraus, dass sich das wohl einfach keiner getraut hatte. In San Rafael, im Wohnzimmer seiner Eltern, legt Rick sein Gold auf den Fernseher.

Rick DeMont ist der erste Olympiasieger der Geschichte, der seinen Titel wegen Dopings verliert. In den Tagen nach der Enthüllung verurteilen ihn viele Kommentatoren. Einen »1500-Meter-Kraul-Weltrekord-Asthmatiker«, heißt es in der ›Süddeutschen Zeitung‹, könne man den Amerikanern nun wirklich »schwer abkaufen«. DeMont kann jedoch schnell zwei Dinge belegen: Dass er seit seinem vierten Lebensjahr Asthma-Mittel einnimmt. Und dass er sein aktuelles Medikament tatsächlich korrekt beim Nationalen Olympischen Komitee der USA angemeldet hat. Am Beschluss, ihn zu disqualifizieren, ändert das nichts, beim IOC sind die Informationen ja nicht angekommen. Aber selbst Avery Brundage gibt zu: »Es ist unglücklich, dass er das Opfer der Nachlässigkeit eines anderen war.«

Die Stadt badet in der milden Herbstsonne, an Straßenecken und U-Bahnaufgängen machen Leute Musik, überall wehen die Olympiafahnen in Otl Aichers Pastellfarben. »Grandioso« und »fantastico« finde er die Gastgeberstadt, gibt Olympiatourist Guillermo Borja Nathan aus El Salvador der ›Süddeutschen Zeitung‹ zu Protokoll. »Einzigartig, da gibt es gar keinen Namen dafür«, schwärmt Erich Henker aus der Schweiz. Die Stadt sei »hinreißend« und die Organisation »fabelhaft«, erklärt der Inder Sulaiman Farouk. »Alle loben die freundlichen Münchner«, fasst die Zeitung das Ergebnis ihrer Besucherumfrage zusammen.

Die Münchner selbst scheinen es – wie die ganze Bundesrepublik – zu genießen, dass die Augen der Welt für zwei Wochen auf ihrem kleinen Flecken Erde ruhen. Nur jeder 15. Bundesbürger bezeichne sich als »Olympiamuffel«, ergibt eine Erhebung des Wickert-Instituts. 77 Prozent der Befragten würden demnach täglich das Geschehen bei den Spielen verfolgen. Zur guten Laune der Münchnerinnen und Münchner trägt bei, dass der Brezenpreis in den Bäckereien entgegen hysterischer Befürchtungen stabil bei 20 Pfennig liegt und auch der Bierpreis höchstens in den Gaststätten der Innenstadt und in Schwabing ein bisschen angezogen hat. Die Gastronomen außerhalb des Zentrums sind sogar enttäuscht, sie hatten sich ein viel größeres Geschäft erhofft. Sehr zufrieden sind dagegen die vielen Privatleute, die Zimmer vermieten, weil die 10 000 Hotelbetten der Stadt nicht ausreichen.

Hervorragend läuft es auch für die Taxifahrer, sie dürfen sich hübsche Olympiaplaketten auf ihre Autos kleben und fühlen sich irgendwie verpflichtet, besonders nett zu ihren Kunden zu sein. Besucher der Spiele können sich kleine »Olympiagast«-Schildchen anheften, die Idee ist, dass geneigte Einheimische sie dann ansprechen und Hilfe offerieren. Kaum fassen können ausländische Gäste das Angebot der »Olympiakindergärten«, in denen die Kleinen betreut werden, während ihre Eltern im Stadion sitzen.

Stefan Behnisch, der 15-jährige Sohn von Günter Behnisch, kann sein Glück kaum fassen: Er hat einen VIP-Ausweis für alle Sportstätten. Er merkt, mit welch großem Respekt die Leute seinem Vater begegnen. Die Wettkämpfe interessieren ihn gar nicht so sehr, aber er lernt Willy Brandt kennen, Jesse Owens und Neil Armstrong. »Die Atmosphäre der Spiele war einzigartig, unglaublich lässig und freudig«, erinnert er sich später. »Überall Musiker, Straßenkünstler, Menschen aus aller Welt, die sich um das Stadion ins Gras setzen oder auf den Hügel, um ins Stadionoval hinüberzuschauen.«

Viele Münchner sehen sich selbst Wettkämpfe an, denn obwohl am Ende von den 3,5 Millionen Eintrittskarten mehr als 3,4 Millionen verkauft sind, gibt es oft noch Tickets an der Tageskasse. Bayerische Staatsbeamte und Mitarbeiter der Stadt München erhalten sogar einen Tag Sonderurlaub fürs Olympiagucken. Zehntausende kommen täglich auch ohne Ticket aufs Oberwiesenfeld, um die Atmosphäre zu genießen. Weil Schaulustige immer wieder versuchen, auf die Schwimmhalle zu klettern und durch das Glas einen Blick auf Mark Spitz zu erhaschen, schmieren die Organisatoren die Außenwand mit Seife ein. Hart durchgegriffen wird auch gegen den sehr beliebten Diebstahl von Olympiafahnen: Die extra für kleinere Delikte eingerichteten Schnellgerichte verurteilen etwa zwei junge Amerikaner zu je 4000 Mark Geldstrafe. Zwei kanadische Athleten verbringen wegen Fahnenklaus eine ganze Nacht in Gewahrsam.

Unterdessen findet die Olympiamannschaft Japans unter den jungen Münchnern schnell neue Fans. Das Team besucht Kinderheime, wo etwa die japanischen Kunstturnerinnen Kostproben ihres Könnens zeigen oder die Judoka dem Nachwuchs ein paar Griffe und Kniffe beibringen. Heldenstatus erlangt auch die Freiwillige Feuerwehr Grünwald. Als die Organisatoren die Glocke, mit der die letzte Runde des Straßenradrennens eingeläutet werden soll, im Radstadion vergessen, springen die Feuerwehrler mit ihrer Stammtischglocke ein.

Dem Goldenen Sonntag dürfte ein blecherner Montag folgen. Bei der Leichtathletik im Olympiastadion sind an diesem 4. September keine westdeutschen Medaillen zu erwarten. Auch nicht von den drei jungen Hochspringerinnen und am wenigsten von der jüngsten, Ulrike Meyfarth. 16 Jahre ist sie alt, eine dieser neumodischen Flop-Springerinnen, Dritte der Deutschen Meisterschaften. »Ich stand überhaupt nicht unter Druck«, sagt Meyfarth. »Es hieß, ich solle in München Erfahrungen sammeln. Niemand dachte, dass ich weit kommen würde, ich auch nicht. Bei der EM in Helsinki im Jahr zuvor hatten sich einige noch über mich als 15-Jährige lustig gemacht.«

Bis zum Wettkampf sind die Münchner Spiele für Meyfarth ein wenig wie ein Klassenausflug. Die Hochspringerinnen verbringen die vier Wochen vor ihrem Einsatz in einem Trainingslager im schönen Schongau, eineinhalb Stunden vom Münchner Trubel entfernt. Auf dem Programm stehen auch Segeln auf dem Ammersee und die Besichtigung der Königsschlösser. Zur Eröffnungsfeier fahren sie kurz ins Stadion, Ulrike Meyfarth versteht erst da richtig, wie groß und bedeutend Olympia ist. Danach geht es sofort zurück in Richtung Berge. Einen Tag, bevor es ernst wird, zieht das Hochsprung-Trio ins olympische Dorf. Mit großen Augen streifen sie durch die Anlage, die voll ist von »fremden Gesichtern, Gewändern, Frisuren und Farben«. Sie amüsieren sich über einen ungarischen Hochspringer-Kollegen, der beim Spazierengehen unablässig seinen Absprung probt, als wäre er eines dieser Aufziehmännchen.

Alle drei deutschen Springerinnen schaffen die Qualifikation für das Finale. Und wer weiß, vielleicht ist dort für eine von ihnen ein Platz unter den ersten zehn drin. Die Favoritinnen sind jedoch Jordanka Blagoewa aus Bulgarien und die Weltrekordlerin Ilona Gusenbauer aus Österreich – beide springen den klassischen Straddle, bei dem der Körper bäuchlings über die Latte geht. Wer Vorzeichen sucht für das ungeheuerliche Geschehen, das sich an diesem Nachmittag im Olympiastadion zuträgt, wird höchstens in einem Interview fündig, das Gusenbauer ein Jahr vor den Spielen gegeben hat. Sie fürchte ein bisschen, hat Gusenbauer da gesagt, dass eines Tages »ein 1,85 Meter großes Mädchen kommt und mir mit dem Fosbury-Flop den Weltrekord nimmt«.

Um 14:30 Uhr beginnt der Wettkampf mit 23 Springerinnen. Nach zweieinhalb Stunden sind noch 15 übrig. Nach dreieinhalb Stunden sind es sieben – nur sie haben es über 1,85 Meter geschafft. Und Ulrike Meyfarth ist dabei, mit deutschem Rekord. Ulrike wer? Die 80 000 im

Olympiastadion haben jetzt Notiz genommen von dieser sehr jungen Frau mit den braunen Haaren. »Auf der Anzeigetafel tauchte ich plötzlich auf Platz 3 auf und dachte: Was geht hier ab?«, erinnert sich Meyfarth. »Alles lief so einfach und leicht, und ich machte mir auch nicht viele Gedanken.« Noch um die Mittagszeit hat kaum einer auf den Rängen ihren Namen gekannt. Jetzt, wo 1,88 Meter aufgelegt werden, rufen sie: »Meyfarth! Meyfarth! Meyfarth!« Ulrike Meyfarth passiert die Latte.

Es ist dunkel geworden in München, die Flutlichter strahlen. Nur noch drei Athletinnen sind im Wettbewerb: Blagoewa, Gusenbauer und Meyfarth. Bronze ist ihr sicher. Sie hat jetzt nichts mehr zu verlieren, sie hat nur noch zu gewinnen. 1,90 Meter sind aufgelegt. Gusenbauer reißt, Blagoewa reißt. Meyfarth reißt. Vor dem zweiten Versuch geht sie zur Sprunganlage. »Noch nie hatte ich mich vor dem Sprung unter die Latte gestellt«, erinnert sie sich später. »Aber ich dachte, du musst dich jetzt an diese Höhe gewöhnen.« Sechs Zentimeter höher als sie selbst. In Wesseling bei Köln ist das der Moment, in dem Meyfarths Heimtrainer Günter Janietz und seine Frau loslaufen, die paar Hundert Meter hinüber in den Friedensweg. Die Entscheidung über Gold wollen sie zusammen mit Ulrikes Mutter und Bruder sehen. Der Vater ist in München, mit seinem Feldstecher sitzt er in der entgegengesetzten Ecke des Stadions. Die Mutter, vielleicht mit einer Ahnung, sagt: »Bronze, das ist genug für ein 16-jähriges Mädchen.«

Den Augenblick, bevor sie anläuft, hat Meyfarth hinterher genau beschrieben: »Es zischte im Stadion, bevor es ganz still wurde.« Auf der Tribüne sieht sie nur Köpfe, keine Körper, keine Gesichter. Meyfarth läuft an und hebt ab in die Geschichtsbücher des Sports. 1,90 Meter, damit setzt sie sich in Führung. Die Menge tobt in einer Mischung aus Begeisterung und Ungläubigkeit. Jetzt müssen Gusenbauer und Blagoewa nachlegen. Blagoewa scheitert, Gusenbauer scheitert. Blagoewas letzter Versuch überfordert die stärksten Nerven: Sie springt wuchtig ab, über die Latte, die sie beinahe zärtlich mit ihrem Körper streift. Die Latte wackelt, aber sie fällt nicht. Sieben Sekunden vergehen, Blagoewa will schon ihre Trainingshose wieder anziehen. Da fällt die Latte.

Nun stehen nur noch Ilona Gusenbauer und ihr letzter Versuch zwischen Ulrike Meyfarth und der Goldmedaille. 80 000 Menschen halten den Atem an. Gusenbauer springt gegen die Latte, Blitzlichter zucken.

## Die heiteren Spiele

Meyfarth schlägt die Hände vors Gesicht vor Glück, es ist die Sekunde, in der ein Wirbelwind sie aus dem Leben reißt, wie sie es bisher kennt. Sie ist die jüngste Leichtathletik-Olympiasiegerin, die womöglich größte Sensation in der Geschichte der Spiele. Und ein paar Minuten später ist sie auch Weltrekordlerin. Bei 1,92 Meter steht Gusenbauers Marke. Mit wunderbarer Leichtigkeit passiert Meyfarth auch diese.

Dem Sprecher des Deutschen Leichtathletikverbands fehlen vor den Kameras die Worte: »Wir stehen fassungslos vor dieser Goldmedaille.« Es ist der bezauberndste aller Olympiasiege, weil es der unverhoffteste ist. Einen ähnlichen Moment wird das Sportland Deutschland erst wieder erleben, als ein 17-jähriger Rotschopf namens Boris Becker 1985 das Tennisturnier von Wimbledon gewinnt.

Bei der Siegerehrung hat Ulrike Meyfarth ein Ziel: nicht heulen unter den Augen der Welt. Sie fixiert mit ihrem Blick die Fahnenmasten. Als die Hymne verklungen ist, weiß Meyfarth gar nicht, wohin sie zuerst winken soll. Ihren Vater hat man durch die Absperrungen gelassen, er steht nur ein paar Meter vom Podium entfernt. Noch in der Nacht wird er heimfahren nach Wesseling, die neue Welthauptstadt des Hochsprungs. Aber erst mal begleitet er seine Tochter auf ihrer Tour durch die TV-Studios.

Sie findet es doof, dass man ihr vor dem Interview mit dem DDR-Fernsehen einen viel zu roten Lippenstift auf den Mund schmiert. In der ARD-›Sportschau‹ überreicht ihr ein Vertreter des Bundespresseamts einen Strauß rote Rosen, mit herzlichen Grüßen von Bundeskanzler Willy Brandt. »Danke, Herr Bundeskanzler«, sagt Meyfarth. »Und was kommt jetzt«, fragt der Moderator. Sie sagt: »Jetzt ist erst mal Schluss, ich muss in die Schule gehen.«

In ihrem Zimmer im olympischen Dorf liegt Ulrike Meyfarth in dieser Nacht lange wach. Ob ihre Eltern und ihr Bruder zu Hause wohl schlafen konnten? »In dem Durcheinander fühlte ich, dass etwas geschehen war und dass es sich nicht rückgängig machen ließe«, erinnert sie sich später. Ihr Kopf fühlt sich schwer an, so ein Gefühl hat sie noch nie gehabt. »Heute weiß ich, dass ich glücklich war.«

»Haben Sie eine Chance im Finale gegen die USA?« Wladimir Kondraschin, der sowjetische Basketballtrainer, lächelt gequält, er lässt die Reporterfrage einige Sekunden im Presseraum stehen. Dann sagt er: »Njet.«

## Die Sowjets wittern ihre Chance

Sieben Goldmedaillen in Folge haben die US-Basketballer gewonnen, seit 1936 sind sie bei Olympia ungeschlagen, nun atemraubende 63 Spiele hintereinander. Auch in München sind sie durch das Turnier gegangen wie ein heißes Messer durch die Butter: acht Spiele, acht Siege, 33 Punkte Vorsprung im Schnitt. Aber: Die Sowjets haben diesmal die gleiche Bilanz, sie haben beeindruckt mit taktischer Cleverness und Disziplin. Ob Kondraschin wirklich »Njet« meint, wenn er »Njet« sagt?

Das sowjetische Fernsehen scheint der eigenen Mannschaft jedenfalls etwas zuzutrauen. Die Programmplaner in Moskau sind üblicherweise sehr vorsichtig, live zeigen sie allenfalls Wettkämpfe, in denen Athleten der UdSSR eine sehr gute Chance haben. Meistens werden Aufzeichnungen ausgestrahlt – und Wettkämpfe ohne sowjetische Erfolge wandern ungesendet ins ewige Archiv. Das Basketball-Finale soll im gesamten sozialistischen Riesenreich zu sehen sein, und das, obwohl es auf Wunsch des US-Fernsehens erst um Mitternacht deutscher Zeit beginnt.

Lange haben die Sowjets im Basketball vergeblich versucht, die Amerikaner mit deren eigenen Mitteln zu übertreffen, in jener offensiven Verbindung von Technik, Kraft und Tempo, mit der die US-Boys seit Jahrzehnten ihre Gegner überrennen. Wladimir Kondraschin, mit 43 Jahren ein unverschämt junger Trainer für sowjetische Verhältnisse, hat das geändert. Er ist überzeugt, dass die Amerikaner am Ende immer mehr individuelles Talent besitzen – und dass man sie nur durch eine bessere Strategie schlagen kann. Also baut er auf eine starke Defensive, auf ein ruhiges und sicheres Passspiel. Und Kondraschin hat auch die Spieler dafür, seine beiden Belows, derselbe Name ist Zufall. Alexander Below ist eine Macht unter dem Korb, unter dem eigenen und dem des Gegners. Sergei Below ist der Dirigent des Spiels und ein herausragender Werfer aus der Distanz. So sind die Sowjets 1969 und 1971 Europameister geworden. Vor der Abreise nach München hat die Mannschaft die Trainingsklamotten gegen die feinsten Anzüge getauscht und in Moskau das Lenin-Mausoleum besucht. Niemand sollte Zweifel an der Bedeutung ihres Auftrags haben.

Auch das US-Team weiß, was von ihm erwartet wird. Von den 60 besten College-Spielern, die zum Trainingscamp in der Air Force Academy in Colorado Springs eingeladen wurden, sind zwölf Auserwählte übrig geblieben, sechs Schwarze, sechs Weiße, der Kleinste 1,91 Meter, der

Größte 2,25 Meter. Ihr dreiwöchiges Trainingslager haben sie auf Hawaii absolviert, in einer Kaserne in Pearl Harbor. Einmal wurden sie zu der schwimmenden Gedenkstätte gebracht, die den Toten des japanischen Überraschungsangriffs vom 7. Dezember 1941 gewidmet ist. Nur ein paar Meter unter Wasser sahen sie die versenkte »Arizona« liegen, im Bauch des Schlachtschiffs sind bis heute 1102 gefallene Seeleute eingeschlossen. Vor dem Abflug nach München gehörten die Basketballer zu den US-Sportlern, die von Richard Nixon im Weißen Haus empfangen wurden. »Ihr seid Amerika«, hat der Präsident ihnen mit auf den Weg gegeben.

Die Jungs sind so sehr Amerika, dass sie einige Male aus dem olympischen Dorf türmen, um bei »McDonald's« zu tafeln. Praktischerweise hat ja wenige Monate zuvor in München die erste deutsche Filiale eröffnet. Einige Spieler unternehmen einen Ausflug in den Schwarzwald, um ihren Eltern Kuckucksuhren mitzubringen. Allerdings bleibt unklar, ob sie wirklich im Schwarzwald waren, der ja ein ganzes Stück weg ist, oder doch eher im Voralpenland. Die Spieler besitzen die Siegesgewissheit der Jugend, während ihr Trainer oft nachdenklich auftritt. Hank Iba ist 68 Jahre alt und eigentlich schon im Ruhestand – nach 752 Siegen bei nur 333 Niederlagen mit dem Team der Oklahoma State University. Er ist ein großer Coach, aber einer, der sich nicht mehr die Mühe macht, sich die Namen seiner Spieler einzuprägen. Gold in München, das ist die letzte Mission seiner ruhmreichen Karriere. Die Sache werde schwerer, als alle denken, sagt Iba: »Die Zeiten sind vorbei, in denen die USA wie Alexander der Große über die Spiele herrschten.«

Der freundliche Riese spricht Christine Föppl in der U-Bahn an: Ob sie denn einen Tipp habe, wo er Mitbringsel für seine zwölf und 14 Jahre alten Töchter kaufen kann. Die Journalistin Föppl beschließt spontan, den ebenso großen wie breiten Mann bei seiner Shoppingtour zu begleiten. Yossef Gutfreund heißt er, und er ist als Kampfrichter beim Ringen Mitglied der israelischen Olympiamannschaft. Er spricht mehrere Sprachen, auch Deutsch. Föppl hört auf dem Weg in die Innenstadt seine Geschichte.

Gutfreund, 1931 im damals rumänischen Chisinau geboren, überlebt den Holocaust mit seinen Eltern und seiner Schwester in verschiedenen Verstecken. Nach dem Krieg will er Tierarzt werden, doch er gibt das Studium auf und emigriert mit seiner Familie nach Israel. In Jerusalem eröffnen die Eltern eine Pension, er wird Soldat und kämpft im Sinai- und später im Sechstagekrieg. Er gründet einen Elektrohandel und heiratet, zwei Töchter bekommen er und seine Rachel. Seine Leidenschaft gehört dem Ringersport, 1964 in Tokio wird er erstmals als olympischer Kampfrichter berufen.

Christine Föppl wird sich später an die ausnehmend gute Laune ihrer U-Bahn-Bekanntschaft erinnern. Gutfreund erzählt ihr, dass er gerade in Lindau seine in der Schweiz lebende Schwester getroffen habe, zum ersten Mal seit vielen Jahren. Und er plaudert ein wenig über seine Arbeit als Elektrohändler, die ihn auch häufig in arabische Länder führe. Dass er Jude sei, sei dort überhaupt kein Problem, sagt Gutfreund. Anstrengend sei nur, dass er mit seinen arabischen Kunden ständig Kaffee trinken müsse. Föppl führt Gutfreund in einen Plattenladen, wo er Musikkassetten von den Rolling Stones ersteht. Er würde gern noch einen Anzug kaufen, aber sie finden nichts Gescheites in seiner Größe. Als sich die beiden verabschieden, gibt Gutfreund Föppl seine Telefonnummer im olympischen Dorf: 3515805. Als Kampfrichter hätte er sich auch ein Hotelzimmer nehmen dürfen, aber er will die Spiele gemeinsam mit den anderen Israelis erleben. Falls sie Lust habe, sagt er zu Föppl, könne man vor seiner Abreise ja noch einen Kaffee trinken. Es ist der Nachmittag des 4. September.

Etwa zur selben Zeit drückt Ankie Spitzer auf einer Landstraße in den Niederlanden ordentlich aufs Tempo. Ihr Mann Andrei hat seinen Zug verpasst – den Zug zurück nach München. Doch in Eindhoven, eine halbe Autostunde entfernt, fährt gleich ein anderer ab. Die Spitzers sind erleichtert, weil es ihrer kranken Tochter Anouk deutlich besser geht. Ankie will trotzdem bei ihr und den Großeltern bleiben. In Eindhoven springt Andrei Spitzer aus Ankies Wagen und in den anfahrenden Zug. Er hatte nicht mal Zeit, sich ein Ticket zu kaufen. Gegen Mitternacht wird er in München sein.

Während Spitzer im Zug sitzt und Ulrike Meyfarth im Olympiastadion zu Gold schwebt, versammeln Abu Daoud, Issa und Tony das Kommando des Schwarzen September in Zimmer 15 der Pension »Augsburg«. Vorher haben sie die Waffen aus den Schließfächern geholt, mit Kleidungsstücken umwickelt und in den Sporttaschen verstaut. In Zimmer 15 erfährt die Gruppe erstmals im Detail, was ihr Auftrag ist. Nach der Besprechung essen die acht Männer gemeinsam in einem Lokal im Hauptbahnhof, wo um kurz vor Mitternacht Spitzers Zug einrollt.

Der Fechttrainer fährt gleich weiter ins olympische Dorf, es ist seine erste Nacht dort, bis dahin hat er ja zusammen mit Ankie in einer Pension geschlafen. Spitzer zieht ins Appartement Nummer 3 im Haus Connollystraße 31. Er ruft noch kurz seine Frau an, dann begrüßt er die anderen Mitglieder der israelischen Mannschaft, die bestens gelaunt von der ›Anatevka‹-Aufführung im »Deutschen Theater« zurückkommen. Die Kollegen haben nach der Vorstellung den israelischen Hauptdarsteller Shmuel Rodensky kennengelernt; der Riese Gutfreund hat den kleinen Rodensky für ein Foto herzlich in den Arm genommen. Dann sind sie noch weitergezogen in die Diskothek »Shalom«. Gegen zwei Uhr legen sich Andrei Spitzer und die meisten anderen ins Bett. Als letzter israelischer Nachtschwärmer betritt Moshe Weinberg, Trainer der Ringer, um etwa 3:30 Uhr das Quartier.

Zur selben Zeit besteigen am Hauptbahnhof die acht Männer des Schwarzen September drei Taxis. Mit jeweils einigen Minuten Abstand lassen sie sich zum olympischen Dorf bringen. Abu Daoud wird später behaupten, er habe das Kommando persönlich in der Nähe von Tor 25A verabschiedet.

Ulrike Meyfarth hin, Mark Spitz her, für die Kanadier schlägt das Herz der Sportwelt an diesem 4. September nicht in München, sondern im Maple Leaf Garden in Toronto. Kanada und die Sowjetunion tragen gerade die »Summit Series« aus, ein auf acht Spiele angelegtes Gipfeltreffen der beiden führenden Eishockey-Nationen des Planeten. Die Kanadier werden diesen »eiskalten Krieg« im achten Spiel in Moskau dramatisch für sich entscheiden, in einer Ahornvariante des »Wunders von Bern«. Nun steht aber erst mal das zweite Spiel der Serie an – aus Sicht der in München weilenden Kanada-Fans blöderweise mitten in der Nacht. Und kommt das Spiel in Deutschland überhaupt live im Fernsehen? Tut es nicht, doch die junge Schwimmerin Karen James findet trotzdem einen Weg, es zu sehen.

Der Vater eines Teamkollegen berichtet für den ›Toronto Star‹ aus

München, er schmuggelt seinen Sohn, Karen James und das halbe kanadische Wasserballteam ins Olympiapressezentrum, wo Journalisten eine Satellitenübertragung organisiert haben. Kanada siegt 4:1, und gegen vier Uhr morgens wanken die Athleten trunken vor Glück und Bier den kurzen Weg zurück zum olympischen Dorf. Karen James und drei weitere Kanadier kommen vor dem Sicherheitszaun zum Stehen. Der offizielle Eingang ins Dorf ist auf der anderen Seite, sie müssten noch ein paar Hundert Meter den Zaun entlanglaufen. Aber sie sind müde und besoffen. Also beschließen sie: Wir steigen drüber.

Über der Szene liegt dieses eigentümliche Zwielicht, das entsteht, wenn die Nacht sich vergeblich gegen das Heranbrechen des Tages wehrt. Karen James bemerkt, dass sie nicht mehr allein sind. Sie dreht sich um, da sind nun noch ein paar Athleten, wobei: Es sind vier Männer in Trainingsanzügen und mit Sporttaschen, aber wie Athleten sehen sie eigentlich nicht aus. Sie haben auch keinen Ländernamen auf dem Rücken stehen. Einer von ihnen, das fällt Karen James noch auf, hat eine Art Mütze dabei, ein seltsames Teil, vielleicht ist es auch eine Maske. Die vier Kanadier und die vier Unbekannten nehmen sich wahr, vielleicht grüßen sie sich auch. Aber sonst wechseln sie kein Wort. Die Kanadier klettern als Erste über den Zaun, und die anderen folgen ihnen, so hat es Karen James in Erinnerung. »Es war, als würden wir es ihnen vormachen«, sagt sie 49 Jahre später.

Als alle auf der anderen Seite des Zauns heruntergesprungen sind, verabschiedet sich Karen James Richtung Frauendorf. Die vier unbekannten Männer in den Trainingsanzügen verschwinden in der Dunkelheit. James geht in ihr Appartement, putzt sich die Zähne und fällt ins Bett. Sie schläft tief und fest, bis sie nach einigen Stunden durch das Knattern von Rotoren geweckt wird.

Kapitel 6

## »SIE SIND ALLE TOT.« – DER 5. SEPTEMBER 1972

Palästinenser überfallen das israelische Team // die ganze Welt schaut TV, die Geiselnehmer auch // der Krisenstab ist hilflos // der planlosen Polizei fehlen die Gewehre // fünf Scharfschützen für acht Terroristen // die Panzer stecken mitten unter Schaulustigen im Stau // beim Massaker von Fürstenfeldbruck sterben alle Geiseln

Mit erhobenem Zeigefinger diktiert Terroristenführer Issa den deutschen Verhandlungsführern seine Bedingungen.

Als vermeintliche Sportler schlecht getarnt mit Puma-Trainingsanzügen bereiten sich Polizisten auf eine Geiselbefreiung vor.

**Medienvertreter aus der ganzen Welt verfolgen das Geschehen aus nächster Nähe, viele Fernsehsender übertragen live, was den Terroristen in die Karten spielt.**

Der ausgebrannte Hubschrauber auf dem Flugplatz in Fürstenfeldbruck symbolisiert den dilettantisch gescheiterten Befreiungsversuch.

Die Opfer: Eliezer Halfin, Kehat Shorr, Amitzur Shapira (1. Reihe v. li.), David Berger, Andrei Spitzer, Mark Slavin (2. Reihe v. li.), Yossef Romano, Zeev Friedman, Moshe Weinberg (3. Reihe v. li.), Yossef Gutfreund, Yakov Springer, Anton Fliegerbauer (4. Reihe v. li.)

Die sechs Postbeamten haben keine Zeit, sich Sorgen zu machen, sie sind auf dem Weg zum Dienst im Olympiapostamt. Dass Athleten bei ihrer morgendlichen Rückkehr aus dem Münchner Nachtleben die Abkürzung über den Zaun nehmen, lässt sich im olympischen Dorf täglich beobachten. Und überhaupt: Wenn man gewollt hätte, dass niemand über den Zaun klettert, hätte man ihn bestimmt höher geplant als die zwei Meter und seine Pfähle oben nicht abgerundet. Im Nachhinein wird den Postbeamten auffallen, dass sie sich schon hätten fragen können, warum diese Nachtschwärmer in der Disko offenbar ihre Sporttaschen dabeihatten. Aber jetzt, in den frühen Morgenstunden des 5. September, sehen sie nichts als den Anbruch eines weiteren strahlenden Tages der heiteren Spiele.

Von Tor 25A aus sind es nur ein paar Meter zur Connollystraße, benannt nach dem amerikanischen Dreispringer James Connolly, der sich 1896 zum ersten Olympiasieger der Neuzeit krönte. Ziel der acht Eindringlinge ist das Haus mit der Nummer 31. Zunächst laufen sie einfach daran vorbei, ganz so akribisch war ihre Vorbereitung wohl doch nicht. Als Issa, der Anführer, den Irrtum bemerkt, rütteln er und sein Stellvertreter Tony an der richtigen Haustür. Zu ihrer Überraschung ist sie unverschlossen. Das Gebäude hat 24 Appartements, hier wohnen auch Sportler aus Uruguay und Hongkong. In den Appartements mit den Nummern eins bis sechs sind insgesamt 21 Mitglieder des israelischen Teams einquartiert, zum Teil kann man die Namen auf den Klingelschildern lesen. Im Treppenhaus öffnen die Terroristen ihre Taschen und nehmen Sturmgewehre und Handgranaten heraus. Zwei von ihnen postieren sich als Wachen auf der Treppe, die anderen sechs stürmen hoch in den ersten Stock.

Doch sie haben Mühe, sich im Haus zu orientieren. Das Kommando rennt ein Stockwerk zu weit nach oben und platzt in eine falsche Wohnung, in der Athleten aus Hongkong schlafen. Issa und Tony schauen noch einmal auf die Klingelschilder. Schließlich läutet Issa an Appartement Nummer eins.

Dort wohnt Yossef Gutfreund, der zwei Meter große Ringer-Kampfrichter, der am Nachmittag für seine Töchter Rolling-Stones-Kassetten gekauft und am Abend nach ›Anatevka‹ den Hauptdarsteller geherzt hat. Er hat einen leichten Schlaf und wundert sich über das Klingeln, geht aber zur Tür und öffnet. Blitzschnell ist er hellwach. Er erkennt Waffen, sieht mehrere Eindringlinge und versucht, die Türe zuzudrücken. Mit seinem ganzen Gewicht, 130 Kilogramm, stemmt er sich dagegen. Die Beine spreizt er ab gegen die nächstliegende Wand. Er brüllt, um seine Mitbewohner zu warnen. Es ist eine Heldentat, die mehreren Teamkollegen das Leben rettet.

Einem Angreifer gelingt es, den Fuß in die Tür zu stellen und den Lauf seiner Kalaschnikow als Hebel durch den Türspalt in das Appartement zu stecken. Erste Schüsse fallen. Der Lärm und das Geschrei wecken die anderen Bewohner, nicht nur in Appartement eins, sondern auch in den benachbarten Wohnungen. Gutfreund ruft so etwas wie: Raus hier, raus, haut ab. Der Gewichtheber-Trainer Tuvia Sokolsky flieht über den Balkon, der Ringer Gad Tsabary rennt aus einem anderen Appartement durch das Treppenhaus nach draußen. Die überrumpelten Terroristen schießen hinter ihm her, treffen ihn aber nicht. Auch der israelische Chef de Mission, Shmuel Lalkin, wird wach und flieht durch ein Fenster. Die Bewohner von Appartement zwei – die Fechter Dan Alon und Yehuda Weinstain, die Sportschützen Henry Hershkovitz und Zelig Shtorch sowie der Geher Shaul Ladany, der das Konzentrationslager Bergen-Belsen überlebt hat – entkommen durch einen Hinterausgang.

Es ist exakt 4:44 Uhr, als der erste Alarmanruf bei der Polizei eingeht. Er kommt vom deutschen Chauffeur der Mannschaft der Bahamas, er hatte vor deren Unterkunft auf Fahrgäste zum Flughafen gewartet, als ihm ein verängstigter Mann in die Arme lief und schrie: »Schießen, schießen, mein Freund tot!« In den nächsten fünf Minuten gehen bei verschiedenen Polizeidienststellen ein halbes Dutzend Anrufe ein, darunter einer des Fernsehjournalisten Dagobert Lindlau. Auch ihn hat der Lärm geweckt, er schaut aus dem Fenster seines Presseappartements und

## Die Israelis werfen sich den Angreifern entgegen

sieht, dass eine Kugel die Scheibe der Großküche des olympischen Dorfes durchschlagen hat.

Die Angreifer gelangen nun in das Appartement, der Ringertrainer Moshe Weinberg und der Gewichtheber Yossef Romano werfen sich ihnen entgegen. Romano, durch einen Bänderriss am Fuß ohnehin beeinträchtigt, wird von mehreren Kugeln im Rumpf und an den Beinen schwer verletzt. Weinberg schnappt sich ein Küchenmesser und geht auf Issa los, erwischt aber nur dessen Jacke. Eine Kugel trifft Weinberg in die Wange, und als der Israeli trotz der stark blutenden Wunde noch einmal zu einem Angriff ansetzt, streckt ihn eine Salve in die Brust nieder.

Weinberg ist das erste Todesopfer des Olympiaattentats, ein Mann von 32 Jahren, dessen Eltern 1938 vor den Nazis aus Wien nach Haifa geflohen waren. Als Ringer ist er mehrmals israelischer Meister geworden und mit gerade mal 30 Jahren Nationaltrainer. Noch vor wenigen Tagen hat er seiner Frau Mimi und den drei Kindern einen Brief nach Hause geschickt, per Luftpost. Auf dem Umschlag prangte, unterlegt mit weiß-blauen Rauten, der Slogan »Grüße aus München«.

Nach den Notrufen nähern sich die ersten Polizisten der Connollystraße 31, zwei Kriminalbeamte in Zivil. Es ist kurz nach 5 Uhr. Einer zückt seine Dienstpistole und betritt das Haus, wo sich ihm ein Terrorist mit Kalaschnikow im Anschlag in den Weg stellt und brüllt: »Raus!« Der Beamte zieht sich zurück. Die Lage ist unübersichtlich, die beiden Polizisten gehen in Deckung. Sie wissen nicht wirklich, was sie tun sollen. Einer läuft zu einem Münzfernsprecher und ruft seine Dienststelle an. An einem unbeleuchteten Fenster mit zugezogenen Vorhängen im ersten Stock taucht plötzlich ein Mann auf. »Wir sind Palästinenser«, ruft Issa in gutem Deutsch nach draußen. »Wir haben 26 israelische Geiseln. Einer ist verletzt, holen Sie einen Krankenwagen.« Dann wirft er mehrere Blätter auf die Straße, beschrieben in englischer Sprache und mit einer langen Namensliste. »Geben Sie das den zuständigen Stellen. Darin steht, was wir wollen.« Er warnt die Beamten noch, die Blätter seien Originale, gingen sie verloren, werde er die Geiseln erschießen.

328 in Israel gefangene Palästinenser stehen auf der Liste – und die RAF-Terroristen Ulrike Meinhof, deren Vornamen die Terroristen falsch »Ulrika« schrieben. Alle, so die Forderung, sollen bis 9 Uhr freigelassen werden. Obendrein verlangen die Palästinenser freies Geleit und ein auf-

getanktes Flugzeug. Andernfalls würden alle Geiseln sterben. Das ist die bizarre Natur dieses Anschlags: verübt von Palästinensern, verübt zur Unterstützung deutscher Linksradikaler – und verübt mit der Hilfe deutscher Neonazis.

Während Polizeipräsident Manfred Schreiber und sein Stellvertreter Georg Wolf aus den Betten geklingelt werden und sich sofort ins olympische Dorf aufmachen, öffnet sich gegen halb sechs plötzlich die Tür in der Connollystraße 31. Die Attentäter tragen einen menschlichen Körper vors Haus. »Der ist ja tot«, sagt ein Polizist entsetzt. »Selber schuld«, antwortet Issa, »er hat uns angegriffen, wir haben das nicht gewollt.« Der Tote ist Moshe Weinberg. Teilnahmslos verfolgt Issa, die Kalaschnikow über der Schulter, wie zwei Sanitäter des Roten Kreuzes die Leiche abtransportieren. In den Brusttaschen des Terroristenanführers stecken zwei Handgranaten. Er trägt einen hellen Safarihut, eine helle Jacke und eine Sonnenbrille, sein Gesicht hat er geschwärzt. Er positioniert sich von jetzt an immer häufiger selbstbewusst vor der Eingangstür des Gebäudes, abgesichert von zwei oder drei schwer bewaffneten Attentätern im Treppenhaus hinter ihm.

Gegenüber den beiden Kriminalbeamten wiederholt Issa noch einmal in ruhigem Ton, er und seine Begleiter seien Palästinenser, und sie würden ihre Geiseln erschießen, falls nicht bis 9 Uhr ihre Forderungen erfüllt würden. Sie stünden in Funkverbindung mit Freunden, und erst wenn diese ihnen mit einem Codewort bestätigten, dass die inhaftierten Kameraden von der Liste frei seien, werde man auch die Israelis freilassen. Viel später erst wird sich herausstellen: Alles nur Bluff. Die Attentäter haben gar keine Funkgeräte.

In Appartement drei treibt das Kommando zehn israelische Sportler im Zimmer des Fechttrainers Spitzer zusammen. Dort müssen sie sich nebeneinander auf die beiden Betten setzen, gefesselt an Händen und Füßen. Zwei Terroristen bewachen sie mit entsicherten Schnellfeuerwaffen. Neben Spitzer selbst sind in ihrer Gewalt: Yossef Gutfreund, der Gewichtheber-Kampfrichter Yakov Springer, die Gewichtheber Zeev Friedman und David Berger, die Ringer Eliezer Halfin und Mark Slavin, der Leichtathletiktrainer Amitzur Shapira und der Schießtrainer Kehat Shorr. Den schwer verletzten Yossef Romano legen die Terroristen in der Mitte des Raumes auf den Boden. Er blutet stark aus klaffenden Wunden;

sieben Kugeln haben vor allem seinen Unterleib getroffen. Die Attentäter weigern sich, einen Arzt zu rufen. Zwei Stunden dauert Romanos qualvoller Todeskampf vor den Augen seiner Mitgefangenen. Die Terroristen werfen eine Decke über seinen Leichnam und lassen ihn den ganzen Tag in dem Raum liegen.

Eigentlich sollte Romano an diesem Tag nach Hause fliegen, eine Operation stand an, der Gewichtheber hatte sich im olympischen Wettkampf eine Sehne im Fuß gerissen. Es passierte beim ersten Versuch, nach wenigen Sekunden war Olympia für ihn vorbei. 32 Jahre ist Yossef Romano alt geworden, geboren im libyschen Bengasi als eines von elf Kindern jüdischer Eltern, die 1946 nach Palästina flohen. Es gibt ein Foto von ihm, aufgenommen vermutlich 1968 auf einem Grünstreifen vor einem Wohnblock. Romano hat seinen rechten Arm angewinkelt und die Hand geöffnet, und auf der Hand steht stolz ein kleines Mädchen, seine Tochter Oshrat.

Die Nachricht vom Überfall auf die israelischen Sportler verbreitet sich rasend schnell. Etwa 80 Meter schräg gegenüber vom Tatort liegt in einem der großen weißen Wohnblöcke das Quartier der DDR-Männermannschaft. Kurz nach 5 Uhr früh hämmert ein Delegationsmitglied wild an die Tür der beiden Fußballer Jürgen Sparwasser und Hans-Jürgen Kreische. Sie dürften auf keinen Fall auf den Balkon gehen und die Wohnung auch nicht verlassen.

Schockiert sind auch die DDR-Leichtathleten, die sich zur Erholung zwischen ihren Wettkämpfen in einem Hotel in Füssen im Allgäu eingemietet haben. Olympiasiegerin Renate Stecher und ihre Mannschaftskameradinnen sorgen sich um die Mitglieder des DDR-Männerteams im Haus schräg gegenüber der Connollystraße 31. Den ganzen Tag laufen Fernseher und Radios, es gibt nur ein Thema. Selbst die eigenen Wettkämpfe sind plötzlich ganz weit weg.

Die DDR wird von dem Anschlag kalt erwischt, obwohl sie mit den palästinensischen Organisationen kollaboriert und enge Kontakte in den Führungsstab der PLO unterhält. Niemand hat Ostberlin über den geplanten Anschlag informiert. Gegen 6 Uhr früh ruft ein Funktionär aus dem DDR-Mannschaftsbüro drei ostdeutsche Journalisten an und bittet um Recherche. Das Trio macht sich auf den Weg ins olympische Dorf.

»Sie sind alle tot.« – Der 5. September 1972

Die Reporter werden in den kommenden Stunden eine Art vorgeschobener Horchposten Ostberlins. Minutiös führen sie den ganzen Tag über Protokoll für das Ministerium für Staatssicherheit (MfS). Die Stasi ist aber eh live dabei in München, jedenfalls immer dann, wenn Polizei und Behörden über Funk kommunizieren. Schon seit Tagen hört die Abteilung III des MfS das westdeutsche Funk- und Fernsprechnetz ab.

Nach und nach treffen zwischen 6 und 7 Uhr Polizeipräsident Schreiber, Bayerns Innenminister Bruno Merk und Bundesinnenminister Hans-Dietrich Genscher im olympischen Dorf ein. Genscher hat von seinem Zimmer im Hotel »Continental« aus bereits mit Bundeskanzler Brandt telefoniert. Bonn hat dann die israelische Botschaft unterrichtet. Genscher wird von seinem Sicherheitsbeauftragten Ulrich Wegener vom Bundesgrenzschutz begleitet.

Noch weiß man wenig. Natürlich ist der Überfall bereits das Topthema in den Nachrichten auf der ganzen Welt. Auch viele Olympioniken erfahren aus dem Radio von den Geschehnissen. Klaus Wolfermann, der zwei Tage zuvor sensationell Gold im Speerwurf gewonnen hat und mit seiner Frau bei deren Eltern in München übernachtet, wird von seinem Schwiegervater geweckt: »Steh auf, da ist etwas passiert.« Wolfermann ruft im Deutschen Haus an, dem Treffpunkt für Athleten, Funktionäre und Journalisten im olympischen Dorf. Wolfermann spürt das blanke Entsetzen und beschließt, selbst ins Deutsche Haus zu fahren.

Helmut Fischer, der junge Grenzschützer, der vor den Spielen Avery Brundage begleiten durfte, ist derweil wie jeden Morgen im Bus unterwegs zum Dienst im olympischen Dorf. Fischer und seine Kameraden haben noch kein Radio gehört, ihre Gespräche im Bus sind belanglos. Aber als sie kurz nach 7 Uhr am Zaun des Dorfes ankommen, fällt Fischer sofort auf, dass alle aufgeregt durcheinanderlaufen. Der Einsatzleiter ruft Fischer und seine Kameraden zusammen. Da sei nachts offenbar bei den Israelis etwas vorgefallen, sagt er. Von Terroristen sei die Rede, man wisse noch nichts Genaues. Er teilt Fischer und einen Kollegen zum Streifendienst im Dorf ein, weit weg von der Connollystraße. Doch wo sie auch hinkommen in ihren blauen Sommeranzügen, überall werden sie von Athleten bestürmt: »Was ist da los? Gibt es Tote? Stimmt es, was das Radio meldet?« So geht das stundenlang.

## Kein Urlaub für Anton Fliegerbauer

Der Krisenstab der Sicherheitskräfte hat sich in der »Olympiawache« der Polizei eingerichtet. Schreiber ist da, Wolf, Merk und Genscher, Kronawitter und Goppel, Daume, Vogel, Brundage und Tröger, der sich als Bürgermeister des olympischen Dorfes für die Bewohner verantwortlich fühlt. Merk übernimmt als zuständiger Landesminister die Leitung des Krisenstabes, Schreiber überträgt die polizeiliche Einsatzleitung seinem Stellvertreter Wolf. Dieser ordnet an, seine Beamten sollten einen Plan für die Befreiung der Geiseln entwerfen.

Anton Fliegerbauer, 32, sitzt an diesem Morgen mit seiner Frau Maria und dem zweijährigen Sohn Alfred zu Hause in München beim Frühstück. Es ist sein erster Urlaubstag, und sie wollen zu seiner Familie nach Niederbayern fahren. Anton Fliegerbauer stammt aus Westerndorf im Landkreis Dingolfing-Landau. Nach Volks- und Landwirtschaftsschule beschloss er, doch nicht Landwirt, sondern Polizist zu werden. Nach Anfangsjahren bei der Bereitschaftspolizei und der Stadtpolizei Landshut war er nach München gewechselt. Dort läuft es gut für Fliegerbauer. Fast auf den Tag genau vor zwei Jahren hat er einen Drogenkurier enttarnt und gestellt und dafür eine Belobigung für »besondere Verdienste bei der Bekämpfung der Straßenkriminalität« erhalten. Was seinen Vorgesetzten besonders auffällt: Polizeiobermeister Fliegerbauer, Gruppenführer bei der zweiten Einsatzhundertschaft, ist ein ausgezeichneter Schütze, einer der besten in der Münchner Polizei.

Kurz bevor sich die Familie Richtung Niederbayern aufmachen will, klingelt das Telefon. Urlaub hin oder her, er müsse unbedingt und umgehend kommen, sagt der Vorgesetzte am anderen Ende der Leitung. Im Olympiadorf gebe es eine Geiselnahme, und er als guter Schütze werde gebraucht. Zunächst ziert sich Fliegerbauer, doch sein Pflichtbewusstsein obsiegt. Statt in den Urlaub fährt er zum Dienst, wenn auch gehandicapt. Drei Tage vorher hatte er sich bei einer Rauferei am Rande einer Demonstration Linksradikaler eine schmerzhafte Sehnenzerrung am linken Fuß und Prellungen zugezogen.

In Israel trifft sich Premierministerin Golda Meir um 9:30 Uhr mit ihrem Sicherheitskabinett zu einer Krisensitzung. Der Botschafter des Landes in Bonn, Eliashiv Ben-Horin, hat Meir am Morgen per Telegramm über die Geiselnahme informiert. Die Minister sind sich schnell einig: Israel wird auf keinen Fall nachgeben und auch nur einen einzigen der inhaftierten Palästinenser freilassen. Diese kategorische Ablehnung lässt Golda Meir der deutschen Regierung übermitteln. Gleichzeitig bittet sie darum, alles zu tun, um die Geiseln zu befreien. Man habe diesbezüglich volles Vertrauen in die deutschen Behörden.

In der Connollystraße sammeln sich immer mehr Menschen hinter den Absperrungen. Ohne sich mit dem Krisenstab abzusprechen, beschließt die 42-jährige Anneliese Graes, direkt zum Tatort zu gehen. Die Polizeihauptmeisterin aus Essen ist, genau wie der Grenzschützer Helmut Fischer, eine von 4000 Polizeibeamtinnen und -beamten, die als Olympiasicherheitskräfte Dienst auf dem Gelände tun – in der von Otl Aicher ausgewählten hellblauen Montur und unbewaffnet. Graes, eine zierliche, aber resolute Frau, geht einfach auf Issa zu und spricht ihn an.

»Was soll dieser Unsinn?«, fragt Graes. Issa antwortet höflich, sie müsse sich keine Sorgen machen, ihr passiere nichts, die Aktion richte sich auch nicht gegen die Deutschen. Issa benimmt sich gegenüber Graes »stets höflich und korrekt«, wie diese später sagen wird. Sie bittet ihn vergeblich, das Rote Kreuz zu den Geiseln zu lassen, er solle doch human sein. »Die Juden sind auch nicht human«, antwortet Issa ruhig.

Über Stunden wird die Polizistin eine wichtige Vermittlerin sein, die immer wieder mäßigend auf Issa einwirkt. Sie hilft dabei, ihn zu überreden, das erste Ultimatum von 9 auf 12 Uhr zu verlängern. Sie überzeugt ihn, überhaupt mit den deutschen Abgesandten zu sprechen, die gegen 8:30 Uhr vor dem Hause erscheinen: Schreiber, Daume und Tröger. Sie halten Issa mit dem Argument hin, die Dinge erst mit der israelischen Regierung klären zu müssen. Anneliese Graes appelliert an den Kommandoführer, es dürfe nicht noch mehr Blutvergießen geben. Zu dieser Zeit gehen außerhalb des Hauses Connollystraße 31 alle von Moshe Weinberg als einzigem Toten aus; dass drinnen mit Yossef Romano ein zweites Opfer liegt, weiß niemand.

Nur ein paar Häuser entfernt wacht Ulrike Meyfarth in ihrem Ein-Zimmer-Appartement im Frauenhochhaus des olympischen Dorfes auf. Es ist ihr erster Morgen als Olympiasiegerin. Die 16-Jährige hört kein Radio, während sie duscht und sich anzieht. Sie richtet sich auf einen turbulenten Tag ein, als sie in die Mensa zum Frühstück geht. Dort erst erfährt sie vom Attentat. Von diesem Moment an »gehörte es untrennbar zu meinem Olympiasieg«, wird sie noch Jahrzehnte später sagen. Keiner werde jetzt noch auf sie achten, glaubt der Teenager. Die Dimension des Anschlags erfasst sie natürlich nicht. Aber sie spürt an diesem Morgen, wie überall die Angst umgeht, es könnte noch mehr Schlimmes bei diesen Spielen passieren.

Im Krisenstab beschleicht Hans-Jochen Vogel sehr bald das Gefühl, dass dieser 5. September kein gutes Ende nehmen wird. In den Gesprächen mit Schreiber, Merk und Genscher hat er den Eindruck gewonnen: Die Polizei ist auf so etwas nicht vorbereitet. Vogel hatte aus den Rundfunknachrichten von einem Zwischenfall erfahren und war sofort ins Dorf gefahren. Als Mitglied des Organisationskomitees hat er dort ein Büro, in das er sich nun immer wieder zurückzieht. Von seinem Fenster aus kann er schräg auf den Balkon der Connollystraße 31 schauen, wo sich gelegentlich bewaffnete Terroristen mit Kapuzen zeigen.

Die Verantwortlichen wollen zunächst vor allem Zeit gewinnen. Sie hoffen, die Geiselnehmer mit Geld und dem Versprechen auf freien Abzug zur Aufgabe zu bewegen. Auch ein ägyptisches IOC-Mitglied und ein Mitglied der Arabischen Liga versuchen, mäßigend auf Issa einzuwirken. Doch der beharrt auf den Forderungen.

Im Park von Schloss Nymphenburg beginnt um 8 Uhr der Mannschaftsentscheid im Dressurreiten. Um 9 Uhr schlagen die deutsche Volleyball-Herren gegen die Favoriten aus Japan auf. Auf der Regattastrecke in Oberschleißheim starten die ersten Kanu-Vorläufe. Alle Wettbewerbe laufen weiter, im Olympiastadion wird den ganzen Tag über für die Schlussfeier geprobt. Nur hier und da werden Sportler nicht in den üblichen Shuttlebussen, sondern in gepanzerten Polizeifahrzeugen von ihren Quartieren zu den Sportstätten und zurück transportiert.

Wolfermann und einige andere prominente Athleten werden im Lauf des Vormittags unter Polizeischutz gestellt. Die Angst kommt auf, der Überfall im Morgengrauen könnte der Anfang einer Serie sein. Wolfermann denkt an die Geiseln, aber er erfasst auch früh, dass der Anschlag die heiteren Spiele beendet: »Dabei wollten wir der Welt doch zeigen, was wir für ein offenes Land geworden sind, ein anderes Deutschland.« Nun sind im Olympiapark mit einem Mal Hunderte Polizisten zu sehen, mit Waffen und in ihren normalen Uniformen. Genau die Bilder gehen jetzt um die Welt, die Daume, Vogel, Aicher und die anderen unter allen Umständen hatten vermeiden wollen.

Auch in dem Hotel in Füssen, das die DDR-Mannschaft als Rückzugsort außerhalb Münchens angemietet hat, läuft der Fernseher. Renate Stecher ist gerade erst im Hotel angekommen, als sie die Bilder sieht. Erschütterte Teamkameradinnen und -kameraden haben sich um die Mattscheibe versammelt. Zudem machen sie sich Sorgen um Teamkollegen, die im olympischen Dorf gleich gegenüber den Israelis untergebracht sind. Alle seien geschockt gewesen, sagt Stecher im Rückblick. Olympia – ist das nicht Friede, Gleichheit, Völkerverständigung? »Und dann werden die Spiele missbraucht vor den Augen der ganzen Welt.« Irgendwann kommt in der Runde die Frage auf: War es das mit Olympia? Werden die Spiele abgebrochen? »Natürlich haben wir alle gehofft, dass es weitergeht.« Weil man Erpressung nicht nachgeben darf, und auch, weil sich viele Athleten ihren persönlichen olympischen Traum nicht zerstören lassen wollen.

Für Heide Rosendahl, die an diesem Tag eigentlich außerhalb Münchens ihre Familie treffen wollte, nimmt der Überfall bald eine persönliche Dimension an. Als sich frühmorgens die Nachricht herumspricht, finden sich die westdeutschen Leichtathletinnen in ihrem Quartier vor den Fernsehern ein. Sie und ihre Leverkusener Teamkameradinnen kennen die Israelis gut, seit Jahren absolvieren sie gemeinsame Trainingslager. Im Frühjahr hat sich Rosendahl im Wingate-Trainingszentrum in Netanya auf die Spiele vorbereitet. Von ihren Balkonen aus sehen die Deutschen nun Polizisten in Position gehen. »Damals konnte man das Thema Terror noch nicht so einsortieren, das war nicht so gegenwärtig wie heute«, erinnert sich Rosendahl. »Wir fragten uns alle, was ist da los, warum, was machen die da?« Sie erfahren, dass die israelischen Leichtathletik-Frauen in die Katakomben des olympischen Dorfs gebracht wurden, zur Sicherheit. »Einige von uns sind hin, um sich um sie zu kümmern, sie zu trösten, sie zu beruhigen.«

Die Israelis sind von der Evakuierung überrumpelt. In den Katakomben sucht Esther Schachamorov ihren Coach Amitzur Shapira und findet ihn nirgendwo. Die 20-Jährige mit dem schwarzen Pferdeschwanz ist bei den Spielen in die Weltelite der Sprinterinnen vorgestoßen und wird dafür zu Hause in Israel als Heldin gefeiert. Shapira, der selbst 1964 an den Spielen von Tokio teilnahm, hat sie vor sechs Jahren entdeckt und ist seither ihr Trainer. Die beiden verbindet mehr als nur der Sport; der Coach ist wie ein zweiter Vater für die junge Frau. Als sie in München israelischen Rekord über 100 Meter lief, sagte Shapira: »Das ist der glücklichste Tag in meinem Leben.«

Am Vormittag tauchen erste Demonstranten am Olympiapark auf und halten Schilder hoch: »Stop the Games«, »Sport not War«. Auch unter Aktiven und Funktionären wird inzwischen diskutiert, ob die Spiele nicht unterbrochen werden müssten. Kann man wirklich weiter Sport treiben, als wäre nichts geschehen? Polizeipräsident Schreiber dagegen bittet IOC-Chef Brundage, die Wettkämpfe fortzusetzen. Er fürchtet, dass andernfalls Zehntausende Zuschauer aus den Wettkampfstätten zum Tatort strömen. Ein Argument der Befürworter einer Fortsetzung ist es allen Ernstes auch, dass ARD und ZDF nicht über ein Alternativprogramm verfügen, das sie anstelle der Liveübertragungen senden könnten.

Mark Spitz, der König der Spiele, war während seiner Wettkämpfe bei keiner einzigen Pressekonferenz aufgetreten, eine gute Idee für einen, der sich bei fast jeder Gelegenheit um Kopf und Kragen redet. Ganze zwei Interviews hatte er gegeben, der ›Sports Illustrated‹ und dem ›Time Magazine‹, und das auch nur, weil er die Journalisten nett fand und wusste, dass die Interviews erst erscheinen würden, wenn die Schwimmwettbewerbe vorüber wären. Im Fall des ›Time‹-Interviews war das eine glückliche Fügung. Auf die Frage, wie es sich denn anfühle, als Jude nun sportlich das Deutschland der Täter zu erobern, sagte Spitz: »Ich habe dieses Land immer gemocht, auch wenn dieser Lampenschirm hier wahrscheinlich aus einer meiner Tanten gemacht ist.« Spitz hat Humor, aber massenkompatibel ist er nicht.

An diesem 5. September, dem Tag nach seiner siebten Goldmedaille, will er sich den Medien als Triumphator stellen. Er ist ein wenig müde, weil er am Abend zuvor im »Käfer« beim Essen war – das ganze Lokal hatte sich erhoben, als er zum Tisch geführt wurde. Am Vormittag kommt er gut gelaunt und scherzend ins Pressezentrum. Ein Journalist eilt auf ihn zu und fragt: »Oh, mein Gott, du hast es noch nicht gehört, oder?« So erfährt Spitz von der Geiselnahme der israelischen Athleten.

Sein erster Gedanke ist, ob er nicht auch ein Ziel der Terroristen sein könnte. »Ich war verärgert, dass man mich ohne Schutz zum Pressezentrum hatte laufen lassen«, wird er später sagen. Dann steigt Angst in ihm auf: Könnte nicht ein Attentäter hier im Gebäude sein? Die Pressekonferenz findet trotzdem statt, Spitz möchte höflich sein, Hunderte Reporter wollen mit ihm reden. Vier Sicherheitskräfte mit Maschinenpistolen nehmen im Saal Aufstellung. Immer wieder mustert Spitz das Publikum, er fühlt sich nicht sicher.

Und er ist völlig unvorbereitet auf die Fragen, die jetzt naheliegen. Was er zu der blutigen Geiselnahme sage, fragt ein Reporter. Spitz sagt: »Ich denke, das ist sehr tragisch. Ich habe keinen weiteren Kommentar.« Dann will ein Journalist wissen, was es für Spitz als Juden bedeute, dass nun offenbar ein Jude ermordet worden sei. Spitz antwortet: »Ich bin nicht als Jude hierhergekommen. Ich bin als amerikanischer Athlet gekommen, der sein Land repräsentiert, seine Teamkollegen und mich selbst.« Seine Trainer sorgen dafür, dass die Pressekonferenz schnell zu Ende ist.

Noch im Pressezentrum kommt ein Mann in Uniform auf ihn zu, er sieht arabisch aus. Spitz' Trainer gehen dazwischen, der Uniformierte soll sich zuerst ausweisen. Es ist dann ein Leibwächter, den die US-Botschaft geschickt hat. Bald darauf fährt ein unverdächtiges Privatauto aus der Tiefgarage des olympischen Dorfes, Richtung Flughafen München-Riem: Der König verlässt seine Spiele. »Ich wurde buchstäblich aus dem Dorf herausgeschmuggelt«, erinnert sich Spitz, »ich lag hinten im Auto, zugedeckt mit einer Armeedecke.«

Der Krisenstab ist weit davon entfernt, die Lage zu überblicken. Man weiß nicht mal, mit wie vielen Tätern man es zu tun hat. Es gibt keinen Einsatzplan für eine solche Krise – die Szenarien des Polizeipsychologen Georg Sieber hatten die Verantwortlichen ja als »unrealistisch« vom Tisch gefegt. Es herrscht ein pausenloses Kommen und Gehen, viele wollen mitreden, mehrfach muss der Krisenstab in größere Räume umziehen. Eine strukturierte Diskussion ist unter diesen Umständen unmöglich.

Franz Josef Strauß mischt sich ein, der zwar CSU-Chef ist, aber kein Regierungsamt bekleidet. Trotzdem traut sich niemand, ihn fortzuschicken. IOC-Präsident Brundage fühlt sich zu originellen Vorschlägen berufen. Von Gangstern verstünde er als Amerikaner etwas, wirft er in die Runde: »Haltet diese Leute nicht für so naiv, dass sie jetzt mit den Geiseln rauskommen und sich die Blöße geben, dabei abgeknallt zu werden.« Die Cops in Chicago, doziert Brundage, würden in solchen Fällen einfach Betäubungsgas ins Haus leiten, das alle Täter außer Gefecht setze. Ein Chemiker und ein Belüftungsexperte werden hinzugezogen, sie winken ab: Ein Gas, das schnell genug wirkt, gebe es höchstens im Kino. Und überhaupt, sagen manche in der Runde: Gas einzusetzen, egal welches, das auch Juden einatmen würden – das könne man schlicht nicht machen.

Während Polizeipräsident Schreiber eine erste Pressekonferenz gibt und über das Geschehen informiert, landet gegen 11:15 Uhr eine Sondermaschine der Bundeswehr mit dem israelischen Botschafter Eliashiv Ben-Horin an Bord auf dem Flughafen Fürstenfeldbruck, 25 Kilometer westlich von München. Die deutschen Verhandlungsführer tendieren dazu, den Forderungen der Geiselnehmer nachzugeben. Ben-Horin bekräftigt jedoch das klare Nein seiner Regierung. »Wenn wir nachgeben, wird sich kein Israeli irgendwo auf der Welt noch seines Lebens sicher fühlen«, hat Golda Meir formuliert. Ben-Horin wird im olympischen Dorf ein separates Büro zur Verfügung gestellt, mit Standleitung zur Regierung in Tel Aviv. In Bonn versammelt Bundeskanzler Willy Brandt um 11:30 Uhr das Kabinett zu einer Krisensitzung. Eigentlich hätte er um diese Zeit die Segelwettbewerbe in Kiel besuchen wollen.

Dem Krisenstab läuft angesichts des 12-Uhr-Ultimatums die Zeit davon. Während Sportler aus Uruguay und Hongkong unbehelligt von den Terroristen ihre Wohnungen im Haus Conollystraße 31 verlassen, droht eine Eskalation. Eine halbe Stunde vor Ablauf des Ultimatums beschließt die Einsatzleitung, Präzisionsschützen in Stellung zu bringen – oder jedenfalls das, was man bei der Münchner Polizei für Präzisionsschützen hält. Die grobe Idee ist es, Issa vor dem Haus zu liquidieren und seinen Stellvertreter Tony auf dem Balkon, auf dem dieser sich bisweilen mit einer Strumpfmaske über dem Kopf zeigt. Gleichzeitig will man das Haus von mehreren Seiten stürmen. Mehrere kleine Einheiten mit je drei Polizisten werden gebildet, die neben Waffen auch Helme und kugelsichere Westen erhalten. Den Kern dieser Truppe bilden sechs Mitglieder der

Sonderfahndung der Münchner Polizei, die indes allesamt etwas müde sind: Bis 5 Uhr morgens haben sie Kircheneinbrecher verfolgt.

Die Aktion erhält den Code-Namen »Sonnenstrahl«. Im Funkverkehr soll das Sätzchen »Sonne blickt durch« das Einsatzsignal geben. Jemand im Krisenstab schlägt vor, die Polizisten wie Sportler zu tarnen. Am besten mit Trainingsanzügen. Aber woher bekommt man die auf die Schnelle? Ein Beamter verweist auf den nahe gelegenen Shop der Herzogenauracher Sportartikelfirma Puma, in dem die von Puma ausgerüsteten Athleten sich während der Spiele Schuhe und Bekleidung abholen können. Einem Grenzschutz-Einsatzleiter fällt ein, dass der Kollege Helmut Fischer aus Herzogenaurach stammt. Fischer hat seine Streifengänge durch das olympische Dorf beendet und ist mit Absperrdiensten betraut, was ihm, zumal ohne Waffen, ziemlich sinnlos vorkommt. »Kennst du wen vom Puma-Laden?«, will der Einsatzleiter von Fischer wissen. Und dieser kennt tatsächlich die Shopchefin Irmgard Hacker. »Du, Irmgard, wir bräuchten dringend Klamotten zur Tarnung«, sagt Fischer. Sie willigt ein, und so ziehen sich die Polizisten Shirts, Trainingsanzüge, Jacken und Schuhe von Puma an. Die Tarnung ist aber auch das Einzige, was klappt. Rückblickend schildert Helmut Fischer ein großes Chaos: »Alles ging drunter und drüber, alle waren nach meiner Wahrnehmung mit der Situation überfordert.«

Zwei Einverständniserklärungen müssen die Polizisten unterschreiben. Erstens, dass sie freiwillig an dem Einsatz teilnehmen. Und zweitens, dass sie die Trainingsanzüge hinterher zurückgeben. Unterdessen verwirft die Einsatzleitung die Idee, das israelische Quartier zu stürmen. Stattdessen schickt sie die Beamten in den Puma-Anzügen auf Dächer und Balkone rings um das Haus Connollystraße 31. TV-Kameras filmen sie dabei. Der US-Kanal ABC hat sich im italienischen Mannschaftsquartier unmittelbar gegenüber eingerichtet und sendet von dort live. Die Terroristen verfolgen die Übertragungen im Fernsehen und haben stets einen guten Überblick, was gerade um sie herum geschieht.

Im Krisenstab kommt es darüber zum Eklat. Polizeipsychologe Georg Sieber, dessen »Lage 21« traurige Realität geworden ist, regt sich über die Fernsehübertragung des Polizeieinsatzes auf: »Das geht gar nicht, das müssen wir unterbinden.« Daraufhin wirft ihn der Referent von Polizeipräsident Schreiber auf dessen Zeichen hinaus: »Herr Sieber, ich glaube,

## Die Terroristen brauchen nur fernzusehen

das hier ist nichts für Psychologen. Herr Dr. Schreiber bittet Sie, sofort den Raum zu verlassen.« Sieber verlässt daraufhin nicht nur den Raum, sondern die Polizei. Er quittiert seinen Dienst noch am selben Tag.

Der Krisenstab versucht zwar, die Fernsehleute zu einem Abbruch der Liveübertragung zu bewegen. Aber es sind zu viele TV-Teams, es ist zu spät für eine Nachrichtensperre. Die Aktion wird abgebrochen, die Polizisten ziehen sich vom Dach zurück. Rund um den Tatort versammeln sich immer mehr Schaulustige. Spätere Schätzungen gehen von 70 000 Zaungästen in der Spitze aus. Und von 900 Millionen Menschen, die weltweit die TV-Übertragungen verfolgen. Die Lage vor Ort wird immer unübersichtlicher. Der DDR-Fußballer Hans-Jürgen Kreische setzt sich über das Verbot der Mannschaftsführung hinweg und robbt irgendwann doch mit dem Fotoapparat auf den Balkon seines Appartements schräg gegenüber von Connollystraße 31. Er macht Bilder von dem bewaffneten Kapuzenmann, der auf dem Balkon auftaucht. Auf anderen Aufnahmen sieht man später durch offene Fenster auch blutverschmierte Wände.

Im Haus Conollystraße 31 kommt es um die Mittagszeit zu seltsamen Telefonaten. Mehrfach wählt Issa Nummern in Libyen und im Libanon. Offenbar will sich der Kommandoführer Direktiven von führenden Mitgliedern palästinensischer Organisationen holen. Doch keiner ist für ihn zu sprechen. Entweder hat Issa falsche Nummern, oder seine Kontaktpersonen wollen nicht mit ihm reden. Unter anderem wählt Issa die Nummer 276277 in Tunis. Er fragt nach einem Major Talal. Die deutschen Sicherheitsbehörden bekommen dies mit und übermitteln die Nummer dem deutschen Botschafter in Tunesien, der umgehend bei der dortigen Regierung interveniert. Stunden später erhält der Botschafter eine Antwort. Die Nummer gehöre einer »honorigen Persönlichkeit«, lässt die tunesische Regierung ausrichten. Es gebe ganz bestimmt keinen Zusammenhang mit den Terroristen.

Willi Pohl schlendert durch die Wiener Innenstadt, ziemlich entspannt, er wartet auf weitere Anweisungen. Seine palästinensischen Auftraggeber sind offenbar zufrieden mit ihm. Nachdem er in Paris die schriftliche Botschaft aus Beirut übergeben hat, ist er nach Österreich weitergereist. In Wien soll er eine Pressekonferenz vorbereiten, die Vertreter von Palästinenserorganisationen zu einem noch unbestimmten Zeitpunkt geben wollen. Wieder einmal ist die Sache nebulös, wieder einmal wird Pohl später beteuern, er habe nicht gewusst, in was er da hineingeraten sei. Bei seinem Spaziergang durch die Kärntnerstraße, so wird er das erzählen, fällt ihm eine Menschentraube vor einem Schaufenster auf, in dem ein Fernseher läuft. Die Leute starren auf die Bilder aus München, wo Terroristen israelische Sportler als Geiseln genommen haben. Pohl schaut einige Minuten zu, dann läuft er in sein Hotel zurück. Er ruft Notfallnummern in Beirut und Tunis an. Falsch verbunden. »Es gibt niemanden mit diesem Namen«, sagt irgendwer. »Rufen Sie bitte nicht mehr an.« Willi Pohl packt seine Sachen. Er will schnell weg aus Europa, am besten nach Beirut.

In Bonn steigt Willy Brandt nach der Kabinettssitzung in eine Bundeswehrmaschine und fliegt nach München, wo er um 14:10 Uhr landet. Er will zumindest in der Nähe des Tatorts sein. Vom Flughafen lässt er sich per Hubschrauber nach Feldafing am Starnberger See bringen, dort hat er während der Spiele in Willi Daumes Villa sein Quartier. Brandt richtet einen Appell an alle arabischen Staats- und Regierungschefs: »Die Bundesregierung hat mit tiefer Erschütterung davon Kenntnis genommen, dass der olympische Friede durch einen Anschlag gebrochen worden ist, der Menschenleben gekostet hat und weiter bedroht. Ich appelliere in dieser Stunde an Sie, alles in Ihren Kräften Stehende zu tun, damit die in der Gewalt der Attentäter befindlichen Geiseln unversehrt ihre Freiheit zurückerhalten. Die ganze Welt erwartet von Ihnen, dass Sie Ihren Einfluss unverzüglich geltend machen.« Doch der Aufruf des Bundeskanzlers verpufft.

Vor Ort beteiligen sich neben Schreiber, Daume und Tröger nun auch die Innenminister Merk und Genscher an den Verhandlungen mit Issa. Mit immer neuen Hinweisen auf die angeblich komplizierten Gespräche mit Israel und die Vorbereitungszeit, die eine etwaige Freilassung von mehr als 200 Inhaftierten brauche, gelingt es ihnen, die Terroristen zu weiteren Verlängerungen ihrer Ultimaten zu bewegen. Zunächst von 12 auf 13 Uhr, später dann auf 15 und schließlich auf 17 Uhr. Auch die Polizeibeamtin Anneliese Graes wirkt in diesem Sinn auf Issa ein.

Bei einer dieser Verhandlungen vor dem Haus sagt Schreiber zu Issa:

## Zwei Beamte verkleiden sich als Köche

»Hier kommen Sie doch nicht lebend raus.« Issa antwortet: »Gut, dann kommen wir in den Himmel.« Walther Tröger wird sich später an die seltsame Freundlichkeit des Mörders Issa erinnern: »Wenn ich ihn woanders kennengelernt hätte, hätte ich ihn gemocht.« Einmal überlegt Schreiber einen Moment lang, ob er den Terrorführer angreifen, packen und seinerseits als Geisel nehmen soll, um das Kommando zum Aufgeben zu zwingen. Schreiber schaut kurz nach rechts und nach links. Issa spürt die Gefahr und sagt ruhig zu ihm: »Wenn Sie mich anrühren, dann erschieße ich Sie.«

Die Polizei hat noch eine andere Idee, als Issa Essen für seine Leute und die Geiseln verlangt. Könnte man die Attentäter bei der Übergabe überwältigen? Zwei Beamte verkleiden sich als Köche und bringen mit Schreiber die Mahlzeiten zum Tatort. Doch Issa durchschaut den Plan. Er nimmt die Essenspakete vor der Tür in Empfang und trägt sie selbst ins Haus. Die Polizisten kommen nicht – wie erhofft – ins Innere des Gebäudes. Sie haben keine Chance, sich auch nur einen groben Überblick vom Geschehen im Haus zu verschaffen. Weil die Attentäter fürchten, die Speisen könnten vergiftet sein, müssen zuerst die Geiseln davon essen.

Im Krisenstab bitten die Deutschen den israelischen Botschafter noch einmal um Nachfrage: Ist es nicht doch denkbar, auf die Forderungen der Terroristen einzugehen? Ben-Horin spricht mit Tel Aviv, dann sagt er: Kein Gefangenenaustausch. Derweil geht im olympischen Dorf das Gerücht um, Israel könnte die Rettung der Geiseln selbst in die Hand nehmen. Und wirklich lässt die Regierung Meir wenigstens Vorkehrungen treffen. Die Anti-Terror-Spezialeinheit, die im Mai die Sabena-Maschine gestürmt hatte, wird angewiesen, sich für einen Einsatz in München bereitzuhalten. Ein Kommando wird gebildet und die Befreiung der Geiseln anhand von Skizzen und Modellen des olympischen Dorfs durchgespielt. Doch der Marschbefehl kommt nicht. Die Deutschen verweisen auf ihr Grundgesetz, das den Einsatz von Sicherheitskräften aus dem Ausland und sogar den bewaffneten Einsatz der Bundeswehr im Inneren verbietet.

Um 15:38 Uhr geschieht schließlich, was die Weltöffentlichkeit immer drängender verlangt: IOC-Präsident Avery Brundage unterbricht die Spiele der XX. Olympiade. Darauf hatten sich IOC, Athletenvertreter und das OK über Manfred Schreibers Bedenken hinweg geeinigt. »Der olympische Friede ist durch einen Mordanschlag verbrecherischer Terroristen gebrochen worden. Die gesamte zivilisierte Welt verurteilt diese barbarische Untat mit Abscheu«, heißt es in einer offiziellen Erklärung des IOC. »In Ehrfurcht vor dem Opfer und als Zeichen der Anteilnahme am Schicksal der noch festgehaltenen Geiseln werden die Veranstaltungen des heutigen Nachmittags abgebrochen. Die laufenden Wettkämpfe werden zu Ende geführt. Das Internationale Olympische Komitee und das Organisationskomitee werden zusammen mit den Olympiateilnehmern morgen, Mittwoch, den 6. September, 10:00 Uhr, im Olympiastadion des Opfers in einer Trauerfeier gedenken. Diese Feier soll deutlich machen, dass die olympische Idee stärker ist als Terror und Gewalt.« Weiterhin ist nur von einem Opfer die Rede. Niemand weiß, dass in Appartement drei der verblutete Yossef Romano liegt.

Die Nachricht vom Abbruch dringt allerdings nicht an alle Veranstaltungsorte durch. Um 16:30 Uhr wird im ESV-Stadion in Ingolstadt das Fußballspiel DDR gegen Mexiko angepfiffen. Die DDR gewinnt mit 7:0, Jürgen Sparwasser schießt drei Tore. Am frühen Nachmittag war das DDR-Team im olympischen Dorf in die Tiefgarage geschleust und mit dem Bus nach Ingolstadt gebracht worden. Nach dem Spiel geht es auf demselben Weg wieder zurück ins Quartier.

Über das olympische Dorf legt sich am späten Nachmittag eine gespenstische Ruhe. Bis dahin war das Leben dort beinahe normal weitergegangen, zumindest in etwas Abstand zur Connollystraße 31. Sportlerinnen und Sportler fläzten sich auf Liegestühlen oder spielten Tischtennis. Nun verstecken sich die Olympioniken in ihren Quartieren, Teile des Dorfes sind wie leer gefegt. Die Fernsehsender zeigen live, wie der gefesselte Andrei Spitzer von den Terroristen an ein Fenster geführt wird. »Guten Tag, meine Herren«, sagte Spitzer zu den Deutschen am Boden. »Geht es allen gut?«, fragte Genscher. Spitzer bejaht, dann trifft ihn ein Gewehrkolben. Ankie Spitzer verfolgt den Moment im niederländischen Fernsehen. Es wird das letzte Mal sein, dass sie ihren Mann lebend sieht.

Als die Minister Merk und Genscher sowie Polizeipräsident Schreiber kurz vor Ablauf des Ultimatums um 17 Uhr noch einmal mit den Terroristen sprechen, konkretisieren diese ihre Forderungen. Sie wollen nun nach Kairo ausgeflogen werden und dort ihre Gefangenen freilassen, im Austausch gegen die Gesinnungsgenossen aus israelischen Gefängnissen.

Die Regierung in Tel Aviv ist skeptisch. Sie will wissen, ob die Bundesregierung sichergestellt habe, dass die Ägypter die Geiseln nach der Landung in Kairo tatsächlich ungehindert nach Israel ausreisen lassen. Außerdem bestehen die Israelis darauf, dass der Flug in einer deutschen Maschine stattfindet und eine hochrangige deutsche Persönlichkeit als Gewährsmann mitfliegt. Auch wenn offiziell das Gegenteil behauptet wird: Das Misstrauen der Israelis in die deutschen Krisenmanager wächst. Zumal die öffentliche Stimmung in Israel sich schnell gegen die Deutschen wendet. Es ist ein diffuser Zorn: Schon wieder Deutschland, heißt es allenthalben.

Premierministerin Golda Meir schickt Zvi Zamir nach München, den Chef des Geheimdienstes Mossad. Zamir gilt als durchsetzungsstarker Haudegen, der sich bei Kampfeinsätzen einen legendären Ruf erworben hat. Ursprünglich will ihn Moshe Dayan nach München begleiten, der nicht minder legendäre Verteidigungsminister. Doch der Plan wird abgeblasen; zu groß wäre das Aufsehen, würde der weltbekannte Politiker mit der Augenklappe nach Deutschland reisen. Stattdessen hat Zamir Victor Cohen an seiner Seite. Der ist Leiter der Verhörabteilung des israelischen Inlandsgeheimdienstes Shin Bet. Er ist in Syrien geboren und spricht perfekt Arabisch, er hat schon oft mit Terroristen verhandelt. An der Befreiung der Sabena-Maschine im Mai wird ihm ein großer Anteil zugeschrieben.

Während die beiden ihre Reisevorbereitungen treffen, bestehen Genscher und Tröger gegenüber Issa darauf, sich persönlich vom Zustand der Geiseln zu überzeugen. Der Kommandoführer willigt ein. Genscher und Tröger werden in Spitzers Zimmer im ersten Stock geführt, wo die Geiseln an Händen und Füßen gefesselt auf den beiden Betten ausharren; Romanos Leiche ist mit einem Bettlaken zugedeckt. Auf Nachfrage Genschers stimmen die Israelis dem Flug nach Kairo zu. Der Minister notiert sich die Namen aller Geiseln.

Der Besuch soll aber auch dazu dienen, die Zahl der Geiselnehmer herauszufinden. Genscher und Tröger sehen fünf Terroristen, von dieser Zahl geht man fortan aus. Das Ultimatum wird mit Blick auf die notwendigen Vorbereitungen abermals verlängert, bis 19 Uhr. Die Bitte, den Flug gleich auf den nächsten Morgen um 8 Uhr zu verschieben, lehnt Issa kategorisch ab. »Sie wollen doch nur, dass wir müde werden«, sagt er. Seine Leute hielten das nicht mehr durch. 19 Uhr, ansonsten werde man Geiseln erschießen.

Über Willi Daume lässt der IOC-Präsident mitteilen, dass das IOC kein Verständnis dafür hätte, wenn Sportler von Olympischen Spielen ins Ausland verschleppt würden. Doch die Mitglieder des Krisenstabs ignorieren den alten Brundage. Sie sehen in den Flugplänen der Terroristen die Chance, die Geiseln am Flughafen oder auf dem Weg dorthin zu befreien.

Aber an welchem Flughafen überhaupt? Der Krisenstab fasst nach kurzer Diskussion den Militärflugplatz Fürstenfeldbruck ins Auge, der während der Spiele auch zivil genutzt wird, um Riem zu entlasten. Er liegt etwa eine halbe Autostunde vom Olympiapark entfernt, sein großer Vorteil ist aus Sicht der Polizeiführer seine Übersichtlichkeit. Scharfschützen hätten dort ein freies Schussfeld. Einsatzleiter Georg Wolf fliegt gegen 17:40 Uhr mit fünf Beamten und fünf Scharfschützen nach Fürstenfeldbruck, um die Geiselbefreiung vor Ort vorzubereiten. Eine Lufthansa-Maschine wird angefordert, sie soll aber nur der Tarnung dienen und wenig Kerosin enthalten. Statt mit einer regulären Crew soll sie mit verkleideten Polizisten besetzt werden. Die Beamten sollen die Geiselnehmer überwältigen, sobald sie an Bord sind. Das ist der Plan.

Mitten in den Vorbereitungen fällt einem Beamten im Krisenstab auf: Man hat es den ganzen Tag über versäumt, die Briefträger zu befragen, die frühmorgens das Kommando des Schwarzen September beim Überklettern des Zauns beobachtet haben. Man hätte sie zum Beispiel längst fragen können, wie viele Männer es denn insgesamt gewesen sind. Das Rätselraten über die Zahl der Attentäter hätte man also bereits vor Stunden beenden und die Einsatzplanung danach ausrichten können. Doch erst um 18 Uhr machen sich Polizisten auf den Weg zu den Postbeamten.

Ein weiteres Mal schlagen die deutschen Verhandlungsführer eine Verlängerung des Ultimatums heraus: 21 Uhr. Diesmal mit dem Hinweis, man müsse mit Ägyptern und Israelis die neue Lage besprechen. Issa macht jedoch kategorisch klar, dass er zu keiner weiteren Verlängerung

## Die Palästinenser verlieren die Geduld

mehr bereit ist. Das IOC gibt bekannt, dass die Spiele unabhängig vom weiteren Verlauf des Geiseldramas am nächsten Tag fortgesetzt werden sollen. Gegen 19 Uhr, die Sonne geht unter in München, spricht Anneliese Graes noch einmal mit Issa. Sie stellt eine Veränderung fest: Er wirkt nachdenklich und zunehmend erschöpft, auch misstrauischer. Laut denkt er darüber nach, ob womöglich alle nur mit ihm spielen, wie er es gegenüber der Polizistin formuliert. Er bietet ihr eine Wette an: 20 Mark, dass er den Tag nicht überleben werde. Graes versucht, ihn zu beruhigen. Ein deutscher Minister halte ganz sicher sein Wort, alles werde in Ordnung gehen.

Einsatzleiter Wolf fliegt unterdessen von Fürstenfeldbruck schon wieder zurück nach München. Er soll dort die zweite Option für eine Geiselbefreiung vorbereiten: im Untergeschoss der Connollystraße, das man sich als riesige lang gezogene Tiefgarage vorstellen kann. In dieses »Basement« haben die Architekten den gesamten Autoverkehr des olympischen Dorfes verlagert. Hier will die Polizei die Geiselnehmer überraschen, wenn sie mit den Geiseln zu den Bussen oder Helikoptern laufen, die sie nach Fürstenfeldbruck bringen sollen. Issa fordert, dass Innenminister Genscher mit der Gruppe mitgehen soll. Doch der lehnt mit Verweis auf seine Stellung ab.

Willy Brandt fährt von Feldafing ins olympische Dorf, wo er sich im Büro von Robert Lembke einrichtet, dem Fernsehchef der Spiele. In vielen Telefonaten mit politisch Verantwortlichen in arabischen Ländern lotet Brandt die Chance auf eine politische Lösung aus. Von 18:30 Uhr an versucht er praktisch ununterbrochen, den ägyptischen Staatspräsidenten Anwar el-Sadat zu erreichen. Doch der lässt sich immer wieder verleugnen und den Kanzler vertrösten. Kurz vor Ablauf des Ultimatums um 21 Uhr platzt endgültig die Hoffnung auf einen diplomatischen Kompromiss. Um 20:40 Uhr kann Brandt anstelle von Sadat immerhin mit dem ägyptischen Ministerpräsidenten Asis Sidki telefonieren. Sidki lehnt eine Landung der Entführer in Kairo kategorisch ab. Es fallen die Worte: »We do not get involved«, »Wir mischen uns nicht ein«. Damit ist der Flug nach Kairo nicht einmal mehr eine theoretische Option. Nach der Logik der Einsatzleiter bleibt nun nur noch eine gewaltsame Befreiung der Geiseln. Entweder in München, spätestens aber in Fürstenfeldbruck.

Etwa zur selben Zeit, als die Ägypter Brandt abblitzen lassen, treffen

Mossad-Chef Zamir und sein Begleiter Victor Cohen in München ein. Am Eingang des olympischen Dorfes will ein Polizist die beiden nicht durchlassen; erst ein Telefonat des wütenden Mossad-Chefs klärt die Dinge. Im Krisenstab angekommen, erfährt Zamir, dass die Verfassung den Einsatz von Bundeswehrsoldaten gegen die Terroristen verbietet. Zvi Zamir ist darüber irritiert, zurückhaltend formuliert. Er rät, dann doch wenigstens die Geiselnehmer an den Rand ihrer Belastbarkeit zu bringen und weiter auf Zeit zu spielen, um in einem Moment der Schwäche zuzuschlagen. Die beiden Mossad-Agenten wollen sich vor Ort ein Bild verschaffen und werden heimlich bis auf wenige Meter an die Connollystraße 31 herangeführt.

Zvi Zamir braucht nicht lange, um zu der Meinung zu gelangen, dass die Deutschen naiv und inkompetent agieren. Dieser Eindruck verstärkt sich angesichts des dilettantischen Vorhabens, die Terroristen schon im Untergeschoss der Connollystraße zu überraschen. Gegen 21:30 Uhr besteht Issa darauf, den Weg durch die Tiefgarage zu der Stelle, an der ein Bus Geiselnehmer und Geiseln aufnehmen soll, probeweise abzulaufen. Sofort fallen ihm die Polizeibeamten auf, die dort hinter mehreren Betonsäulen und Autos postiert sind. Er wittert einen Hinterhalt und droht den Verantwortlichen wütend mit der umgehenden Ermordung der Geiseln. Daraufhin bläst die Polizeiführung den Zugriff im Untergeschoss ab. Man einigt sich mit Issa, dass ein Omnibus die Attentäter und ihre Geiseln an Tor 6 des olympischen Dorfes fahren wird. Dort sollen Hubschrauber für den Flug nach Fürstenfeldbruck warten.

Mark Spitz landet am frühen Abend in London-Heathrow. Erst am nächsten Morgen soll es weitergehen nach Los Angeles, wo der kalifornische Gouverneur Ronald Reagan dem erfolgreichsten Athleten der olympischen Geschichte einen großen Empfang bereiten will. Spitz ist erst im Flugzeug dazu gekommen, all die Glückwunschtelegramme zu lesen, die er bekommen hat. Manche sind auch Angebotstelegramme. Der Daimler-Chef will ihm einen Mercedes schenken, wenn er ihn persönlich in Stuttgart abholt. Und der Hollywood-Produzent Ray Stark schreibt: »Hi, Sie machen einen tollen Job für Amerika. Ich besetze gerade einen neuen Film und erwäge Sie für eine Rolle.«

Spitz ist betroffen wegen des Anschlags, aber er findet offenkundig

**Nein zum Himmelfahrtskommando**

auch, dass das Leben weitergehen muss. Er war schon vor den Spielen fest entschlossen, nachher mit dem Schwimmen aufzuhören. Dies ist also sein erster Tag in Freiheit – das Amateurstatut gilt für ihn nicht mehr, er darf mit seiner Berühmtheit Geld verdienen. Am Abend in London absolviert er ein Fotoshooting für das Magazin ›Stern‹: Spitz als Pin-up-Boy in extrem enger Amerika-Badehose mit seinen sieben Goldmedaillen um den Hals. Für eine Weile wird das Motiv das meistverkaufte Poster aller Zeiten sein. In den Medien wird es später heißen, Spitz habe für die Aufnahmen 100 000 Dollar bekommen, bar in einem Koffer. Er selbst wird sagen, es sei ein Scheck über 50 000 Dollar gewesen.

Auch ein Fernsehinterview gibt Spitz in London noch, bevor er nach Hause fliegt. Zum Terroranschlag sagt er wieder nur, dass die Sache tragisch sei. Ein amerikanischer TV-Kritiker ätzt: »Mark Spitz, unser Held, war wunderbar, wie er in London ein Interview gab, während israelische Athleten starben, und dabei nur von sich redete und seinen Chancen im Filmgeschäft.«

Kurz nach halb zehn landet eine Boeing 727 der Lufthansa auf dem Fliegerhorst in Fürstenfeldbruck, sie hat gerade einen Linienflug von London nach Riem absolviert. Pilot und Co-Pilot steigen aus, zwölf als Lufthansa-Crew verkleidete Polizisten steigen ein. Vier tragen Lufthansa-Uniformen, die übrigen Techniker-Kluft. Im Flugzeug wird den Männern indes schnell klar, dass ihr Auftrag, die schwerbewaffneten Terroristen hier drinnen zu überwältigen, ein Himmelfahrtskommando ist. Keiner von ihnen weiß, wie sie glaubhaft Startvorbereitungen simulieren sollen. Sie fühlen sich überfordert, sie sind nicht ausgebildet für solche Aktionen, schon gar nicht in der Enge einer Flugzeugkabine. Ihre Ausrüstung halten sie auch für untauglich. Die Beamten stimmen unter sich ab: Fast alle sind für den Abbruch der Aktion. Genau das teilen sie ihrem Einsatzleiter per Funk mit: Wir verlassen jetzt das Flugzeug. Der Einsatzleiter zeigt dafür sogar Verständnis.

Jetzt bleibt also nur noch der Plan, die Terroristen auf dem Flugfeld anzugreifen und die Geiseln zu befreien, bevor diese in die Lufthansa-Maschine steigen. Die Idee ist, dass die fünf Scharfschützen das Feuer auf die Terroristen eröffnen, während Panzerwagen auf die Rollbahn rasen und die Geiseln aus den Hubschraubern holen. Fünf Scharfschützen, diese Zahl hat man gewählt, weil es ja vermeintlich auch nur fünf Attentäter sind. Dazu kommt: In anderen Ländern – natürlich auch in Israel – würde sich niemand dazu versteigen, fünf ganz normale Polizisten ohne Präzisionsgewehre als Scharfschützen zu bezeichnen. Jeder der Männer hat ein G3, das Standardgewehr der Bundeswehr, produziert von der Firma Heckler & Koch im Schwarzwald. Einziges Extra: ein Zielfernrohr. Die Beamten haben sich alle mit guten Schießleistungen am Trainingsstand hervorgetan. Aber sehr wahrscheinlich hat keiner von ihnen schon einmal auf Menschen geschossen.

Neben den – na ja – Scharfschützen gehen in Fürstenfeldbruck auch weitere Polizisten in Stellung, darunter Anton Fliegerbauer, der junge Familienvater, der eigentlich mit Frau und Sohn am Morgen in seine niederbayerische Heimat in den Urlaub fahren wollte. Fliegerbauer hat sich breitschlagen lassen zum Dienst, nun postiert er sich im Flughafengebäude.

Von Anfang an gibt es in Fürstenfeldbruck Probleme. Die Polizisten, die an unterschiedlichen Stellen des Geländes in Stellung liegen, haben untereinander keinen Sprechfunkkontakt. Das Netz ist zusammengebrochen, warum, ist unklar. Auch mit München funktioniert die Kommunikation nicht. Relevante Dinge erfahren die Zuständigen schneller aus dem Fernsehen als vom Krisenstab.

In der Connollystraße 31 bereiten die Terroristen die Abfahrt nach Fürstenfeldbruck vor. Mossad-Chef Zamir verlangt von den Deutschen, dass sein arabisch sprechender Begleiter, der Verhandlungsspezialist Cohen, mit Issa reden darf. Genscher und Merk überbringen den Wunsch, doch Issa lehnt ab. Das sei nur ein neuer Versuch, die Sache hinauszuzögern, sagt er. Es gebe nichts mehr zu reden. Außerdem seien er und seine Kameraden physisch nicht mehr in der Lage, länger zu warten. Sollte es nicht in den nächsten Minuten losgehen, werde er zwei Geiseln erschießen. Und im Übrigen: Falls in Kairo nicht die geforderten 200 Gefangenen zum Austausch bereitstünden, werde man alle israelischen Sportler töten. Das sollten die Deutschen den Israelis ausrichten.

In zwei Gruppen gehen Attentäter und die aneinandergefesselten Geiseln gegen 22 Uhr ins Untergeschoss und besteigen dort den Bus, der sie zu den Hubschraubern des Bundesgrenzschutzes bringt, Typ Bell

UH-1D. Das Modell ist aus dem Vietnamkrieg bekannt. Erst jetzt erkennen die Sicherheitskräfte, dass es sich um acht und nicht nur um fünf Attentäter handelt. Doch der Versuch, dies den Einsatzleitern in Fürstenfeldbruck mitzuteilen, scheitert an der Störung des Polizeifunks und am allgemeinen Kommunikationschaos. Die Piloten der beiden Hubschrauber sind angewiesen, eine weite Kurve nach Fürstenfeldbruck zu fliegen, damit ein dritter Hubschrauber mit den führenden Mitgliedern des Krisenstabes schneller dort eintrifft. An Bord gehen auch die Mossad-Leute Zamir und Cohen – sowie Franz Josef Strauß, den wegzuschicken sich weiterhin niemand traut.

Fassungslos verfolgt die israelische Sprinterin Esther Schachamorov, wie die gefesselten Geiseln mit gesenkten Köpfen aus dem Bus getrieben und in die Hubschrauber verfrachtet werden. Die Scheinwerfer von Polizei und Fernsehteams leuchten die Szenerie aus, die Blitzlichter der Fotografen flackern. Schachamorov ist von dem Schauspiel angewidert. Das hier ist doch keine Fernsehshow, denkt sie sich. Sie hat das Gefühl, dass die Geiselnehmer die weltweite Aufmerksamkeit genießen – und dass ihnen hier eine Plattform geboten wird. Schachamorov ist wütend, hält Ausschau nach ihrem Trainer Amitzur Shapira, der zu den Geiseln gehört. Sie denkt an seine vier Kinder. Wie er und die anderen vorgeführt werden, das findet sie entwürdigend. Später muss der Teamarzt ihr zwei Schlaftabletten verabreichen. Die Träume dieser Nacht wird sie ihr Leben lang nicht vergessen: Sie rennt so schnell wie noch nie, und sie rennt nur für ihren Trainer.

Neun israelische Männer steigen unter vorgehaltenen Waffen in die Hubschrauber. Da ist Amitzur Shapira, da ist Yossef Gutfreund, da ist Andrei Spitzer. Da ist Yakov Springer, 51 Jahre alt, der als Kampfrichter im Gewichtheben seine dritten Olympischen Spiele erlebt. Springer ist in Polen aufgewachsen, die Nazis haben seine Eltern und Geschwister im Ghetto von Lodz ermordet. Springer ist mit gemischten Gefühlen nach München gereist. Einerseits ist Deutschland das Land der Mörder seiner Familie. Andererseits ist die Teilnahme an Spielen ebendort für ihn ein persönlicher Triumph, weil es den Nationalsozialisten nicht gelungen war, auch ihn zu ermorden.

Da ist Zeev Friedman, 28, dessen Eltern vor den Nazis erst nach Sibirien flohen und dann 1960 nach Israel auswanderten. Friedman ist der siebenmalige Landesmeister im Gewichtheben, Bantamgewicht. Er war die größte israelische Medaillenhoffnung in München, es reichte dann aber nur für den zwölften Platz. Trotzdem hat er den sportlichen Höhepunkt seines Lebens genießen können. Vor der Geiselnahme hat er eine Ansichtskarte an seine Eltern beim Olympiapostamt aufgegeben, die erst einige Tage später in Israel ankommen wird. Vorne zeigt die Karte den Olympiaturm und die Schwimmhalle. Hinten hat Friedman geschrieben: »Wir sehen uns bald zu Hause.«

Da ist Kehat Shorr, 53, der den Holocaust in einem Versteck in den Karpaten in Rumänien überlebt hat. Nach dem Krieg musste er bis 1963 warten, bis ihm das rumänische Regime die Ausreise nach Israel gewährte. Als Sportschütze war Shorr mehrmals rumänischer Meister, in Israel wurde er rasch Nationaltrainer und fuhr 1968 zu Olympia. Einige Monate vor München führte er seine einzige Tochter zum Traualtar. Den beiden von ihm betreuten Schützen Zelig Shtorch und Henry Hershkovitz ist die Flucht aus der Connollystraße 31 gelungen.

Da ist Eliezer Halfin, 24, der erst 1969 aus der Sowjetunion nach Israel emigrieren durfte. Ursprünglich stammt er aus Riga, wo die erste Frau seines Vaters und die zwei Kinder im Ghetto starben. Halfin hat den für alle Einwanderer verpflichtenden Hebräischkurs extra in einem Kibbuz nahe des Wingate-Sportzentrums absolviert, um als Ringer auf seine Qualifikation für Olympia hinarbeiten zu können. In München waren ihm – betreut von Moshe Weinberg – Außenseiterchancen auf eine Medaille eingeräumt worden, die sich allerdings schnell zerschlugen. Kurz vor den Spielen hat er seine Ausbildung als Automechaniker beendet – in einer VW-Werkstatt.

Da ist David Berger, 28, der 1970 aus den USA nach Israel gegangen war, um sich als Gewichtheber seinen Traum von Olympia zu erfüllen. Er ist in Shaker Heights im US-Bundesstaat Ohio als Sohn einer Arztfamilie aufgewachsen, er hat an der renommierten Columbia University in Jura promoviert. Wenn die Spiele vorüber sind, will Berger eine Israelin heiraten und beweisen, dass er es ernst meint mit seinem neuen Leben: Er wird seinen Wehrdienst antreten.

Und da ist Mark Slavin, 18, der als Teenager in der Sowjetunion eingesperrt worden war, weil er vor dem KGB-Hauptquartier in Minsk gegen

Antisemitismus demonstriert und die Erlaubnis zur Auswanderung nach Israel verlangt hatte. 1972 darf er drei Monate vor den Spielen ausreisen, als frisch gekrönter sowjetischer Meister im Mittelgewichts-Ringen. In Israel wird Slavin umgehend eingebürgert, damit er die Olympiamannschaft verstärken kann. Nach München nimmt er sein russisch-hebräisches Vokabelbuch mit, zum Lernen. Die Spiele wären sein erster internationaler Wettkampf. An diesem 5. September hätte er zu seinem ersten Kampf antreten sollen.

Uli Hoeneß vertritt sich am Abend im olympischen Dorf ein wenig die Beine. Er läuft einem Bekannten über den Weg, dem Fernsehjournalisten Winfried Scharlau vom NDR. Scharlau fragt Hoeneß: Wollen Sie etwas sehen? Der Reporter nimmt Hoeneß mit in das Gebäude, in dem er arbeitet. Von dort hat man einen Blick auf die Wiese, auf der die beiden Hubschrauber nun die Rotoren starten. »Absolut gespenstisch« sei der Moment gewesen, wird Hoeneß später sagen. Es ist 22:20 Uhr, als die Hubschrauber abheben.

Wenige Minuten später betreten die Einsatzkräfte das Haus Connollystraße 31. Der fränkische Grenzschützer Helmut Fischer, der die Puma-Trainingsanzüge besorgt hat, ist dabei. Er kontrolliert das Erdgeschoss, in einem Zimmer sieht er Blut an den Wänden. Aus dem ersten Stock ruft ein Kollege, dass dort ein grausam verletzter Toter liege. Es ist Yossef Romano. Fischer ist entsetzt. Er hält es nicht mehr aus, macht kehrt und läuft nach draußen.

Im Hotel »Vier Jahreszeiten« haben sich die IOC-Mitglieder zu einer außerordentlichen Sitzung eingefunden. Avery Brundage muss sich von seinen Kollegen heftige Kritik anhören: Hat man die Spiele wirklich unterbrechen müssen? Eine Gedenkminute hätte doch gereicht, finden manche IOC-Herren. Die Runde diskutiert dann vor allem darüber, wann und wie die Wettkämpfe fortgesetzt werden können. Willi Daume stößt zu seinen Kollegen, hängt aber die meiste Zeit am Telefon, verbunden mit dem olympischen Dorf und dem Flughafen Fürstenfeldbruck.

Um 22:35 Uhr setzen die beiden Hubschrauber im Abstand von wenigen Sekunden in Fürstenfeldbruck auf. Das Flugfeld ist in Flutlicht getaucht.

## »Sie sind alle tot.« – Der 5. September 1972

Die Hubschrauber landen auf der Rollbahn direkt vor dem Hauptgebäude, zu dem auch der Tower gehört. 35 Meter trennen Polizisten und Terroristen. Die Lufthansa-Maschine steht 300 Meter die Bahn hinunter. Die vier deutschen Hubschrauberpiloten wollen sich möglichst schnell in Sicherheit bringen, doch die Geiselnehmer hindern sie daran. Sie müssen sich als menschliche Schutzschilde aufstellen. Issa und Tony springen aus den Hubschraubern und laufen zur Lufthansa-Maschine. Sie nehmen die Stufen der Gangway zum Eingang und sehen: Das Flugzeug ist leer.

Issa und Tony wissen jetzt, dass sie nicht nach Kairo fliegen werden, sie rennen zurück Richtung Hubschrauber. Das ist der Moment, in dem Einsatzleiter Georg Wolf den drei Scharfschützen auf dem Dach des Flughafengebäudes befiehlt: Feuer! Die übrigen zwei Scharfschützen der Polizei liegen auf der anderen Seite der Rollbahn und der Helikopter in Stellung – und noch immer gibt es keine Funkverbindung. Stattdessen ist vereinbart: Die beiden sollen schießen, sobald die Kollegen schießen. Einer der beiden wechselt allerdings genau in dieser Sekunde die Position. Vorerst eröffnen also nur vier Scharfschützen das Feuer – und das nicht auf fünf Terroristen, wie man angenommen hatte, sondern auf acht.

Eigentlich ist es internationaler Standard, auf jedes Ziel zwei Schützen anzusetzen. Doch die Polizeiverantwortlichen haben beschlossen, die Zahl »bewusst überschaubar« zu halten. Und sie haben darauf verzichtet, jedem Schützen ein konkretes Ziel zuzuweisen. Es entspinnt sich ein wildes Feuergefecht. Issa und Tony werden von den ersten Salven getroffen und schwer verwundet, Issa kann sich zu einem der Helikopter retten. Die anderen Terroristen richten ihr Gewehrfeuer auf das Hauptgebäude.

Anton Fliegerbauer steht an einem Fenster des Gebäudes, das Gewehr im Anschlag, Polizeipräsident Schreiber in unmittelbarer Nähe. Kugeln schlagen durch die Fenster, alle werfen sich auf den Boden. Nur Fliegerbauer steht nicht mehr auf. Er wurde tödlich am Kopf getroffen. Vorher hat er das halbe Magazin seiner Waffe leer geschossen. Kritiker des Einsatzes werden es später für möglich halten, dass Fliegerbauer in dem Chaos durch friendly fire starb – durch die Kugeln der eigenen Leute von der anderen Seite des Rollfelds. Eine Rekonstruktion wird ergeben, dass die Scharfschützen sich im Grunde gegenseitig beschossen haben.

## Die Scharfschützen eröffnen das Feuer

Ein Attentäter kommt ums Leben, als er beim Abziehen einer Handgranate getroffen wird und diese nicht mehr wegwerfen kann. Ein weiterer Terrorist stirbt, als er auf einen der Scharfschützen hinter den Helikopter zuläuft: Der Scharfschütze schießt ihm in den Kopf, mit der einzigen Kugel, die er abfeuert. Insgesamt werden in knapp 80 Minuten mehr als 280 Kugeln verschossen, davon etwa 200 von den Palästinensern. Einer der vier Hubschrauberpiloten wird durch Kugeln der Attentäter schwer verwundet, Lungendurchschuss. Die anderen werfen sich auf den Boden. »Ich habe mich nicht getraut, die Augen aufzumachen«, wird ein Pilot später erzählen. »Ich dachte mir, die können das Weiße in den Augen sehen.«

Bald nach Ausbruch des Gefechts läuft einer der Terroristen die paar Schritte zur offenen Tür des ersten, weiter westlich stehenden Hubschraubers. Er feuert mit seiner Kalaschnikow auf die fünf Israelis, die darin gefesselt und wehrlos sitzen. Es sterben Kehat Shorr, Mark Slavin, Amitzur Shapira, Yossef Gutfreund und Andrei Spitzer. Zwei Terroristen schießen aus nächster Nähe auf die vier Geiseln im zweiten Hubschrauber. Es sterben Yakov Springer, Eliezer Halfin und Zeev Friedman. David Berger erleidet zunächst lediglich Schussverletzungen an den Beinen.

Als es kurz still wird, werden die Terroristen über Lautsprecher in arabischer und englischer Sprache zum Aufgeben aufgefordert. Ulrich Wegener, den Grenzschutz-Offizier und Genscher-Adjutanten, hält es nicht mehr im Tower, wo er neben dem Minister unter Tischen Schutz gesucht hat. Er stürmt zum Anführer einer Polizeieinheit, die bislang vor allem abwartet. »Ihr müsst raus, die Leute aus den Hubschraubern holen«, brüllt Wegener den Mann an. Der antwortet nur, er habe keine Befehle und könne daher auch nichts machen.

Nirgendwo sind die Panzerwagen zu sehen, die für einen Sturm nötig wären. Mit diesen Wagen will die Polizei ja eigentlich die Geiseln aus den Hubschraubern holen und in Sicherheit bringen. Man hat sie jedoch viel zu spät angefordert. Nun stecken sie auf dem Weg nach Fürstenfeldbruck im Stau fest, den Neugierige und Schaulustige verursachen. Hunderte Autos blockieren zudem die Zufahrtsstraßen zum Fliegerhorst. Als die Panzerwagen endlich am Haupteingang des Fliegerhorstes eintreffen, scheitern die Versuche ihrer Besatzungen, per Funk die Einsatzleitung zu kontaktieren.

Kurz vor Mitternacht geschieht Merkwürdiges: Am Haupttor des Fliegerhorstes, vor dem Dutzende Journalisten ausharren, taucht ein Mann auf und behauptet, er sei ein Beauftragter des Olympiapressechefs Hans Klein: Die Geiseln seien befreit worden. Die Nachricht verbreitet sich schnell in der Menge; die Nachrichtenagentur Reuters sendet eine Eilmeldung. Kurz darauf berichten Fernsehsender in aller Welt von der angeblich geglückten Befreiung: alle Geiseln gerettet, alle Terroristen tot. Im olympischen Dorf rät ZDF-Intendant Karl Holzamer Bundeskanzler Brandt, die frohe Nachricht offiziell in einer Fernsehansprache zu verkünden und allen Beteiligten zu danken. Brandt begibt sich ins ZDF-Studio, doch er hat ein seltsames Gefühl, in dem ihn Hans-Jochen Vogel bestärkt. Er will lieber noch etwas abwarten, bis ihn weitere Informationen erreichen. »Genscher muss das bestätigen«, sagt Brandt.

Anstelle des Kanzlers muss sein Regierungssprecher Conrad Ahlers vor die Kameras, Fernsehteams aus aller Welt drängen im olympischen Pressezentrum auf ein offizielles Statement. Ahlers, der 1962 als Journalist mit seinem Bundeswehr-Artikel die ›Spiegel‹-Affäre ausgelöst hatte, erklärt um Mitternacht herum in mehrere Mikrofone, die Aktion in Fürstenfeldbruck sei »glücklich und gut verlaufen«. Auch beim US-Sender ABC tritt Ahlers auf, makellose Erscheinung, makelloses Englisch. Aber seine Worte würde er später sicher gern löschen.

Ahlers spricht von einer »unfortunate interruption« der Spiele, einer »unglücklichen Unterbrechung«. Aber all das werde »in zwei Wochen wieder vergessen sein«. Nach einer Weile lässt sich der ungeduldige Brandt selbst nach Fürstenfeldbruck durchstellen. Der Polizist, der den Anruf im Hauptgebäude des Flughafens annimmt, ruft: »Ich sitze hier unter einem Schreibtisch, hier wird geschossen.« Einige Minuten später meldet sich Polizeipräsident Schreiber aus Fürstenfeldbruck beim Krisenstab in München: Nichts ist vorbei, hier wird nach wie vor geschossen. Die Geiseln sind nicht frei.

Doch die Nachricht von der geglückten Befreiungsaktion ist erst einmal nicht mehr aufzuhalten. Im »Vier Jahreszeiten«, in dem das IOC tagt, hört Willi Daume von Ahlers' Aussage. Daume bleibt argwöhnisch,

## Die schlimmste aller Falschmeldungen

aber immerhin ist kein Geringerer als der deutsche Regierungssprecher die Quelle. In der IOC-Sitzung macht sich schlagartig Erleichterung breit. Brundage äußert »außergewöhnliche Hochachtung« vor den Deutschen. Dann machen sich die IOC-Mitglieder daran, eine Gedenkfeier für die beiden israelischen Opfer zu planen.

In den Niederlanden klingelt im Haus von Ankie Spitzers Eltern unablässig das Telefon. Es sind so etwas wie Gratulationsanrufe: Es ist überstanden, Andrei hat überlebt. Der Vater holt eine Flasche Champagner aus dem Schrank. Doch Ankie bittet ihn, die Flasche wieder wegzustellen: »Ich kann nicht feiern, bis ich nicht seine Stimme gehört habe. Kein Champagner vorher.«

Auf dem Flugfeld in Fürstenfeldbruck herrscht gespenstische Stille. Verletzte und Tote liegen auf dem Boden und in den Hubschraubern. Dann rollen endlich die Panzerwagen auf das Gelände. Polizisten und Attentäter eröffnen wieder das Feuer. Ein Terrorist wirft eine Handgranate in den zweiten Hubschrauber, in dem David Berger noch am Leben ist. Berger, wird sich später zeigen, stirbt nicht durch die Sprengwirkung der Granate, sondern an einer Rauchvergiftung. Der Helikopter brennt aus. Bei dem abermaligen Schusswechsel mit der Polizei sterben zwei weitere Terroristen. Einer der Hubschrauberpiloten, der sich zwischenzeitlich tot gestellt hatte, kann sich zum Tower retten.

Das Gefecht endet kurz nach 1 Uhr. Fünf der acht Terroristen sind tot, drei werden festgenommen. Alle neun Geiseln sind ums Leben gekommen, ebenso der deutsche Polizist Anton Fliegerbauer. Zwei verletzte Polizeibeamte werden ins Kreiskrankenhaus Fürstenfeldbruck gefahren, der schwer verletzte Hubschrauberpilot wird ins Klinikum München-Harlaching geflogen.

Die drei überwältigten Attentäter werden ins Flughafengebäude gebracht. Sie müssen sich ausziehen, werden von einem Arzt untersucht und für transportfähig erklärt. Einer ist an der Hand, der zweite am Fuß verletzt, der dritte ist unversehrt. Weil ihre Identitäten unklar sind, erhalten die Terroristen Nummern. Die beiden verletzten Attentäter werden gegen 1:30 Uhr zunächst im Krankenhaus Fürstenfeldbruck versorgt. Anschließend kommen sie, wie zuvor bereits der unverletzte Terrorist, in die Justizvollzugsanstalt München-Stadelheim.

Mossad-Chef Zamir ruft umgehend die israelische Regierungschefin Golda Meir an. Sie hat die Nachricht von der Geiselbefreiung gehört und gratuliert Zamir überschwänglich. Doch der fällt seiner Regierungschefin ins Wort: »Es tut mir leid, Ihnen mitteilen zu müssen, dass die Sportler nicht befreit wurden«, sagt er. »Ich habe sie gesehen. Keiner von ihnen hat überlebt.«

Es ist weit nach zwei Uhr früh, als Olympiapressechef Klein der Weltöffentlichkeit mitteilt, dass die Befreiungsaktion gescheitert ist. Über die Details will man bei einer improvisierten Pressekonferenz mit 600 Journalisten informieren. Polizeipräsident Schreiber ist da, die Minister Genscher und Merk. Merk referiert elendig langsam und chronologisch das Geschehen. Ein amerikanischer Journalist brüllt: »Verdammt noch mal, was ist los?« Merk sagt: »Moment, ich komm sofort darauf.« Dann sagt er: »Es muss damit gerechnet werden, dass alle Geiseln dabei ums Leben gekommen sind.« Um 3:17 Uhr verbreitet Reuters erneut eine Eilmeldung: »Alle von arabischen Terroristen festgehaltenen israelischen Geiseln getötet.«

Der Moment der bitteren Wahrheit ist ein globaler Moment, der sich vielen Millionen Amerikanern auf immer ins Gedächtnis brennt. Es ist 3:24 Uhr Münchner Zeit, prime time an der amerikanischen Ostküste. ABC-Moderator Jim McKay ist seit 16 Stunden auf Sendung, 16 Stunden des Hoffens und des Bangens. Jetzt sind sie vorbei. Für den Bruchteil einer Sekunde sieht man McKay die tiefe Traurigkeit an, die ihn übermannt. Dann nimmt er alle Kraft und Würde zusammen für einen Monolog, der in die amerikanische Fernsehgeschichte eingeht: »Als ich ein Kind war, hat mein Vater immer gesagt, dass unsere größten Hoffnungen und unsere schlimmsten Ängste selten Realität werden. Heute Nacht sind unsere schlimmsten Ängste Realität geworden. Es gab elf Geiseln. Zwei wurden in ihren Zimmern ermordet. Neun wurden am Flughafen umgebracht. Sie sind alle tot.« *They're all gone.*

Kapitel 7

## »THE GAMES MUST GO ON.« – DIE TAGE DANACH

Die Welt ist entsetzt // Uli Hoeneß will nur noch weg // der Mossad-Chef kühlt das israelische Verhältnis zur BRD // Deutschland schafft ein Hockey-Wunder // bei der 400 Meter-Staffel der Frauen eskaliert das deutsche Duell // drei Sekunden können ewig dauern // der falsche Marathonsieger // BMW fährt elektrisch // der rumänische Volleyball-Star bleibt im Westen // Hans Günter Winkler holt sein fünftes Gold // ein Flugzeug nimmt Kurs auf das vollbesetzte Olympiastadion

IOC-Präsident Avery Brundage bei seiner berühmten Ansprache bei der Trauerfeier im Olympiastadion (oben). Ankie Spitzer im verwüsteten Zimmer ihres Mannes Andrei, in dem die israelischen Geiseln zusammengepfercht den Tag über festgehalten wurden.

Der deutsche Kapitän Carsten Keller wird für die sensationelle Goldmedaille des westdeutschen Hockeyteams bewundert (oben). Das Basketballfinale UdSSR–USA endet im Skandal. BMW schickt

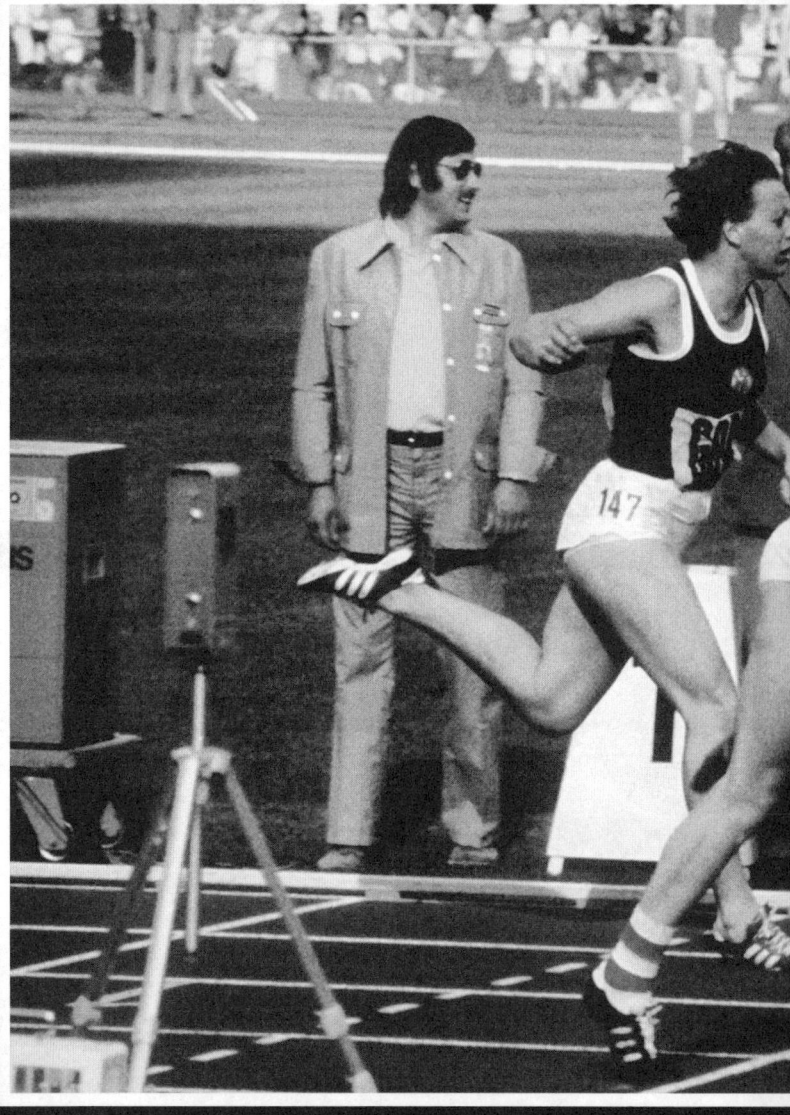

**Deutsch-deutsches Duell:** Schlussläuferin Heide Rosendahl überquert bei der 4 mal 100 Meter Staffel der Frauen überraschend vor Renate Stecher aus der DDR die Ziellinie.

Stadionsprecher Joachim Fuchsberger gerät bei der Schlussfeier in den größten inneren Konflikt seines Lebens.

Beim ersten Licht des Tages sind die Feuerwehrmänner in Fürstenfeldbruck noch mit letzten Löscharbeiten beschäftigt. Die Spurensicherung nimmt derweil schon ihre Arbeit auf. Die Beamten sammeln auf dem Flugfeld, im Hauptgebäude und in den beiden Hubschraubern Geschosshülsen ein, jede einzelne wird registriert. Sie markieren Einschusslöcher in den Wänden und berechnen Schussbahnen, sie fertigen Tatortskizzen an. Es wirkt an diesem Morgen des 6. September ein wenig so, als würden die Deutschen plötzlich zu jener akribischen Ordnung zurückfinden, die ihnen am Tag und in der Nacht zuvor so schmerzhaft gefehlt hat.

Spezialisten bergen die Toten. Die zum Teil schwer entstellten Leichen werden zur Autopsie ins Institut für Rechtsmedizin nach München gebracht. Weil die Namen der fünf getöteten Attentäter unbekannt sind, tragen die Gerichtsmediziner in die Formulare jeweils »Unbekannter arabischer Terrorist« ein und weisen ihnen Nummern zu. Die israelischen Opfer werden am späten Vormittag als Erste obduziert. Ihre Namen sind bekannt. 27 Jahre nach der Shoah sind elf Juden auf deutschem Boden ermordet worden. Und die Deutschen waren so damit beschäftigt, gute Gastgeber zu sein, dass sie nicht fähig waren, das Leben ihrer wichtigsten Gäste zu schützen.

Als Willi Daume am frühen Morgen in die Zentrale des Organisationskomitees kommt, erkennen ihn seine Mitarbeiter kaum wieder. Daumes Gesicht, erinnert sich seine Assistentin Dagmar Püschel, war völlig verändert: »Es sah nicht aus nach Schmerz, sondern nach Tod. Es war ein lebloses Gesicht, in das die Ereignisse dieser schrecklichen Nacht geschrieben standen.« Daume, das wissen seine Leute, ist kein Mensch, der bei anderen Hilfe oder Trost sucht. Der Journalist Horst Vetten hat mal

## »The Games must go on.« – Die Tage danach

über ihn gesagt: »Er öffnet sich wenigen. Die Vermutung liegt nahe: gar keinem.« Daume geht in sein Büro und schließt die Tür. Irgendwann traut sich Dagmar Püschel, ihn zu fragen, ob er einen Kaffee wolle. Er will keinen Kaffee. Er will nur allein sein.

»Neun Tage lang wallte er auf olympischen Höhen«, wird die ›Zeit‹ über Daume schreiben. »Dann stand er vor 17 Särgen und – scheinbar – vor den Scherben.« Am Vormittag muss Daume vor die Fernsehkameras, blass sieht er aus, verschwitzt, ein bisschen fahrig. Er ist 59 Jahre alt, fast sieben davon hat er diesen Spielen gewidmet, seinen Spielen. Nun sagt er: »Resignation ist kein Standpunkt.« Ein paar Tage später wird er in einem Zeitungsinterview ein bisschen fatalistisch klingen, ein bisschen rätselhaft. »Vielleicht musste das alles sein«, sagt er. »Vielleicht gibt es eine höhere Gerechtigkeit, die über Schuld und Sühne entscheidet.«

Im Haus ihrer Eltern in den Niederlanden empfindet Ankie Spitzer nicht nur unermessliche Trauer. Sie will wissen, wie und warum ihr Mann Andrei gestorben ist. Am Morgen fährt sie nach München, um selbst nach Antworten zu suchen. Im olympischen Dorf besteht sie darauf, den Tatort Connollystraße 31 zu besichtigen. Sie geht die Treppen hinauf in das Appartement ihres Mannes, in dem die Terroristen ihn und seine Mannschaftskollegen den ganzen Tag eingepfercht hatten. Ein Fotograf hält den Augenblick fest. Das Foto zeigt die junge Witwe mit langen Haaren und Brille, im quergestreiften T-Shirt und einer weiten weißen Hose. Den rechten Arm hat Ankie Spitzer entschlossen in die Hüfte gestemmt. Fassungslos blickt sie um sich. Die Einschusslöcher in der Wand haben Spurensicherer mit Kreisen markiert. Getrocknete Blutlachen, Blutspritzer an den Wänden, abgeblätterter Putz, Essensreste. Kleidungsstücke sind wüst im Zimmer verstreut. Es stinkt furchtbar. Nicht einmal auf die Toilette habe man die Geiseln gehen lassen, denkt Spitzer. Sie nimmt die Habseligkeiten ihres Mannes an sich. Sie findet auch einen Stoff-Waldi, den in den Farben der heiteren Spiele geringelten Olympiahund. Andrei muss ihn für ihre Tochter Anouk gekauft haben.

Abgesehen von arabischen Medien, die den Anschlag als palästinensische Heldentat feiern, ist die Weltpresse am Morgen danach entsetzt über das Blutbad von München. Die ersten Urteile über die Deutschen und ihr

Krisenmanagement fallen moderat aus. Von der wahren Dimension des Scheiterns hat noch niemand eine Vorstellung.

»Es ist sozusagen nur ein geografischer Zufall, dass diese Morde an diesem Ort zu dieser Zeit verübt worden sind«, kommentiert die britische ›Times‹. »Terroristen mit Maschinengewehren können ihre Waffen genauso leicht gegen Menschen auf der Straße oder öffentlichen Plätzen richten.« Noch größeres Verständnis bringt die »Neue Zürcher Zeitung« auf: »Die Behörden, die hier Entscheidungen zu treffen hatten, tragen mit ihrer Verantwortung eine furchtbare Last. Sie haben den Mut gehabt, in einer Situation zu handeln, die ihnen nur eine schmale Marge des Erfolges ließ, aber gewaltige Risiken auflud. Sie wären bejubelt worden, wäre es ihnen gelungen. Sie wegen des Misslingens zu verdammen, wäre gegen den Geist der Fairness.«

In der DDR reagiert man zurückhaltend und vorsichtig. »Terroranschlag im olympischen Dorf unterbrach die Spiele«, lautet die von jeder Emotion gereinigte Schlagzeile des ›Neuen Deutschland‹. Darunter steht: »Weltweite Empörung / DDR verurteilt das brutale Vorgehen / Mannschaftsleiter Manfred Ewald: Unsere Mannschaft ist wohlauf«.

Anders fallen die öffentlichen Urteile in Israel aus, wo sich in das mediale Entsetzen auch Wut mischt. Schon wieder Deutschland, lautet der Tenor in den Morgenzeitungen, in Rundfunk und Fernsehen. Wieder sind auf deutschem Boden Juden ermordet worden. Israel ist in einer Schockstarre, die mehrere Tage anhält, das öffentliche Leben fährt auf ein Minimum zurück. Um 9 Uhr Ortszeit kommt in Tel Aviv das israelische Kabinett zusammen. Auch viele Minister sind empört und zornig. Und sie fühlen sich provoziert, weil arabische Medien den Terroranschlag preisen.

Es ist Golda Meir, die zunächst die Gemüter beruhigt. Bundeskanzler Willy Brandt hat ihr am Morgen mit sehr persönlichen Worten sein tiefes Mitgefühl übermittelt. Die Premierministerin reagiert mit einem nicht minder bewegten Brief, in dem sie schreibt: »Wir wissen zu schätzen, was Ihre Regierung in einem verzweifelten Versuch unternommen hat, um das Leben unserer Sportler zu retten, ohne der brutalen Einschüchterung nachzugeben.« Erst am Abend dieses 6. September wird die Regierungschefin zu einer ganz anderen Bewertung kommen. Vorerst aber besänftigt sie ihr Kabinett, unterstützt von Außenminister Abba Eban.

## »The Games must go on.« – Die Tage danach

Der Feind sei nicht Deutschland, der Feind seien die Araber, sagt Eban. Gegen sie müsse sich die Wut richten. An alle israelischen Botschaften und Institutionen richtet Golda Meir den Appell, keine antideutschen Aktivitäten zuzulassen. Neben Trauer sei Mäßigung das Gebot der Stunde.

Nicht nur das olympische Dorf, ganz München, das ganze Land haben sich in nicht einmal 24 Stunden schlagartig verändert. Das Wunderland des Regenbogens hat zugesperrt, die farbenfrohe Pop-Utopie ist an der Wirklichkeit zerschellt. Das neue Deutschland ist vom alten eingeholt worden. Die Schrecken der Welt für zwei Wochen einfach ignorieren? Das kann gut gehen. Oder auch nicht. Plötzlich ist an den olympischen Stätten zu sehen, was die Organisatoren unter allen Umständen hatten vermeiden wollen: deutsche Uniformen, deutsche Stahlhelme, deutsche Waffen, deutsche Panzerwagen, deutsche Staatsmacht.

Das olympische Dorf wird jetzt streng bewacht, die Sicherheitskräfte haben ihre schicken blauen Sakkos gegen ihre normalen Uniformjacken getauscht. Auf ihren Patrouillengängen durch das Dorf tragen sie Maschinenpistolen. An den Toren zum Dorf wird plötzlich penibel kontrolliert. Vor einigen Mannschaftsquartieren, etwa dem der DDR, sind zusätzliche Wachleute postiert.

Nervöse Alarmstimmung hat sich breitgemacht. Wer weiß schon, ob da nicht noch etwas nachkommt, ob die Geiselnahme vielleicht nur der Auftakt für eine Anschlagserie war? Auch fernab von München werden Polizeibeamte aus dem Urlaub zurückbeordert, um zusätzliche Wachdienste vor Kraftwerken, Raffinerien, Pipelines und öffentlichen Gebäuden zu schieben.

Viele Gerüchte sind im Umlauf, auch unter den Sportlerinnen und Sportlern. Uli Hoeneß schnappt auf, dass ein zweites Terrorkommando nach München unterwegs sei. Innerlich sind die Spiele für ihn gelaufen, er fühlt sich wie auf einem Präsentierteller und will weg. Jürgen Sparwasser geht es nicht anders. Er und seine Mannschaftskameraden diskutieren, ob gerade sie, die Ostdeutschen, in besonderer Gefahr sein könnten. »Ab diesem Tag hatte ich persönlich eigentlich keinen Bock mehr auf diese Spiele«, wird Sparwasser Jahrzehnte später sagen.

Wenn sie wollten, könnten er und sein Zimmergenosse Hans-Jürgen

## Die überlebenden Terroristen werden verhört

Kreische sich jetzt ein paar Westmark nebenher verdienen. Fotografen und Reporter aus aller Welt fragen im Dorf herum, wer Fotos von der Geiselnahme gemacht hat. Kreische hätte da ja einige zu bieten. Noch steckt der Film in der Kamera. Kreische und Sparwasser entscheiden sich, die Fotos nicht zu verkaufen. Mit so etwas wollen sie kein Geld verdienen.

Die drei in Fürstenfeldbruck festgenommenen Terroristen sind noch in der Nacht von der Polizei befragt worden. Am Vormittag werden sie zum ersten Mal richterlich vernommen. Die Staatsanwaltschaft München I hat unmittelbar nach dem Massaker ein Ermittlungsverfahren wegen »mehrfachem Mord nach Geiselnahme« eingeleitet. In der Krankenabteilung der JVA München-Stadelheim befragt ein Richter den an der Hand verletzten Samer Mohamed Abdullah, nach eigenen Angaben geboren am 22. Mai 1950. Die Vernehmung mithilfe eines vereidigten Arabisch-Dolmetschers ist kurz, denn der Palästinenser gibt sich wortkarg. Er sagt, sein Gewehr sei defekt gewesen, und eine Handgranate habe er nicht bei sich getragen. So habe er gar nicht in die Kämpfe eingreifen können.

Abed al Kair Al Dnaway, dessen Name in den Akten später in Al Danawy geändert wird, ist etwas gesprächiger. Auch er ist zum Zeitpunkt seiner ersten Vernehmung noch in der JVA Stadelheim; als einziger Attentäter ist er unverletzt festgenommen worden. Er gibt an, im Juli 1951 in Jerusalem geboren worden zu sein, er sei ledig und Gymnasiast. Das Vernehmungsprotokoll, das der zuständige Amtsrichter anlegen lässt, umfasst sechs Seiten. Detailliert erzählt das jüngste Mitglied des Terrorkommandos von seiner Einreise nach Deutschland am 2. September und von den Tagen vor dem Attentat. Nein, behauptet Al Danawy, er habe nicht gesehen, dass irgendeiner seiner Kampfgefährten auf die hilflosen Geiseln in den Hubschraubern geschossen habe. Er selbst sowieso nicht, habe er doch gleich zu Beginn des Feuergefechts so ein komisches Druckgefühl und eine Art Lähmung gespürt und geglaubt, Kirchenglocken zu hören. Dann sei er bewusstlos geworden.

So unglaubwürdig seine Aussage sonst auch sein mag – in einem Punkt äußert sich der 21-Jährige unmissverständlich: »Die Olympiade wurde für diese Aktion ausgesucht, weil die ganze Welt in München ist, die gesamte Presse sowie die Politiker. Die Welt soll aufmerksam gemacht werden, dass Leute ihre Heimat verloren haben, Leute, die sonst nichts mehr zu verlieren hätten.«

Der dritte überlebende Terrorist ist am Fuß verletzt. Ibrahim Massoud Badran, geboren angeblich 1952 in Bourka in Jordanien. Den Ermittlern, aber auch dem Gefängnispersonal gegenüber gibt er sich herrisch, aufbrausend, aggressiv und arrogant. Sein Vorleben? Das gehe ihn nichts an, raunzt er den Vernehmungsrichter an. »Es muss genügen, wenn ich sage, dass ich Palästinenser bin«. Sein Beruf? »Fedajin«, ein arabischer Ausdruck für jemand, der bereit ist, sein Leben für seine Sache zu geben. Das Motiv für den Anschlag? »Amerika, England und die BRD haben es so weit gebracht, dass die Israelis nun unser Land besitzen.« Warum er für das Münchner Kommando ausgewählt wurde? »Ich war an der Reihe.« Ins Reden kommt Badran erst, als er damit prahlt, wie er schon als 16-Jähriger nachts auf israelisches Gebiet eingedrungen sei und Minen gelegt habe.

Die Ermittler zweifeln am Wahrheitsgehalt der Geschichten, die ihnen die drei Terroristen auftischen. Sie wissen ja nicht mal, ob die Namen der drei stimmen. Keiner der Attentäter äußert in den stundenlangen Vernehmungen ein Wort des Bedauerns oder des Mitgefühls für die ermordeten Israelis. Badran strickt besonders selbstverliebt an der Legende vom palästinensischen Freiheitskämpfer, der nichts anderes kennt und im Sinn hat als seine große Mission. »Wir haben keine Zeit, auszugehen und uns mit Mädchen zu befreunden«, diktiert er den Deutschen ins Protokoll. »Vor und während der Aktion ist es verboten, mit Frauen Kontakt zu haben.«

Heide Rosendahl war in der Nacht mit dem trügerischen Gefühl der Erleichterung ins Bett gegangen, dass die Geiseln gerettet seien. Erst jetzt am Morgen erfährt sie die schreckliche Wahrheit. »Es war, als ob jemand in das Innerste deiner Familie gewaltsam eindringt«, erinnert sie sich beim Blick zurück. »Da kam Wut auf und das Gefühl, dass man sich wehren muss.« Dann wird Rosendahl plötzlich ins Olympiabüro des Deutschen Leichtathletikverbands gerufen. Man eröffnet ihr, dass eine telefonische Morddrohung gegen sie eingegangen sei. »Es hieß, ich müsste aus Sicherheitsgründen das olympische Dorf verlassen. Man glaube zwar nicht an ein Attentat, wolle aber sichergehen.«

Rosendahl wird in ein Münchner Hotel gebracht. Ihr Freund John Ecker, ein amerikanischer Basketballprofi, kommt sofort aus Leverkusen, er ist der Einzige, der zu ihr darf. Gemeinsam verbringen sie mehrere Tage im Hotel, die meiste Zeit vor dem Fernseher. Immer wieder wird ihnen eingebläut: Niemand darf wissen, wo sie sich aufhalten. Die Spiele gehen weiter, doch Rosendahl beschließt, auf einen Start über 200 Meter zu verzichten. Ihre Trainer rechnen damit, dass sie auch bei der 4x100-Meter-Staffel passen wird, die zum deutsch-deutschen Showdown werden soll.

Um 10 Uhr beginnt die Trauerfeier im voll besetzten Münchner Olympiastadion, die Flagge mit den fünf Ringen weht auf Halbmast. Es ist warm für einen Vormittag im September, die Münchner Philharmoniker intonieren den Trauermarsch aus Beethovens ›Eroica‹. Tausende Athletinnen und Athleten, auch die überlebenden Israelis, sitzen auf Stühlen auf dem Rasen. 80 000 Menschen sind gekommen, um Abschied zu nehmen von den Opfern. Der Chef de Mission der israelischen Mannschaft, Shmuel Lalkin, tritt ans Rednerpult. Die Terroristen, sagt er, hätten den olympischen Geist »barbarisch geschändet«. Er danke für »die scharfe Verurteilung des Verbrechens und die Worte des Beileids«. Die Zuschauer erheben sich, als Lalkin in vollkommene Stille und Andacht hinein die Namen der Toten verliest: »Berger David. Gutfreund Yossef. Weinberg Moshe. Halfin Eliezer. Friedman Zeev. Slavin Mark. Romano Yossef. Shapiro Amitzur. Spitzer Andrei. Shorr Kehat. Springer Yakov.«

Für die Rede von Bundespräsident Gustav Heinemann haben sich zwei Mitarbeiter die Nacht um die Ohren geschlagen. Am Morgen wollte Heinemann den Entwurf lesen, nötigenfalls korrigieren. »Von 3 bis 6 Uhr saßen wir dran«, erinnert sich sein Pressereferent Geert Müller-Gerbes, später ein bekannter RTL-Fernsehmoderator. »Die nervliche Belastung war so groß, dass wir uns übergeben mussten.« Der Bundeskanzler wird nicht sprechen, auf Heinemann lastet die ganze Verantwortung, die Bundesrepublik in dieser schweren Stunde zu vertreten. Er hat schon einige Reden gehalten als Bundespräsident, aber diesmal hört die ganze Welt zu.

Heinemann erhebt sich in der Ehrenloge, so wie elf Tage zuvor, als er die Spiele eröffnete. Seine Rede bestand aus einem einzigen Satz, wenngleich dem wichtigsten. Diesmal sagt er mehr, und er sagt alles Nötige.

## »The Games must go on.« – Die Tage danach

»Fassungslos stehen wir vor einem wahrhaft ruchlosen Verbrechen. In tiefer Trauer verneigen wir uns vor den Opfern des Anschlags. Unser Mitgefühl gilt ihren Angehörigen und dem ganzen Volk Israel.« Heinemann schafft es, in seiner typisch unbewegten Diktion glaubhaft bewegt zu wirken. Ab und an kommt sein Ruhrdeutsch durch: Die olympische Idee sei nicht »widerleecht«.

»Wer sind die Schuldigen an dieser Untat?«, fragt er. Er antwortet gleich selbst: »Im Vordergrund ist es eine verbrecherische Organisation, die glaubt, dass Hass und Mord Mittel des politischen Kampfes sein können.« Und dann fügt er an: »Verantwortung tragen aber auch jene Länder, die diese Menschen nicht an ihrem Tun hindern.« Die israelische Regierung wird sich glücklich zeigen mit Heinemanns Rede, weil er mit dieser Formulierung auch die arabischen Staaten in die Pflicht nimmt. Auch von Landsleuten wird Heinemann 400 Briefe mit Gratulationen bekommen.

Den kurzen Satz, der bleiben wird von dieser Trauerfeier, spricht dann der scheidende IOC-Chef. Zunächst aber führt Avery Brundage sogar seinen glühendsten Loyalisten vor Augen, dass der Wechsel an der Spitze des IOC überfällig ist. »Es ist eine traurige Tatsache, dass, je größer und bedeutender die Olympischen Spiele in unserer unvollkommenen Welt werden, sie auch umso mehr unter wirtschaftlichem, politischem und jetzt auch kriminellem Druck stehen«, sagt Brundage. Auf die olympische Idee und die Spiele von München seien »zwei gewaltige Angriffe« verübt worden: der Terroranschlag – und der durch Boykottdrohungen erzwungene Ausschluss Rhodesiens. »Schon im Falle Rhodesien haben wir eine Schlacht gegen die Politik verloren.« Allen Ernstes setzt er ein blutiges Attentat mit der Ausladung eines rassistischen Staates gleich. Viele Athleten fragen sich, ob sie richtig gehört haben. Aber das haben sie. In seiner olympischen Verbohrtheit hat Brundage die Dimension des Geschehens nicht begriffen. Ja, er trauert um die toten Israelis. Doch angegriffen sieht er vor allem die Autonomie Olympias, die Freiheit von politischer Instrumentalisierung.

»Ich bin überzeugt«, fährt er fort, »dass die Weltöffentlichkeit mit mir einer Meinung ist, dass wir es nicht zulassen können, dass eine Handvoll Terroristen diesen Kern internationaler Zusammenarbeit und guten Willens zerstört, den die Olympischen Spiele darstellen.« Und genau das

## Avery Brundage entscheidet allein

heißt für Brundage: Die Spiele dürften nicht abgebrochen werden, denn genau das sei es ja, was die Terroristen wollten. Mit dieser Meinung ist er nicht allein. So sieht die Sache sogar Shmuel Lalkin, der Chef de Mission der Israelis: Seine Mannschaft wird abreisen, aber die anderen sollen weitermachen. Auch Walther Tröger, der Bürgermeister des olympischen Dorfes, meldet: Die Israelis sind gegen einen Abbruch. Für Willi Daume, zunächst zögerlich, und Hans-Jochen Vogel ist deren Position eine wichtige Bestärkung. »Es wurde viel diskutiert, aber am Ende war es richtig, dem Terror nicht nachzugeben und die Spiele fortzusetzen«, wird Vogel noch fast fünf Jahrzehnte später sagen. »Nachgeben hätte geheißen, dass die Terroristen einen Erfolg feiern.«

Die tatsächliche Entscheidung, die Wettbewerbe wiederaufzunehmen, trifft Avery Brundage indes so eigenmächtig, wie er das IOC 20 Jahre lang geführt hat. Das Exekutivkomitee, das am Morgen vor der Trauerfeier zusammengetreten war, hatte sich zwar für die Fortsetzung ausgesprochen, doch einen Beschluss fassen sollte erst nach der Feier das Plenum aller IOC-Mitglieder. Zu dieser Sitzung kommt es nun nicht mehr, denn Brundage verkündet im Olympiastadion der Welt: »Die Spiele müssen weitergehen.« Einige Sportler zucken zusammen, sie haben das Gegenteil erwartet. Stadionsprecher Joachim Fuchsberger empfindet die Reaktion der Menschen als »Aufschrei der Erlösung«.

*The games must go on*, diese Worte hat Brundage schon vorher im Gespräch mit Daume und Vogel gebraucht und seine Entschlossenheit mit einem Fausthieb auf den Tisch bekräftigt. Es ist ein Satz, der das Lebenswerk des Avery Brundage treffend zusammenfasst. Die Spiele, seine Spiele, mussten immer weitergehen, da konnte die Welt brennen, wie sie wollte. Die Trauerfeier ist erst einige Minuten vorbei, da beginnen die Organisatoren, die Stühle, auf denen eben noch die trauernden Sportler saßen, vom Rasen zu tragen. Im Olympiastadion stehen schließlich noch Wettbewerbe an.

Keine 24 Stunden nach dem Massaker von Fürstenfeldbruck werden die Spiele von München um 16:45 Uhr mit dem Anpfiff des Handballspiels Rumänien gegen Ungarn fortgesetzt. Wenig später versammeln sich auf dem Königsplatz in der Innenstadt 20 000 Menschen zu einer Trauerfeier. Vor allem junge Leute sind gekommen, unter anderem sprechen

## »The Games must go on.« – Die Tage danach

Hans-Jochen Vogel und Hans Lamm, der Vorsitzende der Israelitischen Kultusgemeinde. Während sich die Kundgebung wieder auflöst, wird im Olympiastadion vor 70 000 Zuschauern das Spiel der westdeutschen Fußballer gegen Ungarn angepfiffen; die Auswahl um Uli Hoeneß verliert 1:4, was allerdings keinen der Beteiligten wirklich aufregt. Das Leben im olympischen Dorf steht still. Fast niemand genießt die Sonne auf einem Liegestuhl, fast niemand spaziert ohne Grund durch die Straßen. Willi Daume sagt zu Joachim Fuchsberger: »Blacky, sie haben uns die Seele aus dem Leib geschossen.«

Hans-Jochen Vogel wird später sagen: »Die Veranstaltungen liefen weiter, aber sie glichen den Rädern eines umgestürzten Festwagens, die sich noch eine Zeit lang drehen, bevor sie zum Stillstand kommen.«

Um die Mittagszeit kehrt Mossad-Chef Zvi Zamir aus München nach Tel Aviv zurück. Vom Flughafen lässt er sich unverzüglich zu einer Sitzung des israelischen Sicherheitskabinetts fahren, das Premierministerin Golda Meir einberufen hat. Zamir soll dort Bericht erstatten. Es wird eine Abrechnung. Der Mossad-Chef ist außer sich und lässt seiner Wut über die deutschen Krisenmanager freien Lauf. Zu Beginn habe er an die »gut geölte deutsche Maschine« geglaubt, sagt Zamir. Doch dann habe sich herausgestellt, dass die deutschen Verantwortlichen unprofessionell, chaotisch, planlos und überfordert gewesen seien. Sein Angebot, die Geiselnahme durch den Einsatz einer israelischen Elitetruppe zu beenden, hätten sie unter Verweis auf das Grundgesetz abgelehnt. Aber auch von seinen guten Ratschlägen hätten sie nichts wissen wollen.

»Sie haben nicht einmal einen minimalen Versuch unternommen, Menschenleben zu retten«, sagt Zamir. »Sie wollten das Ganze so schnell wie möglich hinter sich bringen, um die Olympischen Spiele fortsetzen zu können.« Nicht das kleinste Risiko seien die Krisenmanager eingegangen, »um die Menschen zu retten, nicht ihre und nicht unsere«. Als Beispiel für die Unfähigkeit schildert Zamir eine Szene vom Flugplatz Fürstenfeldbruck. Ein deutscher Hubschrauberpilot sei verletzt von seiner Maschine weggerobbt. »Ich habe ihnen gesagt: Da kriecht ein Verwundeter. 200 Meter, holt ihn raus! Er kriecht auf allen vieren, und niemand geht raus, um ihm zu helfen.« Wie verrückt habe die deutsche Polizei planlos herumgeballert, anstatt strategisch und gezielt vorzugehen.

## Der Zorn des Mossad-Chefs

Der Mossad-Chef lästert über den nervösen Innenminister Genscher und den deutschen Föderalismus, demzufolge das Land Bayern zuständig war und nicht die Bundesregierung. Auch dass das Grundgesetz einen Einsatz der Bundeswehr in solchen Fällen verbiete, will Zamir nicht in den Kopf. Der Mossad-Chef ist in seinem Zorn kaum zu bremsen. Allein seine Anwesenheit sei den Deutschen bereits lästig gewesen, sagt er, anfangs habe man sogar versucht, ihn aus dem Krisenstab fernzuhalten. Letzteres werden die deutschen Beteiligten später mit Vehemenz bestreiten. Israel, so Zamirs Appell an Golda Meir, dürfe nicht einfach zur Tagesordnung übergehen. Die Schande der Deutschen sei »unermesslich«.

Die Regierungschefin und die Minister sind über Zamirs Augenzeugenbericht entsetzt. Nun bedauert Meir, Bundeskanzler Brandt am Morgen noch mit warmen Worten gedankt zu haben. Sie beauftragt den Mossad-Chef, schnellstmöglich eine Zusammenfassung zu schreiben. Der Bericht wird zur Grundlage einer diplomatischen Note, die sie Brandt über den deutschen Botschafter in Tel Aviv, Jesco von Puttkamer, zukommen lässt. Kühl im Ton fordert Meir den Kanzler auf, angesichts der schweren Vorwürfe das deutsche Krisenmanagement kritisch zu überprüfen.

Am Donnerstagmorgen, 7. September, ist am Flughafen München von den schweren Verwerfungen zwischen Meir und Brandt nichts zu spüren. Um 7:30 Uhr steigt die israelische Olympia-Delegation in eine Sondermaschine der El-Al, Bundesaußenminister Walter Scheel und Willi Daume sind gekommen, um sie zu verabschieden. 360 Menschen gehen an Bord des Flugzeugs, das auch die sterblichen Überreste von zehn der elf ermordeten Israelis nach Hause bringen soll. Die Särge sind in israelische Flaggen gehüllt. Die Leiche des Gewichthebers David Berger wird von einer Maschine der US Air Force in die Vereinigten Staaten geflogen, nach Ohio, wo seine Eltern leben.

Hans-Jochen Vogel steigt mit in den Jumbo-Jet nach Tel Aviv. Für Vogel wird die Reise, wie er später sagen wird, eine der schwierigsten und emotionalsten seines Lebens. Als die Maschine am späten Vormittag am Flughafen Lod eintrifft, warten Angehörige und Freunde der Opfer. Vogel fröstelt, als er mitansieht, wie die Hinterbliebenen um ihre Liebsten weinen. »Von mir als Oberbürgermeister wurden diese jungen Sport-

## »The Games must go on.« – Die Tage danach

ler und ihre Trainer eingeladen«, denkt Vogel, »und jetzt liegen sie tot vor mir in den Särgen.«

Ein ranghoher Rabbi stimmt das Totengebet an, ehe die Särge auf mit Blumen und Kränzen geschmückte Armee-Lastwagen geladen werden. Golda Meir wird bei alledem von ihrem Stellvertreter Yigal Allon vertreten. Die Ministerpräsidentin muss auch noch einen privaten Schicksalsschlag verkraften; ihre Schwester ist gestorben und wird zur selben Zeit beigesetzt.

Als das Zeremoniell am Flughafen beendet ist, fährt Vogel in die deutsche Botschaft. Dann trifft er die Bürgermeister von Jerusalem und Tel Aviv sowie den israelischen Außenminister Abba Eban. Vogel will ihnen persönlich kondolieren, aber er will auch ein Gespür dafür entwickeln, wie das politische Israel das Geschehen einordnet. Tatsächlich erhebt keiner der Herren Vorwürfe gegenüber Vogel, aber er ist ja auch ein Trauergast. Alle loben Heinemanns sensible Ansprache. Vogel selbst wiederum ist sich keiner Schuld der deutschen Sicherheitskräfte bewusst. »Die getroffenen Maßnahmen«, wird er noch viele Jahre später sagen, »entsprachen dem Kenntnis- und Erfahrungsstand der damaligen Zeit.« Ein Gedanke jedenfalls habe ihn bei seinem kurzen Israel-Besuch auf Schritt und Tritt begleitet: »Bei all dem Unheil war ich zumindest froh, dass es keine deutschen Terroristen waren, die Israelis ermordet hatten.«

In Bonn tritt unterdessen Brandts Kabinett zu einer Sondersitzung zusammen. Die Minister beraten über neue Wege der Terrorismusbekämpfung, aber auch über eine Sprachregelung zu den Ereignissen von München. »Keine Selbstkritik« lautet schließlich die Maxime, die das Auswärtige Amt an die deutschen Vertretungen in aller Welt kabelt. Es gehe darum, so schnell wie möglich zur Normalität zurückzufinden.

Vor dem Haus Connollystraße 31 legen Athletinnen und Athleten Blumen nieder und stellen Kerzen auf. In den Mannschaften wird diskutiert, ob die Entscheidung gegen einen Abbruch der Spiele richtig war. Viele, deren Wettbewerbe noch ausstehen, sind zwar insgeheim dankbar dafür, dass ihre Chance auf olympischen Ruhm bestehen bleibt. Doch es gibt auch gehörige Irritationen: über den pseudo-feierlichen Ton von Brundages *»The games must go on«*, und über das Tempo, in dem der olympische Alltag zurückkehren soll. Manche sind auch entsetzt darüber, dass das Computersystem der Spiele es nicht zulässt, die israelischen Sportler aus den Startlisten zu entfernen. Sie werden notgedrungen unter »nicht angetreten« geführt.

»Das sind nur noch die Spiele der Funktionäre, wir Athleten würden lieber aufhören«, sagt Uli Hoeneß. Aber wer ist »wir«? Am Ende sind es – neben der israelischen Mannschaft – etwa 50 Olympiateilnehmer, die nach dem Attentat auf ihren Start verzichten. Die Mehrheit kommt aus arabischen Staaten, eine kleine Gruppe aus den Niederlanden. Die deutsche Mannschaftsleitung beschließt, dass ihre Athleten an einem Wettkampftag Trauerflor tragen sollen – die Entscheidung, weiterzumachen oder nicht, wird jedem freigestellt. Walther Tröger versichert den Sportlern, dass niemand Konsequenzen für seine Laufbahn fürchten muss, wenn er aussteigt. Unter den 440 Teilnehmern aus der Bundesrepublik sind es am Ende zwei, die gehen. Der junge Sprinter Manfred Ommer verzichtet mit seiner Abreise auf eine realistische Medaillenchance in der 4 x 100-Meter-Staffel. Und dann ist da Klaus-Dieter Buschle, ein Volleyballer vom TSV 1860 München, in dem die Entscheidung langsamer reift.

Nach dem Trauertag am 6. September regt sich im olympischen Dorf schon am 7. wieder das Alltagsleben. Etwas gedämpft vielleicht, aber Buschle kommt es trotzdem vor, als wäre nichts gewesen. Musik ist zu hören, die Athleten flanieren wieder durchs Dorf, spielen Tischfußball oder Flipper. Sogar die Diskothek öffnet wieder. Der Student Buschle, 22, empfindet das alles als »unwirklich«, wie er sich später erinnert. Keine zwei Jahre ist es her, da hat er in Israel bei einem Turnier gespielt und die Abende mit den israelischen Volleyballern auf deren Zimmern verbracht. Sie haben sich die Köpfe heiß geredet über den Holocaust und über deutsche Verantwortung. Sie sind sich respektvoll nicht einig geworden, Buschle fand nicht, dass auf seiner Generation noch Schuld lasten sollte. Jetzt findet er, dass man nicht Normalität simulieren darf, wenn gerade Sportkameraden grausam ermordet wurden.

So sagt er das auch in den Gesprächen mit seinen Teamkameraden und den Offiziellen. Es wird pausenlos geredet, in Mannschaftssitzungen und in kleinen Gruppen. Jeder darf seine Meinung vertreten, niemand wird bedrängt. Den deutschen Volleyballern, die zum ersten Mal an Olympia teilnehmen, steht noch ein letztes Spiel bevor, das Spiel um Platz elf gegen Tunesien. Fast alle Teammitglieder haben Zweifel, ob sie

## »The Games must go on.« – Die Tage danach

antreten sollen. Am Ende entscheiden sich alle dafür – bis auf Klaus-Dieter Buschle, der sagt: »Für mich ist Schluss.« Er zieht sich in seine Münchner Studentenwohnung zurück, und auch den letzten Überzeugungsversuch seines Trainers weist er höflich ab.

Auch unter den DDR-Athleten wird mit erstaunlicher Offenheit diskutiert, ob es richtig ist, die Spiele fortzusetzen. Als klar ist, dass alle weitermachen wollen, schwört die Mannschaftsleitung die Sportler ein, sich durch den Anschlag nicht aus dem Konzept bringen zu lassen. Die ersten Spiele unter eigener Flagge haben glorreich begonnen für die DDR, und so sollen sie auch enden.

Carsten Keller war im Olympiastadion dabei, als Avery Brundage verkündete, dass die Spiele weitergehen. »Ich war froh, dass es so war«, sagt Keller. Die deutsche Hockeymannschaft steht vor dem Halbfinale gegen die Niederlande, den Erzrivalen. Für alle Spieler wäre es das größte Match ihrer Karriere. Drei Teammitglieder neigen nach dem Anschlag zunächst dazu, die Spiele abzubrechen, wenigstens für sich persönlich. Stundenlang sitzt die Mannschaft im Dorf zusammen. »Am Ende waren wir uns einig, dass der Sport nicht erpressbar werden darf«, sagt Keller. »Wir dachten: Genau das wollen die Terroristen doch, dass abgebrochen wird.«

Aber was ist mit den Niederländern? Gehen oder bleiben, das diskutieren auch sie. Ein niederländischer Funktionär teilt den Deutschen mit, dass seine Mannschaft nicht antreten wolle. Den deutschen Trainer Werner Delmes beschleicht ein Gefühl: »Jungs, die wollen uns einnebeln.« Am Ende treten die Niederländer doch an. Deutschland siegt 3:0, es ist eine Demonstration.

Helmut Schön, der Fußballbundestrainer, sieht das Spiel vom Rang aus. »Die Hockeyspieler haben viel beim Fußball abgeschaut«, sagt er hinterher. Wie Libero Michael Peter den Ball unwiderstehlich nach vorne trägt, das erinnert Schön an Franz Beckenbauer. Carsten Keller hat Geburtstag am Tag des Spiels gegen Holland, 33 wird er, und sein schönstes Geschenk ist es, dass er nun, genau wie sein Vater Erwin vor 36 Jahren, um olympisches Gold spielen darf.

Im zweiten Halbfinale trifft Pakistan auf Indien, es ist ein Spiel, das von beiden Seiten als eine Art Verlängerung des Dritten Indisch-Pakistanischen Kriegs verstanden wird, der im vergangenen Dezember in 13 Tagen etwa 13 000 Soldaten das Leben kostete. Die Pakistaner mögen den Krieg verloren haben, das Spiel verlieren sie nicht. 2:0 heißt es am Ende. Nach dem Schlusspfiff sinken sie zum Dankesgebet auf die Knie. Beide Teams seien technisch stark, bemerkt die ›Süddeutsche Zeitung‹ am Tag darauf, aber »die Pakistani sind einfach härter«. Werner Delmes, der deutsche Trainer, macht sich mit Blick auf das Finale Sorgen: »Es kann sein, dass die Pakistani anfangen zu knüppeln.« Aber der Kölner Delmes sagt auch: »Dat Ding is offen.«

Renate Stecher lässt sich an diesem 7. September nicht aus dem Konzept bringen, der Endlauf über 200 Meter steht an. Die Laufbahn ist für sie seit jeher der Ort, an dem sie zur Ruhe findet. Selbst jetzt ist das so. Sie siegt mit neuem Weltrekord, 22,40 Sekunden. Wieder ist es die Australierin Raelene Boyle, die Stecher am nächsten kommt, näher noch als über die 100 Meter. Erst mit den letzten Schritten kann Stecher die Konkurrentin distanzieren. Es ist so knapp, dass Boyle sich lange fragen wird, woran es gelegen hat. Später wird sie für sich eine klare Antwort finden, und 25 Jahre nach den Spielen wird sie nach Jena reisen, um Stecher mit dieser Antwort zu konfrontieren.

Acht Rennen, acht Siege. Zweimal Gold. Nach dem 200-Meter-Finale ist Renate Stecher der weibliche Leichtathletik-Star dieser Spiele. Oder zumindest: der Star des Ostens. Im Westen hat man da eher Heide Rosendahl im Kopf, die einmal Gold und einmal Silber gewonnen hat. Und für beide Athletinnen sind die Spiele noch nicht vorbei. Die BRD-Trainer sind fast verwundert, dass Rosendahl nach der Morddrohung gegen sie mitteilt: »Ich starte in der 4 x 100-Meter-Staffel.« Und auch Stecher sagt: »Die Staffel war für mich immer die Krönung.«

Während die Wettkämpfe nach dem Attentat weitergehen, wird der Betrieb auf der Spielstraße abgebrochen. Die Ausgelassenheit auf dem Kulturvolksfest wäre nun pietätlos, heißt es. Den konservativen Kritikern der Spielstraße kommt der Anlass, den Laden zuzusperren, durchaus gelegen. Die Künstler wehren sich bei einer Pressekonferenz: Ihr Beitrag, sagen sie, sei jetzt doch wertvoller denn je. Die japanischen Theaterleute sind so enttäuscht, dass sie einen »flammenden Protest« auf dem Olympiasee anstrengen. Sie lassen laut Polizeibericht ein »schwimmfähiges Gebilde aus Autoschläuchen, Requisiten und einem Fahrradgestell« zu Wasser, auf dem sie ein Feuer entzünden. Dafür wiederum hat die Münchner Feuerwehr wenig Verständnis. Vom Ufer aus versucht sie, mit ihren Schläuchen das Feuer zu löschen. Als das endlich gelingt, zünden die renitenten Japaner es einfach wieder an. Die Feuerwehr schafft ein Ruderboot heran, es entspinnt sich eine erbitterte, aber auch komische Seeschlacht, die mit der bedingungslosen Kapitulation der japanischen Marine endet.

Weder Uli Hoeneß noch Jürgen Sparwasser habe nach dem Attentat noch große Lust auf Olympia. Auch dass es im entscheidenden Spiel der Zwischenrunde gegen das jeweils andere Deutschland geht, lässt sie kalt. Überhaupt gibt es keine Sticheleien im Kabinengang, keine Gehässigkeiten auf dem Platz. Weder BRD-Trainer Jupp Derwall noch DDR-Coach Georg Buschner haben in ihren Mannschaftsbesprechungen auch nur ein politisches Wort verloren. Es ist ein Flutlichtspiel im vollen Olympiastadion, die DDR ist klar favorisiert und geht auch durch Jürgen Pommerenke in Führung. Uli Hoeneß gleicht mit einem Traumtor aus: Er leitet es selbst mit einem gefühlvollen Pass an den Sechzehner ein, und als der Ball zu ihm zurückkommt, hebt er ihn aus vollem Lauf volley über DDR-Keeper Jürgen Croy. Joachim Streich antwortet mit dem 2:1 für die Ostdeutschen, bevor Ottmar Hitzfeld egalisiert. Eine Überraschung liegt in der Luft. Aber nur kurz: In der 82. Minute erzielt Eberhard Vogel den Siegtreffer für die DDR, für die es nun um Bronze geht. Für die Westdeutschen ist das Turnier zu Ende.

Nach dem Abpfiff wird ausgelost, welche Spieler zur Dopingkontrolle müssen. Es trifft: Uli Hoeneß und Jürgen Sparwasser. Beide können nicht gleich pinkeln, da macht Hoeneß einen Vorschlag: »Komm, wir trinken jetzt ein Weizen.« Sicherheitshalber genehmigen sie sich auch noch ein zweites. Nach erledigter Pflicht wird Sparwasser vom Mannschaftsarzt der DDR erst mal zur Ausnüchterung unter die kalte Dusche geschickt. Uli Hoeneß packt noch in der Nacht die Koffer und fährt nach Hause.

Wenige Tage später liegt die Sowjetunion im kleinen Finale um Bronze gegen die DDR schnell mit 2:0 vorn. Sparwassers Zimmerkollege Hans-

Jürgen Kreische verkürzt mit einem Handelfmeter, Eberhard Vogel gleicht aus. Verlängerung. Die olympischen Regeln besagen, dass es kein Elfmeterschießen gibt, wenn es auch danach noch unentschieden steht. Dann erhalten beide Teams Bronze. Also entschließt sich Sparwasser zum Handeln. Er geht zum sowjetischen Kapitän, dem Georgier Murtas Churzilawa. Ob denn nicht beide Mannschaften mit dem 2:2 gut leben könnten, fragt er ihn. »Da, da«, sagt Churzilawa, ja, ja. Fortan sehen die Zuschauer ein lahmes Ballgeschiebe, ein nicht endendes Pfeifkonzert hallt durchs ausverkaufte Olympiastadion. Als ein eingewechselter russischer Spieler wie ein Verrückter dem Ball nachjagt, kreuz und quer, rauf und runter, nimmt Churzilawa ihn sich zur Brust. Jetzt hat auch der Letzte verstanden. Es bleibt beim Unentschieden, beide Teams bekommen Bronze. Die Nationalmannschaft der DDR fährt zum Feiern ins Hofbräuhaus. »Ich weiß bis heute nicht, wie ich da wieder ins olympische Dorf gekommen bin«, erinnert sich Jürgen Sparwasser.

Vince Matthews hat seinen Teamkollegen Wayne Collett zu sich geholt auf die oberste Stufe des Treppchens. Die zwei Amerikaner haben allen Grund zum Strahlen: Um Matthews' Hals baumelt die Goldmedaille im 400-Meter-Lauf, Collett ist mit Silber behängt. Aber als ihre Nationalhymne ertönt, strahlen sie nicht. Sie drehen sich weg von der US-Flagge, die für sie gehisst wird, sie plaudern ein bisschen, kichern, Matthews reibt sich den Bart, Collett schaut auf seine bloßen Füße. Die beiden haben keinen Bock auf diese Zeremonie, ihre Trainingsjacken sind offen, schon das allein wäre für das IOC ein Verstoß gegen das olympische Protokoll. Unter Pfiffen und Buhrufen verlassen sie das Stadion. Collett kommt noch einmal kurz zurück, um seinen Trainingsanzug zu holen. Er winkelt den Ellbogen ab, ballt die rechte Faust und hebt sie in Richtung Tribüne.

Das IOC hatte schon vor den Spielen heftige Sorge, dass schwarze Athleten aus den Vereinigten Staaten die Münchner Bühne für politische Aktionen nutzen könnten, so wie es vier Jahre zuvor in Mexico City Tommie Smith und John Carlos mit ihrem inzwischen legendären Black-Power-Gruß getan hatten. Nun ist es also wieder passiert, nicht ganz so offen allerdings, nicht ganz so klar.

Manche Zuschauer sehen in Collett und Matthews nicht zwei schwarze

## »The Games must go on.« – Die Tage danach

Sportler, die gegen Diskriminierung protestieren, sondern bloß zwei Flegel, die selbst in ihrer größten Stunde keine Manieren an den Tag legen. Dieser Lesart hängt selbstverständlich Avery Brundage an, der Matthews und Collett lebenslang von Olympischen Spielen ausschließen lässt. Die 4×400-Meter-Staffel der USA, die jetzt nicht mehr genug Läufer hat, wird so um ihr sicher geglaubtes Gold gebracht. »Die ganze Welt« habe bei der Siegerehrung »ein widerliches Schauspiel gesehen«, ereifert sich der IOC-Präsident. Keine 48 Stunden sind seit Fürstenfeldbruck vergangen. Nur der Nachhall des Attentats verhindert, dass die Angelegenheit sich zu einem großen Eklat entwickelt.

Aber die Aufregung ist auch so groß genug. Matthews und Collett erklären vor Journalisten, dass sie aufgrund ihrer Rassismuserfahrungen in den USA nicht in der Lage gewesen seien, ihrer Flagge und ihrer Hymne Respekt zu zollen. Land der Freien, Heimat der Tapferen? »Ich konnte die Worte nicht singen, weil ich nicht glaube, dass sie wahr sind«, sagt Collett. »Ich wünschte, sie wären es.« Matthews berichtet, dass er – vom Leichtathletikverband nicht berücksichtigt – jahrelang nur trainieren konnte, indem er nachts über eine Mauer auf ein Schulsportgelände kletterte. Und er erzählt von seinem Vater, »einem klugen, cleveren Mann mit Fähigkeiten, die er nie zeigen konnte, weil die Bedingungen es nicht zuließen«. Dann fragt Collett: »Wäre es da nicht heuchlerisch von mir, wenn ich bei der Nationalhymne strammstehen würde?«

Die amerikanische Mannschaftsleitung versucht zu retten, was zu retten ist. Bei einer Entschuldigung der beiden Läufer, so die Hoffnung, würde das IOC womöglich doch noch auf den Ausschluss verzichten. Im olympischen Dorf kommt es zu einer Aussprache, bei der die Luft im Raum knistert. Matthews und Collett bestehen darauf, dass es nichts gebe, wofür sie sich entschuldigen müssten. Jesse Owens wird ins Dorf gerufen, das schwarze Idol, er soll das aufmüpfige Duo zum Einlenken bringen. Aber Owens ist 58 Jahre alt, eine andere Generation, er versteht die beiden nicht, und die beiden verstehen ihn nicht.

Owens führt die Ehre ins Feld, die es bedeutet, für die Vereinigten Staaten von Amerika anzutreten – und die vielen Jobangebote, die zu Hause auf Medaillengewinner warten, die sich zu benehmen wissen. Matthews und Collett sagen Owens wohl mit einiger Direktheit, wohin er und seine weißen Freunde sich die Jobangebote stecken könnten.

## Land der Freien, Heimat der Tapferen

Noch vor ihrer Abreise aus München erhalten die beiden ein Schreiben des Nationalen Olympischen Komitees der USA: Wegen »schamloser Respektlosigkeit gegenüber der Fahne« seien sie hiermit angewiesen, sofort »alle olympischen Aufnäher und anderen Insignien« von ihrer Kleidung zu entfernen.

Im olympischen Jugendlager lernen einige Nachwuchsleichtathleten des ATSV Espelkamp einen Schüler namens Norbert kennen. Norbert, der ebenfalls aus Nordrhein-Westfalen kommt, wirkt auf sie wie ein Sprücheklopfer. Er behauptet, dass sie ihn bald alle live im Fernsehen sehen werden, und zwar auf der Laufbahn des Olympiastadions.

Renate Stecher und Heide Rosendahl haben kein Problem miteinander, sie kennen sich von einigen Wettkämpfen, ein Hallo hier, eine Gratulation dort. Richtig miteinander reden werden sie trotzdem erst nach der Wiedervereinigung. In München sind die beiden die Gesichter des deutsch-deutschen Duells in der Leichtathletik, das am 9. September seinen Höhepunkt erreicht. Am Morgen treffen die 4 x 100-Meter-Staffeln der DDR und der BRD schon im Vorlauf aufeinander. Die DDR liegt mit Schlussläuferin Stecher elf Hundertstel vor der BRD mit Schlussläuferin Rosendahl.

Allen ist klar: Das Finale wird ein Zweikampf, Stecher und Rosendahl werden die Sache am Ende unter sich ausmachen, und die DDR ist in diesem Zweikampf der Favorit. Im Rückblick wollen beide Läuferinnen die symbolische Bedeutung jener Staffel nicht zu hoch hängen. »Ich empfand das Rennen nicht als Politikum. Meines Erachtens wurde das von der westdeutschen Seite so aufgebauscht«, sagt Stecher. Rosendahl sagt: »Ich habe das nie als politische, sondern immer nur als sportliche Herausforderung empfunden. Ich wollte gewinnen, ich wollte nicht unbedingt jemanden aus der DDR schlagen.« Die westdeutschen Funktionäre hätten das besondere Verhältnis zur DDR vor den Athletinnen auch nie thematisiert.

Vor dem Finale hadert ausgerechnet die Doppel-Olympiasiegerin Stecher mit der Aufstellung der DDR-Staffel. Sie will eigentlich nicht als Schlussläuferin antreten. »Das war in meiner ganzen Karriere nur dort der Fall«, erinnert sie sich. »Ich sagte noch: Lasst mich, wie immer, auf

## »The Games must go on.« – Die Tage danach

der zweiten Position laufen, in der Kurve, das ist meine Stärke.« Es sei ein Trugschluss, dass die letzte Position die wichtigste sei. Doch die Verantwortlichen hören nicht auf sie. »Als Athlet hat man gemacht, was einem gesagt wurde.«

Es spricht viel dafür, dass die DDR-Funktionäre in Bildern dachten. Sie wollten das Siegerfoto, auf dem der sozialistische Superstar Stecher vor der westdeutschen Klassenfeindin Rosendahl über die Ziellinie sprintet, ein vollkommenes Emblem der laut Medaillenspiegel ja unbestreitbaren sportlichen Überlegenheit der DDR. »Es kann schon sein, dass die Funktionäre das sportpolitisch so definiert haben«, sagt Stecher. »Ich weiß es aber nicht, so gesagt hat das zu mir niemand.«

Auch in der Staffel der Bundesrepublik gibt es Reibungspunkte. Heide Rosendahl und Ingrid Mickler-Becker gelten manchen Journalisten als »feindliche Schwestern«, mindestens aber als höchst unterschiedliche Temperamente: ungeniert extravagant die Jüngere, demonstrativ bodenständig die Ältere. Mickler-Becker hatte 1968 in Mexico City das Fünfkampf-Gold gewonnen, das bis zu deren Verletzung für Rosendahl reserviert zu sein schien. Nun wollen die beiden gemeinsam Gold holen. Die Frage, die sich Experten wie Zuschauer stellen, lautet: Wie viel Vorsprung braucht Schlussläuferin Rosendahl beim letzten Wechsel, um den Sieg gegen Stecher, die beste Sprinterin der Welt, ins Ziel zu bringen? Annegret Richter, für die dritte Position der BRD-Staffel vorgesehen, sagt vor dem Rennen: »Wenn Heide beim Wechsel nicht drei Meter Vorsprung hat, dann können wir wohl nicht gewinnen.«

Nach dem Anschlag fühlen sich die Spiele an, als hätte jemand die Luft herausgelassen. Aber es gibt auch Momente, in denen die Spannung plötzlich zurückkehrt, und in keinem mehr als in den knapp 43 Sekunden der 4x100-Meter-Staffel der Frauen. Ob man das für gut hält oder für schlecht: Die Menschen auf der Tribüne vergessen für eine kleine Weile den Horror des Anschlags. Bahn zwei: DDR. Bahn vier: BRD. Startschuss. Christiane Krause, die erste Läuferin der bundesdeutschen Staffel, kommt hervorragend aus dem Block, sie übergibt den Stab gleichauf mit der DDR. Ingrid Mickler-Becker läuft sogar einen kleinen Vorsprung heraus, den Annegret Richter als dritte Läuferin halten kann. Aber sind es die drei Meter auf Stecher, die Rosendahl nach allgemeiner Rechnung braucht? Es ist nicht mal ein Meter. Kurz vor dem Wechsel schaut Rosendahl Richter eine Sekunde in die Augen, dann nur noch nach vorne, »auf meine Bahn«.

Rosendahl ist so etwas wie eine Gelegenheitssprinterin, niemand würde ernsthaft behaupten, dass sie in einem normalen Einzelrennen gegen Stecher gewinnen könnte. Doch eine Staffel, heißt es immer, hat eigene Gesetze. »Nach dem Vorlauf habe ich gespürt, dass da für uns etwas drin ist«, erinnert sich Rosendahl. Vor dem Finale habe sie zu den drei anderen gesagt: »Wenn ihr mir den Stab wieder so bringt, dann gewinnen wir.« Das Olympiastadion brodelt, die Zuschauer sind aufgesprungen. Stecher scheint mit jedem ihrer kurzen, kraftvollen Schritte Boden auf Rosendahl gutzumachen. »Ich habe immer versucht zu hören, ob sie kommt«, sagt Rosendahl. »Aber es war so laut im Stadion.«

50 Meter vor dem Ziel scheint Stecher aufzuschließen, man wartet nur darauf, dass sie vorbeizieht. Aber das tut sie nicht. Stattdessen attackiert Rosendahl, schaltet nochmal einen Gang nach oben. »Ich wusste, dass ich gegen Renate Stecher nach hinten raus voll dagegenhalten muss. Das war sie nicht gewohnt, die meisten Gegnerinnen hatten da schon aufgegeben. Ich hatte an dem Tag genug Kraft und zog voll durch.« Einen Schritt liegt sie vorn, dann zwei. »Als ich bei ungefähr 80 Metern kein Atmen oder Schnaufen hinter mir hörte, da dachte ich: Jetzt wird's zu lang, jetzt kommt sie nicht mehr.« Und Stecher kommt auch nicht mehr. Die BRD-Staffel siegt in 42,81 Sekunden, Weltrekord, 14 Hundertstel vor der DDR.

Ingrid Mickler-Becker hat den dramatischen Zieleinlauf gar nicht mitbekommen, sie half einer gestürzten Australierin auf, aber der donnernde Jubel auf den Rängen sagt ihr: Gold. Rosendahl gegen Stecher auf den letzten Metern, das wird tatsächlich ein ikonisches Bild des deutschen Sports werden, nur nicht so, wie sich die DDR-Funktionäre das vorgestellt hatten. Nach dem Finish gehört Stecher zu den ersten, die Rosendahl gratulieren.

Das Hockeyfinale zwischen Deutschland und Pakistan wird am 10. September um 12 Uhr angepfiffen. Deutsche Hockeyspieler sind es gewohnt, vor ein paar Dutzend Zuschauern zu spielen, vor Verwandten und ein paar Ehemaligen. Jetzt drängen sich 10 000 Menschen im Hockeystadion mit seiner Stahlrohrtribüne, viele kauern direkt am Spielfeldrand. Tau-

## »The Games must go on.« – Die Tage danach

sende haben sich rund um das Stadion auf den grünen Erhebungen des Olympiaparks positioniert, auch auf der nahen Brücke über den Mittleren Ring. Manche sind auf Bäume geklettert. Auch Helmut Schön ist wieder da: »Sie sehen, ich entwickle mich zum Hockey-Fan.« Im Gegensatz zu ihm muss der spanische Prinz Juan Carlos im Ehrenbereich stehen. Als Willi Daume Jahrzehnte später gefragt wird, was für ihn der schönste Moment der Spiele von München war, nennt er dieses Finale. Für Carsten Keller ist es das 133. Länderspiel – und sein letztes.

In der deutschen Kabine kommt plötzlich Unruhe auf. Ausgerechnet Torjäger Michael Krause hat seinen frisch eingeölten Lieblingsschläger im Dorf vergessen. Ein Ersatzmann wird auserkoren, schleunigst zurückzueilen und ihn zu holen. Wie viele Teamkollegen benutzt auch Krause den Schläger einer britischen Firma, die in Pakistan produziert, weil es da günstiger ist. »Karachi King« heißt das Modell, aus dem harten, aber biegsamen Manila-Drachenrohr. Unkaputtbar, sagen die Spieler.

Michael Krause, der später für Daumes Heimatverein Eintracht Dortmund spielen wird, ist dagegen mit einem wohlgehüteten Geheimnis ins Turnier gegangen: Bei einem Skiunfall hatte er sich eine Schulterluxation zugezogen, seitdem springt ihm gelegentlich der Arm aus dem Gelenk. Aber das muss die Konkurrenz ja nicht wissen. Seine Mannschaftskameraden haben mittlerweile eine gewisse Routine im Wiedereinrenken: zwei Schläger über die Schulter, Arm drüberhängen, ziehen.

Deutschland in seinen weißen Trikots, Pakistan in seinem dunklen Grün. Das Finale beginnt verbissen, die Pakistaner hadern mit der Manndeckung durch die Deutschen. Noch mehr hadern sie mit dem argentinischen Schiedsrichter, der ein Tor wegen Abseits nicht anerkennt. »Das Spiel stand eigentlich immer auf Messers Schneide«, sagt Carsten Keller, der Sekunden vor dem Halbzeitpfiff einen pakistanischen Schuss auf der Linie abwehrt.

Die Szene, die über Gold und Silber entscheidet, ereignet sich in der 60. Minute, zehn Minuten vor Schluss. Es gibt eine lange Ecke für Deutschland. Ecken im Hockey werden nach hinten in die Mitte gespielt, wo der Ball gestoppt wird und dann aufs Tor geschossen. Die Verteidiger dürfen erst von der Grundlinie loslaufen, wenn der Ball berührt wird. Die pakistanische Abwehr startet drei Mal zu früh. Das bedeutet: Strafecke für Deutschland. Kürzere Distanz, höchste Torgefahr.

## Das letzte Spiel des Carsten Keller

Carsten Keller ist der Reingeber, er muss den Ball nach hinten passen. »Wir hatten diese Variante in den Monaten vor Olympia sicher 1000 Mal geübt«, erinnert er sich. Stundenlang, jeder seinen kleinen Part, »bis zur Ermüdung«. Jetzt muss es nur noch klappen, wenn es am meisten zählt. Es ist auch Wut dabei, weil gerade ein deutscher Spieler eine Zeitstrafe erhalten hat, die von einem Pakistaner provoziert wurde. »Wir haben uns angesehen, und jeder hat gewusst, das ist der Moment, jetzt muss es passieren.« Keller gibt die Ecke hinein, Uli Vos stoppt, der Ball liegt still. Michael Krause, der treffsicherste Deutsche, schießt. Hüfthoch rauscht der Ball ins Netz. 1:0 für Deutschland. »Das war Perfektion«, sagt Keller.

Das Spiel wird in den letzten Minuten nicht einfach ruppiger, es wird brutal. Krause bekommt einen Schläger in den Schritt, er vergilt Gleiches mit Gleichem. »Die Pakistaner sind mit jeder Minute nervöser geworden«, sagt Carsten Keller. »Für die ging es um mehr als um Sport.« Um die Ehre einer jungen, gebeutelten Nation, aber auch – wie die Deutschen später hören werden – um Häuser und Renten, die ihnen für den Fall des Sieges versprochen sind. »Die hatten mehr Druck als wir. Für die ist mit der Niederlage eine Welt zusammengebrochen.« Das Spiel ist aus. »Wir sprangen alle aufeinander, und plötzlich war der Platz voll mit Leuten.« Trainer Delmes schlägt Purzelbäume vor Freude. Im Getümmel taucht ein Schornsteinfeger auf, der womöglich Glück gebracht hat, die deutschen Spieler nehmen ihn auf die Schultern.

Derweil bedrängen pakistanische Anhänger den argentinischen Schiedsrichter. Der ›SZ‹-Reporter auf der Pressetribüne glaubt, darunter ein paar Münchner Zeitungsverkäufer aus dem eigenen Haus zu erkennen. Irgendwer kippt dem Präsidenten des Hockey-Weltverbandes eine Cola über den Kopf. Die pakistanischen Spieler brüllen, es kann eigentlich nichts Nettes sein. Der Reporter von Radio Pakistan ruft »Deutschland scheiße« ins Mikrofon und erklärt den Millionen Hörern zu Hause, man sei vom Schiedsrichter und unfairen Deutschen betrogen worden. Das Gleiche sagt der Teamchef der Pakistaner, Ghulam Rasul Chaudry, den Journalisten: »Es wurde vorher festgelegt, dass Deutschland gewinnen muss. Pakistan hat die größte Hockeymannschaft, das hat jeder gesehen, der etwas von dem Spiel versteht.«

Dann kommt die Siegerehrung, in deren Mittelpunkt sehr schnell die Verlierer stehen. Ein Pakistaner erklimmt das oberste Podest und

## »The Games must go on.« – Die Tage danach

schwenkt die grüne Landesfahne mit Mondsichel und Stern. »Beziehungen sofort beenden«, ruft irgendwer auf der Ehrentribüne. Hans-Jochen Vogel springt auf und versucht, die Leute zu beruhigen, damit die Zeremonie beginnen kann. Berthold Beitz, Krupp-Chef und IOC-Mitglied, soll die Medaillen übergeben, findet aber durch die Menge keinen Weg nach unten. Also klettert er die fünf Meter hohe Balustrade von den Ehrenplätzen hinunter.

Die Pakistaner stehen nun korrekt auf dem Silber-Podest, werden aber, als Beitz ans Werk gehen will, von einem Ringertrainer aus den eigenen Reihen beschworen, die Medaillen nicht anzunehmen. Sie nehmen sie schließlich, sichtbar widerwillig, einer steckt sich sein Silber in die Badelatsche. Andere spielen Jojo mit ihren Medaillen. Während der deutschen Hymne wenden sie sich ab und werkeln an ihren Schlägern herum. Irgendwer schreit: »Krause, we kill you.« Michael Krause wird tatsächlich auf Jahre hinaus auf Reisen zu Turnieren in Pakistan verzichten.

In Pakistan hat Staatspräsident Zulfikar Ali Bhutto die Radioübertragung gehört, er glaubt, dass seine Mannschaft hintergangen wurde. Er erklärt sie zu »moralischen Siegern«, spendiert den Spielern einen Gratisurlaub in Europa, ruft zur »Rache« bei den nächsten Spielen auf und erwägt ernsthaft, die diplomatischen Beziehungen zu Argentinien abzubrechen, wegen des Schiedsrichters.

»Wir haben das alles so gut wie möglich ignoriert«, sagt Carsten Keller. Was die Deutschen eher beschäftigt: Bei der Siegerehrung sind nicht genug Medaillen für die Ersatzspieler da, fünf fehlen. Aber selbst das kann die Verzückung nicht zerstören. Die Spieler fahren die paar Kilometer ins Klubhaus des Münchner SC, ein schmuckloses Vereinslokal wie Tausende andere in Deutschland. Dort feiern sie bis zum Morgen. Das Speisenangebot besteht ausschließlich aus Leberkäs, und so mancher Olympiasieger muss dem besorgten Wirt in dieser Nacht versichern, ja, ja, keine Sorge, morgen werde alles bezahlt.

Am Tag danach sprechen die Zeitungen von einer »Wachablösung«, einem »Einschnitt in der Hockeygeschichte«. Inder und Pakistaner haben den Sport über ein halbes Jahrhundert mit ihrer vollendeten Technik geprägt, mit virtuosen Dribblings vor allem. Die Deutschen leben viel mehr von Passfolgen, taktischer Disziplin und starker Kondition. Sie laufen nicht nur, wenn sie den Ball am Schläger haben. Hockey wurde auch schon vorher von elf Spielern gespielt; jetzt wird es richtig zum Mannschaftssport. Vor jeder Partie kommen alle deutschen Spieler auf dem Feld kurz zusammen, um sich einzuschwören, sie bilden einen Kreis dabei – ein Ritual, das damals noch Aufsehen erregt.

»Wir waren wie die Musketiere«, sagt Carsten Keller. »Einer für alle, alle für einen.« Bei der Schlussfeier darf Keller die deutsche Fahne tragen, »was für eine Ehre, einfach nur Gänsehaut«.

Coach Henry »Hank« Iba hält keine große Ansprache vor dem Finale gegen die Sowjetunion. Was soll er auch sagen? Es ist eine Art patriotische Verpflichtung für ihn und seine Mannschaft, das achte Basketballgold in Folge in die Vereinigten Staaten zu holen. Iba gestattet seinen Jungs, in der Umkleide Musikkassetten abzuspielen, es ist das Zugeständnis eines alten Herrn an eine neue Generation. Der letzte Song, bevor die Amerikaner aufs Feld laufen, ist »What Becomes of the Broken Hearted«, der Motown-Klassiker von Jimmy Ruffin. »Happiness is just an illusion«, singt Ruffin, das Glück ist nur eine Illusion, »filled with sadness and confusion«, voller Traurigkeit und Verwirrung.

Um Mitternacht drängen sich mehr als 7000 Zuschauer in der Rudi-Sedlmayer-Halle, mehr als eigentlich erlaubt, viele sitzen am Spielfeldrand auf dem Hallenboden, sogar König Konstantin von Griechenland. Zur Entspannung im Kalten Krieg trägt eher nicht bei, dass der sowjetische Sportminister Sergej Pawlow am Eingang wegen Überfüllung abgewiesen wird. Er muss das Spiel in seinem Hotel am Fernseher schauen. »U-S-A, U-S-A«, dröhnt es durch die Halle, viele andere Mitglieder des amerikanischen Olympiateams sind gekommen.

Das Spiel aber dominieren erst einmal die Sowjets in den roten Trikots, sie führen schnell 7:0, dann 15:7. Mit der aggressiven Manndeckung, die sich Kondraschin ausgedacht hat, kommen die US-Boys, ganz in Weiß, nicht zurecht. Die etwas älteren Sowjets wirken auch abgeklärter. Der ABC-Kommentator sagt: »Ich wiederhole das, die USA haben noch nie ein olympisches Basketball-Spiel verloren. Aber in diesem Moment, in der ersten Hälfte, haben sie ein echtes Problem.« Zur Pause steht es 26:21 für die UdSSR. Die Amerikaner hadern mit ihrem Trainer, sie finden, dass Hank Iba mit seiner Defensiv-Taktik ihre Stärken nicht aus-

## »The Games must go on.« – Die Tage danach

nutzt, das Rennen, Dribbeln und Springen. Aber Iba findet, dass er in einem halben Jahrhundert mit Vorsicht immer gut gefahren ist. Warum sollte er das ändern im allerletzten Spiel seiner Trainerkarriere?

Es wird nicht besser in der zweiten Hälfte. Zehn Minuten vor Schluss liegen die Sowjets mit 38:28 vorn. Eine historische Sensation bahnt sich an. Doch in größter Not lässt Hank Iba seine jungen Wilden doch noch von der Leine. Ein amerikanischer Sturmlauf beginnt, die Halle kocht. Zehn Sekunden vor dem Ende führt die UdSSR nur noch mit 49:48, aber sie hat den Ball. Dann unterläuft ausgerechnet Alexander Below, dem besten Schützen seines Teams, ein Fehlpass. Doug Collins, dem Sheriffsohn aus Illinois, dem eine große Profikarriere vorausgesagt wird, fängt den Ball in der eigenen Hälfte ab. Collins, Spitzname »Zahnstocher«, dribbelt übers ganze Feld, er springt hoch zum Korb – und wird von einem Verteidiger brutal zu Boden geholt. Er rutscht in das gepolsterte Gestell der Korbanlage, sein Kopf bleibt darunter stecken. Erst nach bangen Momenten steht er wieder und wankt zurück zur Bank. Trainer Iba ruft: »Wenn Doug gehen kann, wird er auch die Freiwürfe werfen.« Zwei Freiwürfe, noch vier Sekunden Spielzeit: Wenn Collins beide trifft, sind die Amerikaner nach menschlichem Ermessen Olympiasieger.

Die ganze Halle steht, die Ordner können die Zuschauer gerade so davon abhalten, aufs Feld zu laufen. Der Druck auf Doug Collins muss kolossal sein. Der erste Freiwurf, er trifft. 49:49. Der zweite Freiwurf, wieder verwandelt. 50:49, zum ersten Mal im ganzen Spiel führen die Amerikaner. Und auf der Anzeigetafel blinkt die Restspielzeit auf: drei Sekunden. Es werden die längsten drei Sekunden in der Geschichte des Basketballs. Die Sowjets werfen den Ball an ihrer Grundlinie sofort wieder ein, doch unterdessen reklamieren ihre Trainer am Spielfeldrand mit wilden Gesten eine Auszeit. Als die Schiedsrichter das Spiel unterbrechen, stoppt die Uhr bei einer Sekunde. Die Sowjets sagen, sie hätten das elektronische Signal für eine Auszeit über den Knopf auf ihrer Bank schon früher ausgelöst – die Zeitnehmer beteuern, es habe kein solches Signal gegeben.

Tumult bricht aus, und das Spiel bekommt weitgehend unbemerkt einen neuen Hauptdarsteller. Hinter dem Zeitnehmertisch sitzt Renato William Jones, der Generalsekretär des Internationalen Basketballverbandes, jener Brite, der den Sport 1936 als olympische Disziplin durchge-

## »Drei Sekunden sind eine Menge Zeit«

setzt hatte. Er ist der mächtigste Mann des Basketballs, aber hier in der Rudi-Sedlmayer-Halle hat er eigentlich nichts zu sagen. Er springt dennoch auf, schreit und signalisiert den Zeitnehmern mit drei ausgestreckten Fingern: Restspielzeit drei Sekunden. Einer der Zeitnehmer ist Hans-Joachim Tenschert aus Dortmund, mit 34 Jahren schon ein erfahrener deutscher Schiedsrichter, Studienrat für Mathematik und Informatik. Vor Tenscherts Tisch kommt es jetzt zum Auflauf von Spielern und Offiziellen. Der brasilianische Hauptschiedsrichter Renato Righetto wehrt sich gegen Jones' Einmischung, muss sie aber am Ende akzeptieren.

Derweil hat sich ein Techniker des Herstellers Longines darangemacht, die Uhr zurückzustellen. München 1972, das mögen die Computerspiele sein, aber trotzdem muss der Techniker erst mal das Gehäuse der Uhr aufschrauben. Bald ist die Konfusion komplett: Die Schiedsrichter geben den Sowjets an deren Grundlinie den Ball, die drei Sekunden laufen. Ein kurzer Pass, dann ein Verzweiflungswurf übers ganze Feld. Der Ball landet im Nirgendwo, die Schlusssirene ertönt. Die Amerikaner hüpfen in Ekstase, die Zuschauer stürmen das Feld. Doug Collins ist nun der Held, der Junge mit den Nerven aus Stahl, mit seinen Freiwürfen hat er das US-Team gerettet, als es am Abgrund stand. Inmitten des Jubels nehmen viele nicht wahr, dass vor dem Zeitnehmertisch schon wieder hitzige Debatten ausgebrochen sind.

Das Spiel ist noch nicht aus. Die Schiedsrichter hatten nicht mitbekommen, dass die Uhr noch nicht auf drei Sekunden zurückgestellt war. Die Sirene war nicht die Schlusssirene, sondern der Versuch der Zeitnehmer klarzumachen: Das Spiel darf noch nicht fortgesetzt werden. Die Amerikaner fallen aus allen Wolken, sie können es nicht fassen. Erst wollen sie nicht weiterspielen, dann verdeutlichen ihnen die Schiedsrichter, dass sie in diesem Fall mit einer Disqualifikation rechnen müssten. »Bitte verlassen Sie das Spielfeld«, ruft der Hallensprecher ins allgemeine Chaos. »Es sind noch drei Sekunden zu spielen.« Während die Amerikaner ungläubig und verzweifelt übers Feld irren, hat Wladimir Kondraschin sein Team um sich versammelt. »Drei Sekunden«, sagt er, »sind eine Menge Zeit.«

Als das Spiel wiederaufgenommen wird, befinden sich die US-Boys im Zustand fortgeschrittener Auflösung. Die Sowjets werfen an der eigenen Grundlinie ein, Kondraschin hat Iwan Edeschko, einem ehemaligen

## »The Games must go on.« – Die Tage danach

Handballer, die Aufgabe übertragen, den Ball nach vorne zu schleudern. In hohem Bogen senkt sich der Pass über 25 Meter in die Angriffszone, wo der unvermeidliche Alexander Below unter dem amerikanischen Korb wartet. Zwei Gegenspieler sind bei ihm, alle drei springen zum Ball, doch nur Below erwischt das richtige Timing. Die Amerikaner prallen an ihm ab und stürzen zu Boden. Alexander Below steht allein mit dem Ball unter dem Korb in der nun wirklich allerletzten Sekunde des olympischen Finales. Es ist der einfachste aller Würfe – und der schwerste.

Below hat keine Zeit zum Nachdenken, er trifft. Die amerikanische Weltherrschaft im Basketball ist beendet, 36 Jahre, nachdem sie in Berlin begonnen hat. Below stürmt im Delirium übers ganze Feld, als wolle er Walerij Borsow über 100 Meter schlagen. In der Sowjetunion hören Abermillionen Fernsehzuschauer und Radiohörer die Kommentatorin Nina Eremina, die beinahe eine Minute lang immer wieder nur ein Wort ins Mikrofon schreit: »Sieg!« In der Halle sinken irgendwann fast alle Beteiligten zu Boden, die einen vor Glück, die anderen im Schock. Dem unglücklichen Hank Iba wird im Getümmel auch noch seine Brieftasche geklaut.

Heide Rosendahl blickt in diesem Moment erstaunt zu ihrem Freund John hinüber, so kennt sie ihn gar nicht. Die beiden sehen das Finale im Fernsehen, Rosendahl muss ja wegen der Morddrohungen einige Tage in einem Hotelzimmer verbringen. John ist Amerikaner, er spielt selbst Basketball, Bundesliga in Leverkusen. »Was machen die denn da?«, schreit er. »Die sind zu blöd, die Zeituhr richtig zu bedienen!« Vor lauter Ärger, erinnert sich Rosendahl später, macht John die ganze Nacht kein Auge zu.

Die Amerikaner legen sofort Protest ein, was gar nicht so leicht ist, weil der Internationale Basketballverband eine Bearbeitungsgebühr von 50 Dollar vorschreibt, die sofort und in bar zu entrichten ist. Bis beinahe fünf Uhr morgens verharren die meisten US-Spieler in der Halle, sie gehen fest davon aus, dass das Schiedsgericht diesen Albtraum beendet. Sie haben guten Grund zu dieser Hoffnung. Erstens hatte das sowjetische Signal für eine Auszeit die Zeitnehmer und Schiedsrichter nicht rechtzeitig erreicht. Zweitens waren die Reklamationen am Zeitnehmertisch verboten, sie hätten zu einem technischen Foul gegen die Sowjets führen müssen – und damit zu einer Fortsetzung der Partie mit Ballbesitz für die

## Die US-Boys nehmen ihr Silber nicht an

Amerikaner. Drittens und vor allem war Renato William Jones nicht zur Intervention und Festlegung von drei Sekunden Restspielzeit berechtigt.

»Nach den Regeln des Weltverbands haben die Vereinigten Staaten gewonnen«, sagt später der deutsche Zeitnehmer Hans-Joachim Tenschert. »Ich verstehe, wenn die Amerikaner sich beraubt fühlen.« Jones habe »keine Funktion bei dem Spiel« gehabt und »hätte sich nicht einschalten dürfen«. Und dennoch: Am Morgen des 10. September lehnt das fünfköpfige Schiedsgericht den amerikanischen Protest ab. Das Votum, heißt es, sei aber »nicht einstimmig«. Schnell stellt sich heraus, dass die fünf Mitglieder des Gerichts offenbar nach Blockzugehörigkeit abgestimmt haben: Der Italiener und der Puerto Ricaner für den US-Einspruch, der Kubaner, der Pole und der Ungar dagegen. Die Amerikaner fühlen sich nun vollends als Opfer einer Verschwörung. Es hatte bei den Münchner Spielen ja schon ein paar haarsträubende Entscheidungen gegeben: Als etwa im Boxen der Amerikaner Reginald Jones den Russen Valeri Tregubow gründlich vermöbelte, wertete der jugoslawische Ringrichter den Kampf ungeniert für den Russen.

Im olympischen Dorf stimmen die US-Basketballer darüber ab, ob sie ihre Silbermedaillen annehmen sollen. Mit 12:0 entscheiden sie sich dagegen. Bei einer Pressekonferenz sagt der US-Teamchef: »Wir haben rechtlich und moralisch Gold gewonnen.« Bei der Siegerehrung bleibt die Silberstufe des Podiums leer, so etwas hat man noch nicht gesehen bei Olympischen Spielen. Zwei Hostessen im Dirndl tragen die Medaillen umsonst heran. Die Sowjets geben sich enttäuscht über die schlechten Verlierer. Wladimir Kondraschin besteht mit durchaus guten Argumenten darauf, dass seine Mannschaft besser gewesen sei und verdient gewonnen habe.

Am selben Vormittag empfängt der sowjetische Staatschef Leonid Breschnew im Kreml Henry Kissinger, den Nationalen Sicherheitsberater der USA. Die beiden sprechen über die Möglichkeit einer europäischen Sicherheitskonferenz. Man werde da schon eine für beide Seiten annehmbare Lösung finden, versichert Breschnew. Kissinger antwortet: »Sie werden uns in den letzten drei Sekunden besiegen.«

Etwa zur gleichen Zeit erreicht die amerikanischen Spieler ein Telegramm von Richard Nixon: »Ihr könnt sicher sein, dass eure Mitbürger euch für Champions halten.« Die zwölf jungen Männer besteigen in

## »The Games must go on.« – Die Tage danach

München-Riem den nächstmöglichen PanAm-Jet nach New York, wo sie sich am Flughafen John F. Kennedy in alle Winde verteilen. Erst 40 Jahre später werden sie sich alle wiedersehen.

Ein paar Tage vor dem Marathon, in dem er zu den Favoriten zählt, fährt der Amerikaner Frank Shorter in ein Münchner Krankenhaus. Er ist nicht verletzt, er will nur den Ort kennenlernen, an dem er geboren wurde, am 31. Oktober 1947, als Sohn eines in München stationierten Arztes der US Army. Abgesehen davon sieht Shorter, ein 24 Jahre alter Jurist mit markantem Schnurrbart, nicht viel von seiner Geburtsstadt, jedenfalls bis zum Start des Rennens. Die Marathonstrecke, die im Olympiastadion beginnt und endet, lässt keine Schönheit Münchens aus: Schloss Nymphenburg, Königsplatz, Odeonsplatz, Englischer Garten. Das US-Leichtathletik-Team, oft genug geschlagen bei diesen Spielen, ist nervös vor dem Start. So nervös, dass sich ein amerikanischer Coach bei einem deutschen Offiziellen über eine kurze Kiespassage auf der Strecke beschwert. Der deutsche Offizielle fragt, warum der Trainer da bitteschön mitreden sollte. Der Trainer hebt zwei Finger und sagt: »Erster Weltkrieg und Zweiter Weltkrieg.« So lange ist es dann doch noch nicht her.

Nach 15 Kilometern setzt sich Shorter an die Spitze des Feldes, und als das Olympiastadion in Sicht kommt, hat er mehr als zwei Minuten Vorsprung auf den ersten Verfolger. Unter dem Jubel von 80 000 Zuschauern biegt der erste Läufer durch das Marathontor. Er trägt die offenbar selbst gemalte Nummer 72, eine etwas seltsame orangefarbene Sporthose und sieht verdammt jung aus. Der Streich fliegt auf, bevor der Läufer die Stadionrunde vollenden kann: Der 16-jährige Norbert aus Wiedenbrück hat sich ins Rennen geschmuggelt, so wie er das seinen Kumpels im olympischen Jugendlager angekündigt hatte. Ordner ziehen ihn von der Bahn. Hinterher wird er sagen, er habe lediglich die traurige Stimmung nach dem Attentat ein wenig auflockern wollen. »Sie sind ein dummer Junge«, wird Willi Daume antworten. Die heiteren Spiele sind vorbei.

Als Frank Shorter ins Stadion kommt, jubeln die Leute noch für den falschen Läufer. »Ich habe mich gefragt: Was ist denn hier los?«, erinnert sich Shorter. Der zweite Gedanke, der ihm durch den Kopf geht: »Haben die was gegen Amerikaner?« Und warum ausgerechnet gegen ihn, den gebürtigen Münchner? Der Kommentator des US-Fernsehsenders ABC brüllt ins Mikrofon, als könnte ihn Shorter dann hören: »Frank, du hast gewonnen!« Vom Rand der Bahn schnappt Shorter einen Satz auf: »Mach dir keine Sorgen, Frank!« Und er denkt: »Warum sollte ich mir denn Sorgen machen?« Im Stadion herrscht Unruhe, die einen klatschen, die anderen pfeifen. Ein wenig wird Frank Shorter um den größten Moment seiner Karriere gebracht. Er läuft durchs Ziel mit der Ahnung, aber nicht mit der Gewissheit, dass er Olympiasieger ist.

Als Shorter die Linie passiert, sieht ihm der Ehrengast Abebe Bikila von der Tribüne aus zu. Zuvor war Bikila von Bundespräsident Heinemann empfangen worden; gerade rechtzeitig zu Shorters Ankunft hat die Protokollmitarbeiterin Silvia Sommerlath Bikila seinen Platz zugewiesen. Der barfüßige Olympiasieger von Rom hatte seinen Triumph 1964 in Tokio wiederholt, zur Abwechslung in Schuhen. Dann verließ den schmalen Äthiopier das Glück. Nach einem Autounfall im März 1969 lag er 13 Stunden unentdeckt und im strömenden Regen am Fuß einer Böschung. Die Ärzte retteten sein Leben, aber er war von der Schulter abwärts gelähmt. »Es hat keinen Sinn, über meine Lage zu klagen«, sagt Bikila in München zu Reportern, die ihn in seinem Rollstuhl umringen. »Es war Gottes Wille, dass ich bei Olympia gewonnen habe. Und es war Gottes Wille, dass ich diesen Unfall hatte. Ich habe diese Siege akzeptiert, und ich akzeptiere diese Tragödie.« 13 Monate später wird Abebe Bikila an einer Hirnblutung sterben, einer Spätfolge des Unfalls.

Den Zuschauern des Marathonlaufs, ob an der Strecke oder am Fernseher, fällt ein knalloranges Kameraauto auf, das meist etwa zehn Meter vor dem Führenden herfährt. Es handelt sich um ein Fahrzeug aus örtlicher Herstellung, einen BMW der Modellreihe 1602, Zweitürer, amtliches Kennzeichen M-04819. Auch dieses Auto hat einen Wettlauf hinter sich – einen, den die zuständigen Ingenieure ganz knapp gewonnen haben.

1972 stehen die Bayerischen Motoren Werke kurz vor der Eröffnung ihrer neuen Konzernzentrale direkt am Olympiagelände. Es ist ein atemberaubender Entwurf des Wiener Architekten Karl Schwanzer, ein aus vier senkrechten Zylindern geformter Turm, den man als Ansage verste-

## »The Games must go on.« – Die Tage danach

hen darf: Zukunft, wir kommen. Und man hat sogar den Eindruck, dass ein paar Leute bei BMW den Bericht des »Club of Rome« gelesen und die Endlichkeit fossiler Brennstoffe erkannt haben. An den Seitentüren des orangefarbenen Wagens prangt jeweils über den olympischen Ringen eine silberne Aufschrift: »BMW Elektro-Antrieb«.

Bereits seit 1968 hatten die Münchner Entwickler zusammen mit dem Zulieferer Bosch an einem Elektroauto getüftelt, bald mit dem Hintergedanken, dass es bei Olympia publikumswirksame Verwendung finden könnte. Sie entfernten den Verbrennungsmotor und setzten an seiner Stelle zwölf in Reihe geschaltete V-12-Bleibatterien ein, die einen Bosch-Elektromotor antrieben. Um den 350 Kilogramm schweren Batterieblock zu laden, musste er mit einem Kran aus dem Fahrzeug gehoben und wieder eingesetzt werden. Spitzenleistung: 42 PS, leise surrend von 0 auf 50 in zehn Sekunden. Das reichte völlig. Der entscheidende Vorteil war ja, dass dieses Fahrzeug Marathonläufern und Gehern keine Abgase ins Gesicht blasen würde.

Der Wettlauf, den die Ingenieure nun bis zum Sommer 1972 gewinnen mussten, betraf einen Faktor, der in der Automobilgeschichte immer wieder vielversprechende elektrische Modelle am Durchbruch gehindert hatte: die Reichweite. 42,195 Kilometer hat ein Marathon, und noch ein wenig länger ist das 50-Kilometer-Gehen. Das musste der BMW 1602 Elektro also schaffen. Die Konstrukteure drehten an allen Stellschrauben, reduzierten das Gewicht, optimierten die Batterieleistung. Am Ende fährt ihr Stromauto 60 Kilometer weit. Zur Sicherheit haben sie noch einen baugleichen zweiten Wagen in der Hinterhand.

Das erste Null-Emissions-Auto der Marke BMW ist ein gefeierter Coup und ein kleiner Meilenstein der Automobilgeschichte. Der große Durchbruch ist es nicht, die Probleme der Elektromobilität im Alltag bleiben: die geringe Reichweite, die anfälligen Batterien und das komplizierte Aufladen.

Die Zukunft schimmert immer wieder durch in den Tagen von München, aber nach dem Attentat ist sie plötzlich kein strahlendes Versprechen mehr. Manche ahnen schon, dass die Morde an den israelischen Sportlern den Aufbruch des neuen Deutschland bremsen könnten. Mindestens sind die Deutschen grausam daran erinnert worden, auf welch

## Ein E-Auto als Begleitfahrzeug

brüchigen Boden sie die neue Leichtigkeit ihrer Demokratie gebaut haben. »Der Anschlag«, erinnert sich der junge Brandt-Fan Renate Schmidt, »hat uns ein Stück unserer Sicherheit genommen, dass alles gut wird. Dass die Welt besser wird.«

Mit jedem Tag Abstand zum Anschlag mehren sich in den deutschen Medien die kritischen Berichte über das Agieren der Sicherheitsbehörden. Immer klarer zeichnet sich ab, dass im Vorfeld Dutzende Warnungen einfach ignoriert wurden. Die Organisatoren haben sich von der funkelnden Idee des neuen Deutschland blenden lassen: Sie dachten, dass bewaffnete Polizisten und schärfere Kontrollen den Münchner Frohsinn stören würden – dabei hätte ihn all das einfach nur geschützt. München 1972 sollte ganz anders sein als Berlin 1936, und deshalb fährt ein Satz des israelischen Innenministers Josef Burg den Münchner Organisatoren jetzt tief in die Glieder: »Von nun an liegt München in der Nähe von Dachau.«

Günter Grass ist alarmiert. Der Schriftsteller, im Wahljahr als treibende Kraft der »Sozialdemokratischen Wählerinitiative« für Willy Brandt unterwegs, fürchtet ein jähes Ende der noch jungen Ära des Kanzlers. Schließlich wird im Herbst gewählt. »Lieber Willy«, schreibt Grass ihm am 7. September, »das Scherbengericht scheint perfekt zu sein. Was mühsam in jahrelanger Arbeit und nicht zuletzt mit deiner Hilfe aufgebaut worden ist, wurde durch den Münchner Terroranschlag lädiert: Im In- und Ausland drohen die alten Ressentiments wieder aufzubrechen. Dem muss begegnet werden.« Am besten mit einer großen Rede, findet Grass, die ein »Gefühl der Scham und der Ohnmacht, auch der Ungerechtigkeit« widerspiegeln solle.

Grass schlägt dem lieben Willy einen Auftritt zum Ende der Spiele vor und liefert gleich einen Redeentwurf mit: »Wir haben versucht, mit heiteren und nicht pompösen, mit wohlorganisierten, doch nicht mit überorganisierten Spielen gute Gastgeber zu sein und einem Deutschland Ausdruck zu geben, das aus seiner Geschichte Lehren gezogen hat. Verbrecherischer Terror hat das zerstört.« Danach sei man nicht in Mutlosigkeit verfallen, soll Brandt sagen und die Entscheidung verteidigen, die Spiele fortzusetzen, »weil dem politischen Terror kein Triumph erlaubt sein darf«. Dann soll Brandt auf Kritik aus dem Ausland eingehen: »Jeder, der hier meinte, gerechtes Urteil zu fällen, möge prüfen, ob er

## »The Games must go on.« – Die Tage danach

nicht selbstgerecht gesprochen hat.« Und schließlich: »Als Bundeskanzler nehme ich die Verantwortung für den missglückten Versuch, weitere Verbrechen zu verhindern, auf mich und widerspreche gleichzeitig all denen, die das Unglück zu nutzen versuchen, indem sie erneut alte Vorurteile nähren.«

Brandt ist nicht nach einer großen Rede, er erteilt Grass eine freundliche Absage. Doch ihm ist klar, dass die Sicherheitskräfte versagt haben, wobei er die Hauptverantwortung der CSU-geführten Staatsregierung in Bayern zuweist. Deren Innenminister Bruno Merk hatte ja die Federführung bei dem Einsatz. »Einiges, was auf dem Sicherheitsgebiet geschah oder nicht geschah«, notiert Brandt in sein Tagebuch, »ist mir schlechthin unverständlich.« Er sorge sich um die »außen- und gesamtpolitischen Tiefenwirkungen«. Brandt schreibt, er sei da »durchaus nicht optimistisch.«

Offiziell allerdings ist die deutsche Seite bemüht, sich von jeglicher Schuld freizusprechen. Das Auswärtige Amt erstellt bereits am 7. September eine Vorlage, in der die strategische Linie gezogen wird: »Gegenseitige Beschuldigungen müssen vermieden werden. Auch keine Selbstkritik!«, heißt es in einem Aktenvermerk.

Fünf Tage nach dem Massaker von Fürstenfeldbruck rechtfertigt sich Polizeipräsident Manfred Schreiber im Nachrichtenmagazin ›Der Spiegel‹. Den Vorwurf, auf Hinweise nicht reagiert zu haben, weist er weit von sich. Würde er all diese Hinweise vorlegen, sagt Schreiber, könnte er fünf Waschkörbe damit füllen. Allein zur Eröffnungsfeier des Olympiastadions habe es acht Bombendrohungen gegeben – und nichts sei passiert. Was wohl heißen soll: Man kann nicht alles ernst nehmen. »Jeder weiß was, jeder versucht, das heiße Papier schnellstens wegzubringen, um nachher sagen zu können: Siehe, ich habe mitgeteilt«, sagt Schreiber. Alle Warnungen also nur Wichtigtuerei? Kein einziges selbstkritisches Wort kommt Schreiber über die Lippen.

Zu den Versäumnissen und Fehlern von Schreibers Truppe, die nun ans Tageslicht kommen, gehört auch der Umgang mit der »Lage 21« des Polizeipsychologen Georg Sieber. Mit seinem Szenario eines palästinensischen Überfalls auf die israelische Mannschaft lag er gespenstisch nah an der Realität. Zumindest ihm gegenüber arbeitet die Staatsmacht jedoch gründlich. Ein Oberkommissar der Kriminalpolizei klingelt bei

## Die Stasi braucht den Sarg nicht

Sieber zu Hause und fordert die Herausgabe von dessen Olympia-Unterlagen – vor allem jener zu den 26 Terror-Szenarien. Als wenig später das Landesamt für Verfassungsschutz die Münchner Kripo um Übersendung einer Kopie bittet, teilt ein leitender Beamter mit, die Akten seien im Polizeipräsidium leider nicht mehr auffindbar. Sie werden auch nicht mehr auftauchen.

Heinrich Peter Schneider ist ein Kaufmann aus Köln, aber zuletzt hat er sich als Schreiner betätigt. Er hat eine Holzkiste gezimmert, die in ihren Maßen verdächtig einem Sarg ähnelt. Für die Arbeit hat er Materialkosten in Höhe von 100 D-Mark bei seinem Auftraggeber in Rechnung gestellt, dem Ministerium für Staatssicherheit in Ostberlin. Die Kiste hievte Schneider, von der Stasi unter dem Decknamen »IM Rennfahrer« geführt, in einen gemieteten Wagen und lenkte diesen unter penibler Einhaltung aller Verkehrsregeln nach München. Für die Dauer der Spiele soll er sich dort bereithalten. Als Einsatzbefehl ist ein Codesatz vereinbart: »Onkel Hans aus Palermo«.

Schneider, so rekonstruiert das später die Historikerin Angela Schmole, soll für die Stasi DDR-Athleten aufspüren, die sich bei Olympia von ihrer Mannschaft entfernen und im Westen bleiben wollen. Er soll sie betäuben und dann in seiner Kiste zurück in die DDR bringen. Um Schneider herum hat die Stasi eine 14-köpfige Gruppe von Spitzeln und Handlangern aufgebaut – fast alle haben wie Schneider einschlägige kriminelle Erfahrung. Für das nötige Handwerkszeug hat Ostberlin auch gesorgt: einen Kleintransporter, moderne Observationstechnik, ein Schweißgerät, Waffen und natürlich ein schnell wirkendes Narkosemittel.

Die Stasi ist auf alles vorbereitet, hat die aufsehenerregende Ostseeflucht des Schwimmers Axel Mitbauer nicht vergessen. Nichts wäre peinlicher, als wenn es einem Sporthelden des Arbeiter- und Bauernstaats in der materialistischen BRD so gut gefiele, dass er gar nicht mehr nach Hause will. Die großflächige Überwachung aller Olympia-Reisenden, die Oberspion Erich Mielke 1971 angestrengt hatte, hat einige Verdachtsmomente ergeben. Der sechsseitige Bericht der Bezirksverwaltung für Staatssicherheit Karl-Marx-Stadt vom Juli 1972 erkennt Fluchtgefahr etwa bei der Kanutin Angelika Bahmann. Die 20-Jährige habe sich dem-

## »The Games must go on.« – Die Tage danach

nach »begeistert über die Verhältnisse in den kapitalistischen Ländern« geäußert. Ganz konkret habe sie die Verhältnisse in Holland und der DDR »so unterschiedlich wie Tag und Nacht« genannt.

Zweifel am rechten proletarischen Geist gibt es auch bei einem Verwandten der Mittelstreckenläuferin Helga Fischer; der Mann ist gleich mehrmals mit defätistischen Bemerkungen aufgefallen. Inzwischen haben sowohl Angelika Bahmann als auch Helga Fischer Gold für die DDR gewonnen, die eine im Kajak-Slalom, die andere in der 4 x 400-Meter-Staffel. Aber für die Stasi heißt das nicht, dass die Gefahr gebannt ist.

Soweit bekannt, müssen die Stasi und der »IM Rennfahrer« mit seiner Kiste in München nicht eingreifen. Den Kollegen der rumänischen Securitate dagegen fällt am Nachmittag des 10. September auf, dass der Volleyballspieler Stelian Moculescu in der Olympiahalle einen Schwatz mit dem westdeutschen Nationaltrainer Manfred Kindermann hält. Das olympische Turnier ist vorbei, Rumänien ist Fünfter geworden. Am nächsten Tag steht die Schlussfeier an, dann fliegt das rumänische Team zurück nach Bukarest.

Moculescu ist in der Vergangenheit durch einen schweren Mangel an Enthusiasmus für die sozialistische Sache aufgefallen. Doch dass er sich kurz mit Kindermann unterhält, besorgt die Aufpasser von der Securitate nicht allzu sehr. Rumänien und die Bundesrepublik pflegen gute Beziehungen im Volleyball, über den Eisernen Vorhang hinweg. Die Rumänen sind so etwas wie Entwicklungshelfer für die drittklassigen Deutschen, die für Olympia nur als Gastgeber qualifiziert sind.

Die Geheimdienstleute hören nicht, wie Moculescu ohne Umschweife zur Sache kommt. »Ich möchte hierbleiben, und ich brauche Hilfe«, sagt er zu Kindermann. Der denkt sich: »Um Gottes willen!« Aber er verspricht, Moculescu zu helfen. Am nächsten Morgen um sieben will er ihn am Rand des olympischen Dorfes abholen. Der 11. September ist Moculescus letzte Chance, er wollte das Turnier abwarten, nun ist der Moment gekommen.

In der Nacht heulen plötzlich die Sirenen im Dorf – ein Fehlalarm, wie sich nach einer Weile herausstellt. Die rumänischen Volleyballer, untergebracht im Haus Connollystraße 4, werden von ihrer Teamleitung zusammengeholt, erst gegen halb vier dürfen sie wieder auf ihre Zimmer. Moculescu gerät noch einmal ins Zweifeln: Soll er das Risiko eingehen?

## Stelian Moculescu setzt sich ab

Welche Folgen hätte eine Flucht für seine Familie? »Ich habe mich hingelegt«, erinnert sich Moculescu in der Rückschau, »und ich habe mir gesagt: Wenn ich rechtzeitig aufwache, hau ich ab, und wenn nicht, dann habe ich Pech gehabt.« Um halb sieben wacht er auf. Er packt seine Volleyballschuhe, ein Handtuch mit »Romania«-Aufdruck, Socken und Rasierzeug in seine Sporttasche und schleicht sich aus dem Appartement. Aufzug oder Treppe nach unten? Er entscheidet sich für die Treppe. »Wenn sich mir jemand entgegenstellt, kann ich ihn wenigstens über den Haufen rennen«, denkt er sich.

Über die Tiefgarage verlässt er das Haus, durch das menschenleere Dorf läuft er die zehn Minuten zum Treffpunkt an der Lerchenauer Straße. Er ist um sieben Uhr da – aber Kindermann nicht. Moculescu wird nervös, kann das wahr sein? Bis halb acht will er warten, dann die Flucht abbrechen. Um kurz vor halb biegt der deutsche Trainer mit seinem VW-Bus um die Ecke, er hat verschlafen. Die beiden fahren raus aus München, auf die Autobahn A9 Richtung Nürnberg. Das mittelfränkische Zirndorf ist ihr Ziel, dort sitzt das Bundesamt für die Anerkennung ausländischer Flüchtlinge. Stelian Moculescu stellt seinen Antrag, dann bringt man ihn nach Walsrode in Niedersachsen – auf ein Gelände des Bundesgrenzschutzes, damit er sich sicher fühlen kann. Sechs Tage später erkennt ihn die Bundesrepublik Deutschland als politischen Flüchtling an.

Auf dem Bundeswehrflughafen in Neubiberg werden an diesem Morgen fünf Särge in ein Flugzeug verladen, niemand will Aufhebens um die Aktion machen. Die Maschine kommt aus Libyen, Staatschef Muammar al-Gaddafi hat sie geschickt. Die Särge bergen die Leichen der fünf in Fürstenfeldbruck erschossenen Palästinenser. Als das Flugzeug einige Stunden später in Tripolis landet, warten Tausende Menschen und feiern die toten Terroristen als Märtyrer für die arabische Sache. Der Trauerzug zum Totengebet in der Moschee wird eine politische Demonstration. Auch in anderen arabischen Ländern gehen junge Männer auf die Straße. »Wir sind alle Schwarzer September« skandieren sie. Nur ein arabischer Staatschef verurteilt die Tat. König Hussein von Jordanien spricht von einem »abscheulichen Verbrechen«, verübt von »kranken Gehirnen«.

## »The Games must go on.« – Die Tage danach

Die letzte Goldmedaille der Spiele von München wird direkt vor der Schlussfeier im Olympiastadion vergeben. 80 000 Menschen sehen den Preis der Nationen, den Mannschaftswettbewerb der Springreiter. Die Equipe der Bundesrepublik wird hoch gewettet, aber das US-Team liegt bis zum Ende auf Augenhöhe. Die Dramaturgie will es, dass Hans Günter Winkler als letzter deutscher Reiter in den Parcours geht, jener Winkler, der 1956 in Stockholm als junger Mann – gepeinigt von einem Muskelriss, festgezurrt auf seiner Stute Halla – unter Schmerzensschreien zu Gold ritt. Drei weitere Olympiasiege hat der Pferdeflüsterer aus dem Münsterland seitdem gesammelt, und jetzt muss er fehlerfrei bleiben für sein fünftes Gold.

Es ist mucksmäuschenstill im Stadion, als Winkler und sein Pferd Torphy (Halla ist längst im Ruhestand) das erste Hindernis nehmen. Dann erfüllt das Stöhnen der 80 000 die Arena: Doppelfehler an einer Zweier-Kombination. Das Blatt hat sich gewendet, nun hat es der Amerikaner William Steinkraus in der Hand, ein Freund Winklers: Wenn er ohne Abwurf bleibt, siegt die USA. Federleicht passiert Steinkraus die Stelle, an der Winkler patzte. Er nimmt Anlauf auf den Wassergraben – doch der Sprung ist zu kurz. Platsch, macht es, als der Huf seines Pferdes ins Wasser taucht. Ein stummer Glücksschrei rollt über die Ränge, laut jubeln wäre unfair, solange Steinkraus noch reitet. Für die Bundesrepublik ist es die 13. Goldmedaille von München, sieben weniger, als die DDR errungen hat. Doch wer dabei ist an diesem Nachmittag, wird nie die Sekunde vergessen, in der Hans Günter Winkler zum erfolgreichsten Springreiter der Geschichte wurde.

Als die Spiele der XX. Olympiade zu Ende gehen, liegt eine nasse Abendkühle über dem Stadion. Es ist der 11. September, und der Sommer ist vorbei. Joachim Fuchsberger, der im Olympiastadion die Stimme der vergangenen beiden Wochen war, sagt: »Die Spiele haben heiter begonnen. Sie enden ernst.« Es ist natürlich nicht die Abschlussfeier, die man lange geplant hatte, es ist eine Feier, aus der alle Fröhlichkeit getilgt ist, zumindest aus dem Programm. Die Schäffler, die Münchner Fassmacher in ihren hellroten Jacken und grünen Mützen, dürfen ins Stadion einziehen, aber nicht tanzen. Beschwingte Musikstücke dürfen nicht gespielt werden.

## Das olympische Feuer erlöscht

Unter anderem wird »He's a Jolly Good Fellow« gestrichen, das Ständchen, das 80 000 Zuschauer Avery Brundage bei seinem letzten großen Auftritt als IOC-Chef darbieten sollten. Brundage, 84 Jahre alt, sieht gebrechlich aus, Helfer stützen ihn beim Gang auf die Bühne. Alles atmet Abschied. Die Zeit mag über den Amerikaner hinweggegangen sein, aber am Ende trifft er tatsächlich noch einmal den Ton. In stockendem Deutsch sagt er ins weite Rund: »Die Tage der strahlenden Freude haben wir zusammen gefeiert. Und die Stunden tiefster Dunkelheit haben wir gemeinsam ertragen.« Auf der Anzeigetafel ist sein Name beim letzten Gruß falsch geschrieben: »Thank you, Avery Brandage«.

Es enden Spiele, die Gipfel von Glanz und Euphorie erklommen haben, bevor sie abgestürzt sind in Elend und Verzweiflung. Eine der vielen Fragen, und gar nicht die wichtigste, die sich an diesem 11. September im Olympiastadion stellt, ist jene, ob man sich jemals unschuldig an den Goldsprung von Ulrike Meyfarth wird erinnern können, die sieben Goldmedaillen des Mark Spitz oder die Stadionrunde, mit der sich John Akii-Bua, Sohn ugandischer Hirten, ins Herz des Weltpublikums lief. Willi Daume formuliert vor allem eine vage Hoffnung, als er sagt: »In einigen Monaten, in ein paar Jahren, ja vielleicht erst in Jahrzehnten wird man sagen, dass München ein zeitgeschichtliches Ereignis war, das mit seiner ganzen Tragik, seiner Wirrnis und der Unreife die Probleme deutlich gemacht hat, mit denen wir in dieser Welt von heute leben müssen.«

Es ist kurz nach acht, als Stadionsprecher Fuchsberger in sein Mikrofon spricht: »16 Tage brannte das olympische Feuer, nun wird es erlöschen.« Das Oval wird abgedunkelt, man sieht nur noch die Flamme über der Gegengerade. Eine Trompete erklingt, dazu Pauken. Ein letztes Aufflackern, dann Dunkelheit. Georg Leber, der Bundesverteidigungsminister, den Freunde und Genossen nur »Schorsch« nennen, sitzt in dieser Minute in seinem Büro auf der Bonner Hardthöhe an einem Stapel Akten. Vor dem Schreibtisch läuft ein Fernseher, in Farbe natürlich. Mit einem Auge sieht Leber die Schlussfeier, für deren Übertragung auch Schwarz-Weiß gereicht hätte.

Leber, der gelernte Maurer aus Hessen, ist erst vor wenigen Wochen Verteidigungsminister geworden, mit 51 Jahren. Sein Aufstieg gilt vielen als Beispiel dafür, dass man im neuen Deutschland nicht adelig sein muss oder reich, um höchste Ämter zu erreichen. Der bodenständige Leber wird ein bei der Truppe sehr beliebter Minister werden, Ehrenname »Soldatenvater«. Aber nun beginnen jene Minuten seiner Amtszeit, die sich ihm ins Gedächtnis brennen.

Um 20:05 Uhr betritt Lebers Adjutant den Raum. Er meldet, dass in Stuttgart von Terroristen ein einmotoriges Flugzeug gestohlen worden sei. Es gebe Erkenntnisse, die darauf hindeuten, dass aus dem Flugzeug Bomben über dem Olympiastadion abgeworfen werden könnten. In seiner Autobiografie schreibt Leber: »In die Atmosphäre, die durch den Überfall auf die Israelis geschaffen worden war, passte die Meldung über eine solche Absicht fraglos hinein.« Es wird an diesem deutschen 11. September keinen Anschlag geben, aber dass ein neues Zeitalter des Terrors begonnen hat, merken alle Beteiligten daran, was sie nun für möglich halten.

Bundeskanzler Brandt wird auf der Münchner Tribüne über die Gefahrenlage informiert, zunächst verbleibt er auf seinem Platz. Seinem Sprecher Conrad Ahlers flüstert er zu: »Jetzt bin ich zum ersten Mal als Oberbefehlshaber tätig geworden.« Brandt hat die Verantwortung aber nur delegiert, an Georg Leber, dem nun langsam dämmert, was da auf ihn zurollt. Denn eines darf wenige Tage nach dem Blutbad von Fürstenfeldbruck nicht passieren: dass die deutschen Sicherheitskräfte noch einmal zu zögerlich sind. »Wenn ich nichts getan hätte, und es hätte ein Flugzeug in die Schlussfeier eine Bombe geworfen«, wird Leber später sagen, »das hätte die ganze Welt nicht verstanden.«

Die nächste Meldung schlägt im Büro des Ministers ein. Das Radar der Luftwaffe hat um 20:03 Uhr elf Meilen nordwestlich von Ulm ein unidentifizierbares Flugobjekt geortet, Höhe: 2000 Meter, Kurs: Osten. Das ergänzt sich furchterregend genau mit der Nachricht von dem gestohlenen Flugzeug: Ulm liegt zwischen Stuttgart und München. Leber wartet noch drei Minuten, bis die Radarstation bestätigt: Das unbekannte Flugzeug hält Kurs auf München. Er greift zum Telefon und ruft Georg Mohrdieck an, den Kommandeur des Jagdgeschwaders 74 in Neuburg an der Donau. Eine Alarmrotte soll aufsteigen, mit scharfen Bordwaffen.

Auch im Fliegerhorst Neuburg laufen in Stuben und Gemeinschaftsräumen die Fernseher mit der Schlussfeier. Dann ruft jemand: »Die Alarmrotte geht raus.« Das kommt vielleicht ein Mal im Jahr vor. 15 Minuten nach dem Befehl müssen die beiden Jets in der Luft sein, das ist die

## Ein Flugzeug und der deutsche 11. September

Vorgabe der NATO. Die Bordelektronik der Maschinen, die sich in Bereitschaft befinden, wird deshalb nie ausgeschaltet. Zwei Starfighter F 104 G rollen auf die Startbahn, jeweils zwei Sidewinder-Raketen unter den Flügeln und eine sechsläufige Bordkanone. Die Abfangjäger donnern über die Bahn und heben ab. Die Mitarbeiter im Tower sehen den Feuerschweif der Nachbrenner in der Dunkelheit verschwinden.

Lebers Büro gleicht inzwischen einem Gefechtsstand. Mehrere Luftwaffenoffiziere sind herbeigeilt, weitere Telefonverbindungen hergestellt. Der Minister und sein Stab können den Funkverkehr zwischen dem Neuburger Tower und den Starfighter-Piloten mithören, die vorerst in Warteposition kreisen. Die Luftraumüberwachung meldet: Das unidentifizierte Flugobjekt sei vom Radar verschwunden. Die Offiziere an Lebers Seite mutmaßen, die Maschine sei wahrscheinlich in den Sinkflug übergegangen, um der Radarkontrolle zu entgehen. Der Minister ordnet an, dass die Starfighter in 2000 Meter Höhe über dem Olympiastadion kreisen sollen. Alle zivilen Flugzeuge werden angewiesen, den Luftraum über München sofort zu verlassen.

In seiner Sprecherkabine bemerkt Joachim Fuchsberger, dass sich auf der Ehrentribüne, direkt unter ihm, Unruhe verbreitet. »Einer nach dem anderen von den Staatsoberhäuptern wurde herausgeholt«, erzählt Fuchsberger später. »Irgendetwas war im Gange.« In den Katakomben erwägen Willi Daume und Polizeipräsident Schreiber, das Stadion sofort räumen zu lassen. Admiral Armin Zimmermann stößt zu ihnen, der Generalinspekteur der Bundeswehr, der als Zuschauer im Stadion ist. Er warnt vor einer Räumung, weil die Folgen einer Panik fatal sein könnten.

Plötzlich taucht August Everding vor Fuchsbergers Kabine auf, der Regisseur der Schlussfeier. Er presst einen Zettel gegen das Glas, darauf steht: »Nicht identifizierte Flugobjekte im Anflug auf das Olympiastadion – möglicherweise Bombenabwurf – sag, was du für richtig hältst.« Fuchsberger ist ein Sprecher, kein Entscheider. Aber jetzt muss er sich entscheiden, genau wie Georg Leber in Bonn. Der Regisseur Everding kommt zu Fuchsberger in die Kabine, sie sind zu zweit ratlos. Wenn wirklich Bomben fallen, sagt Everding, werden sie beide hier zusammen als Erste in die Luft fliegen.

Sag, was du für richtig hältst: »Man verlangte von mir die schwerste Entscheidung, die ich in meinem Leben zu treffen hatte«, erinnert sich

## »The Games must go on.« – Die Tage danach

Fuchsberger. Er ist als charmanter Fernsehplauderer bekannt, als einer, der die Gabe hat, niemals unangenehme Stille aufkommen zu lassen. Nun entscheidet er sich dafür zu schweigen, einfach gar nichts zu sagen. Er fürchtet, dass sich die Menschen im Stadion bei einer Bombenwarnung gegenseitig tottrampeln würden. Aber liegt er damit richtig? Oder macht er einen folgenschweren Fehler? Der ›Süddeutschen Zeitung‹ sagt Fuchsberger später: »Ich war der einsamste und angeschissenste Mensch, den man sich vorstellen kann.«

Auf der Bonner Hardthöhe und im Neuburg Tower zucken die Zuhörer der Funkfrequenz mit dem Codenamen »Gold Seven« zusammen. »Contact«, meldet einer der Starfighter-Piloten. Und gleich darauf: »I have a lock-on.« Ziel gesichtet. Nach unendlichen Sekunden des Wartens kommt die Entwarnung: Es ist ein Hubschrauber des Bundesgrenzschutzes. Dann teilt das Luftwaffenradar Leber mit, dass das unbekannte Flugzeug wieder geortet wurde, auf der Höhe von Augsburg. Kein Zweifel: Das Ziel ist München.

Nun muss Leber handeln. Ihm ist klar: Wenn das Flugzeug nicht sofort den Kurs ändert, muss er den Abschuss befehlen. Die einzige andere Hoffnung, die vielleicht noch bliebe, wäre, dass der Pilot des Flugzeugs auf visuelle Zeichen der Abfangjäger reagiert, ein Wackeln der Tragflächen etwa. Doch Leber weiß: Wenn die Maschine abgeschossen werden muss, sollte das vor dem dicht bebauten Münchner Stadtgebiet passieren. Er beschließt, sich noch eine allerletzte Frist zu geben, »zwei oder drei sehr lange Minuten«. Mancher im Raum, sagt er hinterher, habe ihn da bestimmt für einen Zauderer gehalten.

In dem Augenblick, in dem der Minister nicht mehr warten kann, kommt die Nachricht: Das unbekannte Flugzeug hat Funkkontakt mit dem Flughafen München-Riem aufgenommen. Es ist eine Passagiermaschine der Finn Air mit mehr als 100 Menschen an Bord. Sie hat sich verirrt, weil ihr Radar ausgefallen war. Der Bordingenieur hat das Gerät repariert. »Wäre er damit zwei Minuten später fertig geworden«, sagt Leber, »die Maschine wäre höchstwahrscheinlich abgeschossen worden.« Die finnische Maschine landet schließlich auf dem nächstgelegenen Flughafen – in Fürstenfeldbruck.

In der Sprecherkabine warten Joachim Fuchsberger und August Everding auf ein Flugzeug, das nicht kommt. »Falscher Alarm!«, ruft

## Die letzte Regung der heiteren Spiele

ihnen irgendwann jemand in die Kabine. Hinterher stellt sich heraus, dass der angebliche Diebstahl der Maschine in Stuttgart eine Falschmeldung war. Ein Unbekannter hatte im Organisationsbüro der Spiele angerufen und behauptet, sein Privatflugzeug sei auf dem Flugplatz Malmsheim bei Stuttgart von arabischen Terroristen entführt worden. Die 80 000 Besucher erfahren erst am nächsten Tag vom Drama des Abends. Die ›Bild‹-Zeitung titelt: »Luftwaffe jagt Terror-Flugzeug«.

Am Ende der Schlussfeier steht ein künstlicher Regenbogen am Nachthimmel, mit Helium gefüllte gefärbte Kunststoffröhren. Nun fangen doch einige Athleten an zu tanzen, dann immer mehr. Eine Polonaise geht durchs Stadion. Die Zuschauer winken mit den Lampen, die sie auf ihren Plätzen vorgefunden haben. Die Spiele sind aus, die Anspannung fällt ab. Viele im Stadion und an den Fernsehschirmen wissen nicht recht, ob sie das gut oder schlecht finden sollen. Es ist die letzte trotzige, vergebliche Regung der heiteren Spiele. Carsten Keller, der Hockeykapitän, der an diesem Abend die deutsche Fahne tragen durfte, geht ebenso beglückt wie wehmütig in die Katakomben. Er weiß nicht so recht, wohin mit der Fahne. Wahrscheinlich müsste er sie abgeben, aber wo? Er nimmt sie einfach mit ins Parkhaus und legt sie in sein Auto.

Als im Stadion das Flutlicht ausgeschaltet wird, beendet die ARD ihre Olympiaberichterstattung. Der Kommentator verabschiedet sich von seinen Zuschauern in den deutschen Wohnzimmern mit dem Satz: »Es waren die schönsten Olympischen Spiele, die je kaputt gemacht wurden.«

Kapitel 8

## »WAS BLEIBT?« – VERGESSEN IST NICHTS

Renate Stecher ist im Osten ein Superstar // die Anti-Terroreinheit GSG 9 wird gegründet // Meyfarth drückt wieder die Schulbank // Mark Spitz kassiert als Werbestar und Schauspieler // der Bundestag untersucht das Attentat nur oberflächlich // rechtsextremer Helfer der palästinensischen Terroristen geht Polizei in München ins Netz // Heide Rosendahl ist Sportlerin des Jahres // Olympiaattentäter werden freigepresst // viele Deutsche machen mit bei »Willy wählen« // ein Orkan verwüstet Norddeutschland // der Literatur-Nobelpreis geht an Heinrich Böll // Bahr und Kohl sorgen für Entspannung

Im Herbst 1972 beginnt Israel mit der Jagd auf die Hintermänner. Ein paar Jahre später wird Palästinenserführer Abu Daoud in Paris festgenommen. Frankreich liefert ihn nicht nach Deutschland aus, sondern schiebt ihn nach Algerien ab.

»Willy wählen« lautet bei der Bundestagswahl 1972 die knapp formulierte Devise. Vor allem viele in der jungen Generation sind fasziniert vom charismatischen SPD-Kanzler Willy Brandt.

Höchste Ehre nach vielen Anfeindungen im eigenen Land: Der Kölner Schriftsteller Heinrich Böll erhält aus den Händen des schwedischen Kronprinzen Carl-Gustaf den Literaturnobelpreis

Für Renate Stecher beginnt am Tag nach der Abschlussfeier die Zeit der Ehrungen. Erst auf dem Marktplatz in Jena, das ihr zur Heimat geworden ist, seit sie für den SC Motor Jena startet. In Berlin folgt in der Dynamo-Halle der offizielle Empfang des Zentralkomitees der SED für die DDR-Olympioniken. Erich Honecker, der Erste Sekretär des ZK, heftet Stecher den vaterländischen Verdienstorden an. Dazu gibt es für jede Athletin und jeden Athleten Schmalfilmrollen mit den Höhepunkten der Spiele. 20 Goldmedaillen hat die Mannschaft nach Hause gebracht, zwanzig Mal hat der Kapellmeister die DDR-Hymne erklingen lassen. Die DDR ist Dritter geworden im Medaillenspiegel – die BRD nur Vierter, mit 13 Mal Gold. Die ganze Welt hat es jetzt schwarz auf weiß, dass die DDR mindestens im Sport eine Nation von eigenem Recht ist.

Es ist ein Triumph, den Honecker in seiner Tischrede nüchtern zusammenfasst: »Ihr habt bei den XX. Olympischen Spielen in München unseren sozialistischen Staat der Arbeiter und Bauern würdig vertreten.« Sie habe die Auszeichnung als Ehre empfunden, erinnert sich Renate Stecher später. »Dafür muss ich mich auch nicht schämen, denn jedes Land ist stolz auf seine erfolgreichen Athleten.«

Für jede ihrer beiden Goldmedaillen erhält Renate Stecher eine Prämie von 15 000 DDR-Mark. Ein Trabi, auf den sie sonst viele Jahre hätte warten müssen, wird bald geliefert. Wenige Wochen nach den Spielen gehört sie zu den verdienten DDR-Sportlern, die auf der »MS Völkerfreundschaft«, dem sozialistischen Traumschiff, nach Kuba fahren dürfen, wo vor Havanna Fidel Castro an Bord geht. Eine Viertelstunde unterhält sich Renate Stecher mit dem Revolutionsführer und Basketball-Enthusiasten. Das Gespräch, berichtet sie hinterher, habe sich vor allem um die »Verpflegung von Leistungssportlern« gedreht.

## »Was bleibt?« – Vergessen ist nichts

Der schwedische Schwimmer Gunnar Larsson darf sich Olympiasieger über 400 Meter Lagen nennen, zwei Tausendstelsekunden betrug sein Vorsprung auf den Amerikaner Tim McKee. Dieser ärgert sich am meisten über sich selbst. Er habe auf der letzten Bahn einen Blick über die Schulter geworfen, sagt er, in Richtung Larsson: »Ich hatte es gewonnen, bis ich nach ihm geschaut habe.« Die knappste Entscheidung der Schwimmgeschichte akzeptiert McKee tapfer: »Wenn die Technik die Messung solch geringer Abstände ermöglicht, muss sie angewandt werden.« Aber muss sie das wirklich?

Einige Schwimmfunktionäre lässt die Entscheidung von München nicht los. Sie messen in der Olympiaschwimmhalle die exakte Beckenlänge auf Höhe der Finalbahnen der beiden Athleten. Im Schwimmhallenbau werden nämlich üblicherweise Abweichungen von bis zu drei Zentimetern toleriert. Umgerechnet auf die Strecke hatte Larssons Vorsprung zwei Millimeter ausgemacht. Nun stellt sich heraus: Die Bahn des zweitplatzierten McKee war um acht Millimeter länger als die Larssons. Eigentlich hätte also der Amerikaner Gold verdient, am ehesten zumindest. Der Internationale Schwimmverband beschließt deshalb, künftig nur noch in Hundertstelsekunden zu messen und bei gleicher Zeit zwei Medaillen zu verleihen.

Der olympische Friede in der deutschen Innenpolitik ist vorbei. Willy Brandt und seine SPD stehen am Abgrund, ihre Gegner laufen Sturm gegen den angeblichen »Ausverkauf« deutscher Interessen im Osten und die vermeintlich »sozialistische« Wirtschaftspolitik. »Wir stehen nicht am Ende unserer Demokratie, wir fangen erst richtig an«, hatte Willy Brandt bei seinem Amtsantritt 1969 gesagt. Sollte dieser Anfang schon wieder sein Ende finden? Brandt hat das Misstrauensvotum wundersam überstanden, aber seit dem Frühjahr ist dennoch klar, dass seine sozialliberale Koalition ihre Mehrheit im Bundestag verloren hat. Brandt hat die Vertrauensfrage, mit der er Neuwahlen herbeiführen will, nur bis nach den Olympischen Spielen hinausgezögert, mit Billigung der Opposition. Aber jetzt stellt er sie, und seine Kabinettsmitglieder sorgen durch ihre Enthaltung für die kalkulierte Niederlage.

Bundespräsident Gustav Heinemann will seinem Parteifreund Brandt natürlich den Weg zu Neuwahlen ebnen, aber er erkennt auch, dass die

## Gustav Heinemann löst den Bundestag auf

Sache heikel ist und von größter Tragweite. Wie eine Demokratie mit einem dauerhaften Patt im Parlament verfährt, entscheidet über ihre Stabilität. Die Mütter und Väter des Grundgesetzes hatten beabsichtigt, den Kanzler im politischen System der Bundesrepublik im Vergleich zu Weimar zu stärken. Zwölf Kanzler in 14 Jahren, eine solche Kurzatmigkeit sollte es nicht mehr geben. Deshalb erdachten sie das »konstruktive Misstrauensvotum«, das die Abwahl eines Regierungschefs nur zulässt, wenn zugleich ein neuer gewählt wird. Zudem statteten sie den Kanzler mit dem Instrument der Vertrauensfrage aus, mit dem sich dieser in einer Krise seiner Mehrheit versichern und mit neuer Legitimation weiterregieren kann. Brandt setzt das Instrument jetzt aber anders ein: Er hat die Vertrauensfrage absichtlich verloren, um zu Neuwahlen zu kommen.

Der Ball liegt bei Heinemann, denn laut Grundgesetz kann der Bundespräsident nun binnen 21 Tagen den Bundestag auflösen. Er muss es aber nicht. Nach einem Tag Bedenkzeit bittet Heinemann, deutscher Demokrat mit Herz und Kopf, bei Radio und Fernsehen um einen abendlichen Sendeplatz, er will den Deutschen seine Entscheidung verkünden. »Die Auflösung des alten und die Wahl eines neuen Deutschen Bundestages sind unvermeidlich geworden«, sagt er mit einer Kühle, die maximal entfernt ist von der politischen Hitze von Weimar. Durch das Patt von Regierung und Opposition sei »eine zielstrebige parlamentarische Arbeit nicht mehr gewährleistet«. Es ist an den Bürgerinnen und Bürgern, bei einer vorgezogenen Bundestagswahl für klare Verhältnisse zu sorgen.

Am 19. November werden die Deutschen an die Wahlurnen treten – und genau dann wird die wahre Vertrauensfrage des Willy Brandt beantwortet. Natürlich wird die Bundestagswahl so auch zum Volksentscheid über die Ostpolitik werden, die Brandts Mehrheit ja erst ins Bröckeln gebracht hatte. In den Umfragen liegt die Union bei knapp über 50 Prozent, die SPD bei knapp über 40. Man muss schon ein kühner Zocker sein oder ein sehr optimistischer Sozialdemokrat, um auf eine zweite Amtszeit für Brandt zu setzen.

Aus München sind die sowjetischen Turnerinnen und Turner gleich weitergereist, sie unternehmen eine mehrwöchige Schaukampftour durch die DDR. An deren Ende ist Olga Korbut so müde, dass sie 48 Stunden im Bett verbringt. »Ich war so erschöpft, die anderen dachten sicher, ich bin tot«, berichtet sie später. Die Tour ist eine Vorschau auf ihr neues Leben, »ich war nur noch unterwegs«, ständig in einem anderen Land, »um der Welt zu zeigen, dass die Sowjetunion die beste [Nation] ist«. Sie bekommt eine Wachsfigur bei Madame Tussauds und wird in einem »Peanuts«-Comic-Strip von Snoopy bewundert, sie trifft die Königin von England und den amerikanischen Präsidenten Richard Nixon. Ob man nicht einfach mit allem Krieg aufhören könne, fragt die Turnerin den Präsidenten. »Oh, kleines Mädchen«, sagt Nixon. »Oh, großer Junge«, sagt Korbut.

Am 26. September, keine drei Wochen nach dem Olympiaattentat, fasst der Deutsche Bundestag in Bonn einen Beschluss: Die Bundesrepublik gründet eine Anti-Terroreinheit. Die eigentliche Geburtsstunde der Einheit hat allerdings bereits in der Nacht von Fürstenfeldbruck geschlagen, in der Limousine, die Innenminister Hans-Dietrich Genscher und seinen Verbindungsoffizier vom Bundesgrenzschutz, Ulrich Wegener, nach München zurückbrachte. Beiden waren im Tower die Kugeln um die Ohren geflogen, beide hatten unter Tischen Deckung gesucht. Im Auto redete Wegener auf Genscher ein: »Wir müssen etwas tun, so etwas darf nie wieder geschehen.« Deutschland brauche Spezialkräfte für solche Lagen, genau wie die Israelis: »Ich will diese Einheit aufbauen und kommandieren.« Schon tags darauf präsentierte Genscher die Idee in einer Sondersitzung von Brandts Kabinett.

Nun geht Wegeners Wunsch in Erfüllung, Genscher vertraut ihm das Kommando der neuen Einheit an. Der hochgewachsene Wegener ist da 43 Jahre alt, ein Brandenburger Offizierssohn mit preußischem Pflichtgefühl. Er genießt den Ruf eines Strategen, der selbst in hitzigen Situationen kühl urteilt und entschlossen handelt. Wegener war 1945 als 15-jähriger Knabe noch in die Schlacht um Berlin geworfen worden und in amerikanische Gefangenschaft geraten. Nach dem Krieg lebte er zunächst in der DDR, wo er wegen des Verteilens kritischer Flugblätter in Stasihaft landete. 1952 floh er in den Westen.

Ulrich Wegener versammelt im Herbst 1972 ein paar vertraute Grenzschutzoffiziere um sich und erarbeitet ein Konzept für die neue Einheit. Er fixiert, welches Profil die einzelnen Mitglieder der kleinen Truppe haben müssen, welche Ausbildung, welche Ausrüstung und welche Aufgaben. Das neue Anti-Terrorkommando erhält den Namen Grenzschutzgruppe 9, kurz: GSG 9. Als Standort wird ihr eine Kaserne in St. Augustin bei Bonn zugewiesen. Bevor Wegener an die Auswahl seiner Leute geht, unternimmt er auf Vermittlung der Bundesregierung eine Studienreise an den einen Ort, an dem eine junge Demokratie beinahe täglich ihre Wehrhaftigkeit beweisen muss: Israel.

Acht Wochen verbringt Wegener bei der israelischen Anti-Terroreinheit, es ist eine Art Grundausbildung für ihn. Die israelischen Offiziere empfangen den Gast aus Deutschland frostig, kaum jemand spricht in den ersten Tagen mehr als nötig mit ihm. Schon gar nicht Ehud Barak, der Kommandeur. Doch Wegener wird nicht müde, zwei Dinge zu beteuern: Dass man den internationalen Terrorismus nur gemeinsam bekämpfen könne. Und dass er selbst doch das lebende Beispiel dafür sei, dass die Deutschen ernsthafte Lehren aus der Katastrophe von München ziehen wollten. Langsam gewinnt Wegener das Vertrauen der Israelis, am Ende bleibt er drei Monate. Abends auf seinem Zimmer wälzt er Fachbücher, auch psychologische – er will verstehen, wie politische Terrorgruppen ticken.

Zurück in Deutschland schreibt Wegener Übungs- und Einsatzkonzepte für die GSG 9. Dann rekrutiert er die ersten Mitglieder. Sie müssen nicht nur körperlich fit und psychisch stabil sein. Wegener achtet auch darauf, dass seine Männer charakterlich einwandfrei sind, weder Machos noch Angeber. Die Auswahlprozedur und der anschließende Drill sind hart für die Männer. Sie üben, wie man Flugzeuge, Züge und Häuser stürmt, sich aus Hochhäusern oder Hubschraubern abseilt. In ihrem privaten Umfeld dürfen sie von alledem nichts erzählen.

Für die Unterprimanerin Ulrike Meyfarth beginnt das neue Schuljahr wegen gewisser olympischer Verpflichtungen mit vier Wochen Verspätung. In der Aula des Gymnasiums Rodenkirchen wird sie mit einem großen Empfang gefeiert. »In der Zeit danach war ich in den Pausen ständig belagert. Daheim tauchten Jungs vor unserer Haustür auf, die mich kennenlernen wollten. Mir war das total peinlich. Ich war ein Star und wollte doch keiner sein.« Eine Zeit lang traut sie sich nicht auf den Pausenhof, weil sie nicht dauernd Autogramme geben möchte. Der Schuldirektor

## »Was bleibt?« – Vergessen ist nichts

und die Lehrerinnen und Lehrer versprechen, ihr zu helfen. Aber das klappt irgendwie nicht. »Da habe ich mich zurückgezogen. Ich war verschlossen, habe nur sehr wenig geredet.« Es ist Unsicherheit, aber sie wird ihr natürlich als Arroganz ausgelegt. »Die Goldmedaille hat mein Leben radikal verändert«, sagt Ulrike Meyfarth. »Vom einen auf den anderen Tag und mehr als manchmal gut war für mich.« Am Ende des Schuljahres wird der Schuldirektor sie fragen: »Warum hören Sie eigentlich nicht auf mit dem Sport? Sie haben doch alles erreicht.«

Bundesaußenminister Walter Scheel hat eine Überraschung für die fünf deutschen Hockey-Olympiasieger, die nach dem Finale gegen Pakistan keine Medaille abbekommen hatten. Scheel hat – dem Vernehmen nach auf eigene Rechnung – fünf Goldmedaillen für sie nachprägen lassen.

In Pakistan sieht sich Staatspräsident Zulfikar Ali Bhutto eine Fernsehaufzeichnung des Münchner Finales an. Er ist erstaunt – das hatte sich im Radio ganz anders angehört. Bhutto korrigiert sein Urteil über den vermeintlichen Betrug am pakistanischen Team: »Wir sind ein temperamentvolles und überemotionales Volk. Wir hatten den falschen Eindruck vom Geschehen, und ich war wütend.« Seine Regierung entschuldigt sich offiziell bei der Bundesrepublik. Mit der Bitte um Vergebung schickt Bhutto einen Gesandten nach Frankfurt, mitsamt einem äußerst stattlichen, opulent verzierten Silberpokal, der angeblich 60 000 Mark wert ist. Der Deutsche Hockey-Bund beschließt, mit der Trophäe fortan jährlich den Meister der Bundesliga zu ehren.

Die pakistanischen Spieler und Funktionäre sind vom Hockey-Weltverband mit einer lebenslangen Sperre belegt worden, die aber nach der Entschuldigung aufgehoben wird. Vielleicht spielt dabei auch eine Rolle, dass der Rest der Hockeywelt es sich kaum leisten kann, dauerhaft eine Hockeygroßmacht wie Pakistan auszuschließen, die noch dazu Schläger für alle produziert. 1984 wird Pakistan auf den olympischen Thron zurückkehren. Aber die indisch-pakistanische Vorherrschaft im Hockey ist gebrochen.

Mehr als 30 Mal haben sich Egon Bahr und Michael Kohl getroffen, seit sie im Juni die Gespräche über einen Grundlagenvertrag aufgenommen haben. Sie sind gut gestartet und vorangekommen. Aber nun spüren die

Verhandlungsführer der Bundesrepublik und der DDR, dass sie an einem toten Punkt angelangt sind. Kohl besteht auf der völkerrechtlichen Anerkennung der DDR; Bahr kann diese niemals gewähren, weil sie gegen das Grundgesetz verstieße. Nichts bewegt sich mehr. Bis Erich Honecker den Knoten löst.

Der Staatsratsvorsitzende und SED-Chef will eine Einigung, viel mehr als manche seiner Hintersassen, die den »Wandel durch Annäherung« als »Aggression auf Filzlatschen« verächtlich machen. Die DDR ist international immer noch eine Aussätzige, außerhalb des Ostblocks nur von wenigen Staaten anerkannt. Daran hat auch der warme olympische Medaillenregen nichts geändert. Aber diplomatische Beziehungen zur Bundesrepublik – die würden den Durchbruch bedeuten. Honecker gibt Kohl das Signal, Bahr weit entgegenzukommen.

Die DDR sichert zu, die Ein- und Ausreise für Westbürger zu erleichtern und vier neue Grenzübergänge zu öffnen. Kleine Schritte, das hatte sich die Regierung Brandt erhofft. Im Gegenzug hat sich Bahr, Spitzname »Tricky Egon«, etwas überlegt: Die Bundesrepublik ist bereit, die Staatlichkeit der DDR zu bestätigen – eine Art Light-Version der völkerrechtlichen Anerkennung. Bedingung: Die Bundesregierung darf, wie es sich beim Moskauer Vertrag bewährt, dem Grundlagenvertrag einen Brief anhängen, der das Ziel der Wiedervereinigung festschreibt. Chefverhandler Kohl ist sich ziemlich sicher, dass Honecker damit leben kann.

Die USA haben 1972 zwei Nationalhelden, Mark Spitz und Bobby Fischer, den mythenumwehten Bezwinger des sowjetischen Schachgroßmeisters Boris Spasski. Die Amerikaner liegen damit zwei Männern mit jüdischen Wurzeln zu Füßen, was nicht einer gewissen Ironie entbehrt, wenn man bedenkt, dass just zu dieser Zeit im Weißen Haus ein Präsident mit antisemitischen Tendenzen regiert. Jahrzehnte später werden Tonbandaufnahmen von Richard Nixon im Oval Office öffentlich, 3000 Stunden, die durchzogen sind mit Diffamierungen gegen Juden. Bei der Präsidentschaftswahl am 7. November fährt Nixon einen Erdrutschsieg ein. Doch die Watergate-Affäre, die ihn 1974 zum Rücktritt in Schande zwingen wird, frisst sich immer näher an ihn heran.

Mark Spitz hat seine Schwimmkarriere nun offiziell beendet. Der renommierte Hollywood-Agent Norman Brokaw, der schon Marilyn

Monroe betreute, soll seine neue Laufbahn im Showgeschäft in Gang bringen. In kürzester Zeit unterschreibt Spitz millionenschwere Werbeverträge für Bademode und Swimmingpools, für Anzüge und Rasierapparate – er widersteht jedoch den riesigen Summen, die ihm dafür geboten werden, dass er seinen Schnauzbart abrasiert. Auch die Partnerschaft mit Adidas wird formalisiert. Die ›New York Times‹ schreibt: »Die Nation, die Mark Spitz als Helden kauft, sollte wenigstens wissen, dass sie ein sorgfältig verpacktes Produkt kauft.«

»Mit mir begann die Kommerzialisierung des Sports«, wird Spitz später sagen. Niemand habe so viel Profit aus seinen olympischen Erfolgen gezogen wie er. »Das hing vom Timing ab, vom Hype, von der Wirtschaftslage und vor allem vom Aussehen. Ich meine, ich habe noch nie ein Magazin voll mit hässlichen Typen gesehen.« Er sage nicht, dass das gut sei. »Aber es ist Fakt.«

Am 5. Oktober 1972 gibt Spitz in einem Sketch in der ›Bob Hope Show‹ sein Schauspieldebüt. Hope spielt einen Patienten und Spitz einen Zahnarzt, der den falschen Zahn zieht und verkündet: »Ich nehme immer das Gold.«

Der Innenausschuss des Deutschen Bundestages beendet seine Untersuchung des Anschlags von München. Die Abgeordneten kommen übereinstimmend zu dem Ergebnis, dass »das nach Lage der Dinge Mögliche getan, angemessen gehandelt und richtig entschieden worden« sei. Zum selben Ergebnis gelangt auch ein Bericht, den die Innenminister Hans-Dietrich Genscher und Bruno Merk dem Bundespräsidenten vorlegen. Gustav Heinemann könnte nun eine weitergehende Aufarbeitung des Attentats anordnen – doch er verzichtet. Das Thema sei »erledigt«, vermerkt das Bundespräsidialamt.

Der Freispruch in eigener Sache trägt nicht gerade zur Linderung der israelischen Irritation über die Deutschen bei, denen bislang noch kein einziges selbstkritisches Wort über die Lippen ging. Es kommt noch dazu, dass Genschers und Merks Bericht sich passagenweise so liest, als wäre die Regierung in Jerusalem an dem Anschlag mitschuldig, weil sie gegen das liberale Sicherheitskonzept der Spiele keine Einwände erhoben habe. Die Empörung in Israel ist riesig.

Die Bundesregierung hat aber auch Ärger mit der arabischen Welt –

die deutsche Außenpolitik kann es in der Region niemandem mehr recht machen. Nach dem Attentat hat die Regierung Brandt die Sicherheitsvorkehrungen verstärkt und unter anderem die Einreisebedingungen für Araber verschärft. Viele Reisende werden nun an den Grenzen oder in den Flughäfen zurückgewiesen, Reisegruppen aus sämtlichen arabischen Ländern sogar pauschal. Dutzende in der Bundesrepublik gemeldete Araber ereilt die Ausweisung. Die DDR nutzt die Gelegenheit und bietet den betroffenen Studenten mit großer Fanfare Plätze an ostdeutschen Universitäten an. Als die deutschen Behörden auch noch zwei palästinensische Organisationen verbieten, erhebt sich in mehreren Ländern der arabischen Welt hitziger Protest. Der ägyptische Präsident Sadat nennt die deutschen Maßnahmen »Naziterrorismus«.

Willi Pohl hat es nach seiner überstürzten Abreise aus Wien nach Beirut geschafft. Der deutsche Rechtsradikale, der angeblich unwissentlich das Olympiaattentat vorbereiten half, berät mit der Palästinenser-Führung die nächsten Terrorpläne. Abu Ijad, der Geheimdienstchef der PLO, will zwei Anschläge gleichzeitig verüben. Pohl wartet mit konkreten Ideen auf, wo das geschehen könnte. Sein erster Vorschlag: das Münchner Rathaus und der Olympiaturm. Der zweite: der Kölner Dom und der Wiener Stephansdom, möglichst während der Weihnachtsgottesdienste. Die Palästinenser geben letzterem Szenario sogar einen Decknamen: »Moschee«. Schließlich lehnt Abu Ijad die Idee ab. Sich an religiösen Stätten zu vergreifen, fürchtet er, würde den Ruf der Palästinenser weltweit zerstören.

Nach einigen Wochen fliegen Willi Pohl und sein alter Weggefährte Wolfgang Abramowski, der den Palästinensern als Passfälscher wertvolle Dienste leistet, von Beirut nach Madrid. Die palästinensischen Kontaktleute dort erzählen den beiden, die deutsche Bundesregierung habe den Palästinensern heimlich ein Angebot gemacht: keine Anschläge mehr in der Bundesrepublik, im Gegenzug politische Unterstützung Bonns für die Anliegen der Palästinenser. Aber ob das stimmt? Von Politik hat Pohl keine Ahnung, er ist nur ein Handlanger. Aber ein sehr wichtiger Handlanger. Die Palästinenser in Madrid beauftragen Pohl, einen Waffentransport über Paris nach München zu organisieren. Er trifft zwei junge Frauen, die aus Mallorca kommen und zwei schwere Taschen voller Waffen mitbringen. Pohl heuert einen Kurier an, der die Taschen im Nachtzug von Madrid nach Paris und von dort weiter nach München bringt. Zusammen mit Abramowski reist Pohl hinterher.

In München rücken am Abend des 27. Oktober 1972 einige Polizeibeamte aus, um einen Durchsuchungsbeschluss zu vollziehen, der scheinbar überhaupt nichts mit dem Olympiaattentat zu tun hat. Die Staatsanwaltschaft Düsseldorf hat ihn im Zuge eines Ermittlungsverfahrens gegen Mitglieder der »Nationalsozialistischen Kampfgruppe Großdeutschland« (NSKG) erlassen. Es geht vor allem um Verstöße gegen das Waffengesetz. Ziel der Münchner Beamten ist die Wohnung von Charles Jochheim, eines früheren Angehörigen der Waffen-SS, im Münchner Stadtteil Solln, wo die Ermittler Waffen vermuten. Die Polizisten klingeln, Jochheim öffnet die Tür. Er ist nicht allein. In der Wohnung sind noch zwei junge Männer, die sich als Conrad Bergh und Heinz Dieter Lucht ausweisen.

Schnell stellen die Beamten fest, dass die beiden Pässe gefälscht sind. Die Situation ist gefährlich für die Polizisten, denn wie sich zeigt, sind die beiden Männer schwer bewaffnet. Der angebliche Bergh trägt zwei geladene Pistolen am Körper, in seiner Tasche finden die Fahnder eine Handgranate. Der vermeintliche Lucht, der beim Eintreffen der Beamten zunächst ins Badezimmer geflüchtet war, hat eine geladene Pistole im Hosenbund. Die Polizisten entschließen sich, die Männer festzunehmen, diese leisten keinen Widerstand. Im Bad finden die Polizisten dann eine weitere geladene Pistole und eine Handgranate. In der ganzen Wohnung stoßen sie auf drei Kalaschnikows, 174 Schuss Munition, sechs Magazine, fünf Pistolen, einen Revolver und ein halbes Dutzend Handgranaten. Dazu: Fälscherwerkzeuge, Bargeld in mehreren Währungen im Wert von umgerechnet 15 000 Mark, schriftliche Pläne für eine Geiselnahme, einschlägige Notizbücher und Adressverzeichnisse. Und außerdem: die Kopie eines Drohbriefes an jenen Münchner Richter, bei dem die Ermittlungen gegen die drei überlebenden Olympiaattentäter zusammenlaufen.

Bei den anschließenden Untersuchungen stellt sich heraus: Waffen und Handgranaten sind vom selben Typ, wie ihn Issa und die anderen Kommandomitglieder des Schwarzen September benutzt haben. Bald kommt auch die wahre Identität der beiden Männer ans Licht, die sich Bergh und Lucht nennen: Es sind Willi Pohl und Wolfgang Abramowski. Jetzt dämmert es den Münchner Ermittlern, dass deutsche Rechtsradi-

## Die Polizei verhaftet Willi Pohl

kale den palästinensischen Terroristen beim Olympiaattentat geholfen haben – dass Juden in Deutschland durch das Zutun von Neonazis ermordet wurden.

Die radikale Linke findet ebenfalls Gefallen am Mordwerk des Schwarzen September. Den Ton gibt eine Gefangene in der Justizvollzugsanstalt Köln-Ossendorf vor. Dem RAF-Mitglied Ulrike Meinhof gelingt es, in ihrer Zelle eine Erklärung zu verfassen und diese nach draußen schmuggeln zu lassen. Meinhof feiert das Olympiaattentat als »antiimperialistisch, antifaschistisch und internationalistisch«. Die Terroristen hätten »das Wesen imperialistischer Herrschaft und des antiimperialistischen Kampfes auf eine Weise durchschaubar und erkennbar gemacht, wie noch keine revolutionäre Aktion in Westdeutschland und Westberlin«.

Auch Horst Mahler ist angetan, der RAF-Anwalt, der die Kampfausbildung in Jordanien mitgemacht hat und später zum Rechtsextremismus konvertieren wird. Mahler nutzt einen Prozess in Westberlin zum Lob für die »mutige Kommandoaktion der Opferbereiten des Schwarzen September«. Schuld an den toten israelischen Sportlern seien »einzig und allein die Regierungen Israels und der Bundesrepublik«.

Heide Rosendahl ist nach den Spielen von München auf dem Höhepunkt ihres Ruhms, der Liebling der Nation. Ihre Kritiker sind verstummt, vorerst zumindest. Rosendahl schafft, was vorher praktisch niemandem gelungen ist: Sie bewegt sich auf Augenhöhe mit den Fußballidolen des Landes. »Ich habe noch das Titelbild einer Illustrierten vor Augen, auf dem Beckenbauer, Netzer und ich abgebildet waren. Damals war das normal.« 1972 wird sie Sportlerin des Jahres (bei den Männern wird Klaus Wolfermann geehrt), und sie bleibt unbequem. Als sie in einer anderen Bestenliste hinter Gerd Müller und Franz Beckenbauer landet, macht sie aus ihrem Unmut keinen Hehl: »Ich hätte Fußballer werden sollen, dann hätte ich auch eine Chance gehabt. Zwei Goldmedaillen sind offensichtlich kein Ersatz für ein paar Tore mehr.« Nicht ganz zufrieden ist sie auch damit, wie der deutsche Sport seine Heldinnen von München belohnt. Mit Bügeleisen, Eierkochern und anderen Elektrogeräten, auch ein Gutschein für den Einkauf beim Metzger ist dabei. Prämien dürfen im Amateursport ja nicht gezahlt werden. In Rosendahl wächst der Entschluss, aus diesem System auszubrechen.

## »Was bleibt?« – Vergessen ist nichts

Zwei Tage nach Willi Pohls Verhaftung am 29. Oktober 1972 treten 3400 Kilometer von München entfernt sieben Lufthansa-Mitarbeiter zum Dienst an. Es ist noch sehr früh an diesem Sonntag, eigentlich mitten in der Nacht, als Flugkapitän Walter Claussen, sein Kopilot Gerd Mayer und fünf weitere Besatzungsmitglieder auf dem Flughafen der syrischen Hauptstadt Damaskus die Lufthansa-Maschine »Kiel« startklar machen. Flug LH 615 sieht planmäßig eine lange Reise mit einigen Zwischenstopps vor. Von Damaskus soll es – noch ohne Passagiere – nach Beirut gehen, von dort über Ankara und München nach Frankfurt. Planmäßig hebt die »Kiel« in Damaskus ab und setzt gegen 5 Uhr früh auf dem Flughafen in Beirut auf. Dort besteigen 13 Menschen die Boeing 727: ein Deutscher und ein Franzose, zwei US-Amerikaner, ein Spanier und acht Fluggäste aus arabischen Ländern. Kurz vor 6 Uhr startet die Maschine bereits wieder Richtung Ankara. Dann beginnt das Drama.

Wenige Minuten, bevor die Maschine zypriotischen Luftraum erreicht, steht plötzlich ein Mann hinter Kapitän Claussen im Cockpit. In der einen Hand hat er einen Revolver, in der anderen eine Handgranate. Ein zweiter Mann ist in der Passagierkabine aufgesprungen und hält Fluggäste und Besatzung in Schach. Die beiden palästinensischen Terroristen drohen damit, das Flugzeug in die Luft zu sprengen. Tatsächlich ist Sprengstoff in der Ersten Klasse deponiert, vermutlich wurde er in Damaskus an Bord geschmuggelt. Die Entführer haben nur eine Forderung: die Freilassung der drei überlebenden Olympiaattentäter von München.

Es beginnen ein stundenlanger Irrflug und ein Nervenkrieg. Die Entführer zwingen die Piloten, zum Tanken in Nikosia auf Zypern zu landen – und dann Kurs auf München-Riem zu nehmen. Unvermittelt ändern sie ihren Plan: Die Maschine wird im jugoslawischen Zagreb ein zweites Mal betankt, eher sie wieder Richtung München fliegt. Dort, so der Plan, sollen die drei Terroristen des Schwarzen September an Bord kommen. Als das Flugzeug Österreich überfliegt, teilen die deutschen Behörden den Entführern mit, dass die Freilassung der Olympiaattentäter organisatorisch so schnell nicht zu bewerkstelligen sei. Die Flughäfen Salzburg und Nürnberg werden als alternative Übergabeorte diskutiert – und wieder verworfen. Während der Verhandlungen kreist Flug LH 615 im Raum Wasserburg am Inn, 55 Kilometer östlich von München.

## Eine Lufthansa-Maschine wird entführt

Bei den Entführern regt sich Misstrauen. Sie dirigieren die Maschine erneut nach Zagreb um.

In der Bundesrepublik haben sich zwei Krisenstäbe gebildet. Bundeskanzler Brandt ist am Morgen in seinem Wahlkampfsonderzug informiert worden, inzwischen hat er im Bonner Kanzleramt seine wichtigsten Minister um sich geschart. Im Lagezentrum im bayerischen Innenministerium am Münchner Odeonsplatz hat Innenminister Bruno Merk das Sagen – wie schon am 5. und 6. September. Auch Münchens Polizeichef Manfred Schreiber ist vor Ort. Die Entscheidung, die drei Olympiaattentäter im Austausch für die 13 Passagiere freizulassen, fällt erstaunlich schnell. Über kontroverse Debatten unter den Verantwortlichen wird nichts bekannt. Später heißt es aus Bonn, für die Bundesregierung habe die Rettung von Menschenleben stets Vorrang vor allem anderen. Der Druck auf die Entscheidungsträger in den Krisenstäben muss jedenfalls gewaltig sein: Auf keinen Fall wollen die Deutschen ein weiteres Mal vor den Augen der Welt versagen.

Während in Bonn und München beraten wird, steigt Herbert Culmann in Köln in eine Propellermaschine, die ihn nach München bringt. Culmann, 51, im Krieg Marineflieger, ist erst seit drei Monaten Vorstandsvorsitzender der Lufthansa. Es sind seine Leute und seine Passagiere, um die es hier geht, so sieht er das. Er will sie heil zurückbekommen, und er hat das Gefühl, dass er die Sache selbst in die Hand nehmen muss. Flug LH 615 kreist derweil über Zagreb. Um den Druck auf die Deutschen zu erhöhen, drohen die Terroristen damit, die Maschine bis zum letzten Tropfen Treibstoff in der Luft zu halten und dann abstürzen zu lassen. Sie wollen erst landen, wenn die drei Olympiaattentäter in Zagreb sind.

Die drei Terroristen sind auf drei bayerische Gefängnisse verteilt, mit Polizeihubschraubern werden sie nach München geflogen, wo sie um 14 Uhr ankommen. Selbst in solch einer Extremsituation achten die Deutschen penibel darauf, dass die Formalien erledigt werden. Der bayerische Justizminister hebt die Haftbefehle gegen die Palästinenser auf und lässt ihnen Ausreisepapiere ausstellen – so hat alles seine Ordnung. Es gibt aber eine weitere Verzögerung: Die deutschen Behörden streiten mit den jugoslawischen darüber, ob deutsche Polizeibeamte und ein Staatsanwalt nach Zagreb mitfliegen dürfen. Schließlich gehen zwei Beamte an

Bord einer zehnsitzigen Gawker, um die drei Terroristen zu begleiten. Am Steuer der Maschine sitzt Lutz Gaebel, der Vize-Chefpilot der Lufthansa – und neben ihm Herbert Culmann. Um 15:46 Uhr hebt die Hawker in Riem ab.

Allerdings haben die Behörden den Piloten angewiesen, den deutschen Luftraum bis auf Weiteres nicht zu verlassen; sie wollen erst durchsetzen, dass die über Zagreb kreisende Lufthansa-Maschine vorher landet. Doch Culmann reißt der Geduldsfaden. Er lässt die Maschine ohne offizielles Okay auf schnellstem Weg nach Zagreb fliegen. Später wird er sich auf einen Notstand berufen, außerdem, so wird er sagen, sei der Funkverkehr mit München zusammengebrochen. Um 16:41 Uhr setzt die Hawker in Zagreb auf.

Flug LH 615 kreist in diesem Moment, angetrieben mit den letzten Spritreserven, im Tiefflug über dem Flughafen. Die Geiselnehmer sehen die Hawker auf dem Rollfeld, nun lassen sie auch die entführte Maschine landen. Im Nachhinein wird man feststellen, dass das Benzin nur noch für weitere 30 Sekunden in der Luft gereicht hätte. Nach einigen Minuten verlassen die drei Olympiaattentäter das kleinere Flugzeug und steigen in das große um. Die Entführer weigern sich dennoch, im Gegenzug wie vereinbart die 13 Geiseln herauszugeben. Mit neuen Drohungen setzen sie durch, dass die »Kiel« aufgetankt wird und erneut starten kann. Sie nimmt Kurs auf Tripolis, die Hauptstadt Libyens. In den Krisenstäben in München und Bonn wird die Anspannung immer größer. Gegen 21 Uhr landet die Maschine in Tripolis. Dort werden die Passagiere und die Crew endlich freigelassen.

Die drei Attentäter sind nach nur 54 Tagen Haft frei, sie werden in Tripolis von ungeheuren Menschenmengen als Helden gefeiert. Noch am Flughafen geben sie eine Pressekonferenz. »Wir haben dafür gesorgt, dass unsere Stimmen gehört werden«, prahlt einer von ihnen. Dann werden sie in Autos an unbekannte Orte gebracht. Die arabischen Massenmedien bejubeln das Terror-Trio, Libyens Staatschef Gaddafi hilft ihnen beim Untertauchen. Und in Deutschland wirkt man ganz froh darüber, sie loszusein.

Israel hingegen tobt. Es herrschen Wut und Entsetzen, mehr noch als am Tag nach dem Horror von Fürstenfeldbruck. Die Deutschen haben es wieder verbockt, dieses Urteil teilen die israelische Öffentlichkeit und die

## Heldenempfang für die Olympia-Attentäter

Regierung. Die Empörung wird noch gesteigert durch den Verdacht, dass die Freilassung schlicht politisches Kalkül der Regierung Brandt sein könnte: keine palästinensischen Gefangenen – kein palästinensischer Terror.

Rasch kommen Gerüchte über eine »deutsch-arabische Verschwörung« auf: War die Sache abgesprochen? Warum waren nur 13 Menschen an Bord der Lufthansa-Maschine – und warum nur Männer? Vier Jahrzehnte später werden geheime Akten deutscher Behörden die Verschwörungstheorien eher nähren als entkräften. Die Ausweisungsverfügungen für die drei Attentäter waren schon eine gute Woche vorher erlassen worden. »Die Deutschen hatten vorab Kenntnis davon, dass etwas passieren würde«, wird ein britischer Diplomat zitiert. Im Rückblick wird selbst Hans-Jochen Vogel einen deutschen Deal mit den Palästinensern nicht ausschließen. Und Ulrich Wegener, der Gründungskommandant der GSG 9, wird in einer TV-Doku sagen, die Deal-These sei »wahrscheinlich wahr«.

Am Morgen des 30. Oktober greifen israelische Kampfjets vier palästinensische Stellungen bei Damaskus an, zur Vergeltung. Premierministerin Golda Meir zeigt sich »deprimiert, verletzt und beleidigt« – durch die Deutschen. Außenminister Abba Eban zitiert den deutschen Botschafter Jesco von Puttkamer zu sich und staucht ihn gänzlich undiplomatisch zusammen. Gleichzeitig ruft Eban aus Protest den israelischen Botschafter in Bonn, Eliashiv Ben-Horin, zurück, wenngleich nur für kurze Zeit. Das politische Klima zwischen Deutschland und Israel ist auf dem absoluten Tiefpunkt angekommen. Als Brandt erfährt, dass Meir bei einem Auftritt vor der Knesset, dem israelischen Parlament, die deutschen Versäumnisse anprangern möchte, wendet er sich mit der Bitte um Schonung an die Premierministerin: Scharfe Kritik aus Jerusalem würde seine Chancen bei der Bundestagswahl am 19. November beeinträchtigen. Meir kommt seiner Bitte nach. Aber vergessen ist nichts.

So einen Wahlkampf hat die Bundesrepublik noch nicht erlebt. Die Konservativen machen mobil gegen Willy Brandt. Im ganzen Land sprießen Wählerinitiativen aus dem Boden, die mit großen Anzeigenkampagnen vor einem roten Wahlsieg warnen. Die Wirtschaft schlägt sich in weiten Teilen auf die Seite der Union, deren Spitzenkandidat Rainer Barzel hofft, die Scharte des gescheiterten Misstrauensvotums im April auszuwetzen. Brandt ist angeschlagen, und das nicht nur wegen des Sturms, der seine Ostpolitik umtost. Nicht wenige Bürger nehmen im übel, dass er der Freipressung der drei Olympiaattentäter nachgegeben hat. Sein ehemaliger Wirtschafts- und Finanzminister Karl Schiller, ein kleiner Gigant der Sozialdemokratie, ist im Sommer zurückgetreten und wirbt nun zusammen mit dem früheren CDU-Kanzler Ludwig Erhard für einen Machtwechsel, weil er in der SPD sozialistische Umtriebe ausgemacht haben will.

Die Mobilisierung ist auf beiden Seiten verblüffend groß, so groß wahrscheinlich wie nie zuvor und nie danach in einem Bundestagswahlkampf. An Schul- und Werkstoren verteilen Brandt-Unterstützer Flugblätter und Aufkleber, und in Nürnberg faltet der Maurermeister Max Söder seinen fünfjährigen Sohn Markus zusammen, als der eine Anstecknadel mit der Aufschrift »Willy wählen« nach Hause bringt. Die Bürger der Bundesrepublik werden auf völlig neue Weise von Politik bewegt: Die Wahlkampfredner von Regierung wie Opposition füllen Wirtssäle und Marktplätze, politische Fernsehdiskussionen sind plötzlich Straßenfeger. Ja zum Grundlagenvertrag! Nein zum Grundlagenvertrag! Sogar im Bus der Fußball-Nationalmannschaft, heißt es, werde über Politik debattiert. Brandts Kampagnenleiter lassen sich in den USA inspirieren, es ist die Geburtsstunde des Haustürwahlkampfs in Deutschland. Zur Dynamik tragen die vielen Erstwähler bei, die es durch die Senkung des Wahlalters auf 18 Jahre gibt.

Die Parteien fahren prominente Unterstützer aus Musik, Film und natürlich auch aus dem Sport auf. Der Fußballer Paul Breitner wird viele Jahre später offenbaren, dass ihm die FDP 100 000 Mark für seine Wahlkampfhilfe geboten habe, vergeblich. Breitner hatte einmal unter einem Mao-Poster posiert, aber wenn er ein Maoist sein sollte, dann ein sehr flexibler. Spieler wie Breitner und den ebenfalls verdächtig langhaarigen Günter Netzer umgibt eine Aura des Rebellischen, wobei nüchtern betrachtet vieles nur coole Attitüde ist. Franz Beckenbauer hält es wie Uli Hoeneß eher mit der CSU. Sein FC Bayern, fürchtet der »Kaiser«, werde – sollte die SPD weiterregieren – bald als »Roter Stern München« antreten müssen.

Keine Unterstützung ist im Herbst 1972 begehrter als die von Heide

Rosendahl. Sie hat aber auch in dieser Sache ihren eigenen Kopf. Erst erklärt sie, dass sie sich nicht in den Wahlkampf einschalten wird. Dann taucht ihr Name doch in einer Zeitungsanzeige auf – und nicht wie 1969 in einer der SPD. In einer Reihe mit dem Eiskunstläufer Hans-Jürgen Bäumler und der Schauspielerin Uschi Glas wirbt sie für die CSU, zumindest indirekt. »Roland Rauch denkt wie Heide Rosendahl« steht unter einem Bild des jungen Architekten Roland Rauch, der sich im Anzeigentext als CSU-Wähler vorstellt. Damit lässt Rosendahl es wahlkampfmäßig bewenden. In einem Interview sagt sie: »Ich werde niemandem sagen, was ich am 19. November wähle.«

In der Knesset hält der israelische Oppositionsführer Menachem Begin eine wutschäumende Rede. »Wir müssen diese Verbrecher und Mörder vom Angesicht der Erde vertreiben«, sagt er über die Täter und die Drahtzieher des Anschlags von München. »Wenn wir dafür eine Spezialeinheit brauchen, dann ist nun die Zeit, sie aufzubauen.« Die Welt müsse verstehen, dass Israel keine Aggression ungestraft lasse. Was Begin nicht weiß: Premierministerin Golda Meir hat schon wenige Tage nach dem Olympiaattentat zusammen mit Mossad-Chef Zvi Zamir die Einrichtung des Geheimkommandos »Caesarea« beschlossen. Dessen Auftrag: Die drei überlebenden Attentäter und ihre Hintermänner sollen sterben. 20 bis 35 Namen stehen auf der Todesliste. Über die Legitimität dieser systematischen Tötungen durch einen Rechtsstaat wird später heftig gestritten werden. Zunächst ist es angeblich Meir persönlich, die einzelne Liquidierungen autorisiert. Vieles bleibt im Dunkeln, die Zeitungen werden bald von der »Operation Zorn Gottes« raunen.

Das erste Mal schlägt »Caesarea« am 16. Oktober 1972 in Rom zu. Abdel Wael Zwaiter, ein 38-jähriger Übersetzer und PLO-Repräsentant in Italien, wird im Flur seines Mietshauses durch zwölf Schüsse in Kopf und Brust niedergestreckt. Schon diese erste Hinrichtung wirft Fragen auf: Haben die Israelis da wirklich einen der Schuldigen erwischt? Sie halten Zwaiter für ein Mitglied des Schwarzen September, er soll die Entführung einer El-Al-Maschine mitvorbereitet haben. Die Palästinenser beteuern, Zwaiter sei nur ein Literat gewesen, der den Terror sogar öffentlich verurteilt habe. Der Journalist Aaron J. Klein kommt später in ›Die Rächer‹, seinem Standardwerk über »Caesarea«, zu dem Ergebnis, dass selbst eine indirekte Beteiligung Zwaiters am Olympiaattentat unwahrscheinlich sei.

Dem Mossad bringt die »Operation Zorn Gottes« in den folgenden beiden Jahrzehnten sowohl Ruhm als auch Schande. Eine Schlauchbootlandung in Beirut, bei der drei Zielpersonen getötet werden, wird nicht nur in Israel 1973 als geheimdienstliches und militärisches Meisterstück gefeiert. Doch nur wenige Monate später erschießen Mitglieder des Kommandos im norwegischen Lillehammer den unschuldigen Kellner Ahmed Bouchiki vor den Augen seiner schwangeren Frau – sie hatten ihn mit Arafats Kronprinzen Ali Hassan Salameh verwechselt. Bis Anfang der Neunzigerjahre werden der Spezialeinheit »Caesarea« immer wieder Morde an Palästinensern zugeordnet, mindestens 20 sollen es sein. Meistens sterben aber nur Randfiguren des Terrornetzwerks. Abu Daoud, der tatsächliche Drahtzieher des Olympiaattentats, wird 1981 in einem Warschauer Hotel von mehreren Schüssen getroffen, überlebt jedoch.

Ob der Mossad wirklich zwei der drei überlebenden Attentäter von München eliminiert, bleibt umstritten – und sogar eher unwahrscheinlich. Einer der drei, Jamal Al-Gashey, der sich vermutlich in Nordafrika versteckt hält, gibt dem britischen Regisseur Kevin Macdonald 1999 ein Interview für die Dokumentation ›Ein Tag im September‹. 2005 widmet dann Hollywoodregisseur Steven Spielberg dem Kommando »Caesarea« einen Spielfilm, der mit den wenigen erhärteten Fakten eher frei umgeht. Der Titel lautet: ›München‹.

Während Willy Brandt um eine zweite Amtszeit kämpft, wird Richard Nixon am 7. November 1972 in einem Erdrutschsieg wiedergewählt. Parallel findet im US-Bundesstaat Delaware eine Senatswahl statt. Der republikanische Amtsinhaber J. Caleb Boggs, der zuvor auch Gouverneur gewesen war, gilt als unschlagbar. Wegen der geringen Chancen wagt es nur ein einziger Demokrat, Boggs herauszufordern. Der Kandidat ist ein 29 Jahre alter Anwalt aus dem New Castle County, Sohn eines Gebrauchtwagenhändlers und mittelmäßiger Jura-Absolvent. Wenn er denn wirklich gewinnen würde, müsste er seinen 30. Geburtstag abwarten, bis er den Sitz im Senat überhaupt einnehmen dürfte.

Außer seinem persönlichen Charme spricht nicht viel für seinen Erfolg. In einer Umfrage im Sommer liegt er 29 Prozent hinter Boggs. Weil seine Kampagne kein Geld für Mitarbeiter hat, beruft er seine Schwester, die an einer Highschool unterrichtet, zur Wahlkampfleiterin. Der Kandidat fordert den amerikanischen Rückzug aus Vietnam, einen verbesserten Umweltschutz und eine Krankenversicherung. Der Slogan seiner Kampagne lautet: »Er versteht, was heute passiert«. Seinem 63-jährigen Konkurrenten wirft er vor, nicht erkannt zu haben, dass »Zeiten des Wandels« angebrochen seien. Am Wahltag besiegt Joe Biden J. Caleb Boggs mit gerade einmal 3162 Stimmen Vorsprung.

Auf Grenzen, die der Mensch gezogen hat, nimmt die Natur keine Rücksicht. Am Abend des 12. November meldet der Wetterbericht der ›Tagesschau‹, dass das Tief »Quimburga« vom Atlantik kommend am nächsten Tag Deutschland erreichen würde – beide Deutschlands, um genau zu sein. Der Deutsche Wetterdienst hat zwar seit einigen Jahren eine Empfangsanlage für die Daten von Wettersatelliten, aber die Technologie ist noch jung, und die Ergebnisse sind oft unpräzise. Um 7:10 Uhr am Morgen des 13. November gibt die Bremer Wetterwarte die erste Unwetterwarnung aus. Das Tief ist zum Orkan herangewachsen. Er fegt zuerst über den Norden der Bundesrepublik hinweg, seine Böen erreichen selbst auf dem flachen Land eine Windgeschwindigkeit von 155 Kilometern pro Stunde. Er bläst Autos von den Straßen und Dächer von den Häusern. Allein in Niedersachsen rodet er ein Waldgebiet der Größe von 168 000 Fußballfeldern. Über den Brocken, auf dem seine Geschwindigkeit mit 245 Stundenkilometern gemessen wird, zieht der Orkan in die DDR, wo die Polizei verzweifelt versucht, die Leute mit Lautsprecherdurchsagen zu warnen. Der Pfad der Verwüstung führt durch Magdeburg und Schwerin, Halle und Leipzig. Im Westen sterben 21 Menschen, im Osten 16. Hunderte werden teils schwer verletzt. Zwei deutsche Staaten trauern, jeder für sich.

In Uganda ist John Akii-Bua zu berühmt, als dass Idi Amin ihn wie Hunderttausende andere in einem Massengrab verschwinden lassen könnte. Der Diktator hat eine andere Verwendung für den Olympiasieger über 400 Meter Hürden. Er empfängt ihn fürstlich, benennt in Kampala eine Straße nach ihm und befördert ihn bei der Polizei. Das hat für Amin den Vorzug, dass er, wenn ihm das Ausland wieder mal die systematische Ermordung des Langi-Volkes vorwirft, auf Akii-Bua zeigen und sagen kann: »Ihr behauptet, ich töte die Langi? Hier sind sie doch.« Akii-Bua darf leben, aber es ist ein Leben in ständiger Furcht. Er darf nicht ins Ausland reisen, er traut sich kaum raus zum Training, weil er Angst vor einem Anschlag hat. Drei seiner Brüder verschwinden für immer in Amins Gefängnissen.

Am 19. November 1972 erringt die SPD den größten Wahlerfolg ihrer Geschichte. Mit ihrem Spitzenkandidaten Willy Brandt gewinnt sie drei Millionen Wähler hinzu und holt 45,8 Prozent der Stimmen. Zum ersten Mal ist sie stärkste Kraft im Bundestag. Barzels Union geht mit 44,9 Prozent ins Ziel. Die FDP, die sich deutlich zum roten Partner bekannt hatte, kommt auf starke 8,4 Prozent. Nicht zuletzt sind es die jungen Wähler, die Brandt zum Sieg tragen. Bei den 2,5 Millionen Menschen, die nur durch die Herabsetzung des Wahlalters an die Urne treten dürfen, erreicht die SPD 60 Prozent. Die besondere Wucht von Brandts Sieg erwächst auch aus der Wahlbeteiligung: 91,1 Prozent, ein bundesdeutscher Rekord.

Am Wahlabend sagt Brandt in Bonn, seine Regierung fühle sich weiter »dem Wort verpflichtet, mit dem wir uns im Herbst 1969 auf den Weg machten: Wir wollen ein Volk der guten Nachbarn sein, im Inneren wie nach außen«. Er spricht von den »nächsten vier Jahren«, die man nun gut nutzen wolle. Niemand auf der Wahlparty ahnt, dass dem Bundeskanzler Brandt keine vier Jahre bleiben werden. Kurz nach der Wahl bekommt Brandt im Kanzleramt einen neuen persönlichen Referenten. Der Name des Mannes: Günter Guillaume.

Mit Annemarie Renger wird erstmals eine Frau Bundestagspräsidentin. Hans-Jochen Vogel, der neue SPD-Landesvorsitzende in Bayern, wird in den Bundestag gewählt. Wenig später macht Brandt ihn zu seinem Bauminister. Die erste Zeit in Bonn ist zäh für Vogel, selbst in den eigenen Reihen hat er Gegner. Zuvorderst Herbert Wehner, den Chef der SPD-Bundestagsfraktion, der von Vogel gern als »weiß-blauem Arschloch« spricht, das alles besser zu wissen glaube. Manchmal ist Hans-Jochen Vogel froh, wenn er am Wochenende nach Hause nach München kommt. Mit seiner Familie bezieht er eine Wohnung im olympischen Dorf, 100 Quadratmeter im 19. Stock.

## Der Triumph des Willy Brandt

Im Hause DeMont in San Rafael, Kalifornien, trifft Ende November ein Brief ein. Er hat einen weiten Weg hinter sich, er wurde in der Schweiz aufgegeben, in Lausanne. In dem Brief fordert das Internationale Olympische Komitee den Schwimmer Rick DeMont förmlich auf, seine wegen Dopings aberkannte Goldmedaille umgehend zurückzugeben. Das Gold liegt da immer noch auf dem Fernseher im Wohnzimmer der DeMonts, wo Rick es am Tag seiner Rückkehr aus München hingelegt hat. Als Rick in der Schule ist, nimmt sein Vater die Medaille, packt sie in einen Umschlag und bringt sie zur Post.

Das Jahr 1972 kommt auch in seinen letzten Wochen nicht zur Ruhe. Am 10. Dezember nimmt Heinrich Böll in Stockholm den Nobelpreis für Literatur entgegen, als erster Schriftsteller aus der Bundesrepublik. Die Juroren haben in ihrer Begründung der Auszeichnung die »Wiedergeburt« der Literatur als »nicht das kleinste deutsche Wunder« gefeiert. Heinrich Böll weiß wohl, dass er in gewissem Sinne nicht für sich allein auf der Bühne des Stockholmer Konserthuset steht. Er bedanke sich bei der Akademie, sagt er in seiner Ansprache, »für diese Ehre, die wohl nicht nur mir gilt, auch der Sprache, in der ich mich ausdrücke, und dem Land, dessen Bürger ich bin«.

Die anderen Bürger dieses Landes sehen in Böll, der sich ständig und ständig polemisch in gesellschaftliche Debatten einmischt, wahlweise einen Mahner oder einen Nestbeschmutzer. Es ist bemerkenswert, was ausgerechnet der streitlustige Böll in Stockholm über Deutschland zu sagen hat. »Es war ein weiter Weg der deutschen Geschichte in die Bundesrepublik Deutschland«, hebt er an. Er bedauert, dass »Scherben, Geröll und Trümmer« nicht geschaffen hätten, »was nach so viel, viel zu viel Geschichte zu erwarten gewesen wäre: Gelassenheit«. Es spricht da wohl eine Sehnsucht aus Heinrich Böll, die deutsche Sehnsucht, nach all den Kriegen und all der Zerstörung, nach all der Gewalt und all dem Schmerz endlich, endlich Frieden zu finden – auch inneren Frieden. Manchmal scheint dieser Friede im Jahr 1972 ganz nah zu sein, und plötzlich wieder ganz fern.

Willy Brandt will keine Zeremonie auf höchster Ebene, nicht neben Erich Honecker vor den Kameras sitzen, die edlen Füller in der Hand. Es

## »Was bleibt?« – Vergessen ist nichts

ist ein großer Anlass, aber die Bundesregierung hat kein Interesse daran, ihn noch größer zu machen. Drei Tage vor dem Heiligen Abend unterzeichnen in Ostberlin also die Staatssekretäre Egon Bahr und Michael Kohl den »Vertrag über die Grundlagen der Beziehungen zwischen der Bundesrepublik Deutschland und der Deutschen Demokratischen Republik«. Darin versichern die beiden Staaten einander ihre Gleichberechtigung, die Unverletzlichkeit ihrer Grenzen und den Verzicht auf Gewalt. Bonn erkennt in dem Vertrag an, dass die DDR ein souveräner Staat ist. Ostberlin sagt zu, sich behutsam nach Westen zu öffnen.

Mit einer Reihe origineller Bestimmungen stellt die Bundesrepublik klar, dass es sich hier nicht um die völkerrechtliche Anerkennung der DDR handelt. In Bonn und Ostberlin öffnen keine Botschaften, sondern nur »Ständige Vertretungen«. Das Auswärtige Amt ist für die deutsch-deutschen Beziehungen ausdrücklich nicht zuständig, weil die DDR ja kein Ausland ist. Vor allem aber werden die Vorbehaltsrechte der vier Alliierten festgeschrieben. Egon Bahr scherzt: »Früher hatten wir gar keine Beziehungen zur DDR, jetzt haben wir wenigstens schlechte.« Doch im deutsch-deutschen Alltag wird einiges besser, insbesondere für die Menschen, die entlang der Grenze leben und diese nun wesentlich leichter überqueren können. Eltern aus dem Osten dürfen zu ihren Kindern in den Westen, Ehemänner zu ihren Ehefrauen. Journalisten aus der Bundesrepublik erhalten in Ostberlin erstmals Akkreditierungen als feste Korrespondenten.

Die Summe all dieser Dinge ist eine neue Normalität. »Die beiden Deutschland entfernten sich nicht mehr voneinander, sondern näherten sich«, schreibt später der Publizist Peter Bender. Die neue Normalität hat Folgen, denn aus der Nähe sieht man sich besser. Bei vielen DDR-Bürgern wächst der Wunsch nach westlicher Freiheit und westlichem Wohlstand. Beide deutsche Staaten erhalten 1973 ihren Platz bei den Vereinten Nationen, beide sitzen am Tisch, als sich im selben Jahr die Konferenz über Sicherheit und Zusammenarbeit in Europa (KSZE) gründet. Erich Honecker muss sich dort Fragen nach Meinungsfreiheit und Mauertoten stellen lassen. Die Bundesrepublik und die DDR werden nun gleich behandelt, aber sie werden auch verglichen. Genau dieser Vergleich wird für einen der beiden deutschen Staaten der Anfang vom Ende sein.

## »Glanz und Jammer der Menschheit«

Zu Weihnachten legen viele Deutsche ihren Liebsten ein Olympiabuch unter den Christbaum, fast ein Dutzend Werke sind in den Monaten nach den Spielen erschienen. Viele Bildbände sind darunter. Meistens sind die Fotos aus den Stadien farbig und die vom Attentat schwarz-weiß. Ein Band sticht hervor, herausgegeben von dem bayerischen Sportjournalisten Harry Valerien. Hans-Jochen Vogel hat einen Text beigetragen, der in Worte fasst, wofür anderen die Worte fehlen. Die Spiele teilt Vogel in ein Davor und ein Danach. »Es waren unvergleichlich schöne Tage, die uns heute schon wie ein Traum anmuten«, schreibt er. Dann kam der Terror. »Was bleibt?« Zerrissenheit: »Nämlich die Erinnerung daran, dass Menschen zur gleichen Zeit und am gleichen Ort zu Schönheit, Harmonie und Frieden, aber auch zu Brutalität, Hass und nackter Gewalt fähig sind.« München, sagt Hans-Jochen Vogel voraus, werde mit diesem Zwiespalt für immer leben müssen. »Es sollten die heiteren Spiele werden. Geworden sind es die zwiespältigen Spiele. Spiele, in denen sich Glanz und Jammer der Menschheit spiegeln, und vielleicht gerade darum: menschliche Spiele – wenn auch in einem anderen und viel ursprünglicheren Sinne, als wir dieses Wort gemeinhin verwenden.«

Epilog

## »AN DIESER KATASTROPHE TRAGEN AUCH WIR BIS HEUTE SCHWER.« – DIE 50 JAHRE DANACH

Die Erinnerung martert eine Kanadierin // Doping wird zum großen Problem des Sports // Brundage heiratet eine Prinzessin und Schwedens König Carl-Gustaf seine Olympia-Hostess // Helmut Schmidt folgt auf Willy Brandt // die Spiele 1980 und 1984 stehen im Zeichen von Boykotts // ein Goldmedaillengewinner im Flüchtlingslager // die GSG 9 befreit die »Landshut« // Stelian Moculescus harter Weg nach oben // das Olympiaattentat wird 45 Jahre lang verdrängt

Fußball-WM 1974: Vor dem Spiel der Bundesrepublik gegen die DDR tauschen die Kapitäne Franz Beckenbauer und Bernd Bransch die Wimpel. Das Match gewinnt die DDR mit 1:0.

Mogadischu 1977: Mitglieder der 1972 gegründeten Anti-Terroreinheit GSG 9 stürmen die entführte Lufthansa-Maschine »Landshut« und befreien die Passagiere.

**München 1997:** Ein Vierteljahrhundert nach ihrem Laufduell um Gold treffen sich Renate Stecher (li) und Heide Ecker-Rosendahl (re) wieder im Olympiastadion.

Die ehemalige Schwimmerin Karen James aus Kanada braucht mehr als 20 Jahre, bis sie wirklich realisiert, was sich in der Nacht vom 4. auf den 5. September 1972 am Zaun des olympischen Dorfes zugetragen hat. Dafür muss sie erst Byron MacDonald wiedertreffen, einen der kanadischen Sportler, die damals mit ihr über den Zaun geklettert sind – mit ihr und vier Unbekannten. 1994 sagt MacDonald zu James: »Wir konnten uns doch denken, dass das keine Athleten waren.« Es ist ein Satz, der Karen James' Leben verändert. 22 Jahre lang hat sie niemandem von der Szene am Zaun erzählt. Jetzt wird ihr auch klar, warum. Weil sie, davon ist sie überzeugt, hätte erkennen müssen, dass die Unbekannten keine Athleten waren. Weil sie die Terroristen nicht aufgehalten und die israelischen Sportler nicht gerettet hat.

Karen James weiß nicht so genau, was sie hätte tun sollen. Die vier falschen Athleten fragen, was sie da suchen? Um Hilfe rufen? Der nächste Sicherheitsposten war ja nicht weit weg. Aber was wäre dann passiert? Sie weiß nur: Sie hat nichts getan, und das lässt sie nicht mehr los. Karen James hat eine Verantwortung angenommen, die ihr niemand ernsthaft aufbürden würde. Politiker, Polizisten, Organisatoren: Keiner hat sich der Fehler schuldig bekannt, die den Mördern von München ihr Werk erleichterten. Nur Karen James aus Vancouver macht sich mit 68 Jahren noch Vorwürfe, dass sie mit 19 in einer verhängnisvollen Sommernacht unaufmerksam war. Oder unentschlossen. »Wir hätten es den Terroristen nicht so leicht machen dürfen«, sagt James.

Die Sache habe ihr Leben belastet, aber auch sehr bereichert. Karen James ist Jüdin, sie hat ihre Wurzeln wiederentdeckt und ihren Glauben. Sie engagiert sich in Vancouver in der jüdischen Gemeinde. Und sie hat angefangen, ihre Geschichte zu erzählen – in Vorträgen in ganz Nordamerika, bei der Makkabiade vor 10 000 Menschen, im persönlichen Gespräch mit dem israelischen Präsidenten Shimon Peres. »Jedes Mal spreche ich ganz bewusst die Namen aller elf Ermordeten aus«, sagt Karen James. »Ich hoffe, dass das dazu beiträgt, die Erinnerung an sie wachzuhalten.«

Sie sei gar nicht sicher, ob sie das alles nun aus Schuld tue oder aus Scham. »Auf jeden Fall hat es meinem Leben eine Bestimmung gegeben.« Wenn sie einen Wunsch frei hätte, würde sie gern noch einmal im Morgengrauen von München an jenem Zaun stehen. Und mit ein paar wenigen Worten vielleicht den Lauf der Geschichte verändern.

Heide Rosendahl beendet im Jahr nach den Spielen von München ihre sportliche Karriere, mit nur 26 Jahren. Es ist eine eigenwillige Entscheidung. Viele Fans tun sich schwer, sie nachzuvollziehen. Sie habe eine Familie gründen wollen, sagt sie später. Sie heiratet John Ecker, den amerikanischen Basketballspieler, und zieht mit ihm nach München, wo sie in der Nymphenburger Straße wohnt, gar nicht weit vom Olympiastadion entfernt. Sie beginnt ein Studium der Innenarchitektur, bricht es aber ab, um mit ihrem Mann nach Kalifornien zu gehen. Dort arbeitet sie als Sportlehrerin. Wenn niemand fragt, erfahren ihre Schüler auch nicht, dass sie von einer Olympiasiegerin unterrichtet werden.

Ihr Karriereende entbindet sie von all den Pflichten des Amateurdaseins, die sie schon immer genervt haben. Sie wird die erste deutsche Athletin, die ihre Erfolge mit gut dotierten Werbeverträgen vermarktet. Nach der Rückkehr nach Deutschland betreut sie mehr als zwei Jahrzehnte lang die Jugendabteilung ihres Heimatvereins, der inzwischen Bayer 04 Leverkusen heißt.

Einige Jahre ist sie Vizepräsidentin und Athletenbeauftragte des Deutschen Leichtathletik-Verbandes. Sie habe viele Olympische Spiele erlebt, sagt Heide Ecker-Rosendahl, auch nach ihrer aktiven Zeit: »Aber nirgendwo war es so schön wie 1972 in München und 2000 in Sydney.« Bei den Spielen in Australien sieht Heide Ecker-Rosendahl, wie ihr Sohn Danny Ecker im Stabhochsprung den sechsten Platz belegt.

Ihrer alten Rivalin Renate Stecher begegnet sie nach der Wende öfter. Es entwickelt sich keine Freundschaft, aber doch eine gute Beziehung. »Ich weiß«, sagt Heide Ecker-Rosendahl über ihren legendären Staffel-

Schlussspurt gegen Stecher, »dass meine Karriere fest mit diesem Bild verbunden bleibt.« Dabei sei dieser Septembernachmittag in München doch eigentlich nur »ein Wimpernschlag« ihres Lebens gewesen.

Am 7. Juni 1973 erreicht Renate Stecher ihr großes Ziel. Im tschechoslowakischen Ostrava schreibt sie Sportgeschichte. Nach 100 Metern zeigen drei Stoppuhren beim Zieleinlauf übereinstimmend: 10,9 Sekunden. Stecher ist gelungen, was selbst der großen Wilma Rudolph verwehrt blieb: Sie ist die erste Frau der Welt, die die 100 Meter unter elf Sekunden läuft. Danach bricht endgültig die Ära der elektronischen Zeitmessung an.

Bei den Spielen von Montreal 1976 gehört Stecher wieder zu den Favoritinnen, doch die Unbeschwertheit von München ist verflogen. Sie gewinnt Gold mit der Staffel; im Gegensatz zu 1972 darf sie als zweite Läuferin auf die Strecke gehen. Über 100 Meter aber muss sie sich mit Silber und über 200 Meter mit Bronze begnügen. Nach einer Babypause würde sie gern die Spiele von Moskau 1980 ins Visier nehmen. Doch Horst-Dieter Hille, ihr Trainer in Jena, hält inzwischen eine andere Athletin für chancenreicher. In Moskau wird der Stern der Marlies Göhr aufgehen. Stecher beendet ihre Karriere, sie arbeitet als Sportlehrerin an der Friedrich-Schiller-Universität in Jena. Nach der Wende ist sie für das Jenaer Studentenwerk tätig und berät Studenten in BAföG-Fragen.

Im wiedervereinigten Deutschland legt sich bald ein Schatten auf Stechers Erfolge. In einer Stasi-Akte wird Stecher als Anabolika-Nutzerin genannt. Ein Stasi-Leutnant namens Neudel schreibt in einem Bericht über ein Treffen mit dem führenden DDR-Sportmediziner Manfred Höppner (»IM Technik«) am 1. Oktober 1970: »Die Anwendung von Anabolika erfolgt versuchsweise fast in allen Klubs natürlich nur bei einem ausgesuchten Personenkreis.« In der SED-Bezirksleitung Gera habe ein betreuender Arzt festgehalten, »dass die Renate Meißner und Wolfgang Nordwig nicht solche Leistungen vollbracht hätten, wenn nicht er diese mit den entsprechenden Medikamenten versorgt hätte«.

Zudem ist da das umfassende Geständnis von Trainer Hille. Und da ist ihr alter Klubkamerad Michael Droese, der von hellblauen Pillen in Silberpapier berichtet, die auch Stecher erhalten habe. »Ich kann das nicht mehr hören«, entgegnet Stecher ihren Kritikern. »Eine Aufarbeitung nach den Unterlagen betraf immer nur die damalige DDR und nicht die BRD. Inzwischen steht aber auch fest, dass Doping in der BRD stärker praktiziert wurde, als bisher bekannt war. Mehr habe ich dazu nicht zu sagen.«

Im November 1997 empfängt Renate Stecher auf dem Sportgelände des TuS Jena einen Gast, der 27 Stunden Anreise hinter sich hat. Raelene Boyle, die Australierin, die bei den Spielen von München zwei Mal Zweite hinter Stecher wurde, über 100 Meter und über 200 Meter, kommt mit einer Mission. Sie will der alten Konkurrentin in die Augen sehen und die Wahrheit wissen. War Stecher 1972 gedopt? »Ich fühlte mich damals schon betrogen«, sagt Boyle. »Ich stand auf dem Siegerpodest, schaute auf meine Silbermedaille und konnte es nicht glauben.« Die Stasi-Unterlagen hätten sie in ihrem Verdacht bestätigt. Stecher hat eine ihrer Goldmedaillen mitgebracht zum Treffen. »Es sollte meine Medaille sein«, sagt Boyle. »Ich habe nicht gedopt, und ich kenne auch niemanden, der gedopt hat«, sagt Stecher. Zum Abschied küssen sich die beiden Frauen auf die Wange.

Der Untersuchungshäftling Willi Pohl kann sich über zu wenig Besuch nicht beschweren. Nicht nur sein Anwalt und die Vernehmungsbeamten kommen zu ihm in die Justizvollzugsanstalt München-Stadelheim, sondern auch Leute vom Verfassungsschutz, vom Bundesnachrichtendienst und vermutlich auch Vertreter Israels. Sie interessieren sich für sein Wissen über die Drahtzieher des Olympiaattentats. Im Gegenzug, so wird es Pohl später schildern, locken sie mit einer baldigen Freilassung, Geld, einer neuen Identität. In Sicherheitskreisen ist längst bekannt, was die Öffentlichkeit erst 2012 erfahren wird: Der Rechtsextremist Willi Pohl hat wesentlich mitgeholfen, den Anschlag von München vorzubereiten.

Die Behörden müssten jetzt gewarnt sein und die rechtsextremen Netzwerke in Deutschland besonders wachsam beobachten. Stattdessen offenbaren sie in den folgenden Jahren weiterhin sträfliche Ignoranz. Nach dem Oktoberfestattentat 1980 mit 13 Toten und mehr als 200 Verletzten blenden die Ermittler den klar rechtsradikalen Hintergrund des Täters Gundolf Köhler zunächst aus. Sie beharren auf Liebeskummer als wahrscheinlichem Motiv. Als wenig später in Erlangen ein Neonazi den jüdischen Verleger Shlomo Lewin und dessen Lebensgefährtin Frida Poeschke ermordet, sprechen die Ermittler lange von einer Tat im »jüdischen Milieu«.

Im März 1973 versuchen Terroristen des Schwarzen September Willi Pohl freizupressen, als sie im sudanesischen Khartum Diplomaten aus mehreren Ländern in ihre Gewalt bringen. Auf ihrer Forderungsliste ordnen sie Pohl fälschlicherweise der RAF zu. Das Ansinnen scheitert, die Geiselnehmer ermorden einen belgischen und zwei amerikanische Diplomaten. Pohl selbst schreibt aus der U-Haft Briefe an Bundeskanzler Willy Brandt und Bundespräsident Gustav Heinemann. Er sei stets nur humanitär tätig gewesen und »niemals in militärischer oder konspirativer Hinsicht«, beteuert er. Seine Inhaftierung stachele die Palästinenser nur zu weiterer unnötiger Gewalt gegen Deutsche an. Tatsächlich lässt sich die Bundesregierung auf Gespräche mit Pohls als rechtsradikal geltendem Anwalt ein, der »gegen Spesen und ein Sonderhonorar« Geheimverhandlungen mit den Palästinensern führen will. Erst als dessen Forderungen immer maßloser werden, ordnet Innenminister Hans-Dietrich Genscher an, den Kontakt zu kappen.

Das Verfahren gegen Pohl wegen der möglichen Beteiligung am Olympiaattentat endet nach einigen Monaten in aller Stille. Die Münchner Justiz gibt sich mit Pohls Erklärung zufrieden, er habe nicht gewusst, dass es Abu Daoud war, den er da wochenlang durch die Republik kutschiert habe. Auch von den Anschlagsplänen habe er nichts geahnt. Pohl sitzt noch eine Weile wegen des Besitzes von Kriegswaffen ein, bis er im Dezember 1974 plötzlich Haftverschonung erhält. Zwei Monate später setzt er sich nach Beirut ab.

Die Bundesregierung bemüht sich in diesen Jahren um bessere Beziehungen zu den arabischen Staaten. Wohl auch deshalb hat sie nie ein Auslieferungsersuchen an Libyen gestellt, wo die drei überlebenden Olympiaattentäter ursprünglich untertauchten. »Wir sollten froh sein, dass sich die ganze Angelegenheit hinreichend beruhigt hat«, schreibt Paul Frank, Staatssekretär im Auswärtigen Amt, in einem Vermerk. Dem libyschen Botschafter erklärt er: »Das Kapitel München ist abgeschlossen.« 1975 kommt Bonn dem Wunsch der PLO nach, eine Art inoffizielle Botschaft in Deutschland einrichten zu dürfen. Leiter wird der palästinensische Diplomat Abdallah Frangi – einer der Männer, die Issa, der

Kommandoführer des Schwarzen September, während der Münchner Geiselnahme anzurufen versucht hat.

Willi Pohl arbeitet wieder für die PLO, gewinnt aber bald einen weiteren Auftraggeber: den amerikanischen Auslandsgeheimdienst CIA. Als Doppelagent, der die Palästinenser ausspioniert, genießt der Deutsche dort bis heute einen legendären Ruf; sein Deckname »Ganymed« ziert als Titel später sogar ein Buch, das ein ehemaliger CIA-Vorgesetzter über ihn schreibt. Während Pohl den Amerikanern Informationen beschafft, schmuggelt er für die Palästinenser weiter Waffen durch Europa. Die USA sorgen schließlich dafür, dass er sich unter dem Namen Willi Voss unbehelligt in der Bundesrepublik zur Ruhe setzen kann, wo er Kriminalromane und Drehbücher für die ARD-Serien ›Tatort‹ und ›Großstadtrevier‹ schreibt. Willi Pohl, Kleinkrimineller und Neonazi, Terrorhelfer und CIA-Mitarbeiter, lebt in Norddeutschland.

Knapp 20 Jahre nach den Spielen von München schreibt der ehemalige kanadische Sprinter Charlie Francis seine ungeschminkten Erinnerungen an die Dopingpraktiken von 1972 in einem Buch nieder: der allzu imposante Körper der Renate Stecher; die DDR-Werferinnen mit Waden wie Baumstämme; der Neuseeländer, der seine Dianabol-Pillen mit einem Amerikaner teilt. Francis ist Leichtathletiktrainer geworden, und als solcher erlebt er 1988 in Seoul seine größte Stunde. Einer seiner Schützlinge wird nicht nur Olympiasieger, sondern pulverisiert auch noch den Weltrekord über 100 Meter. Der Schützling heißt Ben Johnson. Drei Tage nach dem Lauf, der einer für die Ewigkeit zu sein schien, wird Johnson des Dopings überführt.

Dieser 27. September 1988 ist so etwas wie ein Wendepunkt im Weltsport. Seitdem fällt es vielen Menschen schwer, an olympische Helden zu glauben.

Einige der Doping-Fälle, die 1972 noch im Schatten lagen, kommen nach und nach ans Licht. Selbst viele Fans stellen sich die Frage, was eigentlich ein Sportbetrieb wert ist, der nicht der Gesundheit dient, sondern deren Beschädigung. Das staatliche Dopingsystem der DDR ragt dabei heraus – als das wahrscheinlich aufwendigste, dreisteste, skrupelloseste und erfolgreichste. Bei Olympia sammeln DDR-Athleten insgesamt 160 Mal Gold. 1976 in Montreal und 1988 in Seoul liegt die kleine

DDR im Medaillenspiegel vor den Vereinigten Staaten von Amerika. Als sich in Montreal die Bemerkungen der Presse über die seltsam tiefen Stimmen der DDR-Schwimmerinnen häufen, die elf von 13 Rennen gewinnen, kontert ihr Trainer: »Die sind nicht hier, um zu singen, sondern um zu schwimmen.«

»Die DDR hat sich über den Sport definiert«, sagt der österreichische Sportjournalist und Historiker Sigi Bergmann. »Erst durch den Sport ist dieses Land Realität geworden.« Nach den Spielen von München wird das Dopingprogramm mit dem Staatsplan 14.25, den das Zentralkomitee der SED 1974 beschließt, noch straffer organisiert. Flächendeckend wird mit männlichen Hormonen gedopt, selbst elfjährige Mädchen. Wenn sich Eltern besorgt an die Trainer wenden, wird ihnen versichert, in Spritzen und Tabletten seien lediglich Vitamine. Von 10 000 betroffenen Sportlerinnen und Sportlern, so schätzen Experten, tragen 800 bis 1000 teils schwere Spätfolgen davon.

In der Bundesrepublik gibt es zwar keinen Staatsplan 14.25, aber Renate Stecher hat schon einen Punkt: Auch im Westen wird in gewaltigem Umfang, teilweise systematisch und bisweilen mit staatlicher Unterstützung gedopt. Viele Fäden laufen wohl im Bundesinstitut für Sportwissenschaft zusammen, das 1970 gegründet wurde. Die Politik vermittelt den Forschern und Trainern den Eindruck, dass für sportlichen Erfolg fast jedes Mittel recht ist. An die Öffentlichkeit gelangt 40 Jahre später etwa ein Dialog zwischen einem Bundesminister und einem Mitarbeiter des neuen Bundesinstituts. Minister: »Von Ihnen als Sportmediziner will ich nur eines: Medaillen in München.« Mitarbeiter: »Herr Minister, ein Jahr vorher? Wie sollen wir da noch an Medaillen kommen?« Minister: »Das ist mir egal.«

Bekannt wird etwa die »Kolbe-Spritze«, mit der Ruder-Weltmeister Peter-Michael Kolbe 1976 in Montreal trotzdem nicht Olympiasieger wird. Oder die »Aktion Luftpumpe«, bei der man versucht, durch das Aufblasen ihres Dickdarms die Wasserlage von Schwimmern zu verbessern. Das Ganze scheitert geruchsintensiv, weil viel von der kostbaren Luft schon auf dem Weg von der Unterkunft zur Schwimmhalle entweicht. Viele Sportlerinnen und Sportler pilgern nach Freiburg, das sich zum westdeutschen Doping-Mekka entwickelt, weil dort die einschlägig engagierten Ärzte Armin Klümper und Joseph Keul residieren. Der

10. April 1987 wird zum schwarzen Tag des bundesdeutschen Sports, als die von Klümper betreute Mehrkämpferin Birgit Dressel mit 27 Jahren an einem toxisch-allergischen Schock stirbt. In ihrem Blut werden 102 Medikamente nachgewiesen, darunter ein Anabolikum.

Das IOC hechelt den modernsten Dopingmethoden weiter hinterher, und nicht selten drängt sich der Verdacht auf, dass die hohen Olympier eher an Vertuschung als an Aufklärung interessiert sind. Auch Ben Johnson fliegt 1988 in Seoul wohl nur auf, weil die Mitarbeiter des Analyselabors die anonyme Probe übereifrig dem Sprinter zuordnen. Für Johnson rückt der Amerikaner Carl Lewis ganz oben aufs Treppchen nach, der bereits vor den Spielen einmal positiv getestet wurde. Viele Beobachter glauben, dass sich das IOC an den Superstar Lewis einfach nicht herantraut, genau wie an die US-Wunderläuferin Florence Griffith-Joyner, die in Seoul die 100 Meter der Frauen gewinnt. Beide Sprintolympiasieger gedopt? Das wollen sich die Herren der Spiele lieber nicht leisten. Die Sowjets haben derweil ein eigenes Schiff mit Testlabor vor der südkoreanischen Küste ankern, wo sie sicherstellen, dass ihre Athleten ohne Doping-Spuren in die Wettkämpfe gehen.

Als es 30 Jahre später erdrückende Beweise für ein staatliches Dopingprogramm in Russland gibt, kann sich das IOC nur zögerlich zu echter Konsequenz durchringen – und auch dann nicht zu voller Härte. Russland wird 2018 zwar als Land von den Winterspielen in Pyeongchang ausgeschlossen. Vermeintlich unbelastete Sportlerinnen und Sportler dürfen jedoch als »Olympische Athleten aus Russland« an den Start gehen, genau wie in Tokio 2021.

Rick DeMont, der blutjunge Schwimmer, der sein Gold in München wegen der Einnahme eines verbotenen Asthmamittels zurückgeben musste, wird 1973 in Belgrad Weltmeister über 400 Meter Freistil. Er ist der erste Athlet, der die Strecke in unter vier Minuten bewältigt. »Ich hoffte, dass dieser Rekord die Last von meinen Schultern nimmt«, sagt DeMont heute. »Aber das war nicht so. Ich war immer noch der Junge, der seine Goldmedaille verloren hat. Ich war tätowiert fürs ganze Leben.«

Lange will DeMont nichts mehr von München hören. Das ändert sich, als er eine Tochter bekommt: »Sie sollte nicht denken, ihr Vater wäre ein Betrüger.« Nun kämpft DeMont, inzwischen Schwimmtrainer an der

University of Arizona, für seine Rehabilitierung. Vom Nationalen Olympischen Komitee der USA fordert er die Anerkennung des Fehlers jener Funktionäre, die das IOC 1972 nicht über sein Medikament informiert hatten. An diesem Sachverhalt hat niemand Zweifel, doch das Komitee verweigert den Schritt seit damals, weil es Schadensersatzklagen fürchtet. Bis zum Dezember 2001. 29 Jahre nach den Spielen bestätigt das Komitee offiziell, dass DeMont seine Krankheit und sein Medikament korrekt angemeldet hatte. Das IOC lehnt eine Überprüfung des Falles dennoch ab.

Rick DeMont steht am Anfang einer Reihe von Olympiasiegern, denen ihr Gold wegen Dopings aberkannt wurde. Anders als bei den allermeisten in dieser Reihe glauben viele Beobachter an seine Unschuld. Bei den Spielen von Athen 2004 kehrt Rick DeMont als Assistenztrainer der südafrikanischen Schwimmer zu Olympia zurück.

Als Bundeskanzler Willy Brandt am 24. April 1974 nach einem Staatsbesuch in Ägypten auf dem Flughafen Köln-Bonn landet, nimmt ihn auf dem Rollfeld überraschend sein Innenminister Hans-Dietrich Genscher in Empfang. Genscher eröffnet dem Kanzler, dass Günter Guillaume, ein Referent im Kanzleramt mit direktem Zugang zu Brandt, als DDR-Spion enttarnt und verhaftet worden ist. Zwei Wochen später tritt Willy Brandt zurück. In einem Brief an Bundespräsident Gustav Heinemann schreibt er, er übernehme damit »die politische Verantwortung für Fahrlässigkeiten im Zusammenhang mit der Agentenaffäre Guillaume«. Es ist ein unwürdiger letzter Akt für eine prägende Kanzlerschaft.

Der Aufbruch und der Optimismus, die sich mit der Ära Brandt verbinden, haben da längst an Schwung verloren. Die Ölkrise hat den Industriestaaten ihre Abhängigkeit und Verwundbarkeit vor Augen geführt, die Deutschen aber besonders hart getroffen: Der Schreck des Jahres 1973 markiert in der Bundesrepublik das gefühlte und in Teilen faktische Ende von beinahe drei Jahrzehnten Wohlstandswachstum. Die Konjunktur ist eingebrochen, Vollbeschäftigung war einmal. Es ist nicht plötzlich alles schlecht, aber wer nur das Wirtschaftswunder als Maßstab hat, findet alles schlecht genug. Der »*global shock*« der Siebzigerjahre – die Erkenntnis, dass in der Welt inzwischen alles mit allem zusammenhängt – ist für viele Menschen mehr Drohung als Versprechen. Auch international setzt sich die Wahrnehmung durch, in einer Krisenzeit zu leben – mit dem blutigen Militärputsch in Chile 1973, mit Richard Nixons Rücktritt vom Amt des amerikanischen Präsidenten 1974.

In Gestalt des Olympiaattentats hat in München die Menschheitsgeißel des internationalen Terrorismus ihr hässliches Haupt erhoben. Kühl betrachtet handelt es sich nicht um die Stunde null des weltweiten Terrors, es hat auch schon vorher furchtbare Anschläge gegeben. Aber erst die globale Kollektiverfahrung des live übertragenen, sich langsam entspinnenden Unheils gräbt sich tief ins Bewusstsein der Menschen. Das Foto des Terroristen mit der Strumpfmaske auf dem Betonbalkon in der Connollystraße 31, das ist in seiner Zeit ein ikonisches Schreckensbild wie der Einsturz der Türme des World Trade Center in einer anderen. Und für die Terroristen kann all die Aufmerksamkeit eigentlich nur zynischer Ansporn sein. In der Bundesrepublik wird derweil auf die erste Generation der RAF bald eine zweite folgen, und auf die zweite eine dritte.

Brandts Nachfolger Helmut Schmidt findet nach seinem Einzug in den Bonner Kanzlerbungalow eine ernüchternde Formulierung für das Gefühl im Land: »Ende der Fahnenstange«. Auf die Erlöserfigur Brandt folgt mit Schmidt ein ganz anderer politischer Typ, vielleicht passend zur Zeit der schweren Prüfungen, die bevorsteht: ein ernster und strenger Manager, von dem die Empfehlung stammt, mit Visionen besser zum Arzt zu gehen. Die Spiele von München haben an der Nahtstelle zweier Epochen stattgefunden, am Ende der Nachkriegszeit, dieser deutschen Wunderjahre, als deren Höhepunkt man die heiteren Spiele verstehen kann, und am Beginn einer Periode, deren genaue Natur zunächst ungewiss ist.

Die Umbrüche der Siebzigerjahre werden die alte Weltordnung erschüttern. Während die USA und die Sowjetunion am Ende des Jahrzehnts abermals in ein ungezügeltes Wettrüsten abgleiten, kündet der Aufstieg Chinas bereits von der multipolaren Welt der Zukunft. Mit der Revolution in Iran stellt sich der politische Islamismus vor. Helmut Schmidt gehört zu den Ersten, die ihren Blick über nationale Grenzen hinaus weiten. Zusammen mit dem französischen Präsidenten Valéry Giscard d'Estaing lädt er 1975 zum ersten Weltwirtschaftsgipfel, aus dem die G6 wird und dann die G7. Schmidt und Giscard sind es auch, die den Anstoß für Direktwahlen zum Europäischen Parlament geben. Das

## Spiele an der Nahtstelle zweier Epochen

Europäische Währungssystem, das die EG-Staaten 1978 beschließen, wird das Fundament des Euro. Die Bundesrepublik, als internationaler Akteur von eigener Kraft bislang am Rand, rückt immer mehr ins Zentrum.

Am 22. Juni 1974 stehen sich Uli Hoeneß und Jürgen Sparwasser wieder auf dem Fußballplatz gegenüber, im Hamburger Volksparkstadion beim letzten Gruppenspiel der Fußball-Weltmeisterschaft. Beide sind frischgebackene Europacupsieger – Hoeneß mit dem FC Bayern im Pokal der Landesmeister, Sparwasser völlig überraschend mit dem 1. FC Magdeburg im Pokal der Pokalsieger. Sechs Wochen ist es her, dass Bundeskanzler Willy Brandt wegen der Enttarnung des DDR-Spions Günter Guillaume zurücktrat. Sportlich ist die Partie unbedeutend: Beide Mannschaften sind bereits für die Zwischenrunde qualifiziert, es geht nur noch um die Frage, wer Gruppenerster und wer zweiter wird. Aber natürlich geht es auch ums deutsch-deutsche Prestige.

Die Bundesrepublik ist trotz bislang mäßiger Auftritte der haushohe Favorit gegen eine DDR-Mannschaft, die weitestgehend aus der Olympia-Elf von 1972 besteht. Der neue Kanzler Helmut Schmidt sitzt auf der Tribüne, hochrangige DDR-Vertreter haben in Erwartung einer Niederlage auf die Anreise verzichtet. Doch während die Ostdeutschen engagiert ins Spiel gehen, wirken die Stars aus dem Westen lustlos. In der 77. Minute überläuft Sparwasser die Verteidiger Höttges und Vogts und wuchtet den Ball zum 1:0 für die DDR ins Netz. Die Sensation ist perfekt, der jubelnde Sparwasser schlägt einen Purzelbaum hinein in die Geschichtsbücher des deutschen Fußballs. Das »Sparwasser-Tor« inspiriert später ein Theaterstück und einen Spielfilm. »Wenn man auf meinen Grabstein eines Tages nur Hamburg 1974 schreibt«, sagt Sparwasser, »weiß jeder, wer darunter liegt.«

Aber 1974 wird das Tor auch zu einem Wendepunkt und zu einer glücklichen Fügung für die Mannschaft der Bundesrepublik. Das Team um Kapitän Franz Beckenbauer reißt sich angesichts beißender öffentlicher Kritik am Riemen, Bundestrainer Helmut Schön korrigiert auf Druck seiner Führungsspieler Taktik und Aufstellung. Der zweite Gruppenplatz hinter der DDR beschert der Bundesrepublik absurderweise die leichtere Zwischenrunde: Jugoslawien, Schweden und Polen sind dort die Gegner. Die DDR dagegen muss als Erster gegen Brasilien, Argentinien und die Niederlande ran. Am Ende scheidet die DDR aus – und die Bundesrepublik krönt sich im Finale gegen die Niederlande unter dem Zeltdach des Olympiastadions zum Weltmeister.

Zwei Jahre nach Olympia steht München wieder im Mittelpunkt der Sportwelt. Aber nennenswerte Heiterkeit kommt lange nicht auf. Vielleicht sind die ernsten Zeiten einfach nicht danach, vielleicht liegt es auch an den strengen Sicherheitsvorkehrungen vor Ort. Schon das Trainingslager des BRD-Teams im schleswig-holsteinischen Malente gleicht nach Drohungen der RAF einer Festung. Die Behörden wollen sich nicht noch einmal eine Blöße geben vor den Augen der Welt. Ein anderer Grund ist aber bestimmt, dass die westdeutsche Mannschaft zunächst einiges dafür tut, keine große Sympathie hervorzurufen, selbst im eigenen Land. Vor dem Turnier feilschen Beckenbauer und die anderen mit dem DFB um die Höhe der Siegprämie. In der zähen Vorrunde reagiert ausgerechnet der Kapitän auf die Pfiffe des Publikums mit abfälligen Gesten.

Erst im Laufe des Turniers finden Spieler und Fans zueinander. Aber der Zauber, den die Europameistermannschaft von 1972 verströmte, will einfach nicht wiederkehren. Die Deutschen spielen rational und effizient. Es ist kein Zufall, dass Günter Netzer, zwei Jahre zuvor noch der Chefmagier im Mittelfeld, bei der WM nur ein einziges Spiel macht – das verlorene gegen die DDR. Der Weltmeistertitel 1974 ist natürlich ein sportlicher Triumph. Ein Symbol ist er nicht.

Avery Brundage ist nach seinem Abschied als IOC-Präsident ein unausgelasteter Mann. Wenn er in Lausanne ist, kommt er täglich in sein Austragsbüro beim IOC. »Er redete nicht viel«, berichtet IOC-Direktorin Monique Berlioux später. »Er war verzweifelt einsam.«

Zu Willi Daume hatte Brundage nach dem Tod seiner Frau 1971 gesagt, dass er davon träume, eine deutsche Prinzessin zu heiraten. Bei den Münchner Spielen, dieser Partnerbörse, die auch Silvia Sommerlath und Carl Gustaf von Schweden zusammenführte, lernte er tatsächlich eine waschechte deutsche Prinzessin kennen. Wie Silvia arbeitete auch Mariann Charlotte Katharina Stefanie von Reuß für das Organisationskomitee, vor allem als Dolmetscherin. Helmut Fischer, der junge Bundesgrenzschützer, hatte einige Male mit ihr zu tun. »Sie war eine unangenehme Frau«, erinnert er sich, »sie bestand darauf, mit Prinzessin ange-

## Avery Brundage heiratet seine Prinzessin

redet zu werden.« Die Beziehung von Brundage und Reuß wird offiziell, als er seine neue Flamme 1973 in München mit zum Ball des Sports bringt. Er ist 85, sie 37, und Brundage wird gefragt, ob der Altersunterschied denn nicht störe. Der sei gar nicht so groß, antwortet Brundage: Er fühle sich jünger, mehr wie 55 – und seine Lebensgefährtin wirke ja mehr wie 46.

Am 20. Juni 1973 heiraten Brundage und seine Prinzessin in Garmisch-Partenkirchen, er im Tuxedo, sie im Dirndl. Hunderte Einheimische und zahlreiche Boulevardreporter machen ihre Aufwartung. Willi Daume und Johnny Klein sind Trauzeugen, gefeiert wird im Kursaal in Grainau. Die Hochzeitsreise führt Avery und Mariann nach Norwegen und weiter auf die Polarinseln von Spitzbergen. Ob er auf die Kälte dort vorbereitet sei, wird Brundage in Tromsø von einem Journalisten gefragt. »Aber natürlich«, sagt der 85-Jährige, »Mariann und ich sind Frischvermählte, wir wissen schon, wie wir uns warmhalten.« Die beiden leben in Garmisch, bis Avery Brundage am 8. Mai 1975 im dortigen Krankenhaus an Herzversagen stirbt. Daume und Walther Tröger sind unter den Letzten, die mit ihm sprechen. Mit seinem Testament hinterlässt er beträchtliche Summen für wohltätige Zwecke, aber keinen Cent für seine beiden unehelichen Söhne.

Im Juli 2020 beschließt das Asian Art Museum in San Francisco, das einst als Heimstätte für Avery Brundages persönliche Sammlung gegründet worden war, die Bronzebüste seines Stifters aus dem Foyer zu entfernen. Brundages gut dokumentierte antisemitische, rassistische und frauenfeindliche Einlassungen ließen dem Haus keine andere Wahl, sagt Museumsdirektor Jay Xu.

Sein Biograf Allen Guttmann fasst die Lebensbilanz des Avery Brundage in einem kurzen Satz zusammen: »Hauptsächlich dank ihm sind die Spiele, auf Gedeih und Verderb, immer weitergegangen.«

Silvia Sommerlath, die mit König Carl XVI. Gustaf von Schweden liiert ist, arbeitet in den ersten Monaten des Jahres 1976 als stellvertretende Protokollchefin der Olympischen Winterspiele von Innsbruck. Am 19. Juni heiratet sie Carl Gustaf in der Stockholmer Nikolaikirche. Tags zuvor hat die schwedische Popgruppe ABBA zu Ehren der Braut in der Königlichen Oper ein neues Lied uraufgeführt, »Dancing Queen«. Die

Liebesgeschichte des ungleichen Königspaars legt sich funkelnd auf die kollektive Erinnerung an den Sommer von München, in dem offenkundig alles möglich war. In Schweden wird der Königin Silvia bald nicht weniger als die Rettung der Monarchie angerechnet; ihre Warmherzigkeit und Seriosität bilden einen scharfen Kontrast zu dem bis ins hohe Alter etwas schillernden Image ihres Mannes. Silvia ist mittlerweile die am längsten amtierende Königin in der Geschichte Schwedens, was deutsche Adelspostillen nicht davon abhält, weiterhin von »unserer Silvia« zu sprechen.

Am 4. Juli 1976 kreuzen sich auf dem Flughafen von Entebbe in Uganda einige Linien der Zeitgeschichte. Palästinensische und deutsche Terroristen haben eine Maschine der Air France entführt, die von Tel Aviv nach Paris fliegen sollte. Sie zwingen die Piloten zur Landung in Entebbe; in Idi Amins Uganda fühlen sie sich sicher. Der Diktator lässt es sich nicht nehmen, die Terroristen persönlich zu begrüßen. Deren Ziel ist es, 50 in Europa inhaftierte Gesinnungsgenossen freizupressen, darunter Mitglieder der RAF. Die beiden deutschen Entführer gehören den linksextremistischen »Revolutionären Zellen« an. Sie sind es, die in der Transithalle des Flughafens die 100 jüdischen Geiseln von den nichtjüdischen trennen. Ein Holocaust-Überlebender zeigt den beiden seine tätowierte Häftlingsnummer aus dem Konzentrationslager.

Die Geiselnahme dauert sieben Tage, und in Israel schmiedet man einen kühnen Befreiungsplan. Es darf kein zweites München geben, kein zweites Fürstenfeldbruck. Vier Hercules-Transporter bringen israelische Elitesoldaten nach Entebbe, als Erstes laden sie eine schwarze Mercedes-Limousine und mehrere Land Rover aus. Die Täuschung gelingt: Die ugandischen Soldaten am Flughafen, die den Terroristen mehr oder minder offen helfen, halten die auf das Terminal zurollende Wagenkolonne für die Idi Amins. Beim Angriff der Israelis werden alle sieben Geiselnehmer und 20 ugandische Soldaten getötet. Drei Geiseln sterben, sowie der israelische Oberstleutnant Yonatan Netanyahu, dessen jüngerer Bruder Benjamin später Ministerpräsident werden wird. Die israelische Geisel Dora Bloch, die in einem Krankenhaus in Kampala zurückbleibt, wird wenig später von Amins Schergen ermordet.

## Gustav Heinemann verzichtet auf Fackelschein

Gustav Heinemann bleibt ein unbequemer Bundespräsident. Er mutet den Deutschen offene Worte zum prekären Verhältnis von Freiheit und Sicherheit zu. Gegen den Terror der RAF müsse man sich zwar »mit Zähnen und Klauen« wehren, sagt Heinemann, dabei aber auf »übereifrigen und übersteigerten Schutz« verzichten, »der das, was wir schützen wollen, erstickt oder unansehnlich macht«.

Heinemann ist beliebt, die Mehrheit in der Bundesversammlung steht, eine zweite Amtszeit wäre ihm 1974 sicher. Er entschließt sich dennoch, nicht mehr anzutreten. Einerseits aus gesundheitlichen Gründen, er leidet schon lange an Bluthochdruck. Anderseits fühlt er sich von Brandt nicht angemessen wertgeschätzt. Als eine seiner letzten Amtshandlungen kann sich Heinemann einen Herzenswunsch erfüllen: Am 26. Juni 1974 eröffnet er im badischen Rastatt die »Erinnerungsstätte für die Freiheitsbewegungen in der deutschen Geschichte«. Es bleibe die große Aufgabe, sagt er, »Untertanengesinnung und Unterwürfigkeit in staatsbürgerliches Selbstbewusstsein und Mitverantwortung zu verwandeln«.

Zum Abschied aus dem höchsten Staatsamt setzt Heinemann noch einen letzten Akzent. Er verzichtet auf den Großen Zapfenstreich vor dem Schloss Augustusburg, auf Fackeln und stillstehende Soldaten. »Helm ab zum Gebet«, diese Verbindung des Militärischen mit dem Religiösen, erinnert sich sein Sohn Peter, hat ihm nie gefallen. »Er wollte einen fröhlichen und gelassenen Abschied mit der Familie.« Also lädt er zu einer Feier auf einen Rheindampfer.

Kaum überraschend wird Heinemann ein unbequemer Altbundespräsident. Am 11. Dezember 1974 schreibt er einen Brief an eine Frau, die er vor 13 Jahren als Anwalt vertrat, nachdem die Journalistin in einem Artikel Franz Josef Strauß mit Hitler verglichen hatte. »Sehr geehrte Frau Meinhof!«, beginnt der Brief, in dem Heinemann das RAF-Mitglied zur Beendigung des Hungerstreiks in der Justizvollzugsanstalt Stuttgart-Stammheim bewegen will. »Ob Sie mich verstehen?«, schließt er. Ulrike Meinhof versteht ihn nicht und weist ihn kühl ab.

Gustav Walter Heinemann stirbt am 7. Juli 1976 in seiner Heimatstadt Essen. Sein enger Weggefährte Erhard Eppler ruft ihm nach: »Ein solches Leben ist also auch in diesem Jahrhundert möglich. Es ist also nicht wahr, dass Politik nur aus taktischen Winkelzügen bestehen muss. Es ist nicht wahr, dass Macht korrumpieren muss. Es ist nicht wahr, dass Redlichkeit die Sache der Toren ist.«

Seinem Nachfolger als IOC-Chef, Lord Killanin aus Irland, hat Avery Brundage mit dem symbolischen Schlüssel zum IOC-Hauptquartier auch eine Prognose überreicht: »Sie werden den Schlüssel nicht viel brauchen. Ich glaube, die olympische Bewegung wird nicht mehr länger als ein paar Jahre überleben.« Die Bevölkerung von Denver, Colorado, scheint Brundage zu bestätigen, als sie die Ausrichtung der Winterspiele 1976 in einem Volksentscheid ablehnt. Olympia rutscht nach 1972 in eine Krise: Kostenexplosionen, Doping-Zweifel, politische Boykotte. Die Erinnerung an München strahlt umso heller, weil die olympische Gegenwart so viele Probleme birgt. 1976 wird die Ausrichterstadt Montreal von den Spielen finanziell zugrunde gerichtet.

Bürgermeister Jean Drapeau hat es nach der Niederlage gegen München 1966 endlich geschafft, Olympia nach Montreal zu holen. Die Spiele sollen die Stadt in die Liga der Weltmetropolen katapultieren. Praktisch bis zur Eröffnungsfeier bleibt ungewiss, ob alle Sportstätten rechtzeitig fertig werden. Die ersten Besucher der Spiele sehen auf dem Gelände noch Baumaschinen und Arbeiter, die Schutt und Schmutz wegschaufeln und wegkehren. Auch die Kosten sind längst aus dem Ruder gelaufen. Die Spiele, schätzt man, werden 13 Mal so teuer wie veranschlagt. Weil originelle Einnahmemodelle wie in München fehlen und der Staat Kanada keinen Cent beiträgt, bleiben die Stadt Montreal und das Land Quebec auf 3,5 Milliarden Dollar Schulden sitzen. Noch während die Spiele laufen, diskutieren manche, ob es vielleicht die letzten sein könnten. Später wird das Olympiastadion von Montreal weitgehend ungenutzt herumstehen, weder ein Baseball- noch ein Footballteam wird dort eine Heimat finden. Gelegentlich wird ein Stück Beton aus der Konstruktion brechen, einmal eines mit 55 Tonnen Gewicht. »Keine anderen Spiele«, wird der Londoner ›Guardian‹ feststellen, »haben eine Stadt so gründlich ruiniert« wie Montreal 1976.

Eine olympische Zäsur bringt Montreal auch, weil die Organisatoren nach dem Blutbad von München wissen, dass sie sich Defizite bei der Sicherheit nicht leisten können. Schutzmaßnahmen aller Art sind von nun an ein bedeutender Kostenfaktor – und drücken auf die Stimmung.

## Das Desaster von Montreal

Die strengen Kontrollen an den olympischen Stätten nerven Athleten wie Zuschauer. Olympia findet nach München in einer Hochsicherheitszone statt.

In Montreal erleben die Spiele den ersten großen Boykott. Südafrika trifft zwar mittlerweile fast selbstverständlich der Bann der Sportwelt. Aber 24 afrikanische Länder haben eine weitere Forderung: den Ausschluss Neuseelands. Das neuseeländische Rugby-Nationalteam hatte eine Südafrika-Tour unternommen – diese indirekte Anerkennung des Apartheidstaats, so die afrikanischen Länder, dürfe nicht toler9iert werden. Im Gegensatz zu 1968 und 1972 stoßen sie damit nur auf begrenzte Sympathie, sowohl im Westen wie im Osten. Der Fall ist indirekt, vielschichtig, und die Sowjets haben mit Blick auf ihre Moskauer Heimspiele 1980 kein Interesse an einer Eskalation. Also gestattet das IOC Neuseeland die Teilnahme. Die sportpolitische Macht der Länder der Dritten Welt hat ihren Höhepunkt schon wieder überschritten.

24 afrikanische Staaten entscheiden sich für den Boykott, und das, obwohl die meisten Mannschaften schon angereist sind. Einer der Ersten, der seine Delegation zurückruft, ist Idi Amin. Es sei seine »Pflicht«, gegen »Menschenrechtsverletzungen« zu protestieren, sagt der Schlächter von Uganda. John Akii-Bua, der bereits sein Zimmer im olympischen Dorf bezogen hat, wird damit um seine Chance auf zweites Gold gebracht. Langsam hatte er sich mit seiner Situation unter Amin arrangiert und wieder regelmäßig trainiert. Der Diktator ließ ihn, wohl mit Blick auf Montreal, an einigen internationalen Wettbewerben teilnehmen. Die Olympiavorbereitung absolvierte Akii-Bua in Dortmund.

Jetzt sind die Spiele für ihn vorbei, bevor sie begonnen haben. Vor der Abreise begegnet er im Dorf Edwin Moses, dem amerikanischen Physikstudenten, der als nächstes großes Ding über die 400 Meter Hürden gilt. Akii-Bua, berichtet Moses, habe ihm aufrichtig viel Glück gewünscht und gesagt: »Wenn du meinen Weltrekord brechen willst, das hier ist der Ort dafür.« Moses bricht den Weltrekord, und er wird 122 Rennen in Folge ungeschlagen bleiben.

Nach Montreal geht es für Akii-Bua bergab. Er darf nicht mehr reisen, ein persönliches Vorsprechen bei Idi Amin macht alles nur noch schlimmer. Er fürchtet täglich um sein Leben, er fängt an zu trinken. »Wenn ich nicht die Goldmedaille gewonnen hätte«, schreibt Akii-Bua in sein Tagebuch, »hätte ich aus Uganda fliehen können. Aber ich habe die höchste Ehre für mein Land erreicht, ich konnte es nicht verlassen. Uganda war wie ein Gefängnis.«

1979 geht, während eines Kriegs mit Tansania, die Schreckensherrschaft Idi Amins zu Ende; der Diktator wird sich zu seinem Kumpel Muammar al-Gaddafi nach Tripolis retten. Als tansanische Truppen sich im April Kampala nähern, lässt Akii-Bua seine hochschwangere Frau und seine Kinder nach Kenia schleusen. Er will mit seinem Cousin Denis Obua, einem bekannten Fußballer, nachkommen. Im Auto machen sie sich auf den Weg nach Tororo an der kenianischen Grenze, 200 Kilometer entfernt. Sie wissen, dass Amins Soldaten die Insassen von Autos, die auf dieser Strecke entdeckt werden, einfach erschießen. Irgendwann werden sie von mehreren dunklen Mercedeslimousinen überholt, mit aufgesteckten Fahnen, die für Akii-Bua so etwas wie ein Gruß aus einer besseren Vergangenheit sind: Schwarz-Rot-Gold. Es ist die Kolonne des Botschafters der Bundesrepublik, auch er ist auf dem Weg aus dem Land. Akii-Bua und Obua geben Gas und hängen sich an die Stoßstange. Im Windschatten der Deutschen schaffen sie es über die Grenze.

Akii-Bua und seine Familie werden in Kenia in einem Flüchtlingslager interniert. Ab und an kommen westliche Kamerateams, um die menschenunwürdigen Zustände dort auf Film festzuhalten. Zufällig erkennt einer dieser TV-Reporter, dass ein abgemagerter Mann, der im welken Gras kauert, der Olympiasieger ist. »Ich habe mich noch nie so elend gefühlt«, sagt Akii-Bua in die Kamera. Seine Frau habe im Lager eine Frühgeburt erlitten, das Kind habe keinen Tag gelebt. »Wir hatten kein Geld für die Beerdigung.« Die Fernsehbilder werden auch im fernen Herzogenaurach gesehen, der fränkischen Provinzstadt, in der Adidas und Puma zu Hause sind.

In roten Puma-Schuhen mit dem weißen Längsstreifen hat Akii-Bua 1972 Gold gewonnen. Unternehmenschef Armin Dassler beschließt sofort, ihn und seine Familie nach Deutschland zu holen. Er bekommt einen Job als Markenbotschafter, repräsentiert Puma bei Leichtathletikmeetings und gibt Autogrammstunden. Die Aufgabe, sich ein wenig um ihn zu kümmern, hat der ehemalige Grenzschützer Helmut Fischer, der inzwischen in der Puma-Werbeabteilung arbeitet. Akii-Bua spielt Fuß-

## »Hier ist alles, aber dein Herz ist weit weg«

ball mit seinen Kollegen, seine Frau und er gehen in Herzogenaurach regelmäßig in die Kirche. Es gibt wunderbare Bilder aus dieser Zeit: Akii-Bua radelt durch Herzogenaurach, vorbei an Fachwerkhäusern, die Leute winken. Er und seine Familie sind die einzigen Schwarzen in der ganzen Gegend. Wenn er gebeten wird, was oft vorkommt, erzählt er, wie er als kleiner Junge mit der Steinschleuder Jagd auf Schlangen machte – auch der eine oder andere Löwe soll, glaubt man seinen Ausführungen, dabei gewesen sein.

Bei den Spielen von Moskau 1980 versucht er ein Comeback, doch er scheitert schon im Halbfinale. Nach Moskau sitzt er in Herzogenaurach oft nur noch still an seinem Schreibtisch. Er hat kein Deutsch gelernt, das Heimweh wird größer und größer. »Hier ist alles«, sagt er dem ›Kicker‹-Sportmagazin. »Aber dein Herz ist weit weg.« 1983 kehrt er nach Uganda zurück. Dem Puma-Archiv, das Helmut Fischer aufbaut, stiftet er eine Preziose: einen der roten Schuhe, in denen er in München gewann. In Kampala will Akii-Bua ein Sportgeschäft eröffnen und ein Trainingscamp für junge Leichtathleten aufbauen. Doch daraus wird nichts, Uganda ist zerrüttet, er kann froh sein, dass seine Familie und er in ihrem alten Haus bleiben dürfen. Eine kurze Weile ist er Nationaltrainer der Läufer, die meiste Zeit arbeitet er als Polizist.

Malcolm Arnold, der britische Trainer, der Akii-Bua einst entdeckt hat, betreut in den Neunzigerjahren die Mannschaft des Vereinigten Königreichs. Am 22. Juni 1997, es ist Leichtathletik-Europacup, steht Arnold im Münchner Olympiastadion, in dem sein John 25 Jahre zuvor allen davongelaufen war. Ein Journalist fragt ihn, ob er es schon gehört habe: John Akii-Bua ist tot. Krebs heißt es zunächst, seine engen Weggefährten halten Aids für wahrscheinlicher. John Akii-Bua wird am Rande von Kampala begraben. Sein Grabstein trägt die Inschrift: »Olympischer Held«.

Werner Lempert, der DDR-Kanutrainer, der den Augsburger Eiskanal in Zwickau nachbauen ließ, avanciert nach dem Goldregen für sein Team 1972 zu einer Art Star unter den DDR-Sportfunktionären. Dem Teufelskerl Lempert traut man alles zu. Auch ganz was anderes: Vor den Spielen 1976 wird er zum Generalsekretär des DDR-Fußballverbands berufen; die DDR-Elf gewinnt in Montreal Gold. 1980 lässt sie in Moskau Silber folgen. Als das Team die Qualifikation für die WM 1982 verpasst, wird Lempert abgelöst und kehrt zum Kanusport zurück. Er stirbt 2019. Die Zwickauer Wasserbahn ist da längst verwildert, vermoost und von Bäumen und Gestrüpp überwuchert.

Tim McKee, der amerikanische Schwimmer, der in München um zwei Tausendstelsekunden an Gold vorbeischrammte, wird 1976 in Montreal wieder Zweiter über 400 Meter Lagen. Diesmal trennt ihn fast eine ganze Sekunde von Platz eins. McKee beendet seine olympische Karriere mit drei Silbermedaillen. Später arbeitet er als Rettungsschwimmer in Miami Beach und als Schwimmtrainer. Einer seiner Schützlinge, die US-Athletin Nancy Hogshead, gewinnt 1984 in Los Angeles olympisches Gold über 100 Meter Freistil – bis aufs Hundertstel zeitgleich mit ihrer Teamkollegin Carrie Steinseifer.

In Montreal 1976 ist Olga Korbut 21 Jahre alt, eine alte Frau verglichen mit der Rumänin Nadia Comaneci, der 14-jährigen Turnsensation der Spiele. Und ein bisschen fühlt sie sich auch so. »Ich habe gemerkt, dass ich nicht mehr für mich antrete, sondern nur noch für die Sowjetunion«, sagt sie später. Trotzdem holt sie Gold mit der Mannschaft und Silber am Schwebebalken. 1977 beendet sie ihre Karriere, aber sie bleibt ein sozialistischer Superpromi und heiratet einen bekannten weißrussischen Folkrocksänger.

1991 wandert sie in die USA aus, ihre Ehe zerbricht. Kurzzeitig wird sie verhaftet, weil sie Lebensmittel im Wert von 19 Dollar gestohlen haben soll. Korbut lässt sich in Arizona nieder, wo sie als Turntrainerin arbeitet. 2017 versteigert sie ihre olympischen Medaillen, nicht aus finanzieller Not, wie sie betont. Sie bringen ihr 333 500 Dollar ein. Als 2018 die #MeToo-Bewegung Frauen in aller Welt ermutigt, sexuelle Übergriffe öffentlich zu machen, erheben Korbut und andere ehemalige sowjetische Athletinnen schwere Missbrauchsvorwürfe gegen den Trainer Renald Knysh. Der Mann, der ihr das Lächeln beibrachte, berichtet Korbut, habe sie 1972 direkt vor der Abreise nach München im Yubileinaya-Hotel in Minsk vergewaltigt. Knysh, der die Vorwürfe bestreitet, stirbt, bevor die strafrechtlichen Ermittlungen abgeschlossen sind.

## Boykottspiele in Moskau und Los Angeles

Die Olympischen Spiele 1980 und 1984 rutschen gänzlich in den Sog des Kalten Krieges. Nach dem Einmarsch sowjetischer Truppen in Afghanistan 1979 verschärft sich der »Sportkrieg« zwischen der Sowjetunion und den Vereinigten Staaten. Die USA boykottieren die Spiele von Moskau 1980. 64 Nationen schließen sich an, darunter China und – als einziger großer westeuropäischer Staat – die Bundesrepublik. Bundeskanzler Helmut Schmidt will die Amerikaner nicht vor den Kopf stoßen. Die Spiele werden ein Kraftakt für die wirtschaftlich ins Trudeln geratene Sowjetunion.

Obwohl die Gastgeber sagenhafte 80 Goldmedaillen holen, fasziniert die Welt eher der Moment, in dem ein junger Pole den »großen Bruder« vorführt. In seiner Heimat rollt gerade eine Streikwelle übers Land, die bald auch die Danziger Leninwerft erreichen wird, als der Stabhochspringer Wladyslaw Kozakiewicz sich ein Duell um Gold mit Konstantin Wolkow aus der Sowjetunion liefert. Das sowjetische Publikum pfeift Kozakiewicz aus, doch die polnische Olympiadelegation auf den Rängen stimmt mutig ihre Hymne an: »Noch ist Polen nicht verloren«. Kozakiewicz springt mit neuem Weltrekord zu Gold. Dann richtet er eine Geste ins weite Rund, die man nur als »Ihr könnt mich mal« verstehen kann. Das Interessanteste an olympischen Inszenierungen sind oft ihre Risse.

Am Rande der Moskauer Spiele wird der Spanier Juan Antonio Samaranch zum neuen IOC-Präsidenten gewählt, eine Personalie, für die noch Avery Brundage die Weichen gestellt hatte. Lord Killanin hielt Brundage für zu schwach, in Samaranch sah er seinen wahren Nachfolger – und brachte ihn deshalb mit Adidas-Chef Horst Dassler zusammen, dem »Puppenspieler des Weltsports« (Michael Gernandt). Unter Samaranch wird Coubertins Fackel rasch vom Neonlicht des großen Geschäfts überstrahlt. Olympia avanciert zur Dollar-Druckmaschine. Der Amateurparagraf wird abgeschafft, Karl Schranz bleibt der letzte Sportler, der wegen eines Verstoßes dagegen ausgeschlossen wurde.

Die Spiele von Los Angeles 1984 sind die ersten, die privatwirtschaftlich organisiert werden. Werbung bestimmt jetzt das Erscheinungsbild Olympias: Der Jeanshersteller Levi Strauss stattet die US-Mannschaft aus, Coca-Cola ist der »offizielle Softdrink«, und McDonalds verschenkt Hunderttausende »BigMacs« für jede amerikanische Goldmedaille. Die Aktion wird teuer für den Burgerbrater, denn wegen der Abwesenheit der sowjetischen Mannschaft holen die Amerikaner 83 Mal Gold. Diesmal boykottiert der Ostblock mehrheitlich die Spiele, eine Revanche für 1980. Im sowjetischen Fernsehen ist nicht eine Minute aus Los Angeles zu sehen.

Olympia nach München ist auf verschiedene Weise unvollkommen: eben nicht wahrhaft weltumspannend, und eben kein Wettbewerb der Besten, weil einige von ihnen auf Geheiß ihrer Regierungen zu Hause auf dem Sofa sitzen. München 1972 hat auch deshalb einen besonderen Platz in der olympischen Geschichte, weil die Spiele dort die alten Ketten des pseudoantiken Zeremoniells schon gelöst, die neuen Fesseln des modernen Geschäfts aber noch nicht angelegt hatten. Sie waren zeitgemäß, doch nicht seelenlos. Groß, doch nicht gigantisch. Hans-Jochen Vogel sagt: »Ich bin mir nicht sicher, ob die Spiele nur ein paar Jahre später genauso hätten stattfinden und gelingen können.«

In den Tagen von München spiegelte sich der Zeitgeist, aber der Zeitgeist war auch der Werkstoff, aus dem die Organisatoren die Spiele formten. Das Treffen der Jugend der Welt, die Völkerverständigung, der olympische Geist – für einmal waren das mehr als Phrasen, weil einige Männer und Frauen sie mit Leben füllten, auch mit der Kraft ihrer Lebensgeschichten: Willi Daume und Hans-Jochen Vogel, Otl Aicher und Günter Behnisch, und viele mehr hinter ihnen. Die heiteren Spiele waren das Ergebnis ernsthafter Vorbereitung, eine glückliche Verbindung von neuen Ideen und alten Tugenden. Von »organisierter Heiterkeit« spricht der Olympiahistoriker Klaus Zeyringer mit Recht. Und doch ist das, was organisiert war, am Ende größer geworden als jeder Plan.

Als sich das Organisationskomitee der Spiele der XX. Olympiade 1977 offiziell auflöst, sagt Willi Daume: »Die Olympischen Spiele von München hinterlassen einen warmen Schein, so ist es, und so wird das sein.« Es ist angesichts des Attentats ein trotziger, vielleicht sogar grenzwertiger Satz, aber unwahr macht ihn das nicht.

Die Schauspielkarriere des Mark Spitz kommt nicht recht von der Stelle. Er nimmt Unterricht und ergattert kleine Fernsehrollen, wobei er ziemlich oft sich selbst spielt. Einem Senderboss wird das böse Wort zugeschrieben, Spitz habe »die Ausstrahlung einer Klobürste«. Einmal zumindest ist er ganz nah dran an seinem Durchbruch im Kino: Er darf Probeaufnahmen machen für das erste große Projekt eines jungen Regisseurs, der als Wunderknabe gilt, als Mark Spitz von Hollywood. »Der Typ war Steven Spielberg, und der Film war ›Der weiße Hai‹«, erzählt Spitz. Er bekommt die Rolle nicht, sie geht an Richard Dreyfuss.

Dass es mit der Schauspielerei nichts wird, kann er verschmerzen, er erweist sich als cleverer Geschäftsmann. Als die Werbeverträge schwinden, investiert Spitz in Immobilien und verkauft etwa Villen in Beverly Hills an Clint Eastwood und Arnold Schwarzenegger. Nebenher verdient er Geld als Schwimmexperte im Fernsehen, als Investor, Motivationscoach und Redner. Für seine goldene Geschichte sind die Zuhörer noch lange nach München zu zahlen bereit. Mit den Jahren engagiert er sich immer stärker für jüdische Belange, etwa für die filmische Dokumentation der Zeitzeugenberichte von Holocaust-Überlebenden.

17 Jahre nach dem letzten Rennen in München überkommt ihn die Sehnsucht nach dem Wasser und nach Olympia. 1989 kündigt er im Alter von 39 an, sich für die Spiele in Barcelona 1992 qualifizieren zu wollen. Wissenschaftler errechnen, dass er tatsächlich 97 Prozent seines Leistungsvermögens von 1972 erreicht – aber das ist nicht mehr genug, um die Ausscheidungsrennen des US-Teams zu überstehen. Immerhin verdient Spitz mit zwei Showrennen fürs Fernsehen eine Million Dollar, was ihm wieder mal den Vorwurf einbringt, es gehe ihm nur ums Geld.

2016 in Rio de Janeiro bricht der amerikanische Schwimmer Michael Phelps den Gold-Rekord seines Landsmannes. Acht Goldmedaillen holt Phelps in Brasilien. »Der Junge trägt die Krone mit Würde«, sagt Mark Spitz.

Der Marschbefehl kommt am frühen Morgen des 17. Oktober 1977. Seit drei Tagen sind »die Neuner«, wie sie in Sicherheitskreisen genannt werden, in Alarmbereitschaft. Jetzt geht es los. An Bord des Flugzeugs, das sie nach Mogadischu bringt, dösen die 60 Männer der GSG9 oder spielen Karten. Kurz vor 19 Uhr landen sie im Schutz der Dunkelheit in der somalischen Hauptstadt. Niemand soll von ihrer Ankunft Notiz nehmen, vor allem nicht die vier palästinensischen Terroristen, die in der Lufthansa-Maschine »Landshut«, die auf dem Rollfeld parkt, 86 Geiseln in ihrer Gewalt haben.

Sechs Wochen zuvor, am 5. September, ist in Köln Arbeitgeberpräsident Hanns Martin Schleyer von der RAF entführt und sein Fahrer und seine drei Personenschützer ermordet worden. Der »Deutsche Herbst« hat begonnen, die »bleierne Zeit«, wie die Regisseurin Margarethe von Trotta später einen Spielfilm über jene Tage nennt. Die Terroristen fordern die Freilassung von elf inhaftierten RAF-Mitgliedern, darunter Andreas Baader, Gudrun Ensslin und Jan-Carl Raspe. Um ihrer Forderung Nachdruck zu verleihen, entführen die palästinensischen Verbündeten der RAF am 13. Oktober die »Landshut«, die sich auf dem Weg von Palma de Mallorca nach Frankfurt befindet. Im jemenitischen Aden erschießen sie den Flugkapitän Jürgen Schumann. Nach dem Weiterflug nach Mogadischu drohen sie mit der Sprengung der Maschine. Die deutschen Verhandler versuchen, Zeit zu schinden, sie tun so, als bereiteten sie die Freilassung von Baader, Ensslin und den anderen vor. So gewinnen sie wertvolle Stunden, um die GSG 9 in Position zu bringen.

Der Deutsche Herbst führt die Bundesregierung und Kanzler Helmut Schmidt an einen Scheideweg: Sollen sie der Erpressung nachgeben, um Schleyer und die Passagiere der »Landshut« zu retten? Wie in München halten palästinensische Terroristen die Bundesrepublik in Atem. Doch diesmal sind die Behörden aus bitterer Erfahrung weniger naiv und besser vorbereitet. Die greifbarste Konsequenz des Polizeidebakels beim Olympiaattentat war die Gründung einer Spezialeinheit für genau solche Fälle. Ulrich Wegener, der die Truppe aufgebaut hat, kommandiert sie nun auch bei ihrer Feuertaufe in Mogadischu.

Wenige Minuten nach Mitternacht, der 18. Oktober ist angebrochen, schleichen sich fünf Gruppen zu je sechs Mann an die »Landshut« an. Sie sprengen die Türen und stürmen die Kabine. »Köpfe runter, wo sind die Schweine«, ruft einer. Dann fallen Schüsse. Der Einsatz dauert keine fünf Minuten, dann haben die Elite-Grenzschützer drei Terroristen getötet und eine vierte Terroristin kampfunfähig verletzt. Einsatzleiter Wegener funkt in den Tower des Flughafens, wo Kanzleramtsminister Hans-Jürgen Wischnewski die Szene beobachtet: »Wir haben die Kontrolle über die Maschine.« Und: »Keine Opfer, keine Opfer, keine Opfer. Alle Geiseln sind befreit.« Es ist 0:12 Uhr, als Wischnewski vom Tower aus Bundeskanzler Helmut Schmidt in Bonn anruft. »Die Arbeit ist erledigt«, sagt er.

## Feuertaufe für die GSG 9

Am Morgen werden die RAF-Mitglieder Andreas Baader, Gudrun Ensslin und Jan-Carl Raspe tot in ihren Gefängniszellen in Stuttgart entdeckt, sie haben sich selbst das Leben genommen. Von der »Todesnacht von Stammheim« ist fortan die Rede. Am 19. Oktober wird im Elsass im Kofferraum eines Audi 100 die Leiche des ermordeten Hanns Martin Schleyer gefunden. Bundeskanzler Helmut Schmidt übernimmt die politische Verantwortung für Schleyers Tod. Schmidt wird zeitlebens schwer an der Entscheidung tragen, der Erpressung der Terroristen widerstanden zu haben. Aber er hat die Bundesrepublik damit zu einer wehrhafteren Demokratie gemacht.

Es ist nicht gerade das süße Leben, das auf den Flüchtling Stelian Moculescu in der Bundesrepublik gewartet hat. Sein Abschluss als Ingenieur wird nicht anerkannt, er landet als Hilfsarbeiter auf dem Bau. Einer der besten Volleyballspieler der Welt schleppt Steine und Mörtel, für 725,50 Mark im Monat. Abends trainiert er bei seinem neuen Verein, dem USC Münster. Er spielt jetzt in der Volleyball-Bundesliga, aber davon leben kann er nicht. (Erst 1987 als Trainer wird der Sport zu seinem Hauptberuf.) Er arbeitet sich zum Bauleiter hoch, wechselt zum TSV 1860 München in die Stadt seiner Flucht und gründet dort eine Familie. Er wird Deutscher und daraufhin sofort in die Nationalmannschaft berufen.

In Rumänien wird er wegen Republikflucht in Abwesenheit zu zehn Jahren Gefängnis verurteilt. Als er 1979 als Spieler des TSV 1860 mit deutschem Pass zu einem Europapokalspiel in seine alte Heimat reist, wird er von den rumänischen Behörden am Flughafen festgesetzt. Nach einigen Stunden lässt man ihn wieder frei. Das Spiel wird im rumänischen Fernsehen übertragen, die Aufstellung der Münchner wird eingeblendet, jeder Spieler mit Rückennummer und Name. Es fehlt nur einer: die Nummer 7, Moculescu.

Als Trainer gewinnt Stelian Moculescu unter anderem mit dem VfB Friedrichshafen 19 Deutsche Meisterschaften, 19 Deutsche Pokale und einmal die Champions League. Er ist damit der erfolgreichste Coach der deutschen Volleyballgeschichte. Mit ihm als Nationaltrainer nimmt die Bundesrepublik 2008 in Peking erstmals seit 1972 wieder an Olympischen Spielen teil. Danach trainiert Moculescu auch noch die Nationalmannschaft Rumäniens. Ein rumänischer Freund sagt zu ihm: »Du warst in deinem Leben zwei Mal mutig: einmal als du abgehauen bist, und dann, als du wieder zurückgekommen bist.« Seinen Ruhestand verbringt Stelian Moculescu am Bodensee. »Rumänien ist ein wunderschönes Land«, sagt er. »Aber ich fühle mich als Deutscher.«

Nach den Spielen erwirbt Otl Aicher in Rotis im württembergischen Allgäu eine weitläufige alte Mühlenanlage. Hier lebt er mit seiner Familie, hier arbeitet er mit seinen Bürokollegen, für die er mehrere Atelierhäuser errichtet. Hier empfängt er Manager, die sich für ihr Unternehmensdesign eine Neuerfindung wünschen, wie Aicher sie etwa bei der Lufthansa vollbracht hat. Sein Allgäuer Schlupfwinkel gilt Eingeweihten bald als legendär, es wird gespielt, getanzt und gefeiert. Nur halb im Spaß ruft Aicher die »Freie Republik Rotis« aus, die er mit großer Leidenschaft auf seinem Rasenmähtraktor durchquert. Nach seiner Wahlheimat benennt er 1988 auch die von ihm entwickelte Schrift Rotis.

Aicher ist nach den Spielen der Star des deutschen Designs, er prägt das Erscheinungsbild des ZDF, der Dresdner Bank und des Küchenherstellers Bulthaup. Seine »Olympiamöbel« halten Einzug in deutsche Behörden und sogar in die Stuben der Bundeswehr – dunkelgrün beim Heer, blau bei Marine und Luftwaffe. Bei allem Erfolg bleibt er ein streitbarer Charakter. Einmal lehnt er das Bundesverdienstkreuz ab, und bei der Gestaltung des neuen Münchner Flughafens überwirft er sich mit dem bayerischen Ministerpräsidenten Franz Josef Strauß. 1975 ereilt Aicher ein fürchterlicher Schicksalsschlag: Seine Tochter Pia kommt mit 20 Jahren bei einem Autounfall ums Leben, er selbst sitzt am Steuer.

Aicher bleibt ein politischer Mensch, seine Frau Inge ist in der Friedensbewegung aktiv. Im August 1983 nehmen die beiden in Mutlangen auf der Schwäbischen Alb am Protest gegen die dort stationierten amerikanischen Atomraketen teil. Die Fotos von den prominenten Unterstützern der Blockade des US-Stützpunkts werden zu Bildern der deutschen Zeitgeschichte: Heinrich Böll mit Baskenmütze, Petra Kelly mit Stahlhelm, Günter Grass mit Pfeife. Aicher trifft auf der Mutlanger Heide auch einen olympischen Weggefährten: Günter Behnisch. Als Inge Aicher-Scholl sich vor dem Amtsgericht Schwäbisch-Gmünd – wie mehr als 1000 weitere Demonstranten – wegen Nötigung verantworten muss, zitiert sie ein Flugblatt der Weißen Rose: »Zerreißt den Mantel der

Gleichgültigkeit, den ihr um euer Herz gelegt! Entscheidet euch, ehe es zu spät ist!«

Ende August 1991 setzt Otl Aicher mit seinem Rasenmähtraktor rückwärts aus der Einfahrt seines Anwesens in Rotis. Auf der eigentlich wenig befahrenen Ortsstraße kollidiert er mit einem Motorradfahrer. Aicher wird so unglücklich auf die Straße geschleudert, dass er am 1. September im Alter von 69 Jahren seinen Kopfverletzungen erliegt.

Seine Olympiaobjekte in den milden Farben des Regenbogens haben bis heute ihre Klarheit und Kraft behalten, viele sind Sammlerstücke. Aichers Arbeit ist immer noch überall anzutreffen, auch wenn sie viele Menschen nicht mit seinem Namen verbinden: Da ist das rote Sparkassen-»S«, da ist das Logo des Elektroherstellers Braun mit seinem hochgestellten »A«, und da sind vor allem die Piktogramme, Aichers wortlose Sprache der Globalisierung, die rund um den Erdball verlässlich den Weg zu Toiletten und Ausgängen weist.

Willi Daume und Hans-Jochen Vogel haben gemeinsam, dass ihnen nach München allerhöchste Ämter zugetraut werden. Sie haben auch gemeinsam, dass sie diese Ämter nicht erreichen. Wenn Daumes glanzvolle Karriere im Zeichen der Ringe auf irgendetwas zuläuft, dann auf das Amt des IOC-Präsidenten. Es ist am Ende die Politik, die ihm diese Chance raubt, als ob es wirklich noch eines Beweises bedurft hätte, dass Sport und Politik nicht zu trennen sind. Daume versucht vergeblich, den Beschluss der Bundesregierung zu verhindern, die Spiele von Moskau 1980 zu boykottieren. Er tut das aus Überzeugung, weil er keinen Athleten um die Chance auf Gold bringen will, so wie es ihm einst selbst widerfahren ist, als er vom Handballer zum Basketballer umgeschult wurde. Aber er tut es auch in dem Wissen, dass er die Wahl zum obersten Olympier als Vertreter eines Boykottlandes nicht gewinnen kann. Schließlich unterliegt er Samaranch mit 7 zu 69 Stimmen.

Stoisch arbeitet Daume fortan an Samaranchs Seite – zumindest bei jenen Reformprojekten, die dem Spanier und ihm wichtig sind. Daume ist die treibende Kraft, als das IOC nach quälend langem Zögern im September 1981 beim Kongress in Baden-Baden den Sprung in die Moderne wagt. Die Olympier schaffen nicht nur den Amateurparagrafen ab, sondern gewähren auch Athletenvertretern endlich Rederecht. Nach

332 Männern nehmen sie mit der Finnin Pirjo Häggman und der Venezolanerin Flor Isava Fonseca die ersten Frauen auf. Daume hadert jedoch damit, dass Samaranch Olympia einer hemmungslosen Kommerzialisierung öffnet.

Die Jubiläumsspiele 1996 vergibt das IOC nicht nach Athen, sondern verhökert sie an Atlanta und den dort beheimateten Hauptsponsor Coca-Cola. Daume erhält einen Anruf von Bundespräsident Richard von Weizsäcker: »Mein Gott, was seid ihr Banausen, ihr lasst Coca-Cola gegen Athen gewinnen.« Daume sieht das genauso, er sagt es nur nicht laut, aus Loyalität zur olympischen Bewegung. Nur in vertraulichen Hintergrundrunden lässt Daume durchblicken, dass er Sportfunktionäre verabscheut, die sich als »Machtpolitiker« aufführen und »intellektuell nichts verstehen«. Als Anfang der Neunzigerjahre das Ende seines IOC-Mandats naht, sagt er: »Das IOC, das ich geliebt habe, gibt es nicht mehr.«

In seinen späten Jahren verlässt Daume zunehmend das Glück. Seine Gießerei geht pleite, und er bringt jüngere Funktionäre und Sportler gegen sich auf, die den Mann, der einst Fortschritt und Offenheit verkörperte, für einen Bremser und Sturkopf halten. Er ist nicht gerade ein Aufräumer in der Dopingfrage, er warnt zwar vor »der größten Gefahr für die Zukunft des Sports«, unternimmt aber wenig. Er verheddert sich in persönlichen Beziehungen, etwa der guten Bekanntschaft mit den Freiburger Dopinggurus Armin Klümper und Joseph Keul, und überkommenen Prägungen wie dem Gedanken, dass man westdeutsche Athleten gegenüber den gedopten ostdeutschen nicht benachteiligen dürfe. Das Historikergremium, das Doping im westdeutschen Sport zwischen 1970 und 1990 untersucht, wird Daume »billigende Mitwisserschaft« vorwerfen. Doch die Person Willi Daume ist groß genug, um unvollkommen und ungereimt zu sein.

Als Präsident des Nationalen Olympischen Komitees erlebt er immerhin noch das Ende eines langen Umwegs: die Aufstellung einer gesamtdeutschen Mannschaft 1992, erst für die Winterspiele in Albertville, dann für die Sommerspiele in Barcelona. »Wie schön, die Feinde sind verschwunden«, sagt Daume mit der Ironie eines Mannes, der an Feindschaft nie glaubte. Mit dem Einmarsch der Deutschen ins Olympiastadion von Barcelona auf dem Berg Montjuic vollzieht sich am 25. Juli 1992 auch emotional die Wiedervereinigung des deutschen Sports. Später im

## Die Einsamkeit des Willi Daume

Jahr läuft Daumes Amtszeit aus. »Das wär's gewesen«, sagt er nach seiner letzten Sitzung.

Als er 1994 beim IOC-Kongress in Paris offiziell Abschied von der internationalen Bühne nimmt, hat er eine sehr grundsätzliche Rede vorbereitet, eine Ermahnung, dass die olympischen Werte mehr sein müssen als schöne Sätze. »Fairplay ist zwar das Wesen des Sports, aber nicht automatisch mit ihm verbunden«, sagt er. »Es kommt nicht durch göttliche Fügung vom Himmel geflogen, sondern muss, wie wir immer wieder erfahren, dauernd neu anerzogen werden.« Nur drei Minuten Redezeit werden Daume zugestanden, er überzieht heftig. Ab und an stockt er ein wenig, weil ihm der Graue Star das Lesen erschwert. Die Olympier, seine Olympier, haben für so etwas keine Geduld und applaudieren hämisch, als er zum Ende kommt. »Es gibt keinen Anspruch auf Dank«, sagt Daume.

Wie wenige andere erfährt er die Vergänglichkeit allen Ruhms. Es wird einsam um ihn, manche sagen, er sei ein bitterer Mann. In seinen letzten Jahren lebt Daume in einem Ein-Zimmer-Appartement im olympischen Dorf in München, wo er auch ein kleines Büro hat. Ein wenig Geld für die Miete kommt vom Nationalen Olympischen Komitee, ansonsten halten ihn Freunde über Wasser. Gelegentlich kommt Hans-Jochen Vogel vorbei, den er einst bei seinem ersten Besuch im Rathaus gefragt hat: »Sitzen Sie fest auf Ihrem Stuhl?«

Am 20. Mai 1996 stirbt Willi Daume. Wenn wirklich alles andere vergessen wäre, ruft ihm Claus Heinrich Meyer in der ›Süddeutschen Zeitung‹ nach, dann bliebe doch Daumes unglaubliche Leistung, »den Geist der Zeit zusammengeführt zu haben zum Gesamtkunstwerk der Olympischen Spiele 1972 in München«. Im Olympiapark erinnert heute der Willi-Daume-Platz an ihn. Es ist kein besonders schöner Platz, eine große Betonfläche mit ein paar Bäumen. Aber es ist der Ort, an dem alle Wege zusammenlaufen.

Leni Riefenstahl arbeitet auch noch im hohen Alter als Fotografin. In ihren Siebzigern beginnt sie mit dem Tauchen, um Unterwasseraufnahmen machen zu können. Mit 97 Jahren reist sie nach Afrika und überlebt einen Hubschrauberabsturz im Sudan. Man kann Riefenstahl nicht vorwerfen, dass ihr der Mut fehlt – abgesehen von dem Mut, den es bräuchte, sich ihren Nazi-Verstrickungen zu stellen. Ihren 100. Geburtstag feiert sie mit Uschi Glas, Reinhold Messner, Leo Kirch und den Magiern Siegfried und Roy, die auch einen Glückwunsch von Michael Jackson überbringen. Ein Duo singt: »Das gibt's nur einmal, das kommt nie wieder.« Kurz vorher ist sie vom Starfotografen Helmut Newton für ›Vanity Fair‹ porträtiert worden. Newton, der als Jude vor den Nazis aus Deutschland geflohen war, sagt: »Als Künstlerin bewundere ich sie, sie ist die revolutionärste Fotografin und Filmemacherin unserer Zeit. Auch wenn ihre Nazi-Sujets beschissen waren.« Riefenstahl stirbt am 8. September 2003 mit 101 Jahren in ihrer Villa in Pöcking am Starnberger See. Ihr Leichnam wird auf dem Münchner Waldfriedhof beigesetzt.

Väterchen Timofei, der Eremit vom Oberwiesenfeld, wegen dessen Kirchlein das olympische Reitstadion verlegt wurde, ist mit den Spielen zu einer Münchner Institution geworden. Über ihn erscheinen ein Bildband und ein Kinderbuch. Einheimische und Touristen pilgern zu diesem manchmal etwas wirren, aber stets irgendwie weisen Kommentator des Weltgeschehens. Als der Wind des Wandels Mitte der Achtzigerjahre seine alte sowjetische Heimat erfasst, sagt Timofei: »Gorbatschow ist gekommen, Maria hat mein Beten erhört.« Dank der Fürsprache der Gottesmutter ist ihm auch ein sehr langes Leben beschieden, zu seinen biblisch anmutenden Geburtstagen rückt stets der Münchner Oberbürgermeister Christian Ude an. Vor seinem Tod 2004 ist Timofei mit angeblich 110 Jahren der älteste Münchner, aber eben auch ein Mann, der weiß, dass man eine fantastische Geschichte nicht mit zu viel Wahrheit beschweren muss. Das Kirchlein von Väterchen Timofei steht noch heute am Fuß des Olympiabergs.

Vor der Fußballweltmeisterschaft 2006 diskutiert Deutschland über die Möglichkeiten und Grenzen der Terrorismusabwehr. Ein zentrales Bedrohungsszenario ist jenes, das die Welt am 11. September 2001 kennenlernen musste, als islamistische Attentäter vier US-Passagiermaschinen in fliegende Bomben verwandelten. Bundesinnenminister Wolfgang Schäuble bringt zu einer Bundestagsdebatte ein Buch mit: ›Vom Frieden‹, die Erinnerungen des früheren Verteidigungsministers Georg Leber, der an einem anderen 11. September, dem des Jahres 1972, vor der schwierigsten aller Entscheidungen stand: das auf das Münchner Olympiastadion zusteuernde, womöglich entführte Zivilflugzeug abschießen zu lassen oder nicht. Im letzten Moment klärte sich damals das Missverständnis. Am Rednerpult liest Schäuble aus Lebers Buch vor: »Höchstens zwei Minuten später hätte dieser Vorgang, der sich jetzt wie eine Episode anhört, einen anderen Verlauf genommen. Auch meine eigene Welt hätte drei Minuten später ganz anders ausgesehen. Ich habe in meinem Leben nicht immer so viel Glück gehabt wie an diesem Abend des 11. September.«

Das Münchner Olympiastadion gilt bald als Jahrhundertbauwerk und macht Günter Behnisch berühmt. Er ist nun der Architekt, der seinem jungen Land ein Gesicht gegeben hat. Und dieses rare Kunststück gelingt ihm sogar noch ein zweites Mal. 1973 gewinnt er den Wettbewerb für den neuen Plenarsaal des Bundestags in Bonn, wieder ist es ein Entwurf mit Symbolcharakter. Es dauert allerdings mehr als ein Jahrzehnt, bis der Weg zur Verwirklichung frei ist. 1992, 20 Jahre nach den Spielen, wird der neue Bundestag eröffnet und als modernstes Parlamentsgebäude der Welt gefeiert.

Der Plenarsaal ist luftig und von hohen Glaswänden bestimmt, allzeit einsehbar. Die Abgeordnetenplätze sind kreisrund angeordnet, Regierung und Opposition begegnen sich überall auf Augenhöhe. Eine »Werkhalle der Demokratie« nennt Behnisch sein Werk. Allein, da ist ein dicker Wermutstropfen: Noch bevor die Abgeordneten ihre Werkhalle beziehen, beschließen sie den Umzug des Deutschen Bundestags von Bonn nach Berlin. Schon 1999 tagt das Parlament erstmals in der neuen Hauptstadt.

Aber nicht nur deshalb fremdelt Behnisch mit Berlin, mit dem neuen Machtzentrum des wiedervereinigten Deutschland. Die neue Architektur dort ist ihm zu auftrumpfend, zum Teil auch zu historisierend – dass das Stadtschloss rekonstruiert werden soll, ist ihm ein Gräuel. Kleingeistig, spießig und bequem scheinen ihm solche Pläne zu sein. Behnisch sagt: »Wenn es jemand nach Gemütlichkeit verlangt, soll er sich eine Katze anschaffen.« Architektur, das ist ja seine Überzeugung, nimmt die politischen Verhältnisse vorweg. Er macht sich Sorgen um das neue Deutschland, die Berliner Republik. Trotzig setzt er 2005 die glasverspielte Akademie der Künste neben das Brandenburger Tor und muss einige Kritik einstecken, die ihn natürlich nicht anficht.

In seinen späten Jahren verstört Behnisch auch große Bewunderer mit seiner Bereitschaft, das Olympiastadion entsprechend den Bedürfnissen einer modernen Fußballarena umzubauen. »Eine schöne Ruine wäre nicht lustig«, erklärt er. »Einerseits sagt man: Das ist ein Monument des Geistes von 1972, davon gibt es kein zweites. Andererseits: Man muss es so anpassen, dass es nutzbar bleibt.« Der Umbau bleibt dann allen Beteiligten erspart, weil die Münchner Fußballvereine eine neue Heimstätte am Stadtrand bekommen. Günter Behnisch, der Baumeister der Bundesrepublik, stirbt im Juli 2010 im Alter von 88 Jahren in Stuttgart.

Die Spiele waren Wind unter den Flügeln der aufstrebenden Stadt München. Olympia hat sie erst so richtig auf die internationale Landkarte gesetzt – nicht mehr als Wiege der Nazis, sondern als Heimat bayerischer Gemütlichkeit und deutscher Weltoffenheit, des Oktoberfests und des FC Bayern. Das ohnehin sonnige Image des schönen München hat den Organisatoren der heiteren Spiele 1972 die Aufgabe erleichtert; dann waren es die Spiele selbst, die genau dieses München-Bild nachhaltig verstärkten.

Wie kaum ein anderer Ausrichter vor und nach ihr hat die Stadt von den Spielen profitiert. Davon zeugen bis heute S- und U-Bahn, eine große Ringstraße und die verkehrsberuhigte Altstadt. Der Olympiapark wird zu einer neuen grünen Lunge, einer Attraktion für Einheimische und Touristen. Im Olympiastadion wird es nach dem Auszug des großen Fußballs 2005 zwar ruhiger, aber bis heute finden dort Konzerte und andere Veranstaltungen statt. Das olympische Dorf ist ein beliebtes Wohnviertel, eine Stadt in der Stadt. Zur Wahrheit gehört aber auch, dass der Entwicklungsschub durch die Spiele zweifellos dazu beigetragen hat, München zu einem der teuersten Pflaster in Deutschland zu machen.

2011 scheitert München bei seiner zweiten Olympiabewerbung, zusammen mit Garmisch-Partenkirchen wollte die Stadt die Winterspiele 2018 ausrichten. Das neue IOC lässt sich nicht berühren von der alten Magie. Das südkoreanische Pyeongchang sei einfach dran gewesen, heißt es. Das Bewerbungskomitee will es für 2022 gleich noch mal versuchen, doch eine knappe Mehrheit der Bevölkerung sagt in einem Bürger-

## München sagt Nein zu Olympia

entscheid Nein. München, von den Spielen geformt, will keine Spiele mehr. Das sagt etwas über die Selbstzufriedenheit und Sattheit der Stadt, aber noch mehr über Olympia und den Niedergang seiner Idee.

Der Bericht des »Club of Rome«, erschienen am Vorabend der Spiele von München, gilt Historikern heute als »Gründungsurkunde des internationalen Umweltschutzes«. Zunächst gibt es nicht nur Beifall, sondern auch harte Kritik: von »unverantwortlichem Nonsens« spricht der Yale-Ökonom Henry Wallich. Doch ›Die Grenzen des Wachstums‹ besteht im Kern den Test der Zeit: Schon die Ölkrise im Herbst 1973 empfinden viele Menschen als Beleg für die Richtigkeit der Grundthese. Die Ressource Öl wird von den arabischen Staaten zwar aus politischen Motiven verknappt. Dennoch illustrieren die Bilder von leeren Autobahnen an den »autofreien Sonntagen« auch in Deutschland die Verletzlichkeit der Rohstoffversorgung.

Bis heute wurde ›Die Grenzen des Wachstums‹ mehr als 30 Millionen Mal verkauft und in mehr als 30 Sprachen übersetzt. Das Buch befeuert eine Bewegung, die in der Bundesrepublik 1980 zur Gründung einer grünen Partei führt. Viel früher als in anderen Ländern gelangen die deutschen Grünen an die Regierung. Mit dem Leitgedanken, Ökonomie und Ökologie zu versöhnen, wird Winfried Kretschmann, der den Bericht des »Club of Rome« als Student an der Uni Hohenheim las, 2011 in Baden-Württemberg zum ersten grünen Ministerpräsidenten der Republik gewählt.

Der orangefarbene BMW 1602e, der 1972 als Kamerawagen die Marathonläufer begleitete, gilt heute als Grundstein für die Entwicklung moderner Elektroautos. Eines der beiden Exemplare steht in München im BMW-Museum. Die Bleibatterien wurden erneuert, das Auto ist fahrbereit.

Teofilo Stevenson, der kubanische Wunderboxer von München, verteidigt 1976 in Montreal und 1980 in Moskau seine Goldmedaille. Nur der Boykott der Spiele durch den Ostblock verhindert wohl, dass er ihnen 1984 in Los Angeles eine vierte hinzufügt. Drei Mal wird Stevenson Weltmeister, bis heute gilt er als bester Amateur der Boxgeschichte. Ein Amateur bleibt er auch, als die großen Veranstalter ihn mit irren Summen ins amerikanische Profigeschäft locken wollen. Selbst einen Kampf gegen Muhammad Ali, den ihm der berühmte Don King anträgt, lehnt er ab. Als Stevenson am 11. Juni 2012 in Havanna mit nur 60 Jahren an einem Herzinfarkt stirbt, hinterlässt er vor allem einen Satz: »Was ist eine Million Dollar gegen acht Millionen Kubaner, die mich lieben?«

Am 12. August 2012 setzt sich der Läufer Stephen Kiprotich fünf Kilometer vor dem Ziel des olympischen Marathons in London von seinen letzten Konkurrenten ab. »Es will indes der Eindruck nicht weichen, als habe an seiner Seite unsichtbar noch ein zweiter schwarzer Athlet den Endpunkt des langen Laufes erreicht«, schreibt Michael Gernandt in der ›Süddeutschen Zeitung‹. Der unsichtbare Athlet ist John Akii-Bua. Bevor Kiprotich am Buckingham Palace über die Linie läuft, lässt er sich von einem Zuschauer eine ugandische Fahne geben, schwarz-gelb-rot mit dem Kranich in der Mitte. 30 Jahre nach Akii-Bua in München holt er das zweite Olympiagold für Uganda, ein Volk von 41 Millionen Menschen. »Ich habe ihn nie kennengelernt«, sagt der neue Held über den alten, »aber das, was er erreicht hat, war mir allgegenwärtig.«

Hans »Johnny« Klein, der Sprecher der Münchner Spiele, tritt nach Olympia der CSU bei und zieht für sie im Wahlkreis München-Mitte in den Bundestag ein. Unter Helmut Kohl wird er Bundesminister und Regierungssprecher. 1990 lässt er sich überreden, in München für das Amt des Oberbürgermeisters zu kandidieren. Er verliert jedoch klar gegen den Amtsinhaber Georg Kronawitter von der SPD. Johnny Klein, Fliegenträger und Kettenraucher, erliegt im November 1996 im Nachtzug von München nach Bonn einem Herzinfarkt.

Gertrude Krombholz, die Chefhostess, die sieben Autogramme von Mark Spitz sammelte, eines für jede Goldmedaille, kümmert sich auch bei den Olympischen Winterspielen von Innsbruck 1976 und Lake Placid 1980 um die Siegerehrungen. Sie promoviert in Geschichte, bildet an der Technischen Universität München Sportlehrer aus und wird eine einflussreiche Pädagogin, die Erfinderin des Rollstuhltanzes. Bei ihrem Engagement für den Behindertensport erhält sie Unterstützung von einer guten alten Bekannten, der Königin von Schweden, die etwa die Schirmherrschaft der Rollstuhltanz-EM übernimmt. 1993 tanzt Silvia gleich mit, als Krombholz mit ihrer Münchner Gruppe in Stockholm auftritt. Krombholz gilt als führende Vertreterin der paralympischen Bewegung, auch mit 85 Jahren überreicht sie bei den Winterspielen 2018 in Pyeongchang Medaillen an Sportlerinnen und Sportler.

Sie lebt in einer Seniorenresidenz am Ammersee, in der sie eine Rollatortanzgruppe gegründet hat. Bis heute verwahrt sie einen Brief von Willi Daume an die Olympiahostessen, geschrieben 1972. Daumes Schreiben enthält eine Voraussage, die sich für Gertrude Krombholz bewahrheitet hat: »Sie werden für Ihre Arbeit nur eine geringe finanzielle Entlohnung erhalten, aber dafür die Ehre, an einer gewissermaßen einzigartigen Weltveranstaltung aktiv mitzuwirken. Unbezweifelbar wird das zur Anreicherung Ihres Lebens und Ihrer Persönlichkeit beitragen.«

Die Liebesbeziehung der Deutschen zu ihrem »Goldkind« Ulrike Meyfarth erkaltet bald. In der Saison nach Olympia bleibt Meyfarth weit unter ihren olympischen Höhen. 1973 wird sie zwar Deutsche Meisterin, aber dafür genügen übersprungene 1,83 Meter. Ihr Trainer Günter Janietz sagt: »Eine Olympiasiegerin springt nicht einsdreiundachtzig.« Und auch sie selbst hat das Gefühl, »mir selbst und überhaupt allen möglichen Leuten bessere Leistungen schuldig zu sein. Ich war doch die Olympiasiegerin.« Alles ist kompliziert geworden in ihrem Leben. »Und mit 17 ist es sowieso kompliziert genug.«

Die Boulevardreporter stellen Ulrike am liebsten Fragen nach ihrem ersten Freund oder ihrem ersten Kuss. »Damals gab es noch keine Medien-Coaches«, erinnert sich Meyfarth. Sie liest Schlagzeilen über sich wie »Kummerspeck verhindert neuen Höhenflug« oder »Unsere Ulrike – gewachsen und Ärger mit den Pfunden«. Und beinahe regelmäßig auch: »Ist Ulrike schwanger?« Freundinnen und Freunde wären jetzt hilfreich, doch Ulrike hat nicht viele, sie ist ja jeden Tag bis abends beim Training. Dann kommen noch Verletzungen dazu, ein gebrochener Fuß, eine Knochenhautreizung. 1974 verliert sie ihren nationalen Meistertitel. Nun ist sie nicht mal mehr die Beste im eigenen Land. Immer öfter liest und hört sie bei anderen diesen Verdacht heraus: dass das Gold von München einfach nur Glück war.

## Die 50 Jahre danach

Lange profitiert sie nicht mal finanziell von ihrer Goldmedaille. Die Amateurregeln scheinen bei einem Teenager noch strenger ausgelegt zu werden als ohnehin. Als ihr Friseur in Wesseling stolz ein Schild mit der Aufschrift »Hier wird die Olympia-Siegerin frisiert« ins Schaufenster stellt, wirft ihr der Deutsche Leichtathletikverband allen Ernstes vor, sie lasse sich umsonst die Haare machen.

1976 schafft Meyfarth immerhin die Norm für die Spiele von Montreal. Und ein wenig hat sie schon die Hoffnung, dass allein die Aura von Olympia für sie die Rückkehr zu altem Ruhm bedeuten könnte. In der Qualifikation muss sie 1,80 Meter überspringen, um ins Finale zu kommen. Lächerliche 1,80 Meter. Sie reißt einmal, sie reißt zweimal. »Ich riss auch beim dritten Mal, und meine Welt ging unter.« Danach muss sie zur Dopingkontrolle, für sie ist das in diesem Moment »ein ungeheurer, bösartiger Witz«. Plötzlich taucht dort Heide Rosendahl auf, sie ist als Gast in Montreal. Die Ältere nimmt die Jüngere in die Arme und tröstet sie, Meyfarth »heult wie ein Schlosshund«.

Zu Hause in Deutschland sagt ihr Vater, sie habe jetzt wenigstens einen Vorteil: »Die Autogrammjäger machen einen großen Bogen um dich.« Ulrike Meyfarth fühlt sich niedergeschrieben und abgeschrieben. »Dabei war ich erst 20. Manchmal habe ich meinen Olympiasieg innerlich verflucht.« Sie fängt ein Sportlehrerstudium in Köln an – und sie wechselt den Trainer. Gerd Osenberg, der auch Heide Rosendahl betreute, bringt Meyfarth langsam wieder in die Spur. Im Frühjahr 1980 ist sie gut in Form, doch die Bundesrepublik boykottiert die Spiele von Moskau. Sie fühlt sich hilflos. »Wir hatten immer gehört, Sport sei bei uns kein Mittel zur politischen Auseinandersetzung.« Aber es sah nun halt sehr danach aus.

Meyfarth mag die Fahnen und die Hymnen bei den olympischen Siegerehrungen, aber die Erfahrung von 1980 gestattet ihr einen nüchternen Blick auf die Rituale des Sports. Wir Athleten, sagt sie, siegen nicht für die Bundesrepublik Deutschland. »Wir siegen für uns. Jeder für sich selbst. Das wird einem dann besonders klar, wenn man verloren hat. Die Niederlage hat man immer ganz für sich allein.« Nachdem sie die Spiele von Moskau im Fernsehen gucken musste, wächst in ihr ein Gefühl: »Du musst es noch einmal für dich schaffen, du musst einen solchen Erfolg noch einmal bewusst erarbeiten.« Das Gold von München, findet sie, ist ihr ja irgendwie in den Schoß gefallen.

## Frau Meyfarth holt Gold

1982 wird Ulrike Meyfarth in Athen Europameisterin, sie schraubt den Weltrekord auf 2,02 Meter. 1983 holt sie Silber bei der Weltmeisterschaft in Helsinki. Und 1984 enden für sie bei den Spielen von Los Angeles »zwölf Sommer Einsamkeit«. Sie ist für die Presse nun nicht mehr das »Wunderkind« und auch nicht mehr das »Sorgenkind«, sondern »die alte Dame des Hochsprungs«, 28 Jahre alt. Im Los Angeles Memorial Coliseum überspringt sie 2,02 Meter im ersten Versuch. Jubelnd federt sie von der Matte hoch und lässt sich wieder fallen. Keine Konkurrentin meistert diese Höhe. Meyfarth ist jetzt zugleich die jüngste und die älteste Hochsprung-Olympiasiegerin der Geschichte.

Im Herbst 1984 beendet sie ihre Karriere, sie arbeitet in der Kinder- und Jugendabteilung ihres Vereins Bayer 04 Leverkusen. Ihr Büro teilt sie mit vier anderen Trainern. Sie heiratet einen Rechtsanwalt und bekommt zwei Töchter, die irgendwann schreiend aus dem Zimmer laufen, als sie auf YouTube den Rote-Rosen-von-Willy-Brandt-Clip ihrer Mutter aus dem Jahr 1972 sehen. 2004 benennt der TV Wesseling sein Stadion nach Ulrike Meyfarth. Bis heute, sagt sie, sprechen sie die Leute immer nur auf München an und praktisch nie auf Los Angeles. Das findet sie schade. Denn das Gold von Los Angeles ist dasjenige, das sie sich hart hat verdienen müssen.

Nur bei ganz besonderen Gelegenheiten holt der Wirt des Vereinslokals des Berliner Hockey-Clubs in Zehlendorf eine alte Fahne aus dem Schrank. Es ist die Deutschlandfahne, die Clubmitglied Carsten Keller 1972 bei der Abschlussfeier der Münchner Spiele getragen und dann einfach mit nach Hause genommen hat. Keller, im Hauptberuf Generalvertreter bei der Allianz, wird nach seinem Karriereende Jugendtrainer beim Berliner HC, zwölf Teams führt er zur Deutschen Meisterschaft. Und jedes Jahr trifft er sich mit seiner Goldmannschaft von München zu einem gemeinsamen Wochenende. Vier Mitglieder sind gestorben in beinahe einem halben Jahrhundert; ihre Witwen sind bei den Treffen dabei.

Carsten Keller hat eine Videokassette vom Endspiel gegen Pakistan zu Hause, aber er hat sie sich kein einziges Mal angesehen. »Ich trage das lieber im Herzen«, sagt er. Auch an der Wand hat er keine Fotos von damals. »Da hängen nur unsere Kinder bei ihren Olympiasiegen.« Die Keller-Familie ist zu einer Hockey-Dynastie herangewachsen, drei von

Carstens Kindern holen selbst Gold. Die Überlieferung besagt, dass der Kommentator des pakistanischen Rundfunks, als 1984 in Los Angeles ein Andreas Keller im deutschen Team auftaucht, voll Schrecken ruft: »Bei Allah, schon wieder ein Keller!« Nach zwei Mal Silber wird Andreas 1992 in Barcelona Olympiasieger.

Vater Keller reist nie zu den großen Endspielen seiner Kinder. Als seine Tochter Natascha 2004 im olympischen Finale von Athen steht, will er es bewusst ganz allein im Fernsehen anschauen. Vor dem Anpfiff schreibt er Natascha eine SMS: »Ihr habt nichts zu verlieren, aber alles zu gewinnen.« Die deutschen Frauen erobern gegen den haushohen Favoriten Niederlande die Goldmedaille. 2008 in Peking fügt Florian Keller der Familienbilanz ein weiteres Gold hinzu. In der Mannschaft trägt Florian einen Spitznamen, den ihm ein Trainer in Anlehnung an seinen lebensfreudigen Großvater gegeben hat: »Erwin«. Mehrere Enkel von Carsten Keller spielen in der Jugend des Berliner HC.

Das schwierige Erbe der Olympiafunktionäre Carl Diem und Karl Ritter von Halt, die in den letzten Tagen des Zweiten Weltkriegs eine Schar von Kindern in eine aussichtslose Schlacht um das Berliner Reichssportfeld schickten, beschäftigt den deutschen Sport bis in die Gegenwart. Die Würdigung von Diems, aber auch Halts Verdiensten überwog lange die kritische Auseinandersetzung mit deren Nazi-Verstrickungen. Erst 2006 wird das »Ritter-von-Halt-Stadion« in Garmisch-Partenkirchen umbenannt. Ebenfalls erst im 21. Jahrhundert verschwindet in vielen deutschen Städten die »Carl-Diem-Straße«, etwa in Ingolstadt, Kempten und Köln – aber bei Weitem nicht in allen.

Die amerikanischen Sprinter Vince Matthews und Wayne Collett, die sich auf dem Siegerpodest in München von der US-Flagge abwandten und so gegen Rassismus protestierten, werden keine Ikonen wie ihre Kollegen Tommie Smith und John Carlos, die 1968 in Mexico City ihre Fäuste in den Himmel hoben. Der olympische Bannstrahl beendet ihre sportlichen Karrieren. Matthews betreibt Antiquitätenläden und arbeitet nebenher als Holzkünstler, Collett wird Anwalt für Maklerrecht. Beide sprechen wenig über jene Minuten von München, die ihr Leben definiert haben.

## Familie Keller schreibt Geschichte

Doch ihre Geste und ihre Geschichte werden allmählich neu entdeckt und endlich gewürdigt, nachdem am 14. August 2016 der Footballspieler Colin Kaepernick in ihre Fußstapfen tritt. Anstatt sich vor dem Spiel zur Nationalhymne zu erheben, geht der schwarze Quarterback der San Francisco 49ers in die Knie. »Ich werde nicht aufstehen und Stolz für eine Fahne demonstrieren, die für ein Land steht, das Schwarze und andere Farbige unterdrückt«, sagt Kaepernick. Er wird zu einer Inspiration der »Black Lives Matter«-Bewegung, deren Mitglieder bei ihren Demonstrationen gegen rassistische Polizeigewalt niederknien.

Zumindest das liberale Amerika feiert nun Athletinnen und Athleten, die in großen Gesellschaftsfragen Position beziehen. Ganze Basketballteams bestreiken Spiele der NBA, die lesbische Fußballerin Megan Rapinoe legt sich bei ihrem Einsatz für sexuelle Toleranz mit Präsident Donald Trump an. 2021 gibt das Nationale Olympische Komitee der USA bekannt, künftig »friedliche und respektvolle« Zeichen gegen Diskriminierung erlauben zu wollen. Das IOC dagegen bemüht sich weiterhin, das wahre Leben aus den Spielen auszusperren. Die hohen Olympier schreiben mündigen Athleten immer noch strengste politische Enthaltsamkeit vor.

Wayne Collett erlebt seine symbolische Rehabilitierung nicht mehr, 2010 stirbt er an Krebs. Colletts Sohn erzählt dem Fernsehsender NBC, dass sein Vater sich immer als Patriot verstanden habe. Und dennoch habe er sich lange geweigert, vor seinem Haus die US-Flagge zu hissen – die Flagge eines Landes, das die Augen vor der anhaltenden Benachteiligung der Afroamerikaner verschließe. Das erste Mal, so der Sohn, habe sein Vater das »Star Spangled Banner« dann im November 2008 aufgezogen. Da war Barack Obama gerade zum ersten schwarzen Präsidenten der Vereinigten Staaten gewählt worden.

Ein paar Jahre, nachdem sich der Speerwerfer Klaus Wolfermann in München beim Zweitplatzierten Janis Lusis für seinen Sieg entschuldigte, reist Lusis mit seiner Frau zu den Wolfermanns nach Burgkirchen. Die beiden haben sich angefreundet, sie verbringen Zeit miteinander, wenn sie sich bei internationalen Wettkämpfen sehen. Aber dass Lusis seine Einladung akzeptiert und zu Besuch kommt, damit hat Wolfermann nicht gerechnet: Ein Sowjetathlet macht Urlaub in Oberbayern. Es ist der erste von vielen Besuchen. Der Deutsche und der Lette pflegen ihre Freundschaft durch den Eisernen Vorhang hindurch. Manchmal reden sie halbe Nächte, es geht selten ums Speerwerfen, dafür um Geschichte und Kultur. Natürlich reden sie auch darüber, ob Lusis und seine Frau Elvira Ozolina, ebenfalls Speerwurf-Olympiasiegerin, nicht im Westen bleiben sollten. »Wenn ich das mache«, sagt Lusis, »dann eliminieren die mich sportlich und sorgen dafür, dass ich international nie mehr starten darf.«

Den Karrieren der beiden sind nach 1972 kaum mehr Höhepunkte vergönnt. Aber was soll da auch noch kommen? Lusis hat neben seinem Gold von Mexico City sagenhafte vier Europameister-Titel gesammelt; Wolfermann hat als Lokalmatador Olympiagold gewonnen. Nach dem Ende seiner Speerwurf-Laufbahn versucht er sich kurzzeitig als Anschieber im Viererbob, immerhin wird er Vierter im Europacup. Er arbeitet für Puma und gründet eine Marketingagentur. Lusis wird Speerwurftrainer. Als der Eiserne Vorhang fällt, wird ihre Freundschaft noch enger, Wolfermann reist oft nach Lettland. Und jedes Mal, wenn Lusis Wolfermann besucht, essen sie am ersten Abend in München im Restaurant des Olympiaturms. In 181 Meter Höhe frotzeln sie dann darüber, wie Lusis einst dort unten beim letzten Wurf das Stemmbein zu schnell zurückzog, Gold verlor, aber einen Freund fürs Leben gewann. Das bleibt ihr Ritual, bis Janis Lusis, der größte Speerwerfer der Geschichte, am 29. April 2020 im Alter von 80 Jahren an einem Gehirntumor stirbt. Wegen der Corona-Pandemie kann Klaus Wolfermann nicht zur Beerdigung seines Freundes nach Riga reisen.

Eddie Hart, der amerikanische Sprinter, der in München den Start seines Viertelfinallaufs verpasste, qualifiziert sich nie wieder für Olympische Spiele. An Ostern 2015 kehrt er ins Münchner Olympiastadion zurück. Klaus Wolfermann hat die Reise organisiert, Hart hat seinen Sohn mitgebracht. Er recherchiert für seine Autobiografie. Mehr als vier Jahrzehnte nach der größten Enttäuschung seines Lebens verrät das Buch keine Bitterkeit. Es mache einen Menschen nicht aus, welches Unglück er erlebe, schreibt Hart. Sondern wie er damit umgehe.

Walerij Borsow, der zweifach goldbehängte »Sprinter aus der Retorte«, heiratet standesgemäß den »Turncomputer« Ludmilla Turischtschewa, vierfache Olympiasiegerin von München. Gemeinsam bekommen sie eine Tochter. Nach der Unabhängigkeit seiner ukrainischen Heimat wird Borsow Sportminister und Präsident des Nationalen Olympischen Komitees. Seine läuferische Perfektion wird beinahe in alle Ewigkeit weiterstrahlen: 1977 bringen die Raumsonden Voyager 1 und 2 Datenplatten mit einer erwarteten Lebensdauer von 500 Millionen Jahren ins All. Sie sollen eines fernen Tages Außerirdischen zeigen, dass es einst eine Spezies namens Mensch gegeben hat. 116 Bilder sind darauf gespeichert, um die Menschheit zu repräsentieren. Eines davon zeigt Walerij Borsow auf dem Weg zu Gold bei den Spielen von München.

Am 22. Februar 1980, wenige Wochen nach dem sowjetischen Einmarsch in Afghanistan, revanchieren sich die Amerikaner bei den Winterspielen von Lake Placid für ihre Niederlage gegen die Sowjets im olympischen Basketballfinale 1972. Im Eishockey sind die Vorzeichen umgekehrt: Die Sowjets haben seit 1964 jede Goldmedaille gewonnen und seit 1968 jedes einzelne Spiel. Die »Sbornaja« gilt als unschlagbar – und wird doch von einer Gruppe blutjunger unbekannter College-Spieler geschlagen, mit 4:3. Das Spiel geht als »Miracle on Ice« in die Sportgeschichte ein. Das Eishockeywunder wird von Hollywood verfilmt, während in Russland 2017 das Basketballwunder in die Kinos kommt. ›Going Vertical‹ avanciert zum erfolgreichsten russischen Film der Geschichte. Das Goldteam wird in seiner Heimat auch deshalb bis heute so verehrt, weil in ihm Russen und Litauer standen, Georgier und Usbeken. Für einmal war der sowjetische Vielvölkerstaat wahrhaft vereint.

Alexander Below, der Mann, der damals die entscheidenden Punkte machte, wird der erste sowjetische Spieler, dem ein US-Profiteam einen Vertrag anbietet. Er lehnt ab, wenig später stirbt er mit 27 Jahren an Krebs. Seine Goldmedaille hinterlässt er seinem Trainer Wladimir Kondraschin, unter dem er 1974 auch Weltmeister geworden ist. Nur wegen Kondraschin, sagt Below vor seinem Tod, sei er Olympiasieger.

Sergei Below entzündet 1980 das olympische Feuer von Moskau. Er macht eine große Spielerkarriere und wird der erste Nicht-Amerikaner, der in die Basketball Hall of Fame in Springfield, Massachusetts, aufgenommen wird. Und trotzdem, sagt Below, habe vor allem die Nacht von München sein Leben bestimmt: »Das Erschreckende ist, dass die Menschen immer nur an die Vergangenheit denken. Sie sagen: damals, damals, damals. Und wenn du nichts anderes hörst, bleibst du in dieser Vergangenheit hängen. Aber du musst ja weiterleben.«

Elf von zwölf Mitgliedern der unterlegenen US-Mannschaft schaffen es in die Profiliga NBA. Doug Collins, der sein Team beinahe zum Sieg warf, hat eine blendende aktive Laufbahn, auch wenn ihm eine Meisterschaft verwehrt bleibt. Später baut er als Chefcoach der Chicago Bulls drei Jahre lang ein vielversprechendes NBA-Team auf, in dessen Mittelpunkt ein Supertalent namens Michael Jordan steht. Wegen Unstimmigkeiten mit dem Management wird Collins entlassen, mit einem neuen Trainer holen die Bulls fabelhafte sechs Titel. Doug Collins dagegen gewinnt auch als Trainer nie ein Finale. »Ich habe viele andere Leute gesehen, die Goldmedaillen bekommen«, sagt er heute. »Ich habe oft nasse Augen gehabt dabei.«

Einige Mitglieder der US-Mannschaft setzen sich beim IOC für eine zumindest symbolische Korrektur des Final-Ergebnisses von 1972 ein. Sie haben unter anderem den damaligen brasilianischen Hauptschiedsrichter Renato Righetto auf ihrer Seite, der sagt, der sowjetische Sieg sei »komplett irregulär« gewesen. Selbst Weltbasketballchef Renato William Jones, der auf einer Restspielzeit von drei Sekunden bestand, hat kurz vor seinem Tod zugegeben, dass er keine Befugnis zum Eingreifen hatte. Aber alle Mühen sind vergeblich.

2012 trifft sich das US-Team in Washington, es ist ein rührendes Wiedersehen, aber auch eine ernste Sache. Alle haben sie Briefe vom IOC erhalten mit der Bitte, die Silbermedaillen doch noch anzunehmen. In Washington stimmen sie darüber ab, genau wie vierzig Jahre vorher, als sie junge Männer waren in München. Wieder endet die Abstimmung 12:0. Sie wollen Silber nicht haben. Zwei Spieler schreiben sogar in ihrem Testament fest, dass nach ihrem Tod auch ihre Angehörigen Silber nicht akzeptieren dürfen. Die Medaillen gibt es noch, das IOC verwahrt sie in seinem Hauptquartier in Lausanne. Fünf Stück hatte Ernst Knoesel, Mitglied des Organisationskomitees, damals mit nach Hause genommen. Als das IOC sie nach Jahren zurückforderte, soll er gesagt haben: »Das kann ich nicht. Meine Kinder spielen damit.«

## Drei Sekunden und eine Ewigkeit

Das Basketballfinale von München jedenfalls hat nicht nur in der ehemaligen UdSSR, sondern auch in den USA einen festen Platz in der Sportgeschichte gefunden. Niemand erinnert sich an die US-Basketballer, die 1968 in Mexiko City oder 1976 in Montreal Olympiasieger wurden. Ins kollektive Gedächtnis eingebrannt haben sich die zwölf jungen Männer, die 1972 Zweite wurden.

Das Haus Connollystraße 31 hat sich in fast einem halben Jahrhundert kaum verändert, es ist ein unscheinbarer Zweckbau, den an einem Septembertag 1972 auf schrecklichste Weise der Atem der Geschichte streifte. Das Organisationskomitee der Spiele hat das Gebäude ein paar Jahre später der Max-Planck-Gesellschaft überlassen unter der Bedingung, »eine würdige Verwendung« zu finden. Seitdem kommen dort Wissenschaftler unter, die für ein paar Wochen oder Monate in München forschen. Vor der Tür steht eine Gedenktafel aus Stein, angebracht schon bald nach der Tat. »In diesem Gebäude wohnte während der XX. Olympischen Sommerspiele die Mannschaft des Staates Israel vom 21.VIII. bis zum 5.IX. 1972«, lautet die Inschrift, auf Deutsch und auf Hebräisch. Darunter die Namen der Ermordeten. Und: »Ehre ihrem Andenken.«

Quälend lange brauchen die Stadt München, der Freistaat Bayern und die Bundesrepublik Deutschland, um einen Erinnerungsort von Format für die Opfer zu schaffen. Außer der Tafel gibt es seit 1995 am Rand des Olympiaparks eine Skulptur des Bildhauers Fritz Koenig, den »Klagebalken«. Auf dem Rechteck aus Granit sind in hebräischen Buchstaben die Namen der elf toten Israelis eigemeißelt und in lateinischen Buchstaben der Name des toten Polizisten Anton Fliegerbauer. Auch in Fürstenfeldbruck gibt es eine kleine Erinnerungsstätte. Aber einen Gedenkort, der auch die Zusammenhänge erklärt und die Opfer würdigt: der wird erst nach 40 Jahren beschlossen.

Dass es so lange dauert, kann man eigentlich nur als Fortsetzung des Versagens von 1972 begreifen. Vermutlich ist die traurige Wahrheit schlicht, dass es den Verantwortlichen von damals widerstrebt, ihre katastrophalen Fehler auch noch zur Schau zu stellen. Sie können gar nicht schnell genug zur Tagesordnung zurückkehren. Die ganze Bundesrepublik wird nicht gern daran erinnert, dass die Lässigkeit der Münchner Spiele mit tödlicher Fahrlässigkeit einherging. Die deutsche Unwilligkeit, zu trauern lässt heute noch frösteln. Erst eine neue Generation unbeteiligter Politiker geht das Vorhaben einer Gedenkstätte entschlossen an.

Am 6. September 2017, auf den Tag genau 45 Jahre nach dem Massaker von Fürstenfeldbruck, fahren am Münchner Olympiapark die Fahrzeugkolonnen von zwei Staatspräsidenten vor, die des deutschen und die des israelischen, Frank-Walter Steinmeier und Reuven Rivlin. Die beiden sind gekommen, um den »Erinnerungsort Olympiaattentat« einzuweihen, im Grünen zwischen Olympiadorf und Olympiastadion gelegen. Der bayerische Ministerpräsident Horst Seehofer ist da, IOC-Präsident Thomas Bach, Vertreter der jüdischen Gemeinde und vor allem drei Dutzend Angehörige jener Opfer, derer hier gedacht wird. Natürlich ist auch Ankie Spitzer da, die zu einer Art Sprecherin der Hinterbliebenen geworden ist.

Der Erinnerungsort ist elegant in einen Hügel eingebettet, er erzählt mit modernster Videotechnik von dem Anschlag, aber auch vom Leben der Toten. Zu jedem von ihnen wird ein persönlicher Gegenstand ausgestellt, der als 3-D-Objekt projiziert wird. Bei Andrei Spitzer, Ankies Mann, ist es der Olympiadackel Waldi, das Stofftier, das der Fechttrainer vor dem palästinensischen Überfall für seine Tochter Anouk gekauft hatte. Neben den Olympiafarben, neben Hellblau, Hellgrün, Orange, erkennt man darauf rotbraune Blutflecken.

Bei der Einweihungsfeier spricht mit dem Bundespräsidenten erstmals ein hoher Repräsentant der Bundesrepublik aus, was schon lange hätte ausgesprochen werden müssen. »Zur Wahrheit von 1972 gehört, dass man auf die Möglichkeit eines Attentats nicht vorbereitet war – obwohl doch der 5. September gewiss nicht die Geburtsstunde des internationalen Terrors war, nicht in Deutschland, auch nicht in München«, sagt Steinmeier. »Zur Wahrheit von 1972 gehört, dass das aufrichtige Bemühen, dem Publikum ein weltoffenes, friedliches und friedfertiges Deutschland zu präsentieren, auf tragische Weise scheiterte.« Und: »An dieser Katastrophe tragen auch wir bis heute schwer.« Deutschland übernimmt Verantwortung: »Endlich«, denkt sich Ankie Spitzer. Sie berichtet später von einem »unbeschreiblich emotionalen und vor allem glücklichen Tag«. Dass es nun dieses Bekenntnis gibt und diesen Ort – das ist nicht zuletzt ihrer Beharrlichkeit zu verdanken.

Hinter ihr und ihrer Mitstreiterin Ilana Romano, der Witwe des Gewichthebers Yossef Romano, liegt ein langer Kampf. Einmal, erzählt Spitzer, habe sie dem damaligen Vizepolizeichef Georg Wolf bei einem Treffen vorgeworfen: »Du warst der Einsatzleiter, und du hattest keinen Plan.« Und er habe sinngemäß geantwortet, Israel habe doch mit seiner Politik gegenüber den Palästinensern den Terror selbst provoziert. Die Terroristen seien Freiheitskämpfer gewesen. »Da sagte ich: Mein Mann war kein Soldat, er kam als Sportler zu den Olympischen Spielen, er wollte niemanden töten und ist ermordet worden. Es hat keinen Zweck, mit Ihnen zu reden.«

Die Hinterbliebenen verstehen nicht, warum Polizeipräsident Manfred Schreiber und sein Stellvertreter Wolf einfach im Amt bleiben können, als wäre nichts gewesen. Warum kein Minister seinen Hut nehmen muss. Von Anfang an beschleicht Spitzer und die anderen das Gefühl, den Verantwortlichen in Deutschland wäre es am liebsten, wenn sie einfach Ruhe gäben. Einige Monate nach dem Attentat erhalten die Angehörigen über den Umweg des Internationalen Roten Kreuzes eine Million US-Dollar als sogenannte humanitäre Hilfe. Das Konstrukt soll vermeiden, dass die Sache nach Schuldeingeständnis aussieht.

Ankie Spitzer drängt auch darauf, im Detail zu erfahren, was am 5. und 6. September 1972 genau geschehen ist. Wie konnte es zu dieser Katastrophe kommen? Doch die deutsche Seite mauert. Immer wieder fordert Spitzer Einblick in Ermittlungsunterlagen und Obduktionsberichte. Sie wird mit der Lüge abgespeist, die Unterlagen gäbe es nicht mehr. Spitzer glaubt das nicht. Sie spricht mit Hans-Dietrich Genscher, der inzwischen Bundesaußenminister ist, und mit dessen Nachfolger Klaus Kinkel. Immer wieder hört sie bloß: leider keine Dokumente mehr da. Spitzer sagt: »Ich habe aber ein Recht darauf zu erfahren, was mit meinem Mann passiert ist.«

Spitzer, die in Israel als Journalistin arbeitet, tritt oft im Fernsehen auf, sie will Druck erzeugen auf die deutschen Behörden. Nach einer Sendung Anfang der Neunzigerjahre meldet sich ein Mann bei Spitzer, dessen Identität sie bis heute nicht preisgibt. Er arbeite in einem Archiv, sagt der Mann, und habe Zugang zu den angeblich verschwundenen Akten. Alles sei noch da, Tausende Seiten, Hunderte Bilder. Der Mann kopiert heimlich 80 Seiten und schickt sie Spitzer. In Israel lässt sie die Echtheit des Materials prüfen. Es ist authentisch. Nun haben ihre Anwälte einen

## Die 50 Jahre danach

Hebel, die Existenz der Akten ist bewiesen. Nachdem Spitzer im Fernsehen die bayerische Justizministerin Mathilde Berghofer-Weichner damit konfrontiert, kommt etwas ins Rollen. 4000 Seiten Material erhält sie am Ende, die Unterlagen bestätigen Spitzers schlimmste Annahmen: »Sie waren miserabel vorbereitet und völlig ratlos. Es herrschte Chaos, es gab keinen Plan, keine vernünftige Ausrüstung der Polizei, nicht einmal die Funkgeräte funktionierten.«

Ankie Spitzer erhebt aber auch einen brisanten Vorwurf: Die israelischen Geiseln seien von den Terroristen gefoltert worden. Die deutschen Behörden dementieren das bis heute vehement. Spitzer sagt: »Ich kann beweisen, dass die Palästinenser ihre Geiseln gequält haben.« Sie habe entsprechende Obduktionsakten und Bilder. »Man hat ihnen Knochen gebrochen, an den Körpern wurden Hämatome und andere Spuren von schweren Misshandlungen gefunden.« Yossef Romano, den die Terroristen im Zimmer verbluten ließen, hatte keine Genitalien mehr. Die Behörden gehen davon aus, dass die Terroristen ihm in den Unterleib geschossen haben. »Sie haben ihn kastriert«, sagt Spitzer. »Auch wenn das von deutscher Seite immer wieder bestritten wird – diese Folter hat stattgefunden. Die Terroristen sind mit unseren Männern unvorstellbar grausam umgegangen.«

Die Obduktionsberichte befinden sich heute in der Akte »LKA 841« im Hauptstaatsarchiv in München. Doch ist diese Akte wirklich vollständig? Auch 50 Jahre nach dem Anschlag sind längst noch nicht alle amtlichen Dokumente zur Einsicht freigegeben. So zum Beispiel Berichte des Landesamtes für Verfassungsschutz, die als »Verschlusssache – vertraulich« eingestuft und mit einer Sperrfrist bis 25. September 2032 belegt sind. Auch Akten zu den Ermittlungen gegen den mutmaßlichen Drahtzieher Abu Daoud, gegen weitere Figuren des Schwarzen September sowie gegen Mitglieder der »Nationalsozialistischen Kampfgruppe Großdeutschland« sind noch gesperrt. Gut möglich, dass diese Dokumente Informationen enthalten, die das Olympiaattentat noch einmal in einem teilweise anderen Licht erscheinen lassen.

Als der bayerische Ministerpräsident Edmund Stoiber im Jahr 2000 nach Israel reist, überbringt er den Hinterbliebenen erstmals ein Entschädigungsangebot: drei Millionen US-Dollar. Ankie Spitzer ruft die anderen zusammen. Sie beraten, ob sie das Geld annehmen sollen oder vor Gericht klagen. Sie stimmen ab, die Mehrheit will annehmen. Aber um Geld geht es Spitzer nicht. Es geht ihr um Gerechtigkeit. Sie fordert vom IOC, dass künftig bei allen olympischen Eröffnungsfeiern der Opfer von München gedacht wird. »Das wäre eine Form von Wiedergutmachung«, sagt sie, »und ein Signal an Milliarden von Menschen.«

Es ist olympischer Zynismus, dass auch das IOC über vier Jahrzehnte praktisch nichts unternimmt, um an die Opfer von München zu erinnern. Ankie Spitzers Idee eines Gedenkens im Rahmen der Eröffnungsfeiern lehnt auch der amtierende IOC-Präsident Thomas Bach ab, ein Deutscher. Immerhin lädt Bach bei den Spielen von Rio 2016 zu einer kleinen Gedenkstunde im olympischen Dorf. Lange Zeit ist die Untätigkeit des IOC wohl auch als Anbiederung an seine arabischen Mitgliedsstaaten zu verstehen, die es nicht verärgern möchte. In erster Linie ziehen sich die Olympier aber trotzig auf Avery Brundages alte Position zurück, die schon als Rechtfertigung für die Nazi-Spiele 1936 herhalten musste: Der Sport sei unpolitisch. Und nicht mal bei diesem oft und gründlich widerlegten Prinzip sind sie konsequent.

Das IOC ist immer dann politisch, wenn es ihm ins Konzept passt – etwa als es sich selbst dafür feiert, dass Süd- und Nordkorea bei den Winterspielen 2018 in Pyeongchang gemeinsam einmarschieren und ein Frauen-Eishockeyteam stellen. »Wir hoffen, dass die politische Welt das Momentum nutzt«, sagt IOC-Präsident Bach. Dabei scheint die Aktion vor allem der Propaganda des nordkoreanischen Diktators Kim Jong-un zu nutzen. Das Olympische Komitee zeigt selten Berührungsängste mit den Despoten der Welt. 2014 hofieren die Olympier bei den Winterspielen in Sotschi Wladimir Putin; 2022, 50 Jahre nach München, werden die Winterspiele in Peking stattfinden, das bereits 2008 aufgrund der trüben Menschenrechtslage in China kein würdiger Gastgeber der Sommerspiele war. Nun kommen noch die Niederschlagung der Demokratiebewegung in Hongkong und die brutale Unterdrückung der uigurischen Minderheit hinzu.

Die olympische Bewegung steckt in einem selbst verschuldeten Dilemma. Dass demokratische Staaten die Spiele als Chance begreifen, wie die Bundesrepublik 1972, ist heute so kaum mehr vorstellbar. Peking erhält den Zuschlag für die Winterspiele 2022 auch, weil sich in der Bevölkerung in München, Graubünden und Oslo keine Mehrheit für das Großprojekt findet. Die Gründe der Ablehnung sind vielfältig und komplex, aber Misstrauen gegen das IOC – gegen durchsichtige Profitorientierung und politische Gleichgültigkeit – spielt stets eine Rolle. In Demokratien müssen die Olympiaverantwortlichen mit Hinterfragung und Protest zurechtkommen. In autoritären Systemen können sie sich das sparen.

Dass der olympischen Idee ein Zauber innewohnt, haben die Spiele von München zehn Tage lang bewiesen. Am elften Tag zeigten sie die Zerbrechlichkeit allen Zaubers. Das Olympiaattentat gilt vielen als dunkelste Stunde in der Geschichte der Bundesrepublik, denn natürlich führten elf auf deutschem Boden ermordete Juden jedes Nachdenken unweigerlich zurück in die große Dunkelheit vor 1945. Die Macher der Spiele haben zu diesem Unglück mit unverantwortlicher Arglosigkeit beigetragen – mit der blinden Zuversicht, dass nichts und niemand ihre heiteren Spiele stören würde.

Die junge Bundesrepublik, schreibt der Historiker Hagen Schulze, sei ein »leidenschaftsloses, vernünftiges, nüchternes, ziemlich langweiliges« Land gewesen. Man könnte sagen, dass dieses Land im Sommer 1972 seine Leidenschaft entdeckt hat, eine Lockerheit und Leichtigkeit, von der viele seiner Bewohner selbst noch nichts wussten. Das neue Deutschland, die sanfte Friedensmacht, bebte vor Stolz: wir Wunderkinder, betraut mit der Ausrichtung des größten Sportereignisses des Planeten, beehrt von 121 Nationen. Gerade mal 27 Jahre nach dem Krieg, gerade mal 36 Jahre nach den Nazi-Spielen. Ein wenig mehr Vernunft, ein wenig mehr Nüchternheit hätte wahrscheinlich geholfen.

4444 Tage war Hans-Jochen Vogel Münchner Oberbürgermeister, das hat er natürlich selbst ausgerechnet, und wahrscheinlich waren es die besten Tage seiner politischen Karriere. Vogel ist seiner Partei ein allzeit treuer Diener und mehr als das. Seine Dienste sind manchmal Opfergänge in programmierte Niederlagen. 1974 zieht er als Spitzenkandidat der Bayern-SPD in den Landtagswahlkampf gegen den Ministerpräsidenten Alfons Goppel von der CSU. »Bayern braucht Dr. Vogel«, plakatieren die Genossen; das Land erkennt das Bedürfnis nicht so recht. 1981 stellt sich Vogel der SPD als Regierender Bürgermeister von Berlin zur Verfügung, wohl ahnend, dass er nach einem halben Jahr bei der Wahl dem CDU-Mann Richard von Weizsäcker unterliegen wird. Und im März 1983 führt er die SPD als Kanzlerkandidat in die aussichtslose Bundestagswahl gegen den neuen Kanzler Helmut Kohl. Nach seinen Münchner Jahren gewinnt Vogel nie wieder eine große Wahl.

Er hinterlässt dennoch Spuren, etwa als Justizminister in der Tradition Gustav Heinemanns, maßgeblich bei der Liberalisierung des Ehescheidungsrechts und des Abtreibungsparagrafen 218. Nach der Entführung von Arbeitgeberpräsident Hanns Martin Schleyer durch die RAF gehört Vogel zum Krisenstab. Als Strauß über die Hinrichtung von Terroristen spekuliert und SPD-Chef Brandt über die Einführung der Todesstrafe nachdenkt, da verweist Vogel ruhig auf das Grundgesetz. Die Reife einer Demokratie, findet er, beweist sich, wenn diese in der Stunde der Not ihrer Verfassung und ihren Werten vertraut.

Vogel erreicht hohe Ämter, er wird Bundestagsfraktionschef und Parteivorsitzender der SPD – jeweils als sich andere einfach aus der Verantwortung stehlen. Niemand zweifelt daran, dass er das Zeug zum Kanzler hätte. Aber er führt die SPD zur falschen Zeit. Viele Jahre lang trägt Vogel einen Zettel in seiner Brieftasche herum, den ihm einst in einer schweren Stunde der Genosse Herbert Wehner gegeben hatte. Auf dem Zettel steht: »Trotz alledem. Weiterarbeiten und nicht verzweifeln!«

In allen seinen Ämtern verweigert Vogel das Fliegen in der Business Class. Für Steuergeld, findet er, müsse die »Holzklasse« genügen. Wenn er Bundestagskollegen im Flugzeug trifft, die auf den teuren Plätzen sitzen, können diese sich darauf verlassen, dass Vogel ihnen im Vorbeigehen sehr laut und deutlich einen »guten Flug« wünscht. Mit 65 Jahren legt Vogel dann den Partei- und Fraktionsvorsitz nieder. Er schafft, was nur wenige schaffen: einen selbstbestimmten Abschied aus der Politik. Ein politischer Mensch bleibt er, mit über 90 schreibt er noch Bücher. ›Mehr Gerechtigkeit!‹, heißt sein letztes, es geht um bezahlbares Wohnen, sein Herzensthema.

48 Jahre nach den Olympischen Spielen sagt Vogel: »Ich bin meinem Herrgott dankbar, wie das alles lief, das schreckliche Attentat natürlich ausgenommen.« Die Spiele hätten München »einen Sprung in die Zukunft« ermöglicht und der Bundesrepublik die Gelegenheit gegeben, der

Welt »ein anderes, besseres Deutschland« zu präsentieren. »All das ist geblieben«, sagt Vogel, »trotz des Attentats«.

Otl Aicher ist lange tot, Willi Daume ist gestorben und Günter Behnisch auch. Hans-Jochen Vogel ist der Letzte, der geht, am 26. Juli 2020, mit 94 Jahren. Bis zum letzten Tag hat er aus dem Fenster seines Appartements ganz oben im Altenheim Augustinum hinuntergeblickt auf sein München, auf die grünen Wiesen des Olympiaparks und das schimmernde Zeltdach des Stadions, auf eine leuchtende Stadt.

Was sind heitere Spiele wert, wenn sie scheitern? Waren die Spiele des Regenbogens, war das neue Deutschland eine Illusion? Eine Lüge? Vielleicht muss man die Sache gar nicht so hoch hängen. Vielleicht waren die Spiele von München bis zum Anschlag einfach nur ein langer Augenblick, in dem sich Vergangenheit und Zukunft trafen – in dem sich das strahlende Bild eines neuen Deutschland auf das finstere Bild des alten legte. Ein Augenblick, von dem man gar nicht behaupten muss, die Deutschen hätten gezeigt, wer sie sind. Vielleicht haben sie einfach nur eine Ahnung davon bekommen, wer sie sein können.

Für Deutschland, für beide Deutschlands, kommen keine anderen Olympischen Spiele den Münchner Spielen an Bedeutung gleich. Keine anderen Spiele wirken so sehr nach. Das liegt gewiss auch daran, dass kaum je höchste Höhen und tiefste Tiefen so nah beieinanderlagen wie damals in München. Das tun sie bis heute, denn es hat nie eine ernsthafte staatliche Aufarbeitung des Anschlags gegeben. Es ist nie irgendwer zurückgetreten für die schweren Fehler, die zwölf Menschen das Leben kosteten. Die Wunden bleiben offen, solange manche Akten verschlossen sind. Und die Spiele der XX. Olympiade München 1972 bleiben, im Guten wie im Bösen, die Spiele des Jahrhunderts.

## DANK

Dieses Buch würde es nicht geben ohne Stefan Ulrich Meyer, den Cheflektor Sachbuch beim dtv-Verlag, der unser Manuskript nicht nur umsichtig redigiert hat. Von ihm stammt die Idee für das Buch und er hat uns während mehr als zwei Jahren der Recherche und des Schreibens stets mit großem Enthusiasmus ermutigt und mit wichtigen Hinweisen unterstützt. Er brannte für dieses Projekt und war in jeder Phase der dritte Mann unseres Autorenduos. Dafür gebührt ihm unser tiefer Dank.

Wir danken herzlich allen Zeitzeugen (siehe Quellenverzeichnis), die unsere Recherche mit ihrer Zeit, ihrem Vertrauen und ihren Erinnerungen bereichert haben. Die Gespräche mit ihnen waren uns nicht nur eine große Hilfe, sondern auch ein großes Vergnügen.

Sehr dankbar sind wir auch den vielen Menschen, die uns wertvolle Kontakte vermittelt, uns mit Hinweisen und Material unterstützt oder uns mit ihrem Zuspruch angespornt haben: Christoph Büker, Klaus Drauschke, Dietrich Duppel, Teddy Greenstein, Manfred Grunert, Herbert Hainer, Oliver Heuser, Emil Kerzdörfer, Artur Kolbe, Matthias Liebhardt, Rainer Messerer, Carola Morgenstern-Meyer, Margot Müller-Geerbes, Roman Pletter, Margit Quell, Thomas Raab, Lisa Reininger, Becky Saegart, Peter Schmitt, Sandra Simovich, Achim Sing, Roland M. Stehle, Maria Tepperis, Josef Winkler, Arnfrid Wünschmann und Matt Yob.

Unser besonderer Dank gilt auch zahlreichen Kolleginnen und Kollegen der Süddeutschen Zeitung, allen voran der Chefredaktion und unseren Ressortleiterinnen und Ressortleitern Marc Beise, Bastian Brinkmann, Wolfgang Krach, Nakissa Salavati, Karin Steinberger, Hannah Wilhelm, Martin Wittmann und Judith Wittwer, die uns immer den Rücken freigehalten haben. Der Blick in die Zeitung und ins Archiv auf die Arbeit von Generationen von SZ-Reporterinnen und SZ-Reportern war uns Hilfe, Inspiration und Verpflichtung.

Im dtv-Verlag haben wir für ihre außergewöhnliche Unterstützung auch Charlotte Diedrich, Martin Hangen, Diana Hasenpflug, Dora Höppner und Julia Womser zu danken.

Zu guter Letzt und von ganzem Herzen danken wir Elisabeth und Nina für ihre Geduld. Und für alles andere natürlich auch.

# BILDNACHWEIS

**PROLOG** S. 12/13: picture alliance / dpa | Georg Goebel // S. 14: picture alliance / Sven Simon | SVEN SIMON // S. 15: picture alliance / Sven Simon | SVEN SIMON // S. 16: Fotoarchiv Otfried Schmidt/Süddeutsche Zeitung Photo

**KAPITEL 1** S. 24: picture alliance / arkivi // S. 24: picture alliance/KEYSTONE | STF // S. 25: akg-images / TT News Agency / SVT // akg-images / picture-alliance / dpa // S. 26: Popperfoto via Getty Images/Getty Images

**KAPITEL 2** S. 68: picture alliance / Sven Hoppe/dpa | Sven Hoppe // SZ Photo/Süddeutsche Zeitung Photo // S. 69: picture alliance/KEYSTONE | STR // picture alliance / dpa | dpa // S. 70: picture-alliance / dpa

**KAPITEL 3** S. 116: picture-alliance / dpa | Klaus Heirler // picture-alliance / dpa | dpa // S. 117: picture-alliance / Sven Simon | Sven Simon // picture-alliance / dpa | dpa Olympia-Foto // S. 118: picture-alliance/ dpa | Gerhard Rauchwetter

**KAPITEL 4** S. 200: picture alliance / Everett Collection | NARA // S. 201: KEYSTONE/PHOTOPRESS-ARCHIV / picture alliance / AP | Nick Ut // S. 202: ap/dpa/picture alliance/Süddeutsche Zeitung Photo

**KAPITEL 5** S. 250: ullstein bild / Werner Schulze // picture-alliance / Sven Simon | Sven Simon // S. 251: picture-alliance / dpa | IOPP // picture alliance/dpa/RIA Nowosti | Vladislav // picture-alliance / Sven Simon | SVEN SIMON // picture-alliance / dpa | Olympische Spiele // S. 252: picture alliance / Timeline Images | Aldiami // S. 253: picture-alliance / Scanpix | Pressens Bild // S. 254: picture-alliance / Sven Simon | SVEN SIMON

**KAPITEL 6** S. 336: picture alliance / dpa | dpa // S. 337: picture alliance / dpa | Olympische Spiele // S. 338: picture-alliance / Karl Schnörrer | Karl Schnörrer // S. 339: picture-alliance / dpa | Heinz-Jürgen Göttert // S. 340: picture-alliance/dpa, picture alliance / UPI | UPI // picture alliance/AP Images // picture-alliance / dpa | UPI

**KAPITEL 7** S. 374: picture alliance / ASSOCIATED PRESS // picture alliance / AP | Anonymous // S. 375: picture alliance / Sven Simon | Sven Simon // picture alliance / IOPP | Olympische Spiele IOPP // BMW AG // S. 376/377: picture-alliance / dpa | Schnoerrer // S. 378: picture alliance / dpa | dpa

**KAPITEL 8** S. 424: picture-alliance / dpa // S. 425: J.H. Darchinger/Friedrich-Ebert-Stiftung 6/FJHD001933 // S. 426: ap/dpa/picture alliance/Süddeutsche Zeitung Photo

**EPILOG** S. 452: picture-alliance / dpa | Roland Witschel // S. 453: Archiv Bundespolizei // S. 454: IMAGO / KC Foto/mixedzone

# QUELLEN UND LITERATUR

## INTERVIEWPARTNERINNEN UND -PARTNER

Florian Aicher, Stefan Behnisch, Klaus-Dieter Buschle, Rick DeMont, Josef Deimer, Helmut Fischer, Michael Graeter, Uli Hoeneß, Karen James, Carsten Keller, Winfried Kretschmann, Gertrude Krombholz, Ulrike Nasse-Meyfarth, Renate Schmidt, Jürgen Sparwasser, Ankie Spitzer, Klaus Staeck, Renate Stecher, Hans-Jochen Vogel, Eckart Witzigmann, Klaus Wolfermann, Heide Rosendahl

## BENUTZTE ARCHIVE, DATENBANKEN UND MUSEEN

Archiv des Bayerischen Landtags
Archiv der Konrad-Adenauer-Stiftung
Bayerisches Hauptstaatsarchiv, München
Bayerische Staatsbibliothek, München
Bundesarchiv
Bundesinstitut für Sportwissenschaft
Bundeszentrale für politische Bildung
Deutsches Fußballmuseum, Dortmund
Deutscher Olympischer Sportbund
Deutsches Sport & Olympia Museum, Köln
Erinnerungsort Olympia-Attentat, München
Haus der Bayerischen Geschichte
Haus der Geschichte der Bundesrepublik Deutschland, Bonn
Institut für Zeitgeschichte
Munzinger-Archiv
The National Library of Israel
Olympedia.org
Parlamentsarchiv des Deutschen Bundestags
Privatarchiv Josef Deimer, Landshut
Privatarchiv Gertrude Krombholz, Dießen am Ammersee
Stadtarchiv München
Stasi-Unterlagen-Archiv
Süddeutsche Zeitung Archiv, München

## GENUTZTE PERIODIKA UND ONLINE-PUBLIKATIONEN

Abendzeitung, München
Augsburger Allgemeine
Associated Press (AP)
Berliner Morgenpost
Bild, Berlin/München
The Canadian Jewish News, Toronto
Chicago Tribune
DBB-Journal, Hagen
Donaukurier, Ingolstadt
Eurosport.de
Frankfurter Allgemeine Zeitung (FAZ)
Geo Epoche, Hamburg
The Globe and Mail, Toronto

## Quellen und Literatur

The Guardian, London
Hamburger Abendblatt
The Jewish News of Northern
   California, San Francisco
Kicker, Nürnberg
Landshuter Zeitung
Leichtathletik.de
Mashable.com
MinnPost, Minneapolis
MUH, Seebruck
Münchner Merkur
Neues Deutschland, Berlin
Neue Zürcher Zeitung
New African Magazine, Accra/
   London
New Yorker
New York Herald Tribune
New York Times
Passauer Neue Presse
Seattle Times
Speedendurance.com
Der Spiegel, Hamburg
Sports Illustrated, New York
The Star, Kuala Lumpur
Straubinger Tagblatt
Stuttgarter Nachrichten
Stuttgarter Zeitung
Süddeutsche Zeitung (SZ), München
Südwestpresse, Ulm
Swimming World Magazine,
   Phoenix
Tageszeitung, Berlin
The Times of India, Mumbai
Today.com
tz, München
United Press International
Volleyball Magazin, Münster
Washington Post
WAZ, Essen
Die Welt, Berlin
Welt am Sonntag, Berlin
Westfalen-Blatt, Bielefeld
Wiener Zeitung
Die Zeit, Hamburg

### GENUTZTE AUDIO- UND VIDEO-ARCHIVE

ARD
Bayerischer Rundfunk (BR)
BBC, Großbritannien
CBC, Kanada
Deutsche Welle
Deutschlandfunk
ESPN, USA
Mitteldeutscher Rundfunk (MDR)
National Public Radio, USA
Vimeo
YouTube
ZDF

### ANMERKUNG ZUR VERWENDETEN LITERATUR

Wissenschaftliche Grundlagenarbeit zu zentralen Aspekten der Münchner Spiele haben die britischen Historiker Kay Schiller und Christopher Young mit ihrem 2012 auf Deutsch erschienenen Werk »München 1972« geleistet. Wer über das Thema schreibt, steht ein Stück weit auf ihren Schultern. Eine weitere umfassende Gesamtdarstellung hat der amerikanische Historiker David Clay Large

## Quellen und Literatur

vorgelegt. Die deutsche Historikerin Uta Andrea Balbier hat die besondere Bedeutung der Eröffnungsfeier der Spiele hervorgehoben.

Eine Einbettung der Münchner Spiele in die große olympische Geschichte nehmen der österreichische Germanist Klaus Zeyringer und der britische Journalist David Goldblatt vor. Eine Münchner und bayerische Perspektive stellen Simone Egger und Ferdinand Kramer in den Mittelpunkt.

Als Standardwerk über das Olympiaattentat muss Simon Reeves »Ein Tag im September« gelten, das wiederum in Zusammenhang mit Kevin Macdonalds gleichnamigem Dokumentarfilm von 1999 entstanden ist. Den Blick auf die israelische Perspektive eröffnen etwa die Arbeiten von Ronen Bergmann, Wolfgang Kraushaar und Michael Wolffsohn. Auf journalistischer Seite wesentlich sind Recherchen des »Spiegel« aus dem Jahr 2012, als das Nachrichtenmagazin die Freigabe bis dahin geheim gehaltener Unterlagen erstritt. Dank dieses Materials konnte die Unterstützung der palästinensischen Terroristen durch deutsche Rechtsextremisten nachgewiesen werden.

Die Darstellung der Hauptfiguren dieses Buches profitiert stark von den wenigen existierenden biografischen Werken. Vor allem sind zu nennen: Allen Guttmann über Avery Brundage, Jan C. Rode über Willi Daume sowie Thomas Flemming und Jörg Treffke über Gustav Heinemann. Hans-Jochen Vogels eigene Bücher waren ein Fundament für unsere Interviews mit ihm. Auch andere Akteure der Spiele haben aufschlussreiche Erinnerungen oder biografische Skizzen verfasst, zum Beispiel Otl Aicher oder – mit Co-Autor Uwe Prieser – Ulrike Nasse-Meyfarth.

Große Verdienste um die Beleuchtung einzelner Sportlerkarrieren haben etwa Richard J. Foster bei Mark Spitz, Antje Motz bei Heide Rosendahl und der britische Regisseur Daniel Gordon bei John Akii-Bua mit seinem Film »The John Akii Bua Story« von 2008. Die gründlichste Erzählung zum olympischen Basketballfinale 1972 hat der amerikanische Journalist David A. F. Sweet geschrieben.

Bei der Auswertung der journalistischen Berichterstattung von damals haben wir verstärkt die »SZ« berücksichtigt, aber auch andere Münchner Blätter wie die »Abendzeitung« und den »Münchner Merkur«. International war es in erster Linie die »New York Times«. Für die Rückschau auf die Münchner Spiele aus der Gegenwart waren für uns Artikel aus »FAZ«, »Münchner Merkur«, »Spiegel«, »SZ« und »Welt« maßgeblich. Zu den Autoren, die dabei im Besonderen hervortreten, gehören ohne Anspruch auf Vollständigkeit Peter Ahrens, Michael Gernandt, Holger Gertz, Steffen Haffner, Günter Klein und Gunnar Meinhardt.

## LITERATUR

Abele-Aicher, Christine (Hrsg.): Die sanfte Gewalt. Erinnerungen an Inge Aicher-Scholl, Thorbecke, Ostfildern 2012.

Aicher, Otl: Innenseiten des Krieges, S. Fischer, Frankfurt/Main 1985.

Aicher, Otl: Die Welt als Entwurf, Ernst & Sohn, Berlin 2015.

Aust, Stefan: Der Baader-Meinhof-Komplex, Hoffmann und Campe, Hamburg 1985.

Bach, Steven: Leni: The Life and Work of Leni Riefenstahl, Vintage, London 2007.

Balbier, Uta Andrea: Kalter Krieg auf der Aschenbahn. Der deutsch-deutsche Sport 1950 – 1972. Eine politische Geschichte, Ferdinand Schöningh, Paderborn 1972.

Balbier, Uta Andrea: »Der Welt das moderne Deutschland vorstellen«: Die Eröffnungsfeier der Spiele der XX. Olympiade in München 1972, in: Paulmann, Johannes: Auswärtige Repräsentationen. Deutsche Kulturdiplomatie nach 1945, Böhlau, Köln 2005.

Baker, William J.: Jesse Owens. An American Life, Macmillan, New York 1986.

Beacom, Aaron: International Diplomacy and the Olympic Movement. The New Mediators, Palgrave Macmillan, Houndmills 2012.

Becker, Frank: Den Sport gestalten. Carl Diems Leben (1882 – 1962), Universitätsverlag Rhein-Ruhr, Duisburg 2013 (vier Bände).

Behringer, Manfred: Kulturgeschichte des Sports. Vom antiken Olympia bis ins 21. Jahrhundert, C.H.Beck, München 2012.

Bender, Peter: Die »Neue Ostpolitik« und ihre Folgen. Vom Mauerbau bis zur Vereinigung, dtv, München 1995.

Benz, Wolfgang: Auftrag Demokratie. Die Gründungsgeschichte der Bundesrepublik und die Entstehung der DDR 1945 – 1949, Metropol Verlag, Berlin 2009.

Black, Conrad: Richard M. Nixon. A Life in Full, PublicAffairs, New York 2007.

Bergmann, Ronen: Der Schattenkrieg, Deutsche Verlags-Anstalt (DVA), München 2018.

Beyer, Bernd-M.: 71/72. Die Saison der Träumer, Verlag Die Werkstatt, Bielefeld 2021.

Blasius, Tobias: Olympische Bewegung, Kalter Krieg und Deutschlandpolitik 1949 – 1972, Peter Lang, Frankfurt am Main 2001.

Blundell Jones, Peter: Günter Behnisch, Birkhäuser, Basel 2000.

Bose, Mihir: The Spirit of the Game. How Sport Made the Modern World, Constable, London 2012.

Bösch, Frank (Hrsg.): Geteilte Geschichte. Ost- und Westdeutschland 1970 – 2000, Vandenhoeck & Ruprecht, Göttingen 2015.

Bösch, Frank: Zeitenwende 1979. Als die Welt von heute begann, C.H.Beck, München 2019.

Brewster, Mike: Stolen Glory. The U.S., the Soviet Union, and the Olympic Basketball Game That Never Ended, GM Books, Beverly Hills/CS 2012.

Bundesinstitut für Sportwissenschaft (Hrsg.): Willi Daume. Olympische Dimensionen – Ein Symposium, Bonn 2004.

Conze, Eckart: Die Suche nach Sicherheit. Eine Geschichte der Bundesrepublik von 1949 bis in die Gegenwart, Siedler, München 2009.

Dahlke, Matthias: Der Anschlag auf Olympia '72. Die politischen Reaktionen auf den internationalen Terrorismus in Deutschland, Peter Lang, Frankfurt am Main 2006.

Deininger, Roman: Die CSU. Bildnis einer speziellen Partei, C.H.Beck, München 2020.

Deutscher Sportbund (Hrsg.): Willi Daume. Deutscher Sport 1952 – 1972, Pro Sport, München 1973.

Draesner, Ulrike: Spiele, btb, München 2007.

Dwertmann, Hubert/Peiffer, Lorenz (Hrsg.): Willi Daume. Eine Bibliographie seiner Schriften, Reden und Interviews, Bundesinstitut für Sportwissenschaft, Sport & Buch Strauß, Köln 2001.

Edmonds, David/Eidinow, John: Bobby Fischer Goes to War. The True Story of How the Soviets Lost the Most Extraordinary Chess Match of All Time, Faber and Faber, London 2004.

Egger, Simone: »München wird moderner«. Stadt und Atmosphäre in den langen 1960er Jahren, Transcript Verlag, Bielefeld 2013.

Ferguson, Neill/Maier, Charles S./Manela, Erez (Hrsg.): The Shock of the Global, The 1970s in Perspective, Harvard University Press, Cambridge/MA 2010.

Filzmaier, Peter: Politische Aspekte der Olympischen Spiele, Dissertation an der Universität Wien, Wien 1993.

Flemming, Thomas: Gustav W. Heinemann. Ein deutscher Citoyen, Klartext, Essen 2014.

Foster, Richard J.: Mark Spitz. The Extraordinary Life of an Olympic Champion, Santa Monica Press, Santa Monica/CA 2008.

Francis, Charlie: Speed Trap. Inside the Biggest Scandal in Olympic History, St. Martin's Press, New York 1991.

Gajek, Eva Maria: Imagepolitik im olympischen Wettstreit. Die Spiele von Rom 1960 und München 1972, Wallstein, Göttingen 2013.

Gebauer, Gunter: Olympische Spiele, Reclam Verlag, Ditzingen 2020.

## Quellen und Literatur

Genscher, Hans-Dietrich: Erinnerungen, Siedler, Berlin 1995.

Gesamthochschule Kassel/Stankowski-Stiftung: Kunst + Design. Kultur Olympia, Gesellschaft für Kunst und Gestaltung, Kassel 1986.

Glaser, Hermann: Kleine deutsche Kulturgeschichte von 1945 bis heute, S. Fischer, Frankfurt am Main 2004.

Goldblatt, David: Die Spiele. Eine Weltgeschichte der Olympiade, Verlag Die Werkstatt, Göttingen 2018.

Golwitzer, Gerda (Hrsg.): Spiel und Sport in der Stadtlandschaft. Erfahrungen und Beispiele für morgen, Callwey Verlag, München 1972.

Gould, Shane: Tumble Turns. An Autobiography, HarperCollins, Pymble/NSW 1999.

Guttmann, Allen: The Games Must Go On. Avery Brundage and the Olympic Movement, Columbia University Press, New York 1983.

Haddad, San Charles: The File. Origins of the Munich Massacre, Post Hill Press, New York 2020.

Hart, Eddie: Disqualified. Eddie Hart, Munich 1972, and the Voices of the Most Tragic Olympics, Kent State University Press, Kent/OH 2017.

Hartmann, Grit: Goldkinder. Die DDR im Spiegel ihres Spitzensports, Forum Verlag, Leipzig 1997.

Haus der Bayerischen Geschichte (Hrsg.): München '72, Pustet, Regensburg 2010.

Hell, Matthias: München '72. Olympia-Architektur damals und heute, München Verlag, München 2012.

Hilmes, Oliver: Berlin 1936. Sechzehn Tage im August, Siedler, München 2016.

Hoffer, Richard: Something in the Air. American Passion and Defiance in the 1968 Mexico City Olympics, University of Nebraska Press, Lincoln/NE 2018.

Hoffmann, Dierk: Von Ulbricht zu Honecker. Die Geschichte der DDR 1949 – 1989, Be.bra Verlag, Berlin 2013.

Hunt, Thomas M.: Drug Games. The International Olympic Committee and the Politics of Doping 1960 – 2008, University of Texas Press, Austin 2011.

Ihlefeld, Heli (Hrsg.): Gustav W. Heinemann. Anekdotisch, Bechtle Verlag, Esslingen 1971.

Kelnberger, Josef/Schulze, Ludger (Hrsg.): 1974 (Süddeutsche Zeitung WM-Bibliothek), Süddeutscher Verlag, München 2005.

Kistner, Thomas/Weinreich, Jens: Muskelspiele. Ein Abgesang auf Olympia, Rowohlt, Berlin 1996.

Kistner, Thomas/Weinreich, Jens: Der olympische Sumpf. Die Machenschaften des IOC, Piper, München 2000.

## Quellen und Literatur

Klein, Aaron J.: Striking Back. The 1972 Munich Olympics Massacre and Israel's Deadly Response, Random House, New York 2005.

Kölbel, Martin (Hrsg.): Willy Brandt und Günter Grass. Der Briefwechsel, Steidl, Göttingen 2013.

Kramer, Ferdinand: München und die Olympischen Spiele von 1972, in: Koller, Christian (Hrsg.): Sport als städtisches Ereignis, Academia, Ostfildern 2008.

Kraus, Andreas: Geschichte Bayerns. Von den Anfängen bis zur Gegenwart, C.H.Beck, München 2013.

Kraushaar, Wolfgang: »Wann endlich beginnt bei Euch der Kampf gegen die heilige Kuh Israel?«, München 1970: Über die antisemitischen Wurzeln des deutschen Terrorismus, Rowohlt, Hamburg 2013.

Large, David Clay: Munich 1972. Tragedy, Terror, and Triumph at the Olympic Games, Rowman & Littlefield Publishers, Lanham/MD 2012.

Large, David Clay: Nazi Games. The Olympics of 1936, Norton & Company, New York 2007.

Leber, Georg: Vom Frieden, Seewald, Stuttgart 1979.

Lindemann, Helmut: Gustav Heinemann. Ein Leben für die Demokratie, Kösel, München 1986.

Loh, Norbert: Silvia von Schweden. Eine deutsche Königin, Droemer, München 2003.

Long, Kai-Heinrich: Luz Long – eine Sportlerkarriere im Dritten Reich. Sein Leben in Dokumenten und Bildern, Arete, Hildesheim 2015.

Mählert, Ulrich: Kleine Geschichte der DDR, C.H.Beck, München 2009.

Mandell, Richard D.: Hitlers Olympiade. Berlin 1936, Heyne, München 1980.

Mandell, Richard D.: Olympics of 1972. A Munich Diary, University of North Carolina Press, Chapel Hill 1991.

Maraniss, David: Rome 1960. The Olympics That Changed the World, Simon & Schuster, New York 2008.

März, Stefan: Alfons Goppel. Landesvater zwischen Tradition und Moderne, Friedrich Pustet, Regensburg 2016.

McKay, Jim: The Real McKay. My Wide World of Sports, Dutton, New York 1998.

Meadows, Dennis (u. a.): Die Grenzen des Wachstums. Bericht des Club of Rome zur Lage der Menschheit, Rowohlt, Reinbek bei Hamburg 1973.

Merseburger, Peter: Willy Brandt. 1913 – 1992 – Visionär und Realist, Pantheon, München 2013.

Meyfarth, Ulrike/Prieser, Uwe: Nicht nur die Höhe verändert sich. Von Olympia nach Olympia. Zwölf Sommer Einsamkeit, Econ, Düsseldorf 1984.

Moser, Eva: Otl Aicher. Gestalter, Hatje Cantz, Ostfildern 2012.

## Quellen und Literatur

Motz, Antje: Heide Rosendahl, Copress, München 1973.

Müller-Rohde, Verena/Rieger, Susanne: Das Olympia 72 Lesebuch. Für München und den Rest der Welt!, Verlag testimon, Nürnberg 2012.

Nerdinger, Winfried (Hrsg.): München und der Nationalsozialismus. Katalog des NS-Dokumentationszentrums München, C.H.Beck, München 2015.

Onnertz, Peter: München Olympia 1972 und die Stasi, Agon-Sportverlag, Kassel 2013.

Organisationskomitee für die Spiele der XX. Olympiade München 1972 (Hrsg.): Official Guide to the Games of the XXth Olympiad Munich 1972, Atlas, München 1972.

Organisationskomitee für die Spiele der XX. Olympiade München 1972 (Hrsg.): Die Spiele (Band 1 bis 3), Pro Sport, München 1974.

Peters, Rolf-Herbert: Die Puma-Story, Hanser, München 2007.

Pruys, Karl Hugo: Hans Johnny Klein. Journalist, Diplomat, Politiker: eine Biographie, R. S. Schulz, Starnberg 1990.

Rathgeb, Markus: Otl Aicher, Phaidon, München 2015.

Reeve, Simon: Ein Tag im September. Die Geschichte des Geiseldramas bei den Olympischen Spielen in München 1972, Heyne, München 2006.

Reichlmayr, Georg: Geschichte der Stadt München. Von den Anfängen bis heute, J. Berg, München 2019.

Richardson, Nick: 1956. The Year Australia Welcomed the World, Scribe, Melbourne 2019.

Rode, Jan C.: Willi Daume und die Entwicklung des Sports in der Bundesrepublik Deutschland zwischen 1945 und 1970, Verlag Die Werkstatt, Göttingen 2010.

Rother, Rainer: Leni Riefenstahl. Die Verführung des Talents, Henschel, Berlin 2000.

Scherer, Karl Adolf: Willi Daume. Ein Porträt, Eurobuch-Verlag August Lutzeyer, Freudenstadt 1968.

Schiller, Kay/Young, Christopher: München 1972. Olympische Spiele im Zeichen des modernen Deutschland, Wallstein, Göttingen 2012.

Schleich, Erwin: Die zweite Zerstörung Münchens, Steinkopf, Stuttgart 1981.

Schmole, Angela: Hauptabteilung VIII. Beobachtung, Ermittlung, Durchsuchung, Festnahme (MfS-Handbuch, Anatomie der Staatssicherheit), Berlin 2011.

Schneider, Werner/Sportinformationsdienst sid (Hrsg.): Die Olympischen Spiele 1972. München – Kiel – Sapporo, C. Bertelsmann, München 1972.

Schöbel, Heinz: Die vier Dimensionen des Avery Brundage, International Olympic Editions, Lausanne 1968.

Schöllgen, Gregor: Willy Brandt. Die Biographie, Propyläen, Berlin 2001.

Schraut, Sylvia: Terrorismus und politische Gewalt, Vandenhoeck & Ruprecht, Göttingen 2018.

Schulze, Hagen: Kleine deutsche Geschichte, C.H.Beck, München 1996.

Siebenmorgen, Peter: Franz Josef Strauß. Ein Leben im Übermaß, Siedler, München 2015.

Smit, Barbara, Drei Streifen gegen Puma, Campus, Frankfurt 2005.

Sportverlag (Hrsg.): Erlebt – erzählt. Von Renate Stecher bis Jürgen Croy, Sportverlag, Berlin 1973.

Stiftung Deutsche Sporthilfe (Hrsg.): München 72, Verlag A. Wyss, Zürich 1972.

Stiftung Haus der Geschichte der Bundesrepublik Deutschland (Hrsg.): Wir gegen uns. Sport im geteilten Deutschland, Wissenschaftliche Buchgesellschaft, Darmstadt 2009.

Sweet, David A. F.: Three Seconds in Munich. The Controversial 1972 Olympic Basketball Final, University of Nebraska Press, Lincoln/NE 2019.

SWR Media (Hrsg.): Das Olympia-Buch. Athen 1896 – Athen 2004, Delius Klasing, Bielefeld 2004.

Tomlinson, Alan/Young, Christopher (Hrsg.): National Identity and Global Sports Events. Culture, Politics, and Spectacle in the Olympics and the Football World Cup, State University of New York Press, Albany 2006.

Treffke, Jörg: Gustav Heinemann. Wanderer zwischen den Parteien – eine politische Biographie, Ferdinand Schöningh, Paderborn 2009.

Trimborn, Jürgen: Riefenstahl. Eine deutsche Karriere, Aufbau-Verlag, Berlin 2002.

Valerien, Harry: Olympia München 1972, Südwest, München 1972.

Vogel, Bernhard/Vogel, Hans-Jochen: Deutschland aus der Vogelperspektive, Herder, Freiburg im Breisgau 2007.

Vogel, Hans-Jochen: Die Amtskette. Meine 12 Münchner Jahre – ein Erlebnisbericht, Süddeutscher Verlag, München 1972.

Vogel, Hans-Jochen: Nachsichten. Meine Bonner und Berliner Jahre, Piper, München 1996.

Voss, Willi: Geblendet. Ein Mann – Drei Leben, Xoxo Verlag, Bremen 2020.

Wallnöfer, Elsbeth: Tracht macht Politik, Haymon, Innsbruck 2020.

Walter, Franz: Die SPD. Biographie einer Partei, Rowohlt, Reinbek bei Hamburg 2009.

Weitpert, Hans: Olympia in München. Offizielles Sonderheft der Olympiastadt München, Verlag Münchner Leben, München 1971.

Wenn, Stephen R./Barney, Robert K.: The Gold in the Rings. The People and Events That Transformed the Olympic Games, University of Illinois Press, Champaign/IL 2020.

## Quellen und Literatur

Winkler, Heinrich August: Der lange Weg nach Westen. Deutsche Geschichte vom »Dritten Reich« bis zur Wiedervereinigung (Band II), C.H.Beck, München 2009.

Winkler, Heinrich August: Wie wir wurden, was wir sind. Eine kurze Geschichte der Deutschen, C.H.Beck, München 2020.

Witherspoon, Kevin B.: Before the Eyes of the World. Mexico and the 1968 Olympic Games, Northern Illinois University Press, DeKalb/IL 2008.

Wolfrum, Edgar: Geschichtspolitik in der Bundesrepublik Deutschland. Der Weg zur bundesrepublikanischen Erinnerung 1948 – 1990, Wissenschaftliche Buchgesellschaft, Darmstadt 1999.

Wolffsohn, Michael/Brechenmacher, Thomas: Denkmalsturz? Brandts Kniefall, Olzog, München 2005.

Wolffsohn, Michael: Friedenskanzler? Willy Brandt zwischen Krieg und Terror, dtv, München 2018.

Zeyringer, Klaus: Olympische Spiele. Eine Kulturgeschichte (Band I: Sommer), S. Fischer, Frankfurt am Main 2016.

Zirin, Dave: A People's History of Sports in the United States. 250 Years of Politics, Protest, People, and Play, The New Press, New York 2009.

# PERSONENREGISTER

## A

Abdullah, Mohamed 383
Abgbazo, Leopold 310 f.
Abramowski, Wolfgang 221, 435 f.
Ackermann-Keller, Hilde 47
Adenauer, Konrad 72 f., 80, 82–85, 90 f., 95, 98, 106, 108, 174
Ahlers, Conrad 370, 418
Aicher, Florian 93, 140
Aicher, Otl 18 f., 59 f., 64 f., 92 f., 139–144, 149, 161, 172, 176, 204, 215, 232, 238, 244, 258, 348, 350, 476, 480 f., 504
Aicher-Scholl, Inge 92, 480
Akii-Bua, John 20, 97, 138, 302 ff., 310, 417, 445 f., 471 ff., 488
Albrecht, Udo 186, 220, 222
Al Danawy, Abed 383
Alexander, Peter 286, 304
Alexejew, Wassili 292
al-Gaddafi, Muammar 415, 440, 472
Al-Gashey, Jamal 444
Ali, Muhammad 488
Allon, Yigal 390
Alon, Dan 244, 342
Amin, Idi 303 f., 445, 468, 471
Andrade, José Leandro 39
Andrianow, Konstantin 126, 128
Anspach, Paul 305
Arafat, Jassir 189, 219 f.
Arledge, Roone 154, 277
Armstrong, Neil 325
Arnold, Malcolm 138, 302, 304, 473
Arschanow, Jewgeni 297
Auer, Fritz 144 f., 147 f.
Auer, Victor 319

## B

Baader, Andreas 19, 185, 204, 213 f., 478 f.
Bach, Thomas 498, 501
Badran, Ibrahim Massoud 221, 384
Bahmann, Angelika 413 f.
Bahr, Egon 178 f., 226, 432 f., 448
Balbier, Uta Andrea 181
Bantle, Karl-Heinz 319
Barak, Ehud 219, 431
Barzel, Rainer 195, 211, 441
Bäumler, Hans-Jürgen 123, 443
Bauwens, Peco 79, 83 f.
Beamon, Bob 158
Beckenbauer, Franz 137, 213, 273, 392, 437, 442, 465 f.
Becker, Boris 328
Begin, Menachem 443
Behnisch, Günter 62 f., 74 f., 144–149, 203, 325, 476, 480, 485 f., 504
Behnisch, Stefan 325
Behrendt, Wolfgang 86
Beitz, Berthold 238, 402
Below, Alexander 329, 404, 406, 495
Below, Sergei 329, 495
Bender, Peter 448
Ben-Horin, Eliashiv 347, 353, 357, 441
Berendonk, Brigitte 102
Berger, David 344, 366, 369, 371, 385, 389
Berghofer-Weichner, Mathilde 500
Bergmann, Gretel 38
Bergmann, Sigi 461
Beuys, Joseph 229
Beyer, Bernd M. 212

# Personenregister

Bhutto, Nusrat 304
Bhutto, Zulfikar Ali 402, 432
Biden, Joe 445
Bikila, Abebe 96 f., 138, 409
Blagoewa, Jordanka 326 f.
Bloch, Dora 468
Blomquist, Paul A. 213
Bobick, Duane 268
Bocuse, Paul 281
Boggs, J. Caleb 444 f.
Bokassa, Jean-Bédel 303
Böll, Heinrich 176, 204, 447, 480
Borsow, Walerij 17, 273, 293, 297 ff., 406, 495
Bosch, Theo 264
Bouchiki, Ahmed 444
Bowie, David 288
Boyle, Raelene 307, 393, 458
Braak, Kai 232
Brandt, Heinz 62
Brandt, Willy 18 f., 89, 111 f., 129, 132, 134, 136, 148, 173–180, 182, 188 f., 194 f., 204 ff., 210 ff., 218, 226, 228 f., 238, 242, 259, 275 f., 291, 325, 328, 346, 353, 356, 361, 370, 381, 389 f., 411 f., 418, 428 f., 433, 435, 439, 441 f., 444, 446 f., 459, 463 ff., 469, 491, 503
Brauchle, Georg 105, 112, 122 f., 128, 173
Braun, Jutta 152
Brebeck, Friedhelm 141, 235
Brecht, Bertolt 31
Breitner, Paul 442
Breker, Arno 43
Breschnew, Leonid 407
Brokaw, Norman 433
Bruhns, Wibke 218
Brumel, Waleri 160

Brundage, Avery 22, 28 ff., 35 ff., 49, 52, 55 f., 60 f., 77, 79 ff., 85, 87, 94 ff., 101, 107 f., 110, 121 ff., 128, 150 f., 158, 172, 183, 205, 232, 234, 236 f., 245, 255, 257 ff., 271 ff., 281, 287, 317, 324, 346 f., 351, 353, 357, 360, 367, 371, 386 f., 392, 396, 417, 466 f., 470, 475
Buñuel, Luis 45
Burg, Josef 411
Burghley, Lord David 81
Burton, Michael 323
Buschle, Klaus-Dieter 391 f.
Büttner, Dieter 138

## C

Carl Gustaf von Schweden 280, 300 f., 466 f.
Carlos, John 158, 395, 492
Caslavska, Vera 154, 305
Castro, Fidel 225, 268, 427
Ceaucescu, Nicolae 208
Chamberlain, Neville 54, 72
Chaudry, Ghulam Rasul 401
Christian, Abraham David 229
Chruschtschow, Nikita 135
Claussen, Walter 438
Cohen, Uriel 187
Cohen, Victor 359, 362, 364 f.
Colani, Luigi 319
Collett, Wayne 395 f., 492 f.
Collins, Doug 404 f., 496
Comaneci, Nadia 474
Connolly, Harold 244
Connolly, James 341
Connolly, Olga 244
Cooper, Brad 278
Coppola, Francis Ford 288
Counsilman, Doc 268 f.
Courrèges, André 142

Cowan, Glenn 190 f.
Crosby, Bing 304
Culmann, Herbert 439 f.
Cyraniak, Czeslaw 61

**D**

Daladier, Edouard 54, 72
Daoud, Abu 219 ff., 237 f., 320, 331 f., 444, 459, 500
Dassler, Adi 272 f.
Dassler, Armin 472
Dassler, Horst 272, 475
Dassler, Käthe 273
Dassler, Rudolf 272
Daume, Willi 38 f., 50 f., 62, 78–81, 84 f., 95, 98 f., 107–113, 120–123, 125–128, 135, 138–141, 144, 146 f., 151, 153, 161, 166–172, 180, 182 ff., 191, 203, 216 f., 231–236, 241, 244–247, 257 f., 266, 275, 282, 287 f., 301, 317, 347 f., 350, 356, 360, 367, 370, 379 f., 387 ff., 400, 408, 417, 419, 466 f., 476, 481 ff., 489, 504
Dayan, Moshe 359
de Baillet-Latour, Henri 35, 46, 60
de Coubertin, Pierre 42, 75, 95
de Gaulle, Charles 111, 134
Deimer, Josef 135 f.
Delmes, Werner 279, 392 f., 401
DeMont, Rick 278, 292, 322 f., 447, 462 f.
Diem, Carl 35, 41 f., 46, 56, 66, 79 f., 171 f., 492
Diem, Liselott 172, 295
Dietl, Helmut 280
Dietrich, Wilfried 319
Disney, Walt 55
Dix, Otto 53
Döpfner, Julius 130

Douglas, Kirk 316, 322
Drapeau, Jean 122, 126 ff., 470
Dressel, Birgit 462
Dreyfuss, Richard 477
Dubcek, Alexander 154
Dürer, Albrecht 229
Dutschke, Rudi 131, 161

**E**

Eastwood, Clint 477
Eban, Abba 381, 390, 441
Ecker, Danny 456
Ecker, John 385, 406, 456
Edelhagen, Kurt 243
Edeschko, Iwan 405
Egger, Simone 89, 230
Eiberle, Hans 217
Eichbauer, Fritz 281
Eichmann, Adolf 109
Eiermann, Egon 144, 146
Eisenhower, Dwight D. 86
Eisner, Kurt 30
Elizabeth II. 111
el-Sadat, Anwar 361, 435
Elser, Georg 59, 64, 102
Ensslin, Gudrun 214, 478 f.
Eppler, Erhard 469
Eremina, Nina 406
Erhard, Ludwig 112, 120, 129, 166, 181, 242, 442
Everding, August 419 f.
Ewald, Manfred 107, 381

**F**

Falch, Franz 294
Falck, Hildegard 315
Falin, Walentin 217, 304
Faßnacht, Hans 260 f., 279
Fest, Joachim 83

# Personenregister

Feuchtwanger, Lion 31
Fibingerova, Helena 293
von Finck, August 281
Fischer, Bobby 297, 433
Fischer, Fritz 109
Fischer, Helga 414
Fischer, Helmut 237, 270, 346, 348, 354, 367, 466, 472 f.
Fleißer, Marieluise 31
Flemming, Thomas 57, 175
Fliegerbauer, Anton 347, 364, 368, 371, 497
Fonseca, Flor Isava 482
Föppl, Christine 330 f.
Forman, Milos 287
Fosbury, Dick 159 f., 272
Francis, Charlie 293 f., 460
Frangi, Abdallah 459
Frank, Paul 459
Friedman, Zeev 344, 365 f., 369, 385
Fuchsberger, Joachim 242, 246, 387 f., 416 f., 419 f.

## G

Gadermann, Ernst 170
Gaebel, Lutz 440
Gambril, Dan 279, 322
Garcia, Guillermo 322
Genscher, Hans-Dietrich 188, 208, 346 f., 349, 356, 358 f., 361, 364, 370, 372, 430, 434, 459, 463, 499
Genter, Steven 270
Gernandt, Michael 488
Giscard d'Estaing, Valéry 464
Glas, Harry 86
Glas, Uschi 280, 443, 484
Glickman, Marty 60
Goebbels, Joseph 32 f., 40, 44, 48, 59
Göhr, Marlies 457

Goldblatt, David 45
Goppel, Alfons 112 f., 128, 135, 147 f., 217, 274 f., 347, 502
Göring, Hermann 49
Gould, Shane 271, 318
Gracia Patricia von Monaco 275, 304
Graes, Anneliese 348, 356, 361
Graeter, Michael 112, 280 f.
Grass, Günter 178, 232, 235, 411 f., 480
Griffith-Joyner, Florence 462
Gronchi, Giovanni 96
Gropius, Walter 92
Grote, Heinz 246 f.
Grundig, Max 259
Grzimek, Günther 149
Gscheidle, Kurt 162
Guillaume, Günter 446, 463, 465
Guotuan, Rong 190
Gusenbauer, Ilona 326 f.
Gutbrod, Rolf 74, 144
Gutfreund, Yossef 22, 330 ff., 342, 344, 365, 369, 385
Guttmann, Allen 467

## H

Hacker, Irmgard 354
Haeberlin, Gebrüder 281
Häggman, Pirjo 482
Halfin, Eliezer 344, 366, 369, 385
Halt, Karl Ferdinand 35, 127, 171, 492
Hart, Eddie 297 ff., 494
Hary, Armin 96, 256, 262
von Hassel, Kai-Uwe 194 f.
Haushofer, Albrecht 239
Heath, Edward 22
Heidenreich, Jerry 321
Heine, Adolf 107
Heinemann, Gustav 17, 27 f., 30, 32, 57, 72 ff., 90 f., 108 f., 129–132, 162 f.,

169, 173–177, 187, 212, 241 f., 245,
274 ff., 288, 291, 317, 385 f., 390, 409,
428 f., 434, 459, 463, 469
Hellmann, Rudolf 224
Hemery, David 302
Henker, Erich 324
Herberger, Sepp 48, 82
Herbolzheimer, Peter 243
Hershkovitz, Henry 342, 366
Heß, Rudolf 49
Heuss, Theodor 82 ff., 228
Heydrich, Reinhard 186
Hicks, Thomas 100
Hille, Horst-Dieter 106, 457
Hitler, Adolf 28, 31 f., 34, 36 f., 42–59,
61 f., 64, 71, 74, 102
Hockney, David 234
Hoeneß, Uli 213, 367, 382, 388, 391,
442, 465
Hogshead, Nancy 474
Holzamer, Karl 370
Honecker, Erich 20, 106, 225 ff., 427,
433, 447 f.
Honz, Karl 319
Hope, Bob 434
Hopp, Dietmar 209 f.
Höppner, Manfred 457
Horn, Siegbert 260
Höttges, Horst-Dieter 465
Huber, Ludwig 138
Huberty, Ernst 320
Hug, Franz 280 f.
Huhn, Klaus 167
Hussein von Jordanien 415

**I**

Iba, Hank 330, 403 f., 406
Ijad, Abu 221, 435
Isenbart, Hans-Heinrich 86

Ismayr, Rudolf 46
Issa (Luttif Afif) 221 f., 320, 331,
341–344, 348 f., 353, 355 ff., 359–362,
364, 368

**J**

Jackson, Michael 484
Jagger, Bianca 288
Jagger, Mick 288, 304
Jahncke, Ernest Lee 37
James, Karen 260, 332 f., 455 f.
Janietz, Günter 160, 327, 489
Janz, Karin 283 f.
Jensen, Knud Enemark 101
Jobs, Steve 209
Jochheim, Charles 436
Johnson, Ben 460, 462
Johst, Hanns 31
Jones, Reginald 407
Jones, Renato William 39, 404, 407,
496
Jordan, Michael 496
Jorgowa, Diana 264 f.
Juan Carlos von Spanien 400
Jürgens, Curd 281

**K**

Kaepernick, Colin 493
Kannenberg, Bernd 315
von Karajan, Herbert 304
Kästner, Erich 235
Katsumie, Masaru 142
Katzenstein, Ariel 187
Keleti, Agnes 88
Keller, Andreas 492
Keller, Carsten 47, 98, 107, 279, 392,
400–403, 421, 491 f.
Keller, Erwin 47, 62
Keller, Florian 492

# Personenregister

Kelly, Petra 480
Kempski, Hans-Ulrich 166
Kennedy, Robert F. 158
Keul, Joseph 461, 482
Khim Phuc, Phan Thi 223
Kiesinger, Kurt Georg 129, 131, 173, 181, 242
Kilius, Marika 123
Killanin, Lord Michael Morris, 3. Baron Killanin 236, 470, 475
Kim Il-sung 319
Kim Jong-un 501
Kindermann, Manfred 414 f.
King, Martin Luther 158
Kinkel, Klaus 499
Kiprotich, Stephen 488
Kirch, Leo 484
Kissinger, Henry 191, 304, 407
Klee, Paul 53
Klein, Aaron J. 443
Klein, Johnny 166 ff., 172, 182, 276 f., 280 f., 467, 488
Kluge, Alexander 235
Klümper, Armin 461 f., 482
Knef, Hildegard 304
Knoesel, Ernst 496
Knysh, Renald 284, 474
Koenig, Fritz 497
Kofink, Hansjörg 293
Kohl, Helmut 488, 503
Kohl, Michael 226, 432 f., 448
Köhler, Gundolf 458
Kokoschka, Oskar 53, 234
Kolbe, Peter-Michael 461
Kollwitz, Käthe 53
Kondraschin, Wladimir 328 f., 403, 405, 407, 495
Konstantin von Griechenland 281, 316, 403

Korbut, Olga 263, 282–285, 429 f., 474
Kottysch, Dieter 267
Kozakiewicz, Wladyslaw 475
Kozlowiecki, Adam 241 f.
Krämer, Ingrid 96
Kraus, Peter 279
Krause, Christiane 398
Krause, Michael 400 ff.
Kreische, Hans-Jürgen 345, 355, 383
Kreisky, Bruno 205, 305
Kretschmann, Winfried 207 f., 229, 487
Kretz, Perry 223
Kroetz, Franz Xaver 133
Krombholz, Gertrude 214, 295 f., 301, 488 f.
Kronawitter, Georg 230, 347, 488
Kroutil, Frantisek 127 f.
Kunze, Herbert 170
Kurras, Karl-Heinz 131
Kutschinskaja, Natalja 154

## L

Ladany, Shaul 342
LaGuardia, Fiorello 34
Lalkin, Shmuel 342, 385, 387
Lamm, Hans 275, 388
Lampe, Werner 270
Langer, Ruth 38, 61
Larcher, Franz 308
Larsson, Gunnar 262 f., 428
Lavi, Daliah 286
Leandros, Vicky 286
Leber, Georg 417–420, 484
Lelouche, Claude 287
Lembke, Robert 256 f., 361
Lempert, Werner 191 f., 260, 473 f.
Lenin, Wladimir Iljitsch 30

## Personenregister

Lennartz, Karl 262
Lewe, Detlef 244
Lewin, Shlomo 459
Lewis, Carl 462
Li, Ho Jun 318
Liljenwall, Hans-Gunnar 101
Lindbergh, Charles 60
Lindlau, Dagobert 342
Linsenhoff, Liselott 317
Lohbeck, Emil 62
Long, Luz 48 f., 62, 173
Louis, Spyridon 43, 61
Lovell, James A. 304
Lübke, Heinrich 123, 132
Lucas, Georg 288
Lusis, Janis 154 f., 313 f., 493 f.
Luther, Eberhard 84
Lynch, Jack 304

## M

MacDonald, Byron 455
Macdonald, Kevin 444
Macnee, Patrick 137
Mahler, Horst 437
Mandell, Richard D. 167, 277
Mann, Heinrich 34, 38
Mann, Manfred 145
Mann, Thomas 28, 30, 37, 41
March, Guido 170
Matthes, Roland 260, 276
Matthews, Vince 395 f., 492
Mayer, Gerd 438
Mayer, Helene 37, 47, 54, 173
McCloy, John Jay 72
McKay, Jim 372
McKee, Tim 262 f., 428, 474
McQueen, Steve 280
Meadows, Dennis 207
Meadows, Donella 207

Meinhof, Ulrike 19, 185, 204, 214, 343, 437, 469
Meir, Golda 205 f., 347 f., 353, 357, 359, 372, 381 f., 388 ff., 441, 443
Meißner, Renate 105 f.
von Mengden, Guido 170, 231 f.
Merk, Bruno 346 f., 349, 356, 358, 364, 372, 412, 434, 439
Messner, Fritz 62
Messner, Reinhold 484
Meyer, Claus Heinrich 483
Meyfarth, Ulrike 17, 22, 159 f., 214, 284, 326 ff., 331 f., 348, 417, 431 f., 489 ff.
Mickler-Becker, Ingrid 293, 398 f.
Mielke, Erich 165, 413
von Mirbach, Hans-Joachim 222
Mischnick, Wolfgang 217
Mitbauer, Axel 163 f., 413
Mitscherlich, Alexander 286
Moculescu, Stelian 208, 414 f., 479
Mohrdieck, Georg 418
Monroe, Marilyn 434
Moses, Edwin 471
Motz, Antje 218
Mühlfenzl, Rudolf 119
Mühsam, Erich 31
Müller, Gerd 217, 437
Müller, Josef 88 f.
Müller-Gerbes, Geert 385
Mussolini, Benito 54, 97, 181

## N

Nadi, Nedo 272
Nasser, Gamal Abdel 87
Nathan, Guillermo Borja 324
Neckermann, Josef 164, 171, 259
Nerz, Otto 48
Netanyahu, Benjamin 219

# Personenregister

Netanyahu, Yonatan 468
Netzer, Günter 213, 437, 442, 466
Newton, Helmut 484
Nieberl, Lorenz 81
Nixon, Richard 21, 191, 206, 330, 407, 430, 433, 444, 464
Nöcker, Josef 96
Norden, Albert 165
Nordwig, Wolfgang 297, 457
Nothelfer, Anny 134
Nurmi, Paavo 30, 81

## O
Obama, Barack 493
Obermaier, Uschi 280
Obua, Denis 472
Ohnesorg, Benno 131
Oleska, Kurt 62
Ommer, Manfred 391
Ortega y Gasset, José 79
Osenberg, Gerd 169, 218, 264, 490
Oserow, Nikolaj 244, 246
Ostler, Anderl 81
Otto, Frei 144, 147
Owens, Jesse 36, 48 f., 51, 62, 173, 241, 267, 288, 305, 325, 396
Ozolina, Elvira 494

## P
Papagos, Alexandros 82
Papp, Laszlo 88
Patera, Ken 292
Paul VI. 189
Paulmann, Johannes 182
Pawlow, Sergej 216 f., 403
Peccei, Aurelio 207
Penderecki, Krzysztof 245
Penn, Arthur 287
Peres, Shimon 456

Peter, Michael 392
Peters, Mary 316
Phelps, Michael 477
Philip von England 275, 304
Plattner, Hasso 210
Poeschke, Frida 459
Pohl, Willi 186, 220 ff., 355 f., 435 f., 458 ff.
Pöhner, Konrad 147
Poitier, Sidney 305
Pollak, Burglinde 316
von Pölnitz, Gudila Freifrau 247
von Praunheim, Rosa 212
Prefontaine, Steve 297
Prieser, Uwe 159
Prochorow, Timofei Wassiljewitsch 203, 484
Püschel, Dagmar 379 f.
Putin, Wladimir 501
von Puttkamer, Jesco 389, 441

## Q
Quinn, Freddy 304

## R
Rainier III. 304
Rapinoe, Megan 493
Raspe, Jan-Carl 478 f.
Rau, Johannes 90
Rauch, Roland 443
Reczek, Wlodzimierz 128
Reith, Dieter 243
Renger, Annemarie 446
von Reuß, Mariann 466
Reyes, Judith 151
Richter, Annegret 398 f.
Riefenstahl, Leni 44 ff., 54 ff., 61, 240, 246, 255, 287 ff., 483 f.
Ries, Alfred 123

## Personenregister

Righetto, Renato 405, 496
Rilke, Rainer Maria 30 f.
Rivlin, Reuven 498
Robinson, Rey 298
Rode, Jan C. 51
Rodensky, Shmuel 22, 332
Romano, Ilana 498
Romano, Yossef 343 ff., 348, 358 f., 367, 385, 499 f.
Rosendahl, Heide 20, 155 f., 168 f., 217 f., 261 f., 264 f., 300, 316, 350, 384 f., 393, 397 ff., 406, 437, 443, 456, 490
Rosentritt, Kurt 268
Rosicky, Evzen 61
Rother, Rainer 287
Rudel, Hans-Ulrich 170
Rudkowski, Wieslaw 267
Rudolph, Wilma 224, 457
Ruffin, Jimmy 403
Ruhnau, Werner 295
Russell, Doug 157

### S

Saad, Walih 220, 222
Sabaite, Nijole 315
Sachs, Gunter 281
Safadi, Mohammed Mahmoud 221
Salameh, Ali Hassan 444
Samaranch, Juan Antonio 258, 475, 481 f.
Sameer, Abdullah 221
Schachamorov, Esther 350, 365
Scharlau, Winfried 367
Schäuble, Wolfgang 484 f.
Scheel, Walter 162 f., 170, 180, 389, 432
Schickedanz, Gustav 177
Schiff, Alfred 41, 61
Schilgen, Fritz 46, 240

Schiller, Karl 129, 442
Schiller, Kay 35, 110, 123
Schleich, Erwin 133
Schleyer, Hanns Martin 478 f., 503
Schmeling, Max 36 f., 267
Schmidt, Helmut 174, 304, 464, 475, 478 f.
Schmidt, Renate 176 f., 411
Schmole, Angela 413
Schneider, Heinrich Peter 413
Schneider, Herbert 267
Schneider, Romy 218, 280
Schneider, Werner 262 f.
von Schnitzler, Karl-Eduard 20, 107
Schöbel, Heinz 107, 126
Scholl, Hans 60, 64 f.
Scholl, Robert 90
Scholl, Sophie 59 f., 64 f.
Schön, Helmut 227, 392, 400, 465
Schranz, Karl 205, 271
Schrecker, Ernst-Thomas 233
Schreiber, Hermann 196
Schreiber, Manfred 160 ff., 193 f., 196 f., 216, 295, 344, 346–349, 351, 353–358, 368, 370, 372, 412, 419, 499
Schröder, Gerhard 162 f.
Schubert, Rainer 119
Schüller, Heidi 246, 265, 275
Schulze, Hagen 502
Schumacher, Kurt 74
Schumann, Jürgen 478
Schwarzenegger, Arnold 477
Schwarzmann, Alfred 81
Seagren, Bob 297
Seehofer, Horst 498
Seelenbinder, Werner 62
Selassie, Haile 97
Shapira, Amitzur 344, 350 f., 365, 369, 385

# Personenregister

Shaw, Georg Bernard 76
Shorr, Kehat 344, 366, 369, 385
Shorter, Frank 286, 408 f.
Shtorch, Zelig 342, 366
Shukla, Vidya Charan 304
Sidki, Asis 361
Sidlo, Janusz 313
Sieber, Georg M. 161, 196 f., 352, 354 f., 412 f.
Siegfried und Roy 484
Slavin, Mark 344, 366 f., 369, 385
Smit, Barbara 272
Smith, Red 94, 299
Smith, Tommie 158, 395, 492
Söder, Markus 442
Sokolsky, Tuvia 342
Sommer, Sigi 133
Sommerlath, Silvia 280, 301, 409, 466 f., 489
Sparwasser, Jürgen 345, 358, 382 f., 465
Spasski, Boris 297, 433
Spielberg, Steven 288, 444, 477
Spitz, Mark 17, 21, 156 f., 268–272, 278, 282, 296 f., 321, 323, 325, 332, 351 f., 362 f., 417, 433 f., 476 f., 488
Spitzer, Andrei 307 f., 331 f., 344, 358, 365, 369, 380, 385, 498
Spitzer, Ankie 307 f., 331 f., 358, 371, 380, 498 ff.
Springer, Yakov 344, 365, 369, 385
Staeck, Klaus 229
Stalin, Josef 76
Stark, Ray 362
Stecher, Gerd 223, 307
Stecher, Renate 223 ff., 293, 305 ff., 345, 350, 393, 397 ff., 427, 456 ff., 460 f.
Steiner, Julius 211
Steinkraus, William 416

Steinmeier, Frank-Walter 498
Steinseifer, Carrie 474
Stevenson, Teofilo 267 f., 487 f.
Stoiber, Edmund 500
Stoph, Willi 179
Strauß, Franz Josef 108, 112 f., 129, 135, 146, 170, 178, 192, 212, 217, 259, 310, 352, 365, 469, 480, 503
Streibl, Max 135 f.

**T**

Taylor, Charles 303
Taylor, Chris 21, 319
Taylor, Robert 298
Tenschert, Hans-Joachim 405, 407
Terayama, Shuji 295
Thorpe, Jim 29
von Thurn und Taxis, Johannes 22, 281
Toller, Ernst 31
Tomlinson, Ray 209
Tony 320, 331, 341 f., 368
Torriani, Vico 134
Tregubow, Valeri 407
Tröger, Walther 347 f., 356 f., 359, 387, 391, 467
von Trotta, Margarethe 478
Trump, Donald 493
Tsabary, Gad 342
von Tschammer und Osten, Hans 34
Turischtschewa, Ludmilla 282 f., 495

**U**

Ude, Christian 484
Uecker, Günther 295
Ulbricht, Walter 81, 134, 225
Ulrichs, Timm 294
Ut, Nick 223

## Personenregister

**V**

Valerien, Harry 449
van Geen, Alexander 61
van Rooyen, Jerry 243
Vetten, Horst 379
Viren, Lasse 318
Vogel, Eberhard 394 f.
Vogel, Hans-Jochen 55 f., 63 f., 73 f.,
    88 f., 102–105, 109–113, 119–128, 135,
    137, 139, 144, 146 ff., 160 f., 166, 170,
    172 ff., 182 ff., 188, 203, 217, 227 f.,
    234, 236, 239, 241 f., 244–247, 266,
    347, 349 f., 370, 387–390, 402, 441,
    446, 449, 476, 481, 483, 502 ff.
Vogt, Petra 106
Vogts, Berti 465
Vos, Uli 401

**W**

Wagner, Leo 211
Wallich, Henry 487
Wallnöfer, Elsbeth 215
Warhol, Andy 288
Weber, Max 27
Wegener, Ulrich 346, 369, 430 f., 441,
    478
Wehner, Herbert 162, 174, 446
Weinberg, Moshe 332, 343 f., 348, 366,
    385
Weingärtner, Wolfgang 321
Weinstain, Yehuda 342
Weissmueller, Johnny 321
von Weizsäcker, Richard 482, 503
Westrick, Ludger 112
Wiepking-Jürgensmann, Heinrich 149
Wieslander, Hugo 29
Wilder, Billy 111
Wimmer, Thomas 89

Winkler, Hans Günter 86, 416
Winkler, Heinrich August 86, 90
Winter, Ernst 61
Wipplinger, Alfons 119
Wipplinger, Rosa 119
Wirnhier, Konrad 300
Wischnewski, Hans-Jürgen 478
Witzigmann, Eckart 281 f.
Woellke, Hans 47, 61
Wolf, Georg 344, 347, 360 f., 368, 499
Wolfe, Thomas 32, 132
Wolfermann, Friederike 315
Wolfermann, Klaus 154 f., 300,
    312–315, 346, 349, 437, 493 f.
Wolffsohn, Michael 186
Wolfrum, Edgar 184
Wolke, Manfred 243
Wolper, David L. 287
Wottle, Dave 296
Wünschmann, Arnd 230 f.
Wyman, Lance 151

**Y**

Young, Christopher 35, 110, 123

**Z**

Zador, Ervin 88, 156
Zahn, Günter 245
Zamir, Zvi 359, 362, 364 f., 372, 388 f.,
    443
Zatopek, Emil 241, 305
Zedong, Mao 190, 206
Zedong, Zhuan 190 f.
Zeyringer, Klaus 181, 476
Zimmermann, Armin 419
Zimmermann, Herbert 82, 256
Zuckmayer, Carl 45, 235
Zwaiter, Abdel Wael 443
Zweig, Stefan 41

**527**